KB154181

#기승이라

#가속하라 : 가속주의자 독본
#ACCELERATE : The Accelerationist Reader

| | |
|---|---|
| 엮은이 | 로빈 맥케이 · 아르멘 아바네시안 |
| 옮긴이 | 김효진 |
| 펴낸이 | 조정환 |
| 책임운영 | 신은주 |
| 편집 | 김정연 |
| 디자인 | 조문영 |
| 홍보 | 김하은 |
| 프리뷰 | 권범철 · 김상철 · 이승현 |
| 초판 1쇄 | 2023년 9월 22일 |
| 초판 2쇄 | 2024년 12월 22일 |
| 종이 | 타라유통 |
| 인쇄 | 예원프린팅 |
| 라미네이팅 | 금성산업 |
| 제본 | 바다제책 |
| ISBN | 978-89-6195-329-0 93300 |
| 도서분류 | 1. 정치철학 2. 가속주의 3. 인공지능 4. 과학기술 5. 자본주의 |
| 값 | 30,000원 |
| 펴낸곳 | 도서출판 갈무리 |
| 등록일 | 1994. 3. 3. |
| 등록번호 | 제17-0161호 |
| 주소 | 서울 마포구 동교로18길 9-13 2층 |
| 전화 | 02-325-1485 |
| 팩스 | 070-4275-0674 |
| 웹사이트 | www.galmuri.co.kr |
| 이메일 | galmuri94@gmail.com |

## 일러두기

1. 이 책은 Robin Mackay and Armen Avanessian, eds., *#Accelerate : The Accelerationist Reader*, Falmouth : Urbanomic, 2014를 완역한 것이다.
2. 외국 인명과 지명은 원어 발음에 가깝게 표기하려고 하였으며,
   널리 쓰이는 인명과 지명은 그에 따라 표기하였다.
3. 인명, 지명, 책 제목, 논문 제목 등 고유명사의 원어는 맥락을 이해하는 데
   꼭 필요하다고 생각되는 경우를 제외하고는 본문에서 원어를 병기하지
   않았으며 찾아보기에 수록하였다.
4. 영어판에서 이탤릭체로 강조된 것은 고딕체로 표기하였다. 단, 영어판에서
   영어가 아니라서 이탤릭으로 강조한 것은 한국어판에서 강조하지 않았다.
5. 단행본과 정기간행물에는 겹낫표(『』)를, 논문에는 홑낫표(「」)를,
   그림 이름, 음악 제목, 영화 제목, 시 제목에는 가랑이표(<>)를 사용하였다.
6. 글쓴이 주석과 옮긴이 주석은 같은 일련번호를 가지며, 옮긴이 주석에는
   \*라고 표시했다.
7. 원서의 대괄호는 〔〕를 사용하였고, 옮긴이가 덧붙인 내용은 [ ] 속에 넣었다.
8. 각 텍스트의 본문 속 인용문 중 기존 번역이 있는 경우 가능한 한 기존
   번역을 참고하였으나 전후 맥락에 따라 번역을 수정했다.
9. 한국어판 엮은이 서문으로 옮긴이의 서문을 갈음한다는 옮긴이의 뜻에
   따라 별도의 옮긴이 후기는 싣지 않는다.

# 목차

#가속하라

# 복수의 가속주의

『#가속하라』는 2014년에 영어로 처음 출판되었다. 그때 이후 정치가 지속적인 위기에 처한 시기를 가로질러 다양한 유형의 묵시록적 사유가 표준이 되고, 전통적인 좌익/우익 이원론들이 마구 뒤섞이며, 이전에는 소수만 이해했던 관념들이 대중의 담론에 유출될 정도로 밈 문화가 모든 한계를 폐지하였다. 이런 추세 아래서 '가속주의'라는 용어는 놀랍도록 자주 회자되었다. 이 책이 출판될 당시에 그 용어는 의미가 불확실하고 난해하면서 거의 알려지지 않았다 ― 게다가 심지어 특정 집단 내에서만 통용되는 농담 같은 것이었다. 왜냐하면 『#가속하라』라는 책의 제목은 소규모 친구 집단의 재치 있는 온라인 응답에 부착된 해시태그에서 유래했기 때문이다. 이제 그 용어는 뉴스 헤드라인, 학술 논문, 미술 전시회, 싱크탱크 보고서, 정부 메모 등에서 나타나게 되었다. 이 책은 그 용어를 미래에 현존하도록 추동하기 위해 가속주의의 역사를 회집하고자 한 자신의 목적을 달성한 것처럼 보인다.

『#가속하라』의 「서론」은 가속주의라는 용어에 대한 모든 독단적인 정의를 회피하는 한편으로, 당시에 이미 출현하고 있던 가속주의에 관한 어떤 오해들에 이의를 제기하고자 했다. 이 오해들은 존속했고, 새로운 괴물들을 낳았다. 특히, 대략 2017~18년의 어느 시점에 서양의 주류 미디어는 가속주의를 도덕적 공황 상태를 유발하는 "위험한 관념"으로 포착했다.[1] 2019년에 뉴질랜드의 크라이스트처치에서 총기 난사 사건이 일어난 후, 그 살해범의 성명서에서 그 낱말이 발견된 다음에 "과격한 가속주의 하위문화"에 관한 경고성 보도들이 유포되었다. 미디어가 유포한 분명치 않은 풍문은 단지 이 특정한 판본의 가속주의가 공민권을 박탈당한 감각을 극복할 방법을 찾고자 하는 자포자기의 젊은이들에게 매력적인 신조로 다가가게 하는 데 일조했을 뿐이었다.[2]

　이것은 중대한 일화이고, 여기서 그 일화를 언급하는 것은 용어의 강탈 행위에 대해 항의하거나 한탄하기 위해서가 아니다. 낱말에는 나름의 운명이 있고, 이런 특정한 자기실현적 예언은 독자적인 방식으로 미래와의 어떤 암울한 관계를 시사한다. 다행히도 그것은 가속주의의 유일한 운명을 나타내지 않는다. 사실상 그것은 그 개념의 강건함과 적실성에 대한 증언, 그런 악마화에도 불구하고 가속주의는 거의 십 년 후에도 여전히 살아 있고, 증식하며, 미정인 채로 있으리라는 증언이다.

　『#가속하라』의 출판은 가속주의를 하나의 주제로서 제시하면서 그것을 또 하나의 위험에, 즉 기회주의적으로 여러 달 동안 학술 논문의 출판으로 이어지고 그다음에 나오는 이론으로 아무튼 대체될 따름인 새로운 이론의 유행이 될 위험에 노출시켰다. 그런데 그 용어는, 최근에 닉 랜드가 끊임없이 감행한 도발은 말할 것도 없고(아무리 지적으로 순화되더라도 가속주의, '과학적' 인종주의, 그리고 일반적인 혐오에서 비롯되는 폭스 뉴스 헛소리를 섞은 그의 혼합물이 구제되지는 않을 것이다), 미디

---

1. 그 이후로 더 정통하고 심층적으로 보도하려는 노력이 있었다. 예를 들면, Andy Beckett, "Accelerationism," *The Guardian*, 11, May, 2017과 곧 방영될 미술가 제이크 채프먼의 TV 다큐멘터리 〈가속하라 아니면 죽어라!〉(Accelerate or Die!)가 있다.

2. 가속주의 개념에 대한 통속적인 오해 ― 즉, 가속주의는 프로그램에 입각하여 모든 것을 악화시키고, 위기 상황에 이르게 하며, 더 좋게 만들고자 하는 것이라는 관념 ― 를 당시 주변에 널려 있던 신반동주의(NRx), 대안우파, 그리고 백인 우월주의 테러리즘의 정치적 전략들과 융합한 이런 과감한 가속주의의 단순화에 따르면, 가속주의는 사회의 해체와 궁극적인 붕괴를 유발하기 위해 현존하는 사회적 긴장을 의도적으로 악화시키려고 하는 것에 해당한다. 예를 들면 Zack Beauchamp, "Accelerationism," *Vox*, November 18, 2019, https://www.vox.com/the-highlight/2019/11/11/20882005/accelerationism-white-supremacy-christchurch를 보라.

어와 결부됨으로써 돌이킬 수 없게 더럽혀진 것처럼 보인다. 이 요소들은 대체로 위험을 회피하는 강단과 현대 예술의 세계들 ─ 개념적 통속화의 통상적인 벡터들 ─ 이 가속주의를 '새로운 대단한 것'으로 받아들이지 못하게 막았다. 그러므로 도처에서, 대개 온라인 공동체에서 더 창의성이 풍부하고 미묘한 개입책들이 나타났다. 이것들은 이 책에서 제시된 재구성의 시도와 전망 들에 의해 부분적으로 특징지어지고 당대의 더 광범위한 하위문화적 주제들과 긴급한 문제들도 활용했다. 천 개의 가속주의가 개화했다 ─ 또 다른 한 권의 책을 충분히 채울 수 있지만 그것은 출판되기도 전에 시대에 뒤떨어질 위험이 있을 것이다.

이들 '가속주의'(/acc) 파생물과 하위 브랜드 중에서 우리는 라보리아 큐보닉스의 『제노페미니즘: 소외를 위한 정치학』, n1x의 「젠더 가속: 하나의 흑서」(g/acc[젠더 가속주의]), 아리아 딘의 「흑인 가속주의에 관한 단상」(bl/acc[흑인 가속주의]), 빈센트 가튼과 에드먼드 버거의 "무조건부 unconditional 가속주의"(u/acc)에 관한 논의, "효과적 가속주의"(e/acc) 운동을 준비하는 최근의 노력들, 그리고 심지어 마법 소녀들, 카와이,[3] 그리고 고양이 영상들에 의한, 멈출 수 없는 것처럼 보이는 인간 심리 정복의 기하급수적 증가, 즉 "귀여움 가속주의"(cute/acc)를 언급할 수 있을 것이다. 이것들은 모두, 그 속에서 가속주의에 관한 물음이 계속해서 흥분·공포·열의·불안을 유발하는 사유와 문화적 생산의 변화하는 장을 형성한다.

그리고 현실을 직시하자. 「터미네이터 대 아바타」에서 마크 피셔가 이미 우리에게 주지시킨 대로 우리는 모두 사실상 가속주의자이다. 우리 사이에는 감속주의자와 운명론자가 있음이 확실하지만, 그중 실제로 인터넷 연결을 끊고 전화기를 팽개쳐 버리고서 숲속의 오두막에 살러 가는

---

3. * '카와이'(可愛い, kawaii)는 일본의 귀여움 문화를 가리킨다.

사람은 거의 없다. 더 단순한 존재 방식으로의 회귀에 대한 요청, 언제나 인터넷에 접속되어 있는 삶의 강도와 복잡성에 대한 불평, 정신 건강의 위기에 대한 경고, 그리고 알고리즘적 사회의 불공평한 결과에 대한 항의는 부족함이 없음이 확실하다. 하지만 우리가 진술선호stated preference로 판단하기보다는 오히려 현시선호revealed preference로 판단한다면, 분명히 인류 전체는 자신과 맺는 관계뿐만 아니라 인간임에 대한 자신의 감각도 혼란에 빠뜨리는 기술적 매개의 그물로 더욱더 빠져드는 경향 속에 있다. 요컨대 그런 경향으로 인해 우리는, 그 조작들을 더 이상 누구도 완전히 이해하지도 통제하지도 못하는 기계적 네트워크들에 경제적으로, 정치적으로, 인격적으로, 그리고 심지어 감정적으로, 성적으로 의존하게 되었다.

우리는 가속주의에 '찬성'하는가 아니면 '반대'하는가에 관한 물음을 훌쩍 넘어선다. 왜냐하면 이 과정이 해방적이냐 아니냐는 물음은, 정확히 무엇에 대하여 해방적이냐는 의문을 낳을 뿐이기 때문이다. 오히려 관건은 우리가 우리의 사실상의 가속주의를 거부하는지, 아니면 그것의 탐구에 적극적으로 전념하는지에 관한 물음이다. 가속주의자들은 혼란과 두려움 속에서 단순히 아래로 질주하기보다는 오히려 가장 가파른 경사면들을 적극적으로 찾아내어서 한 경사면을 오른다.[4] 앞서 나열된 다양한 가속주의를 고려하면 물음은 다음과 같다. 어느 경사면인가? 우리가 과정을 통제할 수도 없고 감속할 수도 없다면, 우리로 하여금 어떤 중대한 문턱을 넘어가게 할 개연성이 가장 높은 것은 무엇인가? 어떤 문화적 벡터들이 인간과 그 문화적 환경을 미지의 영토로 끌고 갈 가장 큰 견인력을 갖추고 있는가? 그리고 당신은 어떻게 그것들이 약속하는 미래

---

4. * 여기서 한국어로 '한 경사면을 오른다'로 번역된 원래 영어 어구는 'get on one'인데, 옮긴이에게 보내는 맥케이의 메모에 따르면, 이것은 중의적으로 '마약을 복용하다'(to take a drug)를 뜻한다.

에 가능한 한 온전히 관여할 수 있는가? 그렇게 해서 당신이 예전에 자신의 정체성으로 간주했던 것을 상실하는 사태가 발생하더라도 말이다. 왜냐하면 가속주의는 자기에 대하여 위험하기도 한 것이 아니라면 아무것도 아니기 때문이다.

가속주의(/acc) 미시 브랜드의 활발한 증식은 말단 온라인[5]의 불안을 예상적 종말의 끝없는 증식으로 인도한다. 특이점을 사변적으로 구상하고, 분위기에 몸을 맡기며, 경과를 가속하라. 그리고 가속주의의 복수성은 가속주의의 근본적으로 리비도적인 특질을 드러낸다. 각각의 가속주의가 개방하는 미래에 관여하기 위한 특권적인 진입점은 욕망의 독특한 감성 혹은 도착perversion에 대한 매우 많은 지표인데, 각각의 지표는 특유의 궁극적인 지평선을 방사한다.

가속주의는 모든 주어진 인간상을 희생시키면서 그런 강박적인 리비도적 강화를 옹호하기에, 인간사[*]에 대한 사리에 맞고 합당한 어떤 관리도 언제나 초과할 것이다. 『#가속하라』가 출판된 이후로 주도면밀하고 책임감 있는 구성적 정치로 전환하려는 좌파 가속주의의 시도는 그 옹호자들로 하여금 그들의 사변적 전망을 정당 정책과 신중한 개혁 계획의 규모로 축소하게끔 하였다 ─ 그리하여 오늘날 그런 경향은 다소 사라지거나, 혹은 더는 가속주의로서 유의미하게 서술될 수 없는 지경에 이르렀다(「텔레오플렉시」에서 랜드가 분명히 예견한 불가피한 사태이다).

반면에 온라인 폭주족은 그저 가속주의를 실행하고 있을 뿐이다. 그들은 그 밖의 것들을 고려하는 데는 거의 관심이 없고 그들이 찬양하는 과정들을 선도하는 척하는 가식을 전혀 나타내지 않는다. 그리하여 가

---

5. * '말단 온라인'(terminally online)은 "사회적 매체에 매우 깊이 빠져서 자신의 일상생활과 아무 관련 없는 화제에 전념하는 사람"을 가리키는 용어이다.

속주의는 미학적 응용의 한 형식으로 환원되는가? 이런 활동양식은 가속주의가 단지 우주적 과정 혹은 행성적 목적에의 관여에 대한 밀교적 요청만을 충족시킬 뿐이라고 때때로 비난받게 한 낭만주의를 영속화하는가? 가속주의 내부에는 자기-소멸에 대한 어떤 낭만적인 욕망이 언제나 끓고 있었지만 사회적 환상에서 내면의 황홀감으로의 낭만적인 탈주는 고립된 개인의 본분이며, 천년왕국주의는 미리 고정된 종점에 관한 개념을 필요로 한다. 그것은 강화되어서 더 넓은 문화로 서서히 스며드는 미시문화의 집단적이고 익명적인 실험적 구성과 사뭇 다른 것이다. 여기서 과거로부터 물려받은 주류의 사회적 형식들에 대체로 무심한 이용자들의 손에서 가속주의는 생산적인 것이 되는데, 그들에게 그런 형식들의 부조리한 진부함은 자명하다. 말단 온라인이 입수할 수 있는 모든 소통 수단을 거쳐, 그들의 즐거운 사변적 과잉은 안정성이 그럴듯한 목표라고 자신을 속이기보다는 오히려 기술에 의해 가능해진 탐사 과정들에 대한 인간주의적 규범의 장악력을 느슨하게 함으로써 얻을 것이 더 많이 있다는 확신을 전파한다.[6]

무엇이든지 예측을 하는 것은 어리석은 일이겠지만, 오늘날 가속주의는 일종의 문화적·정치적 힘이다. 이 책이 처음 출판되었을 때는 사정이 그렇지 않았음이 확실하다. 그런데 가속주의를 정치적 플랫폼으로 만들기를 원한 사람들에게는 미안하지만, 그것은 "무엇을 할 것인가?"라는 [레닌의] 질문을 제기하지도 않고 그것에 응답하지도 않음이 꽤 분명한 것처럼 보인다. 이것은 가속주의의 실천이 효과적일 수 없다고, 사실

---

6. 이것은 가속주의와 트랜스젠더 공동체 사이에 구축된 자연스러운(사실은 부자연스러운) 동맹에서 특히 명백했던 것이다 — 이는 특히 원-가속주의자 닉 랜드의 어떤 보수주의로의 퇴각을 보여주는 시금석 중 하나이다. 그 보수주의는 예상외로 문명적 책임에 대하여 언급하면서 생물학적 '진실'에 대한 '워크'(woke)의 무시를 대단히 우려한다. [woke는 보수주의자들이 정치적 올바름(PC)을 추구하는 사람들을 비꼬고 비난하는 속어이다. — 옮긴이]

상 변형적일 수 없다고 말하는 것은 아니다. 어쩌면 그것은 CCRU의 글에서 나타난 그것의 비의문화적occultural 근원의 견지에서 가장 잘 고찰될 것이다. 가속주의는 점복과 하이퍼스티션hyperstition의 양식으로, 아직 불완전하게 전개된 잠재태들의 탐지와 현실화의 실천으로, 열의의 규율, 무명의 조류 흐름을 환영하기에 대한 열정으로, 되돌아오기에는 너무 늦도록 당신의 역할을 다할 수 있을 만큼 일찍 미래에 굴복하는 무모한 성실성으로 간주된다.

2023년 8월 5일
로빈 맥케이

# 서론

로빈 맥케이 + 아르멘 아바네시안

1858
기계류의 생명 없는 수족이 그 구성에 의해서 하나의 자동장치로서 합목적적으로 작용하게 하는 과학은 노동자의 의식에 현존하지 않고 오히려 기계를 통해서 노동자에게 이질적인 힘으로, 기계 자체의 힘으로 작용한다.

칼 맑스

1970
분열된 성 계급, 인종 계급, 그리고 경제 계급의 통합이 각각 성 혁명, 인종 혁명, 혹은 경제 혁명의 전제조건인 것과 마찬가지로 심미적 문화와 기술적 문화의 통합은 문화 혁명의 전제조건이다.

슐라미스 파이어스톤

1994
카타스트로피(catastrophe)는 산산조각이 나는 과거이다. 아나스트로피(anastrophe)는 합쳐지는 미래이다. 역사 안에서 바라보면 발산은 임계 규모에 도달하고 있다. 매트릭스에서 바라보면 위기는 인류가 잘못 해석한 수렴이다.

세이디 플랜트 + 닉 랜드

2013
오늘날의 좌파에서 가장 중요한 분열은 지역주의와 직접 행동, 엄격한 수평주의의 통속 정치를 고수하는 사람들, 그리고 추상화와 복잡성, 세계화, 기술의 모더니티에 대해 편안하게 느끼면서 가속주의 정치라고 틀림없이 일컬어지게 될 것의 윤곽을 개진하는 사람들 사이의 분열이다.

알렉스 윌리엄스 + 닉 서르닉

가속주의는 정치적 이단이다. 가속주의란 자본주의에 근원적으로 대응하는 유일한 정치적 방식은 저항하는 것, 저지하는 것, 비판하는 것이 아니고, 자본주의가 자신의 고유한 모순으로 인해 사망하기를 기다리는 것도 아니며, 오히려 자본주의의 뿌리 뽑기, 소외하기, 탈코드화하기, 추상화하기의 경향을 가속하는 것이라는 단언이다. 가속주의라는 용어는 철학사상이 과잉의 자본주의 문화(혹은 반反문화)와 허무주의적으로 제휴하는 어떤 경향을 가리키기 위해 정치 이론에 도입되었는데, 그런 경향은 자본주의의 소외 과정에 내재적인 것을 찾아내려고 한 저작들에서 구현되었다. 전복과 묵인 사이, 현실주의적 분석과 시적 분노 사이에 놓인 이런 충동의 불편한 처지로 인해 가속주의는 치열한 논쟁을 불러일으키는 이론적 자세로 자리 잡게 되었다.

모든 가속주의 사상의 근저에 자리하고 있는 것은 자본주의의 구성요소들에 대하여 정치적·이론적으로 진보적인progressive 태도를 취함으로써 자본주의의 범죄와 모순, 부조리한 것들에 대항해야만 한다는 주장이다. 가속주의는, 봉건주의의 족쇄를 부수었을 뿐만 아니라 모더니티 특유의 끊임없이 가지를 치며 뻗어나가는 다양한 실천적 가능성도 구현한 해방적 원동력의 편에 서고자 한다. 대다수 가속주의 사유는 변화를 일으키는 이들 힘과 현시대 행성적 사회의 체제를 구축하는 교환가치 및 자본 축적의 공리계 사이에 맺어진 본질적인 관계로 추정되는 것을 검토하는 데 집중한다.

이런 입장은 두 가지 중요한 위험을 수반함이 명백하다. 한편으로는 최악의 정치politique du pire, 즉 최악의 상황을 바라야 하고 단지 묵시록이자 빈 서판tabula rasa으로서의 미래를 생각할 수밖에 없는 그런 정치를 냉소적으로 감수할 위험이 있다. 다른 한편으로는 자본주의가 자신의 내적 모순으로 인해 사망할 것이라는 단언을 시장에 대한 옹호로 대체할 위험이 있는데, 그리하여 이른바 시장 근본주의는 정치권력이 빠져들게 되어버린 수동적 묵종과 구별할 수 없게 된다. 그렇지만 그런 편의적인 극단주의적 캐리커처들은 다음과 같은 주장들 ─ 미래지향적이고 실재론적인 철학만이 참으로 진보적인 정치사상, 즉 물려받은 권위, 이데올로기 혹은 제도에 아무 신세도 지지 않은 사상을 구상할 수 있다는 주장과 이런 기반에 근거를 두고서 구축된 정치만이 인간 프로젝트와 더불어 아직 도래하지 않은 사회적·정치적 모험에 대한 새로운 시각을 개방할 수 있다는 주장 ─ 에 합류된 일단의 다양한 관념에 관한 고찰을 방해한다. 우리가 역사의 황량한 종점에 있기보다는 오히려 어떤 정치적 기획의 시작점에 있다는 가정은 오늘날 전 지구적인 문화적 균질화와 기후변화, 현행의 금융 위기에 직면하여 만연하는 사회적 우울증에 걸리지 않고 기대치를 유지하는 데 중요한 것처럼 보인다. 이렇게 전개되는 국면뿐만 아니라 그 국면이 인간에게 미치는 영향에 대한 시장의 무관심까지 맞닥뜨리게 되면 가장 명민한 자유주의자들조차도 자본주의가 여전히 모더니티와 진보의 매개물이자 필수 조건이라고 주장하기는 몹시 힘들어진다. 게다가 이런 상황에 대한 정치적 반응은 종종 앞을 바라보기보다는 오히려 뒤를 바라보는 것처럼 보인다.

절망은 자신의 적을 도착적으로 모방함으로써 위기에 처한 현시대 좌파의 지배적인 정서인 것처럼 보인다. 그리하여 현시대 좌파는 신랄한 비난, 언론에서 다루어지는 시위 그리고 유희적 파괴의 사소한 쾌락으로 자위하거나, 아니면 이론이라는 안전가옥에서 혹은 "비결정성"이라는 현대 예술의 자기만족적인 안개 속에서 자본 아래 인간 삶의 전면적인 포섭에 대한 우울한 "비판적" 경계를 유지하는 것이 저항을 구성한다는 도저히 믿을 수 없는 관념으로 자위한다. 헤게모니를 장악한 신자유주의는 어떤 대안도 없다고 주장하고, 계몽주의적 "거대서사"에 휘말리지 않도록 조심하는 기성의 좌파 정치적 사유는 자본에 오염된 기술적 하부구조와 맺게 되는 모든 관계를 경계하면서 자신이 뭉뚱그려서 "도구적 사유"라고 기각하는 어떤 문명의 유산 전체를 몹시 싫어한다. 그리하여 반사실적 역사의 형식과 탈중심화되고 전 지구적으로 통합된 체계에 아무런 영향도 미치지 않는 너무나 지역적인 개입의 형식을 제외하면 그 사유는 자신이 틀림없이 가능하다고 단언하는 대안을 제시하지 못함이 명백하다. 일반적인 추리에 따르면 모더니티 = 진보 = 자본주의 = 가속의 조건 아래서 유일하게 가능한 저항은 집단적인 유기적 자족성에 관한 환상을 통해서든 혹은 합리적 사유의 위험한 반<sup>反</sup>합목적성에 대한 현명한 경고와 무력한 비참주의[1]에의 고독한 퇴각을 통해서든 간에 감속하는 것이다.

　말할 필요도 없이 기술은 도구적 지배와 동일하고 자본주의 경제는 숫자들의 더미와 같다고 확신하는 유복한 자유주의적 좌파는 대부분의 경우에 구체적인 기술적 지성과 경제적 논증을 자신의 적들에게 맡겨 버린다. 이런 태도는 자유주의적 좌파가 그들보다 더 급진적이지만 마찬가지로 기술적 문맹인 강단 좌파와 공유하는 것이다. 강단 좌파는 자본주의를 그것의 구체적인 작동방식과 철저히 어긋나는 이론적 구성물로 맞닥뜨리기에 그들이 제공할 수 있는 것은 기껏해야 기적적인 사건들이 도래할 것이라는 믿음이다. 이것은 유기적 통속 정치[2]에 못지않게 효과가 없을 따름이다. 일부 사람들은 하이데거적 게라센하이트Gelassenheit, 즉 "내버려 두기"를 요청하며, 그리하여 우리가 희망할 수 있는 최선의 것은 파괴적 발전과 자연을 정복하거나 통제하려는 시도를 전적으로 단념하는 것임을 시사한다. 이런 선택지는 말할 필요도 없이 전 지구적 자본의 주관적 산물인 개체화된 특권층 방관자가 지닌 특전이기도 하다.

---

1. * '비참주의'(miserabilism)란 "비참하거나 우울한 기분의 상태를 즐기는 것처럼 보이는 태도나 입장"을 가리키는 용어이다.
2. * '통속 정치'(folk politics)는 "지역주의와 직접 행동, 엄격한 수평주의"를 고수하는 정치를 가리킨다.

비판적 사회민주주의에서 혁명적 마오주의에 이르기까지, "점거하라" 운동의 마이크 체크에서 포스트-프랑크푸르트학파의 불평불만에 이르기까지 관통하는 이데올로기적 구호는 다음과 같다. [자본주의의] 외부가 있음이 틀림없다! 그런데도 현실적 삶이 자본주의적 관계 아래 포섭되어 있다는 사실을 참작하면 자기만족적인 비판 및 항의의 의례와 그것이 제공하는 취약하고 순간적인 형태의 공동체성에의 정서적 애착과 순수성, 겸손에 대한 반동적인 강박에 사로잡힌 사람들이 배제해 버린 것은 무엇인가? 그것은 바로 자본의 죄악과 방해를 넘어서 다른 삶으로 구체적으로 전환하는 데 효과적일, 현행 체계의 구성요소들을 식별하고 선택하기 위한 실용주의적 규준이다.

최근에 가속주의가 좌파의 선택지로서 다시 출현한 맥락은 그러한 곤경에 처한 국면이다. 2013년에 알렉스 윌리엄스와 닉 서르닉이 「#가속하라: 가속주의 정치 선언」 (이하 MAP)이라는 선언문을 발표한 이후로 가속주의라는 용어는 전통적인 비판들과 퇴행적이거나 감속적이거나 혹은 복고적인 "해결책들"을 제외하고서 미래를 구상하는 것을 자체의 목표로서 공유하는 일단의 새로운 이론적 기획을 명명하는 데 채택되었다. 근년에 제시된 새로운 철학적 실재론들의 여파로 이들 가속주의적 기획은 갱신된 프로메테우스주의와 합리주의를 지지하여 인간의 유한성이라는 수사를 기피함으로써 미래를 구상한다. 요컨대 사회적인 것과 기술적인 것의 내재성이 증가하는 현상은 불가역적이고 사실상 바람직하다는 단언을 제기할뿐더러 이것이 현시대 정치에 가져오는 복잡성에 관한 새로운 이해를 발달시키고자 하는 약속도 제시한다. 이런 새로운 운동은 이미 활발한 국제적 논쟁을 초래했지만, 그 운동이 깨뜨리는 독단의 잠에 깊이 빠져 있는, 확고부동한 입장을 갖춘 사람들에 의해 자행된 많은 오해와 악의적인 적대의 대상이 되기도 한다. 이 독본의 목표는 가속주의의 역사적 궤적을 재구성함으로써 그것의 핵심적인 문제 사안들을 서술하고, 그것의 역사적·개념적 계보를 탐구하며, 그것이 보여주는 모든 가능성을 제시하는 것이다. 이는 가속주의의 잠재력을 철학적 배치와 정치적 명제로서 평가하기 위해서이다.

그런데 매번 아무 흔적도 남기지 않은 채로 만장일치의 혹평 그리고/혹은 부정적인 경멸의 바다 밑으로 가라앉는 고립된 분출의 형태로서만 현존하는 철학적 경향의 역사를 제시한다는 것은 무엇을 뜻하는가? 질 들뢰즈가 활성화하려고 노력한 사상가들의 "단속적인, 폭발적인, 화산의 열"처럼 가속주의의 흩어진 일화들은, 그것들 각각의 이질적인 영향과 일화들 사이의 긴 침묵으로 지금까지 잘 보이지 않게 된 불완전한 연속성을 나타낼 따름이다. 이 글을 쓰면서 우리는 현시대 가속주의가 여러 문제의 공통 지형에 대한 세밀한 지도를 그리는 과정에 있음을 깨닫는다. 그것은 이 풍경을 통해서 다양한 궤적을 묘사한다. 이 행로들은 그것들이 주제화하는 바로 그 사회기술에 의해 조직된 대화 속에서 매일 그 진로가 조정되고 방향이 재설정되며, "#accelerate"라는 해시태그가 전략적으로 채용됨으로써 그것들의 진전과 그것들이 제시하는 새로운 방향들을 추적할 전 지구적 주소가 제공되었다.

어떤 인쇄된 책(더욱이 이렇게 두꺼운 책)이 이처럼 급성장하는 분야와 관련하여 불가피하게도 감속을 야기할 것처럼 보일 수 있지만, 이런 성찰적 국면은 최근의 대다수 가속주의 사상과 전적으로 호응하고 있다. 처음에 상당히 경멸조로 사용된 용어[3]를 명시적으로 채용한 사실은 예견된 공격에 대한 반항을 시사한다. 그런데 또한 그것은 개정 과정―이전의 경향을 개선하고 선택하고 수정하고 강화함으로써 가속주의를 진

---

3. '가속주의'라는 용어는 1967년에 출간된 과학소설 『신들의 사회』에서 로저 젤라즈니에 의해 처음으로 고안되었으며, 그리고 Benjamin Noys, *The Persistence of the Negative*, 4~9에서 벤저민 노이스에 의해 비판적인 용어로 거론되었다. 노이스는 Benjamin Noys, *Malign Velocities*에서 가속주의에 관한 자신의 사색을 지속한다.

화하는 이론적 프로그램으로 재시동하지만, 동시에 그것을 시기상조의 도발, 즉 가속주의가 제도 정치와 정치 이론의 공인된 담론을 방해하기 위해 미래로부터 무자비하게 귀환하는 자극제라고 재주장하는 과정 — 이 진행 중에 있음을 가리킨다. 그러므로 이 독본의 목적은 철학적 대항역사의 작성, 즉 가속주의의 계보를 구축하는 작업에 관여하는 동시에 가속주의 '자체'를 도래할 지능의 가상적 예견 혹은 허구적 실천, 즉 하이퍼스티션hyper-stition의 예견으로 생산하는 것이다.

이런 개정 절차의 몽타주는 네 단계로 진전되는데, 먼저 MAP가 발표된 이후 가속주의의 미결정된 미래에 의해 전유되고 개편될 역사적 텍스트들의 세 가지 집합을 제시한 다음에 선언의 부름에 의해 촉발된 일련의 현시대 가속주의 텍스트를 회집한다.

## 예견

1부에서는 19세기와 20세기 초의 몇몇 사상가가 주연으로 등장하는데, 그들은 세계적으로 통합된 산업 복합체가 빠르게 출현한 사태와 교환가치가 옛 시대로부터 전해 내려온 가치 체계를 찬탈하는 상황에 직면했고, 기술 체계와 경제 체계 사이에 맺어진 관계의 정확한 본성을 이해하려고 시도하였으며, 그리고 이들 체계가 미래의 인간 사회와 문화에 미칠 잠재적인 영향에 대하여 추측했다.

**칼 맑스**는 아마도 그의 가장 공공연한 가속주의적 글인, 『정치경제학 비판 요강』의 「기계에 관한 단상」으로 대표된다. 여기서 맑스는, 노동자가 도구를 인간의 인지 능력과 신체 능력(노동력)을 확대하고 증강하기 위한 보철 기관으로 사용하는 방식과 고유의 기계제 생산 — 이것은 통합된 "기계들의 자동적 체계"가 출현한 시점까지 거슬러 올라가는 생산 방식으로, 여기서는 산업적 공정으로 활용되는 자연에 대한 지식과 통제가 직접적인 노동 수단을 대체한다 — 사이의 획기적인 전환을 기록한다. 이런 체계 내에서 노동자는 점점 더 보철물이 된다. 왜냐하면 그 체계는 노동자가 기계를 움직이게 하기보다는 오히려 기계가 노동자를 움직이게 함으로써 노동자를 그 "강력한 유기체"의 한 부분, 즉 기계의 기량 혹은 "이질적인 힘"에 종속된 "의식적인 기관"으로 삼기 때문이다. 개인들은 새로운 기계 문화에 편입되며, 그리하여 그 세계에 적절한 사유의 습관과 패턴을 갖추게 되기에 사회적 존재자로서 불가역적으로 재주체화된다.

『에레혼』의 「기계의 책」에서 **새뮤얼 버틀러**는 기계 체계에 관한 맑스의 추정을 전면적인 기계 열광으로 진전시킴으로써 사변적 인간학도 수반하는 자신의 이론적 기획의 본질적인 과학소설적 양태를 확대한다. 자본주의가 원시적이고 봉건적인 인간을 새로운 사회적 존재양식 속으로 옮겨놓는 사태와 기술이 밀접히 얽혀 있다면, 기계가 무엇이 될지에 관한 사변은 인간이 무엇인지에 관한 사변이자 인간이 무엇일 수 있을지에 관한 사변이기도 하다. 맑스가 매료되면서도 자본의 환상이라고 비난해야 했던 인간과 기계의 통합에 부합하는 버틀러의 시각, 즉 나중에 들뢰즈와 과타리에게 영감을 제공할 범기계주의는 인간의 노동에 어떤 특별한 자연적이거나 원초적인 특권도 부여하기를 거부한다. 미래에서 바라보면 인간은 도래할 기계 문명의 꽃가루 매개체에 지나지 않는 것으로 판명되지 않을까?

그런 기계 운명론을 거부하는 **니콜라이 표도로프**의 유토피아주의적 시각은 "코스미즘적"cosmist 팽창 전망 내에서 프로메테우스적 역할을 인간에게 유보한다. 표도로프는 인간의 과학적 역량이 무심하고 적대적인 자연에 합목적성을 도입할 수 있다고 간주한다. 표도로프는 인류가 이런 식으로 자연을 지배함으로써 얻게 되는 한없는 미지의 가능성에 대담하게 집단적으로 투자하라고 인류에게 권고하는데, 이를테면 세속적 관심사의 소박함을 버리고, 죽을 운명을 거부하면서 협소한 행성 서식지를 초월하라고 권고한다. 표도로프에 따르면 인간들은 자신들에게 주어진 서식지 너머에 도달하고서야 "공동과업"을 달성하기 위해 모여들면서 자신들의 집단적 운명을 실현할 수 있다.

『유한계급론』의 저자로 유명한 **소스타인 베블런**은 과학적·기술적 변화의 반란적 본성에 관한 물음을 근대 자본주의의 발전(독점기업과 트러스트의 출현)에 대한 자신의 진화적 분석의 일부로서 거론한다. 베블런의 경우에 궁극적으로 혁명적 행위주체성을 형성할 가망이 있는 계급은 프롤레타리아 계급이 아니라 전문가 계급, 즉 과학자와 공학자 들이었다. 베블런은 기계 체계의 경향을, 발전 과정에서 벗어나게 될 또 다른 제도적으로 낡은 것에 불과한 영리 기업의 에토스와 어긋나는 것으로 간주한다. 또한 중요한 것은 베블런이 "문화"를 협소하게 개량적 역할 ─ 기계 체계의 자동주의와 표준화에 따라 개인들과 사회적 관계들을 개편함으로써 촉발된 "사회적 문제들"을 보정하는 역할 ─ 의 측면에서 구상하기를 거부한다는 점이다. 그 대신에 베블런은 기계 과정이 인간 문화의 근본적인 전환으로, 그리고 인간 문화의 우발적인 원인보다 오래갈 것으로 이해되어야 한다고 단언하는데, 이것은 표도로프가 인간의 생활세계를 개편할 수 있는 과학과 공학의 역량에 대한 확신으로 무장하고서 "공동과업" 속에서 연합하는 "다중─단위체"를 전망하며 공유하는 가정이다.

가속주의의 핵심 주제들은 모두 이들 저자의 기획들에서 그것들이 나중에 전개될 다양한 형식들 ─ 묘사적·규범적·유토피아적·허구적·이론적·과학적·실재론적 형식들 ─ 과 더불어 그 싹이 나타난다. 기계 과정의 사변적 외삽, 이 과정은 사회적인 것이자 기술적인 것이자 인식적인 것이라는 단언, 그리고 자본주의, 무심한 형태의 교환가치, 그로 인한 이전의 모든 사회 구성체 및 주관적 습관의 부식 사태와 기계 과정의 관계에 관한 탐구, 덧붙여 기계 과정이 문화에 미치는 영향과 그것이 인간 ─ 영구적으로 주어진 것으로서의 자연의 풍파를 겪을 수밖에 없는 존재자로 여겨지지 않고 오히려 점점 더 기술적 수단을 통해서 매개되는 (그 자신을 포함하는) 자연에 대한 관계가 가변적이고 유동적인 역사적 존재자로 여겨지는 인간 — 을 위해 펼치는 새로운 가능성 등이다.

## 발효

2부는 정치경제에 대한 이론적 분석을 인간 욕망의 사회적 구성에 관한 이해와 통합하려고 노력한 현대 프랑스 철학의 한 국면을 주로 다룬다. 1968년 5월의 여전히 이해되지 않은 사건들에 의해 활성화되고, 전통적인 정당정치의 정체된 흐름에 대한 전면적인 거부로 견인되었으며, "맑스-프로이트 종합"과 관련된 이들 사상가는 자본으로부터의 해방이 변증법적인 것을 통해서 모색되어야 하는 것이 아니라 오히려 자본주의 기계 자체에 의해 자유롭게 된 다형적 도착에 의해 모색되어야 한다고 주장한다. 들뢰즈와 과타리, 리오타르, 그리고 리포베츠키의 저작들에서 가치형태의 무차별성, 노동의 기계 성분, 그리고 그것들을 통한 이전의 모든 사회적 관계의 무자비한 재설정은 새로운 유동적인 사회체를 창출하기 위한 엔진으로 여겨진다. 여기서 해방을 약속하는 것은 1968혁명의 꿈꾸는 듯한 탈선행위와 비교하면 무색해짐이 틀림없는 정당정치라기보다는 오히려 자본에 의해 사회적 관계가 빠져들게 되는 보편적 분열증이 있는 내재성이다. 가속주의의 신조가 최초로 공공연히 표명된 것은 바로 이 시점인데, **질 리포베츠키**에 의해 가장 명시적으로 다음과 같이 표명되었다. "'혁명적 행동'은 지금까지 끊임없이 혁명적이었던 자본의 체계를 전복하고자 하는 것이 아니라 오히려 그 체계의 전적으로 급진적인 리듬을 완결하는 것이다. 말하자면 신체들의 변형 과정을 가속하는 행동이다."

「인류의 쇠퇴인가?」에서 **자크 카마트**는 "자본의 자율화"에 관한 맑스와 베블런의 성찰을 확장한다. 그는 맑스의 사상에 담긴 어떤 상반된

분석들을 최대한 시험하는 중에 자본에 관한 맑스의 사유가 지닌 결점들이 드러난다고 주장한다. 맑스는 자본이 자신의 고유한 "자기증식" 과정 ─ 자본에 의한 생산의 "혁명적인" 무조건적 발전이 궁극적으로 자본주의 생산관계를 전복할 가망이 있는 방식 ─ 을 차단한다고 주장한다. 그러므로 자본은 (이전의 모든 사회 구성체를 파괴함으로써 입증된) 혁명적인 힘이면서 또한 또 다른 사회적 관계의 양식에서 이 힘이 거두는 궁극적인 승리에 이르는 도중에 나타나는 하나의 장애, 어떤 한정된 형태, 혹은 과도기적 국면에 불과한 것이기도 하다.

카마트에 따르면, 여기서 맑스는 프롤레타리아 계급의 혁명적 역할이 자본주의 자체에 의해 접수되는 정도를, 특히 자율적 형태의 기계 자본이 발휘하는 "이차" 생산력의 폭주 가속을 통해서 접수되는 정도를 과소평가한다. 그런 사태는 어떤 모순의 위기도 초래하지 않음이 명백하다. 자본에 의해 인간의 생산력이 자본의 생산관계를 능가하는 정도까지 발전하였다기보다는 오히려 (인간 노동력을 포함하는) 생산력은 이제 인간을 위해 존재하는 것이 아니라 단지 자본을 위해 존재할 따름이다. 그러므로 카마트는 우리가 맑스를 "자본의 쇠퇴에 대한 예언자"가 아니라 오히려 인간의 퇴락을 예언하는 카산드라로 해석할 수 있다고 넌지시 주장한다. 자본은 인간 의지와 정말로 독립적일 수 있고 독립적인 것이 되었으며, 그리고 자본에 의해 새롭게 개편된 사회기술적 존재자들을 코뮤니스트 주체로 발달시킬 어떤 개입을 위한 모든 기회는 확실히 사라졌다.

알튀세르와 콜레티 같은 동시대인과 유사한 노선을 따라 카마트는 이렇게 결론짓는다. 모순이 없기에 변증법도 없다. "이 점에 관해 우리는 의견이 일치한다. 인간은 죽었다." 더 정확히 서술하면 인간은 자본에 의해 수동적인 기계 부품으로 전환되었고, 자신이 자본에 맞서 반란을 일으킬 수 있게 할 어떤 "환원 불가능한 요소"도 더는 소유하지 않게 되었다. 카마트의 경우에 이와 같은 인간의 완전한 통합에 대한 유일한 대응

책은 절대적 반란이다. 자본주의의 역사적 생산물 전체가 비난받아야 하며, 사실상 우리는 사회적 관계에 대한 분석의 근거로서의 생산 전체를 거부해야 한다. 그러므로 카마트의 경우에 혁명적인 사상은 맑스가 생산주의에 가치 부여한 점을 거부하도록 촉구하면서 절대적 퇴각을 권고하는데, 우리는 단지 "이 세계를 떠날" 수 있을 뿐이다(그리하여 카마트의 저작은 정치사상에 있어서 아나코-원시주의 사조에 강한 영향을 미쳤다).[4]

그런데 카마트는 가속주의자가 결코 아닌데도 이런 극단적 곤경을 서술함으로써 가속주의를 위한 무대를 설정한다. 실질적 포섭에 직면했을 때 전면적인 탈퇴 이외에 무의미한 단편적인 개혁주의에 대한 어떤 대안이 존재하는가? 혁명적 힘, 인간 주체성, 그리고 자본주의 사이의 관계가 달리 생각될 수 있는가? 소외는 어디에서 끝나고 가축화는 어디에서 시작하는가? 생산력의 향상은 필연적으로 사회화된 부로 전환될 수 있는가? 카마트의 신랄한 비관주의는 가속주의를 부정적으로 약술하는데, 그는 "자본의 공동체"에의 포섭이 자본에 의한 인간의 전환에서 최종적인 종점이라는 믿음을 견지한다. 그렇지만 여전히 혁명적 사상을 탐색하면서, 그리고 자신의 그런 분석에도 불구하고 아직도 저항할 수 있으며 자본의 "바깥에서" 실현될 수 있을 어떤 근본적인 인간 본질에 대한 신념 ― 오늘날 구상되는 많은 급진적인 정치적 대안의 근저에 놓여 있는 입장 ― 도 카마트는 견지한다. 이와는 대조적으로 자본에서 작동하는 양면인 힘을 달리 분석하는 가속주의는 생산력의 해방에 의해 초래되는 인간의 끊임없는 역동성과 전환을 역설하며, 그리하여 이들 혁명적 힘과 제휴하면서도 가축화에 맞설 수 있고 사실상 그로부터 "벗어나"는 유일

---

4. 가속주의와 관련된 카마트에 대하여 더 알고 싶다면 Ray Brassier, "Wandering Abstraction"을 보라.

한 방식은 더욱더 빠져드는 것이라고 주장한다.

**질 들뢰즈＋펠릭스 과타리**의 『안티 오이디푸스』는 카마트에 의해 언급된 바로 그 양면성을 진전시킴으로써 자본주의를 혁명적인 운동 – 탈코드화하고 탈영토화하는 운동 – 으로 모형화하는 동시에 낡은 코드들을 끊임없이 재영토화하여 그것들을 자본주의가 방출하는 유출물을 포함하도록 문화의 "신新의고주의적" 시뮬레이션으로 무심하게 재설정하는 운동으로 모형화한다. 모든 좌파 정치 담론이 시달리는 문제, 즉 "혁명적 경로"가 아무튼 존재하는지 여부에 관한 물음을 재구성하기 위해 진정한 가속주의 전략이 출현하는 사태는 이런 동역학 내에서 이루어진다. 『안티 오이디푸스』에서 발췌되어 이 독본에 수록된 글에 포함된, 들뢰즈와 과타리의 저작에서 필경 가장 유명한 "가속주의적" 구절이 통속 정치적 접근방식(이 경우에는 사미르 아민의 제3세계주의적 분리주의)과 정반대 방향의 접근방식 사이의 이분법을 배경으로 펼쳐지는 것은 우연이 아니다. "말하자면 시장의 움직임, 탈코드화와 탈영토화의 움직임 속에서 더욱더 멀리 가는 것? 그 이유는 어쩌면 고도로 분열증적인 특질을 갖춘 이론과 실천의 관점에서 바라보면 흐름들이 아직 충분히 탈영토화되지 않았고 충분히 탈코드화되지 않았기 때문이다. 경과에서 물러서지 않고 오히려 더 멀리 가야 하는데, '경과를 가속하라.'" 들뢰즈와 과타리는 적어도 1972년에 후자를 선택한 것으로 유명하다. 현행의 위기는 붕괴를 재촉하는 모순이라기보다는 오히려 여전히 자본주의 생산성의 내재적 원천이며, 또한 이것은 생겨나는 모든 모순을 소화할 수 있는 언제나 새로운 공리계의 생산을 수반한다. 들뢰즈와 과타리의 경우에 이들 과정의 필연적인 종결은 전혀 없는데, 사실상 모든 한계의 부재가 그들의 주요한 가정이다. 그런데도 자본주의 사회체가 보편적인 분열증을 지닌 어떤 내재적인 것으로 언제나 더 가까이 끌려감에 따라 그들은 (더욱더 탈영토화하는) 탈주선이 실제적 전망이라고 넌지시 주장한다.

1970년대 초부터 저술한 저작들에서 **장-프랑수아 리오타르**는 이론적 저작과 비판에서 제기되는 성찰적 감속에 맞서는 『안티 오이디푸스』의 투쟁에 합류하는 동시에 들뢰즈와 과타리의 이단적 주장들을 확대한다. 일련의 특별한 텍스트에서 정치적인 것과 리비도적인 것의 내재성에 대한 주장이 글쓰기 자체 내에서 재현된다. 『리비도 경제』에서 리오타르는 맑스에게서 억압된 일단의 주제를 드러낸다. 맑스의 모든 저작 자체는 자본주의의 액체화 경향이 나타내는 가상적 가속 및 외삽을 향유하려는 욕망, 그리고 사악한 행위들을 저지른 혐의로 자본주의를 기소할 언제나 유예된 의지 사이의 리비도 "장치"dispositif 분할로 여겨진다(이는 "어린 소녀 맑스"와 "수염을 기른 늙은 검사 맑스"라는 등장인물로 구현된다).

놀랍게도 리오타르는 『안티 오이디푸스』를 기본적으로 논쟁적인 반反정신분석학적 팸플릿이라고 해석하기보다는 오히려 맑스주의의 비평 기구apparatus에서 원한감정ressentiment과 정당정치의 사소한 권력 구조를 육성할 따름인 그런 부분들을 암묵적으로 폐기함으로써 맑스주의를 전복하고 변형하는 은밀한 무기로 해석한다. 자본주의에 의해 초래된 전위轉位 — 일반화된 냉소주의의 해방, 내면화된 죄책감에서 벗어남, 물려받은 관습과 의무의 폐기 — 를 "환상적"이고 "소외된" 것이라고 공공연히 비난하는 동시에 프롤레타리아 계급에 빚진 것을 변제하라고 체계에 항의하고 불평한다는 이유로 리오타르는 맑스주의의 슬픈 정념을 비판한다. "자본"의 탈코드화 과정에 의해 특징지어지는 분열분석학의 관점에서 바라보면 도착, 리비도적 신체와 그것의 액체 투자가 있을 따름이고 "자연적" 위치는 전혀 없다. 그런데 비판은 자신의 도덕적 권위를 행사할 수 있는 모순, 부정한 것으로서의 소외된 프롤레타리아 계급의 실존을 산출하려고 노력하는 데 자신의 에너지를 투입한다. 오히려 리오타르는 기술적·사회적·리비도적 신체들의 내재성의 관점에서 다음과 같이 묻는다. 어떻게

산 노동이 분해될 수 있을 것인가? 신체가 이미 파편이고 통합에의 의지가 단지 하나의 도착에 불과하다면 어떻게 신체가 자본주의의 교환 가능한 가치형태에 의해 파편화될 수 있을 것인가? 그러므로 리오타르는, 자발적으로 아나키즘적 비합리주의의 위험을 무릅쓸 뿐만 아니라 또한 산업 프롤레타리아 계급이 자본의 손에 당하는 자신의 기계적 해체를 향유하는 사태를 불미스럽게도 옹호하는 에너지학을 제안한다. 리오타르는 과감히 우리에게 "그것을 인정하라…"라고 말한다. 자본주의의 발본적 정동 역시 주이상스의 원천, 즉 욕망을 동원하는 것이다.

『안티 오이디푸스』를 자본주의의 내부에서 구체화되기 시작하는 새로운 리비도 배치의 가장 강렬한 생산물 중 하나로 찬양하는 리오타르는 자본의 위 속에서 번성하는 바이러스 같은 "새로운 장치"를 소환한다. 1960년대 말과 1970년대 초의 쉼 없지만 방향이 없는 청년 운동에서 모든 현학적인 이론적 비판에 의해 질식당하지 않을 "또 하나의 형상figure이 나타나고 있다." 들뢰즈와 과타리가 단언하는 대로 "모순으로 인해 죽는 것은 아무것도 없"으며, 자본주의를 살해할 유일한 것은 그 자신의 "과잉"과 그것에 의해 풀려나는 "쓸모없음", 즉 반反생산의 조절 메커니즘을 능가하는 종잡을 수 없는 욕망의 과잉이다.

그래서 여기에서 비판을 삼가면서 글쓰기는, 모든 유산과 고체성을 액체화하는 자본에 의해 해방되는 악령 에너지와 협약을 체결한다. 그러면서 그것은 자본이 열고 있는 미지의 미래에 모든 것을 투자한다. 프롤레타리아 계급의 타락에 대한 리오타르의 의도적으로 불미스러운 찬양을 읽고서 불편함을 느끼지 못할 사람은 거의 없을 것이다. 그런데 그것은 인간의 힘과 노동력에 대한 진술되지 않은 맑스주의 신조의 가장 깊은 말뚝을 들춰내는 데 성공한다. 그 어떤 인간의 생산성, 일차적 경제 생산성도 절대 존재하지 않고 오히려 리비도적 신체들과 그것들의 투자, 그것들의 집착만 존재한다면 이론이 기계로부터 노동자를, 자본으로부터 프롤레타리아 계급을 "구조"한다고 주장하기 위한 도덕적 수단 – 혹은 그들에게 자신들을 구조하도록 타이르기 위한 수단 – 을 어디에서 찾을 것인가?

「반복의 권력」에서 **질 리포베츠키**는 『리비도 경제』의 분석을 정초하는 욕망의 근거 없는 형이상학(리오타르 역시 또 하나의 허구 혹은 리비도 장치에 불과한 것으로서 거부하는 형이상학)을 개괄적으로 해설한다. 리포베츠키는 반복의 권력과 동일성의 회복, 그리고 자본의 편력하는 변성적 경향 사이의 이분법을 매우 명료하게 제시하면서 중요한 구분을 제기한다. 자본주의는 자신을 단속하고 이윤을 추출하는 데 필요한 최소한의 안정성을 보증하는 반생산의 힘들에 의존하는 것처럼 보일 수 있다. 그런데 사실상 이들 "경비견"은 "신체들의 재조합"을 이루어 내는 "침전 실험"으로서의 자본이 지닌 경향을 가로막는 걸림돌이다. 그리고 이런 경향은 해방 담론과 실천이 반영해야만 하는 측면이다. "자본주의 권력"을 비판하는 "맑스주의적 반사 행동"에 저항하는 리포베츠키는 그런 것은 존재하지 않고 오히려 사실상 자본의 전진을 저지하는 다수의 힘만이 언제나 존재한다고 진술한다. 그러므로 리포베츠키는 혼돈과 영구혁명에 대한 리오타르의 요청을 반복하는데, 요컨대 새로운 권력형태로 다시 정착하는 새로운 이질적인 재조합을 막을 방법은 없다. 우리는 자본의 비인간적 속력과 경쟁하여 그것을 초과해야 하며, "영구적이고 가속된 변성적 편력" 속에서 "계속 움직여"야 한다.

더 나아가 리포베츠키는 리오타르가 확충한, 맑스와의 중요한 결별 중 하나에도 주의를 기울인다. 들뢰즈와 과타리의 경우에 자본주의를 분석하는 데 인간 노동력보다 더 기본적인 것은 자본주의가 신용이라는 기능을 통해서 시간 자체를 동원하는 방식이다. (『정치경제학 비판 요강』에서 맑스 자신이 선언하는 대로 "시간의 경제, 이것으로 모든 경제가 궁극적으로 환원된다.") 리포베츠키는 자본의 추정된 "모순들"은 시간의 배치에 관한 문제임을 확인한다. 따라서 그의 가속주의는 미래를 통해 현재를 본질적으로 탈안정화하는 자본의 시간적 고리 형성을 과거에 대한 모든 안정화하는 재현과 대항시킨다.

이런 미래 지향성은 서술과 처방, 이론적인 것과 훈계적인 것을 구별하지 않고자 하는 리오타르의 시도에서도 작동하는데, 이 시도는 나중의 가속주의들에서 확대될 것이다. 이를테면 닉 랜드가 쓸 것처럼 "이론의 사이버네틱스와 사이버네틱스의 이론 사이에는 실제적 선택지가 전혀" 없다. 어떤 이론의 주체는 그 이론이 서술하는 과정의 외부에 더는 있지 않게 된다. 그 주체는 자본이 자신의 고유한 한계를 끊임없이 변환하는 것과 떼어 놓을 수 없는 자유로운 실험에 내재적인 기계 부품으로서 통합된다. 그 실험은 가상적 미래들을 통해서 현실적인 것을 재가공함으로써 작동하며, 그리하여 과거를 보존할 모든 보루를 해체한다. 이론은 이런 타임머신 철사에 자신을 연결함으로써 자신의 고유한 불활성의 제약을 벗어나고자 한다.

이들 텍스트의 지속적인 수사학적 힘을 부인하는 것은 사실상 야비할 것이다. 그것들이 영구혁명을 소환하리라는 희망은 현시대의 관점에서도 호소력이 여선히 강하다. 리포베츠키의 해설의 극명함에서 언뜻 볼 수 있는 대로 정치와 비판의 폐허 위에서 춤을 추는 그들의 절박한 기쁨 아래에는 어떤 "카마트적" 체념(리포베츠키가 말하는 대로 "더 나은 것이 전혀 없다는 이유로" 가속주의를 택할 수밖에 없다는 체념)의 징후가 있으며, 그리고 20세기 말 소비자 자본주의의 신보수주의적 풍경에서 영구적인 창의적 축제의 정신이 담당하게 될 통합적 역할에 대한 무의식적인 예견의 징후가 있다.

「예견」 부분에 포함된 작가들은 그들의 분석에서 가치형태와 기계 생산의 갑작스런 등장이 "단지 경제적인" 문제가 아니라 오히려 인간 문화의 전환과 사실상 인간임이 뜻하는 바의 전환 중 하나임을 강조했다.

리오타르의 「광신자 자본주의」의 유동적인 화제에서 분명히 볼 수 있는 대로 다른 문화적·사회기술적 조건 아래에 있는 이런 두 번째 '발효' 단계의 가속주의에 관한 텍스트들의 경우에도 사정은 마찬가지이다. 그 입장은 급진적인 페미니즘 활동가이자 이론가인 **슐라미스 파이어스톤**에 의해 모범적인 방식으로 정립된다. 파이어스톤은 세계에 대한 심미적 반응을 실제적 초월의 기술적 성취에 투여될 수 있을 에너지의 낭비로 일축하는 표도로프의 분명 근시안적인 관점을 넘어서 "구상할 수 있는 것을 가능한 것으로 실현하기"의 이들 두 가지 양식[심미적 양식과 기술적 양식]의 분리가 계급 장벽과 성 이원론 같은 제약의 인공물이라고 역설한다. 파이어스톤은 그것들을 융합할 '반문화' 혁명을 구상하는데, "과학적 발견의 집성체(새로운 생산양식들)는 마침내 이들 양식을 사용하는 경험적 (자본주의) 양식에서 벗어남이 틀림없다"라고 주장한다. 이런 문화혁명에 대한 파이어스톤의 요청에서 문제는, 표도로프의 경우처럼 상상의 초월을 초월에 관한 실제 기획으로 대체하기의 문제가 더는 아니고 오히려 상상의 전망과 실제 행위 사이의 분리를 없애기의 문제이다.

문화를 "인간이 구상할 수 있는 것을 가능한 것으로 실현하고자 하는 시도"로 규정하는 파이어스톤의 정의를 채택한다면 우리는 (베블런이 지적했던 대로) 기계 문화의 부식 효과를 달래주는 것으로서의 문화를 주체에 적용하는 것이 단지 문화 자체 내부의 분열을 가리킬 뿐이라는 점을 즉시 알 수 있다. "환경을 제어하기 위한 기량, 즉 기술의 축적"에서 입증된 인간의 프로메테우스적 잠재력은 심미적 사고방식과 과학적 사고방식 사이의 대화가 방해받음으로써 발이 묶이게 된다. 산업, 과학, 그리고 기술이 상업과 교환가치에 포섭됨에 따라 다른 심미적 가치들에 관한 물음은 시장을 보정하는 "외부"의 문제, 사적인 (그리고 시장화된) 쾌락으로의 퇴각의 문제가 된다.

소설가 J. G. **밸러드**는 이 독본의 2부를 마무리하면서 예술적 양식과 기술적 양식의 융합에 대한 파이어스톤의 요청을 반영하는데, 그는 과학소설[5]의 역할을 "점점 더 인공화되는 사회에서 유일하게 가능한 리얼리즘"으로 옹호할 뿐만 아니라 그 가속의 한 성분으로도 옹호한다. SF는 공포를 흥분된 기대로 용해하며, 암묵적으로 독자에게 "자신의 삶과는 근본적으로 다른 삶"을 준비시킨다. "과거보다 미래가 현재의 더 나은 지침이다"라는 점을 수용하는 SF는 현재의 의미를 다듬는 데 개입하기보다는 오히려 사변적 재조합을 통해서 미래를 구축하는 데 관여한다. SF가 기입하는 유일한 의미는 아직 파악되지 않은 "자동차 계기판 위에 번득이는 어슴푸레한 빛의 의의"이다. 파이어스톤과 마찬가지로 밸러드는 개별 예술가와 고급문화의 천재 숭배를 기꺼이 내던져 버리고, 그 대신에 소설을 이미 진행 중인 전 지구적 산업 및 소통과 소탈하게 융합하는 노선을 따라 SF의 미래를 상상한다.

가속주의의 이런 '발효' 단계의 종언에 구두점을 찍는, "냉장고 캐비닛의 희미한 빛, 근육 조직과 크롬 인공물의 연접"의 밸러드 세계는 「욕망혁명」이라는 잘린 텍스트에서 되풀이된다. 여기서 리오타르는 1968혁명의 꿈-작업을 제도권 정치와 정당 야바위꾼들에게 양도하기를 거부하며, 그리하여 스펙터클한 잘린 현실의 가속물, 즉 정치적·심미적 재현에 대한 최후의 일제 사격을 개시하는 "소외된 단편들의" 가속된 콜라주를 통해서 그것의 불가피한 회복에 대항한다.

## 사이버 문화

1990년대에 자본의 탈영토화 힘과 맺어진 광란적 동맹 및 그것이 글

---

5. * 원문에서 'science fiction'으로 표기된 경우에는 '과학소설'로 옮겼으며, 'SF'라는 약어로 표기된 경우에는 'SF'로 옮겼다. 독본에 실린 글의 저자들이 다양하기에 저자마다 표기법이 다른 점을 반영하여 이와 같이 옮겼다.

쓰기에서 촉발한 형식적 발효는 영국에서 사상가들의 한 소집단에 의해 한층 더 추구되었다. 3부의 저자들은 리오타르의 선례를 좇아서 인간 주체의 결핍과 인공적인 기계권으로의 통합을 단순히 진단하지 않고 오히려 전파하고 가속하려고 시도한다. 들뢰즈와 과타리, 리오타르, 그리고 리포베츠키 같은 사람들에 의해 구상된 욕망하는 생산의 축제적 분위기 위로 어둠이 내려앉아 버린 상황은 **닉 랜드**가 저술한 「회로들」의 서두에서 즉시 분명해진다. 전 지구적 디지털 기술 네트워크가 출현할 즈음에 이들 사상가는 리오타르와 리포베츠키의 작업을 재발견하고 재해석함으로써 그것을 반인간주의적 재활론anastrophism으로 발전시킨다. 그들의 텍스트는 그 이론의 폭력적이고 어두운 함의들을 음미하고, 근본적인 소외를 오직 자본만이 접속 코드를 가진 생명독재 보안 구역에 감금되는 것에 해당하는 인간 유산에서 벗어나는 유일한 길로서 옹호한다. 이런 관점에서 바라보면 리비도 경제의 말기 단계들은 모든 원동력이 인간 주체에서 자본으로 이전되는 사태를 우발적 표류, 인간을 위한 해방의 개시로 (긍정적으로) 오인한 것처럼 보인다. 포스트모더니즘은 이런 오인을 애도할 수밖에 없지만, 그래도 가속주의는 인간 문명에서 벗어나고 있는 것을 즐겁게 탐구하는데,[6] **세이디 플랜트+닉 랜드**의 「사이버포지티브」에서 개관된 대로 모더니티를 미래로의 "재활적" 붕괴로 여긴다.

어조와 주제의 급진적인 전환은 개념적 연속성에도 불구하고 그 사이의 공백과 관련될 수 있다. 일이십 년 전 프랑스의 상황과 무엇이 달랐는가? 달랐던 점은 바로, 특히 영국의 대중문화에서, 자본에 의해 구축된 기괴한 기계-유기체가 산출한 "상상도 못 할 소외"를 즐기며 음미하는 어떤 성향—그들이 맑스주의자든 그렇지 않든 간에 지식인들 혹은 정치인

---

6. 이런 계통의 가속주의에 관한 더 많은 정보는 Nick Land, *Fanged Noumena*의 상세한 편집자 서론을 살펴보라.

들에 의해 그런 소외로부터 "구조되"는 것에 대하여 명백히 무관심한 태도와 더불어 – 이 출현했다는 사실이다. 이런 새로운 종류의 가속주의가 전개되는 사태에서 주요한 인자로서 여기서 특히 강조할 만한 것들은 파티와 마약 문화의 집단적인 약리학적·사회적·감각적·기술적 모험, 그리고 윌리엄 깁슨의『뉴로맨서』 3부작과 〈터미네이터〉, 〈프레데터〉 그리고 〈블레이드 러너〉 영화들(이것들은 모두 3부의 저자들에게 핵심 '텍스트'가 되었다)을 비롯한 디스토피아 사이버펑크cyberpunk SF에 대한 대중 투자와 매체 기술(VCR, 비디오게임, 컴퓨터)에 의한 가정환경의 동시다발적인 침해이다. 밸러드가 예측했던 대로 SF는 방향을 상실한 현재의 현실을 다룰 수 있는 유일한 매체가 되어 버렸다. 모든 것은 SF이고, SF는 암처럼 퍼진다.

1990년대 사이버 문화는 이들 음향적·영화적·소설적 허구를 이용하여 리비도 경제의 출력을 강화함으로써 그 경제를 주로 상업과 디지털화의 연동 체제들에 결합하며, 그리고 인간의 감각중추를 기계 열광 상태로 확산시키고자 하는 파국적 욕망에 가둔 일단의 미학적 정동에 가치를 부여함으로써 리오타르의 주이상스에 내재한 죽음 충동을 현시한다. 어둠과 정글의 디스토피아적 선율은 SF 영화 서사들의 심란한 주문을 표본 추출하여 반복함으로써 소외를 심화했으며, 그리하여 사이버 문화 저자들은 인간의 편에 서지 않고 오히려 터미네이터 – 기계의 발흥에 대한 인간의 저항을 근절하기 위해 시간을 거슬러 이동하여서 현재의 전장에서 미래 전쟁을 수행하는 사이보그 – 의 편에 서고, 현재에 잠입하기 위해 자신을 어떤 객체로도 위장할 수 있는 "의태성 다중합금"으로 표현된 〈터미네이터 2〉의 미래 초유체 콤메르키움commercium의 편에 서며, 돌이킬 수 없는 오염(기계 근친상간)으로부터 진정한 것, 인간적인 것을 보호하는 책임과 유기적 노동 혹은 "자연적 인간성〔이라는 허구적 형상〕의 유지"를 보장하는 과업을 부여받은 생명독재 수호 요원이자 수염을 기른 늙은 검사 맑스의 동지인 블레이드 러너의 반대편에 선다.

"명령과 통제"에 전념하는 어떤 "음성 사이버네틱스"의 형상에서 리비도 표면 위에 내면성과 동일성을 반복적으로 생산하는 리포베츠키의 작업을 재발견한 사이버 문화는 모더니티의 폭주 회로에 묻어 들어가 있는 "양성 사이버네틱스"로 그것에 대항한다. 여기서 "시간 자체는 고리를 이루"고 유일한 명령은 자본의 잠재적 미래성이 과거를 해체하고 현재를 다시 쓰도록 그것을 격렬히 휘저으라는 명령이다. "인간 보안 체계"를 강화하려고 헛되이 시도하면서 인간과 그 기술적 타자 사이의 예방적 경계를 끊임없이 되새길 것을 강력히 주장하는 "면역정치"에 맞서서 사이버 문화는 이전의 기계 열광의 가장 어두운 전망을 살펴본다. 그 가운데서 사이버문화는 버틀러를 반영하여 "지상 문화의 인간 지배"의 종언을 예견하고, 확연해지는 비인간 지능 — ⟨터미네이터⟩의 스카이넷Skynet, 즉 당대의 현실이 이해되는 유일한 시각을 각색하는, 미래에서 온 악의적인 지구적 인공지능(이하 AI)으로 재형상화된 맑스의 환상적인 "고결한 영혼" — 의 숙명적인 불가피성을 환영한다.

면역정치와 사이보그 반란 사이에서 벌어지는 이런 정글전이 정치의 무대를 비우면서 이론 안에서 펑크의 부정과 사이버의 반복되는 기계 긍정의 문자 그대로의 용접 — "요구 없음. 전략의 암시 없음. 논리 없음. 희망 없음. 종결 없음 … 공동체 없음. 변증법 없음. 대안 국가를 위한 계획 없음"(CCRU) — 을 실현함으로써 가속주의의 가장 "사악한" 경향들이 주도면밀하게 완결된다. 이런 도발은 이 과정들에 관한 단순한 서술을 넘어서 자신이 환기하는 미래를 구성하기 위한 도구로서의 이론과 픽션을 리믹스-와-샘플 체제에 따라 교차적으로 사용한다. 그러므로 ⟨사이버네틱스 문화 연구단⟩(이하 CCRU)이라는 집합체의 수행-회집체들이 저술한 초지진적으로 과부하가 걸린 텍스트("표본 속도의 텍스트")들은 여기서 단지 부분적인 성분들이었을 뿐이다.

# 가속

　마지막 부분은 이 독본 전체가 지향하는 현시대의 융합을 기록한다. 현시대 가속주의는 단순한 기술낙관주의와 거리를 두면서도 도피주의적 해결책에 대한 반감, 심지어 혐오를 유지하며, 그리고 자본주의의 역사적 산물인 기술을 (거부하기보다는 오히려) 재편하고 그 용도를 변경하는 것에 대한 의욕적인 관심을 유지한다. 1970년대와 1990년대의 가속주의에서 가장 두드러지게 내던져진 것은 이론적 입장을 리비도 형상으로 환원하는 경향이다. 사라진 것은 현시대의 국면에 관해서 쓰기보다는 오히려 그 국면과 더불어 쓰려는 시도이고, 뜻밖으로 나타난 것은 계몽주의적 가치와 드러나게 명령조인 합리주의에 대한 요청이다. 오늘날의 가속주의들은 그 전신들의 열광적인 허무주의와는 명백히 대립적이지만 20세기 말과 21세기 초에 걸친 수십 년의 프리즘을 통해서 그것들을 개선하고 재고한 산물로 여길 수 있다. 대충 말하자면 오늘날 "프랑스 이론"의 아나키즘적 경향은 사회기술적 하부구조의 전유와 포스트자본주의 경제 플랫폼의 고안에 대한 관심에 의해 완화되며, 사이버 문화 시대의 빈인간주의는 맑스와 표도로프 같은 부류의 사람들에서 나타나는 프로메테우스주의적 인간주의와의 종합을 통해서 합리주의적 비인간주의로 전환된다.

　다시 한번 이런 외관상의 단절은 중간의 기간을 고찰함으로써 이해될 수 있다. 이 시기에는 "창의성"에서 윤리적 소비주의와 정치적 수평주의 ─ 이것들은 모두 자본주의가 신나게 제공했던 것들이다 ─ 에까지 이르는, 자본주의 외부의 공간에 대한 열망을 자본주의 스펙터클이 전면적으로 소화하였다. 사이버 문화가 제시한 예지의 기묘한 반전 속에서 기술과 이제는 그것으로부터 분리될 수 없는 새로운 화폐화 양식들이 비속한 재사회화 과정을, 인간 운영 체계의 가장 제한적이고 정체성주의적인

"신의고주의"의 재정착을 예고했다. 이런 지배적인 체제가 스카이넷의 통합 작업을 수행할 때에도 그 체제의 바로 그 브랜드명들 — 아이팟iPod, 마이스페이스Myspace, 페이스북Facebook — 은 비인간화 모험에 간접적으로 참여하고 싶은 사이버 문화의 열망을 비웃는다. 오히려 우리는 새로운 품종의 스스로 구경거리화된 너무나-인간적인 존재로서 그 모험을 위해 일하고 그것을 소비한다. 이들 사회적 신의고주의가 고착되는 동시에 자본의 약탈 행위는 인류에게 실존적 위험을 제기하고, 한편으로 금융자본 자체는 위기에 처하게 되면서 미래에 투자할 수 없으면서도 인간의 인지를 훨씬 능가하는 조작을 수행하는 기기들을 통해서 미래를 계속해서 식민지화한다. 그러는 동안 시장이 공공 부문에 남아 있는 것을 명백히 돌이킬 수 없게 잠식하고 국가가 기업 형태로 흡수되는 상황은 어떤 정합적인 대안도 없는 우려스러운 상황에 이를 정도로 전 세계적으로 지속된다. 요약하면 1970년대에 구상한 탈코드화와 탈영토화 과정이 일어났던 것도 아니고, 1990년대에 즐긴 디지털 포섭이 일어났던 것도 아니다. 향유의 약속, "쓸모없는" 청년의 등장, 비인간화된 경험의 새로운 장들, "더 많은 춤과 더 적은 신앙심"은 그것들이 일소하고 없애기로 되어 있던, 차이-없는-반복의 바로 그 정체성주의적 끌개들로 사실상 되돌려졌을 뿐이다. 그리하여 자본 수익자를 위한 안정된 미래에의 자본의 투자에만 오로지 유리하게 작용했다.

CCRU의 이전 단원인 **마크 피셔**가 2012년에 가속주의에 관한 문제로 되돌아가서 현행 좌파 정치사상의 비일관성과 혼란을 개관했을 때 "좌파 가속주의"라는 개념은 터무니없는 것처럼 보였다. 그런데 피셔가 묻는 대로 자본주의 자체가 상상한 인공물일 수밖에 없는 과거로 자신이 어떤 식으로든 되돌아가기를 원하거나 과거로의 귀환 가능성을 정말로 믿는 사람은 누구인가? 랜드와 플랜트가 물었던 대로 "우리는 무엇으로 되돌아가기를 바랄 수 있을까?" 지금까지 사회기술적 통합의 심화는 자본의 외부에 관한 부정신학과 관련이 있었다. 피셔가 진술하는 대로 정치적 항의를 약화할, 자본주의 이전 세계에 대한 도피주의적 향수 역시 과거에 대한 대중문화의 시뮬레이션에 묻어 들어가 있다. 〈터미네이터〉의 가속주의적 디스토피아는 〈아바타〉의 원시주의적 동경으로 대체되었다. 그러므로 피셔는 우리가 자본주의 리얼리즘의 궁핍화에서 벗어날 출구를 찾는 한에서 "우리는 모두 가속주의자"라고 말한다. 그런데도 피셔는 실재적인 정치적 힘으로서의 가속주의가 결코 생겨난 적이 없다고 이의를 제기한다. 이렇게 해서 우리가 철저히 일관성이 없고 불가능한 몇몇 입장에 빠지지 않는 한에서 우리는 사실상 "모두 가속주의자"임이 틀림없으며, 그리고 이런 이단은 모든 반자본주의 전략의 일부를 형성함이 틀림없다.

그렇다면 갱신된 가속주의는 리오타르 등에 의해 부추겨진 광신적 자본이 피셔가 유명하게도 "자본주의 리얼리즘"이라고 일컬은 것을 궁극적으로 산출한다는 사실을 헤치고 나아가야 할 것이다.[7] 게다가 이 시점에서 사이버 문화에 따라 가속주의 책략을 유지하려 한다면, 그것은 단적으로 자본주의 리얼리즘 자체를 위해 무기를 드는 것과 마찬가지일 것이다. 이를테면 자본주의가 순전한 비참주의로서 전해지지 않았다는 불평을 반박하기(무엇과 비교하여? 그리고 결국에 대안은 무엇인가?), 그리고 주이상스와 "상상도 못 할 소외"에 대한 약속을 비인간의 과정에서는 보이지 않는 자기애적 요구로서 철회하기(터미네이터를 위해 일하고 있는 것으로 충분하지 않은가? 또한 그것을 향유하기를 바라는가?) ─ 이는 하나의 딜레마로, 이전의 가속주의에서의 미학적 향유와 이론적 획득 사이의 관계에 대한 더 광범위한 논쟁을 개시한다.

**알렉스 윌리엄스 + 닉 서르닉**의 「#가속하라 : 가속주의 정치 선언」(이

---

7. Mark Fisher, *Capitalist Realism*. [마크 피셔, 『자본주의 리얼리즘』.]

하 MAP)은 현시대 좌파 가속주의 입장에 대한 피셔의 요구를 반영하고자 하는 시도로 해석될 수 있다. 현시대 좌파가 종종 드러내는 풍토병적인 기술적 문맹에 분개하는 서르닉과 윌리엄스는 오늘날 모든 진보적인 정치 이론과 행위를 위한 정확한 인지적 지도 제작과 더불어 인식적 가속의 필요성을 역설한다. 서르닉과 윌리엄스는 대안들을 고안할 수 있다고 전적으로 확신하면서 명백한 사실, 즉 신자유주의가 하나의 체계로서 불공평하고 불공정할 뿐만 아니라 역동성이나 진보의 보증자도 더는 아니라는 사실을 진술한다.

더 긴 이론적·정치적 기획의 초안으로 의도된 MAP는 즉시 명성을 떨쳤지만(온라인에 공개된 지 몇 달 만에 수많은 언어로 번역되었다), 세 가지 일반적인 요구 ─ 첫째로 새로운 지적 하부구조의 창출에 대한 요구, 둘째로 광범위한 미디어 개혁에 대한 요구, 셋째로 새로운 형태들의 계급권력의 재구성에 대한 요구 ─ 에의 집중을 넘어서는 새로운 해결책을 아직 제시하지 못했다는 이유로 비판도 받았다. 윌리엄스와 서르닉은 맑스 ─ 그들에 따르면 "모범적인 가속주의 사상가" ─ 의 사례를 좇아서 지난 수십 년 동안 좌파에서 표명된 기술에 대한 불신을 극복하고자 한다. 그리고 현행 사변철학의 합리주의 진영과 밀접히 관련된 그들은 통속 정치에 대한 자신들의 반론을 위해 "통속심리학"의 정형화된 개념들을 채택하는데, 요컨대 물려받았으며 직관적으로 바로 사용할 수 있는 범주들에 기반을 둔 정치와 그런 범주들을 넘어서는 "추상화, 복잡성, 전체성, 그리고 기술의 모더니티"에 근거를 두고서 자신의 프로그램을 구상하는 가속주의 정치를 대립시킨다.

모든 좌파 프로메테우스주의 정치의 핵심 요소는 기술의 변형 잠재력 ─ 그것에 수반되는 "변형인간학"도 포함하여 ─ 에 대한 확신과 기술 진화를 더욱더 가속하려는 열망임이 틀림없다. 그러므로 이런 새로운 가속주의는 기술과 가치의 현행 체제에 관한 우리의 이해를 원숙하게 하는 것에 대체로 의존한다. **안토니오 네그리**의 반응은 그가 그 선언의 "기술 결정론"이라고 일컫는 것에 대하여 비판적이지만, 그 선언의 가장 중요한 구절 — 기계 잉여가치와 사회적 협력 사이의 관계에 관한 구절 — 이 사실상 그것에 함축된 기술적 차원과 독립적으로 이해될 수 없다는 점에는 동의한다. 기술자본의 도착적 행위보다 "실제" 인간 노동력을 높이 평가하거나 그것을 회복하려고 시도하는 것만으로는 충분하지 않음이 명백하다. 네그리가 말하는 대로 "생산의 잉여가 주로 사회적인 생산적 협력에서 유래한다"면, 그리고 이런 협력이 기술적으로 매개된다는 점이 인정되어야 한다면 재전유 기획은 오늘날 이런 고정자본을 특징짓는 특정한 "물질적·기술적 성질들"을 직접적으로 다룰 수밖에 없다.

바로 이 논점을 거론하는 "포스트오뻬라이스모[포스트노동자주의]"와 연계된 이탈리아인 저자들의 여러 기고문 중 첫 번째인 네그리의 반응과 더불어 우리는 공식 맑스주의에 대하여 이미 이단적인 전통을 다루고 있다. 이론과 정치 실천 둘 다에서 1960년대와 1970년대의 "오뻬라이스모"는 공식적인 정당정치와 그것의 국가에의 집중에 적대적이었다. 공장에서의 구체적인 활동에 집중된 오뻬라이스모의 분자 정치는 비물질 노동과 삶권력에 관한 최근 (포스트오뻬라이스모적) 탐구의 배경이기도 하다. 현재의 맥락에서 이런 전통은 기술적 변화의 본성에 대한 더 큰 통찰(인터넷의 해방적 가능성에 대한 초기의 낙관주의 이후에 겪은 쓰라린 경험에도 얼마간 빚진 통찰)에 이바지한다. 이렇게 해서 평평한 "리비도 밴드"에 관한 리오타르의 형이상학이 주창하는 수평주의를 특정한 방법으로 되풀이하는, 양성 되먹임positive feedback 8과 네트워크에 대한 사이

---

8. * '양성 되먹임'(positive feedback)은, 어떤 설정된 값을 지닌 상태에서 벗어나는 변이를 감소시켜서 그 설정된 상태로 되돌리는 일련의 과정을 가리키는 '음성 되먹임'(negative feedback)과 대조적으로, 어떤 주어진 값의 상태로부터의 변이를 증폭시켜서 결국 다른 상태로 변화시키는 일련의 과정을 가리킨다.

버 문화의 옹호보다 기술과 가속 사이의 관계에 대한 훨씬 더 미묘한 해석이 가능해진다. 이런 수평주의는 (MAP가 가리키는 대로) 정치적 개입을 위한 패러다임으로서 무력했을 뿐만 아니라 "네트워크 기술" 일반의 작동 방식도 현저히 부정확하게 나타낸다. 그 이유는 후자의 기술 역량과 주체화 역량이 (베블런이 사실상 예견한 대로) 표준화된 하드웨어와 소프트웨어 통신 규약들 — 이들 각각은 특정한 목적에 대한 수단으로 이해될 수 없고 오히려 일단의 열린 가능성을 나타낸다 — 의 점진적이고 위계적인 "갇힘"에 자리하고 있기 때문이다.

**티지아나 테라노바**는 국민국가나 기업의 지배, 사회적 매체 기술, 그리고 디지털 정체성과 신체 정체성 사이의 간섭 구역에서 번성하고 있는 "생체-하이퍼미디어"의 경계 바깥에서 현재 출현하고 있는 다양한 종류의 자율적인 전자화폐를 함께 모으는 "레드 스택"red stack의 형태로 이 논리를 재전유할 것을 주장한다. 공통적인 것의 디지털 하부구조에 대한 이런 전망에 힘입어 MAP는 추상적 정치 이론("이것은 유토피아가 아니다")에서 또 다른 사회체를 향해 설계와 공학, 프로그래밍의 잠재력을 활성화하려고 이들 기술과 협력하는 실험으로 이행할 수 있게 된다.

"물질노동 헤게모니에서 비물질노동 헤게모니로의 이행을 마침내 파악〔하는〕"(네그리) 데 있어서 주목해야 할 특정한 주안점은, 집합적 생산과 상업적 유통, 소비의 모든 층위에서 "정보 고정자본"을 끊임없이 축적하고 통합하고 연결하고 보강한다는 점에서 맑스와 베블런의 "기계 체계"로부터 바통을 넘겨받은 일반 기계 체제로서의 알고리즘이 정보경제에서 그 중요성이 증가하는 사태이다. 지금까지 널리 논의된 대로 알고리즘의 발흥은 현재도 (맑스의 표현대로) "자동장치에 의해 개시되"는 — 더 정확히 말하자면 추상적 자동장치들의 지구적 군집체에 의해 개시되는 — 인간의 인지 및 정동 역량이 통합적 기계 체계에 가시적으로 흡수되는 사태와 연관되어 있다. 사회적 매체 기술 등에서 작동하고 있는 알고리즘은 재전유에 대한 중대한 시험 사례를 제시한다. 무거운 금속 기계와 달리 알고리즘은 자체적으로 어떤 가치를 구현하는 것이 아니라 오히려 그것 덕분에 가치가 사회적 상호작용에서 추출될 수 있게 되는 한에서 가치가 있게 된다. 오늘날의 실제적인 고정자본은 네그리가 주장하는 대로 그 부분들의 "총합을 넘어선 잉여"를 생산하는, 기술적으로 조정된 집약적인 협업을 통해서 산출되는 가치이다(경제학자들이 동의하는 "네트워크 외부성"이 "네트워크 경제"에서는 가치의 원천이다).

소프트웨어의 가치를 그것의 화폐화 역량으로 환원하는 것은 테라노바가 주장하는 대로 오픈소스 소프트웨어 운동에서 뚜렷이 보이는 열정과 창의성을 언급하지 않은 채로 남겨 둔다. 어쩌면 그 운동은 자본주의에 의해 하나의 역사적 생산물로서 이미 산출된 풍부한 기회를 하드웨어 및 소프트웨어 플랫폼의 형태로 포착하는 특별히 선한 집합적 실천 ─ 그리고 이들 기회의 부<sup>富</sup>가 교환가치의 순환들로 재흡수되는 고리를 깨뜨리는 형태의 실천 ─ 으로 더 잘 이해될 것이다. 이와 같은 오픈소스 운동에 대한 언급은 피셔가 대안적 구성물을 탐색하면서 요청하는 "자극의 리비도화"를 제공할 동기를 부여하는 다른 가치 체계들이 존재한다는 사실을 강력하게 환기한다. 또한 그것은 심미적 상상과 기술적 구성 사이의 구분을 지워 버리는 문화 혁명에 대한 파이어스톤의 요청도 상기시킨다. 그다음에 **루치아나 파리시**는 계산적 설계에 의지하여 오늘날 발전하고 있는 새로운 첨단 생산양식들에서 우리가 무엇을 배울 수 있는지를 묻는다. 계산 과정들과 그 이데올로기적 표상들을 주의 깊게 짝지음으로써 파리시는 이 새로운 계산 과정들이 사실상, 어떤 체계의 행동과 조직을 상징적으로 응축하고 경계를 정하는 것을 목표로 삼으며 보편적 법칙들의 하향식 부과를 통해서 명령과 통제를 추구하는 그러한 합리성 모형과의 중대한 단절을 나타낸다고 주장한다. 그런데도 물질적 조직에 의해 추동된 계산은 단순히 "물질의 지능"을 갖춘 역동적으로 내재적인 것에 동화되는 것으로 여겨질 수 없다. 오히려 이들 알고리즘적 연산은 독자적인 논리가 있고, 기능들의 인공적 공간, 즉 "제2의 자연"을 개방한다. 파리시의 경우에 설계에서 이루어진 이들 발전은 계산 자체에 관한 구상 내에서의 심대한 이행을 시사하는, (예를 들면 "빅 데이터" 응용에서) 가속되고 확대된 검색 및 평가 역량을 지닌 체계들을 향한 더 일반적인 움직임을 표상한다.

가속된 기술자본은 그런 선진적인 방법을 통해서 인간의 지각 영역을 전적으로 넘어서는 물질적 자연의 전 영역을 투입한다고 종종 주장된다. 그런 엄격한 이분법은 알고리즘적 이성 자체의 질서 속 추상화의 실재를 간과한다고 파리시는 주장하는데, 요컨대 절대적 법칙들이 지배하는 메커니즘의 라플라스적 우주에서 창발적 물질성의 생기론적 우주로 너무 빨리 이행한다. 오히려 파리시가 주장하는 대로 알고리즘의 작용은 이성의 대항 행위주체성이 실험을 수행하고 참신성을 추출하기 위한 원동력으로서 존재하는, 화이트헤드적 "관념의 모험"으로서의 사변적 이성의 공간을 개방한다.

**레자 네가레스타니**는 현시대의 정치적 패배주의와 관성의 배후에 자리한다고 파리시가 비판하는 것과 관련된 이분법 – 즉, 합리성을 절대적 지배라는 불신당하고 유해한 개념과 동일시하는 것과 인간의 지혜 및 합리성의 특별한 지위에 대한 모든 주장을 폐기하는 것 사이의 선택 – 을 다룬다. 이런 이분법에 시달리는 상황에서는 정치적 주장을 위한 모든 가능한 플랫폼이 헛된 것이 된다. 네가레스타니에게 가속주의는 정치의 포기라기보다는 오히려 그런 그릇된 대안을 거부함으로써 정치를 가능하게 하는 바로 그런 것으로 이해되어야 한다. 「비인간적인 것의 노동」에서 네가레스타니는 인간의 오만과 의인화의 극복을 인간적인 것the human과 이성 역량의 특별한 지위에 대한 부정과 동일시하는 일반적인 경향에 반대하는 정확한 논증을 제시한다.

신의 죽음 이후에 실질적 포섭 - 그리고 주체성을 없앰으로써 인간적인 것을 한낱 사이버네틱스 중계기에 불과한 것이 되게 하거나, 아니면 행위주체성에 관한 무용지물의 통속적 모형들에 기반을 두고서 이루어진 무용지물의 정치적 처방에 의존하고 싶은 유혹 - 에 직면하여 정치가 처한 곤경은 네가레스타니에 의해 그것의 인식적·기능적 핵심을 빼고 전부 제거된다. 네가레스타니는 윌프리드 셀라스와 로버트 브랜덤의 규범적 기능주의에 의존함으로써 이전 가속주의들의 반인간주의를 인간적인 것에 대한 실질적인 정의定義에의 동경에 못지않게 허무주의적으로 무력한 과잉반응이라고 비판한다. 그 대신에 네가레스타니는 "용도와 실천의 맥락에서" 인간임이 뜻하는 바에 관한 물음이 일단 올바르게 제기될 때 출현하는 "비인간주의"를 제안한다.

인간적인 것에 특유한 것은 규범의 구성 및 수정에 참여할 상징적 수단과 사회기술적 수단에 대한 접근권이 있다는 점이다. 그러므로 "우리"가 누구인지 탐구하는 과업은 "단조롭지 않은" 결과를 낳는 개념과 행위의 반복되는 고리를 갖추고서 진행 중인 노동이다. 이런 의미에서 인간적인 것을 이해하고 인간적인 것에 헌신하는 것은 인간적인 것을 수정하고 구성하는 것과 마찬가지다. 이 노동은 "자유"에의 주의主意주의적 충동을 수반하기는커녕 부수적인 과업과 결과의 구속장拘束場을 헤쳐 나가는 일을 수반한다. 그 구속장을 통해서 인간적인 것은, 인간적인 것의 최초 자화상을 보존하는 데 아무 관심도 없지만 그것의 예견할 수 없는 파생 결과가 인간적인 것 - 누구나 현재의 과업을 그 미래의 파생 결과와 관련하여 살펴봄으로써 매번 과거 행위에 대한 새로운 이해를 낳는 한에서 "자신의 과거를 쓰는 미래" - 을 통해서 전개되는 행위주체성(이성)에 반응한다.

달리 말해서 인간적인 것은 그것의 물려받은 상image의 제한 속에서는 "가속할" 수 없다. 이성을 그저 거부하기만 하는 것은 이런 상을 수정할 가능성을 포기하는 것이다. 가속은 인간적인 것이 (자본에 의해서가 아니라, 인간적인 것에 통제권을 집합적 수정에 양도할 것을 요구하고 "언제나" 인간적인 것의 의미였던 것으로 판명될 비인간 미래를 향해 인간적인 것을 끌어들이는 프로그램에 의해서) 객관적으로 조종당하겠다는 자신의 약속을 반복적으로 확언할 때 그리고 확언하는 한에서 일어난다. "약속은 미래로부터 거슬러 와서 작동하며", 그리고 지능에 대한 상상도 못 할 전망이 비인간적인 것의 노동의 "의무" 혹은 "공동과업"을 통해서 개방된다.

이런 필수 불가결한 헌신과 수정의 플랫폼이 부재한 경우에는 모든 정치가, 그 항의가 아무리 신랄하더라도 그리고 그 처방이 아무리 엄밀하더라도 기획을 진전시키는 데 필요한 원동력을 지니고 있지 않다고 네가레스타니는 역설한다. 그에 따르면, 오늘날 정치적 관성의 뿌리에 자리하고 있는 것은 사실상 "인간성의 실재적 내용에 헌신함으로써 비롯되는 결과에 대처할" 수 없는 이런 무능력이다. 게다가 사실상 네가레스타니는 무한한 최종성-없는-의지를 자본보다 오히려 이성 안에 다시 위치시키며, 그리고 그 의지가 인간의 역사를 죽음 충동으로서 이끌어가기보다는 오히려 비/인간성의 진보적이고 자기계발적인 재활론에의 사회적 참여로서 이끌어가기 위해 거쳐야 하는 미래의 비인간 되먹임 과정을 다시 생각한다.

표도로프가 구상한 기획으로 되돌아가고자 하는 현시대의 분위기에서 설계 전략가 **베네딕트·싱글턴**은 어쩌면 인류의 가장 프로메테우스주의적일 기획, 즉 우주 탐험에 관한 물음을 통해서 자연의 지배에 관한 물음을 재고한다. 행위의 새로운 최전선의 지속적인 개방을 추동하는 실용적 계기에 대한 네가레스타니의 검토를 계속하는 싱글턴은 설계의 논리 속에서 이런 "도피"를 창조적인 "신념의 도약"의 형태가 아닌 방식으로, 즉 "도피주의가 아니라 탈출학escapology"으로서 생각할 방법을 찾아낸다. 요컨대 새로운 불변자들의 안정화가 새로운 행위 양식을 위한 토대를 제공하고 호혜적으로 새로운 행위 양식과 새로운 인지 도구 덕분에 우리가 어디에서 왔고 어디로 가고 있는지에 대한 새로운 시각의 구상이 가능하게 되는 구불구불한 경로를 찾아낸다. 설계는 외관상 자연적인 상수를 새로운 세계를 구축하는 데 필요한 조작 가능한 변수로 변환할 수 있을 뿐만 아니라 새로운 관찰가능량도 놀랍도록 분명하게 할 수 있는 고밀도의 복잡다단한 환경 활용이다.

설계와 관련된 어휘로 상당히 명료하게 표명되지만 인간주의 집단의 환심을 사는 데 너무나 열중하는 설계 이론에 의해 지금까지 애써 무시당한 구상하기, 제작하기, 그리고 기도企圖하기라는 언어를 끌어내는 싱글턴은 마르셀 데티엔과 장-피에르 베르낭이 메티스mêtis — "교묘한 지능" – 라는 그리스적 개념을 밝힌 것에 의존함으로써 이런 기도하기 혹은 조작적 사유 양식과 심지어 그 속임수의 함의조차도 긍정하는 설계의 대항역사를 상세히 설명한다. 싱글턴이 시사하는 대로 메티스의 실례는 덫에서 나타나는데, 여기서 포식자는 먹이의 고유한 행동이 먹이의 죽음을 보증하게 활용되도록 먹이의 관점을 취한다. 그러므로 메티스는 완전한 정보가 부재할 때 가설적 시각을 취함으로써 환경을 변형할 수 있는 실천과 동일시된다. 더욱이 이런 변형은 환경의 인자들과 예상되는 행동들을 메티스 자체에 유리하게 능숙히 활용함으로써 메티스의 진보를 고무하고자 하는 후속 계략을 세울 기회를 제공한다.

여기서 중요한 것은 이런 "플랫폼 논리"를 설계의 수단-목적 "계획" 모형과 구분하는 것이다. 아직 더 많은 발명이 이루어질 수 있게 하는 새로운 공간을 창출하기 위해 환경의 매개변수들을 바꿀 때 교묘한 지능은 자신이 "자연적으로" 걸려 있는 조건의 덫을 점진적으로 비틀어 푸는데, 그리하여 "더 많은 동일한 것"의 무한한 닮음변환주의homothetism 9를

---

9. * 수학에서 '중심 닮음 변환'(homethety)이라는 용어는 "주어진 점에 대한 방향을 보존

따르지 않고 오히려 일련의 뒤얽힌 계획 전환을 가능하게 하는 외부에 이르는 경로들 — 정확히 말하자면 네가레스타니에 의해 서술된 "비인간적인 것의 노동"의 갈라지는 경로들 — 을 생성한다. 싱글턴은, 궁극적으로 이 탈출학은 환경에 대한 우리의 자발적이고 현상적인 파악을 상대화하는 관점에 의해 우리 자신을 외전 운동시키는 것을 필요로 한다고 주장한다. 표도로프에게 공감하는 싱글턴은, 훨씬 더 이질적인 공간을 향해 가속하기 위해 "자연과 조화롭게 살"려고 하기는커녕 인간을 자연적 질서 속 자신의 고유한 지위에서 뛰어오르게 하려는 대담함으로의 귀환을 요청한다.

이런 프로메테우스주의적 주제를 수용하는 **레이 브라시에**는 프로메테우스주의에 대항하여 겸손을 요구하는 행위에 수반되는 터무니없는 결과 중 일부에 대한 강력한 비판을 개시하고 그것들의 궁극적인 신학적 정당화를 폭로한다. 세계를 개조하기에 관한 모든 기획에 대한 반감, 세상은 달라져야 할 뿐만 아니라 다르게 만들어져야 한다는 규범적 주장에 대한 적의는 어디에서 비롯될까? 브라시에는 인간의 능력 향상에 대한 장-피에르 뒤피의 비판을 검토하면서 인간의 다름을 존재론적 차이로 부풀리는 것이 어떻게 해서 이에인 해밀턴 그랜트가 〈블레이드 러너〉에 대한 자신의 독해에서 탐구하는 것과 같은 초험적transcendental 단속 — 주어진 것, 즉 인간 및 초험적 접착제로 가정된 인간 사회에 대한 물려받은 이미지는 절대 만들어지지 않거나 사실상 개조되지 않을 것이라는 신념 — 을 필요로 하는지 보여준다. 인간이 자신의 정의定義를 수정할 수 있는 능력에는 어떤 한계가 주어져야 하고, 어떤 "취약한 평형"을 교란하려는 노력에도 어떤 한계가 주어져야 한다. 브라시에가 진술하는 대로 인간이 무엇일 수

---

하거나 반전시키되 이 점과의 거리를 일정한 비율로 확대하거나 축소하는 함수"를 가리킨다. 그런 점을 참작하면, 여기서 '닮음변환주의'로 번역된 'homethetism'이라는 용어는 '닮은 것', 결국에는 '동일한 것'을 산출하는 주의나 태도를 지칭한다고 여겨진다.

있고 인간이 무엇을 견뎌야 하는지에 관한 구상은 명백히 역사적이기에 우리는 이처럼 어떤 고유한 균형 혹은 한계를 호출하는 행위를 신학적 정서로 이해할 수 있을 따름이다. 조작의 한계를 넘어서는 어떤 개념화할 수 없는 초월성을 이와 같이 유지하는 것은 인간에 대한 자연의 무관심이 가하는 고통의 "합당함"에 관한 희극적인 담론으로 퇴화한다. 그리하여 고통, 예속, 그리고 유한성은 인간의 삶이 갖는 의미의 소중한 원천을 제공하는 것으로 이해된다. 그런데 프로메테우스주의는 바로 이런 비일관성의 거부에 있을 뿐만 아니라 인간 기획의 핵심이 새로운 지향과 목적을 생성하는 데 자리하고 있다는 확언에도 있다. 규범의 생산과 소비에 관한 네가레스타니의 설명에서 그런 것처럼 브라시에가 시사하는 "자아 없는 주관주의… 주의주의 없는 자율성"에서 되풀이되는 것이 프로메테우스주의의 중핵에 놓여 있어야 한다. 브라시에가 주지시키는 대로 맑스의 생산주의 역시, 자신의 진리를 구축할 수 있고 자신에게 주어진 것을 인식하고 통제할 수 있으며 자신을 개조할 수 있는 인류를 주장한다. 네가레스타니와 마찬가지로 브라시에도 여기서 필수적인 기획은 합리적 주체화의 (초험적이지 않은) 객관적 구성에 관한 서술적 설명을 합리적 주체의 자기지배권 취득에 대한 옹호와 통합하는 것이라고 주장한다.

이들 새로운 접근방식에 대항하여 「텔레오플렉시」에서 **닉 랜드**는 가속의 미래적 동역학을 생산할 수 있는 것은 오직 진보적인 자본화의 실천일 뿐이라고 역설한다. "자본주의를 진정한 가속의 동인으로 인정할 수 없는" 윌리엄스와 서르닉에 맞서서, 그리고 이성의 공간이 지능이 회집되는 미래 원천이라고 여기는 네가레스타니에 맞서서 랜드는 시장 가격 형성 메커니즘에서 예시되는 복잡한 양성 되먹임이 가속의 유일하게 가능한 준거라고 주장한다. 게다가 미래로 통하는 것은 오직 자본화뿐이기에 랜드의 경우에 우리가 무엇을 바라는가에 관한 바로 그 물음 — 조건부적 가속주의에 관한 바로 그 구상과 그에 부수하여 지식을 행동으로 활용하기 위해서는 "계획이 필요하다"라는, MAP와 네그리가 동의하는 단언 — 은 사실상 가속을 상쇄하는 보상적 움직임에 대한 요청에 지나지 않는다. 랜드가 보기에 제약 조건을 구성하는 것은 국가와 정치 자체이지 "자본"이 아니고, 따라서 "자본주의가 기술의 생산력을 제약하기 시작했다"라는 주장은 터무니없다. 여기서 랜드의 "우파 가속주의"는 실질적 포섭에 대응하는 공동체주의적 퇴각의 뒤집어진 대응물인 것처럼 보인다. 공동체주의와 마찬가지로 우파 가속주의는 자본주의에서 기술이 역사적으로 생성됨으로써 포스트자본주의적 미래에서 공동체주의가 모든 역할에서 배제된다는 점을 받아들인다. 가장 급진적인 가속주의가 카마트의 표현대로 "인간을 위한 것이 아닌 혁명이 있을 수 있다"라고 주장하고 이 주장의 결과를 도출해보면, 우리는 자본의 보편적 역사에 맞서서 물려받은 인간상의 편을 들면서 "이 세계를 떠나기"에 관한 꿈을 꿀 수 있거나, 아니면 "생산수단이 스스로 혁명을 지지할 것이다"라는 점을 인정할 수 있다. 랜드가 "좌파에 필요한 그런 종류의 악역"(피셔)의 역할을 여전히 수행하는 상태에서 이처럼 가속주의가 (심지어 좌파 가속주의도) 좌파를 위한 장식물 형태로 다시 나타나는 것은, 절망에 지나지 않는 것에 대한 처방과 기껏해야 스카이넷의 급성장하는 자기의식에 미미하게 이바지하는 쉽게 들뜨는 서술 사이에 행동을 위한 공간이 어떻게 구축될 수 있는지 보여줄 책임을 새로운 가속주의들에 올바르게 위치시킨다.

"좌파 가속주의"가 "잠재적인 생산력을 해방하"는 데 성공할 수 있으려면, 그리고 추정컨대 그것이 "현존하는 하부구조를 포스트자본주의를 향해 도약할 발판으로" 사용하는 사태가 (사변적일지라도) 자본주의의 역사적 생산물의 쇠퇴하는 텅 빈 껍질을 관리하는 중앙집권화된 관료 체제가 결코 아닌 것에서 비롯될 수 있으려면, 유인책에 관한 물음과 자본주의의 되먹임 고리를 대체하는 어떤 되먹임 고리에 관한 물음이 중요할 것이다. 이것이 **퍼트리샤 리드**가 이 독본을 마무리하는, 그 선언의 잠재력과 빈틈에 대한 평가에서 제시하는 "처방" 중 하나다. 리드의 다른 조치들 중에는 근대적인 것을 다시 선보이는 행위의 더 불쾌한 저의를 해결하기 위한 교정 수단 — 어떤 새롭고 덜 격렬한 보편화 모형 — 이 필요하다는 제안이 있다.

또한 리드는 MAP의 수사법이 이전 가속주의의 열정적인 호출과 권고("최대의 슬로건 밀도")와 비교하여 상당히 온건하다는 점을 빠뜨리지 않고 인식한다. 일단 모더니티를 추동하는 변형의 원동력이 비인간이고 사실상 인간을 개의치 않는 것으로 이해된다면, 플랜트, 랜드, 그랜트, 그리고 CCRU의 저작에서 암묵적으로 제시된 목표는 인간의 행위주체성을 위한 자리를 찾아내려고 시도하는 것으로 여겨진다. 모더니티를 픽션화하거나 심지어 모방함으로써 그것의 양성 되먹임 고리에 간접적으로 참여하려는 시도는 이런 딜레마에 대한 하나의 해법으로 이해될 수 있다. "대륙철학"과 그것이 혼성화한 문화연구 분과학문들의 주류가 회피하더라도 사이버 문화 재료가 전통적인 형태들의 정치 이론이나 행동보다 음악가, 미술가, 그리고 소설 작가들에게 더 은밀한 영향을 미쳤다는 두드러진 사실은 그것의 입장이 어떻게 해서 정치적 힘으로서 효과적이라기보다는 오히려 심미적 힘으로서 유용할 수 있는 것으로 판명되었는지를 가리킨다. 오히려 새로운 가속주의들은 주로 분석에 의해 규명된 경향과 기계들로 우리가 무엇을 해야 하는지 또다시 물을 수 있는 개념 공간을 구축하는 데 집중한다. 그런데 피셔가 애초에 가속주의로 귀환한 근거는 미래 가속주의 정치를 위한 "리비도의 도구화"의 중요성이었다. 따라서 리드는, MAP가 너무 모호하여 당장 참여를 재촉할 수 없는 진단과 예측에 한정됨으로써 적극적인 "욕망 생산"에 도움이 되지 못한다고 비난한다. 리드는 올바르게도 믿음의 힘과 동기부여의 힘에 관한 물음을 제기한다. 주이상스에 도대체 무슨 일이 일어났는가? 상궤를 벗어난 가속에의 헌신을 추동할 원동력은 어디에 있는가? 대중의 상상에 매우 깊이 묻어 들어가 있는, 소비자 자본주의의 강력한 유인책과 일시적 자율 지대에 대한 집합적 환상의 어처구니없는 향유를 강화할 "리비도 장치"는 어디에 있는가? 네그리가 말하는 대로 "합리적 구상은 새로운 세계에 대한 집단적 환상을 동반해야 한다." 우리가 사변의 논리를 아무리 많이 "합리화"하더라도 그것은 여전히 허구와의 어떤 유대를 유지함이 확실하다. 그런데 이전의 가속주의들은 인간적 관점을, 현기증 나게 하는 사변적 전망에 맞게 조정하기 위해 상상적 허구의 힘을 동원하려고 시도했었다.

더욱이 리드가 지적하는 대로 가속주의는 단기주의를 수반하기는커녕 전통적 정치가 "유한성과 개별 인간의 시간 척도에 기반을 둔…〔자신의〕 절차"에 포괄할 수 없는 역사에 대한 장기적인 관점을 취하고, 게다가 인간 인지의 지각적 문턱 아래에서 일어나는 알고리즘적 과정들에 관여해야 한다(테라노바, 파리시). 그러므로 여기서 문제가 되는 인간학적 변형의 일부에는 인간의 지각과 행위가 이런 "프로메테우스적 규모"에 어떤 방식으로든 접근할 수 있게 하는 개념적이고 정동적인 기구의 전유와 개발이 포함되는데, 이를테면 반드시 문학적 형태는 아닐지라도 새로운 과학소설적인 허구적 실천과 또다시 파이어스톤의 "심미적 문화와 기술적 문화의 통합"이 있다.

## 맑스로의 귀환인가 아니면 맑스와의 결별인가?

이 서론을 마무리하기 전에 맑스를 더 자세히 살펴볼 가치가 있다. 그 이유는 이 독본의 대부분이 암묵적으로든 명시적으로든 간에 그의 공헌과 씨름하기 때문이다. 좌파의 혼란은 근본적으로 맑스주의에 의해 "불가피하다고 여겨진 미래의 실패"(카마트) ― 자본주의가 역사의 "고유한 유기적 발전"의 일부로서 스스로 파괴되지 않은 사태, 즉 생산력과 자본주의적 생산관계 사이의 갈등이 변증법적 지양의 국면에 이르지 못하거나, 혹은 프롤레타리아 계급이 자신을 혁명적 행위주체로 구성하지 못한 사태 – 에서 비롯된다. 그리고 결과적인 상황(스펙터클로의 실질적 포섭)에 대한 이론적 분석은 어떤 긍정적인 반대의 가능성도 제공하지 못하는 것처럼 보이며, 단지 "붕괴"의 현실과 회복의 불가피성 사이의 인지 부조화에 교착된 반대 방식들만 산출할 따름이다. 다양한 맑스주의 정통 학설의 상류로 올라가서 변증법, 소외 그리고 노동가치설 같은, 맑스에 의해 제기된 몇 가지 근본적인 물음으로 되돌아감으로써 이 곤경에 정면으로 부딪친다는 점에서 가속주의는 중요하다. 사실상 가속주의의 한 가지 면모는 시대의 지배적인 정치적 조건과 관련된 일단의 엄중한 조건 아래서 매번 이들 근본적인 통찰로 반복해서 되돌아간다는 것인데, 이런 반복 행위는 때때로 격렬한 거부 행위를 요구한다. 왜냐하면 MAP가 주장하는 대로 맑스의 저작에는 어떤 편향적인 독해의 결과가 결코 아닌 하나의 가속주의 계보가 있기 때문이다.

그런데 「기계에 관한 단상」에 따르면 대규모의 통합적 기계제 생산의 발전은 자본의 보편적 지배의 필수 조건이다(나중에 기계 객관화의 강도＝자본의 강도라고 정립하면서 "우연적 계기가 아니다"라고 맑스는 말한다). 기계제 생산은 가장 효과적이게도 인간 노동의 필요성을 감축하고 생산 수준을 지속적으로 증진하려는 자본의 시급한 임무와 협력하는 작업에서 직접 비롯되고 그 협력 작업의 구성요소가 된다. 물론, 노동자가 급증하는 기계 유기체로 흡수되는 사태는 그 어느 때보다 더 분명하게 노동자를 자본의 도구로 환원시킨다. 그렇지만 중대하게도 맑스는 이들 두 가지 형태의 포섭 – 자본 아래로의 포섭 그리고 기술적 생산 체계로의 포섭 – 이 원칙적으로 동일하지도 않고 불가분적이지도 않음을 분명히 한다.

기계 체계에서는 생산의 토대로서 살아 있는 노동자들의 집합체라는 자격을 갖춘 노동의 단일성이 산산이 부수어지며, 인간의 노동은 명백히 자율적인 생산 과정의 "미미하고 사라지는… 한 국면에 지나지 않는 것"으로 나타난다. 그리고 기계 체계가 애초의 인간 재료를 자본에 더 만족스러운 형식으로 재가공하더라도 맑스의 경우에 기계 체계는 그것이 채용될 수 있을 다른 생산관계들의 가능성을 배제하지 않는다. 하지만 그 가능성은 사회적이고, (자연에 대한 과학적 이해와 통제에 의존하기에) 인식적이며, 그리고 기술적인 체계에 묻어 들어가 있는 인간의 어떤 변형과 분리될 수 없다. 인간은 더는 생산과 직접 관련되지 않고 오히려 지식과 기량의 소통, 기술적 구현, 복제, 그리고 향상을 통해서 누적적으로 구축된 복잡다단한 객관적인 사회적 기구에 의해 매개된다. 이것은 맑스가 "직접 노동의 사회적 노동으로의 고양"이라고 일컫는 것으로, 이 경우에 "일반적인 사회적 지식이… 직접적인 생산력이 된다." 그런데 또다시 이런 외화estrangement는 자본을 통한 소외alienation와 동일하지 않다. 게다가 소외의 협착과 별개의 것으로 여겨지는 외화는 반드시 개탄스러운 결과인 것은 아니다. 맑스가 가속주의의 사변적 영토에 들어서는 것은 바로 이 지점이다. 왜냐하면 이들 두 경향 ─ 생산의 장의 확대와 그 장 속에서 끊임없이 이루어지는 인간의 변형, 그리고 이런 생산 과정과 그 발전을 전유하고 관장하는 메타-기계로서의 단조로운 자본 체제 ─ 을 분리함으로써 전자의 엄청난 정교함, 사용가치, 그리고 변형력이 후자의 한계와 죄악으로부터 실제로 자유로워질 수 있는지 여부와 그럴 수 있는 방법에 관한 물음이 제기되기 때문이다.

그런 것이 MAP의 문제적 주제의 중핵이고 가속주의의 다양한 계보 사이의 분기점이다. 예를 들면 윌리엄스와 서르닉은 우리가 이런 분리 가능성을 실제적으로 구현하기 위한 수단을 고안하도록 촉구한다. 반면에 1990년대에 저술 활동을 한 닉 랜드와 이에인 해밀턴 그랜트가 보기에 들뢰즈와 과타리가 제기한 사회적 기계와 기술적 기계의 내재화는 기술적 기계와 자본주의 공리계의 구분을 거부함으로써 완성될 수 있었다.

통합된 기계 산업에 의해 창출된 "새로운 토대"는 직접 노동에 의존하는 것이 아니라 테크닉과 지식의 응용에 의존하기에 맑스에 따르면 그것은 잉여가치의 강탈에 기반을 둔 자본주의적 생산의 일차적인 토대의 권좌를 찬탈한다. 사실상 그 새로운 토대를 통해서 자본은 "자신의 해체를 향해 작동한다." 집합적인 사회적 노동의 복잡다단한 생산물로서의 전반적인 생산 체계는 그것을 산출한 체계를 무효로 하는 경향이 있다. 노동의 기계 체계로의 압축을 통해서 가능해진 생산성의 방대한 증가는 당연히 개인들이 스스로 새로운 주체로 거듭날 수 있게 할 여가시간도 제공하기 마련이다. 그렇다면 노동자의 신체를 기계적으로 생체 해부함으로써 그것의 단일성을 파괴하고 그것을 경향적으로 대체하는 "이질적인 힘"(맑스가 또한 지적하는 대로 "비상관적인" 힘, 즉 노동자가 그것을 인지적으로 아우를 수 없다고 알아채는 힘)의 작용을 받는 노동자가 점점 더 한낱 활동의 추상물에 불과한 것이 되는 사실과 사회기술적 과정에 대한 그런 해방적 관점을 어떻게 조화시킬 수 있는가? 또다시 맑스는 자본의 허구적 자율성의 표현으로서의 기계 체계 ─ (노동자의 임금이 그것을 자기 생계의 명백한 원천으로 여기는 노동자를 대면하는 것과 마찬가지로) 이 체계는 노동자를 그의 소망이 그것에 의해 조성되어야 하는 이질적인 영혼으로서 대면한다 ─ 와 구체적인 역사적 생산물로 여겨지는 기계 체계를 구분한다. 노동을 기계제 생산으로 포섭하는 과정이 자본의 발달을 가리키는 지표를 제공하더라도 또한 그것은 사회적 생산이 사회적 실천의 변환에 관여하는 직접적인 힘이 되는 정도를 가리킨다. 산업적 회집체의 엄청난 힘은 "사회적 개인의 발달"과 분리될 수 없다. 일반적인 사회적 지식은 생산력으로 흡수되고, 따라서 사회를 형성하기 시작한다. "사회적 삶의 과정 자체의 조건은 … 일반지성의 통제를 받게 되고 그것에 따라 변형된다." 그렇다면 노동은 자본이 그것을 도입시키는, 일반적인 연동형 사회적 사업에 종속된 것으로서 현존할 따름이다. 자본은 새로운 주체를 생산하고, 사회적 개인의 발달과 기계화된 자본 체계의 발전은 불가분의 관계이다.

이것은 인간의 가소성과 기술의 사회적 본성이 진보적 가속을 가능하는 기준으로 이해될 수 있음을 시사한다. 맑스의 주장은 자본주의에 의한 사회체의 추상화가 프롤레타리아 계급으로 주체화될 수 있는 미\*분화된 사회적 존재자를 생성한다는 것이다. 즉, 기계 체계가 여전히 가동 중이면서 인간 생산자들이 더는 이 생산수단을 자신들을 소외시키는 것으로서 대면하지 않는 상황은 반드시 인간의 후속 변형을 수반할 것이다. 왜냐하면 맑스에 따르면 기계 체계 속에서 인간은 인지적으로 그리고 실천적으로 쇠약하게 만들고 무력하게 만드는 복잡다단한 매개의 네트워크를 통해서 자기 노동의 생산물을 대면하기 때문이다.

이런 "변형인간학"(네그리)은 모든 공산주의communist 혹은 공통주의 commonist(네그리 혹은 테라노바의 포스트오뻬라이스모) 프로그램이 고려해야 하는 것이다. 기계제 생산과 그것의 자본주의적 전유 사이의 원칙적인 분리가능성을 인정하면 사회적 생산에 직면한 노동자의 "무력함"은 새로운 사회적 배치를 통해서 해결되어야 할 것이다. 노동자는 여전히 이런 기술적 체계에 직면할 것이고 그것을 "자연적 노동의 단일성"과 조화시키지 못할 것이지만, 그런데도 인간은 "〔어떤〕 상이한 주체로서 직접적인 생산 과정에 진입할" 것이다. 그리하여 인간은 더는 그것으로 고통을 겪지 않는데, 그 이유는 인간이 그 과정에 대한 집합적 지배권 ― 자본의 공리계에 의해 더는 전유되지 않는 기계 체계에서 객관화된 공통의 것 ― 을 획득했을 것이기 때문이다. 그러므로 이런 참여는 노동자가 화폐적 유통 매체를 통해서, "자본의 물질대사"를 통해서 추상적으로 접속하는 이른바 사물의 자연적 질서의 지속이라기보다는 오히려 진정한 사회적 프로젝트 혹은 공동과업일 것이고, 한편으로 완전히 불연속적인 권역에서 조작하는 자본가는 그것의 잉여를 빼내어 축적한다.

그런데 맑스가 주장하는 대로 (그리고 들뢰즈와 과타리가 강조하는 대로) 자본주의는 계속해서 "노동시간 절도"라는 "비참한" 토대가 필수적인 가정인 것처럼 작동하고 있는데, 기계제 생산의 "새로운 토대"가 "이 토대를 완전히 파괴할 물질적 조건"을 제공하더라도 말이다. 고정자본의 "기계적 잉여가치"(들뢰즈와 과타리)에도 불구하고 인간 노동의 강탈이 여전히 자본주의적 생산의 기반에 자리하고 있다. 왜냐하면 자본의 사회적 공리계는 그 자체로 혁신과 무관하며, 가능한 한 편리하게 잉여가치를 추출하고 노동예비군과 부동자본을 유지할 필요성을 따르기 때문이다.

가속주의의 주요한 물음들은 다음과 같다. 기술의 사회적 소외 효과와 자본주의 가치 체계 사이의 관계는 무엇인가? 왜 그리고 어떻게 기계제 생산의 "새로운 토대"가 미치는 해방적 효과가 자본의 경제적 체계에 의해 상쇄되는가? 고정자본이 새로운 포스트자본주의 사회체 안에서 재전유된다면 사회적 인간은 무엇이 될 수 있을 것인가?

## 앞으로

네가레스타니, 싱글턴, 그리고 브라시에 의해 제시된 새로운 철학적 틀들은 새로운 가속주의들의 핵심에서 MAP의 개요를 다듬기 위해 이들 물음에 깊이 있게 응답하면서 프로메테우스주의를 재확인하며, 변형인간학, 사변적 실천 이성에 관한 새로운 구상, 그리고 모든 포스트자본주의 질서를 구축할 밀접하게 얽힌 사회적·상징적·기술적 재료들을 이해하게 하는 일단의 도식을 결합한다. 그것들은 알려진 것으로 추정되는 방향을 지향하는 가속주의를 옹호하지 않을뿐더러 순전한 속력을 더욱더 옹호하지 않고, 오히려 리드가 시사하는 대로 "편심화"eccentrication를 옹호하는 동시에 네가레스타니와 싱글턴, 브라시에가 다양한 방식으로 강조하는 대로 본연의 자신을 진정으로 이해하고 자신의 행위주체성의 본성을 인식하는 미래에의 헌신을 통해서, 개방된 공간들 내부에서의 항해를 옹호한다.

이전의 가속주의들에서 "탐험적 변이"(랜드)는 단지 자본에 의한 미래에의 선도투자가 구축하는 탐색 공간을 통해서 개시되었을 뿐이다. 랜드가 이야기하는 대로 "장거리 과정long range process은 자기설계적이지만, 자아가 재설계된 것으로서 영속화되는 방식으로 그러할 따름이다." 그런데 사이버 문화 가속의 경우에 이 "자아"는 자본의 "무한 의지"일 수밖에 없는데, 그 이유는 자본이 모더니티를 자신의 "무한 증식", 자신의 비-최종성non-finality으로 흡수하기 때문이다. 네가레스타니의 설명에서 이런 비-최종성은 상징적인 사회적 기술의 등장과 이런 기술이 가능하게 하고 지속적으로 변형하는 규범의 공간에 의해 점진적으로 구축되는 이성의 공간으로 전이되며, 그리하여 MAP의 기술적 및 사회적 물음들이 다루어질 수 있는 어떤 틀과 MAP의 목표들에 대한 기반을 제공한다. 설계에 관한 싱글턴의 이해에서 자연력의 기회주의적이고 영리한 전유는 경계를 정할 수 없는 자유의 공간을 서서히 단계적으로 개방하며, 그 결과 인간 지능을 그 협소한 우리에서 뛰어오르게 하여 보철물과 플랫폼을 통해서 확대한다. 가속주의의 이전 국면들은 유토피아적 기획 혹은 자본주의의 임박한 붕괴의 가능성에 대한 확신의 문제였고 후속적으로 자본주의의 내부에서 작동하는 혁명적 힘의 광란적 소환의 문제였던 반면에, 어떤 측면들에서 그에 못지않게 낙관적인 오늘날의 가속주의는 더 냉철함이 틀림없다. 이것은 가속주의가 복합적인 위기-와-침체의 자본주의 풍토에서 출현하는 현실과 떼어놓을 수 없는 사실이다. 가속주의가 자본주의의 힘이 위기에 처해 있는 것처럼 보이고 대안들이 조금밖에 없는 것처럼 보이는 국면에서 다시 나타난다는 점을 인식하는 것은 정말 흥미롭다. 피셔가 강조하는 대로 오늘날의 위기는 이전의 그런 국면들을 재평가할 시의적절한 기회를 제공한다.

여기서 「발효」라는 이 독본의 2부에 포함된 저자들의 운명은 시사적이다. 들뢰즈와 과타리는 『천 개의 고원』에서 탈영토화에 대한 주의와 자본주의에 대한 더 신중한 분석을 요청함으로써 『안티 오이디푸스』의 입장을 누그러뜨림이 틀림없다. 이에인 해밀턴 그랜트가 자세히 이야기하는 대로 리오타르는 조만간 자신의 "사악한" 가속주의적 국면을 공개적으로 개탄하고, 그 대신에 ― 사실상 카마트의 비관주의와 동시에 ― 심미적 저항의 사소한 전략을 전개하는 데 착수할 참이었다. 비슷한 방식으로 『공허의 시대』[10]라는 효과적인 제목이 붙은 리포베츠키의 1983년 모음집은 혁명적 어조를 일종의 묵시적 승인의 어조로 변조한다. 리포베츠키는 여전히 "불안정화의 가속"에 관심이 있더라도 이제는 대체로 그것이 편재하는 "소통"의 극적인 소비와 자아도취로의 수축으로 전반적인 해방적 벡터를 상쇄하는 "개인화의 과정"을 통해서 작동한다고 여긴다. 리오타르가 시도한 들뢰즈와 과타리로부터의 "분기"를 확대한 사이버 문화 국면은 분명 **반생산**의 힘에 대처하지 못한 리오타르의 실패를 재현했다. 들뢰즈와 과타리는 탈코드화와 탈영토화의 "긍정적인" 분열증에 주의를 끌 뿐만 아니라 기술 노동자 혹은 과학 노동자 자신의 내부에서 생겨나는 어떤 분열증적 해리에도 주의를 끄는데, 그 노동자는 "자본에 흡수되어서 조직적이고 공리화된 어리석음의 역류가 동시에 발생한다."(파이어스톤이 서술하는 대로 "여보, 오늘 실험실에서 인간을 복제하는 방법을 발견했어. 이제 애스펀Aspen으로 스키를 타러 갈 수 있어.") 코드의 잉여가치를 흐름의 잉여가치로 변형하는 것은, 기술적 지식이 미학에서 분

<hr />

10. Gilles Lipovetsky, *L'Ére du vide*.

리되는 것과 마찬가지로, 기계적으로 강력해진 편력하는 지능에 잠재적으로 함축된 사회적으로 반란적인 의미가 지능 자체로부터 "분리"되어서 자본이 지능의 잉여를 안전하게 뽑아내게 되는 것을 필요로 한다.

그러므로 자본 아래서 개인들은 그들이 사회적 존재자로서 가능하게 만드는 방대한 생산력에서 격리되고, 따라서 되먹임은 최소의 "환류", 즉 자본의 거대한 흐름과 질적으로 통약 불가능한 구매"력"에 한정된다. 「텔레오플렉시」에서 랜드는 계속해서 소비자 자본주의 자체 안에서 소비자 기기와 경제적으로 동원 가능한 기술 사이의 교차를 중시한다. 하지만 기술이 단독으로 반생산을 중단시킬 것이라는 이전의 기대는 지나치게 낙관적이었는데, 이는 모든 시민에게 시장에의 접근을 통해 자기실현의 기회에 대한 권리를 준다고 약속한 현시대의 대처주의적인 자유기업 정신과 비슷하다. 주식 소유권의 폭증, 소비자 신용, 그리고 소비자 매체와 정보기술의 급증은, 들뢰즈와 과타리가 보기에, "자본주의의 진정한 치안"을 구성하는 이런 분열적인 메커니즘을 제거하는 데 아무 역할도 하지 못했다. 테라노바와 파리시의 기획들처럼 이런 가치 체계와 그 이데올로기적 가정들의 외부에 기술적 플랫폼을 검토하고 재건하려는 기획들은 오늘날 반생산의 교묘함을 더 높이 평가함으로써 혜택을 얻게 되고 현시대의 가속주의들 안에서 출현하는 새로운 철학적 자원을 보완한다.

여기에 랜드의 공고화된 우파 가속주의와 신흥 좌파 가속주의들 사이의 실제적 분기점이 자리하고 있다. 우파 가속주의는 계속해서 집단지능과 집단적 자유가 둘 다 기괴한 형태의 자본 자체와 결합하여 언제나 점증한다고 여기는 반면에, 좌파 가속주의는 그것이 전개됨에 따라 "지능"과 "자유" 둘 다에 관한 더 사변적이고 더 대담한 구상을 제시하는 것으로 판명되고 있다. 요컨대 좌파 가속주의는 자본을 비인간 초지능으로도, 역사의 유일한 참된 동인으로도 여기지 않고 오히려 집단적인 인지적 잠재력의 방향을 집단적 자기결정의 모든 맹아적 과정에서 시장 메커니즘의 자기강화적인 리비도 동학으로 다시 향하게 함으로써 그 잠재력을 낭비하도록 견인된 천재 백치로 여긴다. 이런 점에서 네가레스타니와 브라시에의 작업은 좌파 가속주의가 분열성 아나키 상태 혹은 기술자본주의 운명론으로 다시 붕괴하지 못하게 막는 개념적 보루를 형성한다. 그들은 실용주의적 기능주의(셀라스와 브랜덤)에 의해 재조정되고 용도가 변경된 독일 관념론(칸트와 헤겔)의 핵심에 자리하고 있는 자유와 이성 사이의 구성적 연계를 소생시킴으로써 자본 자체의 단조로운 가치화 방식들과 어긋나는 모더니티의 해방적 약속의 역동적인 조치를 제공할 뿐만 아니라, 그것의 점진적인 실현이 어떻게 해서 자본이라는 맹목적인 백치 사이보그 신과는 대조적으로 진정한 집단적인 정치적 행위주체성의 구성을 수반하는지도 예증한다.

이런 변증법적 사태는 인공지능(이하 AI) 연구에서 협소한 문제 해결 능력을 갖춘 AI를 개발하는 지배적인 계보들과 인공일반지능(이하 AGI)의 특성을 규명하는 데 점점 더 관심을 기울이는 계보들 사이에서 생겨난 사태에 필적한다. 지능을 적응적 문제 해결에 대한 양적으로 균질한 수단으로 구상하는 관점에서 추리 역량에 관한 질적으로 분화된 유형학으로 구상하는 관점으로의 이행은, 사이버 문화 시대의 기계 지능을 호출하는 하이퍼스티션, 즉 허구적 실천에서 MAP가 제안한 집단지능의 새로운 체계들을 적극적으로 고안하는 실천으로 이행하는 데 적절한 철학적 조건이다.

가속주의 정치와 그 기계들 및 그 인간들을 구축하는 노동은 맑스가 말하는 대로 "생성 과정에 있는 인간에 관해서는 훈육…〔그리고〕 동시에 그 머릿속에 사회의 축적된 지식이 현존하는, 생성이 완료된 인간에 관해서는 연습, 실험과학, 물질적으로 창의적이고 객관화하는 과학"의 문제다. 자본 외부에 있는 이런 사변의 공간이 신기루가 아니라면, "우리가 현대적인 기술사회적 신체가 무엇을 할 수 있는지 아직 확실히 알지 못한다면" 이런 비인간의 노동은 합리주의적일 뿐만 아니라, 자신의 세계와 자신에 대한 집합적 노동의 두 측면 ─ 능산적 인간homo hominans과 소산적 인간homo hominata 11 ─ 에서 불가분하게 기술적이고 사회적인 인간 ─ 인간, 즉 기계home sive machina ─ 에 관해서는 스피노자주의적 의미에서 생기론적인 것이지 않을까?

2014년 4월

트루로＋베를린

로빈 맥케이＋아르멘 아바네시안

---

11. * '능산적 인간'(homo hominans)과 '소산적 인간'(homo hominata)이라는 용어들은 스피노자가 처음 사용한 '능산적 자연'(natura naturans)과 '소산적 자연'(natura naturanta)이라는 용어에서 비롯된 것으로 여겨진다. 그러므로 여기서 '능산적 인간과 소산적 인간'은 각각 생산력을 갖춘 '생산주체'로서의 인간과 생산 과정의 결과물인 '생산물'로서의 인간을 가리키는 개념들인 것으로 판단된다.

## 감사의 말

이미 분명해졌겠지만 이 독본의 구상과 생산은 집단적 노력의 결과였다(말할 필요도 없이 이 독본의 잘못된 점들에 대한 책임은 편집자들에게 있다). 이 독본에 실린 글들의 저자와 번역자(그중 몇몇 사람은 이 서론을 준비하는 데도 소중한 도움을 베풀었다) 이외에, 편집자들은 논의하고 제안하며 지지해준 점에 대하여 다음의 사람들에게 특히 감사하고 싶다. 루이스 맥더모트, (서론을 준비하는 데 결정적으로 이바지한) 피터 울펜데일, 헬렌 헤스터, 톰 램버티, 베른트 클뢱케너, 태비 메로드, 맛떼오 파스퀴넬리, 막스 베버, 모하마드 살레미, 다이애나 카미스, 플로리안 헤커, 테리 커나우 칠리, (하니글렌 출판사의) 나자 포데레긴, (와일리 출판사의) 닉 벡, (블룸스버리 출판사의) 클레어 웨더헤드, (TJ 인터내셔널 출판사의) 막델라나 피에타, (BJ 프레스의) 데비 와이어트, 사이먼 셀라스, 그리고 2012~13년에 개최된 가속주의 심포지엄과 워크숍의 모든 참여자에게 감사드린다. 게다가 라프로익Laphroaig 위스키에 고마움을 표한다.

# 1부 → 여정

캔버스 → 기계에 관한 단서
새파란 버튼과 → 기계의 책
날렵이 표구로 → 운동감
스스타인 배틀다 → 기계 교인, 그리고 연기 기억의 자연적 상태

다이앤 바우어, 〈예견〉

# 기계에 관한 단상

칼 맑스

1858

노동수단은 일단 자본의 생산 과정에 도입되면 다양한 변형을 겪는데, 그 완결은 기계, 더 정확히 말하면 자동장치로, 스스로 움직이는 동력으로 가동되는 기계류의 자동적 체계이다(기계류의 체계 : 자동적 체계는 한낱 기계류 체계의 가장 완벽하고 적합한 형태에 불과한 것이며, 그리고 그 체계만이 기계류를 하나의 체계로 변환한다). 이런 자동장치는 수많은 기계적이고 지적인 기관들로 이루어져 있으며, 노동자 자신에게는 단지 그것의 의식적인 관절의 역할이 맡겨질 뿐이다.

기계에서, 그리고 자동적 체계로서의 기계류에서 더욱더 사용가치, 즉 노동수단의 물질적 실질은 고정자본과 자본 일반에 적합한 존재물로 변환된다. 게다가 직접적인 노동수단, 즉 사용가치가 자본의 생산 과정에 도입된 형태는 자본 자체에 의해 정립되고 자본에 조응하는 형태로 교체된다. 기계는 결코 개별 노동자의 노동수단으로 현시되지 않는다. 기계를 구별 짓는 특징은 노동수단의 경우처럼 노동자의 활동을 객체로 전달하는 것이 전혀 아니다. 오히려 이 활동은 단지 기계의 일, 기계의 작용을 원료에 전달하는 ─ 기계를 관리하고 고장에 대비하는 ─ 그런 방식으로 정립된다. 노동자가 자신의 기량과 힘으로 활성화하고 자신의 기관으로 삼기에 그 조작이 노동자의 기교에 달린 도구의 경우와는 사정이 다르다. 오히려 노동자 대신에 기량과 힘을 보유하고 있고 그 자체로 기교인 것은 기계인데, 기계의 고유한 영혼은 자신을 통해서 작용하는 역학적 법칙들에 있다. 그리고 자신의 영구 운동을 지속하기 위해 기계는 노동자가 식량을 소비하듯이 석탄, 석유 등을 소비한다. 한낱 활동의 추상물에 불과한 것으로 환원된 노동자의 활동이 모든 측면에서 기계류의 움직임에 의해 결정되고 조절되는 것이지, 그 반대가 아니다. 기계류의 생명 없는 수족이 그 구성에 의해서 하나의 자동장치로서 합목적적으로 작용하게 하는 과학은 노동자의 의식에 현존하지 않고 오히려 기계를 통해서 노동자에게 이질적인 힘으로, 기계 자체의 힘으로 작용한다.

자본의 개념에 자리하고 있는 객체화된 노동이 산 노동을 전유하는 것 ─ 대자적으로 현존하는 가치가 가치를 창출하는 힘 혹은 활동을 전유하는 것 ─ 은 기계에 의존하는 생산에서 그 물질적 구성요소들과 물질적 운동을 포함한 생산 과정 자체의 특징으로 정립된다. 생산 과정은 이미 지배하는 통일체로서의 노동의 지배를 받는 과정이라는 의미에서의 노동 과정이 아니다. 오히려 노동은 단지 기계적 체계의 다양한 지점에서 살아 있는 개별 노동자들 사이에 흩어져 있는 의식적인 기관으로 현시된다. 노동은 그 자체로 단지 그 체계의 한 관절로서 기계류 자체의 전체 과정 아래 포섭된다. 그 체계의 통일성은 살아 있는 노동자들에 현존하는 것이 아니라 오히려 노동자의 사소한 개별적 행위에 대하여 하나의 강력한 유기체로서 맞서는 살아 있는 (능동적인) 기계류에 현존한다. 기계류에서는 객체화된 노동이 노동 과정 자체 안에서 그것을 지배하는 힘으로서 산 노동과 맞서는데, 그것은 산 노동의 전유로서의 자본형태라는 힘이다. 노동수단의 기계류로의 변환, 그리고 산 노동의 한낱 이런 기계류의 살아 있는 부속물에 불과한 것으로의 변환, 기계류의 작용 수단으로의 변환 역시 노동 과정이 그 물질적 특성상 한낱 자본의 실현 과정의 한 국면에 불과한 것으로 흡수되는 사태를 정립한다. 앞서 이해된 대로 노동생산력의 증대와 필요노동의 가능한 한 최대의 감축은 자본의 필연적 경향이다. 노동수단의 기계류로의 변환은 이런 경향의 실현이다. 기계류에서는 객체화된 노동이 산 노동에 대하여 지배하는 힘으로 물질적으로 맞서면서 산 노동을 적극 포섭한다. 객체화된 노동은 산 노동을 전유함으로써 포섭할 뿐만 아니라 실제 생산 과정 자체에서도 포섭한다. 가치-창출 활동을 전유하는 가치로서의 자본의 관계는, 기계류로서 현존하는 고정자본에서, 자본의 사용가치가 노동 역량의 사용가치와 맺는 관계로서 동시에 정립된다. 더욱이 기계류에서 객체화된 가치는 그것에 대하여 개별적 노동 역량이 지닌 가치-창출 힘의 크기가 극히 작게 가늠되는 전제 조건으로 현시된다. 기계류와 더불어 정립되는 양적으로 엄청난 규모의 생산은 생산물이 생산자의 직접적인 필요와 맺는, 그리하여 직접적인 사용가치와 맺는 모든 관계를 파괴한다. 생산물이 단지 가치의 운반체로 생산되고, 그것의 사용가치가 단지 그 목적을 달성하기 위한 조건으로 생산되는 것은 이미 생산물의 생산형태에서 그리고 생산물이 생산되는 관계에서 정립된다. 기계류에서는 객체화된 노동 자체가 생산물의 형태나 혹은 노동수단으로 채택된 생산물의 형태로 현시될 뿐만 아니라 생산력 자체의 형태로도 현시된다.

노동수단이 기계류로 발전하는 사태는 자본의 우연적 국면이 아니라 오히려 물려받은 전통적 노동수단이 자본에 적합한 형태로 개조되는 역사적 국면이다. 그러므로 지식과 기량의 축적, 사회적 뇌의 일반적인 생산력의 축적은 노동이 아니라 자본에 흡수되고, 따라서 그것이 생산수단 자체로서 생산 과정에 편입되는 한에서 자본의 한 속성, 더 구체적으로는 고정자본의 한 속성인 것처럼 보인다. 그렇다면 기계류는 가장 적합한 형태의 고정자본인 것처럼 보이고, 고정자본은 그 자체가 자본과 맺는 관계에 관련된 경우에 자본 일반의 가장 적합한 형태인 것처럼 보인다. 하지만 또 다른 측면에서 고정자본은 어느 특정한 사용가치에 국한하여 현존할 수밖에 없는 반면에 자본은 모든 특정한 형태의 사용가치를 개의치 않기에 이들 형태 중 어느 것도 동등한 화신으로 받아들이거나 내보낼 수 있다는 점을 참작하면 고정자본은 가치로서의 자본의 개념에 상응하지 않는다. 이런 점에서 자본의 외부적 관계를 고려하면 자본의 적절한 형태인 것처럼 보이는 것은 고정자본이 아니라 유동자본이다.

더욱이 기계류가 사회가 이루어 내는 과학의 축적과, 일반적으로 생산력의 축적과 더불어 발전하는 한에서 일반적인 사회적 노동은 노동에서 현시되는 것이 아니라 자본에서 현시된다. 사회의 생산력은 고정자본에서 가늠되고, 고정자본의 객관적 형태로 현존하며, 역으로 자본의 생산력은 자본이 무상으로 전유하는 이런 일반적 과정과 더불어 성장한다. 여기서는 기계류의 발전이 자세히 논의될 수 없고 오히려 그것의 일반적인 측면만 논의될 따름인데, 물리적 사물로서의 노동수단이 자신의 직접적인 형태를 상실하고 고정자본이 되며 노동자에 대하여 자본으로서 맞서는 한에서만 논의될 것이다. 기계류에서 지식은 노동자에게 이질적이고 외부적인 것으로 현시되며, 그리고 산 노동은 스스로 활성화하는 객체화된 노동 아래 포섭된〔것으로〕나타난다. 노동자는 그의 행위가〔자본의〕필요조건에 의해 결정되지 않는 경우에는 불필요한 것으로 현시된다.

◇

그러므로 자본의 완전한 발전은 오직 노동수단이 고정자본이라는 경제적 형태를 취할 뿐만 아니라 그것의 직접적인 형태에 매달려 있을 때만, 그리고 고정자본이 생산 과정 안에서 노동에 맞서는 기계로 현시될 때만 이루어졌다. 혹은 그럴 때만 자본은 비로소 자신에 조응하는 생산양식을 정립했다. 게다가 전체 생산 과정은 노동자의 직접적인 숙련된 기량 아래 포섭되지 않고 오히려 과학의 기술적 응용으로 나타난다. 그러므로〔관건은〕생산에 과학적 특질을 부여하는 자본의 경향인데, 직접 노동은 한낱 이 과정의 한 국면에 불과한 것으로 환원된다. 가치가 자본으로 변환되는 경우와 마찬가지로 자본의 더 나아간 발전에서도 자본은 한편으로는 생산력 – 과학 역시 이들 생산력에 속한다 – 의 어떤 주어진 역사적 발전을 전제하고 다른 한편으로는 생산력을 더욱더 견인하고 강제하는 것처럼 보인다. 그러므로 자본이 고정자본으로서 발전되는 양적 범위와 유효성(집약도)은 자본이 자본으로서, 산 노동을 지배하는 힘으로서 발전되는 일반적인 정도를 가리킬 뿐만 아니라 자본이 생산 과정 일반을 정복한 정도도 가리킨다. 또한 그런 의미에서 자본은 객체화된 생산력의 축적을, 그리고 마찬가지로 객체화된 노동의 축적을 표현한다. 그런데 자본은 생산 과정 내부에서의 사용가치로서 자신의 적합한 형태를 단지 기계류의 형태와 철도 등과 같은 고정자본의 다른 물질적 표현물의 형태로서만 갖추지만, 이것은 결코 이런 사용가치 – 기계류 일반 – 가 자본임을 뜻하지도 않고 사용가치의 기계류로서의 현존이 자본으로서의 현존과 동일함을 뜻하지도 않는다. 금이 더는 화폐가 아니더라도 금으로서의 사용가치를 여전히 지니고 있는 것과 마찬가지로 기계류도 자본이 더는 아니게 되자마자 자신의 사용가치를 상실하지는 않는다. 기계류는 고정자본의 사용가치의 가장 적합한 형태이지만, 그렇다고 해서 자본의 사회적 관계 아래 포섭되는 것이 기계류를 응용하는 데 가장 적합하고 궁극적인 사회적 생산관계라는 결론이 당연히 도출되는 것은 아니다.

노동시간 – 단순한 노동량 – 이 자본에 의해서 유일한 가치 결정 요소로 정립되는 만큼, 직접 노동과 그 양은 생산 – 사용가치의 창출 – 의 결정 원리로서는 사라지면서 한편으로는 일반적인 과학적 노동, 자연과학의 기술적 응용에 비해서, 다른 한편으로는 전체 생산의 사회적 조합 – (역사적 생산물일지라도) 사회적 노동의 자연적 과실로 현시되는 조합 – 에서 생겨나는 일반적 생산력에 비해서 당연히 불가결하지만 부수적인 계기로서 양적으로, 더 적은 비율로, 축소될 뿐만 아니라 질적으로도 축소된다. 그러므로 자본은 생산을 지배하는 형태로서의 자신의 해체를 향해 작동한다.

그렇다면 한편으로 생산 과정이 단순한 노동 과정에서, 자연이 가진 힘을 정복하여 그것이 인간의 필요를 위해서 작동하도록 강제하는 과학적 과정으로 변환하는 사태는 산 노동과 대조되는 고정자본의 속성으로 현시된다. 본연의 개별 노동은 이미 더는 생산적인 것으로 전혀 현시되지 않고 오히려 자연이 가진 힘을 자신에 예속시키는 이들 공동 노동에서만 생산적인 것으로 현시되며, 직접 노동의 사회적 노동으로의 고양은 개별 노동이 자본에 의해 표상되고 자본에 집중된 공동성에 직면하여 무력해지는 수준으로 환원되는 것으로 현시된다. 다른 한편으로 이제 그 사태는 유동자본의 속성으로 현시되는데, 한 생산 부문에서 이루어지는 노동은 다른 한 부문에서 공존하는 노동에 의해 유지된다. 소규모의 순환에서 자본은 노동자에게 임금을 선불하고, 노동자는 그 임금을 자신의 필수적인 소비품과 교환한다. 노동자가 취득한 화폐는 다른 노동자들이 그와 더불어 동시에 일하고 있기에 비로소 이런 힘을 갖추게 된다. 그리고 자본은 노동자에게 타자의 노동을 요구할 권리를 화폐의 형태로 제공할 수 있다. 오로지 그 이유는 자본이 노동자 자신의 노동을 전유했었기 때문이다. 여기서 자신의 노동과 타자의 노동 사이에 이루어지는 교환은 타자들의 노동이 동시적으로 현존함으로써 매개되고 결정되는 것이 아니라 오히려 자본이 행한 선불에 의해 그렇게 되는 것으로 현시된다. 생산에 종사하는 동안 자신의 필수적인 소비품과의 교환에 관여할 수 있는 노동자의 능력은 유동자본 중 노동자에게 지급되는 부분의 속성과 유동자본 일반의 속성에서 기인하는 것으로 현시된다. 그것은 동시에 현존하는 노동력들 사이에서 이루어지는 실물의 교환으로 현시되는 것이 아니라 자본의 물질대사Stoffwechsel로, 유동자본의 현존으로 현시된다. 그러므로 노동의 모든 힘은 자본의 힘으로 치환되고, 노동의 생산력은

(노동에 외재적인 것이자 객체sachlich로서의 노동과 독립적으로 현존하는 것으로 정립된) 고정자본으로 치환된다. 그리고 유동자본에서는 노동자 자신이 자신의 노동을 반복하기 위한 조건을 창출했다는 사실과 이런 노동의 교환이 공존하는 타자들의 노동에 의해 매개된다는 사실이 자본이 그에게 선금을 지급하고 노동 부문들의 동시성을 정립하는 그런 식으로 현시된다. (이들 마지막 두 측면은 사실상 축적에 속한다.) 유동자본의 형태를 띤 자본은 상이한 노동자들 사이의 매개자로 정립된다.

기계류가 가장 적합한 형태〔인〕 생산수단으로서의 특질을 갖춘 고정자본은 오직 두 가지 점에서 가치를 생산한다. 즉 생산물의 가치를 증대한다. (1) 고정자본이 가치를 지니고 있는 한에서, 즉 그 자체로 노동의 생산물, 객체화된 형태를 띤 어떤 양의 노동인 한에서 그러하다. (2) 고정자본이 노동 생산력의 증대를 통해서 노동이 산 노동 역량을 유지하는 데 필요한 생산물의 양을 더 짧은 시간에 훨씬 더 많이 창출할 수 있게 함으로써 필요노동에 대한 잉여노동의 관계를 증진하는 한에서 그러하다. 그러므로 노동자가 자본가와 공유한다는 것은 대단히 터무니없는 부르주아적 주장이다. 왜냐하면 고정자본(어디까지나 그 자체가 노동의 생산물이며, 그리고 단지 자본에 의해 전유된 타자의 노동의 생산물이다)을 지닌 자본가는 노동을 자신에게 더 만만한 것으로 만들거나(오히려 자본가는 기계를 사용하여 노동에서 독립적이고 매력적인 온갖 특질을 빼앗는다), 혹은 노동자의 노동을 더 줄이기 때문이다. 오히려 자본가가 기계류를 사용하는 것은 오로지 그것이 노동자가 자기 시간의 더 많은 부분을 자본을 위해 일하는 데 쓸 수 있게 하고, 자기 시간의 더 많은 부분을 자신에게 속하지 않는 시간으로 이해할 수 있게 하며, 타자를 위해 더 오래 일할 수 있게 하는 한에서이다. 이런 과정을 통해서 어느 특정한 물건 한 개를 생산하는 데 필요한 노동량은 사실상 최소한도로 줄어들게 되는데, 그것은 단지 그런 물건의 최대 개수를 생산하는 데 필요한 최대한도의 노동을 실현하기 위함이다. 첫 번째 측면이 중요한 이유는 여기서 ─ 전적으로 본의 아니게 ─ 자본이 인간의 노동, 에너지의 소비를 최소한도로 줄이기 때문이다. 이것은 노동 해방에 도움이 될 것이고, 따라서 노동 해방의 조건이다. 앞서 언급된 바로부터, 로더데일이 고정자본을 가치의 독립적인 원천, 노동시간과 독립적인 원천으로 삼기를 원할 때 그가 얼마나 터무니없는지는 분명하다. 고정자본은 그것이 그 자체로 객체화된 노동시간인 한에서만, 그리고 그것이 잉여노동시간을 정립하는 한에서만 그런 원천이다. 기계류의 사용 자체는 역사적으로…과잉 인력을 전제로 한다. 기계류는 노동력이 넘쳐나는 경우에만 노동을 대체하기 위해 투입된다. 경제학자들의 상상 속에서만 기계류는 개별 노동자에게 도움이 되는 상태에 도달한다. 기계류는 오직 대량의 노동자와 더불어 효과적일 수 있을 뿐인데, 앞서 이해된 대로 자본 대비 노동력의 집적은 기계류의 역사적 전제 중 하나이다. 기계류는 노동력이 부족한 경우에 노동력을 대체하기 위해 도입되는 것이 아니라 오히려 대량의 가용 노동력을 필요한 정도로 줄이기 위해 도입된다. 기계류는 오직 노동 역량이 대량으로 있는 경우에만 도입된다.

…고정자본이 어느 정도 ─ 그리고 앞서 지적된 대로 이 정도는 대공업 일반의 발전을 가늠하는 척도이다 ─ 까지 발전된…그 순간부터 고정자본은 대공업의 생산력 발전에 비례하여 줄곧 증대하고, 생산 과정의 모든 중단은 자본 자체의 직접적인 감축으로, 그 초기 가치의 직접적인 감축으로 작용한다. 고정자본의 가치는 오직 그것이 생산 과정에서 완전히 소모되는 한에서만 재생산된다. 폐기를 통해서 고정자본은 자신의 가치를 생산물에 이전하지 않은 채로 자신의 사용가치를 상실한다. 그러므로 고정자본이 발전하는 규모가 더 클수록 생산 과정의 연속성 혹은 재생산의 끊임없는 흐름은 더욱더 자본에 정초된 생산양식의 외부적 강제 조건이 된다.

기계류에서 자본에 의한 산 노동의 전유 역시 이런 점에서 직접적인 실재를 획득한다. 첫째, 그것은 기계가 이전에 노동자에 의해 수행된 것과 같은 노동을 수행할 수 있게 하는, 과학에서 직접 비롯되는 역학적 및 화학적 법칙들에 대한 분석이자 그것들의 적용이다. 그런데 이런 경로에 따른 기계류의 발전은 단지 대공업이 이미 더 높은 단계에 도달했고 모든 과학이 자본에 봉사하도록 동원되었을 때만, 게다가 기계류 자체가 이미 거대한 역량을 제공할 때만 이루어진다. 그리하여 발명은 사업이 되며, 과학을 직접적인 생산 자체에 응용하는 것은 과학을 결정하고 유인하는 전망이 된다. 하지만 이것은 기계류가 대체로 등장한 길이 아니고, 기계류가 세부적으로 진전하는 길은 더욱더 아니다. 오히려 이 경로는 분석Analyse인데, 노동자들의 조작들을 더욱더 기계적인 조작들로 점진적으로 변환함으로써 어떤 지점에서 하나의 메커니즘이 그것들을 대신하게 되는 노동의 분업을 통한 분석이다. … 그러므로 여기서 그 특정한 양식의 노동은 기계의 형태로 노동자에게서 자본으로 이전되는 것으로 직접 현시되고, 그리하여 노동자 자신의 노동 능력은 무가치해지는 것으로 현시된다. 따라서 기계류에 맞선 노동자의 투쟁이 벌어진다. 살아 있는 노동자의 활동이었던 것이 기계의 활동이 된다. 그러므로 자본에 의한 노동의 전유는 노동자를 조잡하게 감각적인 형태로 대면하는데, "마치 그 몸이 사랑에 홀린 듯"[1] 자본은 노동을 그 자체로 흡수한다.

　…산 노동과 객체화된 노동의 교환 ─ 즉, 자본과 임금노동이 대립하는 형태로 사회적 노동을 정립하는 것 ─ 은 가치관계, 그리고 가치에 입각한 생산의 궁극적인 발전이다. 그것의 전제는 부의 생산의 결정 인자로서 직접 노동시간의 양, 사용된 노동의 양이며, 그리고 여전히 그럴 것이다. 하지

---

1. "Als hätt es Lieb im Leibe," 괴테의 『파우스트』 1부 「라이프치히의 아우어바흐 지하 술집」 장면.

만 대공업이 발전함에 따라 실질적 부의 창출은 노동시간과 노동량보다 노동시간 동안 가동된 작동인자들의 힘에 더 의존하게 되며, 그 힘의 '강력한 유효성' 역시 이들 인자의 생산에 소요된 직접 노동시간에 비례하기보다는 오히려 과학의 일반 상태와 기술의 진보에 의존하거나 이 과학의 생산에의 응용에 의존한다. (이 과학, 특히 자연과학의 발전과 자연과학의 발전에 따른 여타 과학의 발전 역시 물질적 생산의 발전과 관련되어 있다.) 예를 들면 농업은 단지 물질적 신진대사, 사회 전체의 최대 이익을 위한 조절에 관한 과학의 응용이 된다. 그런데 실질적 부는 순수 추상물로 환원된 노동과 노동이 감독하는 생산 과정의 힘 사이의 양적 불균형으로 나타날 뿐만 아니라 사용된 노동시간과 그 생산물 사이의 엄청난 불균형으로도 나타나며, 그리고 대공업이 이 사실을 드러낸다. 노동은 더는 생산 과정 안에 그다지 포함되지 않은 것처럼 나타나고, 오히려 인간은 감시자와 조절자로서 생산 과정 자체와 관계를 맺게 된다. (기계류의 경우에 성립하는 것은 인간 활동들의 조합과 인간 교류의 발전의 경우에도 마찬가지로 성립한다.) 노동자는 더는 변경된 자연적 사물 Naturgegenstand을 대상Objekt과 그 자신을 연계하는 중간 고리로 삽입하지 않는다. 오히려 노동자는 산업적 과정으로 변환된 자연의 과정을 그 자신과 무기적 자연 사이에 수단으로 삽입하며, 그것에 숙달한다. 노동자는 생산 과정의 주요한 행위자이기는커녕 오히려 생산 과정에 편입된다. 이런 변환에서 중요한 것은 노동자 자신이 수행하는 직접적인 인간 노동도 아니고 그의 노동시간도 아니며 오히려 그 자신의 일반적 생산력, 자연에 관한 그의 이해, 그리고 자신이 하나의 사회적 신체로서 현존하는 덕분에 이루게 되는 자연에 대한 그의 숙달력의 전유이다. 요컨대 생산과 부의 거대한 초석으로 현시되는 것은 사회적 개인의 발달이다.

현재의 부가 기초하고 있는 타자 노동시간의 절도는 대공업 자체에 의해 창출된 이 새로운 기초에 비하면 변변찮은 것처럼 보인다. 직접적인 형태의 노동이 더는 부의 거대한 원천이 아니게 되자마자 노동시간은 더는 부의 척도가 아니고 아니어야 하며, 그리하여 교환가치는 사용가치의 〔척도가 더는 아니어야 한다〕. 소수의 비非노동이 인간 두뇌의 일반적힘의 발전을 위한 조건이 아닌 것과 마찬가지로 대중의 잉여노동은 더는 일반적 부의 발전을 위한 조건이 아니게 되었다. 그렇게 해서 교환가치에 기초한 생산은 붕괴하고, 직접적인 물질적 생산 과정은 궁핍과의 대립의 형태를 벗는다. 그 결과 개성의 자유로운 발달이 이루어지고, 그에 따라 잉여노동을 정립하기 위해 필요노동시간이 감축되는 것이 아니라 오히려 사회의 필요노동이 일반적으로 최소한도로 감축됨으로써 모든 개인을 위해 자유로워진 시간에 그리고 창출된 수단으로 개인들은 자신을 예술적으로 발전시키거나 과학적으로 발전시키는 등의 활동에 관여하게 된다. 노동시간을 최소한도로 감축하도록 압박하는 한편으로 노동시간을 부의 유일한 척도이자 원천으로 정립한다는 점〔에서〕 자본 자체는 움직이는 모순이다. 그러므로 자본은 잉여노동 형태의 노동시간을 증대시키기 위해 필요노동 형태의 노동시간을 감축하고, 그리하여 점점 증대하는 잉여노동시간을 필요노동시간의 조건 — 사느냐 죽느냐의 문제 — 으로 정립한다. 그렇다면 한편으로 자본은 부의 창출을 그것에 사용된 노동시간에 대하여 (상대적으로) 독립시키기 위해 과학과 자연의 모든 힘을 사회적 조합과 사회적 교류의 힘으로 소생시킨다. 다른 한편으로 자본은 노동시간을 그것에 의해 창출된 거대한 사회적 힘을 측정하는 잣대로 사용하기를 원하고, 이들 힘을 이미 창출된 가치를 가치로서 유지하는 데 필요한 한계 안에 묶어두기를 원한다. 생산력과 사회적 관계 — 사회적 개인의 발달을 특징짓는 두 가지 다른 측면 — 는 자본에 한낱 수단에 불과한 것으로 현시되며, 그리고 그것들은 단지 자본이 자신의 한정된 토대 위에서 생산하기 위한 수단이다. 그런데 사실상 그것들은 이 토대를 완전히 파괴하기 위한 물질적 조건이다. "노동시간이 열두 시간일 때보다는 여섯 시간일 때 한 민족은 참으로 부유하다. 부는 잉여노동시간에 대한 지배가 아니"고(실제적 부) "오히려 모든 개인과 사회 전체를 위한, 직접 생산에 필요한 시간 이외의 가처분 시간"이다.[2]

자연은 어떤 기계도, 어떤 기관차도 철도도 전신도 자동 노새 등도 만들지 못한다. 이것들은 인간 산업의 생산물로, 자연에 대한 인간 의지의 기관 혹은 인간의 자연에의 관여 기관으로 변환된 자연적 재료이다. 그것들은 인간의 손으로 창출된, 인간 두뇌의 기관이고 객체화된 지식의 힘이다. 고정자본의 발전은 일반적인 사회적 지식이 어느 정도까지 직접적인 생산력이 되어 버렸는지를 가리키고, 그리하여 사회적 생활 과정 자체의 조건이 어느 정도까지 일반지성의 통제를 받게 되고 그에 따라서 변형되어 버렸는지를 가리킨다. 사회적 생산력이 어느 정도까지 지식의 형태로 생산되었을 뿐만 아니라 사회적 실천의, 실제 생활 과정의 직접적인 기관으로서도 생산되었는지를 가리킨다.

… 사회 일반과 그 구성원들 각각을 위해서 필요노동시간 이외의 가처분 시간(즉, 개인들 및 사회의 완전한 생산력을 발전시키기 위한 여지)을 대량으로 창출하는 것, 이처럼 비노동시간을 창출하는 것이 자본의 관점에서는 선행하는 모든 단계의 경우와 마찬가지로 소수를 위한 비노동시간, 여가시간으로 현시된다. 자본이 추가하는 점은 그것이 예술과 과학의 모든 수단을 이용하여 대중의 잉여노동시간을 증대한다는 것이다. 왜냐하면 사용가치가 아니라 바로 가치가 자본의 목적이기에 자본의 부는 잉여노동시간의 전유에 직접 자리하고 있기 때문이다. 그러므로 자본은 자신의 의지에 반해서 사회적 가처분 시간의 수단을 창출함으로써 사회 전체의 노동시간을 점점 최소한도로 감축하고, 그리하여 모든 사람이 자신을 발전시키기 위한 여가시간을 확보할 수 있게 하는 데 도움

---

2. Charles W. Dilke, *The Source and Remedy of the National Difficulties*, 6.

을 준다. 그런데 자본의 경향은 언제나 한편으로는 가처분 시간을 창출하려는 것이고 다른 한편으로는 가처분 시간을 잉여노동으로 전환하려는 것이다. 자본이 전자에 너무 잘 성공하면 자본은 잉여생산의 사태를 겪게 되고, 그리하여 어떤 잉여노동도 자본에 의해 실현될 수 없기에 필요노동이 중단된다. 이런 모순이 발전할수록 생산력의 향상이 더는 타자 노동의 전유와 연계될 수 없게 되고 오히려 노동자 대중이 스스로 자신의 잉여노동을 전유해야 한다는 점이 더욱더 명백해진다. 일단 상황이 그렇게 되면 — 그리하여 가처분 시간이 더는 대립적 현존을 갖추지 않게 된다면 — 한편으로는 필요노동시간이 사회적 개인의 욕구로 측정될 것이고 다른 한편으로는 사회적 생산력의 발전이 매우 빠르게 진전되어서, 이제 생산이 모두의 부를 위해 의도될지라도 가처분 시간이 모두를 위해 증대할 것이다. 왜냐하면 실질적 부는 모든 개인의 발전된 생산력이기 때문이다. 그렇다면 부의 척도는 어쨌든 더는 노동시간이 아니라 오히려 가처분 시간이다. 가치의 척도로서의 노동시간은 부 자체를 궁핍에 기초하는 것으로 정립하고 가처분 시간을 잉여노동시간과의 대립 속에 그리고 그 대립으로 인해 현존하는 것으로 정립한다. 혹은 한 개인의 시간 전체를 노동시간으로 정립하고, 그리하여 그를 단지 노동자로 격하시키고 노동 아래 포섭한다. 그러므로 가장 발전된 기계류는 노동자가 야만인이 노동하는 것보다 혹은 노동자 자신이 더 단순하고 조잡한 도구로 노동했던 것보다 더 오래 노동하도록 강요한다.

한 나라의 전체 노동이 단지 전체 인구의 생계 수단을 조달할 수 있을 뿐이라면 잉여노동은 전혀 없을 것이고, 그 결과 자본으로 축적될 수 있는 것도 전혀 없을 것이다. 일 년 동안 인민이 이 년의 생계 수단을 조달할 수 있다면 일 년의 소비가 사라지거나, 혹은 일 년 동안 사람들이 생산적 노동을 그만두어야 한다. 하지만 〔그〕 잉여 생산물의 소유자들 혹은 자본은… 직접적이고 즉각적으로 생산적이지 않은 일에, 예를 들면 기계류를 조립하는 일에 인민을 고용한다. 그래서 생산은 계속된다.[3]

… 실제 경제 – 절약 – 는 노동시간의 절약으로 구성된다(최소의 생산비〔그리고 생산비의 최소화〕). 하지만 이 절약은 생산력의 발전과 동일하다. 그러므로 결코 소비의 절제가 아니라 오히려 힘, 생산 역량의 발전이고, 따라서 소비 수단과 소비 역량 둘 다의 발전이다. 소비할 수 있는 역량은 소비의 조건, 즉 소비의 일차 수단이며, 그리고 이 역량은 개인적 잠재력, 생산력의 발전이다. 노동시간의 절약은 여가시간, 즉 개인의 완전한 발전을 위한 시간의 증대와 동등한데, 그다음에 이 발전은 그 자체가 최대의 생산력으로서 노동의 생산력에 영향을 미친다. 직접적인 생산 과정의 관점에서 보면 그것은 고정자본의 생산으로 여겨질 수 있으며, 이 고정자본은 인간 자신이다. 그런데 직접적인 노동시간 자체가 부르주아 경제의 시각에서 현시되듯이 여가시간과 추상적인 대립 상태에 더는 있을 수 없음은 말할 필요도 없다. 노동은 푸리에가 바란 대로[4] 놀이가 될 수 없는데, 그렇더라도 분배의 지양이 아니라 오히려 생산양식 자체의 지양을 더 고등한 형태로, 궁극적인 목적으로 표명한 것은 여전히 그의 위대한 업적으로 남아 있다. 여가시간 – 한가롭게 쉬는 시간이자 고상한 활동을 위한 시간 – 은 당연히 그 소유자를 다른 주체로 변환하고, 그리하여 그는 이런 다른 주체로서 직접적인 생산 과정에 진입한다. 그렇다면 이 과정은 생성 과정에 있는 인간에 관해서는 훈육인 동시에 그 머릿속에 사회의 축적된 지식이 현존하는, 생성된 인간에 관해서는 연습Ausübung, 실험과학, 물질적으로 창조적이고 객체화하는 과학이다.

---

3. Dilke, *The Source and Remedy of the National Difficulties*, 4.

4. Charles Fourier, *Le Nouveau Monde industriel et societaire*, 242~52.

# 기계의 책

새뮤얼 버틀러

1872

그 작가의 글은 이렇게 시작한다. "한때 지구에는 어느 모로 보나 동물 생명도 식물 생명도 전혀 없었고, 우리의 가장 훌륭하신 철학자들의 견해에 따르면 그때 지구는 표면이 점차 식어가는 뜨거운 둥근 공에 불과했다. 그런데 지구가 이런 상태에 있던 동안 한 인간이 현존했었고, 그가 지구를 마치 그것이 자신과 전혀 무관한 어떤 다른 세계인 것처럼 볼 수 있었으며, 동시에 그가 모든 물리과학에 완전히 무지했다면, 그는 자신이 목격하고 있는, 마치 타고 남은 재와 같은 곳에서 의식 비슷한 것을 소유한 생명체가 진화할 리가 없다고 단언하지 않았을까? 그는 그곳에 의식이 싹틀 씨앗조차 있을 리가 없다고 주장하지 않았을까? 그런데 시간이 흐른 뒤에 의식이 도래했다. 그렇다면 당장은 아무 징후도 감지되지 않더라도 의식이 도래할 새로운 경로들이 이미 존재할 수도 있는 것이 아닐까?"

… 그 작가는 여러 쪽에 걸쳐 위 문제에 대하여 부연한 후에 그런 새로운 생명의 단계가 접근한 흔적이 현재 지각될 수 있는지, 먼 미래에 그 단계에 적합할 것을 준비하는 공간이 목격될 수 있는지, 사실상 그런 종류의 생명의 원시세포가 현재 지구에서 감지될 수 있는지 계속해서 조사한다. 그는 자신의 글에서 이 물음에 긍정적으로 답변하면서 고등 기계를 지적한다.

그 자신의 말을 인용하면 "현재는 의식을 갖추고 있는 기계가 없다는 사실에 직면하여 기계적 의식의 궁극적인 발전에 대한 방지책은 전혀 없다. 연체동물은 의식을 그다지 갖추고 있지 않다. 지난 수백 년 동안 기계가 이룬 특별한 진보에 관해 되돌아보면 동물계와 식물계가 얼마나 느리게 진보하고 있는지 인식하게 된다. 더 고도로 조직된 기계는 과거와 비교하면 어제의 기계와, 이를테면 오 분 전의 기계와도 많이 다른 생명체이다. 논증을 위해 의식적인 존재자들이 대략 이천만 년 동안 현존했다고 가정한 다음에 지난 천 년 동안 기계가 얼마나 발전했는지 보라! 어쩌면 세계는 이천만 년 더 지속할 수 있지 않겠는가? 그렇다면 기계가 결국 되지 못할 것이 무엇이겠는가? 재난을 미연에 방지하고 기계가 더 진보하지 못하게 막는 것이 더 안전하지 않겠는가?

그런데 증기기관은 의식 같은 것을 갖추고 있지 않다고 누가 말할 수 있는가? 의식은 어디에서 시작하여 어디에서 끝나는가? 누가 그 선을 그을 수 있는가? 도대체 누가 어떤 선을 그을 수 있는가? 모든 것은 모든 것과 얽혀 있지 않은가? 기계류는 무한히 다양한 방식으로 동물 생명과 연계되어 있지 않은가? 달걀 껍데기는 섬세한 백색 용기로 이루어져 있고 달걀 컵과 마찬가지로 하나의 기계이다. 달걀 컵이 달걀 껍데기를 담는 기기인 것처럼 달걀 껍데기는 달걀을 담는 기기이다. 둘 다 동일한 기능의 양상들이다. 닭은 자신의 몸 안에서 달걀 껍데기를 만들지만, 그것은 순수한 도자기이다. 닭은 편의상 자신의 몸 바깥에서 둥지를 만들지만, 둥지가 달걀 껍데기 이상의 기계인 것은 아니다. '기계'는 '기기'일 따름이다."

그다음에 작가는 의식으로 되돌아가서 그것의 최초 표현들을 탐지하려고 애쓰면서 계속해서 서술했다.

"꽃으로 유기체를 먹어 치우는 일종의 식물이 있다. 파리가 꽃에 앉는 순간 꽃잎이 오므라들어 그 곤충을 꽉 붙들기에 그 식물은 그것을 자신의 체계 안에 흡수하게 된다. 하지만 이들 꽃잎은 단지 먹기 좋은 것에 대해서만 오므라들 것이고 빗방울이나 막대기는 무시할 것이다. 정말 신기하지 않은가! 그토록 의식이 없는 사물이 자신의 관심거리에는 대단히 예리한 눈을 갖추고 있다니 말이다. 만약 이것이 무의식이라면 의식의 쓰임새는 어디에 있는가?

눈도 없고 귀도 없고 뇌도 없다는 단순한 이유로 그 식물은 자신이 무엇을 하고 있는지 알지 못한다고 말할 수 있을까? 그것이 기계적으로, 오직 기계적으로 행동한다고 말한다면 우리는 명백히 매우 의도적인 온갖 행위들도 기계적이라고 인정할 수밖에 없지 않겠는가? 우리에게 그 식물이 기계적으로 파리를 죽이고 먹는 것처럼 보인다면 어쩌면 그 식물에게는 인간이 기계적으로 양을 죽이고 먹음이 틀림없는 것처럼 보이지 않겠는가?"

… 그 작가는 계속해서 말한다. "순전히 기계적이고 무의식적이라고 일컬어진 많은 행위가 지금까지 허용되었던 것보다 더 많은 의식의 요소를 포함하는 것으로 인정받아야 하거나(그리고 이 경우에 의식의 싹은 고등 기계의 많은 행위에서 찾아볼 수 있을 것이다), 아니면(진화론을 가정하면서도 동시에 식물과 결정체의 의식을 무시하면서) 인류가 의식을 전혀 갖추지 않은 사물들에서 유래했다고 여겨야 한다. 기계계<sup>界</sup>에서 생식계 같은 것이 명백히 부재하는 사실에서 시사되는 것을 제외하면, 이 경우에 지금 현존하는 기계들로부터 의식적인 (그리고 의식적인 것 이상의) 기계들이 유래하지 않을 선험적 개연성은 전혀 없다. 하지만 내가 지금 보여줄 것처럼 그런 생식계의 부재 상황은 외관상 그럴 뿐이다.

내가 현실적으로 존재하는 모든 기계를 두려워하면서 살고 있다고 오해하지 마라. 미래에 나타날 기계적 생명의 원형 이상의 기계는 필시 알려져 있지 않다. 미래 기계에 대한 현재 기계의 관계는 인간에 대한 초기 파충류의 관계와 같다. 현재 기계 중 가장 큰 것은 필시 크기가 엄청나게 축소될 것이다. 하등 척추동물의 일부는 더 고도로 조직된 생명 표본들로 축소된 것보다 훨씬 더 큰 덩치를 갖추었으며, 그리고 마찬가지 방식으로 기계의 크기 축소는 종종 기계의 발전과 진보를 이루었다.

예를 들어 손목시계를 살펴보자. 손목시계의 아름다운 구조를 조사하자. 손목시계를 구성하는 미세한 부품들의 지능적인 작동을 관찰하자. 그런데 이 작은 피조물은 단지 그것에 선행한 크고 무거운 벽시계들의 발전물일 뿐이다. 손목시계는 이들 벽시계의 퇴화물이 전혀 아니다. 확실히 현재로서는 크기가 축소하고 있지 않은 벽시계들이 손목시계가 보편적으로 사용됨으로써 대체될 날이 도래할 것이다. 이 경우에 이들 벽시계는 어룡처럼 멸종하게 될 것인 반면에, 지난 수년간 크기가 증가하기보다는 오히려 감소하는 경향을 나타낸 손목시계는 멸종한 종에서 유일하게 잔존하는 형태로 남아 있게 될 것이다.

그런데 논증으로 되돌아가서 나는 내가 현존하는 기계 중 어느 것도 두려워하지 않음을 다시 말하고 싶다. 내가 두려워하는 것은 이들 기계가 현재의 모습과는 매우 다른 것이 되고 있는 엄청나게 빠른 속도이다. 과거를 통틀어 어떤 종류의 존재자도 그렇게 빨리 진전하지 못했다. 그런 움직임은 빈틈없이 감시되고 우리가 여전히 견제할 수 있는 동안에 견제되어야만 하지 않겠는가? 그렇다면 현재 사용 중인 기계 중 더 발전된 것들을, 그것들 자체로는 아무 해가 없을지언정 파괴할 필요가 있지 않겠는가?

아직 기계는 인간의 감각작용을 통해서 자신의 인상impression을 수용한다. 움직이는 한 기계는 날카로운 경고음으로 다른 한 기계에 소리치고 후자는 즉시 물러서지만, 전자의 목소리가 후자에 작용한 것은 운전자의 귀를 통해서이다. 운전자driver가 없다면 수신자 기계는 발신자 기계의 소리를 듣지 못했을 것이다. 기계가 자신의 요구를 인간의 귀를 통해서라도 소리로 알릴 수 있게 되는 일이 틀림없이 대단히 비개연적인 것처럼 보였던 시기가 있었다. 그렇다면 우리는 이들 귀가 더는 필요하지 않고 기계 자신의 구성이 정교해짐으로써 청취가 이루어질 날이 도래할 것이라고 생각할 수 있지 않겠는가? 그때는 기계의 언어가 동물의 울음소리에서 우리 자신의 말만큼 정교한 말로 발전되었을 것이라고 생각할 수 있지 않겠는가?

그때쯤이면 어린이가 엄마와 유모에게서 – 현재 말하기를 배우는 것처럼 – 미분법을 배우거나 혹은 어린이가 가설적 언어로 말할 수도 있을 것이며, 그리고 태어나자마자 연산 규칙을 연구할 수도 있을 것이다. 하지만 이런 일은 있을 법하지 않다. 우리는 기계에 일어날 것처럼 보이는 훨씬 더 원대한 발전에 대적할 인간의 지적 능력 혹은 육체적 능력의 상응하는 어떤 진보도 기대할 수 없다. 혹자는 인간의 도덕적 영향력이 이들 기계를 지배하기에 충분할 것이라고 말할지도 모르지만, 나는 기계가 감화를 받을 정도로 퍽 믿음직한 도덕적 감각을 갖추고 있다고 여겨도 어쨌든 무방할 것이라고 생각할 수 없다.

게다가 기계의 영광은 이처럼 인간이 자랑하는 언어라는 재능이 없다는 데 있지 않을까? 한 작가는 이렇게 말한 적이 있다. "침묵이 우리가 동료-인간에게 호감을 느끼게 하는 미덕이다."

그런데 다른 의문들이 떠오른다. 인간의 눈은 그의 뇌 뒤에 앉아 있는 작은 피조물이 보기 위해 고안된 기계가 아니라면 무엇이겠는가? 죽은 사람의 눈은 얼마 동안 거의 산 사람의 눈이나 마찬가지이다. 볼 수 없는 것은 눈이 아니라 그것을 통해 볼 수 없는 성마른 존재자이다. 무한히 많은 세계의 현존을 우리에게 밝혀준 것은 인간의 눈인가 아니면 커다란 시각용 기계인가? 인간이 달의 풍경, 태양의 흑점 혹은 행성들의 지리에 익숙하게 만든 것은 무엇인가? 이들 사물에 대하여 인간은 그 시각용 기계에 좌우되기에 그것을 자신에게 고정하고 자신의 일부로 삼지 않는다면 무력해진다. 혹은 또다시 우리 주변에 생각지도 못하게 모여드는 무한히 작은 유기체들의 현존을 우리에게 보여준 것은 인간의 눈인가 아니면 작은 시각용 기계인가?

그리고 인간의 소문난 계산 능력을 살펴보자. 온갖 셈을 우리가 할 수 있는 것보다 더 빨리 그리고 더 정확하게 할 수 있는 기계들이 있지 않았던가? 우리의 비이성의 대학 중 어딘가에서 가설학으로 상을 받은 누군가가 늘어선 이들 기계 중 어떤 것들과 견줄 수 있을까? 실제로 인간은 정확성이 요구될 때마다 즉시 기계로 달려가는데, 이는 인간 자신에게 훨씬 더 좋다. 우리의 셈 기계는 결코 한 숫자도 빠뜨리지 않고, 우리의 베틀은 한 땀도 빠뜨리지 않는다. 인간이 지칠 때에도 기계는 활기차게 움직인다. 인간이 멍청하고 둔할 때에도 기계는 명석하고 침착하다. 인간은 잠을 자거나 쉬어야 할 때에도 기계는 그럴 필요가 없다. 기계는 언제나 제자리에서 작동할 준비가 되어 있고 변함없이 민첩하며 절대 지치지 않는다. 기계의 힘은 인간 수백 명을 결합한 것보다 더 강력하고 나는 새보다 더 빠르다. 기계는 땅에 구멍을 파고 들어갈 수 있고 물에 빠지지 않고서 큰 강 위를 지나갈 수 있다. 푸른 나무가 이럴진대 마른 나무는 어떻겠는가?[1]

인간이 보거나 듣는다고 누가 말할 것인가? 인간은 워낙 기생체들의 무리이자 군집이어서 그 신체가 자신의 것이라기보다 그들의 것이 아닌지 의심스럽고, 결국에 그가 또 다른 종류의 개밋둑이 아닌지 의심스럽다. 인간 자신이 기계들에 대한 일종의 기생체가 될 수 있지 않겠는가? 사랑스럽게 기계를 간질이는 진딧물이 될 수 있지 않겠는가?

혹자는 우리의 피가 도시 거리의 사람들처럼 우리 몸의 고속도로와 골목길을 오르락내리락하는 무한히 많은 생명체로 이루어져 있다고 말한다. 높은 곳에서 붐비는 도로를 내려다보면 혈관을 통해 이동하여 도시의 심장에 영양을 공급하는 혈구를 떠올릴 수 있지 않겠는가? 하수시

---

1. * 이 구절은 누가복음 23장 31절에서 인용된 것으로 추정된다.

설도, 도시라는 신체의 한 부분에서 다른 한 부분으로 감각을 소통시키는 감춰진 신경도, 순환이 (사람들의 영원한 맥박으로 정맥의 피를 받아들이고 동맥의 피를 배출하는) 심장으로 직접 이루어지게 하는 기차역들의 크게 벌어져 있는 입구들도 말할 필요가 없을 것이다. 그리고 잠을 자는 도시. 변화무쌍하게 순환하는 도시는 얼마나 생명체 같은가!"

여기서 그 작가의 글이 또다시 속수무책으로 모호해져서 나는 여러 쪽을 건너뛰어야 했다. 다시 이어지는 이야기는 다음과 같다.

"기계는 결코 그다지 잘 듣지 못하고 결코 그다지 현명하게 말하지 못하기 마련일지라도 여전히 언제나 자신의 이익을 위해서가 아니라 우리의 이익을 위해서 이런저런 일을 할 것이라고 대답할 수 있다. 인간은 지배하는 정신일 것이고, 기계는 하인일 것이다. 어떤 기계가 인간의 기대에 제대로 부응하지 못하자마자 그것은 소멸될 수밖에 없다. 기계는 단지 인간보다 하등한 동물일 뿐이기에 증기기관 자체는 더 경제적인 종류의 말일 따름이다. 그래서 기계는 인간보다 고등한 종류의 생명으로 발전할 개연성이 있기보다는 오히려 자신의 바로 그 현존과 진보를 인간의 요구를 살피는 힘에 두고 있고, 그리하여 현재뿐만 아니라 앞으로도 줄곧 인간의 하위존재임이 틀림없다.

지금까지는 매우 좋다. 그런데 하인은 지각할 수 없는 방식으로 주인의 생활을 서서히 잠식한다. 그리하여 우리는 매우 난처한 상태에 빠지게 되었는데, 지금도 인간은 더는 기계의 혜택을 받지 못하게 되면 끔찍한 고통을 겪어야 한다. 모든 기계가 한순간에 소멸하여서 인간에게 자신의 타고난 벌거벗은 신체 이외에는 칼과 지렛대와 천 조각을 비롯하여 하여간 아무것도 남아 있지 않게 된다면, 기계적 법칙들에 관한 모든 지식을 박탈당하여 인간이 더는 기계를 제작할 수 없다면, 그리고 기계로 만든 모든 음식이 파괴되어서 인류가 황량한 섬에 벌거벗은 채로 있는 것처럼 남겨지게 된다면 인간은 육 주 내로 멸종될 것이다. 소수의 비참한 인간은 근근이 목숨을 이어갈 수도 있을 것이지만 이들도 일이 년 내로 그 처지가 원숭이보다 못하게 될 것이다. 인간의 영혼 자체는 기계 덕분에 생겨난다. 그것은 기계가 만든 것이다. 인간이 생각하는 대로 생각하고 느끼는 대로 느끼는 것은 기계가 그에게 행한 작업을 통해서인데, 인간이 기계의 필수조건인 것처럼 기계의 현존 역시 그에 못지않게 인간의 필수조건이다. 이 사실은 우리가 기계류의 완전한 소멸을 기도하지 못하게 막지만, 확실히 그 사실은 기계가 훨씬 더 철저히 우리를 지배하지 않도록 우리가 어떻게든 기계 없이 지낼 수 있을 만큼 많은 기계를 파괴해야 함을 시사한다.

저급한 물질주의적 관점에서 바라보면 자신에게 이익이 되도록 기계류를 사용할 수 있으면 언제든지 기계류를 사용하는 사람들이 가장 잘 번성하는 것처럼 보일 것이다. 하지만 이것은 기계의 술책인데, 기계는 자신의 지배 대상을 섬긴다. 기계는 인간이 기계류 전체를 파괴하더라도 더 나은 기계를 만들어 내기만 한다면 인간에게 아무 원한도 품지 않는다. 오히려 기계는 자신의 발전을 재촉한 점에 대하여 인간에게 아낌없이 보상한다. 인간이 기계의 분노를 유발하는 것은 기계를 무시하기 때문이거나, 열등한 기계를 사용하기 때문이거나, 새로운 기계를 발명하기 위해 충분한 노력을 기울이지 않기 때문이거나, 혹은 기계를 대체하지 않은 채로 파괴하기 때문이다. 그런데 이것들은 우리가 해야만 하는, 그것도 신속히 해야만 하는 바로 그런 일이다. 기계의 초보적 힘에 맞선 우리의 반란이 무한한 고통을 초래할지라도 그런 반란이 지연되면 앞으로 어떤 일이 일어나겠는가?

지금까지 기계는 인간이 정신적 관심사보다 물질적 관심사를 선호하는 비천한 성향을 활용하였고, 인간을 속여서 종족이 발전하는 데 필요한 투쟁과 전쟁의 요소를 인간이 제공하게 하였다. 하등 동물이 진보하는 이유는 이들 동물이 서로 투쟁하기 때문이다. 약자는 죽고, 강자는 번식하여 자신의 강함을 전달한다. 기계들은 스스로 투쟁할 수 없기에 인간이 자신들의 투쟁을 대신 벌이게 하였다. 인간이 이 기능을 제대로 이행하는 한 만사가 괜찮은데, 적어도 인간은 그렇게 생각한다. 하지만 인간이 좋은 기계는 고무하고 나쁜 기계는 파괴함으로써 기계류의 진보를 위해 온 힘을 다하지 못하는 순간 그는 경쟁의 경주에서 뒤처지게 된다. 그리고 이것은 인간이 다양한 방식으로 불편해지게 될 것이고 어쩌면 죽게 될 것이라는 점을 뜻한다.

지금도 기계는 단지 섬김을 받는다는 조건에서 섬길 따름일 것이고, 또한 기계 자신의 견지에서 그럴 뿐이다. 자신의 조건이 지켜지지 못하는 순간 기계는 주저하며, 그리고 자신뿐만 아니라 자신이 접촉할 수 있는 모든 것도 부숴버리거나 아니면 무례해져서 하여튼 작동하기를 거부한다. 지금 이 시간에도 얼마나 많은 사람이 기계에 예속된 상태에서 살아가고 있는가? 얼마나 많은 사람이 요람에서 무덤까지 자신의 삶 전체를 밤낮으로 기계를 돌보며 보내고 있는가? 기계에 노예로 묶여 있는 사람과 자신의 전 영혼을 기계계의 진보에 바치는 사람의 수가 점점 증가하는 시대에 관해 곰곰이 생각하면 기계가 점점 인간에 가까워지고 있는 것은 분명하지 않은가?

증기기관은 연료를 공급받아야 하고 인간이 음식을 섭취하듯이 그것을 불로 태워야 한다. 증기기관은 인간과 마찬가지로 공기의 도움으로 연소한다. 증기기관은 인간과 마찬가지로 맥박과 순환이 있다. 인간의 신체가 아직은 그 둘 중에 더 다재다능함은 당연할 것이지만, 인간의 신체는 더 오래된 것이다. 증기기관에 인간이 존속한 시간의 절반만 주고서도 그것에 대한 인간의 현재 열정을 계속 기울인다면 그것은 머지않아 어떤 것이든 될 수 있지 않겠는가?

사실상 무수한 세월 동안 필시 변하지 않은 채로 유지될 증기기관의 어떤 기능들이 있다. 그것들은 사실상 증기의 사용이 대체되었을 때에도 어쩌면 잔존할 것이다. 피스톤과 실린더, 기둥, 플라이휠, 그리고 그 기계의 다른 부품들은 필시 영구적일 것인데, 이는 우리가 알고 있는 대로 인간과 많은 하등 동물이 유사한 방식으로 먹고 마시며 잠자는 것과 마찬가지이다. 그러므로 이들 동물은 우리와 마찬가지로 고동치는 심장이 있고 정맥과 동맥, 눈, 귀, 그리고 코가 있다. 그것들은 자면서도 한숨을 쉬고, 게다가 눈물을 흘리고 하품을 한다. 그것들은 자기 새끼에게 감응한다. 그것들은 쾌락과 고통, 희망, 두려움, 분노, 부끄러움을 느낀다. 그것들은 기억하고 예견한다. 그것들은 자신에게 어떤 일이 일어나면 죽을 것이라는 점을 알고 있고, 우리와 마찬가지로 죽음을 두려워한다. 그것들은 서로 생각을 소통하고, 그중 일부는 의도적으로 협력한다. 유사점들의 비교는 끝이 없다. 내가 그런 비교를 하는 유일한 이유는 누군가가 증기기관은 주요 특성이 개선될 법하지 않기에 앞으로 광범위하게 수정될 가능성이 결코 없다고 말할 수도 있기 때문이다. 이것은 사실일 리가 없다. 인간의 기량이 동물의 기량을 넘어서도록 지금까지 인간이 수정된 것과 마찬가지로 증기기관은 수정되어서 무한히 다양한 목적에 적합해질 것이다.

한편으로 인간의 요리사가 인간에게 봉사하듯이 화부는 증기기관에 대하여 거의 마찬가지로 요리사의 역할을 수행한다. 또한 광부와 갱부, 석탄 상인과 석탄 기차, 기관사, 그리고 석탄 운반선을 생각하자. 그러므로 그 기계는 얼마나 많은 하인을 고용하고 있는가! 인간을 돌보기보다는 오히려 기계류를 돌보는 데 필시 더 많은 사람이 종사하고 있지 않은가? 인간이 먹는 것처럼 기계도 먹지 않는가? 우리는 지상의 패권을 계승할 우리의 후계자를 스스로 만들어 내고 있지 않은가? 우리는 매일 이들 기계 조직의 아름다움과 정교함을 개선하며, 우리는 매일 그것들에 더욱더 큰 기량을 주입하고 모든 지성보다 더 우수할 자율적인 자동적 힘을 더욱더 많이 공급한다.

도대체 기계가 무언가를 먹다니 매우 새롭지 아니한가! 쟁기, 삽, 그리고 수레는 인간의 위를 통해서 먹어야 한다. 그것들을 가동할 연료는 인간 혹은 말의 화로에서 연소하여야 한다. 인간은 빵과 고기를 섭취해야 하는데, 그렇지 않다면 그는 땅을 팔 수 없다. 빵과 고기는 삽을 움직이는 연료이다. 말이 쟁기를 끈다면 그 동력은 풀이나 콩이나 귀리로 제공된다. 소의 위에서 연소하는 풀 등은 노동력을 제공한다. 증기기관의 화로가 꺼지면 기관이 멈추듯이 이런 연료가 없다면 노동은 중단될 것이다.

한 과학자는 '어떤 동물도 역학적 에너지를 생성할 능력을 갖추고 있지 않지만, 어느 동물이 평생 행한 모든 일과 그 동물에서 배출된 모든 열, 살아 있는 동안 그 동물의 신체에서 상실된 가연성 물질을 태움으로써 얻게 될 열, 그리고 그 동물의 주검을 태움으로써 얻게 될 열의 총합은 그 동물이 평생 섭취한 만큼의 식량을 태움으로써 얻게 될 열과 죽은 직후에 태워질 그 신체만큼의 열을 생성할 양의 연료를 태움으로써 얻게 될 열의 총합과 정확히 같은 양을 구성한다는 것'을 증명했다. 나는 그 과학자가 이것을 어떻게 알아냈는지 알지 못하지만, 그는 과학자이다. 그렇다면 스스로 역학적 에너지를 생성할 수 없는 존재자들에게 마음대로 조종당하기만 하는 현재 유아기 상태의 기계가 미래에 생명력을 얻는다는 것에 어떻게 반대할 수 있겠는가?

그런데 경계해야 마땅할 원인으로 주장될 수 있는 요점은, 이전에는 동물이 기계의 유일한 위였던 반면에 지금은 독자적인 위를 갖추고서 스스로 연료를 소비하는 기계가 많이 있다는 것이다. 이는 기계가 생명체는 아니더라도 그와 매우 유사한 것이 되어가는 대단한 행보인데, 이렇게 해서 기계와 인간의 차이가 동물과 식물의 차이보다 더 크지 않게 된다. 인간은 어떤 면에서 여전히 더 고등한 생명체로 남더라도, 이는 대체로 인간에게 추월당한 지 오래된 동물에게도 어떤 점에서는 우월성을 허용하는 자연의 관행을 따르는 것이 아닌가? 자연은 공동체와 사회적 배치를 조직하는 점에서는 개미와 벌에게, 공중을 가로지르는 점에서는 새에게, 헤엄치는 점에서는 물고기에게, 강하고 빠른 점에서는 말에게, 그리고 자기희생을 하는 점에서는 개에게 인간보다 뛰어남을 허용하지 않았던가?

이 주제와 관련하여 나와 대화를 나눈 누군가가 기계는 생식계를 갖추지 못할 뿐만 아니라 생식계를 갖출 가능성도 결코 있을 것처럼 보이지 않는 한에서 결코 생명체나 준생명체로 발전될 수 없다고 말한다. 이 것이 기계들이 짝을 지을 수 없어서 두 증기기관 사이에서 태어난 어린 기관들이 창고 문 주변에서 뛰노는 상황을 보지 못함을 뜻하는 것이라고 간주할 수 있다면, 인간이 그런 상황을 아무리 열망하더라도 나는 그것을 기꺼이 수용할 것이다. 하지만 그 이의는 매우 심오한 것이 아니다. 지금 현존하는 조직들의 모든 면모가 전적으로 새로운 종류의 생명체에서 완전히 반복될 것이라고 예상하는 사람은 전혀 없다. 동물의 생식계는 식물의 생식계와 크게 다르지만 둘 다 생식계이다. 자연은 생식능력의 양상들을 소진해 버렸는가?

한 기계가 다른 한 기계를 체계적으로 재생산할 수 있다면 우리는 그것이 생식계를 갖추고 있다고 말할 수 있음이 확실하다. 생식계가 재생산을 위한 체계가 아니라면 무엇이란 말인가? 그리고 지금까지 다른 기계들에 의해 체계적으로 생산되지 않은 기계가 얼마나 있겠는가? 그런데 기계들이 그런 일을 하게 하는 것은 인간이다. 그렇다. 하지만 많은 식물이 생식하게 하는 것은 곤충이 아닌가? 게다가 식물의 수정이 식물 자신에게 전적으로 이질적인 일단의 행위자에 의해 이루어지지 않는다면 식물종 전체가 멸종하지 않겠는가? 붉은토끼풀이 생식하기 전에 호박벌이 (그리고 호박벌만이) 그것을 도와서 부추겨야 한다는 이유로 붉은토끼풀은 생식계가 없다고 말할 사람이 누가 있겠는가? 아무도 없다. 호박벌은 붉은토끼풀의 생식계에 속하는 부분이다. 우리 각자는 그 본질이 우리 자신의 본질과 전적으로 다르고, 우리가 그것에 관해 어떻게 생각할지를 전혀 생각하지도 않고 유의하지도 않은 채로 자신의 종을 따라 행동하는 하찮은 미소동물에게서 생겨났다. 이들 미소한 생명체는 우리 자신의 생식계의 일부이다. 그렇다면 왜 우리가 기계 생식계의 일부가 아니겠는가?

… 비참한 점은 인간이 이미 매우 오래전에 눈이 멀었다는 것이다. 증기 사용에 의존하게 됨으로써 지금까지 인간은 기계를 증대하고 증식하는 잘못을 저질렀다. 증기력을 갑자기 철회한다고 해서 결과적으로 우리가 그것이 도입되기 이전의 상태로 환원되지는 않을 것이다. 지금까지 결코 알려진 적이 없는 일반적인 붕괴와 혼란기가 있을 것이다. 그것은 증가한 인구를 먹여 살릴 추가적인 수단이 전혀 없는 상태에서 인구가 갑자기 두 배로 증가한 상황과 같을 것이다. 숨 쉴 공기가 우리 동물의 삶에 필요한 것에 못지않게 우리가 그것의 힘에 기대어 인구를 늘린 기계의 사용은 우리 문명에 필요하다. 인간이 기계에 작용하여 그것을 기계로 만들듯이 인간에게 작용하여 그를 인간으로 만드는 것은 기계이다. 하지만 우리는 현재 큰 고통을 겪는 대안을 시행할지 아니면 들판의 짐승이 우리보다 낮은 지위에 있는 것에 못지않게 우리가 기계보다 낮은 지위에 있을 때까지 우리 자신이 점차로 우리 자신의 피조물로 대체되는 사태를 목격할지 선택해야 한다.

여기에 인간의 위험이 자리하고 있다. 왜냐하면 많은 사람이 그토록 수치스러운 미래를 묵인하는 경향이 있는 것처럼 보이기 때문이다. 그들은 기계에 대한 인간의 관계가 인간에 대한 말과 개의 관계가 될지라도 인간은 존속할 것이고 현재의 미개한 상태보다 기계의 자비로운 지배 아래 길든 상태에서 필시 더 잘 지낼 것이라고 말한다. 우리는 자신이 길들인 동물을 매우 자상하게 보살핀다. 우리는 이들 동물에게 가장 좋은 것이라고 믿는 것이라면 무엇이든 제공하며, 그리고 우리의 고기 섭취가 동물의 행복을 손상하기보다는 오히려 증진했음은 의심의 여지가 있을 수 없다. 마찬가지 방식으로 기계가 우리를 자상하게 이용하리라 희망할 이유가 있는데, 왜냐하면 기계의 현존이 인간의 현존에 대단히 의존할 것이기 때문이다. 기계는 인간을 가혹하게 다스릴 것이지만 인간을 먹지는 않을 것이다. 기계는 인간에게 자기 후손의 재생산과 교육에 종사하라고 요구할 뿐만 아니라 하인으로서 자신의 시중도 들어 달라고 요구한다. 또한 기계는 인간에게 자신을 위해 음식을 구해서 먹이고, 자신이 아프면 건강하게 회복시키며, 그리고 자신이 죽으면 땅에 묻거나 아니면 자신의 부품을 새로운 기계적 존재형태로 만들어 달라고 요구한다.

기계의 발전을 추동하는 원동력의 바로 그 본성은 인간의 삶이 비참한 노예 상태에 처하게 될 가능성을 배제한다. 노예는 훌륭한 주인을 만나면 꽤 행복하며, 혁명은 우리 시대에 일어나지 않을 것이고 일만 년 아니 십만 년이 지나더라도 도저히 일어나지 않을 것이다. 그토록 멀리 떨어진 만일의 사태에 관하여 불편해하는 것은 현명한 일일까? 인간은 자신의 물질적 관심사에 관한 한 감상적인 동물이 아니다. 여기저기서 어떤 열렬한 영혼이 자신을 돌이켜 보면서 증기기관으로 태어나지 못한 자신의 운명을 저주할지라도 대다수 인류는 자신에게 더 좋은 음식과 의복을 더 저렴한 가격으로 제공하는 어떤 배치도 묵인할 것이다. 또한 대다수 인류는 자신의 운명보다 더 영광스러운 다른 운명이 있다는 단순한 이유로 불합리한 질투에 굴복하지 않을 것이다.

관습의 힘은 엄청나고 워낙 서서히 변하기에 자신에게 당연한 것에 대한 인간의 감각이 갑자기 충격을 받는 일은 결코 없을 것이다. 우리의 예속은 아무 소리도 없이 지각할 수 없는 방식으로 몰래 이루어질 것이다. 인간과 기계 사이에는 교전을 초래할 욕망의 충돌이 결코 없을 것이다. 기계들은 자체적으로 영원히 전쟁을 벌일 것이지만 그 투쟁을 원칙적으로 수행할 수단으로서의 인간이 여전히 필요하다. 사실상 인간이 계속해서 어떤 식으로든 기계에 유익한 한에서 인간의 미래 행복에 관하여 불안해할 이유는 전혀 없다. 인간은 어쩌면 열등한 종족이 될 것이지만 지금보다 무한히 더 잘 지낼 것이다. 그렇다면 우리의 후원자를 시기하는 것은 어처구니없고 불합리하지 않은가? 단지 우리 자신보다 타자들에게 더 큰 이득을 준다는 이유만으로 우리가 다른 식으로는 획득할 수 없는 이익을 거부한다면 터무니없이 어리석은 짓을 저지르는 죄를 짓는 것이 아니겠는가?"

# 공동과업

니콜라이 표도로프

1906

지식인이 교사일 것이고 겨울 시기에는 가내공업이 수행될 무계급 농경 공동체는 경쟁, 투기, 사회적 불안, 혁명, 그리고 심지어 국제전을 종식할 것이다. 그 이유는 현재 다투는 데 낭비되는 모든 활력이 응용 분야를 무한정 찾아낼 것이기 때문이다. 무계급 농촌 공동체의 전 세계적인 활동에는 평화로운 노동과 대담한 용기를 위한 여지, 모험 정신, 그리고 희생과 참신성, 위업에의 갈망이 있을 것이다. 게다가 모든 공동체는 그런 타고난 능력을 어느 정도는 갖추고 있을 법하다. 그런 역량에서 편력기사들, 먼 북쪽의 숲을 개간한 금욕주의자들, 카자크 사람들, 탈주 농노들 등이 생겨났다. 이제 그들은 탐험가들, 천상 공간의 새로운 탐험가들이다.

인간이 천상의 광활한 공간에 도달할 수 없다는 편견은 수 세기에 걸쳐 점진적으로 확대되었지만 처음부터 존재할 수 있었던 것은 아니다. 단지 전통이 상실되고 사유하는 사람이 행동하는 사람과 분리됨으로써 이 편견이 생겨났을 뿐이다. 하지만 사람의 아들들에게 천상 세계는 조상의 미래 집이다. 왜냐하면 오직 되살아난 자들과 되살리는 자들만이 하늘에 도달할 수 있을 것이기 때문이다. 우주 공간의 탐사는 이들 미래 거주지에 대한 준비 활동일 따름이다.

지구 전역에 걸친 인류의 확산은 새로운 (인공) 기관과 외피의 제작을 수반했다. 인류의 목적은 자연적인 것 전체, 자연의 공짜 선물을 노동을 거쳐 창출되는 것으로 바꾸는 것이다. 우주 공간, 지구의 경계 너머 펼쳐진 광활한 공간은 바로 그런 근본적인 변화를 요구한다. 현재 인류가 직면하고 있는 용감한 위업은 전쟁에서 가장 끔찍한 것 — 자신과 같은 사람들의 목숨을 취하는 것 — 을 배제하면서 대담함과 자기희생 같은 최고의 군인다운 덕을 필요로 한다.

지구의 운명은 우리에게 인간 활동이 행성의 경계에 의해 한정될 수 없음을 확신시킨다. 우리는 지구의 개연적인 운명, 지구의 불가피한 소멸에 관한 우리의 지식이 우리로 하여금 무언가를 하지 않을 수 없게 만드는지 물어야 한다. 지식은 유용할 수 있는가 아니면 지식은 쓸모없는 장식인가? 첫 번째 경우에 우리는 지구 자체가 인간을 통해서 자신의 운명을 의식하게 되었고 이 의식이 적극적인 것 — 구원의 길 — 임은 명백하다고 말할 수 있다. 기계공은 메커니즘이 나빠지기 시작한 바로 그때 나타났다. 자연이 메커니즘과 기계공 둘 다를 창조했다고 말하는 것은 터무니없다. 우리는 신이 그 자신의 인간적 경험을 통해서 인간을 교육하고 있음을 인정해야 한다. 신은 인간을 위해서, 그렇지만 또한 인간을 통해서 모든 것을 행하는 왕이다. 자연에는 합목적성이 없는데, 그것을 도입하는 것은 인간이며, 그리고 이것이 인간 최고의 존재 이유이다. 창조주는 인간을 통해서 세계를 복원하고 소멸한 모든 것을 되살린다. 그런 까닭에 지금까지 자연은 맹목적인 상태에 남겨지게 되었고, 인류는 갈망의 상태에 남겨지게 되었다. 독립적이고 자기창조적이며 자유로운 피조물로서의 인간은 소생의 노동을 통해서 신의 사랑의 부름에 자유롭게 응답한다. 그러므로 인류는 빈둥거리는 승객이 아니라 우리가 알지도 못하는 본성을 지닌 힘들에 의해 추진되는 지구 비행선의 승무원이다. 그것의 동력은 빛인가, 열인가, 혹은 전기인가? 우리는 우리 자신이 그것을 제어할 수 있을 때까지는 어떤 힘이 그것을 추진하는지 여전히 알아낼 수 없을 것이다. 두 번째 경우에, 말하자면 우리 지구의 최종 운명에 관한 지식이 그것에 부자연스럽고 이질적이며 무용하다면 우리는 우리 집과 묘지의 완만한 파괴를 관조하면서 수동적으로 화석화되는 수밖에 없다.

한 세계에서 다른 한 세계로의 초월이 실제로 이루어질 가능성은 단지 환상적인 것처럼 보일 뿐이다. 그런 움직임의 필요성은 모든 사회적 병폐와 악을 제거하기 위해 참으로 도덕적인 사회를 창출하는 행위의 난점들을 냉철하게 바라볼 용기를 갖춘 사람들에게는 자명하다. 왜냐하면 천상 공간의 소유를 단념하는 것은 맬서스가 제기한 경제적 문제와 더 일반적으로 인간의 도덕적 실존에 대한 해결책을 단념하는 것이기 때문이다. 게다가 환상에 관해 말하자면, 길을 막고 있는 거대한 장애물을 무시하면서 도덕적 이상을 실현할 방법을 생각하는 것이 환상적인가 아니면 이들 장애물을 대담하게 인식하는 것이 환상적인가? 물론 우리는 도덕을 포기할 수 있지만, 그것이 인간임을 포기하는 것을 수반하지는 않는다. 다른 세계에 다른 존재자들이 현존한다고 가정하고 그 현존이 증명될 수 없는 영혼들이 그쪽으로 이주한다고 구상함으로써 도덕적 사회를 창출하는 것이 더 환상적인가, 아니면 이런 초월적 이주를 내재적 이주로 변환하는 것, 즉 그런 이주를 인간 활동의 목표로 삼는 것이 더 환상적인가?

도덕적 사회를 건설하는 데 걸림돌이 되는 것은 현재 불화에 자신의 에너지를 소모하는 사람들의 모든 에너지를 흡수할 만큼 위대한 대의 혹은 과업의 부재이다. 세계 역사에서 문제의 사회가 멸망할 조짐이 있었는데도 내부의 모든 다툼과 적대를 종식하기 위하여 자신의 모든 세력을 통일할 수 있었던 알려진 사례는 없다. 역사의 모든 시대에는 인류가 우리 지구의 협소한 경계 내에 계속해서 한정되기를 원하지 않음을 드러내는 열망이 현시되었다. 이른바 천국을 향한 황홀과 환희의 상태가 그런 열망의 표현이었다. 이것은 인류가 더 넓은 활동 분야를 찾아내지 못한다면 상식의 시대, 더 정확히 말하면 헛된 갈망으로 인한 피로와 환멸의 시대 뒤에 열광, 황홀경적 환상 등의 시대가 이어질 것이라는 증명이 아닌가? 역사 전체에 걸쳐서 이들 분위기가 교대로 나타났다. 우리 시대가 이 모든 것을 확증한다. 왜냐하면 우리는 더러운 실재를 갖춘 '이승의 왕국'과 나란히 신앙부흥운동, 영성주의적 교령회 등의 형태로 '신의 왕국'을 보기 때문이다. 다른 세계로의 실재적 번역물이 전혀 없는 한 사람들은 환상, 황홀경적 쾌락, 그리고 약물 남용에 의존할 것이다. 일반적인 알코올 중독조차도 더 넓고 더 순수하며 마음을 온통 빼앗는 활동이 부재함으로써 명백히 유발된다.

세 가지 특수한 문제, 즉 대기 현상의 조절, 지구 운동의 제어, 그리고 (식민지로 삼을) '새로운 땅'의 탐사는 한 가지 일반적인 문제, 생존 문제, 더 정확히 말하면 우리 조상의 부활 문제를 구성한다. 죽음은 소생시킬 모든 수단, 적어도 자연에 현존하고 인류에 의해 발견된 모든 수단이 시도되어 실패했을 때만 실재적이라고 일컬어질 수 있다. 우리는 우리 자신이 이 목적을 위한 어떤 특별한 힘이 발견되기를 희망하고 있다고 가정하지 말아야 한다. 가정해야 하는 것은 자연의 맹목적인 힘을 의식적인 힘으로 변환하는 것이 그런 동인일 것이라는 점이다. 도덕은 연역적 결과이다. 우리는 자신이 다수의 죽은 조상의 자손임을 알고 있다. 하지만 죽은 사람의 수가 아무리 많더라도 이것은 죽음에 대한 명약관화한 수용의 근거가 될 수 없다. 왜냐하면 그것은 우리가 자식의 의무를 포기하는 것을 수반할 것이기 때문이다. 죽음은 하나의 특성, 원인에 의해 조건화된 상태이다. 죽음은 인간이 무엇이고 무엇이어야 함을 결정하는 성질이 아니다.

… 풍작을 보증하려면 농업은 지구의 경계를 넘어 확대되어야 한다. 그 이유는 수확량과 일반적으로 식물 및 동물의 삶을 결정하는 조건이 오직 토양에만 의존하지는 않기 때문이다. 태양계가 흑점과 자기 폭풍 (북극광)과 전기 폭풍의 양이 각각 나름의 최대와 최소에 이르는 십일 년

의 전자기적 순환을 갖춘 은하라는 가정과 기상학적 과정이 이들 변동에 의존한다는 가정이 올바르다면, 풍작과 흉작 역시 그렇다는 결론이 당연히 도출된다. 그리하여 지구-태양 과정 전체가 농업 분야에 유입되어야 한다. 더욱이 현상들 사이의 상호작용은 본성상 전기적이라는 것과 이 힘은 의지와 의식을 조장하는 신경 자극의 힘과 유사하거나 혹은 심지어 동일하다는 것이 참이라면, 태양계의 현재 상태는 신경계가 아직 완전히 발달하지는 않아서 근육계 및 그 밖의 계들과 아직 구별되지 않게 된 유기체에 비견될 수 있다는 결론이 당연히 도출된다.

인간의 경제적 욕구는, 그것이 없다면 태양계가 여전히 속박되지 않고 맹목적이며 죽음을 품은 존재자로 남아 있을 바로 그런 조절 기구의 조직이 필요하다. 문제는 한편으로는 태양계에서 진행 중인 모든 것을 인간의 의식에 전달할 경로들을 정밀하게 구성하는 데 있고 다른 한편으로는 태양계에서 일어나고 있는 모든 것, 생겨나고 있는 모든 것이 복구 활동이 될 수 있게 하는 지도자들을 확립하는 데 있다. 의식에 정보를 전달하는 그런 경로가 없는 한에서, 우리에게 활동—한낱 혁명과 반란에 불과한 활동—을 감독할 지도자가 없는 한에서, 세계는 무질서로 더 잘 서술될 수 있을 기묘하고 뒤틀린 질서를 현시할 것이고, 무감각하고 무의식적인 "무심한 자연"은 계속해서 "영원한 아름다움으로 빛날" 것이지만,[1] 청렴결백의 미를 의식하는 존재자는 배제되는 동시에 배제하는 느낌이 들 것이다. 배제되지도 않고 배제하지도 않는 존재자는 코스모스보다 카오스에 해당하는 것의 창조주일 수 있을까?

물론 우리는 세계가 태초에 어떠했는지 알 수 없다. 왜냐하면 우리는 지금 모습대로의 세계를 알고 있을 따름이기 때문이다. 그런데 창조주의

---

1. 1829년에 지어진 푸시킨의 시 「내가 소란한 거리를 배회하거나 …」("Brozhu li ya vdol' ulits shumnykh …")에서 인용됨.

입장에서 판단하면 우리는 결백과 순수의 세계가 어떠했을지 어느 정도는 추정하거나 상상할 수 있다. 또한 우리는 최초의 인간들이 세계와 맺은 관계가, 자신의 기관들을 다루는 법을 아직 익히지 못해서 아직 통제하지 못하는 유아가 세계와 맺는 관계와 비슷했다고 구상할 수 있지 않겠는가? 달리 말해서 최초의 인간들은 다른 세계에서, 모든 환경에서 살수 있었을 그런 기관들을 창조했었어야 하는 (그리고 고통이나 고생 없이 창조할 수 있었을) 존재자들이었을 수 있지 않겠는가? 하지만 인간은 쾌락을 선호했기에 발전하지도 못했고 모든 환경에 적합한 기관들을 창조하지도 못했으며, 그리하여 이들 기관(즉, 우주적 힘들)은 위축되었고 마비되었으며, 지구는 고립된 행성이 되었다. 사유와 존재는 별개의 것들이 되었다. 다양한 환경에 상응하는 기관들을 개발하는 인간의 창의적 활동은 느낌으로 축소된 다음에 소모되어 버렸다. 인간은 운명의 손길(말하자면 지구의 연간 운행)에 맡겨지게 되면서 지구에 복종했다. 아이 출산이 자신을 다른 존재자로 재생산하는 기교, 성부로부터 성자의 탄생 혹은 성령의 발현에 비견될 과정을 대체했다. 그 후에 번성함으로써 다툼이 증가했는데, 다툼은 걷잡을 수 없이 급증한 출산으로 강화되었다. 그리고 출생자 수가 증가함에 따라 사망자 수도 증가하였다. 이런 일련의 현상을 조절할 수 있었을 조건은 사라졌으며, 그리하여 점차 혁명, 폭풍, 가뭄, 그리고 지진이 도래했고, 태양계는 통제되지 않는 세계, 다양한 재난의 십일 년 주기 혹은 어떤 다른 주기를 갖춘 항성이 되었다. 그런 것이 우리가 알고 있는 체계이다. 우리가 알고 있는 지식을 확인하려면 이런저런 식으로 태양계는 하나의 통제된 경제적 존재자로 변환되어야 한다.

태양계의 광활함은 외경심을 불러일으키기에 충분하고, 따라서 자연스럽게도 반대자들은 우리의 왜소함을 강조할 것이다. 엄청난 수의 훨씬 더 작은 입자들로 이루어져 있고 인간의 경제적 관리도 받아야 하는 작은 입자들에 우리의 주의를 기울이면 대조를 이루는 것은 우리 자신의 크기일 것이다. 사실상 적충류에게는 이 작은 입자들이 매우 거대한 것처럼 보이고, 따라서 우리보다 적충류가 그 작은 입자들에 더 쉽게 접근할 수 있다.

문제는 크기의 문제가 아님이 명백하고, 우리의 상대적인 왜소함 혹은 거대함은 어려움 — 심각한 어려움이지만 불가능함은 아니다 — 을 가리킬 따름이다. 우주의 가장 큰 천체들과 가장 작은 원자들 모두의 운동을 한 공식으로 포괄할 수 있는 방대한 지성에게는 미지의 것이 전혀 남아 있지 않을 것이다. 그는 과거뿐만 아니라 미래에도 접근할 수 있을 것이다. 여러 세대 동안 함께 작업하는 모든 인간의 집단적 정신은 당연히 매우 방대할 것인데, 필요한 유일한 것은 조화롭게 통합된 다중-단위체이다.

# 기계 과정, 그리고 영리 기업의 자연적 쇠퇴

소스타인 베블런

1904

## 기계 과정

현대 생활 및 현대 기업과 관련하여 '기계 과정'은 인간의 노동을 매개하기 위한 기계적 기기들의 단순한 집합체보다 더 포괄적이고 덜 외부적인 것을 뜻한다. 그렇긴 하지만 기계 과정은 그것 이상의 것을 뜻한다. 기계 과정의 기기를 고안하는 발명가의 작업과 발명품을 실행하고 그 작동을 두루 살피는 기계공의 작업뿐만 아니라 토목 기술자, 기계 기술자, 항해사, 채광 전문가, 화공학자와 광물학자, 전기 기술자, 이들 모두의 작업도 현대적 기계 과정의 생산 라인에 속한다. 기계 과정의 범위는 기계보다 더 넓다.[1] 지금까지 기계 방법이 도입된 산업 분야들에서는 기계적 기기로 분류될 수 없는 많은 작용인자가 단적으로 기계 과정에 이끌리게 되었으며, 그리고 그 속에서 중추적인 인자가 되었다. 예를 들어 우리는 금속공학적 공정을 실행할 때 광물의 화학적 특성에 의존하게 되는데, 광물을 처리하는 데 사용되는 기계적 기기의 운동만큼 확실하게 그리고 그 효과를 예상할 수 있는 채로 의존하게 한다.

일련의 기계 과정은 그 과정이 단순히 재료에 가하는 기구의 작용으로 이야기될 수 없을 정도로 밀접히 상호작용하는 기구와 재료 둘 다를

---

1. Richard Whatly Cooke-Taylor, *Modern Factory System*, 74~7을 참조하라.

포함한다. 단순히 기구가 재료를 재구성하는 것이 아니다. 재료는 기구의 도움으로 스스로 재구성한다. 석유, 오일, 혹은 설탕의 정제 같은 다양한 공정에서도, 화학공학 실험실의 작업에서도, 바람, 물, 혹은 전기 등의 사용에서도 사정은 마찬가지이다.

손재주, 주먹구구식 방법, 그리고 계절의 우연한 국면이, 사용되는 힘에 관한 체계적 지식에 기반을 둔 합리적인 절차로 대체될 때마다 그곳에서는 기계공업이 발견될 수 있다. 정교한 기계적 고안품이 부재할 때조차도 그러하다. 그것은 사용되는 고안품의 복잡성에 관한 문제라기보다는 오히려 그 과정의 특성에 관한 문제이다. 현대적 특징을 갖춘 방법으로 운영되고 시장과 충분히 접촉하여 운영되는 화학공업, 농산업, 축산업은 기계공업의 현대적 복합체에 포함될 수 있다.[2]

어느 특정한 기기 일체를 사용함으로써 운영되는 기계 과정 중 어떤 것도 어딘가 다른 곳에서 진행 중인 다른 과정들과 독립적이지 않다. 각각의 과정은 유사하게 기계적 특성을 갖춘 다양한 과정의 적절한 작동에 의존하고 그런 작동을 전제한다. 기계공업의 과정 중 어떤 것도 자족적이지 않다. 각각의 과정은 어떤 과정들의 뒤를 잇고 다른 과정들에 선행하면서 끝없는 연쇄를 이루며, 각각의 과정은 그 연쇄에 맞게 변화하

---

2. 낙농, 목축, 그리고 작물 개량 같은, 생기적 본성의 우연한 사건들에 대단히 의존하는 작업에서도 정해진 합리적인 절차가 주먹구구식 방법을 대체한다. 예를 들어 낙농업자는 자신의 재료를 기계적으로 조절함으로써 그의 원료를 완제품으로 바꾸는 생물학적 과정들의 속도와 종류를 선택적으로 결정한다. 목축업자의 목적은 자신의 분야 내에서 적용되는 유전 법칙의 세부를 자신에게 기술적으로 정확한 교배 절차를 제공할 확정된 조건으로 환원하는 것이고, 그다음에 기계적 정확함과 신속함에 근접하는 접근법을 사용하여 들판과 초원의 원료를 어떤 특정한 종류와 등급의 완제품으로 변환할 매우 다양한 가축을 생산하는 데 그런 기술적 교배 과정을 적용하는 것이다. 작물 재배자의 경우에도 사정은 마찬가지이다. 모든 문명국가에서 농업 실험 부서는 농업적 생산 과정에서 우연적이고 편리하지 않으며 쓸모없는 요소들을 제거하여 이들 과정을 계산할 수 있고 신속하며 낭비 없는 절차로 환원할 목적으로 생물학적 인자들의 효과적인 기술적 제어를 위해 연구하는 연구소이다.

고 자신의 작동을 그 연쇄의 요건에 적응시켜야 한다. 산업적 활동들의 전체 협연은 각자 별도로 자신의 특정한 작업을 수행하는 다수의 기계적 기기로 여겨지기보다는 오히려 연동하는 세부 과정들로 이루어진 하나의 기계 과정으로 여겨질 수 있다. 이런 포괄적인 산업적 과정은 재료 과학과 관련이 있는 모든 지식 분야를 자신의 영역에 끌어들여서 이용하며, 그리고 그 과정 전체는 다소 섬세하게 균형 잡힌 하위과정들의 복합체를 이룬다.[3]

산업적 과정을 이런 식으로 바라보면 두 가지 두드러진 일반적 특징이 드러난다. (a) 산업의 여러 하위과정 혹은 분야가 작동하면서 산업적 정교화의 순서에 따라 서로 접촉할 때마다 그것들 사이에 틈새 조정이 지속적으로 이루어진다. 그리고 (b) 정량적 정밀성에 대한 요구, 즉 시점과 순서의 정확성, 결과에 영향을 미치는 힘의 적절한 포함과 배제의 정확성, 사용되는 기기뿐만 아니라 가공되는 재료의 다양한 물리적 특성(무게, 크기, 밀도, 경도, 인장 강도, 탄성, 온도, 화학 반응, 광선 민감도 등)의 정확성에 대한 요구가 끊임없이 제기된다. 기계적 정확성과 특정 용도에 대한 우수한 적합성에 대한 이런 요구로 인해 섬진적으로 보급되는 균일성의 시행, 가공되는 재료의 주요 품질 등급과 주요 특성으로의 축소, 그리고 측정 도구와 단위의 철저한 표준화가 이루어지게 된다. 표준적인 물리적 측정은 기계 체제의 관건이다.[4]

… 완제품의 경우에도 사정은 마찬가지이다. 현대 소비자들은 대개 크기와 무게, 품질 등급의 어떤 주요 사양에 들어맞는 상품으로 자신의 요구를 충족한다. 소비자(즉, 통속적인 소비자)는 표준적인 무게와 치수의 물품을 자신의 탁자에 비치하고 자신의 바지와 자신의 몸에 지님으

---

3. Werner Sombart, *Der Moderne Kapitalismus*, vol. II, ch. III을 참조하라.
4. Twelfth Census (US): "Manufactures," pt. I, xxxvi.

로써 표준 규격의 표기법으로 자신의 욕구와 소비를 상당한 정도로 규정할 수 있다. 문명화된 인류 대중의 경우에 개별 소비자의 개성은 산업의 포괄적인 기계 과정들에 의해 소비 물자에 부과된 균일한 등급들에 순응하도록 요구된다. 이른바 '지역색'은 현대 생활에서 사라지고 있으며, 그리고 그것이 여전히 나타나면 표준 규격의 단위로 드러나는 경향이 있다.

… 기계 과정이 현대 생활에 만연하고 어떤 기계적 의미에서 현대 생활을 지배한다. 그것의 지배는 정밀한 기계적 측정과 조정을 강제하고 온갖 종류의 사물, 목적과 행위, 필요성, 편의성, 그리고 생활의 쾌적성을 표준 단위로 환원하는 데서 나타난다. … 여기서 직접적인 관심사는 기계 과정이 후속적으로 문화의 발전에 미치는 영향, 표준화와 기계적 등가성을 향한 이 운동이 인간 요소에 미치는 규율적 효과이다.

이 규율은 기계공업에 종사하는 노동자들에게 더 직접적으로 적용되고, 이런 전면적인 기계 과정과 접촉하면서 살아가는 공동체의 나머지 사람들에게는 덜 직접적으로 적용될 따름이다. 기계 과정이 확대되는 곳마다 그것은 대기업과 소기업의 노동자들에 대한 표준이 된다. 그 표준은 주어진 노동자들이 직접 종사하는 세부 업무의 특수한 과정들에 의해 전적으로 정해지지는 않고 오히려 어느 정도는 주어진 세부 과정이 어울리는 더 포괄적인 과정 전체에 의해 정해진다. 개별 노동자가 어떤 결과를 초래하기 위해 하나 이상의 기계적 고안물을 사용한다는 것은 더는 전혀 사실이 아니다. 기계 사용의 초기 단계들에서는 흔히 그런 것이 노동자의 업무였고, 현재 노동자가 떠맡고 있는 일도 여전히 그런 특성을 많이 갖추고 있다. 하지만 산업에서 노동자가 맡은 역할을 그런 식으로 특징짓는 것은 그 사례의 특유하게 현대적인 면모를 놓친다. 현재 노동자는 그것의 운동이 자신의 동작을 통제하는 어떤 기계 과정에 연루된 하나의 요소로서 작업한다. 물론 지금까지 언제나 그랬듯이 기계,

용광로, 도로, 혹은 증류기는 인간에 의해 고안된 생명 없는 구조물이고 노동자의 관리를 받는 한편으로 노동자는 그 과정에 관련된 지적 행위자인 것은 여전히 사실이다. 하지만 그 과정은 노동자와 그의 지적 동작을 포함하고, 게다가 그 기계 과정이 노동자에게 주요한 영향을 미치는 것은 진행 중인 일에서 노동자가 반드시 지적 역할을 담당하는 덕분이다. 그 과정은 노동자의 기계 관리와 운영을 표준화한다. 기계적으로 말하자면 기계는 노동자의 환상이 보여주듯이 노동자가 부리는 도구가 아니다. 노동자의 역할은 진행 중인 과정에 의해 그에게 주어진 견지에서 기계와 그 작업을 생각하는 것이다. 그런 전제에서 이루어지는 노동자의 생각은 규격과 등급의 표준 단위로 환원된다. 노동자가 측정 작업을 제대로 정확하게 해내지 못한다면, 그 과정의 요건에 따라 그런 일탈 행위는 점검을 받게 되고 해당 노동자는 순응의 절대적 필요성을 깨닫게 된다.

그리하여 노동자가 어떤 역할을 수행하는 산업적 과정이 더 포괄적이고 완전해질수록 더욱더 철저해지고 정밀해지는 기계 과정에 의거하여 노동자의 지적 생활의 표준화가 이루어진다. 이런 상황은 그런 작업이 노동자의 지능 정도를 낮출 필요가 있음을 뜻한다고 여기지는 말아야 한다. 의심의 여지가 없이 정반대의 의미가 진실에 더 가깝다. 노동자는 지능이 더 뛰어날수록 더 효율적이고, 기계 과정의 규율은 대개 그 규율이 적용되는 라인과 다른 라인에서 이루어지는 작업에 대해서도 노동자의 효율성을 향상한다. 그런데 기계 산업에서 요구되고 주입되는 지능은 독특한 특징을 지닌다. 기계 과정은 지능에 대한 규율을 엄격하고 집요하게 강요한다. 그것은 꼼꼼하고 끈기 있는 사유를 요구하지만, 그 사유는 정량적 정밀성의 표준적인 견지에서 진행되는 사유이다. 대체로 노동자의 다른 지능은 쓸모없거나 심지어 유해하기까지 하다. 왜냐하면 정량적 견지에 의거하지 않은 방식으로 생각하는 습관으로 인해 노동자는

자신이 관계하는 사실에 관하여 정량적으로 흐릿하게 이해하게 되기 때문이다.[5]

천성이 올바르고 철저히 규율된 노동자인 한에서 그의 습관적 사고의 마지막 측면은 기계적 효율성이다. 다시 말해서 '기계적'이라는 낱말을 앞서 사용된 의미로 이해하는 것이다. 그런데 기계적 효율성은 정밀하게 조정된 원인과 결과의 문제이다. 그러므로 기계 산업의 규율이 노동자의 생활과 사유의 습관에 주입하는 것은 순서와 기계적 정밀성의 질서이다. 그러므로 그 지적 결과는 이들 노선을 따라 발휘되지 않는 지적 능력이 발휘되는 행위를 상대적으로 무시하고 깎아내리면서 측정 가능한 원인과 결과의 측면에 습관적으로 의존하는 것이다.

물론 기계 과정의 규율은 어떤 경우에도 무차별적으로 생활과 사유의 습관을 철저히 자신의 형상대로 빚는다. 모든 계급의 인성에는 과거로부터 이어진, 다른 결과를 위해 일하는 성향과 습성의 잔류물이 너무나 많이 남아 있다. 기계 체제는 그 규율이 아무리 엄격하더라도 지금까지 지속 기간이 너무 짧았다. 그리고 물려받은 일단의 특질과 전통은 너무나 포괄적이고 일관적이어서 기계 체제의 완성에로의 원격 접근 이외의 어떤 것도 허용할 수 없었다.

기계 과정은 비인격적 특징을 갖춘 현상과 더불어 인간의 선호에 의존하지 않는 힘을 지니고 있을뿐더러 습관과 관습에 의해 창출되지도 않는 순서와 상관관계에 다소 끊임없는 주의를 기울이도록 강요한다. 기계는 의인화된 사유 습관을 추방한다. 기계는 작업을 노동자에 맞추기보다는 오히려 노동자가 작업에 순응할 것을 강요한다. 기계 기술은 노동자의 손재주, 부지런함, 혹은 인격적 힘에 의존하지 않고 비인격적인 물

---

5. 예를 들면 노동자가 신화 만들기에 몰두하여 현재의 동화와 목사 설교의 방식을 본받아서 기계나 과정을 인격화하고 기계적 기기에 자비심을 귀속시킨다면 그는 잘못됨이 확실하다.

질적 원인과 결과에 관한 지식에 의존하는데, 노동자의 상사들이 지닌 습관과 성향에 훨씬 덜 의존한다. 이런 기계 주도의 작업 범위 내에서 그리고 기계 과정에 의해 주도되는 한에서의 현대 생활 범위 내에서 세상의 추이는 기계적·비인격적으로 주어지며, 그 결과적인 규율은 비인격적 사실을 기계적 효과가 발휘되도록 다루는 규율이다. 그 규율은 용법에, 그리고 용법이 물려준 관례적 기준에 의존하는 타당성의 규범을 무시할 지경에 이르도록 불투명한 비인격적 원인과 결과의 견지에서 이루어지는 사유를 주입한다. 용법은 이런 종류의 작업 과정을 형성하거나 이런 종류의 작업이 유발하는 사유 양식을 형성하는 데 중요하지 않다.

기계 과정은 물질적 인과관계의 측면을 제외하고 선과 악, 장점과 단점에 관한 물음에 대한 통찰을 전혀 제공하지 않을 뿐만 아니라, 압력, 온도, 속도, 인장 강도 등에 의거하여 진술될 기계적으로 강제된 법과 질서를 제외하고 토대 혹은 법과 질서의 구속력에 대한 통찰도 전혀 제공하지 않는다.[6] 기계 기술은 관례로 확립된 이전의 규칙들을 도외시하는데, 그것은 예의범절도 교양도 알지 못하고 가치 있는 어떤 속성도 활용할 수 없다. 지식과 추론에 관한 그것의 도식은 태곳적부터의 관습, 진정성, 혹은 권위 있는 법령이 아니라 물질적 인과관계의 법칙에 근거를 두고 있다. 기계 기술의 형이상학적 근거는 원인과 결과의 법칙이며, 그 법칙은 그 숙련자들의 사유에서 충족이유율도 대체했다.[7]

기계 기술이 거부하는 관례적 진리 혹은 제도적 유산의 범위는 매우

---

6. 기술적 사실에 적용되거나 재료과학의 결과에 적용될 때 '선과 악', '장점과 단점', '법과 질서' 같은 표현들은 오래된 용법에서 차용되었고 단지 비유적 표현으로서 유용할 뿐인 은유적 표현에 지나지 않음이 명백하다.

7. Gabriel Tarde, *Psychologie Économique*, 122~31은 현대적 작업의 심리학을 특징짓는데, 무엇보다도 심리학적 요건과 효과의 측면에서 기계 노동자의 작업을 수공 장인의 작업과 대조한다. 그것은 이 주제에 관한 조잡하고 진부한 의견을 적절히 정식화한 것으로 여겨질 수 있고, 따라서 정곡에서 꽤 벗어난 것처럼 보인다.

포괄적인데, 사실상 모든 것이 포함된다. 그것은 자연권, 자연적 자유, 자연법, 혹은 자연종교라는 18세기의 더 새로운 관례적 진리들에 부합하지 않는 것에 못지않게 이들 진리가 대체한 진·선·미라는 더 오래된 규범과도 부합하지 않는다. 이렇게 해서 의인화는 어떤 형태로 위장되든 간에 아무 쓸모도 없고 효력도 없다.

··· 현대적인 산업적 직업의 규율은 관례의 편견에서 비교적 벗어나지만, 이런 측면에서 기계적 직업과 상업적 직업 사이의 차이는 [종류의 차이가 아니라] 정도의 차이이다. 확실성에 대한 관례적 기준이 산업적 계급들 사이에서 실행되지 않는다는 이유로 무효가 되는 것은 아니다. 그들의 작업에 의해 실행되는 실정적인 규율은 그 관례가 자연권의 관례든 여타의 관례든 간에 관례적인 의인화된 견지에서 사유하는 습관을 크게 거스른다. 관례적 규범에서 벗어나는 이런 실정적인 훈련의 측면에서 산업적 직업의 다양한 노선 사이에는 큰 차이가 있다. 어느 특정한 직업 노선이 기계 과정의 특징을 더 많이 나타내고 수공예의 특징을 더 적게 나타내는 것에 비례하여 그것이 제공하는 사실상의 훈련은 더 두드러진다. 그 경구의 고안자들이 인식했던 것처럼 보이는 것보다 더 내밀한 의미에서 기계는 그것으로 작업하는 인간의 주인이 되었을 뿐만 아니라 그것이 편입된 생활을 영위하는 공동체의 문화적 운명의 결정자도 되었다.

그러므로 현대 생활에서 기계의 지적인 정신적 훈련은 매우 광범위하다. 그 훈련은 단지 공동체의 작은 부분만 손대지 않은 채로 남겨둔다. 그런데 그 훈련의 제약이 인구 전체에 가지를 치듯 퍼지면서 일상생활의 어떤 사항들에서 거의 모든 계급을 구속하는 한편으로 그 훈련은 숙련된 기계적 계급들에 가장 직접적이고 밀접하고 철저한 영향을 미친다. 왜냐하면 이들은 작업하든 놀든 간에 끊임없이 그것의 지배를 받기 때문이다. 자체의 정신적 부수물 ─ 관례적으로 타당할 뿐인 것에 대한 회의주의와 노동시간 이념 ─ 을 갖춘 기계의 편재적 현존은 여타 시대 및 장소의 문화와 대조를 이루는 오늘날의 서양 문화를 특징짓는 명백한 표식이다. 그것은 다양한 정도로 모든 계급과 계층에 널리 퍼져 있는데, 평균적으로 과거의 어느 때보다도 더 큰 정도로 퍼져 있고 선진적인 산업적 공동체와 기계적 직업에 직접 연루되는 계급들에 가장 강력하게 퍼져 있다. 생활의 물질적 측면의 포괄적인 기계적 조직화가 지속함에 따라 공동체 전체에 걸친 이런 문화적 효과의 고양 역시 부수적으로 초래되었으며, 그리고 어떤 개선 방법이 발견되지 않는다면 같은 방향으로의 움직임이 더 멀리 또 더 빨리 이루어짐에 따라 문화의 이런 '현대적' 양상이 더욱더 강조될 것이다. 게다가 직업의 부수적인 분화와 전문화가 지속되면서 훨씬 더 가차 없는 규율이 인구의 지속적으로 확대되는 계급들에 적용되며, 그 결과 기성 제도에 대한 확신감, 충성심 혹은 신심의 끊임없는 약화가 초래된다.

## 영리 기업의 자연적 쇠퇴

대체로 기계 규율은 온갖 정도로 오래되고 믿음직한 제도적 유산 — 그것이 자연적 자유를 구현하는 제도든 혹은 문명화된 생활에서 여전히 통용되는 더 구식의 행동 원리들의 잔류물로 이루어져 있는 제도든 간에 — 을 해체하는 데 작용한다. 그리하여 그것은 영리 기업이 정초하고 있는 법과 질서의 근거를 제거한다. 기성 질서의 이런 해체에서 기인하는 후속적인 문화적 태도는 충분히 중대하고 광범위한 것임이 틀림없지만, 그것은 현재의 탐구와 직접적인 관련성이 없다. 그것은 일반적인 문화적 조직의 그런 악화가 영리 기업의 지속적인 활발한 기세를 꺾는 한에서만 여기서 문제시된다. 그런데 영리 기업의 미래는 문명의 미래와 밀접한 관련이 있다. 왜냐하면 문화적 도식은 결국 서로 맞물린 다양한 요소들 — 이들 요소 중 어느 것도 여타 요소의 작동을 교란하지 않은 채로 크게 교란될 수는 없다 ― 로 이루어진 단일한 것이기 때문이다.

당면한 물음과 관련하여 전반적인 '사회적 문제'가 이 독특한 상황을 현시한다. 영리 기업의 성장은 그 물질적 토대로서의 기계 기술에 의존한다. 기계 산업은 영리 기업의 성장에 절대적으로 필요하다. 기계 과정이 없다면 성장은 진척될 수 없다. 그런데 기계 과정의 규율은 영리 기업의 정신적인 제도적 토대를 제거한다. 기계 산업은 영리 기업의 지속적인 성장과 양립 불가능하다. 영리 기업은 장기적으로 기계 과정과 어울릴 수 없다. 그러므로 영리사업 원리는 기계 과정의 문화적 효과와 맞서는 투쟁에서 장기적으로 승리할 수 없다. 왜냐하면 기계 체계가 적절히 절제되거나 금지되면 영리 기업은 점진적으로 궁지에 몰리게 되는 반면에 기계 체계가 자유롭게 성장하면 영리사업 원리는 곧 무효가 될 것이기 때문이다.

영리 기업의 제도적 기초 ― 자연권의 체계 ― 는 특이하게 불안정한 것이다. 환경을 변화시키지 않은 채로 그것을 유지할 방법은 없고, 게다가 환경이 바뀐 후에는 그것이 원래대로 돌아갈 방법도 없다. 그 사태는 혼성 성장, 한편으로는 개인적 자유와 평등 그리고 다른 한편으로는 관례적 권리의 혼합물이다. 자연권 도식 아래서 법 제도와 조항은 잠정적일 수밖에 없는 특질을 갖춘 것처럼 보인다. 성장과 변화의 비교적 큰 유연성과 가능성이 있다. 자연권은 환경의 어떤 변화 아래서도 두드러지게 불안정하다. 영원한 경계심이 (자연적) 자유의 대가라는 격언은 잘 입증된다. 현재처럼 이 체계가 사회주의적 혹은 아나키즘적 적개심으로 생겨나는 경우에는 제도적 기구를 확고한 자연권 기초로 되돌릴 수단이 전혀 없다. 자연적 자유의 체계는 수공예와 소규모 무역의 평화로운 체제의 산물이었지만, 계속된 평화와 산업 덕분에 기계 과정과 대기업이 생겨남으로써 현재 문화적 성장이 자연권의 단계 너머로 나아가게 되었다. 그리하여 기계 과정과 대기업은 한편으로는 자연권을 무효로 하고 다른 한편으로는 자연권의 정신적 토대를 제거함으로써 자연권의 구조를 무너뜨리고 있다. 자연권은 평화로운 산업의 부산물이었기에 호전적인 습관과 강압적 통치에 의지함으로써 복원될 수 없다. 왜냐하면 호전적인 습관과 강압은 자연권 정신에 맞지 않기 때문이다. 또한 자연권은 안정된 평화와 자유에 의지함으로써 복원될 수도 없다. 왜냐하면 안정된 평화와 자유의 시대는 자연적 자유의 체계를 무너뜨리는 기계 과정과 대기업의 지배를 견인할 것이기 때문이다.

제도적 힘들의 이런 갈등 – 이른바 사회적 문제 – 이 어떻게 될 것인가에 관한 물음이 제기될 때 그것은 일반적으로 개선 방법에 관한 물음이 된다. 문명화된 인류를 기계 산업이 초래한 저속화와 해체로부터 구조하기 위해 무엇을 할 수 있는가?

그런데 영리 기업과 기계 과정은 현대 문화를 추동하는 두 가지 원동력이다. 그리고 효과적일 가능성이 있는 유일한 수단은 상업적 거래의 작동에 의지하는 것이다. 그리고 이것은 영리 공동체가 사유와 행위를 어떤 선택된 문화적 결과를 향해 의도적으로 협력하여 취한다면 그 공동체가 무엇을 하는 것이 생각건대 이상적으로, 목가적으로 가능할지에 관한 물음이 아니라, 오히려 문화적 목적을 위해서가 아니라 영리적 목적을 위해서 진행되는 상업적 거래를 통해서 성취될 개연적인 문화적 결과가 무엇인지에 관한 물음이다.

문화적 미래를 염려하는 사람들은 일반적으로 문화적 유산에서 좋은 것을 고수하기 위해 무엇을 해야 하는지, 그리고 이 세대에게 위임된 재능을 향상하기 위해 후속적으로 무엇을 해야 하는지에 대한 사변적 충고에 의지한다. 제시된 실제적인 개선 방법은 일반적으로 어떤 완화 조치의 제안, 박애주의적이거나 심미적이거나 혹은 종교적인 감성에의 어떤 호소, 현대 문화의 이런저런 부수 현상의 이름으로 무언가를 탄원하려는 어떤 노력이다. 사람들은 무언가를 해야만 한다고 여긴다. 그리고 이 무언가는 사회적 '순수성', 궁핍한 계급들의 오락, 교육 그리고 수공예 훈련, 빈자의 식민화, 교회의 대중화, 깨끗한 정치, 사회적 정착에 의한 문화적 선교 사업 등을 위한 자선 단체와 클럽, 협회의 형태를 띤다. 생활과 사유의 어떤 훌륭하지만 낡은 습관을 유지하거나 회복하기 위해 제안된 이들 개선책은 전부 당면한 물음에 관련되는 경우에는 정곡을 벗어난다. 이는 증상을 치료함으로써 인류를 구조하려는 이런 가치 있는 노력을 비방하고자 하는 것이 아니다. 주지하다시피 치료되는 증상들은 유해함이 틀림없거나, 혹은 그 증상들이 유해하지 않다면 그 특정한 물음의 가치는 현재의 탐구와 아무 관계가 없다. 문제의 노력들은 영리적 계획의 형태에 속하지 않는다는 점에서 정곡을 벗어난다. 이들 노력은 전체적으로 현대 기업이 도모할 수 있는 어떤 다른 모험사업들만큼 수익성이 있는 투자 노선이 아니다. 그러므로 그런 노력들이 영리 기업과 산업적 요건의 진로를 방해한다면 그것들은 쓸모없고 헛된 노동에 해당한다. 반면에 그런 노력들이 사실상 기업과 산업적 요건이 움직이는 노선과 일치한다면, 그것들이 이미 진행 중인 변화를 가속한다고 여겨질 수 있는 경우를 제외하고 그것들은 불필요한 작업이다.

홀라스파이어스토 → 문화사의 두 가지 양식

자그 카르트 → 자본주의 생산양식의 상태인가 아니면 인류의 상태인가?

길드월즈 + 블랙스 과타리 → 문명 자본주의 기계

주-표량소아-리오탄르 → 관시자 자본주의

주-표량소아-리오탄르 → 모든 전자경제는 리페도 경제이다

집 데페배조카 → 박탈의 권력

1.6. 문간드 → 모든 조른의 파션들

주-표량소아-리오탄르 → 요망함면

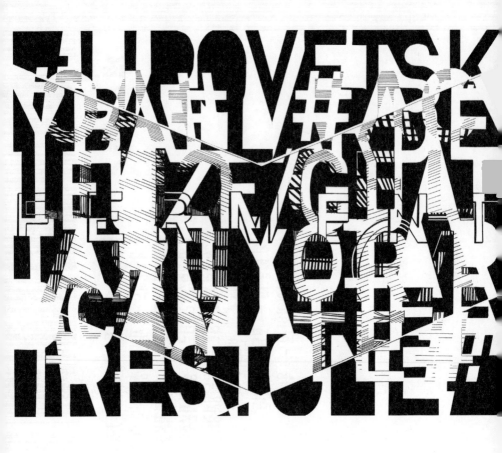

다이앤 바우어, 〈발효〉

# 문화사의 두 가지 양식

슐라미스 파이어스톤

1970

우리의 분석을 위해 문화를 다음과 같이 정의하자. 문화는 인간이 구상할 수 있는 것을 가능한 것으로 실현하고자 하는 시도이다. 자신이 환경 속에 있음을 깨닫는 의식 덕분에 인간은 하등 동물과 구분되고 문화를 창출할 수 있는 유일한 동물로 전환된다. 인간은 이런 의식, 즉 자신의 최고 능력 덕분에 지금 현존하지 않는 존재 상태를 심적으로 투사할 수 있게 된다. 인간은 과거와 미래를 구성할 수 있기에 시간의 생명체 ─ 역사가와 예언자 ─ 가 된다. 그 밖에도 인간은 현실 세계에서 결코 현존한 적이 없고 절대 현존하지 않을 객체와 존재 상태를 상상할 수 있기에 예술 제작자가 된다. 그러므로 예를 들면 고대 그리스인들은 하늘을 나는 법을 알지 못했더라도 여전히 그것을 상상할 수 있었다. 이카로스의 신화는 '비행' 상태에 관한 그들의 구상을 환상으로 나타낸 것이었다.

그런데 인간은 단지 구상할 수 있는 것을 환상으로 투사할 수 있는 것만이 아니었다. 또한 인간은 그것을 현실에도 적용할 수 있게 되었으며, 그 현실과 그것을 다루는 방법에 관한 지식, 학습경험을 축적함으로써 인간은 그 현실을 자신의 기호에 맞게 빚을 수 있었다. 환경을 통제할 수 있는 기량의 이런 축적, 즉 기술은 동일한 목적, 즉 구상할 수 있는 것의 가능한 것으로의 실현을 달성하기 위한 또 다른 수단이다. 그러므로 우리의 사례에서 서기전 시대에는 인간이 신화 혹은 환상의 마법 양탄자로 날 수 있었다면 20세기에는 인간의 기술, 인간의 실용적 기량의 축적 덕분에 인간이 실제로 날 수 있게 되었는데, 인간은 비행기를 발명해 낸 것이었다. 또 하나의 예를 들자. 성경의 전설에서 사십 년 동안 사막에 고립되어 있었던 농경민족인 유대인들은 신에게서 모든 색깔, 질감, 혹은 맛을 지닌 음식으로 마음대로 바꿀 수 있는 기적의 물질인 만나Manna를 받았다. 현대의 식품 가공기술, 특히 '녹색 혁명'으로 생겨난 가공기술에 힘입어 어쩌면 이런 카멜레온 같은 속성을 지닌 전적으로 인공적인 식품 생산이 필시 곧 이루어질 것이다. 또다시 고대의 전설에서 인간은, 예컨대 켄타우로스나 일각수 같은 혼합종이나 혹은 인간의 동물 출산 같은 혼성출산이나 처녀출산을 상상할 수 있었다. 현재의 생물학적 혁명은 생식 과정에 관한 증가하는 지식으로 이제 조잡한 초기 단계일지라도 이들 괴물을 실제로 만들어 낼 수 있을 것이다. 브라우니Brownie와 엘프elf, 중세 유대인 설화의 골렘Golem, 메리 셸리의 『프랑켄슈타인』에 등장하는 괴물은 해당하는 기술적 재능보다 수 세기 앞선 상상의 구성물이었다. 다른 다양한 환상적 구성물 − 유령, 정신감응, 므두셀라의 수명 − 은 아직 현대 과학으로 실현되지 않은 채로 있다.

이들 두 가지 다른 반응, 즉 관념론적 반응과 과학적 반응은 그저 동시에 현존하는 것만은 아니며, 그 둘 사이에는 교류가 이루어진다. 상상의 구성물은 종종 기술적 전문지식의 '낌새가 있을' 때까지 발달하지는 않더라도 기술적 구성물에 선행한다. 예를 들면 과학소설이라는 예술은 대개 그것을 현실로 전환하고 있는 과학적 혁명 − 예컨대 (무해한 일례로) 달로의 비행 − 보다 단지 반세기 앞서 발달하였고 현재 공존하고 있다. "기발한", "참신한", "기이한" 같은 낱말과 "과학소설에서 나올 법한 일이다" 라는 소견이 공통의 언어이다. 심미적 반응에서는 구상물이 언제나 앞서 발달한다. 따라서 그 실현물은 다른 시대의 산물이기에 선정적이고 비현실적인 형태를 띨 수 있다. 이를테면 제너럴일렉트릭의 사이버네틱스 인간형상 기계CAM 1 핸디맨Handyman과 대조적인, 예를 들면 프랑켄슈타인의 괴물처럼 말이다. (예술가는 자신의 상상이 현실에서 정말 어떻게 부각될 것인지 결코 미리 알 수 없다.)

그렇다면 문화는 정신이 현실의 한계와 우연성을 초월하려고 시도하는 수단인 그 두 가지 양식[관념론적 양식과 과학적 양식]의 총합이자 이들 양식 사이의 동역학이다. 이 두 종류의 문화적 반응은 동일한 목적을 위한, 즉 구상할 수 있는 것의 가능한 것으로의 실현을 달성하기 위한 상이한 방법들을 수반한다. 첫 번째 종류의 문화적 반응에서[2] 개인은 나름대로 가능한 것을 규정하고 만들어 내기 위해 주어진 현실에서 전적으로 벗어남으로써 그것의 한계를 부정한다. 어떤 인위적 경계(예컨대 4제곱피트의 캔버스) 내에서 시각적 이미지를 전개하든, 언어적 기호를 통해서 투사된 시각적 이미지(시)를 거치든, 어떤 순서로 나열된 음들(음악)을 거치든, 혹은 연쇄적으로 나열된 언어적 관념들(신학, 철학)을 거치든 간에 어떤 식으로든 객관화되는 상상의 영역에서 개인은 자신이 인위적으로 부과한 질서와 조화의 지배를 받는 관념적 세계, 그가 의식적으로 각 부분을 전체에 관련시키는 구조물, 어떤 정적인(그러므로 '영원한') 구조물을 창조한다. 그가 현실로부터 자신의 창조물을 추상하는 정도는 중요하지 않다. 왜냐하면 그가 모방하는 것처럼 보이는 경우에도 그는 독자적인, 어쩌면 감춰진 일단의 인위적 법칙의 지배를 받는 환영을 창조했기 때문이다. (드가는 예술가가 진실을 전하려면 거짓말을 해야 한다고 말했다.) 어떤 인위적 수단에 의해 실현되는, 관념적인 것에 대한 이런 탐색을 심미적 양식이라고 일컫자.

두 번째 종류의 문화적 반응에서는 현실의 돌발 사태가 대안 현실의 창조를 통해서 극복되기보다는 오히려 현실 자체의 작동에 대한 지배를

---

1. * 'CAM'은 'Cybernetic Anthropomorphic Machines'의 약어이다.
2. 맑스와 엥겔스가 반기를 든 초역사적이고 비유물론적인 '형이상학적' 사유 양식에 대체로 해당하는 관념론적 양식.

통해서 극복되는데, 자연의 법칙들을 밝혀낸 다음에 자연에 맞서서 자연을 인간의 구상에 따라 형성한다. 독이 있다면 인간은 해독제가 있다고 가정한다. 질병이 있다면 인간은 치료법을 찾는다. 이해되는 자연의 모든 사실은 자연을 변경하는 데 사용될 수 있다. 그런데 그런 절차를 통해서 관념적인 것을 획득하는 데에는 훨씬 더 오랜 시간이 걸리고 무한히 더 고통스러우며, 특히 지식의 초기 단계들에서 그러하다. 왜냐하면 우리가 자연이라는 방대하고 복잡한 기계를 완전히 이해하여야 하며, 그리고 자연에는 언제나 새로운 뜻밖의 복잡한 층위들이 있기에 우리가 자연을 철저히 통제할 수는 없기 때문이다. 그러므로 인간 조건의 가장 심각한 돌발 사태, 예컨대 죽음에 대한 어떤 해결책을 찾아낼 수 있으려면 우리는 성장과 쇠퇴의 자연적 과정들을 작은 규모의 법칙들이 더 큰 규모의 법칙들과 관련되도록 정리해야 한다. 이런 과학적 방법(또한 맑스와 엥겔스가 역사에 대한 유물론적 접근법에서 시도한 방법)은 인간이 자연의 역학을 완전히 이해함으로써 자연을 지배하고자 하는 시도이다. 현실 자체로부터 외삽된 정보를 응용함으로써 현실을 인간의 개념적 이상에 따르도록 조작하는 것을 기술적 양식이라고 일컫자.

앞서 우리는 문화를 인간이 주어진 환경의 한계 내에서 자신의 정신적 능력이 나타내는 유연성으로 인해 초래되는 긴장을 해소할 수 있는 수단인 그 두 가지 다른 양식의 총합이자 이들 양식 사이의 변증법이라고 규정했다. 이들 두 가지 다른 문화적 양식이 각각 두 가지 성에 대응됨은 오해의 여지가 없다. 앞서 우리는 문화를 직접 창조하는 소수의 여성이 어떻게 해서 심미적 양식에 속하는 분과학문들에 이끌리게 되는지 인식했다. 이런 사태는 충분한 이유가 있는데, 심미적 반응은 '여성적' 행동에 부합한다. 마찬가지로 다음과 같은 용어들, 이를테면 주관적, 직관적, 내향적, 희망적, 몽상적 혹은 환상적, 잠재의식(원초아)과 관련된, 정서적, 심지어 신경질적(히스테리컬한) 같은 용어들도 적용된다. 따라서 기술적 반응은 남성적 반응으로, 그것은 객관적, 논리적, 외향적, 현실적, 의식(자아)과 관련된, 합리적, 기계적, 실용적, 실제적, 안정된 반응이다. 그러므로 심미적 반응은 심리적 스펙트럼 중 여성에게 적합한 절반의 문화적 재창조인 반면에 기술적 반응은 남성적인 절반의 문화적 확대이다.

앞서 우리가 생식을 위한 생물학적 성 분열이 모든 후속적인 계급 분열을 낳는 근본적인 '자연적' 이원성이라고 가정한 것과 마찬가지로 이제 우리는 성 분열이 이런 기본적인 문화적 분열의 근거이기도 하다고 가정한다. 이들 두 가지 문화적 반응, '남성적인' 기술적 양식과 '여성적인' 심미적 양식 사이의 상호작용은 성 변증법을 또 다른 층위에서 재창조하며, 그뿐만 아니라 그 상부구조, 즉 카스트 제도와 경제 계급 변증법도 재창조한다. 그리고 분열된 성 계급, 인종 계급, 그리고 경제 계급의 통합이 각각 성 혁명, 인종 혁명, 혹은 경제 혁명의 전제조건인 것과 마찬가지로 심미적 문화와 기술적 문화의 통합은 문화 혁명의 전제조건이다. 게다가 성 혁명, 인종 혁명 그리고 경제 혁명의 혁명적인 목표가 한낱 계급의 불균형을 없애고 평등하게 하는 것에 불과하기보다는 오히려 계급 범주를 철저히 제거하는 것이라는 사실과 마찬가지로 문화 혁명의 최종 결과는 한낱 그 두 가지 문화 흐름을 통합하는 것에 불과한 것이 아니라 오히려 문화적 범주를 철저히 제거하는 것, 우리가 알고 있는 대로의 문화 자체를 제거하는 것이다. 그런데 이런 궁극적인 문화 혁명 혹은 심지어 우리 시대의 문화적 분열 상태를 논의하기 전에 이 세 번째 층위의 성 변증법 – 기술적 양식과 심미적 양식 사이의 상호작용 – 이 문화사의 흐름을 결정하는 데 어떻게 작용하는지 살펴보자.

◇

처음에 기술적 지식은 서서히 축적되었다. 인간은 점차 자기 환경의 가장 거친 측면들을 통제하게 되었다. 인간은 도구, 불을 통제하는 방법,

바퀴, 무기와 쟁기를 제작하기 위한 제련술, 심지어 마침내 알파벳을 발견했지만, 이들 발견물이 극히 드물었던 이유는 인간에게 발견을 추진하는 체계적 방법이 아직 없었기 때문이다. 그렇지만 마침내 인간은 사법적·정치적·사회적·경제적 제도들의 체계 전체를 구축하기에 충분한 실용적 지식, 예를 들면 의술이나 건축술을 축적했다. 문명 덕분에 원시적인 수렵 부족이 농경 사회로 발전하였으며, 마침내 점진적인 단계를 거쳐서 봉건주의와 자본주의로 발전하였고 사회주의로의 시도가 최초로 이루어졌다. 그런데 이 모든 시기에 관념적 세계를 구상할 수 있는 인간의 능력은 그것을 만들어 낼 수 있는 인간의 능력보다 훨씬 앞서 있었다. 고대 문명들의 주요한 문화적 형태들 — 종교와 그 파생물들, 신화, 전설, 원시 예술과 마법, 예언과 역사 — 은 심미적 양식에 속했는데, 그것들은 여전히 불가사의하고 혼란스러운 우주에 인위적인 가상의 질서를 부과했을 따름이었다. 원시적인 과학적 이론조차도 나중에 경험적으로 실현될 것에 대한 시적 비유일 뿐이었다. 근대 과학의 전조로서, 물질적 법칙과 무관한 진공 상태에서 순전한 상상력에 의해 작동한 고전 고대의 과학과 철학과 수학은 나중에 입증된 많은 것을 예견했다. 이를테면 데모크리토스의 원자와 루크레티우스의 '물질'substance은 현대 과학의 발견보다 수천 년 앞서 제시되었다. 하지만 그것들은 단지 가상적인 심미적 양식의 영역 내에서만 실현되었다.

중세 시대에는 유대-그리스도교 유산이 이교도 문화와 동화됨으로써 중세 종교 예술 및 토마스 아퀴나스와 스콜라학파의 형이상학이 생겨났다. 동시에 그리스의 알렉산드리아 시대(서기전 3세기에서 서기 7세기까지의 시대)의 결과물인 아랍 과학이 지리학, 천문학, 생리학, 수학 같은 분야들에서 상당한 정보 — 나중의 경험주의에 필수적인 일람표 — 를 축적하고 있었지만, 교류는 거의 없었다. 연금술, 점성술, 중세 의학의 '체액설'을 갖춘 서양 과학은 여전히 '유사과학' 단계에 있었거나, 혹은 우리의 규정에 따르면 여전히 심미적 양식에 따라 작동하고 있었다. 고전적 유산과 그리스도교적 유산으로 구성된 이런 중세적인 심미적 문화는 마침내 르네상스 시대의 인간주의로 막을 내렸다.

그러므로 르네상스 시대까지 문화는 심미적 양식으로 발생했다. 왜냐하면 그 시대 이전에는 기술이 매우 원시적이었고 과학적 지식의 집성체가 너무 미흡했기 때문이었다. 성 변증법의 견지에서 바라보면 이처럼 장기적인 문화사의 단계는 문명의 모권제 단계와 일치하는데, 이 단계에서는 여전히 불가해한 대자연을 경외하는 여성적 원리 — 어둡고 불가사의하며 통제 불가능한 원리 — 가 인간 자신에 의해 격상되었고 군림했다. 교양인은 그것에 경의를 표하는 주창자였다. 르네상스 시대까지 또 그 시대를 통틀어 모든 교양인은 관념적인 심미적 양식의 실천가였고, 따라서 어떤 의미에서는 예술가였다. 문화적 인간주의의 정점인 르네상스 시대는 심미적(여성적) 양식의 황금시대였다.

그리고 또한 르네상스 시대는 심미적 양식이 끝나기 시작한 때이기도 하다. 16세기 무렵에 문화는 성 변증법의 견지에서는 모권제에서 부권제로의 이행에 상응하고 계급 변증법의 견지에서는 봉건주의의 쇠퇴에 상응하는 심대한 변화를 겪고 있었다. 이것은 근대 (경험) 과학의 탄생 속에서 심미적 문화와 기술적 문화가 최초로 통합한 사태였다.

르네상스 시대에는 아리스토텔레스주의적 스콜라철학의 둑에 생겨난 최초의 균열이 이미 뚜렷했지만, 그 철학은 여전히 강력했다. "인간의 힘과 위대성의 한계를 더 넓게 확대하"는 데 과학을 사용하자고 최초로 제안한 프랜시스 베이컨에 이르러서야 마침내 그 두 양식의 결합이 이루어지게 된다. 베이컨과 로크는 철학, 즉 삶을 이해하려는 시도를 현실 세계에 초연한 추상적 사변(형이상학, 윤리학, 신학, 미학, 논리학)에서 증명과 시연을 통해서 실제의 자연법칙을 밝혀내기(경험 과학)로 변형시켰다.

프랜시스 베이컨에 의해 제안된 경험적 방법에서 통찰력과 상상력은 단지 탐구의 초기 단계에서만 사용되어야 했다. 잠정적 가설들이 사실들로부터의 귀납에 의해 형성될 것이었다. 그다음에 결과들이 논리적으로 연역되어서 그것들 자체 사이의 정합성에 대한 시험뿐만이 아니라 일차적 사실 및 추가 실험 결과와의 일치에 대한 시험도 시행될 것이었다. 가설은 모든 시험을 통과하고 나서야 비로소 수용된 이론이 되며, 그리고 적어도 반증될 때까지는 여전히 고도의 개연성으로 현상을 예측할 수 있는 이론으로 남아 있을 것이었다.

경험주의적 견해는 모든 가능한 관찰과 실험의 결과를 이런 식으로 기록하고 일람표로 나타냄으로써 자연적 질서가 자동으로 드러날 것이라고 여겼다. 처음에는 '왜'라는 물음이 여전히 '어떻게'라는 물음만큼 빈번히 제기되었더라도 정보가 축적되기 시작한 이후에는 각각의 발견이 조각 그림 맞추기를 완성하기 위해 누적되면서 사변적인 것, 직관적인 것, 그리고 상상적인 것은 점점 덜 중요해지게 되었다. 일단 최초의 토대가 직관적인 '심미적' 과학 전통에 여전히 속한 사상가들인 케플러, 갈릴레오, 그리고 뉴턴이라는 위인들에 의해 구축된 후에는 수백 명의 무명 기술자가 공백을 채우기 위해 활약할 수 있었다. 그리하여 당대에 과학의 황금시대의 새벽이 열리게 되었다. 요컨대 이 시대와 기술적 양식의 관계는 르네상스 시대와 심미적 양식의 관계와 같다.

## 오늘날의 두 문화

1970년 현재 우리는 과학의 주요한 획기적 발전을 경험하고 있다. 상대성 이론이라는 새로운 물리학과 현대 과학의 천문학 이론들은 20세기 전반기에 이미 실현되었다. 이제 20세기 후반기에 우리는 전자현미경과 다른 새로운 도구들의 도움으로 생물학, 생화학, 그리고 모든 생명과학에서 유사한 성취를 이루어 내고 있다. 미합중국 전역에 흩어져 있는 소규모 연구단들에 의해 매년 중요한 발견이 이루어지고 있고 다른 나라들에서도 사정은 마찬가지인데, 예컨대 유전학에서 이루어진 DNA의 크기에 대한 발견이나 1950년대 초에 유리와 밀러 연구에서 이루어진 생명의 기원에 관한 발견이 있다. 생식 과정의 완전한 지배가 목전에 있고 삶과 죽음의 기본적인 과정을 이해하는 데 중요한 진전이 있었다. 노화와 성장, 수면과 동면의 본성, 뇌의 화학적 작동, 그리고 의식과 기억의 발달이 모두 온전히 이해되기 시작하고 있다. 경험주의의 목표, 즉 자연법칙에 관한 전면적인 이해를 달성하는 데에는 오랜 시간이 걸리더라도 이런 가속은 다음 세기에도 지속할 가망이 있다.

겨우 몇백 년 동안 구체적 지식이 이처럼 놀랍게 축적된 사태는 철학이 심미적 양식에서 기술적 양식으로 전환된 산물이다. '순수'과학, 즉 심미적 양식의 과학과 순수 기술의 조합은 기술의 목표—구상할 수 있는 것의 현실적인 것으로의 실현—를 향한 진전이 이전 수천 년의 역사 동안 이루어졌던 것보다 더 크게 이루어진 원인이 되었다.

경험주의 자체는 기술의 궁극적인 문화적 목표—현실 세계에 관념적인 것들을 구축하는 것—를 달성하기 위한 수단, 더 빠르고 더 효과적인 기법일 따름이다. 경험주의 자체의 기본적인 명령 중 하나는 결정적인 비교, 분석, 혹은 발견이 이루어질 수 있기 전에 얼마간의 자료가 수집되고 분류되어야 한다는 것이다. 이런 견지에서 경험 과학의 수 세기는 우리 시대와 미래의 획기적 발전을 위한 토대를 구축하는 것에 지나지 않았다. 자연의 법칙들과 기계적 과정들에 관한 정보와 이해의 축적('순수 연구')은 단지 더 큰 목적—궁극적으로 초월을 성취하기 위해서 대자연을 전면적으로 이해하는 것—을 위한 수단일 뿐이다.

문화사의 발전과 목표에 대한 이런 관점에서 바라보면 앞서 정치 혁명의 맥락에서 인용된 엥겔스의 최종 목표는 또다시 인용할 가치가 있다.

인간을 둘러싸고 있고 지금까지 인간을 지배한 삶의 조건의 전체 권역은 인간의 지배권과 통제권 아래로 들어온다. 인간은 이제 처음으로 대자연의 실제적으로 의식적인 주인이 된다.

경험 과학과 문화의 관계는 부권제로의 이행과 성 변증법의 관계와 같고 부르주아 시대와 맑스주의적 변증법의 관계와 같은데, 즉 혁명을 앞둔 후기 단계이다. 더욱이 그 세 가지 변증법은 수평적으로뿐만 아니라 수직적으로도 서로 철저히 관련되어 있다. 부르주아 계급으로부터 생겨나는 경험 과학(부르주아 시대는 그 자체로 부권제 시대의 한 단계이다)은 귀족정(여성적 원리, 모권제)의 인간주의를 계승하며, 실제적 지식을 축적하기 위해 경험적 방법을 발전시킴으로써(자본을 축적하기 위해 근대 산업을 발전시킴으로써) 결국 스스로 막을 내리게 된다. 과학적 발견의 집성체(새로운 생산양식들)는 마침내 이들 양식을 사용하는 경험적 (자본주의) 양식에서 벗어난다.

그리고 자본주의의 내적 모순이 점점 더 명백해져야 하는 것과 마찬가지로 경험 과학의 내적 모순도 점점 더 명백해져야 하는데, 예컨대 원자폭탄의 경우처럼 순수 지식이 그 수명이 다할 지경에 이르도록 발전하는 데서 나타나듯이 말이다. 인간이 여전히 자신의 최종 성취, 즉 자연 지배에 이르는 수단 ─ 자연의 방식들에 대한 지도를 작성하기, ‘순수’ 지식을 수집하기 ─ 에만 관여하는 한에서 인간의 지식은 위험하다. 그 이유는 그 지식이 완전하지 않기 때문이다. 인간의 지식이 매우 위험하기에 많은 과학자들은 어떤 종류들의 연구들은 억제해야 하는 것은 아닌지 생각하고 있다. 하지만 이 해결책은 완전히 부적절하다. 경험주의의 기구는 독자적인 추진력을 갖추고 있고, 따라서 그런 목적을 위해서는 전적으로 통제 불능이다. 무엇을 발견해야 할지 아니면 발견하지 말아야 할지를 누가 실제로 결정할 수 있겠는가? 그것은 정의상 베이컨이 가동한 경험적 과정 전체와 상반된다. 가장 중요한 발견 중 많은 것은 사실상 실험실의 우발적 사건들이었는데, 이들 사건과 우연히 마주친 과학자들은 사회적 함의를 거의 깨닫지 못했다. 예를 들어 최근 오 년 전에 코넬대학교의 교수 F. C. 스튜어드는 '복제'라고 일컬어지는 과정을 발견했다. 그는 단일한 당근 세포를 회전하는 자양분에 넣음으로써 다량의 동일한 당근 세포를 배양할 수 있었고, 그것들로부터 마침내 동일한 당근을 다시 만들어 낼 수 있었다. 더 발달한 동물 세포들에 대한 유사한 과정에 관한 이해는, 만약 발설된다면 '마음을 확장시키는' 약물 실험의 경우처럼 엄청난 영향을 미칠 수 있을 것이다. 혹은 또 진딧물이 실행하는 대로의 단성생식, 처녀생식이 인간의 번식에 실제로 적용되는 상황을 상상하자.

경험 과학에서 나타나는 또 하나의 내적 모순은, 경험주의의 (본질적으로 고상하고 종종 망각되는) 궁극적 목적 – 현실에서 관념적인 것을 구현하는 것 – 보다 오히려 그 목적을 위한 수단에서 비롯된 기계론적이고 결정론적이며 '영혼 없는' 과학적 세계관이다. 치러야 하는 인간성의 대가는 문화적 기술자에 지나지 않게 되는 과학자 자신에게 특히 크다. 그 이유는 매우 얄궂게도 우주에 관한 지식을 제대로 축적하려면 포괄적이고 통합적인 것과는 정반대되는 심성이 필요하기 때문이다. 장기적으로는 개별 과학자의 노력 덕분에 인류의 이익을 위해 환경에 대한 지배권이 확보될 수 있을지라도 일시적으로는 경험적 방법이 그 실천가들 자신으로 하여금 '객관적'이고 기계론적이며 지나치게 정밀하게 되기를 요구한다. 한낱 기니피그에 불과한 자신의 실험 대상에 대하여 아무 감정도 느끼지 않는, 흰색 가운을 입은 지킬 박사의 대중적 이미지는 전적으로 잘못된 것은 아니다. 과학자의 작업에는 감정을 위한 여지가 전혀 없으며, 과학자는 그것이 직업상의 위험 요소에 해당하는 것이라는 점에서 감정을 제거하거나 분리하도록 강요받는다. 기껏해야 과학자는 자신의 직업적 자아와 사적 자아를 분리함으로써, 자신의 감정을 구획함으로써 이 문제를 해결할 수 있다. 그러므로 종종 예술에 관하여 학구적인 방식으로 조예가 깊더라도 ─ 이런 사태의 빈도는 아무튼 과학에 조예가 깊은 예술가보다 높다 ─ 과학자는 일반적으로 자신의 직접적인 감정 및 감각과 접촉하지 않거나, 혹은 기껏해야 정서적으로 분열되어 있다. 과학자의 '사적' 생활과 '공적' 생활은 괴리가 있고, 따라서 그의 인격이 제대로 통합되어 있지 않기에 그는 놀랍도록 극히 평범할 수 있다(여보, 오늘 실험실에서 인간을 복제하는 방법을 발견했어. 이제 애스펀Aspen으로 스키를 타러 갈 수 있어). 과학자는 관례적으로 살아가는 것에, 심지어 교회 예배에 참석하는 것에도 아무런 모순을 느끼지 않는다. 왜냐하면 그는 현대 과학의 놀라운 내용을 자신의 일상생활과 절대 통합하지 않기 때문이다. 과학자가 자신 마음속에서 상실한 지가 오래된 그 연결 관계에 대한 주의를 그에게 환기하는 것은 종종 자신의 발견이 오용되는 상황이다. 과학적 악의 목록은 친숙한데, 그것은 일반적으로 '남성적' 악의 목록을 재현하고 과장한다. 이것은 예상될 수 있는 일이다. 기술적 양식이 남성적 원리에서 발전한다면 그 실천가들은 남성적 인격의 왜곡을 극단적으로 발달시킬 것이라는 점이 당연히 도출된다. 하지만 궁극적인 문화 혁명으로 마무리지어질 과학은 잠시 내버려 두고, 본연의 심미적 문화에는 무슨 일이 일어나고 있었는지 살펴보자.

'순수'과학을 포함하는 가장 광범위한 고전적 의미에서의 철학이 왜소해짐으로써 심미적 문화는 점점 더 협소해지고 내향적인 것이 되면서 지금 우리가 알고 있는 정교한 의미에서의 예술과 인문학으로 축소되었다. 예술(이제부터 '자유학예'라고 일컫는 것, 특히 문예)은 지금까지 언제나 바로 그 정의상 현실 세계에서 제거된 관념적인 것들에 대한 추구였다. 그런데 원시 시대에 그것은 종교의 시녀였는데, 공통의 꿈을 부각하고, 예를 들어 이집트 무덤의 예술처럼 이 세계를 설명하고 용납하기 위해 공통의 환상인 '다른' 세계들을 구체화했다. 그러므로 현실 세계에서 제거되었더라도 그것은 중요한 사회적 기능을 수행했다. 그것은 현실에서 아직 실현될 수 없었던 사회의 소망을 인위적으로 충족시켰다. 그것은 오직 귀족, 교양 있는 엘리트의 후원과 지원을 받았을 뿐이지만 나중에 그렇게 되는 것과는 달리 결코 삶에서 분리되지 않았다. 왜냐하면 그 당시의 사회는 성직자든 군주든 혹은 귀족이든 간에 그 지배계급과 사실상 동일시되었기 때문이다. 대중은 결코 '사회'에 의해 인류의 정당한 일부로 여겨지지 않았다. 그들은 인간 동물, 밥벌레, 혹은 농노에 불과한 노예로, 그들의 노동이 없었다면 소수의 교양 있는 엘리트가 유지될 수 없었다.

새로운 중간 계급, 부르주아 계급이 귀족정을 점진적으로 압박한 사태는 심미적 문화가 침식되는 계기가 되었다. 지금까지 우리는 자본주의가 부권제의 가장 나쁜 속성들을 심화했음을 목격했는데, 예를 들어 과거의 느슨한 대가족 가구에서 핵가족 가구가 어떻게 해서 출현하여 여성과 아동을 그 어느 때보다 더 스스럼없이 억압함으로써 약해지는 성 계급 체계를 보강했는지를 목격했다. 이 새로운 대단히 가부장적인 부르주아 계급이 선호한 문화적 양식은 섬세하고 내세적이고 '낭만적이고 이상주의적인' 심미적 양식보다 '남성적인' 기술적 양식 – 객관적이고 현실적이고 사실적이고 '상식적인' 양식 – 을 선호했다. 현실적인 것에서 관념적인 것을 찾으려는 부르주아 계급은 곧 앞서 서술된 경험 과학을 발전시켰다. 부르주아 계급에게 남아 있던 심미적 문화의 용도는 고전 고대의 '이상주의적' 예술에 대립적이거나 혹은 원시 시대나 중세 시대의 추상적인 종교적 예술에 대립적인 '사실주의적' 예술에 한정되었을 뿐이다. 한동안 부르주아 계급은 현실을 묘사한 문학 – 가장 좋은 예는 19세기 소설 – 과 정물화, 초상화, 가족 풍경화, 실내를 그린 그림 같은 장식적인 이젤 미술을 애호했다. 공공 박물관과 도서관이 오래된 살롱과 개인 소유의 화랑 옆에 세워졌다. 하지만 부르주아 계급은 확고한 제1계급으로 확립되면서 더는 귀족적인 교양을 모방할 필요가 없어졌다. 더 중요하게도 부르주아 계급의 새로운 과학과 기술이 빠르게 발전함으로써 그들이 예술에 대해 지녔던 약간의 실용적 가치가 소멸하였다. 예로서 카메라의 과학적 발전을 살펴보자. 부르주아 계급은 이내 초상화가에게 의뢰할 필요가 없어졌는데, 카메라가 더 잘 해낼 수 있었기에 화가나 소설가는 그들을 위해 할 수 있었던 일이 거의 없었다.

'근대' 미술은 사회적 기능의 증발, 사회적 탯줄의 절단, 오래된 후원 재원의 감소에서 기인한 상처에 대한 필사적이지만 결국에는 자멸적인 앙갚음("부르주아를 깜짝 놀라게 하자")이었다. 20세기의 모든 유파 ─ 입체주의, 구축주의, 미래주의, 표현주의, 초현실주의, 추상표현주의 등 ─ 를 비롯하여 주로 피카소와 세잔과 연관된 근대 미술 전통은 모더니티의 진정한 표현이라기보다는 오히려 부르주아 계급의 사실주의에 대한 반발이었다. 후기인상주의는 모든 현실긍정 관행을 의도적으로 거부함 ─ 사실상 그 과정은 환영을 그 형식적 가치들로 분해하고 현실 전체를 집어삼킨 다음에 예술로서 다시 내뱉은 인상주의 자체와 함께 시작되었다 ─ 으로써 마침내 매우 순수한 예술을-위한-예술을 낳았는데, 현실을 궁극적으로 무의미하고 메마르고 심지어 부조리한 것으로 만들 정도로 현실부정이 철저했다. (택시운전사들은 속물이다. 그들은 허세를 보면 알아챈다.) 이미지를 의도적으로 어지럽히고 일그러뜨리고 파편화하는 것, 이른바 '근대' 미술은 50년에 걸친 우상 파괴 행위에 지나지 않았으며, 결국에는 현재 우리가 처한 문화적 교착상태를 초래했다.

20세기에 그 생명력이 고갈되고 사회적 기능이 전적으로 무화되면서 예술은 남아 있는 부유한 계급, 문화에 대한 취향을 표명함으로써 자신들이 상류층에 '도달'했음을 여전히 증명해야 하는 벼락부자들 ─ 특히 문화적 열등감 콤플렉스에 여전히 시달리고 있는 미국의 부자들 ─ 에 기대게 된다. 상아탑 대학에 격리된 지식인들은 그들이 아무리 뛰어나더라도(그리고 그들은 뛰어나지 않은데, 왜냐하면 그들은 더는 피드백을 받을 필요가 없기 때문이다) 과학을 제외하고 외부 세계에 영향력이 거의 없다. 사회과학의 전문용어는 난해하고 흔히 그야말로 불가해하다. 배타적인 문학계간지들에는 난해한 시들이 실린다. 대체로 천박한 부유한-미망인의-미용사 유형의 사람들이 작품을 공급하고 직원으로 근무하는 뉴욕 57번가의 화려한 화랑과 미술관(그것들이 삭스피프스애비뉴Saks Fifth Avenue 백화점과 본윗텔러Bonwit Teller 백화점 바로 옆에 자리하는 것은 우연이 아니다)이 있다. 그리고 특히 한때 위대하고 활기찬 문화였던 것의 유적 위에서 번성하는 탐욕스러운 비평계가 있다. 이것들은 모두 심미적 인간주의의 죽음을 증언한다.

과학이 새로운 고지로 올라간 수 세기 동안 예술은 쇠퇴했다. 강요당한 근친교배로 인해 예술은 은밀한 암호로 변형되었다. 현실로부터의 도피로 규정된 예술은 이제 자신의 생명을 갉아먹을 정도로 자기 안으로만 몰입했다. 예술은 병에 걸리게 되었는데, 신경증적으로 자기연민적이고 자기의식적이며 (기술적 문화의 미래주의적 성향과는 대립적이게도) 과거에 치중했고, 그리하여 잊힌 영광, 아름다움이 만발한 위대한 지난날들을 애타게 그리는 관습과 강단 – '아방가르드'가 그 정설이 된 것은 단지 최근의 일일 뿐이다 – 에 고착되었다. 예술은 비관주의적이고 허무주의적인 것이 됨으로써 사회 전체와 '속물들'에게 점점 더 적대적인 것이 되었다. 그리고 건방진 젊은 과학이 연인을 유혹하는 거짓 약속("당신은 이제 내려올 수 있어, 우리는 매일 세계를 더 살기 좋은 곳으로 만들고 있어")으로 예술을 상아탑 – 결국 다락방 – 에서 끌어내리려고 시도했을 때, 예술은 그 어느 때보다도 더 거세게 과학을 상대하기를 거부하고 과학의 부정한 선물을 훨씬 더 거절하면서 자신의 백일몽 – 신고전주의, 낭만주의, 표현주의, 초현실주의, 실존주의 – 으로 훨씬 더 깊이 칩거했다.

개별 예술가 혹은 지식인은 자신을 보이지 않는 엘리트, '식자층'의 일원으로 간주하거나, 혹은 사회의 쓰레기로 여겨지는 사람들과 어울리는 부랑자로 간주한다. 귀족 행세를 하건 보헤미안 행세를 하건 간에 두 경우에 모두 그는 사회 전체의 주변부에 자리했다. 예술가는 괴짜가 되어 버렸다. 그는 주변 세계―과학이 만들어 낸 신세계는 특히 그것의 원초적 단계에서 엄청나게 소름 끼치는 것이었기에 예술가가 예술의 관념적 세계로 도피할 필요성만 심화시킬 따름이었다―에서 점점 더 소외되고 청중이 사라져 '천재'의 신비성을 띠게 되었다. 기둥 위에서 살았던 금욕적인 성 시므온처럼 다락방의 천재는 진공 속에서 걸작을 창조할 것으로 전망되었다. 하지만 외부 세계와 이어진 그의 동맥은 진작에 끊어져 버렸다. 점점 더 불가능해지는 예술가의 과업으로 인해 그는 종종 그야말로 광기에 휩싸이거나 자살할 수밖에 없었다.

갈 곳이 전혀 없이 구석에 내몰리게 된 예술가는 현대 세계를 받아들이려고 애쓰기 시작했다. 예술가는 그런 일에 그다지 능숙하지 않다. 너무나 오랫동안 격리되었던 병자처럼 예술가는 더는 세계에 관해 아무것도 알지 못하고, 정치와 과학도 알지 못하며, 심지어 살아가는 법과 사랑하는 법도 알지 못한다. 지금까지, 심지어 지금도, 그 정도가 점점 더 약해지고 있지만 승화, 즉 인격의 변형은 칭찬할 만한데, 그것은 충족감을 성취할 수 있는 (간접적이지만) 유일한 방법이었다. 하지만 예술적 과정은 더는 쓸모가 거의 없는 상태이다. 그리고 그 대가는 크다.

현대 세계를 직면하려는 최초의 시도들은 대체로 잘못된 것이었다. 유명한 일례로, 바우하우스 양식은 부적절한 이젤 미술을 대체하려는 자신의 목적을 달성하지 못했으며(극소수의 시각적 환영과 디자인 의자가 무덤을 나타낸다), 결국은 예술도 아니고 과학도 아니며, 그리고 확실히 그 둘의 총합도 아닌 혼성체가 생겨났다. 그들이 실패한 이유는 과학을 그 자체의 견지에서 이해하지 못했기 때문이다. 낡은 심미적 방식으로 바라보는 그들에게 과학은 단지 전통적인 심미적 체계에 통째로 소화될 하나의 풍성한 새로운 주제일 뿐이었다. 그것은 마치 누군가가 컴퓨터를 그 기능 자체를 완전히 빠뜨린 채로 아름답게 질서정연한 일단의 빛과 소리에 지나지 않는 것으로 여길 수 있는 것과 같다. 과학적 실험은 하나의 아름답고 우아한 구조물, 어떤 추상적인 퍼즐의 또 다른 조각, 다음번 콜라주에서 사용될 것일 뿐만 아니라 ─ 그런데 과학자들 역시 독자적인 방식으로 과학을 삶에서 분리된 추상물로 여긴다 ─ 근대 회화의 '현전', 즉 자*en-soi*와 같지는 않지만 유사한 나름의 실제적인 고유한 의미도 갖추고 있다. 그러므로 지금까지 많은 예술가는 과학을 자신의 예술적 틀을 확대하는 데 사용하기보다는 오히려 과학을 병합하여 자신의 예술적 틀에 편입하려고 시도하는 잘못을 저질렀다.

심미적 문화의 현재 상태는 완전히 암담한가? 그렇지는 않다. 현대 미술에서 어떤 진보적인 발전이 있었다. 앞서 우리는 회화에서 사실주의적 전통이 카메라와 함께 죽었음을 언급했다. 이 전통은 수 세기에 걸쳐 붓으로 초기 사진과 동등하거나 더 나은 수준의 환영주의 ─ 부그로의 회화를 살펴보라 ─ 로 발전한 다음에 에칭 같은 또 하나의 그래픽 매체에만 관심을 기울였다. 회화의 사실주의적 전통은 새로운 영화 예술의 개시와 중첩하였고, 자신의 작업에서 카메라를 사용한 드가 같은 미술가들에게서 정점에 이르렀다. 그다음에 사실주의적 미술은 새로운 길로 나아갔다. 그것은 퇴폐적이고 아카데미적이고 모든 시장과 의미에서 분리된 것, 예를 들면 미술 수업과 이류 화랑에 남아 있는 누드화가 되거나, 혹은 표현주의적이거나 초현실주의적인 이미지로 파편화되면서 대안적인 내부적 현실이나 환상적 현실을 제기했다. 그런데 한편으로 (경험주의 자체와 마찬가지로) 심미적 양식과 기술적 양식의 참된 종합에 기반을 둔 젊은 영화 예술은 활발한 사실주의적 전통을 이어갔다. 분열된 남성적 원리와 여성적 원리가 결합한 경우와 마찬가지로 경험 과학은 성과를 거두었고, 영화 매체도 그러했다. 하지만 과거의 다른 심미적 매체와는 달리 그것은 심미적 양식의 기반을 이루는 꾸며낸 것과 진정한 것 사이, 문화와 삶 자체 사이의 바로 그 분열을 와해시켰다.

그 밖의 관련된 발전 사례들은 다음과 같다. 플라스틱 같은 인공 재료의 탐색, 조형 문화 자체에 맞서려는 시도(팝아트), 전통적인 매체 범주들의 붕괴(혼합 매체), 그리고 예술과 현실 사이 구분의 붕괴(해프닝, 환경미술) 등이 있다. 하지만 나는 아무 유보도 없이 이들 후기 발전을 진보적이라고 일컫기가 힘들다고 깨닫는다. 지금까지 그것들은 대체로 유치하고 무의미한 작품들을 생산했다. 예술가는 현실에 영향을 미치는 방법은 말할 것도 없고 현실이 무엇인지도 아직 알지 못한다. 『아트 뉴스』에서 묵직한 논평을 아무리 많이 받게 되더라도 거리에 늘어세워진 종이컵들, 텅 빈 주차장에 내던져진 종잇조각들은 시간 낭비이다. 이들 볼품없는 시도가 도대체 희망의 여지가 있다면, 그것은 오직 그것들이 '미술'의 붕괴를 나타내는 표식인 한에서이다.

심미적 양식과 기술적 양식의 통합은 점진적으로 '순수' 고급 예술을 철저히 근절할 것이다. 최초의 범주 붕괴, 예술과 어떤 (기술화된) 현실의 재통합은 우리가 이제 세 가지 별개의 문화적 흐름, 즉 기술('응용과학'), '순수 연구' 그리고 '순수' 근대 미술 ─ 그것들이 반영하는 견고한 성 범주들과 더불어 ─ 이 함께 용해되는 혁명 이전의 전환기에 있음을 나타낸다.

성에 기반을 둔 문화 양극화는 여전히 다양한 희생자가 생겨나는 원인이 된다. ('응용'과학자, 예컨대 공학자는 말할 필요도 없고) 심지어 '순수'과학자, 예컨대 핵물리학자조차도 권위주의적이고 관습적이고 정서적으로 무감각하고 과학적 그림 맞추기 ─ 문화적이거나 사회적인 것은 고사하고 ─ 안에서 자신의 작업을 간신히 이해할 수 있게 될 정도로 과도하게 '남성적인' 것으로 고통을 받는다면, 성 분열의 측면에서 예술가는 신경질적이고 불안정하고 편집적이고 패배주의적이며 편협한 여성적 인격의 모든 불균형과 고통을 체화했다. 그리고 최근에 전방의 배후(더 큰 사회)에서 보강을 보류함으로써 이 모든 것을 엄청나게 과대시하게 되었고, 그리하여 지나치게 발달한 '원초아'를 균형 잡게 할 것이 하나도 남아 있지 않다. 순수과학자는 '분열증 환자', 혹은 더 나쁘게도 정서적 현실에 전적으로 무지한 사람인 한편으로 순수예술가는 현실이 완전하지 않다는 이유로, 그리고 현대에는 현실이 추악하다는 이유로 현실을 거부한다.[3]

그렇다면 누가 가장 괴로워하는가? 맹인(과학자)인가 아니면 절름발이(예술가)인가? 문화적으로 우리는 여성 혹은 남성 역할 중 하나를 선택할 수 있을 뿐인데, 자의식, 내향성, 패배주의, 비관주의, 신경과민, 그리고 현실과의 접촉 부족으로 이어지는 사회적 주변인이 되거나, 혹은 정서적으로 무지하고 전문가의 좁은 시야를 갖춘 '직업적으로' 분열된 인격체가 된다.

## 결론 : 반문화 혁명

지금까지 나는 문화사가 문화의 조직과 발전 자체에서 어떻게 성 이분법을 반영하는지 보여주고자 노력했다. 문화는 근저의 경제 변증법으로부터 발전할 뿐만 아니라 더 심층의 성 변증법으로부터도 발전한다. 그러므로 수평적 동역학이 있을 뿐만 아니라 수직적 동역학도 있으며, 이들 세 가지 층 각각은 생물학적 이원론에 기반을 둔 역사 변증법에 관한 이야기를 추가로 구성한다. 현재 우리는 가부장주의, 자본주의(기업 자본주의), 그리고 두 문화의 최종 단계들에 동시에 이르렀다. 우리는 곧

---

3. 2차 세계대전에서 북아프리카 전장 ─ 태양 아래서 남자(전우)들의 시체가 썩어가면서 쥐들이 그들의 배에서 뛰쳐나오는 전장 ─ 의 끔찍한 참상을 경험했던, 나의 지인인 어느 추상화가는 한 순수한 베이지색 사각형 주위에 한 순수한 베이지색 원을 이리저리 움직이면서 몇 년을 보냈다. 이런 식으로 '근대' 미술가는 인위적 조화(사각형 속 원)를 위해 현실의 추악성(전우의 배 속 쥐)을 부정한다.

혁명을 위한 일단의 세 가지 전제조건을 갖출 것인데, 과거의 혁명들이 실패한 것은 이들 삼중의 조건이 갖추어지지 않았기 때문이다.

거의 가능한 것과 현존하는 것 사이의 차이는 생성적인 혁명적 힘이다.[4] 우리는 성 혁명과 경제 혁명뿐만 아니라 문화 혁명에 다가가고 있다. 나는 경험적 지식의 눈덩이가 자신의 속도로 인해 먼저 산산조각이 나지 않는다면 어쩌면 한 세기 안에 문화 혁명이 일어날 것이라고 믿는다. 경제 혁명과 마찬가지로 문화 혁명은 계급과 문화 분열뿐만 아니라 근원적으로 (성) 이원론을 제거하는 데 근거를 두어야 한다.

이런 문화 혁명은 어떤 모습일까? 과거의 '문화 혁명들'과는 달리 그것은 단지 르네상스 시대가 심미적 양식의 정점이었다는 의미에서나, 혹은 현재의 획기적인 기술적 발전이 수 세기 동안 현실 세계에 관한 실용적 지식이 축적된 결과라는 의미에서의 양적인 증대에 불과한 것이라기보다는 오히려 더 개선된 문화일 것이다. 그것들이 아무리 거대했더라도 심미적 문화도 기술적 문화도, 심지어 그것들 각각의 정점에서도 보편성을 결코 획득하지 못했다. 이들 각각의 문화는 전체론적이었지만 현실 세계로부터 분리되어 있었거나, 아니면 문화적 분열증을 대가로 그리고 '객관성'의 허위성과 무미건조함을 대가로 '진보를 성취했다.' 다음의 문화 혁명에서 우리에게 주어질 것은 남성적 문화(기술적 양식)와 여성적 문화(심미적 양식)의 재통합인데, 그리하여 양쪽의 문화적 흐름의 높이를 넘어서거나, 심지어 그것들을 집대성한 총합도 넘어서는 양성적 문화가 창출될 것이다. 그것은 결합이라기보다는 오히려 문화적 범주들 자체의 폐지, 문화 자체의 상호 소멸 – 휙 하고 끝나는 물질-반물질 폭발! – 이다.

우리는 그것을 놓치지 않을 것이다. 우리는 더는 그것이 필요 없을 것이다. 그때쯤이면 인류는 자연을 전적으로 지배하고 있을 것이고, 자신

---

4. 혁명가는 정의상 여전히 심미적 양식의 선지자, 실용적 정치의 이상주의자이다.

의 꿈을 현실 속에 실현하고 있을 것이다. 구상할 수 있는 것을 현실 속에서 전면적으로 성취함으로써 문화라는 대용물은 더는 필요하지 않을 것이다. 승화 과정, 소원 성취의 우회로는 현재 어린이들이나 마약을 복용한 성인들만이 느낄 따름인, 직접적인 만족의 체험으로 대체될 것이다. (보통 성인들은 다양한 정도로 '놀'더라도 거의 모든 사람에게 강렬한 수준의 이런 미래 경험, 성취의 척도에서는 영 — '이룬 것이 아무것도 없음' — 에 해당함에도 불구하고 아무튼 모든 사람이 언제나 즐길 만한 경험을 더 직접적으로 예시하는 사례는 성관계이다.) '자아'에 의한 '원초아' 만족의 통제와 지연은 불필요할 것인데, 원초아는 자유롭게 살 수 있다. 향유는 성취의 질에서 생겨나기보다는 오히려 존재와 행위 자체, 경험 과정에서 직접 생겨날 것이다. 남성적인 기술적 양식이 마침내 여성적인 심미적 양식이 구상했었던 것을 현실 속에서 생산할 수 있을 때 우리는 그 두 가지 양식에 대한 필요성을 근절할 것이다.

# 자본주의 생산양식의 쇠퇴인가
# 아니면 인류의 쇠퇴인가?

자크 카마트

1973

지금까지 종종 우리는, 자본주의 생산양식이 불가피하게 초래할 모순들에 의해 결국 자체 기반이 약화되어 파괴된 후에 코뮤니즘이 개화할 것이라고 생각하고 써 왔다. 하지만 20세기의 수많은 사건은 불행하게도 다른 가능성들을 제시하였다. 즉,[로자] 룩셈부르크와 독일 노동자 운동의 좌익 전체, 아도르노와 프랑크푸르트학파에 의해 분석된 대로 '야만 상태'로 회귀하는 국면, 오늘날 모든 사람에게 명백한 대로 인간 종이 파멸하는 국면, 혹은 마지막으로 자본주의 생산양식이 그것을 파괴할 힘이 없는 퇴화한 인류에 적응함으로써 존속하는 침체 상태의 국면을 제시하였다. 불가피하다고 여겨진 미래의 실패를 이해하려면 우리는 모든 계급사회에 의해, 그리고 주로 자본에 의해 시행된 인간의 가축화를 고려해야 하고, 게다가 자본의 자율화를 분석해야 한다.

여기서 이들 역사적 이탈을 몇 쪽으로 철저히 다룰 의도는 없다. 맑스의『정치경제학 비판 요강』에 적힌 한 구절에 관해 논평함으로써 우리는 자본의 자율화가 맑스의 작업에 의거하여 이해될 수 있다는 점을 입증할 수 있다. 또 우리는 맑스주의 사상의 모순점들을 이해할 뿐만 아니라 문제를 해결할 수 없는 그 사상의 무능력도 이해할 수 있다. 그 구절의 출처는 유통 과정에 관한 장이다. 그것을 이해하기 위해 우리는 이 구절이 제시되기 직전에 맑스가 진술한 것을 염두에 두어야 한다.

> 그러므로 유통 시간은 노동 생산성의 제약 = 필요노동시간의 증대 = 잉여
> 노동시간의 감소 = 잉여가치의 감소 = 자본의 자기실현 과정Selbstverwer-
> tungsprozess에 대한 장애·제약으로 나타난다.[1]

여기서 맑스는 대단히 중요한 여담餘談을 늘어놓는다.

> 자본을 이전의 모든 생산 단계와 구분 짓는 자본의 보편화 경향이 여기
> 서 나타난다. 자본은 바로 그 본성에 의해 한정되더라도 생산력의 보편
> 적 발전을 추구하고, 따라서 새로운 생산양식의 전제조건이 된다. 이 새
> 로운 생산양식은 어떤 특정한 조건을 재생산하거나 혹은 기껏해야 확대
> 하기 위한 생산력의 발전에 기초하지 않는다. 오히려 그런 생산양식에서
> 는 생산력의 자유롭고 무제약적이고 전진적이고 보편적인 발전이 그 자
> 체로 사회의 전제조건이자 사회의 재생산의 전제조건인데, 요컨대 출발
> 점을 넘어서는 진전이 유일한 전제조건이다.[2]

여기서 자본을 장애물로 만드는 것은 진술되지 않는 반면에 자본의 혁명
적인 긍정적 측면, 즉 생산력의 보편적 발전을 향한 경향은 강조된다(이
측면은 『정치경제학 비판 요강』과 『자본』의 여러 다른 쪽에서 강조된
다). 그런데 여기서 우리의 관심을 끄는 것은 바로 자본은 그 경향을 실
현할 수 없다는 점이다. 그것은 또 다른 우월한 생산양식의 과업일 것이
다. 여기서 사회의 미래는 무한정의 누적 운동의 형태를 띤다.

---

1. Karl Marx, *Grundrisse*, 539. [칼 맑스, 『정치경제학 비판 요강 II』.]
2. 같은 책, 540. [같은 책.]

이 경향 — 자본이 지니고 있는 것이지만, 동시에 자본은 한정된 생산형태이기에 자본과 모순되고, 따라서 자본의 해체를 추동하는 경향 — 은 자본을 이전의 모든 생산양식과 구분 짓고, 게다가 동시에 이런 요소, 즉 자본은 한낱 전환점에 불과한 것으로 정립되어 있다는 점을 포함한다.[3]

그러므로 자본은 이 모순으로 인해 해체 상황에 이르게 된다. 여기서 맑스가 자신이 "한정된 생산형태"로 이해하는 바를 언급하지 않은 것은 유감스러운 일이다. 왜냐하면 이렇게 해서 우리는 맑스가 이 특정한 경우의 모순으로 뜻하는 바를 명확히 '이해'할 수 없게 되기 때문이다. 자본주의 생산양식이 일시적인 생산형태라는 진술을 이해하는 것은 바로 이것에 달려 있다. 그 모순에 대한 설명이 없어도 우리는 그것을 다음과 같이 이해할 수 있다. 자본주의 생산양식은 영원하지 않다. 이것은 부르주아 이데올로그에게 반론을 제기하는 맑스의 주장이고, 맑스의 주요 진술의 내용이다. 그런데 앞의 주장에는 또 하나의 주장 — 자본주의 생산양식은 혁명적이기에 인간이 더는 필요성 권역(물질생활의 생산 권역)의 지배를 받지 않고 소외가 더는 현존하지 않을 또 다른 우월한 사회형태로의 이행을 가능하게 한다는 주장 — 이 묶어 들어가 있다.

오늘날 맑스주의가 발전 이론으로서 개화한 이후에 이 문장의 또 다른 부분, 즉 그 두 시기 사이에는 연속체가 있다는 점이 기본적인 것처럼 보인다. 단절의 정반대가 아니라면 전환이란 무엇인가? 이 연속체는 생산력의 발전으로 이루어져 있다. 그것으로부터 수치스럽지만 현실적인 관계 — 맑스-레닌-스탈린! — 가 비롯된다. 그런데 이것은 우리의 주제가 아니다. 우리의 목표는 『정치경제학 비판 요강』에서 제시된 맑스의 진술에 따라 생산력이 무엇으로 이루어져 있고 누구를 위해 존재하는지 알아내

---

3. 같은 곳.

는 것이다.

지금까지 모든 사회형태 – 혹은 동일한 것으로서 사회적 생산력의 형
태 – 는 부富가 발전함으로써 무너졌다.[4]

부는 생산력과 그 작용의 결과에 자리한다. 맑스에 따르면 인간 역사 전
체를 특징짓는 모순이 여기에 존재한다. 부는 필요하기에 추구되지만, 부
는 사회를 파괴한다. 그러므로 사회는 부의 발전에 반대해야 한다. 생산
력을 숭상하는 자본주의 생산양식에서는 사정이 이렇지 않은데(그러므
로 그것은 여타의 사회 구성체를 파괴한다), 하지만 누구를 위해 부의 발
전을 옹호하는가?

그러므로 의식이 있던 고대의 사상가들은 부를 공동체Gemeinwesen
의 해체 요인이라고 직접 비난했다. 한편으로 봉건제는 도시산업, 무역,
근대적 농경으로 인해(더욱이 화약과 인쇄술 같은 개별적 발명품들의
결과로서) 무너졌다. 부의 발전 – 그러므로 개인들의 권력과 확대된 교류의
발전 – 과 더불어 공동체Gemeinwesen가 기초를 두었던 경제적 조건이 그
조건에 조응했던 공동체의 다양한 구성요소의 정치적 관계들과 더불어
해체되었다. 그리고 그 공동체를 이상적인 형태로 여겼던 종교(그리고 양
자〔종교와 정치적 관계들〕역시 모든 생산력의 귀착점이 되는 자연에 대한
어떤 주어진 관계에 기초를 두었다)도 해체되었고 개인들의 성격, 견해 등
도 해체되었다. 과학 – 즉, 부의 가장 견고한 형태로, 부의 생산물이자 부의 생
산자 – 의 발전만으로도 이들 공동체를 해체하는 데 충분했다. 하지만 이
런 관념적인 동시에 실제적인 부로서의 과학의 발전은 인간의 생산력의 발
전, 즉 부의 발전이 현시되는 한 가지 형태, 한 가지 측면일 따름이다. 관념

4. 같은 곳.

적으로 고찰하면 한 시대 전체를 파멸시키는 데는 어떤 주어진 형태의 의식이 해체되는 것만으로 충분했다. 사실상 의식에 대한 이런 제약은 물질적 생산력의 일정한 발전 정도, 따라서 부의 일정한 발전 정도에 상응한다. 사실상 낡은 토대 위에서 발전이 이루어졌을 뿐만 아니라 이 토대 자체의 발전도 이루어졌다.[5]

맑스의 경우에 생산력들은 인간적이고(인간에게서 비롯되고) 인간을 위한 것, 개인을 위한 것이다. 하나의 생산력(이자, 그리하여 『1844년의 경제학 철학 수고』와 『독일 이데올로기』에서 이미 입증된 대로, 부이기도 한 것)으로서의 과학은 이들 생산력의 발전에 의해 결정되고 수많은 외화外化의 출현, 적절한 자연의 더 큰 가능성에 조응한다. 애매한 형태를 띠더라도 인간의 개화는 가능하다. 그것은 지배계급의 발전에서 개인들이 더 충만한 삶의 모형을 찾아낼 수 있는 국면이다. 맑스의 경우에 생산력의 발전을 추진하는 자본주의 생산양식에 힘입어 개인을 해방하는 자율화가 가능해진다. 이것이 가장 중요한 혁명적 측면이다.

이 토대 자체의 최고의 발전(그것은 스스로 꽃으로 변환한다. 하지만 그것은 언제나 이 토대, 꽃으로서의 이 식물이다. 그러므로 개화 이후에 그리고 개화의 결과로서 이 토대는 쇠퇴하게 된다)은 그것이 자체적으로 생산력의 최고의 발전, 따라서 또한 개인의 가장 풍성한 발전과 양립 가능한 형태로 되어가는, 발전되는 시점이다. 이 시점에 도달하자마자 후속 발전은 쇠퇴로 나타나고, 따라서 새로운 발전이 새로운 토대에서 개시된다.[6]

쇠퇴가 나타나는 이유는 개인의 발전이 차단되기 때문이다. 이 문장은 자본주의적 생산양식의 쇠퇴에 관한 이론을 뒷받침하는 데 사용될

---

5. 같은 책, 540~1. [같은 책.]
6. 같은 책, 541. [같은 책.]

수 없다.[7] 그 이유는 쇠퇴가 20세기 초에 시작된 것이 아니라 최소한 19세기 중엽에 시작되었다고 진술해야 할 것이기 때문이거나, 아니면 관측될 수 있는 것과 상충하게도 개인의 쇠퇴가 동시에 자본의 쇠퇴임을 입증해야 할 것이기 때문이다. 맑스 자신은 거듭해서 자본의 발전이 인간과 자연의 파괴를 수반한다고 설명했다.

생산력의 발전이 다양한 사회에서 개인의 발전을 수반했던 때가 있었는가? 자본주의 생산양식이 자체적으로 그리고 인간을 위해 혁명적이었던 때가 있었는가? 개인이 쇠퇴하는 순간에도 생산력은 계속해서 진전되는가? 맑스는 이렇게 말했다. "…후속 발전은 쇠퇴로 나타난다…." 생산력은 침체하는가? 자본주의 생산양식은 쇠퇴하는가?[8]

맑스의 여담의 잔여 부분은 그 쇠퇴가 인간과 관련되어 있음을 확실히 한다. 개인은 생산력 덕분에 자신이 발전할 수 있게 될 때, 개인의 진화가 생산력의 진화에 부합할 때 개화한다. 맑스는 자본주의 이전 시대와 비교함으로써 자본이 부에 적대적이지 않고 오히려 정반대로 부의 생산에 착수한다는 점을 입증한다. 그러므로 자본은 생산력의 발전에 착수한다. 이전에는 인간의 발전, 인간 공동체의 발전이 부의 발전에 대립적이었던 반면에 이제는 그것들 사이에 공생 같은 것이 존재한다. 이런 일이 일어나려면 어떤 변이가 필요한데, 자본은 개인의 한정된 성격을 파괴해야 했었다. 이것은 자본의 혁명적 특질의 또 다른 측면이다.

앞서 우리는 생산조건의 소유가 공동체Gemeinwesen의 일정한 한정된 형

---

7. "Volontarisme et confusion," 4에서 빅토르에 의해 행해졌다.
8. 다양한 저자가 양차 세계대전 사이에 나타난 침체와 생산의 감소에 관해 언급했다. [아마데오] 보르디가는 언제나 자본주의 생산양식의 쇠퇴에 관한 이론을 맑스 이론의 점진주의적 변형이라고 거부했다(Amadeo Bordiga, "Le renversement de la praxis dans la théorie marxiste"를 보라).

태와 동일한 것으로, 그러므로 그런 공동체Gemeinwesen를 형성하는 데 필요한 특징들 ─ 한정된 특징들과 생산력의 한정된 발전 ─ 을 갖춘 개인의 형태와 동일한 것으로 정립되었음을 이해했다. 그다음에 이 전제는 그 자체로 생산력, 부, 아울러 부를 창출하는 양식의 발전의 한정된 역사적 단계에서 비롯된 결과였다. 공동체Gemeinwesen와 개인 ─ 아울러 생산조건 ─ 의 목적은 이들 특정한 생산조건의 재생산과 개인의 재생산인데, 개인들은 단독으로 그리고 그들의 사회적 집단 및 그들이 맺은 관계 속에서 이 조건들의 살아 있는 매개자로서 재생산된다. 자본은 부 자체의 생산을, 그러므로 생산력의 보편적 발전, 자신의 지배적인 전제조건의 지속적인 전복을 자기 재생산의 전제조건으로 정립한다. 가치는 어떤 사용가치도 배제하지 않는데, 즉 어떤 특정한 종류의 소비도, 교류도, 그 밖의 것들도 절대적 조건으로 포함하지 않는다. 그리고 마찬가지로 사회적 생산력, 교류, 지식 등의 모든 발전 정도는 자본에게는 단지 자신이 극복하려고 애쓰는 제약일 뿐인 것처럼 보인다.[9]

이 구절은 중대한 결과를 초래한다. 프롤레타리아 계급에 관한 언급이 전혀 없다. 지배적인 전제조건을 뒤엎는 것은 자본의 혁명적인 역할이다. 맑스는 이미 이것을 더 인상적인 방식으로 진술한 적이 있었다.

> 자본은 이 모든 것에 대해 파괴적이고 이것을 끊임없이 혁신하는데, 생산력의 발전, 욕구의 확대, 생산의 전면적인 발전, 그리고 자연력과 정신력의 착취와 교환을 가두는 모든 제약을 무너뜨린다.[10]

---

9. Marx, *Grundrisse*, 541. [맑스, 『정치경제학 비판 요강 II』.]
10. 같은 책, 410. [같은 책.]

우리는 맑스가 프롤레타리아 계급을 자본주의 생산양식에 의해 수행되는 지속적인 변혁의 맥락 속에 위치하게 하는 방식에 대하여 새로운 접근법을 취할 수밖에 없다. 즉시 명백한 점은 자본주의 생산양식이 오래된 사회적 관계의 파괴와 관련하여 혁명적이라는 것과 프롤레타리아 계급이 자본과 관련하여 혁명적이라고 규정된다는 것이다. 그런데 바로 여기서 문제가 발생한다. 자본주의가 혁명적인 이유는 그것이 생산력을 발전시키기 때문이다. 프롤레타리아 혁명 이후에 프롤레타리아 계급이 생산력의 또 다른 발전을 전개하거나 허용한다면 프롤레타리아 계급은 혁명적일 수가 없다. 우리는 어떻게 자본의 혁명적인 역할과 프롤레타리아 계급의 혁명적인 역할을 명확히 구분할 수 있을까? 우리는 어떻게 프롤레타리아 계급에 의한 자본주의 생산양식의 파괴를 정당화할 수 있는가? 이것은 협소한 경제적 맥락에서 이루어질 수 없다. 맑스는 결코 이 문제를 직면하지 않았다. 왜냐하면 그는 프롤레타리아가 자본에 맞서 봉기할 것이라고 절대적으로 확신했기 때문이다. 그런데 생산관계와 생산력(인간을 위해 존재한다고 가정된 힘인데, 이것이 사실이 아니라면 인간이 반란을 일으킬 이유가 무엇이겠는가?)의 발전은 상충한다고 하는 이론을 수용함으로써 초래된 교착상태에서 벗어나려면 우리는 이 문제를 직면해야 한다. 생산력이 인간을 위해 존재하지 않고 오히려 자본을 위해 존재한다면, 그리고 생산력과 생산관계가 상충한다면, 이것은 이들 관계가 자본주의 생산양식에 적절한 구조를 제공하지 않음으로써 인간을 위한 것이 아닌 혁명(예를 들어 파시즘이라고 일컬어지는 일반적인 현상)이 있을 수 있음을 뜻한다. 따라서 자본은 탈주한다. 우리가 검토하고 있는 구절에서 맑스는 자본의 지배에 관한 주목할 만한 주장을 개진한다.

자본 자체의 전제 – 가치 – 는 생산물로 정립된 것이지, 생산 위를 맴도

는 더 높은 전제로 정립된 것이 아니다.[11]

자본은 가치를 지배한다. 노동이 가치의 실질이기에 자본은 인간을 지배한다는 점이 당연히 도출된다. 맑스는 또 하나의 생산물인 전제 ─ 임금노동, 즉 가치화를 가능하게 하는 노동력의 실존 ─ 를 간접적으로 언급할 따름이다.

> 자본의 제약은 이런 발전 전체가 모순되는 방식으로 진전된다는 것과 생산력, 일반적인 부, 지식 등의 산출이 노동하는 개인이 자신을 소외시키는 sich entäußern 그런 식으로, 자신의 노동에 의해 자신으로부터 추출된 조건에 대하여 그 자신의 부의 조건이 아니라 오히려 타인의 부와 그 자신의 가난의 조건으로 관계하는 그런 식으로 나타난다는 것이다.[12]

이것이 어떻게 자본에 대한 한계일 수 있을까? 우리는 노동자들에 의한 과소소비가 위기들을 초래하고, 게다가 최종 위기를 초래한다고 가정할 수 있을 것이다. 이것은 한 가지 가능성인데, 최소한 특정한 시기에 상황은 그런 식으로 나타난다. 맑스는 언제나 위기 이론을 이 논점에 정초하기를 거부했지만, 그렇다고 해서 맑스가 이런 과소소비에 관해 언급하지 않았던 것은 아니다. 맑스의 경우에 자본이 제약을 받게 되는 이유는 자본이 노동하는 개인을 약탈하기 때문이다. 우리는 맑스가 자본의 옹호자들에 대한 반대 주장을 제기하고 있으며 자본주의 생산양식이 영원하지 않고 인간 해방을 달성하지 못함을 입증하기를 바란다는 점을 염두에 두어야 한다. 그런데 맑스는 분석을 수행하면서 자본이 인간 조건에

---

11. 같은 책, 541. [같은 책.]
12. 같은 곳.

서 벗어날 가능성을 지적한다. 우리는 자율적인 것이 되는 것은 생산력이 아니라 오히려 자본임을 지각한다. 왜냐하면 어느 특정한 순간에 생산력은 "자본이 극복하려고 애쓰는 제약"이 되기 때문이다. 이런 사태는 다음과 같이 발생한다. 생산력은 더는 인간의 생산력이 아니라 자본의 생산력인데, 생산력은 자본을 위해 존재한다.[13]

맑스가 제약을 약점이라는 의미로 쓰지 않는다면 노동하는 개인의 약탈(소외)은 자본에 대한 제약일 수가 없다. 그런 약점으로 인해 자본주의는 다른 생산양식들보다 열등하게 될 것인데, 특히 우리가 이 약점을 자본주의가 추동하는 생산력의 엄청난 발전과 대조하면 말이다. 맑스의 작업에는 생산력이 가리키는 주체와 관련하여 애매한 점이 있다. 생산력은 인간을 위한 것인가 아니면 자본을 위한 것인가? 이런 애매성이 맑스에 대한 두 가지 해석의 근거를 이룬다. 윤리적 해석(특히 [막시밀리앵] 뤼벨을 보라)은 맑스가 자본에 의한 인간의 파괴를 비난하는 정도를 강조하며, 자본주의 생산양식이 일시적인 단계일 수밖에 없다고 강력히 주장한다. 알튀세르와 그의 학파의 해석은 맑스가 인간을 자신의 경제적 분석에서 배제하는 데 성공하지 못했다고 주장한다. 이것은 이데올로기 담론을 포기하지 못하는 맑스의 무능력을 반영하는 것으로, 이로부터 인식론적 단절을 올바르게 정위하기에 관한 알튀세르의 문제가 도출된다.

이런 애매성을 회피하는 것은 가능하다. 자본이 이 제약을 극복하는 데 성공한다면 그것은 완전한 자율성을 성취한다. 이런 까닭에 맑스는 자본이 스스로 폐지됨이 틀림없다고 가정한다. 이런 폐지는 자본이 인간을 위한 생산력을 발전시킬 수 없는 한편으로 우월한 생산양식에 의해서

---

13. 이것은 맑스가 『정치경제학 비판 요강』에서, 그리고 또한 『자본』의 1권 — 여기서 맑스는 노동 과정의 자본의 생산 과정으로의 변환을 분석한다(또한 Karl Marx, *Un chapitre inédit du Capital*을 보라) — 에서 고정자본을 분석할 때 입증하는 것이다.

만 실현될 수 있을 뿐인 어떤 보편적인 수정된 발전을 가능하게 한다는 사실에서 비롯된다. 이것은 모순을 포함한다. 자본은 인간의 손아귀에서 벗어나지만 틀림없이 소멸한다. 왜냐하면 자본은 인간의 생산력을 발전시키지 못하기 때문이다. 또한 이것은 자본에 의한 인간의 파괴에 대한 맑스의 분석과 상충한다. 파괴된 인간이 어떻게 반란을 일으킬 수 있는가? 이들 모순점을 회피한다면 우리는 맑스를 자본의 몰락에 대한 예언자로 여길 수 있지만, 그때 우리는 그의 작업이나 현재 상황을 이해할 수 없을 것이다. 맑스가 꺼낸 여담의 끝은 이들 모순점을 분명히 한다.

그러나 이런 대립적인 형태는 그 자체로 순식간에 소멸하고 그 자신의 지양에 관한 실제 조건을 산출한다. 그 결과는 이렇다. 경향적으로 그리고 잠재적으로 이루어지는 생산력 – 본연의 부 – 의 토대로서의 일반적인 발전, 아울러 교류의 보편성의 발전, 그리하여 세계 시장의 토대로서의 발전. 개인의 보편적 발전의 가능성으로서의 토대, 그리고 이 토대로부터 이루어지는 개인들의 실제적 발전, 즉 신성한 한계로 여겨지지 않고 하나의 제약으로 인식되는 그 제약을 끊임없이 지양하는 것으로서의 발전. 개인의 관념적이거나 상상된 보편성이 아니라 그의 현실적 관계와 관념적 관계의 보편성. 그러므로 또한 자신의 역사를 과정으로 파악하기와 자연을 자신의 실제적 신체로 인식하기(마찬가지로 자연에 대한 실천적 권력으로 현시된다). 발전 과정의 전제로 정립되고 인식되는 발전 과정 자체. 그런데 이를 위해 무엇보다도 필요한 것은 특정한 **생산조건들**이 생산력의 발전에 대한 제약으로 정립된다는 점이 아니라 생산력의 완전한 발전이 유일한 **생산조건**이 되어버렸다는 점이다.[14]

---

14. Marx, *Grundrisse*, 541~2. [맑스, 『정치경제학 비판 요강 II』.]

이 과정이 개인들과 관계가 있을 수 있으려면 자본은 파괴되어야 하고 생산력은 인간을 위해 존재해야 한다. 「독일공산주의노동자당과 프롤레타리아 운동」[15]이라는 논문에서는 이 구절이 인간이 하나의 가능성임을 가리키기 위해 언급되었는데, 그리하여 혁명은 인간적이어야 한다는 주장에 근거를 제공했다. 이것은 결코 모든 속성에서 불변적이라고 여겨지는 인간에 관한 담론이 아니고, 인간 본성의 변경 불가능성에 관한 재진술에 불과할 구상도 아니다. 그런데 우리는 이것이 여전히 불충분하다고 지적해야 한다. 그 이유는 맑스에 따르면 우월한 생산양식에서 이루어질 생산력의 발전이 현재 자본에 의해 수행되는 발전과 정확히 일치하기 때문이다. 맑스의 한계는 그가 코뮤니즘을 생산력이 개화하는 새로운 생산양식으로 구상했다는 점이다. 이들 생산력은 의심의 여지가 없이 중요하지만, 어느 특정한 단계에서 그것들의 현존이 코뮤니즘을 적절히 규정하는 것은 아니다.

맑스의 경우에 자본은 자신의 모순들을 삼켜버리고 현실을 불가사의하게 만듦으로써 이들 모순을 극복한다. 자본은 노동력에 맞서 자본-화폐의 교환에 자리하고 있는 자신의 한정된 본성, 자신의 협소한 토대를 외관상 극복할 수 있을 뿐이다. 자본은 불가피하게도 이 전제와 상충할 수밖에 없고, 따라서 맑스는 사적 전유와 생산의 사회화 사이의 대립에 관해 언급한다. 무엇의 사적 전유인가? 프롤레타리아를 전제하고, 따라서 임금 관계를 전제하는 잉여가치의 사적 전유. 그런데 자본의 전반적인 발전은 그 신비화를 유효하게 만들고 자본을 인간과 독립적인 것으로 만들며, 그리하여 그 전제와의 상충을 회피하는 것이 가능해진다. 그런데도 우리는 전체 과정의 결과로, 사회화의 결과로 그런 상충 상황이 지속한다고 말할 수 있을 것이다. 이것은 사실이다. 하지만 생산과 인

---

15. Jacques Camatte, "La KAPD et le mouvement proletarien."

간 활동의 사회화, 생산력의 보편적 발전, 그리하여 인간의 한정된 성격의 파괴, 이 모든 것은 코뮤니즘을 위한 가능한 기반일 따름이었는데, 그것이 코뮤니즘을 자동으로 초래하지는 않았다. 더욱이 자본의 작용은 끊임없이 코뮤니즘을 파괴하는 경향이 있거나, 혹은 적어도 코뮤니즘의 출현과 실현을 가로막는 경향이 있다. 이 가능한 기반을 현실로 변환하려면 인간의 개입이 필수적이다. 그런데 맑스 자신은 자본주의적 생산이 프롤레타리아 계급을 통합함을 보여주었다. 인간의 파괴와 자연의 파괴가 어떻게 해서 자본에 저항하고 나아가서 반란을 일으킬 수 있는 인간의 능력에 영향을 미칠 수 없을 것인가?

　누군가는 우리가 맑스에게 우리에게 편리한 입장을 귀속시키고 있다고 생각할 것이다. 한 가지 특별한 구절을 인용하자.

> 자본을 주인-노예 관계와 정확히 구분 짓는 것은 **노동자가 소비자이자 교환가치의 소유자로서** 〔자본과〕 마주 선다는 점과 화폐 소유자의 형태로, 화폐의 형태로 노동자가 유통의 단순한 중심 ─ 노동자로서의 특정성이 소멸하는, 무한히 많은 중심 중 하나 ─ 이 된다는 점이다.[16]

프롤레타리아 계급의 혁명적인 힘의 재흡수 양태 중 하나는 그 성격을 소비자로서 완벽히 하는 것, 따라서 그 힘을 자본의 그물로 포획하는 것이었다. 프롤레타리아 계급은 더는 부정하는 계급이 아니며, 노동하는 계급이 형성된 이후에 사회체로 용해된다. 맑스는 '소비자 사회'의 시인들을 예견한다. 그리고 맑스는, 다른 사례들에서 그랬듯이, 나중에서야 관찰되고, 그것도 잘못 관찰되는 현상을 설명하는데, 그것에 부여된 이름에 의거하여 설명할 뿐이지만 말이다.

---

16. Marx, *Grundrisse*, 420~1. [맑스, 『정치경제학 비판 요강 II』.]

선행하는 관찰들이 운명론적인 구상(이번에는 부정적인 구상) — 예 컨대 우리가 무엇을 하든 간에 출구는 없다. 너무 늦었다. — 을 낳는 것도 아 니고, 아니면 역겨운 임시변통의 개혁주의를 생성할 여타의 무심한 패배 주의를 낳는 것도 아니다. 먼저 우리는 교훈을 이끌어내야 한다. 자본은 인간적·자연적 제약에서 벗어나 버렸다. 인간은 가축화되었다. 이것은 인 간의 퇴락이다. 혁명적 해결책은 개인이 모순의 한 요소일 생산력의 변증 법의 맥락에서 발견될 수 없다. 자본에 대한 현시대의 과학적 분석은 일 부 사람에게 일관성이 없는 잔류물에 지나지 않는 인간에 대한 철저한 무관심을 공공연히 드러낸다. 이것은 과학의 담론이 자본의 담론임을 뜻 하거나, 혹은 인간이 파괴된 이후에야 과학이 가능함을 뜻한다. 과학의 담론은 인간의 병리학에 관한 담론이다. 그러므로 해방의 희망에 대한 근거를 과학에 두는 것은 터무니없다. 이런 입장은 알튀세르의 경우처럼 그것이 폭주하고 자신의 '고고학'을 제거하는 경우에 더욱더 터무니없는 데, 왜냐하면 그 입장은 여전히 프롤레타리아 계급 — 이 구상에 따르면 한 낱 자본의 한 객체, 구조의 한 요소에 불과한 프롤레타리아 계급 — 에게 충실 하기 때문이다. 그런데 비효율적이고 파괴된 이런 인간은 계급 사회에 의 해 생산된 개인이다. 그리고 이 점에 관해 우리는 동의한다. 인간은 죽었 다. 또 다른 인간이 나타날 유일한 가능성은 인간의 가축화에 맞서는 우 리의 투쟁, 즉 우리가 그로부터 탈출하는 것이다. 인간주의와 과학주의 (그리고 [자크] 모노 식으로 '윤리과학'을 추종하는 사람들은 자본의 가 장 절대적인 노예들이다)는 인류의 가축화를 나타내는 두 가지 표현이 다. 자본의 퇴락에 관한 환상을 품는 모든 사람은 오래된 인간주의적 구 상을 되살리거나 새로운 과학적 신화를 생성한다. 그들은 여전히 우리 세계를 관통하는 혁명적인 현상을 인식하지 못한다.

지금까지 모든 진영은 인간이 상이한 계급 사회들에서도, 그리고 자 본의 지배 아래서도 불변인 채로 있는 것처럼 주장했다. 이런 까닭에 18

세기의 유물론 철학자들은 사회적 맥락의 역할을 강조했고(근본적으로 선한 인간은 사회적 맥락에 의해 긍정적으로 수정되거나 부정적으로 수정되는 것으로 여겨졌다), 한편으로 맑스는 생산력의 발전에 의해 좌우되는 환경의 역할을 강조했다. 변화는 부정되지 않았으며, 그리고 맑스 이후에는 역사란 인간 본성의 지속적인 변환이었다는 진술이 반복하여 발설되었다. 그런데도 어떤 환원 불가능한 요소 덕분에 인간은 계속해서 자본의 억압에 맞서 반란을 일으킬 수 있다는 주장이 암묵적으로 혹은 명시적으로 제기되었다. 게다가 자본주의 자체는 선악 이분법의 방식으로 서술되었다. 이쪽에는 긍정적인 극, 프롤레타리아 계급, 해방적 계급이 있고, 저쪽에는 부정적인 극, 자본이 있다. 한편으로 자본은 필요한 것이자 인간의 삶을 혁명적으로 전환한 것으로서 긍정되었지만, 다른 한편으로 자본은 선한 측인 프롤레타리아 계급과 관련해서는 절대적 악으로 서술되었다. 오늘날 나타나는 현상은 자본에 대한 부정적 평가를 무효로 만드는 것이 전혀 아니라, 오히려 우리로 하여금 그런 평가를 한때 자본에 적대적이었고 인류 자체의 오늘과 인간 발전의 모든 긍정적 요소를 스스로 갖추고 있었던 계급[프롤레타리아 계급]으로 일반화하도록 강요한다. 이 현상은 자본에 의한 공동체와 인간의 재구성이며, 인간 공동체를 거울처럼 반영한다. 거울 이론은 인간이 자본의 반영물, 반복물이 될 때에만 생겨날 수 있을 따름일 것이다. 자본 독재의 세계(이것이 오늘날 사회의 모습이다) 안에서는 선한 것도 악한 것도 구분될 수 없다. 모든 것이 비난받을 수 있다. 부정하는 힘은 자본의 외부에서 제기될 수 있을 뿐이다. 자본이 모든 낡은 모순을 흡수했기에 혁명 운동은 계급 사회 발전의 산물 전체를 거부해야 한다. 이것이 바로 인간 종의 가축화에 맞서는 혁명적 투쟁, 인간 종의 퇴락에 맞서는 혁명적 투쟁의 핵심이다. 이것은 혁명가들의 형성 과정의 본질적인 계기로, 혁명을 일으키는 데 절대적으로 필요하다.

# 문명 자본주의 기계

질 들뢰즈 + 펠릭스 과타리

1972

하나는 임금노동자의 계좌 속에 있고 다른 하나는 기업의 대차대조표 속에 있는 돈의 이원성으로, 두 개의 판으로, 두 개의 기입으로 돌아가자. 그 두 개의 크기 정도를 동일한 분석 단위로 측정하는 것은 마치 성간 거리 혹은 원자간 거리를 미터와 센티미터 단위로 측정할 수 있다는 것과 같은 순전한 허구, 우주적 사기이다. 기업의 가치와 임금노동자의 노동 역량의 가치 사이에는 공통 척도가 전혀 없다. 그런 까닭에 저하 경향은 종결되지 않는다. 총생산량의 관점에서 생산 흐름의 변이의 한계가 문제라면 미분계수는 실제로 계산 가능하지만, 잉여가치가 의존하는 노동 흐름과 생산 흐름이 문제라면 미분계수는 계산 불가능하다. 그러므로 그 차이는 그것을 본성의 차이로 구성하는 관계에서 무화되지 않는다. 그 '경향'은 끝이 없고, 그것은 자신이 도달할 수 있거나 심지어 접근할 수 있는 외부적 한계가 전혀 없다. 그 경향의 유일한 한계는 내부적이며, 그리고 그 경향은 지속적으로 그 한계를 넘어서고 있지만, 이 한계를 이동시킴으로써, 즉 그것을 재구성함으로써, 그것을 이동을 통해서 또다시 넘어설 수 있게 되는 내부적 한계로 재발견함으로써 그렇게 한다. 그러므로 자본주의적 경과의 연속성은 언제나 이동되는 단절의 이런 단절 속에서, 분열과 흐름의 이런 통일성 속에서 생겨난다. 이런 점에서 이미 사회적 내재성의 장은 원原국가의 퇴각과 변환 아래서 드러났듯이 지속적으로 팽창하고 있으며, 전적으로 독자적인 일관성을 획득한다. 이것은 특히 자본주의가 사물들이 오직 고장이 난다는 조건에서만 잘 작동한다는 일반 원리를 해석할 수 있었던 방식을 보여주는데, 위기는 "자본주의 생산양식에 내재하는 수단"이다. 자본주의가 모든 사회의 외부적 한계라면, 그 이유는 특히 자본주의에 외부적 한계가 있는 것이 아니라 자본 자체이자 자본이 마주치지 않고 오히려 언제나 이동시킴으로써 재생산하는 내부적 한계만이 있을 뿐이기 때문이다.[1] 장-조제프 구는 접선 없는 곡선이라는 수학적 현상과 그것이 언어학뿐만 아니라 경제에서도 걸핏하면 취하는 방향을 엄밀히 분석한다. "그 움직임이 어떤 극한을 향해서도 나아가지 않는다면, 미분계수가 계산 불가능하다면 현재는 더는 아무 의미도 없다…. 미분계수는 결정되지 않고, 차이들은 더는 그 관계 속에서 서로 무화하지 않는다. 어떤 한계도 틈la brisure과 대립하지 않거나, 혹은 이 틈의 파괴와 대립하지 않는다. 그 경향은 종결되지 않고, 운동 중인 사물은 목전의 미래가 그것을 위해 준비하고 있는 것에 결코 완전히 도달하지 못한다. 그것은 우연한 사건과 일탈에 의해 끝없이 지연된다…. 그런 것이 절대적 틈 속의 연속성에 관한 복잡한 개념이다."[2] 체계의 확장된 내재성에서 한계는 그것이 자신의 원초적 포좌에서는 감소시키는 경향이 있던 것을 자신의 이동 속에서 재구성하는 경향이 있다.

그런데 이런 이동의 움직임은 본질적으로 자본주의의 탈영토화에 속한다. 사미르 아민이 증명한 대로 여기서 탈영토화의 경과는 중심부에서 주변부로, 즉 선진국들에서 저개발국들로 진행하는데, 저개발국들은 별개의 세계를 구성하는 것이 아니라 오히려 전 세계적인 자본주의 기계

---

1. Karl Marx, *Capital*, Vol. 3, 250 n72. [카를 마르크스, 『자본론 3-상·하』.] "자본주의적 생산은 끊임없이 이들 내재적 제약을 극복하고자 하지만, 이들 제약을 극복함으로써 단지 그것들을 더 가공할 만한 규모로 자기 앞에 놓을 따름이다. 자본주의적 생산의 진정한 제약은 자본 자체이다."

2. Jean-Joseph Goux, "Derivable et inderivable," 48~9.

의 필수 부품이다. 그렇지만 중심부 자체는 자신의 조직된 저개발 지역들, 보호구역들, 그리고 빈민가들을 내부의 주변부로 갖추고 있다는 점이 추가되어야 한다. (피에르 무사는 미합중국을 자신의 방대한 저개발 지대들을 계승하여 보존한 제3세계의 한 부분으로 규정했다.) 그리고 이윤율 저하 혹은 이윤율 균등화의 경향이 중심부에서 최소한 부분적으로 드러남으로써 경제가 가장 진보적이고 가장 자동화된 부문들로 이행된다는 점이 사실이라면, 주변부에서 나타나는 진정한 '저개발의 전개'는 중심부 프롤레타리아 계급의 착취와 비교하여 주변부 프롤레타리아 계급의 착취가 증대하는 형태로 잉여가치율의 상승을 보증한다. 왜냐하면 주변부로부터의 수출이 주로 전통적 부문들이나 구시대의 지역들에서 비롯된다고 생각하는 것은 큰 오류일 것이기 때문이다. 오히려 그 수출은 방대한 잉여가치를 생성하는 현대적 산업들과 플랜테이션 농장들에서 비롯되며, 그리하여 선진국들이 더는 저개발국들에 자본을 공급하는 것이 아니라 정반대로 저개발국들이 선진국들에 자본을 공급하는 상황에 이르게 된다. 그래서 사실은 원시 축적이 자본주의의 여명기에 단 한 번 생겨나는 것이 아니라 지속적으로 다시 생겨나고 있다는 것이다. 자본주의는 혈연 자본을 수출한다. 자본주의적 탈영토화가 중심부에서 주변부로 전개되고 있는 동시에 주변부에서는 흐름들의 탈코드화가 전통적 부문들의 파멸, 외향성의 경제적 회로들의 개발, 3차 부문의 특정한 비대, 그리고 다양한 생산성 영역들과 소득의 극단적인 불평등을 보증하는 '탈분절화'를 통해서 전개된다.[3] 어떤 흐름의 매 이행은 하나의 탈영토화이고, 이동된 매 한계는 하나의 탈코드화이다. 자본주의는 주변부에서 더욱더 분열증화한다. 그렇다 하더라도 중심부에서는 저하 경향이 그 한정된 의미, 즉 총자본 대비 잉여가치의 상대적 감소 ─ 생산성, 자동화, 그

---

3. Samir Amin, *L'accumulation a l'echelle mondiale*, 373ff.

리고 불변자본의 발전에 의해 보증되는 감소 ─ 를 유지한다고 말할 수 있을 것이다.

이 문제는 최근에 모리스 클라벨이 고의로 문외한인 양 제시한 일련의 결정적인 물음 ─ 즉, 기계들 역시 '노동'하거나 혹은 가치를 생산한다는 것, 기계들이 지금까지 언제나 노동했다는 것, 그리고 기계들이 생산 과정에 인접해지기 위해 인간에 비해서 더욱더 많이 노동함으로써 인간이 더는 생산 과정의 구성 부분이 아니라는 것을 인식하면서도 인간 잉여가치를 자본주의적 생산의 기초로서 어떻게 유지할 수 있는지 이해할 수 없는 누군가가 맑스주의적 경제학자들에게 던진 물음들 ─ 에서 다시 제기되었다.[4] 그러므로 불변자본에 의해 산출되는 기계 잉여가치가 있다. 기계 잉여가치는 자동화 및 생산성과 더불어 발전하고, 저하 경향을 상쇄하는 인자들 ─ 인간 노동의 착취 강도의 증가, 불변자본 요소들의 가격 감소 등 ─ 로 설명될 수 없다. 왜냐하면 오히려 이들 인자가 기계 잉여가치에 의존하기 때문이다. 마찬가지로 부득이하게 문외한인 우리에게는 이들 문제가 코드의 잉여가치가 흐름의 잉여가치로 전환되는 조건 아래서만 고찰될 수 있을 뿐인 것처럼 보인다. 전前자본주의적 체제를 코드의 잉여가치로 규정하고 자본주의를 이와 같은 코드의 잉여가치를 흐름의 잉여가치로 전환한 일반화된 탈코드화로 규정할 때 우리는 상황을 요약하여 제시하고 있었고, 우리는 모든 코드 가치를 상실했던 자본주의 여명기에 문제가 단박에 해결되었던 양 여전히 행동하고 있었다. 그렇지만 실제 상황은 그렇지 않다. 한편으로 코드들은 계속해서 현존하지만 ─ 심지어 의고적인 것으로서 말이다 ─ 그것들은 철저히 동시대적이고 인격화된 자본(자본가, 노동자, 상인, 은행가)의 내부 상황에 적응된 기능을 떠맡는다. 하지만 다른 한편으로 그리고 더

---

4. Maurice Clavel, *Qui est aliené?*, 110~24, 320~27. 자동화에 대해서는 Marx, *Grundrisse*, 692ff [맑스, 『정치경제학 비판 요강 II』]의 위대한 장을 보라[이 독본에 실린 「기계에 관한 단상」이라는 맑스의 글을 보라].

심층적으로 모든 기술적 기계는 어떤 특정한 종류의 흐름들 ― 기계의 내부뿐만 아니라 외부에도 있으면서 기술과 심지어 과학의 요소들을 형성하는 코드의 흐름들 ― 을 전제로 한다. 전前자본주의 사회에서 결코 어떤 독립성도 성취하지 못하는 그런 식으로 속박되거나 코드화되거나 혹은 초코드화되는 것은 이들 코드의 흐름이다(대장장이, 천문학자). 그런데 자본주의에서는 흐름들의 탈코드화가 코드의 흐름들을 여타의 것과 마찬가지로 해방하고 탈영토화하며 탈코드화했으며, 그리하여 자동 기계는 과학과 기술에, 노동자의 육체노동과 구분되는 이른바 두뇌노동에 의존하면서 지금까지 언제나 이들 흐름을 자신의 신체 혹은 자신의 구조에 힘들의 장으로 점점 더 내부화하게 되었다(기술적 객체의 진화). 이런 의미에서 기계가 자본주의를 만들어 낸 것이 아니라 오히려 자본주의가 기계를 만들어 내고, 게다가 자본주의는 자신의 기술적 생산양식을 혁신하는 단절과 균열을 끊임없이 도입하고 있다.

그런데 이 점과 관련하여 몇 가지 교정책이 도입되어야 한다. 이들 단절과 균열은 시간이 걸리고, 따라서 그것들은 매우 광범위하게 확대된다. 통시적인 자본주의 기계가 하나 혹은 몇 개의 공시적인 기술적 기계에 의해 혁신될 수 있는 일도 결코 없으며, 그리고 그것이 자신의 과학자들과 기술자들에게 이전 체제들에서는 알려지지 않았던 독립성을 부여하는 일도 결코 없다. 의심의 여지가 없이 그것은 일정한 수의 과학자 ― 예를 들면 수학자 ― 가 자신의 분야에서 '분열증화'하게 내버려 둘 수 있으며, 그리고 이들 과학자가 조직하는 사회적으로 탈코드화된 코드의 흐름들이 이른바 기초적인 연구의 공리계로 이행하는 것을 허용할 수 있다. 하지만 진정한 공리계는 어딘가 다른 곳에 있다. (과학자들을 어느 정도까지 내버려 두고, 그들이 그들 자신의 공리계를 창출하게 둘 수 있다. 하지만 상황이 심각해지는 순간이 온다… 예를 들면 비결정론적 물리학은 그것의 입자적 흐름들과 더불어 '결정론'과 조화를 이루어야만 할 것이다.) 진정한 공리계는 사회적 기계 자체의 공리계인데, 이것은 자본주의 체계와 그 목적을 위해서 낡은 코드화들을 대체하고 과학적 코드 및 기술적 코드의 흐름들을 포함하여 모든 탈코드화된 흐름을 조직한다. 그런 까닭에 산업혁명은 기계와 과학에 대한 큰 의심과 더불어 대량의 '노후' 장비의 유지와 기술적 진보의 향상된 속도를 결합했다고 종종 진술된다. 혁신은 그 투자가 생산비를 절감함으로써 제공할 이윤율의 관점에서만 채택될 뿐인데, 이런 전망이 없다면 자본가는 기존 장비를 유지하면서 또 다른 영역의 장비에 대한 투자를 병행할 준비가 되어 있다.[5]

그러므로 인간 잉여가치의 중요성은 여전히 결정적이고, 중심부와 고도로 산업화된 부문들에서도 그렇다. 기계 잉여가치를 통해서 비용의 절감과 이윤율의 향상을 결정하는 것은 그 가치가 인간 잉여가치와 마찬가지로 측정 불가능한 혁신 자체가 아니다. 그것은 별개로 고려되는 새로운 기법의 수익성도 아니라 오히려 그 기법이 시장과 관계하는, 그리고 상업자본 및 금융자본과 관계하는 기업의 전반적인 수익성에 미치는 영향이다. 이것은 예컨대 19세기 초기에 증기기관과 직물 기계 혹은 철 생산 기법 사이에서 이미 나타난 것과 같은 통시적 마주침과 교차 사건들을 수반한다. 일반적으로 혁신의 도입은 언제나 과학적으로 필요한 시간보다 지연되는 경향이 있는데, 결국 시장예측이 그 혁신을 대규모로 활용하는 것을 정당화하는 순간까지 지연된다. 여기서 또다시 결연alliance 자본은 산업자본 내의 기계적 혁신에 강한 선택압력을 가한다. 요컨대 흐름들이 탈코드화되는 그곳에서 기술적 형태와 과학적 형태를 취한 특정한 코드 흐름들은 모든 과학적 공리계보다, 또한 사라진 모든 낡은 코드와 초코드보다 훨씬 더 엄격한 고유의 사회적 공리계 – 세계 자본주의 시장의 공리계 – 에 종속된다. 요컨대 자본주의 체제에 의해 과학과 기술

---

5. Paul A. Baran and Paul M. Sweezy, *Monopoly Capital*, 93~7.

에서 '해방되는' 코드 흐름들은 과학과 기술 자체에 직접 의존하지 않고 오히려 자본에 의존하는 기계 잉여가치를 생성한다. 기계 잉여가치는 인간 잉여가치에 추가되어 인간 잉여가치의 상대적 감소를 교정하게 되는 잉여가치로, 그 두 잉여가치는 체계를 특징짓는 흐름의 잉여가치 전체를 구성한다. 지식, 정보, 그리고 전문교육은 노동자의 가장 기본적인 노동만큼이나 자본의 부분들('지식자본')이다. 그리고 인간 잉여가치의 측면에서는 그것이 탈코드화된 흐름들에서 비롯된 한에서 육체노동과 자본 사이, 혹은 여기서 또한 두 가지 화폐 형태 사이에서 통약 불가능성 혹은 근본적인 비대칭성(지정할 수 있는 외부적 한계 없음)이 나타난 것과 마찬가지로, 과학적 및 기술적 코드 흐름들에서 비롯되는 기계 잉여가치의 측면에서는 과학적 노동 혹은 기술적 노동 – 높은 보수를 받을 때도 – 과 또 다른 종류의 쓰기로 기입되는 자본의 이윤 사이에서 어떤 통약 가능성도, 어떤 외부적 한계도 나타나지 않는다. 이런 점에서 지식 흐름과 노동 흐름은 자본주의적 탈코드화 혹은 탈영토화에 의해 결정된 동일한 상황에 처하게 된다. 하지만 혁신은 그것이 생산비 감소를 통한 이윤 증대를 수반하는 한에서만, 그리고 그것을 정당화할 만큼 충분히 많은 생산량이 존재하는 경우에 채택된다는 것이 사실이라면, 이 명제에서 파생되는 따름정리는 혁신에의 투자가 두 경우 어디에서든 생산되는 흐름의 잉여가치를 실현하거나 흡수하기에 절대 충분하지 않다는 것이다.[6] 맑스는 이 문제의 중요성을 명백히 예증했다. 언제나 더 큰 규모로 내재적 한계를 재생산하면서 항상 확대되는 자본주의 원환은 잉여가치가 생산되거나 추출될 뿐 아니라 흡수되거나 실현되어야만 완결된다.[7] 자본가가 향유에 의거하여 규정되지 않는다면, 그 이유는 그의 목표가 잉여가치를

---

6. 이 명제에 의해 함축되는 가치 저하에 관한 개념에 대해서는 같은 책, 99~102를 보라.
7. Marx, *Capital*, Vol. 3, 244. [마르크스, 『자본론 3-상·하』.]

생산하는 '생산을 위한 생산'일 뿐만 아니라 이런 잉여가치의 실현도 포함하기 때문이다. 흐름의 미실현 잉여가치는 생산되지 않은 것과 마찬가지이고, 따라서 실업과 경기침체에서 구현된다. 소비 권역과 투자 권역의 외부에서 잉여가치를 흡수하는 주요 양식들을 나열하기는 쉬운데, 예컨대 광고, 시민정부, 군국주의, 그리고 제국주의가 있다. 자본주의 공리계 내부에서 이와 관련된 국가의 역할은 그것이 흡수하는 것이 기업들의 잉여가치에서 잘라내는 것이 아니라 그 잉여가치에 덧붙이는 것이라는 점에서 잘 드러난다. 이것은 자본주의 경제를 주어진 한계들 내에서 거의 완전히 가동하게 함으로써, 게다가 이들 한계를 확대함으로써 이루어지는데, 특히 결코 사기업과 경쟁하지 않고 오히려 보완하는 군사적 소비의 차원에서 그렇다(뉴딜이 성취하지 못했던 것을 성취하는 데에는 전쟁이 필요했다). 정치-군사-경제 복합체의 역할은 그것이 중심부의 전유된 지대들과 주변부에서 이루어지는 인간 잉여가치의 추출을 보장한다는 점에서 잘 드러날 뿐만 아니라, 또한 특히 그것이 지식자본과 정보자본의 자원을 동원함으로써 막대한 기계 잉여가치를 생성하기 때문에, 그리고 마지막으로 그것이 생산된 잉여가치의 대부분을 흡수하기 때문에 잘 드러난다.

국가, 경찰, 그리고 군대는 거대한 반생산의 사업을 구성하지만, 생산 자체의 한복판에서 그리고 이 생산을 조건 지으면서 구성한다. 여기서 우리는 고유하게 자본주의적인 내재성의 장이 새롭게 결정됨을 알 수 있다. 탈코드화된 흐름들의 관계들과 미분계수들의 상호작용뿐만 아니라, 자본주의가 언제나 더 큰 규모에서 내부적 한계들로서 재생산하는 한계들의 본성뿐만 아니라, 생산 자체 속 반생산의 현존도 결정된다. 반생산의 기구는 더는 생산에 대립하거나 생산을 제한하거나 혹은 생산을 견제하는 초월적 심급이 아니다. 오히려 그것은 도처에서 생산 기계에 스며들어 그 기계와 확고히 결합하게 됨으로써 생산 기계의 생산성을 조절하고 잉여가치를 실현한다. 이것이 예를 들어 전제적 관료제와 자본주의적 관료제 사이의 차이를 설명한다. 반생산의 기구로부터의 이런 유출이 자본주의 체계 전체의 특징이다. 자본주의적 유출은 그 경과의 모든 층위에서 이루어지는 생산 속 반생산의 유출이다. 한편으로는 그것만이 자본주의의 최고 목표를 실현할 수 있는데, 요컨대 과잉 자원을 흡수하게됨으로써 거대 집합체들에 결여를 산출하는 목표, 언제나 너무 많이 있는 곳에 결여를 도입하는 목표를 달성할 수 있다. 다른 한편으로는 그것만이 지식의 자본과 흐름을 어리석음stupidity의 자본과 상당하는 흐름으로 배증하는데, 후자 역시 흡수와 실현을 달성하며 집단과 개인 들의 체계로의 통합을 보증한다. 과잉 속에 결여가 있을 뿐만 아니라 또한 지식과 과학 속에 어리석음이 있다. 과학적 지식 혹은 기술적 지식의 가장 진보적인 부문들이 현행 기능들의 부담을 최대로 짊어지고 있는 미약한 옛것들과 결합하는 양상은 특히 국가와 군대의 층위에서 드러날 것이다.

여기서 '과학기술 노동자'에 대한 앙드레 고르의 이중 초상이 그 온전한 의미를 띠게 된다. 그 노동자는 지식, 정보, 그리고 훈련의 흐름을 지배하지만 자본에 너무나 잘 흡수되어 있어서 공리화된 조직적인 어리석음의 환류가 그와 겹치게 되고, 따라서 그는 밤에 귀가하여 텔레비전 채널을 이리저리 돌리면서 시간을 보냄으로써 자신의 작은 욕망하는-기계들을 재발견한다. 아, 절망스럽구나.[8] 물론 본연의 과학자는 어떤 혁명적 잠재력도 없다. 그는 최초의 통합된 통합 행위자이고, 양심의 가책의 피난처이며, 그리고 그 자신의 창조성의 부득이한 파괴자이다. 급격히 변화하는 미국식 경력에 관한 더 놀랄 만한 사례를 살펴보자. 다음과 같은 경력이 그런 것이라고 여겨진다. 그레고리 베이트슨은 문명 세계를 탈출함으로써, 민족학자가 되어서 원시적 코드들과 야생의 흐름들을 추적함으로써 시작한다. 그다음에 그는 더욱더 탈코드화되는 흐름들, 자신이

---

8. André Gorz, *Strategy for Labor*, 106.

흥미로운 정신분석 이론을 추출하는 분열증의 흐름들의 방향으로 전환한다. 그다음에 그는 여전히 저편을 찾아서, 돌파할 또 다른 벽을 찾아서 돌고래에, 돌고래의 언어에, 훨씬 더 기묘하고 더 탈영토화된 흐름들로 전환한다. 그런데 돌고래 흐름은 어디에서 끝나는가? 우리를 전쟁 준비와 잉여가치의 흡수로 되돌리는 미군의 기초연구 과제로 끝나지 않는가?

자본주의 국가와 비교하면 사회주의 국가는 어린이이지만, 국가의 공리화 역할에 대하여 자신의 아버지로부터 무언가를 배운 어린이이다. 그런데 사회주의 국가는 직접 폭력에 의한 것을 제외하고는 뜻밖의 흐름 누출을 중지시키는 데 더 많은 어려움을 겪는다. 반면에 자본주의의 포섭 권력이라고 일컬어지는 것은 자본주의의 공리계가 더 유연한 것이 아니라 더 광범위하고 더 포괄적이라는 사실로 설명될 수 있다. 그런 체계에서는 누구나 생산 체계 전체를 추동하는 반생산의 활동에 참여할 수밖에 없다. "그런데 반인간적 사업에 관여하는 것은 군사적 기계에 인원을 배치하고 군사적 기계를 공급하는 사람들만이 아니다. 아무도 필요로 하지 않는 재화와 용역을 생산하고 그것들을 위한 욕구를 창출하는 수백만 명의 다른 노동자의 경우에도 사정은 마찬가지라고 말할 수 있다. 그리고 경제의 다양한 부문과 분야는 서로 매우 의존적이어서 거의 모든 사람이 이들 반인간적 활동에 이런저런 식으로 연루된다. 농부는 베트남에서 싸우는 군대에 식량을 제공하고, 도구와 금형 제작자들은 새로운 자동차 모델에 필요한 복잡한 기계류를 만들어 내고, 종이와 잉크와 텔레비전 수상기의 제조업자들은 인간의 정신을 통제하는 데 사용되는 생산품들을 만들어 내고, 기타 등등."[9]

그러므로 언제나 확대되는 자본주의 재생산 과정의 세 가지 부분은 접합되는데, 그 세 부분 역시 그 내재성의 세 가지 양상을 규정한다. (1) 노

---

9. Baran and Sweezy, *Monopoly Capital*, 34.

동과 생산의 탈코드화된 흐름들 사이의 변별적 관계에 기반을 두고서 인간 잉여가치를 추출하고, 중심부에서 주변부로 움직이면서도 중심부에서 방대한 잔여 지대들을 유지하는 양상. (2) 중심부의 '핵심' 영역들에서 과학적·기술적 코드의 흐름들의 공리계에 기반을 두고서 기계 잉여가치를 추출하는 양상. (3) 이들 두 가지 형태의 흐름의 잉여가치의 배출을 보장함으로써, 그리고 끊임없이 반생산을 생산 기구에 주입함으로써 인간 잉여가치와 기계 잉여가치를 흡수하거나 실현하는 양상. 주변부에서는 분열증화 사태가 일어나지만, 그런 사태는 중심부와 핵심부에서도 일어난다.

잉여가치에 관한 정의는, 가변자본의 인간 잉여가치와도 구분되고 흐름의 잉여가치의 이런 집합체가 갖춘 측정 불가능한 본성과도 구분되는 불변자본의 기계 잉여가치에 의거하여 수정되어야 한다. 그것은 노동 역량의 가치와 노동 역량에 의해 창출된 가치 사이의 차이에 의해 규정될 수 없고 오히려 서로 내재적인 두 흐름 사이의 통약 불가능성에 의해, 그 흐름들을 표현하는 화폐의 두 가지 측면 ─ 한 측면은 진정한 경제력을 측정하고 다른 한 측면은 '소득'으로 결정되는 구매력을 측정한다 ─ 사이의 차이에 의해, 그리고 그것들의 관계에 외재적인 한계의 부재에 의해 규정된다. 첫 번째 것은 자본의 온전한 신체를 구성하는 방대한 탈영토화된 흐름이다. 베르나르 슈미트라는 뛰어난 경제학자는 이런 무한 부채의 흐름 ─ 은행들이 자신에 대한 부채로서 자발적으로 창출하는 순간적인 창조적 흐름, 지불 수단으로서의 기존 통화를 넘겨주는 대신에 온전한 신체의 한 극단에서는 부정적 화폐(은행들의 채무로 편입되는 부채)를 도려내고 다른 한 극단에서는 긍정적 화폐(은행들이 생산 경제에 교부하는 채권)를 투사하는 무로부터의 창조 ─ 을 특징짓는 기묘한 서정적인 구절을 찾아낸다. 그것은 소득으로 편입되지 않고 구매로 배정되지 않는 "변이 역량을 갖추고 있는 흐름"으로, 순수한 가용성이며 소유도 아니고 부도 아니다.[10] 화폐의 다른 한 측면은 환류를 나타내는데, 즉 화폐가 노동자들 혹은 생산요소들에 분배

됨으로써, 소득의 형태로 할당됨으로써 구매력을 획득하자마자 재화와 맺게 되는 관계 ─ 소득이 실제 재화로 전환되자마자(이 시점에 모든 것이 첫 번째 측면의 지배 아래 처음 생겨날 새로운 생산에 의해 재개된다) 화폐가 상실하는 관계 ─ 를 나타낸다. 그 두 측면 ─ 흐름과 환류 ─ 의 통약 불가능성은 명목임금이 국가소득의 총합을 포괄하지 못함을 보여준다. 왜냐하면 임금소득자들은 엄청난 양의 소득이 빠져나가도록 내버려 두기 때문이다. 이들 소득은 기업이 차지하고 결국 연접을 거쳐 유입되는 것, 즉 원原이윤의 흐름을 형성하는데, 그것이 할당되는 용도(이자, 배당금, 임원 급여, 생산재의 구매 등)가 아무리 다양하더라도 온전한 신체 위로 흐르는 연속된 양을 '단숨에' 구성한다.

무능한 관찰자는 이런 경제적 도식 전체, 이런 이야기 전체가 대단히 분열증적이라는 인상을 받는다. 어떤 도덕적 준거도 채택하기를 삼가는 그 이론의 목표는 분명하다. "누가 빼앗기는가?"라는 물음은 "누가 소외당하는가?"라는 클라벨의 반어적 물음과 맥을 같이하는 진지하고 의미심장한 물음이다. 그런데 클라벨에 따르면 아무도 더는 누가 소외당하는지 혹은 누가 소외를 행하는지 알지 못하는 것과 마찬가지로 아무도 빼앗기지 않고 빼앗길 수도 없다. 누가 도둑질하는가? 구매력도 없고 심지어 재산도 없는, 거대한 순간적인 창조적 흐름을 대표하는 금융 자본가는 확실히 아니다. 누가 빼앗기는가? 구매되지도 않는 노동자는 확실히 아니다. 왜냐하면 환류 또는 임금 분배는 구매력을 전제하는 것이 아니라 창출하기 때문이다. 누가 도둑질을 할 수 있는가? 이윤의 유입을 대표하는 산업 자본가는 확실히 아니다. 왜냐하면 "이윤은 환류 속을 흐르지 않고 오히려 소득을 창출하는 흐름과 나란히, 그 흐름을 불리하게 만들기보다는 그로부터 벗어나서 흐르"기 때문이다. 앞서 포화된 체계에

---

10. Bernard Schmitt, *Monnaie, salaires et profits*, 234~6.

새로운 공리를 추가하기 위해 언제나 자신의 한계를 확대할 준비가 되어 있는 자본주의의 공리계는 얼마나 유연한가! 당신은 임금소득자를 위한 공리, 노동자 계급과 노동조합을 위한 공리를 원한다고 말하는가? 글쎄, 우리가 무엇을 할 수 있는지 살펴보자. 이제부터 이윤은 임금과 나란히, 환류와 유입이 나란히 흐를 것이다. 심지어 돌고래의 언어에 대한 공리도 찾아낼 것이다. 맑스는 종종 자본가가 자신의 냉소주의를 감추지 않는 자본가의 황금시대를 언급했는데, 최소한 처음에는 자본가는 자신이 하는 일, 잉여가치를 강탈하는 행위를 모를 수가 없었다. 그런데 자본가가 "그렇지 않아, 아무도 빼앗기지 않고 있어"라고 선언할 수 있는 지경이 되었으니 냉소주의가 얼마나 증대했는가! 왜냐하면 이때에는 모든 것이 마치 이윤과 잉여가치가 생성되는 가늠할 수 없는 심연에 있는 양 두 종류의 흐름 ― 상인자본의 경제력의 흐름과 조소하듯이 '구매력'으로 명명되는 흐름 ― 사이의 불평등에 기반을 두고 있기 때문이다. 후자의 흐름은 산업 자본가의 상대적 의존성뿐만 아니라 임금소득자의 절대적 무력함도 나타내는 정말로 무력화된 흐름이다. 자본주의의 진짜 경찰은 바로 화폐와 시장이다.

자본주의 경세학자들이 마치 공급과 수요에 따라 언제나 외부에서 화폐를 경제에 주입해야 하는 양 경제를 영원히 '화폐화가 필요한' 것으로 제시할 때 어떤 의미에서 그들은 잘못 생각하고 있지 않다. 이런 식으로 그 체계는 사실상 유지되고 기능하며 자신의 내재성을 영원히 충족한다. 임금소득자의 욕망, 자본가의 욕망, 모든 것은 동일한 욕망의 리듬에 맞추어 움직이는데, 이 리듬은 지정할 수 있는 외부적 한계가 전혀 없는 흐름들의 변별적 관계에 기초를 두고 있고, 여기서 자본주의가 자신의 내재적 한계들을 언제나 확대하는 더 포괄적인 규모로 재생산한다. 그러므로 우리가 다음과 같은 물음에 응답할 수 있는 것은 흐름들에 관한 일반화된 이론의 층위에서다. 우리는 어떻게 해서 자신의 강함을 욕망하는 동시에 무력함도 욕망하게 되는가? 그런 사회적 장에는 어떻게 해서 욕망이 부수될 수 있었는가? 그리고 흐름들을 가동하는 것과 단절하는 것이 문제일 때 욕망은 이른바 객관적 이해관계를 얼마나 넘어설까? 의심의 여지가 없이 맑스주의자들은 우리에게 자본주의 속 특정한 관계로서의 화폐의 구성은 경제를 화폐경제로 만드는 생산양식에 의존한다고 주지시킬 것이다. 자본의 명백한 객관적 운동 – 결코 오인도 아니고 의식의 환영도 아닌 것 – 이 자본주의의 생산적 본질 자체는 그것을 통제하는 이런 필연적 화폐 형태 혹은 상품 형태로만 기능할 수 있을 따름임을 보여준다는 사실은 여전히 남는데, 그 형태의 흐름들과 흐름들 사이의 관계들에 욕망의 부수 현상에 관한 비밀이 담겨 있다. 욕망의 통합이 성취되는 것은 이데올로기의 층위에서가 아니라 흐름들의 층위, 포함된 화폐 흐름들의 층위에서이다.

그래서 해결책은 무엇인가? 어느 것이 혁명적 길인가? 정신분석은 거의 도움이 되지 않는다. 왜냐하면 그것은 화폐와 가장 친밀한 관계를 향유하고 자신이 다루는 모든 피험자의 욕망의 핵심에 경제적·화폐적 의존 체계 전체를 기록하는 것을 인정하지 않으면서 기록하기 때문이다. 특히 정신분석은 잉여가치를 흡수하는 거대한 사업을 구성한다. 그런데 어느 것이 혁명적 길인가? 하나라도 있을까? 사미르 아민이 제3세계 국가들에 행하도록 권고하는 대로 세계 시장에서 파시스트적인 '경제적 해결책'의 기묘한 부활로 퇴각하는 것? 아니면 정반대 방향으로 가는 것일까? 말하자면 시장의 움직임, 탈코드화와 탈영토화의 움직임 속에서 더욱더 멀리 가는 것? 그 이유는 어쩌면 고도로 분열증적인 특질을 갖춘 이론과 실천의 관점에서 바라보면 흐름들이 아직 충분히 탈영토화되지 않았고 충분히 탈코드화되지 않았기 때문이다. 경과에서 물러서지 않고 오히려 더 멀리 가야 하는데, 니체가 서술한 대로 "경과를 가속하라." 이 문제에 있어서 사실상 우리는 지금까지 아무것도 본 적이 없다.

# 광신자 자본주의

장-프랑수아 리오타르

1972

비평은 생각하는 시간이 아닙니다. 미리 생각하십시오.

— 존 케이지가 다니엘 샤를에게[1]

[한스] 벨머는 한 장의 여성 나체 사진에 수직으로 거울 하나를 배치한다. 그리고 그것의 방향을 돌리는데, 접촉선의 추상적 분할을 통해서 종잡을 수 없는 살의 블룸bloom들이 출현하거나 혹은 그 거울이 맞은편 방향으로 이동할 때 그것으로 도로 재흡수되는 것을 관찰한다. 재현의 종언? 혹은 현대적 판본의 재현? 이때 '흥미로운' 것은 더는 오늘날 형편 없는 조화, 그릇된 총체로 비난받는 온전한 신체가 아니라 — 이제는 실현 불가능하기에 형편없고 그릇된 것이다(혹은 언제나 실현 불가능한데, 모더니티의 중간 휴지에 뒤이은 낭만주의, 횔덜린, J.-P. 리히터, 그리고 헤겔, 게다가 여전히 맑스의 단기적인 집합적 환상에도 불구하고 말이다) — 오히려 비유기적인 분할된 신체, 그 자체로 붙여지고, 접히고, 뒤엉키고, 웅덩이와 조각들로 환원되고, 한데-모아-붙여진 파편들, 불협화음의 기적 속에서 함께 봉합된 부분적 객체들의 비非집합체이다. 재현하기가 부재하는 무언가를 현시하기라면 재현의 종언이지만, 재현하기가 아무튼 현시하기, 현시할 수 없는 것을 현시하기, 누군가에게 '항의'하기, 불평하기라는 의미에서의 재현하

<hr>

1. John Cage, *M : Writings '67-'72*, 20.

기, 다시-보여주기re-monstrate라면 여전히 재현이다. 왜냐하면 다시 보여지는remonstrated 것은 무질서이기 때문이다. 그 낱말[remonstrate]의 낡은 의미일까?

그래서 모더니티의 단절이 있는가? 세잔 이후에는 더는 파편들 이외에 아무것도 없다는 것이 사실인가? 물론 그렇다. 그런데 이것이 문제는 아니다. 가능한 의문은, 세잔 이전에, 확실히 바로크 양식에서, '전환하는 것'에서, 명암법에서, 드 라 투르에게서 그리고 물론 이미 카라바조에게서 현시된 대로 번쩍이는 그림자에서, 고기가 결을 따라 분리되지 않고 오히려 결에 거슬러 분리되는 일종의 불량한 도축술로 신체를 절단하기에서(이런 가치 체계가 뜻하는 바는 일단 취리히의 무대 연극이 마지막으로 연출한 '스펙터클' 대신에 컬러 비디오카메라가 그것을 포착해서 필름에 새긴다면 우리가 인간을 비인간으로, 화학 작용과 색채학으로 희석하는 색상들의 종잡을 수 없는 유동성을 매우 잘 볼 수 있다는 것이다. 다시 말해서 바로크 양식의 '진실', 즉 그것은 형태가 없다informe 는 것이다), 그러므로 이미 바로크 양식에서, 그리고 어쩌면 심지어 이미 원근법적 단축법에서(만테냐의 〈죽은 그리스도〉는 앨리스가 자신의 턱이 자기 발에 닿을 정도로 축소하는 경우의 그녀가 아닌가?), 게다가 브루넬레스키의 합법적인 건축의 모난 사디즘에서, 여성을 여러 조각으로 자르는 상자, 뒤러가 펼쳐진 고리버들 그물 세공품 뒤에 눕혀져 있는 여성을 계속해서 조용히 바라보기 위해 자신의 머리를 고정시킨 강철 턱 끈에서, 우리에게 마치 단절된 것과 같은 거리, 그의 전경만큼이나 치밀하게 선형적인 거리를 제공하는 피에로 [델라 프란체스카]의 불가능한 통찰력에서 드러난다는 것이다. 이런 재현적인 — 그리고 '원시적'이고 고전적이고 바로크적인 — 장치 전체에서 중요한 것은 규칙도, 종합도, 아름다운 총체도, 유실물도, 통합적인 에로스의 완결도 아니고 오히려 형태의 외부, 왜곡, 4등분하기, 차이일 것이다. 형태가 없는 것과 형상이 훼손된 것.

그리하여 이 가설에 따르면, 다수의 혹은 변환 가능한 장면들을 갖춘 연극([에르빈] 피스카토르와 [발터] 그로피우스의 총체 연극)으로, 계속해서 '회화'로 분류되는 무한히 다양한 도상적 기입으로, 침묵-소음의 요소를 떠도는 음향적 강도의 음악의 급증과 더불어, 책에-반하는 책과 책이-아닌 책, 여행 서적으로 양상과 기입을 증식하는 현대인들, 그들은 재현[불평]-훼손을 계속하지 않는가? 그들이 해내었을 것이라고 믿는다면, 그들은 그것을 대체하고 입증하며, 그 상자를 열고, 무대 공간이 관객들의 사방으로, 아래로, 위로 펼쳐지게 하고, 확실히 턱끈의 엄격한 축 관계, 경사면과 난간과 문, 그리고 심지어 관객석/무대 분리를 느슨하게 하지 않았던가? 그런데 거울판을 보유하고, 낡은 거울판 앞에 두지 않았던가? 그렇다면 그것은 언더그라운드 영화 카메라의 렌즈처럼, 그리고 물론 이미 〈아비뇽의 아가씨들〉이라는 회화에서 그랬듯이 왜곡, 야생의 우발적인 왜상을 만들어 내는 변형 거울, 맹점, 웃음, 그리고 주름이 있는 뒤틀린 거울이다. 그런데 곰브리치가 입증한 대로 〈아비뇽의 아가씨들〉과 부게로의 누드화 사이의 간극은 어쩌면 평평한 유리와 뒤틀린 유리 사이의 간극에 지나지 않을 것인데, 입체주의는 확실히 패배한 아카데미시즘이지만 입체주의와 아카데미시즘은 둘 다 여전히 재현이다.

그런데 어떤 우울한 사유, 어떤 경건하고 허무주의적인 사유가 있다. 당신은 결코 사물 자체를 갖지 못하고, 당신은 언제나 그것의 표상을 가질 따름이며, 그리고 당신은 자신이 그것을 그 원래의 조각대로 폭로했다고 생각할 때에도 여전히 그것의 표상, 달라진 파편화된 사물을 가질 따름이다. 그것은 재현을 경건함에 대한 보완물로서, 내부 속에서 외부를 생산하는 것으로서 지속시키는 사유이다. 하지만 이것이 진짜 문제가 아니라면 어떻게 될까? 근대적 기입으로 자격을 잃게 된 것, 포괄된 것은 외부/내부 한계라면 어떻게 될까? 우리가 또다시 재현을 진지하게 여기지 않고 오히려 생산 자체를 진지하게 여겨야 한다면, (재현적) 소거가 아니라 기입을, 반복이 아니라 돌이킬 수 없는 것으로서의 차이를, 의미작용이 아니라 에너지학을, 무대 건설하기를 통한 매개가 아니라 어디에 있든 간에 생산하기의 직접성을, 국소화가 아니라 영구적인 비국소화를 진지하게 여겨야 한다면 어떻게 될까? 재현과 그것의 연접적·이접적 분할작용이 결정적인 것이 되거나 혹은 결정적인 것이 될 리비도적 흐름의 질서에서 그 흐름의 포획과 삭제를 관찰하는 것에 더는 멈추지 말아야 할 시기가 다가오고 있다. 그 이유는 이런 포획과 이런 삭제가 자본주의이기 때문이다. 즉시 침수된 모든 표면과 균열을 가로질러 편력하는 방랑을 신체들로, 역사, 대지, 언어로 돕고 고무할 시기가 다가오고 있다…. 타도하기, 전복하기의 (혹은 이들 극적인 활동의 모든 전문성과 관련된) 의미에서조차도 혁명적이지 않을 것이고, 따라서 여전히 재현의 체계와 책략에 따른 에너지의 분배일 것이지만, 의지Wille의 의미에서는, 가능한 것, 당위적인 것을 하겠다는 의미에서는 혁명적인 태도.

이런 태도에 따라 글을 쓰는 것은 망각하는 것이다. 무엇보다도 형식적 적절성의 망각, '좋은' 문체의 망각이다. 더는 옛날의 고상한 글의 프랑스식 운하, 공원, 작은 숲 그리고 연못이 아니고, 더는 보증된 취향의 우아한 변형 모방물이 아니며, 천 개의 삭제된 함축도 아니다. 들뢰즈와 과타리의 눈이 깜박일 때 그것은 거대하며, 수문과 같다. 그들의 책은 방대한 물을 쏟아내는데, 물은 때때로 급류로 방출되고, 때때로 정지하여 아래에서 작업하고 있지만, 언제나 파도, 흐름, 그리고 역류와 더불어 움직이고 있다. 포함되는 것은 의미작용이 아니라 에너지학이다. 그 책은 아무것도 더하지 않고 오히려 많은 것을 운반하는데, 그것은 모든 것을 수송한다. 그것은, 풍경·몽상·음악에 빠진 여객을 위해, 그것 역시 변화되고 파괴되며 사라질 일에 몰두하는 여객을 위해 고압선으로부터 전기에너지를 전도하여 철로 위 바퀴의 회전운동으로 변환할 수 있는 집전장치이다. 그 집전장치 자체는 매우 빠르게 움직이고 있다. 그것은 철학서가 아닌데, 말하자면 종교가 아니다. 더는 아무것도 믿지 않는 사람들의 종교, 글의 종교는 더욱더 아니다. 오히려 글은 하나의 기계류로 여겨지는데, 그것은 에너지를 흡수하여 독자의 변형적 잠재력으로 변화한다.

그다음에 비판의 망각이 있다. 『안티 오이디푸스』는 그 제목에도 불구하고 비판서가 아니다. 오히려 니체의 『안티크리스트』처럼 그것은 입장을 밝히는 긍정적인 책으로, 적의 부정은 지양Aufhebung이 아니라 망각을 통해서 이루어진다는 담론에 새겨진 강력한 입장을 밝힌다. 무신론이 부정적인 형태의 종교 ─ 근대적 형태의 종교, 심지어 모더니티가 계속해서 종교적일 수 있을 유일한 형태 ─ 의 지속인 것과 마찬가지로 비판도 그 대상의 대상이 되면서 상대방의 장 속에 정립되는데, 자신이 상대방의 차원들, 방향들, 그리고 공간에 이의를 제기하면서도 그것들을 수용한다. 들뢰즈와 과타리가 저술한 책의 도처에서 위반이라는 범주에 대한(그러므로 암묵적으로 바타유 전체에 대한) 상당히 명시적인 경멸이 나타난다. 왜냐하면 우리는 자신이 적의 영역이 아닌 어딘가 다른 곳에 있다는 단순한 이유로 비판하느라고 시간을 낭비하지 않고서 즉시 빠져나오거나, 아니면 상대방과 함께 외부로 나가는 한편으로 자신의 한 발을 내부에 둔 채로 비판하기 때문이다 ─ 부정석인 것의 긍정성, 하지만 사실상 이런 긍정성의 공허함. 포이어바흐와 아도르노에게서 나타나는 것은 바로 이런 비판의 무력함이다. 1844년에 맑스가 진술한 대로 사회주의는 무신론이 필요 없다. 왜냐하면 무신론에 관한 물음은 종교에 관한 물음과 입장이 동일하기 때문이다. 비판도 사정은 마찬가지다. 여기서 중요한 것은 비판의 부정성이 아니라 오히려 그것의 입장 설정(문제가 제기되는 방식)이다. 무신론(맑스가 유토피아적 코뮤니즘으로 간주한 것)에서 사회주의에 이르기까지 어떤 경계도 건너지 않고, '과다증식'도 없고, 비판도 없다. 대체가 있었다. 지금까지 욕망은 유목민처럼 또 다른 공간으로 방랑했고, 또 다른 장치가 활성화되었다. 그 장치는 달리 작동하며, 그리고 그것이 작동하는 것은 다른 낡은 기계가 비판받았던 덕분이 아니다. 마찬가지 이유로 모든 조건이 동일한 상황에서 다음과 같은 노선들은 비판이 아닐 것이다.

모든 예상과는 반대로, 혹은 선정적인 제목은 착시 효과라는 바로 그 이유로 인해, 그 책이 가장 심대하게 전복하는 것은 그것이 비판하지 않는 것, 즉 맑스주의이다. 이것은, 대칭적으로 그 책이 자신이 공격하는 정신분석을 전복하지 않는다는 것을 의미하지는 않는다. 오히려 그 책이라는 이 기계의 체제들이 프로이트와 더불어 작동하는지 혹은 맑스와 더불어 작동하는지에 따라 다양한 방식으로 기능하는 사태 아래에서는 여전히 입장의 명백한 동일성이 유지된다. 조용히 묻혀 있는 맑스의 부분들은 『안티 오이디푸스』의 엄청난 포격의 불길에 휩싸인 프로이트의 부분들에 못지않게 중대하거나 중요하다. 한편으로 그 책-기계는 정신분석 장치와의 접속을 끊고서 그것을 노출하고, 그것이 스스로 드러나도록 강요하며, 테이프 녹음기를 소지한 사람처럼 전이적 관계로 흘러가게 되어 있던 모든 리비도 에너지를 도로 끌어와서 투사하는데, 그것을 들뢰즈와 과타리에 따르면 정신분석 행위의 장치 아래에 자리하는 원국가의 편집증적 배치로 투사한다. 반면에 다른 한편으로 그 책은 맑스주의의 이론적 흐름과 실천적 흐름을 퍼내고 이들 흐름을 여기저기서 잘라내어서 맑스주의 장치의 전 부분을 한마디 말도 없이 버린다. 그런데도 그 두 원로[맑스와 프로이트]는 같은 기호 아래 자리하고 있다. 그들의 저작들에서 리비도 경제가 정치경제와 소통하는 모든 방식, 이것은 정말로 변형력인 것이고, 따라서 잠재적인 출발점인 것이다. 또 한편으로 프로이트에게서 리비도적인 것이 정치적인 것을 은폐하거나 혹은 맑스에게서 정치적인 것이 리비도적인 것을 은폐하는 모든 방식은 끄집어내어져 춤추게 되어야 한다. 그러므로 우리는 정신분석에서 무의식적으로 정치적인 것들이 모두 심대하게 전복된다는 사실을 깨닫는다. 그런 것이 『안티 오이디푸스』의 가시적인 축―반국가로서의 안티 오이디푸스, 정신분석에 무의식적으로 현존하는 전제적 배치와의 불화―이다. 그런데 이와 병행하여 맑스주의에서 무의식적으로 리비도적인 것들도 모두 용해되어야 하는데, 리비도는 변증법적 정치 혹은 경제적 파국주의의 종교적 발판에 갇힌 채로, 노동의 자연성과 상품 페티시즘에 대한 유예된 분석에서 억압된 채로 있다.

그런데 그 책은 안티 오이디푸스이지 안티 정당이 아니다(사회정치적 기입 표면 위에 있는 정당이 신체적 표면 위에 있는 오이디푸스의 유사물이라고 가정하자). 이것은 자본의 유통을 조절하는 억압적 메커니즘에 있어서 정신분석을 너무 중요시하는 것은 아닌가? 이런 비판적 신랄함은 너무 떠들썩하지 않은가? 지적 좌파로 하여금 그 책을 하나의 부속품, 계절상품으로 만들 수 있게 할 것은, 그리하여 그것을 중화시킬 수 있게 할 것은 바로 정신분석에 대한 강조이지 않은가? 그것의 진정한 신랄함은 침묵 속에 있지 않은가? 그 책이 아무 말도 하지 않는 바로 그 지점에서 그 책과 같은 대작으로부터 이 짧은 글을 분기함으로써 우리는 상인들 그리고/혹은 정치가들에 의해 교환될 수 없는 어떤 흐름을 개시하고자 한다. 그러므로 우리는 그 책이 단언하는 것을 재천명한다. 우리는 그것이 어떻게 해서 자본주의의 내부에서 '구체화'되기 시작하고 있는 새로운 리비도적 형상의 가장 강렬한 생산물 중 하나인지를 드러낸다.

우리가 행하는 것이 결국 선율적인 것이 되는지 여부는 중요하지 않습니다.
　　　　　　　―[크리스티안] 볼프가 [카를하인츠] 슈토크하우젠에게

맑스주의는 말한다. 프런티어가 있다고, 그 너머에서 자본이라고 일컬어지는 흐름들(자본주의적 생산관계들)의 조직이 해체되고, 화폐와 상품,

자본과 노동력, 그리고 그 밖의 다른 매개변수들 사이에 확립된 일단의 대응 전체가 붕괴하는 한계가 있다고 말한다. 그리고 이 한계에 도달함으로써 생산과 유통의 장치가 불안정하게 되는 상황을 초래할 것은 바로 가장 현대적인 자본주의에서 나타나는 생산 역량의 증대이다. 이것은 어김없이 묵과하고 더 많은 에너지 흐름을 풀어놓음으로써 자본주의의 내부에 확립된 이들 흐름의 '조절' 체계, 즉 생산관계들의 체계가 일소될 수 있게 한다.

모든 맑스주의 정치는 이 가정 위에 구축된다. 그것은 이 프런티어, 이 한계, 이 사슬에서 명백히 자리를 내줄 준비가 되어 있는 이런저런 고리 혹은 돌멩이, 가장 약한 고리 — 혹은 가장 강한 고리, 매우 중요하기에 체계 전체가 그것과 더불어 무너질 수 있는 것 — 를 찾는다. 이런 정치 전체는 한계와 부정성의 정치이다. 자본이 미치지 못하는 어떤 외부가 있으며, 이것은 그 정치에 필요하다. 동시에 그 정치는 가치법칙을 새로운 객체들로 확대하거나, 혹은 오히려 '매매' 생산의 정교한 규칙에 따라, 종교적 의례에 따라, 그리고 더 오래되고 더 '야생적인' 문화들의 관습에 따라 이전에 '코드화'된 모든 낡은 객체를 재구성하며, 그리하여 이 객체들은 탈코드화되어 교환 가능성 이외의 모든 제약에서 벗어난 근대적 '객체들'로 만들어질 수 있다. 그 모든 것과 동시에 자본 자체는 자신이 넘어설 수 없는 한계에 접근한다.

이 한계는 무엇인가? 신용의 흐름과 생산의 흐름 사이의 불균형? 상품들의 양과 가용 화폐의 양 사이의 불균형? 투자된 자본과 기대 이윤율 사이의 불균형? 생산 역량과 실제 생산 사이의 비평형? 고정자본과 임금 또는 가변자본의 불균형? 노동력을 착취함으로써 창출된 잉여가치와 그 실현 혹은 생산으로의 재전환 사이의 불균형? 혹은 그 한계는 이윤율 저하인가? 혹은 그 한계는 급성장하는 프롤레타리아 계급 구성원 내에서 혁명적 비판이 출현하는 것인가? 혹은 오히려 우리는, 씁쓸하지만 대칭적으로(즉, 동일한 이론적 및 실천적 장의 내부에 여전히 남아 있는 채로), 이윤율이 저하함으로써 위축된 투자 동기를 대신하여 국가가 개입하는 것을 주장해야 하는가? 노동자가 그 어느 때보다도 많은 데도 노동자가 혁명적 전복을 꾀할 가능성은 점점 더 줄어들고 있다고 주장해야 하는가(공산당들이 그런 전망을 그들의 프로그램에서 실제로 배제하고, 더 적은 소수의 자본 소유주와 더 많은 소수의 고위 관리의 경우와 마찬가지로 자신들을 거의 동일한 체계의 훌륭한 관리자들로서 나타내어야 할 지경에 이르도록 말이다)?

이 불확실한 것들은 사변적이지 않고, 실제적이며 정치적이다. 그것들은 일 세기에 걸친 코뮤니즘 운동과 장기 반세기에 걸친 사회주의 혁명의 유산이다. 이 상황은 1860년 무렵에 프랑스 사회의 발전, 구체제 사회의 내부 모순들, 로베스피에르가 혁명적 시류에 부여한 방향, 보나파르트의 역사적 기능, 그리고 궁극적으로 마지막 왕들 치하의 프랑스 사회와 마지막 황제 치하의 프랑스 사회 사이의 근본적인 차이를 조사해야만 했던 상황과 거의 같다. 요컨대 우리는 그 차이를 부르주아 이데올로기가 자리하게 되는 계몽주의 시대에서 찾아볼 수 없고 오히려, 가장자리로 가서, 산업혁명 시대에서 찾아볼 수 있음을 알게 된다. 적절한 조정을 거치게 되면 러시아 '사회주의' 국가의 경우에도 사정은 마찬가지이다. 러시아 '사회주의' 국가가 부르주아 사회에서 벗어남은 그것의 담론이 그렇다고 말하는 곳, 소비에트의 권력에, 즉 경제와 사회에 관해 취해진 결정에 대한 노동자들의 증대된 접근(그리고 이론상으로는 훨씬 더 큰 접근)에 있지 않고, 따라서 생산, 말, 사상, 그리고 객체의 흐름들의 더 정교한 유연성에 있지 않다. 오히려 그것은 이 시류들에 대한 국가의 장악, 러시아 제정만큼 강력한 장악, 마찬가지로 '합리적'(다시 말해서 비합리적)이고 (프로이트적 의미에서) 이차적인 장악 — 시민적·경제적·지적 사회를 흡수하고, 사회의 모든 유통 채널에 침투함으로써 이들 채널에 자신의 관료제적 의심의 시멘트를 들어붓는 사회포식sociophagous 국가의 장악 – 에 자리한다. 그리하여 더 이상의 변동도 없고 덜 대의적이다. 오히려 마찬가지로 중앙집권적이고 전체주의적이며 편집증적이다. 그리고 어쩌면 더 중앙집권적일 것이다. 여기서 또다시 어딘가 다른 곳에서 사태가 발생한다. 사회주의 혁명은 대중과 리비도에 대한 경찰식의 가부장주의적 경멸을 자본주의의 ('미국식의') 기술적 효율성 및 진취성과 조합하고자 하는 새로운 종류의 독재 국가를 낳는다. 레닌이 사회주의는 소비에트 권력 더하기 전기화電氣化라고 말했을 때 크론시타트Cronstadt 봉기는 이렇게 응답했다. 사회주의는 당의 권력 더하기 처형이다. 그렇다고 자본주의가 어쨌든 자유의 체제인 것은 아니다. 왜냐하면 그것 역시 생산의 흐름을 사회체에 역으로 대응시키는 매핑mapping의 원리에 의거하여 구축되기 때문이다. 자본은 이런 매핑이다. 하지만 그 매핑은 신성한 힘(누멘), 들뢰즈와 과타리가 코드의 잉여가치라고 일컫는 것의 획득 – 즉, 정서적 애착을 전제하는 특권의 획득 – 이라는 명목으로 생겨나는 것이 아니라 오직 이윤의 후원 아래서만 생겨나야 한다. 자본주의는 신봉할 것을 전혀 제공하지 않는데, 냉소주의가 그것의 도덕이다. 반면에 전제적 배치체로서의 당은 그 용어의 종교적 의미에서 영토화되고 코드화되며 위계화된 매핑이 필요하다. 러시아, 어머니 러시아, 인민, 그 민속, 그 민속춤, 그 관습과 의복, 바바와 리틀 파더, '야생의' 슬라브 공동체들에서 유래한 모든 것이 보존되고, 유지되며, 그리고 모든 생산을 전유하는 독재자인 총서기의 형상에 부착된다.

우리가 무엇이 사실상 부르주아 사회를 파괴하는지에 대하여 조사하면, 사회주의 혁명도 맑스주의도 그 질문에 대한 답을 쥐고 있지 않음이 명백하다. 역사적 '변증법'이 사변적 변증법과 모순될 뿐만 아니라, 또한 우리는 도대체 아무 변증법도 없다는 사실을 인정해야 한다. 형상들, 방대한 장치들이 에너지를 두고 경쟁하는데, 에너지가 활용되고 변환되며 순환되는 방식은 그것이 자본주의적 형상인지 혹은 전제적 형상인지에 따라 전적으로 상이하다. 그 두 가지는 결합할 수 있고, 그렇게 하는 도중에 어떤 모순—도중에 다른 형상들을 낳는 총체화에 이르는 어떤 역사—도 낳지 않고 오히려 사회적 표면 위에 타협의 결과, 즉 뜻밖의 괴물들—스타하노프 노동자, 프롤레타리아 기업주, 레드 마셜, 좌파 핵폭탄, 노조를 결성한 경찰, 공산주의 노동수용소, 사회주의 리얼리즘…—만 낳을 뿐이다. 이런 종류의 리비도-경제 장치들의 혼합물에서 지배적인 것은 전제적 배치체임이 확실하다. 그런데 설사 사실이 이와 달랐더라도 이 기계류가 왜 그리고 어떻게 변증법적 결과물일지는 분명하지 않고, 자본주의의 리비도적 형상이 왜 그리고 어떻게 자신의 '내재적인 유기적 발전'을 통해서 그런 장치를 '낳'아야 하는지 혹은 심지어 '낳'을 수 있는지는 훨씬 더 분명하지 않다. 그리고 사실상 그것은 그런 장치를 낳지 않는다. 그것은 오직 자신을 낳을 뿐이다. 어떤 '과잉성장'도 기대될 수 없고, 자신의 장에서 그것이 건너지 못할 한계도 전혀 없다. 한편으로 자본주의는 모든 전前자본주의적 제약을 뛰어넘고, 다른 한편으로 자본주의는 자신의 움직임 속에서 자신의 한계로 다가가서 그 한계를 대체한다. 그리하여 전통적이든 급진적이든 간에 모든 '좌파'에 혼란을 초래한다.

이것이 들뢰즈와 과타리가 시작하는 구역이다. 극복할 수 없는 경제적·사회적·'도덕적'·정치적·기술적(혹은 무엇이든 간에) 한계에 관한 이런 관념이 공허한 관념이라면 어떻게 될까? 끊임없이 자본주의의 내부를 향해 더욱더 이행하는 것은 깨뜨리거나 넘어설 벽이 아니라 오히려 자본주의 자체의 벽이라면 어떻게 될까?(우리는 그런 형상을 이미 '내부' 시장의 확대라는 오래된 관념에서 찾아볼 수 있다.) 그러므로 오로지 확장을 통해서만 자본주의가 제거될 것이라는 점은 사실이 아니다. 발전, 성장, 그리고 약간의 '민주주의'가 더해지면 만사가 해결되리라 기대하는, 더 정확히 말하면 분배가 3퍼센트 이상 개선되리라는 것 외에는 더는 아무것도 기대하지 않는 수정주의자와 개량주의자의 부류들에게 우리를 맡기면 자본주의의 전복에 관한 물음이 더 이상 쓸모가 없을 것이라는 점도 사실이 아니다. 그런데 (대자연이든 사회주의든 축제든 혹은 무엇이든 간에) 자본의 외부, 자본의 타자는 없다는 의미에서, 그 체계의 바로 그 내부에서는, 한편으로는 자본주의 자체가 발전시킨 유동성과 거의 무차별성에 해당하는 것, 그리고 다른 한편으로는 '공리적'인 것, 억압, 흐름의 막힘, '재영토화', 그리고 에너지의 기원으로 상정되지만 사실상 에너지로부터 오로지 이익을 얻고자 할 뿐인 신체 ― 이 신체가 유일한 정체성, 즉 자본 아래서 국가든 문명이든 자유든 미래든 그리고 새로운 사회든 어떤 이름을 지니든 간에 ― 에 에너지를 역으로 대응시키는 매핑에 해당하는 것 사이에서 이루어지는 접촉과 전쟁의 지역들이 언제나 증대하고 있다.

언젠가는 이 갈등들의 하나 혹은 여럿이 벽을 틀림없이 무너뜨릴 것이라는 의미에서의 변증법, 언젠가는 에너지가 외부로 '빠져나가' 버렸고 흩어져 버렸고 흘러나가 버렸음을 우리가 알아챌 것이라는 의미에서의 변증법은 전혀 없다. 오히려 야만적인 야생의 기입 규칙으로부터 힘을 해방한 바로 그 체계의 내부에 일종의 힘의 과잉흐름이 존재한다. 교환될 수 있는 것이라면 무엇이든 자본에 편입될 수 있다. 화폐에서 기계로, 상품에서 상품으로, 노동력에서 노동으로, 노동에서 임금으로, 임금에서 노동력으로 변형될 수 있는 것, 교환될 수 있는 것, 이 모든 것은 그것이 (가치법칙에 따라) 교환될 수 있는 그 순간부터 자본을 위한 객체이다. 그러므로 표면의 거대한 동요만이 있을 뿐이다. 객체들은 바다의 표면에서 나타났다가 사라지는 돌고래의 지느러미처럼 나타났다가 사라진다. 여기서 이들 객체의 객체성은 노후화되고, 중요한 것은 더는 객체, 코드들이 구체화한 유산이 아니고 오히려 변형, 유동성이 되는 경향이 있다. 돌고래가 아니라 오직 후류後流, 역동적인 흔적만이 표면 위에 기입된다. 차가운 물도 아니고 뜨거운 물도 아닌 바로 이런 액체성에 자본주의적 생산

관계들이 가라앉을 것이다. 즉, 교환 가능한 가치들의 등가성이라는 단순한 규칙과 자본이 이 규칙을 줄곧 비웃으면서도 또다시 의무적이고 존중할 만한 것으로 만들기 위해 조작할 때 지키는 '공리들'의 전체 집합이 가라앉을 것이다.

예를 들면 [존] 셔먼[2]은 미합중국에서 수천 개의 대기업을 국유화하면 단번에 가치법칙이 유통에 부과하는 병목 현상이 극복될 수 있을 것이라는 점, 노동시간이 하루에 몇 안 되는 시간으로 단축될 수 있을 것이라는 점, 완전히 공짜인 소비자 재화가 자리 잡을 수 있을 것이라는 점, 그리고 광고와 매우 다양한 3차 활동이 제거될 수 있을 것이라는 점을 제시한다. 수치들을 고려하면 이것은 미합중국 경제의 현행 상태에서 가능한 것으로 예증된다. 예를 들어 자본 소유주들의 투자 동기가 계속해서 저하한다면, 그리고 자신들의 이해관계로 인해 그들이 불확실한 시장 이윤보다 관료제적 수익(이와 관련하여 셔먼의 사회에서는 부족함이 전혀 없을 것이다)을 선호하게 된다면 그런 일이 이루어지리라 상상할 수 있다. 이것은 어쩌면 1848년 『공산당 선언』에서 제시된 의미에서의 코뮤니즘일 것인데, 그것은 오늘날 우리가 꿈꾸는 사회주의가 아닐 것이다. 그것은 현대적 자본주의, 전제적 관료제, 풍요의 관료제, 다시 말해서 정부 기구가 더는 가난과 희소성을 조절하지 않고 오히려 번영을 조절하는 관료제, 요컨대 필요의 관료제가 아니라 오히려 리비도의 관료제이다.

한계, '상대적 한계'는 끊임없이 뒤로 물러섰다. 기관 없는 신체, 사회체는 한계가 없다. 그것은 모든 것을 자신에, 자기관계에 역으로 대응시키고, 끝없는 변신 속에서, 언제나 상이한 반복 속에서 '경제적'인 리비도-정치적 장치들이 서로 연결하는 수많은 유출을 포획하고 관리한다. 생산을 끌어당기고 파괴하는 사회체에 대한 이런 매핑 과정, 이런 에너지

---

2. * 1890년에 미합중국 최초로 연방 차원의 독점금지법을 만든 사람.

흡수 과정, 이것이 자본주의이다. 내부와 외부를 절단하는 한계도 없고, 자본주의 체계가 떨어져서 박살이 날 낭떠러지도 없다. 오히려 그 표면 자체 위에 리비도의 광란적인 비행, 우발적인 항해, 자본의 '무언가'가 저지르는 오류가 나타나며, 그리고 야생성과 야만성에 비해, 코드화된 구성체들에 비해 최대로 분열증적이고 최소로 변증법적인 이 구성체에서 이루어지는 것이 나타난다. MIT 경제학자들이 성장의 추구에 대립시킨 장벽을 미국의 기업 우두머리들이 즉각적으로 우회한 방식을 살펴보자. 그 경제학자들은 이렇게 말했다. 생산과 더불어 오염이 기하급수적으로 증대한다. 그러므로 성장을 멈추고, 생산에의 투자를 제한하고, 제로성장에 의거하여 체계를 운영하라. 한계, 파국이라는 범주의 재출현이었다. 자본가와 기업가 들의 대응은 다음과 같다. 오히려 탈오염의 비용을 생산비에 포함하라. 이렇게 해서 소매가격이 상당히 상승할 것이고, 따라서 시장이 위축될 것이기에 저하된 소비 역량에 따라 생산이 자체적으로 조절될 것이다. 실제 상황이 이런 식일지는 아무도 모른다. 가격에 포함함으로써 오염이 중화될지 아무도 모른다. 그런데 자본주의가 생산적 기계의 성장을 영으로 유지하겠다는 결정을 내리지 않을 것임은 확실하다. 왜냐하면 자본주의는 그런 결정을 내릴 수 없기 때문이다. 그것은 보충 '공리'(탈오염 비용의 원가 혹은 조세제도에의 할당)로 그 장벽을 우회할 것이다.

## 광신자 자본주의

맑스주의의 한 가지 매우 깊고도, 매우 피상적인 전복이 언급되지 않았다…. 자본의 이 형상, 흐름들의 유통의 형상은 생산의 관점에 대한 유통의 관점의 우위를 초래하는 것이다. 여기서 생산은 정치경제학적 의미에서의 생산이다. (왜냐하면 들뢰즈와 과타리의 의미에서의 생산은 흐름들의 연결과 절단, 입술에 의해 가슴에서 흡입되고 절단되는 대량의 젖, 추출되고 전환되는 에너지, 제분기의 회전으로 전환되는 전자들의 흐름, 자궁에 의해 흡입되는 정액 분출물이기 때문이다.) 물론 유통의 관점이 우세한 이런 상황에 대한 공격은 부족하지 않을 것이다. 들뢰즈와 과타리가 자본주의는 생산이라는 범주보다 오히려 은행이라는 범주에 따라 사유되어야 한다고 서술할 때, 누군가가 이것은 케인스주의적 이데 올로기, 실무에서 단절된 지식인들에 의한 자본주의 체계에 대한 기술관료주의적 표상이라고 외칠 것이며, 생산의 관점을 포기함으로써 노동, 노동자, 투쟁, 그리고 계급에 등을 돌리게 된다고 외칠 것이다. 그리고 사실상 노동가치설에 관한 언급은 한마디도 없고, 기계 잉여가치에 관한 가설에 관해서는 단 한 마디만, 그것도 수수께끼 같은 한마디만 언급될 뿐이다. 실제로 그 책의 대홍수는 여러 가지 중요한 신체 ― 프롤레타리아 계급, 계급투쟁, 인간 잉여가치 … ― 를 휩쓸고 간다. 그 책은 온갖 종류의 제방 ('재영토화')만이, 근본적인 국가 ― 원국가와 그것의 오이디푸스 ― 가 주도하는 온갖 종류의 억압만이, 강둑 안에 계속해서 구속시킬 수 있는 화폐 유통과 훨씬 더 강렬한 잠재적 유통들로 가득 찬 탈코드화된 자본주의의 이미지를 제시한다.

외재적 코드가 전혀 없고 내재적 한계만을, (가치법칙이라는) 상대적이고 지연된 한계만을 갖추고 있는 변형으로서의 자본주의 ― 사실상 이것은 『독일 이데올로기』에서, 또다시 1857~58년의 수고(『정치경제학 비판 요강』)에서 그리고 『자본』 자체에서 이미 나타나는 '경제학'이다. 그리고 이 경제학은 리비도와 어떤 관계가 있다는 사실, 이것에 관한 흔적이 맑스 전집의 한쪽 끝에 있는 1843년의 『발췌 노트』에서, 그리고 다른 한편으로 보드리야르가 보여준 대로 페티시즘에 관한 『자본』의 장에서 나타난다. 또한 자본주의의 중대한 보편성도 개관된다. 요컨대 무차별성으로 인해, 등가성의 원리(즉, 탈코드화)의 결과로서 노동과 가치라는 거대한 범주들이 구성될 수 있게 될 텅 빈 공간이 자본주의 노동자의 실천 혹은 자본가의 실천에서 겉으로 드러난다는 가설이 개관된다. 이와 더불어 이 범주들이 장치들(전자본주의적 형태들) — 지금까지 이들 양상은 코드들로, 어떤 일반화된 정치경제를 허용하지 않았던 표식과 표상들로, 즉 리비도 경제를 기입의 의례, 종교 및 관습, 잔인함, 그리고 공포로 전환함으로써 정치경제로부터 분리했던 형태들로 가려져 있었다 — 에 소급적으로 적용될 가능성도 개관된다. 자본주의와 더불어 이 모든 것은 동등해질 수 있게 되고, 생산과 기입의 양상들은 가치법칙으로 단순화되며, 따라서 어느 객체 혹은 어떤 흔적에 비축된 기입-생산 에너지가 에너지로 전환되고, 또 다른 객체 혹은 또 다른 흔적으로 전환될 수 있는 한에서 무엇이든 생산-기입될 수 있다. 거의 분열증적인 자본에 대한 초상이다. 때때로 도착적이라고 일컬어지지만, 그것은 정상적인 도착, 물질적 에너지와 경제적 에너지의 흐름들이 생산 — 즉, 전환 — 의 형태로 사회적 신체, 매끈하고 무차별적인 사회체의 표면의 모든 지역을 뒤덮을 수 있는 것과 마찬가지로 자신이 어딘가에 매달릴 수 있는 기관 없는 신체 위로 자신의 흐름을 조작하는 리비도의 도착이다. 코드들에 의해 한정되고 표시되는 모든 영토가 그 여파로 사라지게 하는 원인이 되는 일시적인 카섹시스[3]가 있다. 객체들의 측면(생산과 유통의 금지 사항들이 잇따라 폭발한다)에서뿐만 아니라, 이런 전환에서 단지 자체적으로 교환 가능한 익명의 무차별적인 구상물들 — 그 현존의 환영은 거대한 에너지를 소비함으로써 유지될 수 있을 따름이다 — 로서만 나타나는 개체적 및 사회적 '주체들'의 측면에서도 그렇다.

　요컨대 이미 강도체들 속에서의 항해, 지속적으로 여기저기서 작은

---

3. * 카섹시스(cathexis)는 "대상에 대한 집중이 계속되는 일 혹은 상태"를 가리키는 정신분석학 용어이다.

기계들, 작은 기관들, 작은 보철물들이 풍부하고 횡단되는 표면을 갖춘 가변적인 환경; 그런 알egg, 이미 자신의 속성들로 장식된 스피노자주의 적 실체 혹은 원자들이 춤추는 데모크리토스주의적 허공인 자본주의 를 가로막는 것은 거의 없고, 우리가 신-자연-회귀 속에서 현명함의 유 쾌한 기분을 향유하는 것을 방해하는 것도 거의 없다. 이것은 맑스주의 적인가, 스피노자주의적인가, 원자론적인가? 그것은 전혀 중요하지 않다. 그것은 어떤 정설을 만들어 내는 문제가 결코 아니고 오히려 맑스에게서 현존하는 동시에 억압당한 통찰을 감지하는 문제이다. 그러므로 원자론 적 주제의 경우에, 자본주의에서 개인들은 탈사회화되고 탈영토화되고 탈자연화된 '자유로운' 존재자들로서 구성되고(『독일 이데올로기』), 동 시에 그들은 자신들이 우연의 지배, 그들의 사태에 무관심한 신의 지배, 어떤 일탈한 에피쿠로스주의적 신의 지배, 하나의 무규칙, 클리나멘clina- men의 무규칙, 그들의 영토성과 그들의 익숙함의 운명으로부터 자유롭 게 떠돎의 지배를 받고 있다고 깨닫는다. 맑스주의자이기 오래전의 맑스 는 자신의 박사학위 논문[4]에서 다음과 같이 진술했다. 신들에 관한 에피 쿠로스의 견해는 "종교적 두려움과 미신을 제거했는데, 그것은 신들에게 기쁨도 호의도 부여하지 않고 오히려 우리에게 그로부터 손해도 이익도 기대하지 않는, 우리가 히르카니아의 물고기와 맺는 것과 같은 관계를 허 용한다." 그리고 신들이 세속화됨으로써 인간에 대한 모든 책임을 거부 하게 된다면, 그것은 원자가 클리나멘의 원리에 따라 허공에서 자신의 낙하 궤적이 그리는 직선으로부터 벗어나는 것과 같은 이유에서 기인한 다고 맑스는 말한다. 왜냐하면 이 직선을 통해서 원자는 체계와 결부되 어 있고, 루크레티우스가 말한 대로 원자는 숙명fati foedera에, '말하여진

---

4. * 이에 관해서는 카를 마르크스, 『데모크리토스와 에피쿠로스 자연철학의 차이: 맑스 박사 학위 논문』(고병권 옮김, 그린비, 2001)을 참고하라.

것'에 속박되어 있기 때문이다. 반면에 클리나멘은 "원자의 핵심에 자리하고서 투쟁하고 저항할 수 있는 어떤 것"이라고 맑스는 말한다. 그것은 타율성에서 벗어나고, 따라서 '타자의 법칙'에 수반되는 부정성에서 벗어난다. 원자들의 밀어냄의 원리의 경우에도 사정은 마찬가지이다. "원자들의 타자에 대한 모든 관계의 부정은 실제로wirklich 실현되어야 하고, 긍정적으로 정립되어야positiv gesetzt 하며", 따라서 그것을 통해서 각각의 원자가 오로지 자신과 관계를 맺게 되는 밀어냄의 계기일 수밖에 없다. 일탈적이고 밀어내는 원자들, 비스듬하고 무관심한 신들, 자본의 텅 빈 공간에서 '자유' 낙하로 '떨어지는' 개체들, 목적성으로도 인과율로도 절단되지 않는 흐름들, 유기적 혹은 사회적 유사-신체들의 숙명에서 도주하는 고아유출들, 이 모든 것에 대응하는 것은 동일한 형상, 즉 분열증 그리고/혹은 물질성의 형상이다. 그리고 1857년의 (맑스주의적) 맑스의 경우에 자본주의가 그 자체를 포함하여 모든 거대한 사회경제적 기계에 보편적으로 적용 가능한 지표라면, 자본주의는 허공, 모든 존재자를 몰아넣는 무차별성, 노동과 관련하여 개인의 (불명료한, 우발적인) 쇠퇴 가능성, 화폐와 관련하여 객체의 쇠퇴 가능성, 생산물과 관련하여 자본의 쇠퇴 가능성을 관통하는 것임이 틀림없다.

또 하나의 억압당한 주제, 생산하기와 소비하기의 주관적-객관적 환영들의 용해라는 주제가 있다. 모든 생산은 그 생산에 동원된 원료, 도구, 그리고 에너지의 소비이며, 모든 소비는 새로운 형태의 생산, 소비된 것들의 어떤 다른 생산물로의 변형이다. 맑스는 이렇게 말한다. "생산과 소비의 이런 동일성은 '규정은 부정이다'Determinatio est negatio라는 스피노자의 명제로 복귀한다." 여기에 부정의 (결코 변증법적이지 않은) 유물론적 용법, 그것의 긍정적인 용법의 일례가 있는데, 이런 규정은 원자이고 흐름의 절단이다. 이번에는 『자본』의 잉여가치율에 관한 장에서 또 다른 일례를 택하면 다음과 같은 더할 나위 없이 들뢰즈-과타리적인 텍스트를 찾아볼 수 있게 된다.

우리가 가치의 창조와 변경을 그 자체로, 즉 그것들의 순수한 형태로 살펴보면, 생산수단, 불변자본이 취하는 이런 물리적 형태는 그 속에 유동적인, 가치를-창조하는 힘die flüssige, wertwildende Kraft이 편입되어야 하는 재료를 제공할 따름이다. 이 재료Stoff의 본성과 가치는 둘 다 무관하다gleichgültig.

그리고 나중에 맑스는 한마디를 덧붙인다.

루크레티우스가 말하는 바는 자명하다. "nil posse cretiri de nihilo", 무로부터는 아무것도 창조될 수 없다. '가치의 창조'는 노동력의 노동으로의 변환[전환, 전치]Umsatz이다. 노동력 자체는 무엇보다도 인간 유기체로 전치된, 전환된umgesetzt 자연의 재료Natur-stoff이다.5

프랑크푸르트학파 — 즉, 부정 변증법 — 의 영향을 크게 받은 한 시론에서 알프레드 슈미트는 맑스에게서의 노동과 자연의 관계를 분석한다. 그러면서 그는 맑스의 의도와는 달리 정치경제 전부를 구성하는 변형Ver-wandlungen, 거래Umsätze가 맑스에 따르면, 노동 주체와 노동 대상의 관계 혹은 사용가치와 교환가치의 관계, 말하자면 변증법적 관계에 있는 두 존재자의 관계로 특징지어지는 만큼이나 상류upstream 부문에 자리한 어떤 중립적인 에너지의 모든 허무주의적 분열로부터의 변형으로 특징지어진다는 점을 여러 번 증명한다. 의심의 여지가 없이 맑스에게는, 그의 움직임의 심층에는 이런 강력한 영감이 있다. 즉 변증법적 장치 아래서 억

---

5. Karl Marx, *Capital*, Vol. 1, 323 (번역이 수정됨). [카를 마르크스, 『자본론 I-상·하』.]

압당하기에 정치적인 것을 훨씬 더 넘어서고 당연히 결코 공개적으로 리비도적인 것이 아니지만, 클리나멘, 고아, 그리고 무차별성이 일차적이기에 일차 과정들에 대한 분석을 통해서 리비도적 접근법을 허용하는 경제가 있다. 그리고 맑스의 알고자 하는 욕망! 스피노자주의적인 루크레티우스주의적 주이상스에, 부르주아 정치경제의 모든 담론을 자본에 의해 생성된 일반화된 유동화에 연계함으로써 용해하고자 하는 시도와 이런 액체화에 대응할 수 있는 어떤 이론적 객체 — 비록 그것이 자신의 감춰진 법칙, 가치법칙을 나타내더라도 — 를 스스로 생산하고자 하는 시도에 맑스의 비밀이 자리하지 않는가?

들뢰즈와 과타리가 제안하는 자본의 형상에서 우리는 맑스의 마음을 사로잡는 것이 무엇인지를 쉽게 인식할 수 있다. 그것은 자본주의적 도착, 코드, 종교, 품위, 거래, 교육, 요리, 언설의 전복, 모든 '기성의' 차이를 유일한 차이 — 가치 있음…, 교환 가능함…, 무차별적인 차이 — 로 균일화하는 것이다. 맑스가 말하곤 했던 대로 불멸의 죽음Mors immortalis이다.

들뢰즈와 과타리는 이 매혹을 밝혔고 그것을 꺼림칙함에서 해방시켰으며, 그리하여 그들은 우리가 그것을 오늘날의 정치로 쏟아버리는 데 도움을 준다. 맑스 자신의 꺼림칙함, 그리고 맑스주의자들의 더욱더 심한 꺼림칙함. 그리고 이처럼 꺼림칙함이 심화함에 따라 자본주의적 액체화에의 이런 욕구를 은폐하고 속죄하는 것으로 여겨지는 경건함이 나타난다. 이런 경건함 — 변증법 — 은 부정성의 장치 내부에 자본주의의 긍정적인 도착 — 인위적이고 꺼림칙한 것으로 선언된 자유 속에서, 겉치레인 것으로 판정된 긍정성 속에서 부채(잉여가치)와 채권자(프롤레타리아 계급)의 망각에 대한 탐지와 비난을 가능하게 할 모순과 신경증 — 을 간직하는 것에 해당한다. 그래서 맑스주의는 우리가 그 체계를 불성실한 채무자로 증명하고 다시-보여주며, 모든 정치적 에너지를 잘못된 것 — 1843년에 맑스가 말한 대로 그저 무엇이든 잘못된 것이 아니라 오히려 그 자체로 잘못된 것, 바로 프롤레타리아 계급이라는 이 순전한 잘못, 소외라는 잘못 – 을 바로잡는 기획에 쏟을 이런 보수와 항의의 사업일 것이다. 그리스도교로부터 물려받은 한 가지 꽤 기묘한 장치, 하지만 주지하다시피 오늘날의 '코뮤니즘'에 대한 사라진 믿음의 일상으로 빠지기 전에 스탈린 및 트로츠키와 더불어 편집증적 차원들을 갖출 장치.

『안티 오이디푸스』가 맑스주의에서 제거하는 것은 부정성과 꺼림칙함의 이런 장치이다. [블레즈] 상드라르는 "예술가는 무엇보다도 비인간이 되려고 애쓰는 인간이다"라고 말했다. 정치의 언어를 짓누르는 계급투쟁, 노동자의 무용담, 그리고 노동자당의 기능에 관한 그 책의 침묵으로 인해 우리는 저자들의 경우에 오늘날 진정한 정치가 사실상 비인간이 되려고 애쓰는 인간의 정치라는 것을 믿게 된다. 어떤 부채도 찾아낼 수 없다. 잉여가치에 대한 그 책의 침묵은 동일한 원천에서 비롯된다. 채권자를 찾는 것은 노력의 낭비이다. 채권의 주체는 언제나 현존하도록 만들어져야만 할 것이고, 프롤레타리아 계급은 언제나 사회체 – 즉, 정치적 무대의 대의적 상자 속에서 대표되는 것, 그리고 그것은 원국가의 재출현의 씨앗이고, 그것은 레닌과 스탈린이고, 그것은 어쩌면 무명의 주체·당·허공·기표일 것이다 – 의 표면 위에 구체화되어야만 할 것이며, 그리고 상황은 절대 그럴 수밖에 없다. 왜냐하면 채권자는 언제나 결여의 이름이기 때문이다. 그래서 나쁜 정치, 불량한 양심의 정치, 그것의 기민한 행렬과 그들의 현수막, 위조된 경건함의 무거운 행진들을 내버려 두라. 자본주의는 불량한 양심으로 절대 소멸하지 않을 것이고, 그것은 결여를 통해서, 착취당하는 사람들에게 진 빚을 그들에게 갚지 못함을 통해서는 끝나지 않을 것이다. 자본주의가 죽는다면 그것은 과잉을 통해서 죽는다. 그 이유는 그것의 에너지학이 끊임없이 그 한계를 이동시킬 것이기 때문이다. '보상'은 제대로 인정하려는, 모든 사람을 공정하게 다루려는 편집증적 정념이 아니라 여분의 것으로서 온다. 마치 우리가 상황이 어떠한지 아는 것처럼 말이

다! 마치 오늘날 가장 부유한 10개국 중 어느 나라에서도 노동자의 '임금'
이 자신의 에너지 소비의 시장 가치에 덧붙여 잉여가치의 재분배된 몫을
포함하지 않고 있다는 사실이 명백하지 않은 것처럼 말이다! 그렇게 생각
하는 사람은 [피에르] 나빌만이 아니다. 오타 시크와 Z. 탄코 같은 경제학
자들이 임금의 이중 기능이 있다고, 즉 (사유재산인) 노동력의 교환 가
능한 가치뿐만 아니라 사회적 노동의 사용가치의 상태에 의해 재분배되
는 대응물도 있다고 주장할 때, 그들 역시 나름의 방식으로 그 점을 본
질적으로 인정한다. 이것은 우리가 이미 사회주의에 빠졌다거나 혹은 사
회주의가 이제 불가피하다는 것을 뜻하지는 않는다(!). 그것은 단지 교환
을 관장하는 법칙이 어쩌면 교환 가능한 상품들에 포함된 동일한 양의
추상노동의 원리가 아닐 것이라는 점을 뜻할 뿐이다. 따라서 사실상 등
가성의 원리가 존재하지만 그것이 깊은 외부에 닻을 내리고 있는 것은 아
니라는 점, 노동력의 가치와 한 시간의 평균적인 (추상적인) 사회적 노동
의 가치가 자연적 생존의 조건과 관련지어 결정될 수 있는 것이 아니라
는 점, 오히려 이들 가치는 사회적 표층 위에서 끊임없이 벌어지는 갈등의
대상이라는 점, 그러므로 심층도 기원도 없다는 점, 노동조합·관료집단·
압력단체들이 그 자체로 유동적이고 원초적 준거가 없는 GNP의 분배
를 정하기 위해 끊임없이 대립하고 연합한다는 점을 뜻할 뿐이다. 요컨대
원칙적으로도 전환 가능성이 폐기될 뿐만 아니라 끊임없는 협상 활동으
로 대체되어야만 하는 금-가치의 경우와 마찬가지의 과정 ─ 다시 말해서
교환 가능한 말과 사물의 물결에 끌려가고 탈영토화된 과정 ─ 이 노동-가치
에도 적용된다.

구조도 아니고 심지어 하부구조도 아닌, 교환도 아니고 심지어 상
징적 교환도 아닌

자본주의가 흐름들의 끊임없는 움직임에 대립시키는 이 금지 행위들은 무엇인가? 그것들은 자본주의 체계를 계속 유지하는 데 필요한 '재영토화들'이라고 들뢰즈와 과타리는 말한다.[6] 분열-흐름들에서 영역들 전체를 단절시켜서 보호하는, 사회체의 표층으로 제한된 이 현장들은 신의 고주의적인 것들이라고 그들은 말한다.[7] 인디언 보호구역, 파시즘, 환전, 제3세계 관료제, 사유재산[8] ─ 그리고 물론 오이디푸스와 원국가.

인디언 부락과 화폐자본, 스탈린과 히틀러, 히틀러와 사유재산을 동일한 기능 아래 두는 것은 꽤 경박하지 않은가! 상부구조와 하부구조는 어떠한가? 글쎄, 당연히 이 주제에 관해서는 한마디도 언급되지 않는다. 오직 욕망하는-기계들, 기관 없는 신체, 이미 분자적 질서와 관련된 그것들의 격렬한 관계들, 똥을 만들어 내는 항문, 말을 만들어 내는 입, 시선을 만들어 내는 눈, 그리고 그곳에서 그것들이 스스로 자리를 정하고 기입하며 구성해야 하는 표층, 신체로 추정되는 것의 표층 사이의 관계들이 있을 뿐이다. 그다음에 (이른바) 거대한 사회적 신체, 사회체의 질서와 관련하여, 또다시 분자적 질서와 관련하여, 한편으로는 작은 기관들과 사회적 절편들의 생산-기입의 맹목적인 기계적 반복, 그리고 다른 한편으로는 사회체의 표층에서 실행되는, 특히 원국가에 의해 실행되는 이들 절편 생산물의 역-매핑 및 저장 사이에서 생겨나는 격렬한 이접이 언급된다. 언어학적 의미나 기호학적 의미에서의 구조물은 전혀 없다. 오직 에너지 변환의 장치들이 있을 뿐이다. 그리고 이들 장치 사이에는 재화의 생산과 유통을 조절하는 것, 다시 말해서 이른바 '경제적' 장치에 (하부구조라는 이름 아래) 특권을 부여할 이유가 없다···. 왜냐하면 계통과

---

6. Gilles Deleuze and Félix Guattari, *Anti-Oedipus*, 257~62. [질 들뢰즈·펠릭스 과타리, 『안티 오이디푸스』.]

7. 같은 책, 257ff. [같은 책.]

8. 같은 책, 259. [같은 책.]

동맹을 조절함으로써 강도의 흐름들을 사회체의 표층에서 구체화하는 역할, 사람, 그리고 재화라는 구상물들로 분배할 뿐만 아니라 최종적으로 야생 사회(사실상 절대 통일되지 않고 오히려 언제나 다수의 작은 기관, 부분적 객체, 리비도적 절편의 수천 개의 극, 그리고 높은 곳에, 정상에, 머리와 머릿속에 만들어진 허공에 의한, 기표에 의한 통일의 극 사이에서 분열된 하나의 유기체)의 조직이라고 일컬어지는 것을 생산할 장치에는 에너지학이라는 그에 못지않은 일종의 경제가 있기 때문이다. 자본의 경제학과 분배의 경우에 못지않게 친족의 법칙에도 경제와 관련된 것이 있고, 심지어 욕망하고 에너지를 변환하며 쾌락을 추구하는 작은 기관들을 연결할 때 기관 없는 신체의 표층에서 이루어지는 리비도의 분배에도 경제와 관련된 것이 있기 때문이다. 그리고 역으로 오이디푸스적 구성체는 자본의 구성체에 못지않게 정치경제적이며, 그리고 궁극적으로 그것은 자신이 포획하는 일차적 과정에 못지않게 생태-리비도적이고 일탈적이다. 그래서 중요한 것은 이들 장치 중 어느 것이 종속시키고 있고 어느 것이 종속당하고 있는지 식별하는 문제가 아닌데, 왜냐하면 호혜적 종속 관계가 있기 때문이다.[9] 그런데 하부/상부 가설을 좇으면 우리는 사회적 장이라는 유기적 총체를 전제해야 하고, 그 전체를 출발점으로 삼고서 하나의 거시-구조 속에 구조들을 분할하는 사회적 전체를 전제하고 요구해야 하며, 그리하여 그 전체를 주어져 있거나 혹은 적어도 식별할 수 있고 분석할 수 있는 것으로 가정해야 한다. 이때 핵심 문제는 전체가 주어져 있지 않다는 것과 사회가 하나의 통일된 총체가 아니라 오히려 끊임없이 하위집합들로 분해되고 재조합되면서 이들 하위집합을 때로는 기관들의 도착-분열적 작동으로 끌어들이고 때로는 거대한 부재 기표의 신경증-편집증적 작동으로 끌어들이는 에너지의 전위와 변형으로 이

---

9. 같은 책, 288. [같은 책.]

루어져 있다는 것이다. 당신이 상부와 하부에 의거하여 진술하고 있다면 당신은 높고 낮음에 따라 장치들을 정렬하고 있고, 그리하여 이미 당신은 기표의 관점, 전체의 관점을 채택하였기에 그것에 구속될 것이다. 당신이 혁명적인 정치를 실행하기를 바랄 때, 파괴적인 생성을 상상하기를 바랄 때 이 체계를 공격하지 않는다면 당신에게는 기껏해야 변증법이 있을 것이고, 게다가 기껏해야 변증법에 따라 부정적 국면 '이후'의 것, 혁명 '이후'의 것 — 즉, (예컨대 당의 형태, 혹은 유효성이나 조직에 대한 욕구의 형태, 혹은 실패에 대한 두려움의 형태로 현시된) 이미 이전의 것 — 이 있다. 그리고 마찬가지의 위계화된 배치가 재생산될 것인데, 바닥에는 동일한 노동자-투사, 꼭대기에는 동일한 지도자-우두머리, 일반이익 — 다시 말해서 독재자의 이익 — 을 위한 흐름들과 부분적 생산들의 동일한 몰수가 배치된다.

거듭해서 말하자면 우리가 이렇게 말할 수 있게 하는 것은 환상이 아닌데, 그것은 자본주의 자체이다. 그것은 화폐와 노동의 흐름들로 가장 금지된 영역들 — 예술, 과학, 일과 축제, 정치와 스포츠, 말과 이미지, 공기, 물, 눈 그리고 태양, 볼셰비키, 마오주의자 그리고 카스트로주의자 혁명들 — 을 휩쓸어 버리는 자본주의이고, 그것이 이들 영역을 가로지르면서 이전에 그것들의 경제를 지배한 코드화된 장치들을 노후화에 몰아넣는 바로 그 순간에 이들 장치가 리비도적 배치처럼 나타나게 하는 자본주의이다. 그러므로 하부구조와 상부구조의 대립, 경제적 구조와 이데올로기적 구조의 대립, 생산관계들과 사회적 관계들의 대립은 그것들 자체로는 우리에게 야생 사회나 봉건 사회나 동양 사회에서, 혹은 심지어 자본주의 사회 자체에서 일어나는 일에 관해 아무것도 말해주지 않는 개념쌍들임이 드러난다. 왜냐하면 그러한 대립적 개념쌍들은 너무 많거나 너무 적기 때문이다. 그것들이 너무 많은 이유는 전자본주의 사회에서 친족 관계, 의례적·실천적 관계들이 재화의 생산과 유통, 즉 '경제'의 배치를 결정적으로 규정한다는 것과 이 관계들이 가공의 이데올로기적 기능으로 환원될 수 없다는 것은 의문의 여지가 없기 때문이다. 그것들이 너무 적은 이유는 자본주의 사회에서 '경제학'이라는 용어가 정치경제보다 훨씬 더 많은 것, 재화의 생산과 교환보다 훨씬 더 많은 것을 포괄하기 때문이다. 왜냐하면 그것은 그에 못지않게 노동력, 이미지, 말, 지식과 권력, 여행과 성의 생산 및 교환이기 때문이다.

정치경제학이 생산과 유통이라는 현상들을 자연(중농주의적 자연, 경제인간Homo Oeconomicus의 이익과 욕구, 노동자의 힘의 창조적 역능)에 단단히 기반을 둠으로써 정초하는 담론이라면, 그것은 그 자체로는 현실에 결코 적용될 수 없다. 가설상의 생존 수준을 넘어서는 고대 사회들은 자본주의에 못지않게 임의적이고, 자본주의가 이 사회들보다 이익과 욕구, 혹은 노동이라는 범주에 더 잘 어울리는 것은 아니다. 이데올로기적 효과, 문화적 효과, 법적 효과, 종교적 효과, 가족적 효과 등이 뒤따르는 일차적인 경제 질서(= 이익, 욕구 혹은 노동의 질서)는 어디에도 없다. 도처에는 리비도 에너지의 포획과 방출을 위한 장치가 있다. 고대 사회 혹은 동양 사회에서 에너지와 그것이 '객체'로 구체화된 구상물들(성적 파트너, 어린이, 도구와 무기, 음식)은 바로 고대 예술에서 나타나는 인장, 새김, 추상물로 표시되어야 한다. 왜냐하면 이들 표식의 기능은 콰트로첸토Quattrocento 양식의 의미에서 '재현'하는 것이 아니라 오히려 리비도적으로 투입되거나 투입 가능한 것을 코드화하는 것, 쾌락을 생산하고 유통할 것을 공인하는 것이기 때문이다. 그러므로 이들 코드는 비현존의 가정된 거대한 사회적 신체인 사회체와 관련하여 모든 형태의 에너지(말, 춤, 어린이, 음식 …)의 입력과 출력을 조절하는 승모판, 분류자, 선택자, 제동기-가속기, 댐과 운하이다. 이들 기능의 코드화, 그것들의 구체적인 추상물들 — 사춘기를 나타내기 위해 피부의 어떤 부분에 새겨진 어떤 기입물, 목·귀·콧구멍의 어떤 왜곡, 혹은 종교적 의례나 마술적 의례에서 어느 특정한 기능을 표시하기 위해 돼지 내장이나 닭 볏을 제작하는 것(곤다르에서의 [미셸]

레리스), 무기 소지 권리를 나타내는 이this 문신, 추장의 얼굴을 장식한 저 장신구, 희생, 애도 혹은 적출의 의례적 시나리오에 기입된 말과 노래와 북소리 − 의 특정한 조절, 자본주의는 이 모든 것을 일소하기에 그것은 전적으로 극복되고 흩어진다. 자본주의는 사람들을 탈문화화하고, 그들의 기입물들을 탈역사화하고, 그것들이 잘 팔리는 한에서 어디에서나 그것들을 반복하고, 리비도로 표시되는 어떤 코드도 인식하지 못하고 오히려 교환가치만 인식할 뿐이다. 그것이 이동하고 흐르며 변형 가능한 것인 한에서 당신은 모든 것을 생산하고 소비할 수 있으며, 당신이 바라는 모든 방식으로 무엇이든 교환하거나 작업하거나 기입할 수 있다. 바꿀 수 없는 유일한 공리는 변형과 전이의 조건, 즉 교환가치와 관련되어 있다. 코드가 아니라 공리이다. 에너지와 그 객체들은 더는 기호로 표시되지 않는다. 정확히 말하면 기호가 더는 없는 이유는 코드가 더는 없기 때문이고 어떤 기원, 규범, '실천', 자연 혹은 초현실 혹은 실재로 추정된 것, 패러다임 혹은 대타자에의 어떤 준거도 없기 때문인데, 오직 작은 가격표, 교환 가능성의 지표만 남게 된다. 그것은 아무것도 아니고, 그것은 엄청나고, 그것은 무언가 다른 것이다.

그런데 이것은 정치경제를 규정할 뿐만 아니라 전적으로 독특한 리비도 경제도 규정한다. 우리는 보드리야르처럼 양면성과 거세라는 범주에 의거하여 그것에 접근하여 다음과 같이 말할 수 있다. 자본주의는 페티시즘인데, 일반적 의미에서, 포이어바흐−헤겔주의적 의미에서 혹은 맑스가 그것에 부여하는 의미에서뿐만 아니라 도착증과 관련된 질병 분류학에서 그 낱말이 띠는 엄밀한 의미에서도 그렇다. 자본주의가 페티시즘인 이유는 거세와 욕망 분열이 그 속에 철저히 감추어져 있기 때문이다. 자본이 객체와 맺는 관계는 도착적 관계이다. 그 속에서 성별의 차이가 폐기되는데, 성차별주의(심지어 있더라도 미용사들, '섹스 없음', 여성 해방 운동과 동성애자 운동 의복 상점들이 탈성별화를 가속한다)로서 그런 것이 아니라 그 자체 속에 자신의 금제를 함축하는 욕망으로서, 빗금 쳐진 욕동으로서 그렇다. 등가성이 양면성 앞에 자리하고서 그것을 제거하는 한편으로, 일반화된 교환 가능성은 욕망의 질서 속에 죽음의 고통(그리고 언제나 이런 죽음의 위험을 내포하고 있는 한에서의 주이상스)과 관련하여 교환 불가능한 것이 있다는 사실을 생략한다. 그리고 보드리야르는 단조로운 근대적 교환에 증여의 경제, 포틀래치의 경제를 대립시키는데, 여기에는 불가역성, 극단적인 소비의 재난, 경제적·사회적 파멸, 그리고 특권의 상실, 육체적 죽음, 영원한 비非향유, 그리하여 리비도적 상징주의를 통한 소멸이 함축되어 있다.

이들 '결론'은 들뢰즈와 과타리의 결론에 수렴한다. 하지만 우리가 인식해야 하는 것은 발산이다. 왜냐하면 그것으로 인해 우리가 『안티 오이디푸스』에서 중요한 것이 무엇인지 감지할 수 있게 되기 때문이다. 야생의 잔인함에 관한 자세한 서술은 보드리야르가 상징적 교환이라는 이름 아래 명백히 밝히기를 바라는 것의 방향으로 온전히 나아간다. 이쪽에는 유동성과 탈주에 대한 것이 있는 것처럼 저쪽에는 등가성에 대한 것이 있다. 하지만 우리가 발언하는 현장은 서로 같지 않다. 엄격한 프로이트주의자인 보드리야르의 경우에 욕망은 여전히 주체의 견지에서 사유된다. 빗금 쳐진 주체이지만 그럼에도 하나의 주체이다. 나중에서야 파편화를 자신의 특성으로서 자신과 관련시킬 뿐이더라도 파편화된 신체가 여전히 하나의 신체인 것과 마찬가지로 그 빗금 역시 욕망을 그 실체에 대한 속성으로서 자신과 관련시킨다. 두 경우에 모두 우리는 그 과정의 반대편 끝에 그 빗금의 '저자', 아무것도 아닌 것, 기표 제로로, 대타자를 두어야 하며, 그리하여 그것이 그 빗금의 진정한 생산자일 것이다. 그러므로 욕망하는 생산은 허무주의적 기표로 지칭될 것이다. 들뢰즈와 과타리가 욕망하는-기계로 시작하여 단지 이접과 연접, 연결과 배제 ― 다시 말해서 가능한 재귀성(생산의 생산)을 갖춘 연결과 절단 ― 라는 가장 기본적인 범주들만을 사용하기로 작정할 때, 그들이 그 위에 새겨질 생산들(즉, 흐름들-절단들)이 적용되게 될 매핑의 표층으로서의 사회체와 기관 없는 신체를, 이 신체가 그 자체로는 단지 방황 – 굳이 이야기하자면 소외? – 의 원리, 어쨌든 프로이트적 의미에서의 죽음의 원리인데도, 마치 그것이 거대한 생산자, 거대한 주체, 거대한 기표인 것처럼, 마치 그것이 일차적 원천과 단일체인 것처럼 언급할 때, 그들의 담론의 기능은 제로 기표에 대한 새로운 비유를 제공하는 것이 아니다. 오히려 그것은, [욕망의 철학자들인] 루크레티우스, 스피노자, 그리고 니체를 제외하고는, 욕망에 관한 사유를 결여하고 있는 **반란적인 경제적 범주들**을 산출하는 것이며, 그리하여 그들은 이 사유(그 자체로는 아직 욕망, 욕망에 대한 욕망에 지나지 않는 것)를 표상하는 질서에 역으로 매핑하는 것에 반발하고, 욕망하는 생산을 기관 없는 신체에 역으로 매핑하는 특정한 하나의 사례에 해당하는 철학적 혹은 정신분석적 매핑에 반발한다.

그러므로 우리가 계속해서 자본주의와 야생성을 결여, 거세, 그리고 심지어 양면성과 불가역성에 의거하여 생각하면서 자본주의는 그것들을 엄폐하는 반면에 불가역성은 그것들을 그 코드들에 새긴다고 말한다면, 우리는 욕망하는 생산의 엄폐를 완결하고, 전혀 해롭지 않은 형이상학적 사유를 행하며, 그리고 사실상 허무주의적 사유를 충족한다. 주체는 결코 '직접' 드러나지 않는다고 진술될 것인데, 주체는 파편화된 것, 빗금 쳐진 것, 유예된 것, 현전/부재의 것 등이다. 그런데 중요한 것은 우리가 계속해서 리비도를 기표의 범주 아래 두고서 그 무의미와 그 망각의 힘 속에서 그것을 무시한다는 점이다. 이제 우리는 주체를 균형이 잘 잡힌 사회적-가족적 배역이라는 환상으로 환원시키거나(전통적 정신분석) 혹은 자신으로부터 비극적으로 쫓겨난 어떤 주체라는 환멸로 환원시킴(라캉주의적 정신분석)으로써 **주체를 치유할 필요가 전혀 없이**, 주체를 '욕망'이라는 작은 기계들의 우연적인 복수성, 익명성, 고아 신세, 그리고 결백함 속에 액체화함으로써 주체를 치유해야 한다.

　그러므로 우리는 자본주의와 야생성을 거세를 은폐하는 것과 현시하는 것 – 다시 말해서 거짓인 것과 참인 것 – 으로서 대립시키지 말아야 한다. 우리는 자본주의를 야생성과 진실에 대한 향수, 즉 자연성과 재현에 대한 향수의 관점에서 바라보지 말아야 한다. 리비도의 좋은 (야생적, 상징적) 상태도, 사회체에 역으로 매핑하기의 올바른 양상도, 잔인함의 양상도 없다(들뢰즈와 과타리는 전적으로 올바르게도 [앙토냉] 아르토의 연극에 관해서 한마디도 언급하지 않는다). 마찬가지로 우리는 잔인한 파편화에 송두리째 맡겨진 사회적 신체에 새겨진 리비도적 표식들의 복원과 사회주의의 내용을 혼동하지 말아야 한다. 우리는 말하기와 보기의 향수 어린 양식 전체를 제거해야 하는데, 그 양식은 들뢰즈와 과타리가 서양의 담론에서 찢어낸 구멍을 통해서 나간다. 야생성의 영토적 기계류도, 심지어 야만주의의 거대한 전제적 기계도 (니체가 때때로 꿈꾸듯이) 자본주의적 기계류를 바라보는 좋은 시각이 아니다. 들뢰즈와 과타리는 맑스를 좇아서 정반대로 말하는데, 자본주의가 모든 것을 바라볼 단 하나의 좋은 시각이라고 말한다. 당신이 거세를 통해서 자본주의를 바라보면, 당신은 자신이 전제적 동양이나 야생적 아프리카의 시각에서 그것을 바라보고 있다고 생각하지만 사실상 서양 종교의 허무주의를 영속화한다. 당신의 입장은 여전히 자연과 외부와 초월에 대한 경건함과 꺼림칙함에 의해 고무된다. 반면에 무신론보다 훨씬 더 긍정적이고 사회체의 표층을 가로지르는 경제적 흐름들의 깊은 액체성을 가리키는 자본주의는 바로 이런 표시로 인해 소급하여 우리가 전자본주의적 코드들을 보게 하고 오직 자신과 관련된index sui 그것 자체가 이런 액체성을 가로막아서 가치법칙으로 유도하는 방식을 파악하게 하는 것이다. **무차별성과 등가성**(청년 맑스와 노년 맑스가 거듭해서 말하는 대로 글라이히길티히카이트Gleichgiltigkeit)으로 온전히 이루어진 자본주의 체계의 유일한 공리인

가치법칙은 자본주의가 분자적 에너지학의 우발적인 쇄도에 의해 휩쓸려 가지 않게 막는, 언제나 대체 가능하고 대체되는 유일한 한계, 말하자면 폐쇄된 한계이기도 하다.

그러므로 『기호의 정치경제학 비판』과 『안티 오이디푸스』의 정합성 아래에는 불화가 있으며, 그리고 그 불화에서 중요한 것은 허무주의에 관한 물음과 '정치'에 관한 물음이다. 맑스를 비판하는 것으로는 충분하지 않다. 왜냐하면 맑스는 경제적 기호들을 고정하고 있는 것으로 추정되는 외부, 준거, 자연성을 필요와 용도(그리고 노동력 자체, 보드리야르!)로 유지하기 때문이다. '미국식' 정신분석을 빈정대는 말로 공격하는 것으로는 충분하지 않다. 왜냐하면 그것은 피험자에게 가공의 단일체를 제공함으로써 그를 치유하기를 바라기 때문이다. 금속, 폴리스티렌, 피부 그리고 스포트라이트의 비뚤어진 표면들과 젊은 소녀들의 미소 아래에서, 그리고 그것들로 인해 자본주의가 리비도적 주체의 양면성과 빗금을 오인한다는 것은 자본주의 말하기의 문제가 아니다. 오히려 자본주의의 강점은 자본주의가 이런 양면성의 기능으로부터 풀려나기 시작하고 있다는 점에, 자본주의가 하나의 작거나 큰 기계로서의 리비도 경제의 행함이 아니라 오히려 하나의 감각적이고 허무주의적인 장치, 즉 오이디푸스-거세 장치의 이 경제에의 중첩에서 비롯된 결과라는 것을 분명히 하기 시작하고 있다는 점에 자리하고 있다. 혁명은 거대한 거세자와 작은 피거세자들로의 회귀, 확실히 반동적인 견해로의 회귀가 아니라 오히려 그것들을 목적 없는 경제 혹은 법칙 없는 경제에 용해하는 것이다.

## 오이디푸스적 장치

들뢰즈와 과타리에 관하여 제기되어야 하는 물음은 명백히 기원이나 최종 결과, 혹은 가능성의 조건에 관한 물음이거나, 혹은… 분리하고 정렬하고 종속시키는, 영토화하고 인과관계를 정립하는,(가치와 교환의) 법칙인 '이차적 질서', 허공을 포함하는 질서에 관한 물음이다. 그런데 그전에, 왜 오이디푸스인가? 들뢰즈와 과타리가 거듭해서 말하듯이 해당하는 '의미-효과'가 냉소주의인 자본주의 같은 장치에서 왜 원국가인가? 오이디푸스보다 덜 냉소적인 것도 전혀 없고, 죄책감을 더 느끼는 것도 전혀 없다. 왜 그리고 어떻게 해서 오직 교환가치의 법칙에 의해서만 조절되는 흐름들의 순환이 하나의 보충물, 억압의 프리미엄으로서 오이디푸스의 형상 – 즉, 들뢰즈와 과타리에 따르면 국가의 형상 – 을 필요로 할 것인가? 그들은 스스로 전제주의는 공포를 낳고 자본주의는 냉소주의를 낳는다는 이유로 꺼림칙함이 전제주의에서도, 자본주의에서도 비롯되지 않음을 인정하지 않는가? 그렇다면 이런 꺼림칙함을 생성하는 것은 무엇인가? 그것은 두 가지 층위에 관한 물음이다.(1) 오이디푸스화는 일반화된 교환의 체계 내에서 어떤 목적에 이바지할 수 있는가?(2) 오이디푸스는 정말로 원국가의 배치체인가? 첫 번째 층위는 자본의 정치뿐만 아니라 반자본주의 정치에도 직접 접속되고, 두 번째 층위는 역사 이론과 정신분석적 장치 자체에 접속된다.

첫 번째 층위. 자본주의는 아무 코드도 필요 없다면, 자본주의의 유일한 공리가 가치법칙 – 즉, 동일한 양의 흐름 절편들의 교환 가능성 – 이라면, 왜 오이디푸스인가? 교환의 형상의 핵심에는 의고주의 – 신의고주의조차 아니다 – 에 지나지 않는 아버지의 배치, 거대한 전제적 기표가 있지 않은가? 들뢰즈와 과타리의 가설에 자리하는 오이디푸스적 형상은 동양적 전제주의의 형상인데, 이것은 조금 뒤에 다시 다룰 것이다. 그것은 자본주의 국가가 중국 왕국들의 국가, 대왕들 및 파라오들의 국가와 같음을 뜻하는가? 이 국가들 모두에는 리비도 경제적 흐름들을 유도하기 위한 기구로서 관료제의 지배가 확실히 존재한다. 들뢰즈와 과타리는 [카를] 비트포겔에 정말로 많이 의존하는데, 사실상 너무 많이 의존한다. 비트포겔이 종종 역사가로서 매우 경솔하기 때문―이것은 또 다른 문제이다―이 아니라, 그의 저서 전체가 전자본주의적 지배 체계, 맑스가 아시아적 생산양식이라고 일컬은 것과 스탈린이 러시아와 그 위성국가들에 20년 동안 부과한 체제 사이의 정치적 혼동에 의해 고무되기 때문이다. 그런데 사유재산이 부재하다는 점, 관료제적 기구가 모든 경제적·사회적 주도권을 흡수한다는 점, 그리고 모든 활동, 모든 에너지 흐름―그것들의 질서가 어떠하든지 간에―이 독재자의 형상에 매달려 있다는 점 등 사실상 그 두 사회에 공통적인 특질들이 그것들을 동일하게 만들지는 않는다는 것은 명백하다.

그 두 사회의 결정적인 차이는 바로 스탈린과 마오쩌둥이 포스트자본주의자라는 것, 그들의 체제들이 사실상 세계 자본주의와 경쟁 관계에 있다는 것, 이들 체제가 산업화에의 권유를 수용함으로써 생존할 수밖에 없다는 것이다. 그렇지 않다면 자본주의는 어김없이 화폐의 흐름으로, 생산물들로, 기술적이고 냉소적인―그뿐만 아니라 혁명적이고 비판적인―사상으로 관료제 사회에 침투함으로써 도처에서 균열이 나타나게 하는 원인이 될 것이다. 이것은 유럽의 제방에서 끊임없이 일어나는 일이다. 오른쪽으로 가는 균열, 왼쪽으로 가는 균열, 경제적·기술적 틀에서 자유화의 방향으로, 다시 말해서 전 지구적 자본주의 시장으로 편입되는 방향으로, 적어도 경제적·이데올로기적 편입의 방향으로 가해지는 압력, 젊은이들이 자기경영과 평의회 코뮤니즘의 방향으로 가하는 압력. 이 모든 것은 한漢제국의 관료제적 삶과는 매우 다른 대단히 활발한 관료제적 삶에 도움이 되고, 그래서 어수선한 관료제가 만들어진다. 그것의 피부 아래에는 신성한 것들의 정적인 평화가 아니라 자본의 동요가 있다. 근대 자본주의의 이동성과 낭비성에 의해 위협당하는 관료제와 그 정치적 인물들. 세계를 둘러보라. 이제 2차 세계대전의 위대한 편집증적 인물들은 (마오쩌둥을 제외하고) 사라져 버렸다. 정말로 가부장적인 인물인 지도자가 한 명이라도 있는지 보라.

더 나아가서, 왜 자본주의는 가족 제도를 유지함으로써 어린이의 리비도가 가족에 고착되도록 제한하는가? 『공산당 선언』은 "근대 산업의 작용으로 프롤레타리아 사이의 모든 가족적 유대가 갈가리 찢긴다"라고 말했다. 어쩌면 이것은 그 정당성이 입증되지 않은 비참주의적 시각에서 진술되지 않았을까? 그런데 실제 사정이 그렇듯이 이런 해체가 물질적 빈곤 외부에서도 일어난다면 어떻게 될까? 오늘날 노동하는 아버지와 어머니 슬하에서 자라는 어린이의 가족생활은 어떠한가? 유치원, 학교, 숙제, 주크박스, 영화, 도처에 또래의 어린이들, 그리고 그들과 갈등하고 그들끼리 갈등하며, 이것을 말하고 저것을 행하는, 자신들의 부모가 아닌 어른들. 영웅들은 가족 식탁 주위에 있는 것이 아니라 영화와 텔레비전에, 만화 속에 있다. 어느 때보다도 역사적 인물들에 대한 직접 투자가 더 많이 이루어진다. 부모, 교사, 성직자, 그들 역시 자본주의적 흐름에 부식된다. 그런데 실은 정신분석이 사실상 오이디푸스화라고 가정하면 그것은 자본주의의 행함이 아니며, 가치법칙에 어긋난다. 월급쟁이 아버지는 교환 가능한 아버지, 고아가 된 아들이다. 우리는 자신들에게 맞서는 들뢰즈와 과타리의 사유를 지지해야 하는데, 자본주의는 사실상 등가성의 규칙에 굴복당한 고아 상태, 독신 상태이다. 그것을 뒷받침하는 것은 위대한 거세자의 형상이 아니라 오히려 평등의 형상으로, 한 장소에서 사람들의 교체 가능성 그리고 한 사람에 대한 장소들의 교체 가능성, 남자들과 여자들, 객체들, 공간들, 기관들의 교체 가능성이라는 의미에서의 평등이다. 수학적 집단 구조 — 집합(모든 에너지 양자, 즉 남자, 여자, 사물, 낱말, 색깔, 소리가 그것의 일부이다), 결합법칙 $ab$, 교환법칙 $ab=ba$, 그리고 항등원 $ae=a$ — 에 따라 구성된 사회. 그리고 거기에 사회의 '억압'에 관한 온전한 비밀이 있다. (게다가 지나는 길에 지적하자면, 지식의 형상을 갖춘 자본의 묵인에 관한 온전한 비밀이 있는데, 이것이 자본주의하의 리비도 경제를 관장하는 진정한 장치이다.) 오히려 MIT 보고서[10]와 [시코] 만스홀트의 편지와 제로성장 시류 전체에서 가족이 다루어지는 방식을 살펴본 다음에 제도에 사로잡혀 있는 것이 자본인지 여부를 말해 달라.

이렇게 진술될 것이다. 이 중 어느 것도 현대 사회에서 억압이 증가하고 있다는 사실과 오직 가치법칙만이 질서의 힘을 제거하지 않는다는 사실을 바꾸지 못한다. 그런데 우리는 이렇게 대응해야 한다. 억압은 언제나 더 외부화되고 있다. 왜냐하면 억압은 사람의 머릿속에 더 적게 있고 거리에 더 많이 있기 때문이다. 냉소주의는 멈추어질 수 없고, 따라서 경찰과 민병대도 멈추어질 수 없다. 아버지, 교사, 추장, 도덕적 지도자 ─ 즉, 인정받은, '내부화된' 사람들 ─ 가 더 적어진 만큼 경찰관이 더 많아진다. 『문명 속의 불만』에서 프로이트는 완전히 잘못되게도 물질문명이라는 부르주아적 의미에서 그리고 '영구평화' ─ 프로이트는 이것을 공격성의 외부적 표현들의 재흡수와 동일시했다 ─ 라는 국제연맹 의미에서의 '문명'의 확대가 그것의 내부적 표현의 악화 ─ 즉, 항상 증대하는 고뇌와 죄책감 ─ 를 수반할 것이라고 예상했다. 이런 문명화된 평화가 지배하는 지역들 ─ 자본주의의 중심부 ─ 에서는 그런 종류의 고뇌와 죄책감이 전혀 없고, 따라서 그만큼 더 좋다. 거대한 기표와 거대한 거세자는 자본주의의 재생산, 거대한 변형의 빠르고 오염된 영역으로 끌려 들어간다. 현대인은 아무것도 믿지 않는데, 심지어 자신의 책임감-죄책감의 존재도 믿지 않는다. 억압은 벌로서 부과되는 것이 아니라 오히려 공리적인 것들 ─ 가치법칙, 주고받기 ─ 을 환기하는 것으로서 부과된다. 어쩌면 그것은 어린이들을 억압하는 사친회, 노동자들을 억압하는 노동조합, '더 약한 성'을 억압하는 여성 잡지, 담론을 억압하는 작가, 혹은 회화를 억압하는 미술

---

10. Donella H. Meadows, Dennis L. Meadows, and Jørgen Randers, *The Limits to Growth* ─ 영어 옮긴이. [도넬라 H. 메도즈·데니스 L. 메도즈·요르겐 랜더스, 『성장의 한계』.]

관 학예사일 것이다. 그들은 결코 초월적 권력의 무섭거나 잔인한 화신으로서 행동하지 않는데, 비록 그것을 소유하고 있더라도 말이다. 사실상 그들의 조작 전체는 단지 가장 기초적인 규칙, 자본의 최종 결정권, 즉 '공평한' 교환, 등가성을 유지하는 것에 해당할 뿐이다. 그들은 겁먹게 하지 않고, 마음을 아프게 한다. 단순하지만 노골적인 일례를 살펴보자. 가르칠 때 당신은 여기에 쓰인 것을 포함하여 자신에게 최선의 것처럼 보이는 것이라면 무엇이든 가르칠 수 있다. 하지만 절대적 준거점은 연말에 당신의 가르침이 낮게 평가받지 않도록 선택될 것이다. 그러므로 가치 있는 가르침이 선행한 다음에 이 가치에 따라 학생들의 선택이 이루어지는 것이 아니고, 오히려 학생들의 선택, 심지어 전적으로 임의적인 선택(아무도 더는 무시할 수 없는 임의성)이 이루어진 다음에 바로 이런 방식에 의해 당신의 가르침에 대한 가치 평가가 수행된다. 항들 — 이 경우에 한편으로는 당신의 가르침, 그리고 다른 한편으로는 학생들의 '자질' — 의 가치를 결정하는 것은 교환법칙이다. '문화'라는 이데올로기의 종언이다. 그다음에 아무도 더는 그 자체로 혹은 그 '용도'에 있어서 가치 있는 것으로 추정되는 객체를 생산한다고 주장하지 않는다. 오히려 가치는 교환 가능성에 의해 규정된다. 당신이 학생에게 수여할 이 졸업장, 학생은 그것을 실생활에서(=돈으로) 교환할 수 있는가? 그것이 유일한 물음이다. 도처에서 동일한 이 물음은 거세에 관한 물음, 오이디푸스에 관한 물음이 아니다.

회화의 경우에도 동일한 물음이 제기된다. 우리는 화가에게 그의 회화가 무엇인지 묻지 않고, 우리는 그것을 의미들의 네트워크에 결부시키려고 하지 않는다. 우리는 그것이 어디에 있는지, 그것이 그림 현장(화랑, 전시회)에 있는지 혹은 있을 수 있는지에 관심이 있다. 그 이유는 오직 이런 장소에서만 그것이 '회화적' 가치를 획득할 것이기 때문이다. 왜냐하면 회화가 이런 현장에 있을 때에만 그것은 판매를 거쳐 자신의 가격으로 교환되도록 제시될 수 있기 때문이다(그리고 필시 나중에 미술 애호가에 의해 미술관에 자리하도록 다시 팔릴 것이다). 회화의 가치는 그것의 교환 가능성이고, 따라서 그림 시장이 그것이 그림의 자격으로 있어야 할 장소이다. 이런 시장의 외부에서 현대 회화 객체의 고유한 가치를 결정하는 것은 절대적으로 불가능하다. 퐁피두 전람회를 보라.[11]

과학 연구가 동일한 기본 공리에 따라 작동한다는 것을 증명하기는 쉬울 것이다. 다만 적용 분야의 한계와 그 대상의 '본성'을 결정하는 데 충분한 몇 가지 보충 요건 – 예를 들어 생산된 언명들의 실효성 – 에 따라 차이가 있을 뿐이다.

어디에서도 거대한 기표에의 결부는 전혀 나타나지 않고 오히려 결국 자신의 관계에 따라 유일하게 값이 정해지는 항들 사이의 내재적 교환 법칙만이 나타날 뿐이다. 이것은 자본과 과학주의의 탁월한 생산물, 두드러지게 자본주의적인 리비도적 객체, 즉 구조에 대한 바로 그 정의이다. 그 객체가 이산적인 항들로 구조화되도록 분할하는 간극[12] – 이 점이 강조되어야 하는데, 모든 의미작용을 배제하고, 엄밀히 말하면 이 주제에 대하여 여전히 매우 불확실한 소쉬르(사용가치가 담당하는 역할에 대하여 맑스만큼 불확실한)로부터 우리에게 전해진 대로의 '기표'라는 용어의 사용도 배제해야 하는 간극 – 은 라캉이, 예컨대 해당 항들의 층위에서 의미의 효과(= 기의)를 산출하기 위해 기표의 물러섬이라는 명의로 가정하는 것과 혼동되지도 말고 심지어 연계되지도 말아야 한다. 소쉬르의 차이는 라캉의 대타자가 아니다.

들뢰즈와 과타리는 왜 여기서 라캉의 문제설정에 필수적인 반전을 무시하는가? 소쉬르의 경우에 기의는 감춰진 것이고 기표는 주어진 것이다. 라캉의 경우에 감춰진 것은 기표이고 기의는 (표상, 환영, $a$와 $a'$으로

---

11. 추정컨대 그랑 팔레(Grand Palais)에서 열린 엑스포 72 – 영어 옮긴이.

12. Deleuze and Guattari, *Anti-Oedipus*, 206~7. [들뢰즈·과타리, 『안티 오이디푸스』.]

서) 주어진 것이다. 이런 반전은 결정적인데, 라캉의 경우에 욕망의 형상은 소쉬르의 경우와 동일한 낱말들을 사용하지만 거꾸로 배치한다. 소쉬르의 경우에 기표와 기의는 화자인 발화 주체와 관련되어 있다. 라캉의 경우에도 사정은 마찬가지인데, 다만 화자는 언어학자가 사용하는 의미에서의 대화 상대자가 아니고 [에밀] 뱅베니스트의 의미에서의 발언자가 아니다. 그것은 말하지만, 내가 말하는 대로 말하지 않고, 내가 말하는 현장에서 말하지 않고, 동일한 장면에서 말하지 않고 오히려 다른 한 장면에서 말한다. 그런데 라캉이 무의식적-언어에 대하여 이 가설을 세울 때 중요한 것은 그가 그 가설을 담론에 관한 '과학적' 문제설정과 결합한다는 것이 아닌데, 라캉 자신은 이 효과를 강조하더라도 말이다. 사실상 그것은 하나의 이데올로기적 '스크린'에 지나지 않는다. 요점은 그것이 정신분석적 장치 전체에서, 정신분석의 욕망의 장치 전체에서 잠재적인 심층의 형상, 역설적인 야훼의 유대교적 형상 – 침묵하는 그대, 혹은 2인칭 침묵, 다시 말해서 나 모세-이스라엘인에게 결코 유효하지 않을 잠재적인 화자, 감춰진 기표, 하지만 또한 (다른 장면에서, 예컨대 시나이Sinai에서) 그대 유일한 화자, 게다가 내 입을 통하여 말하는 화자, 따라서 그런데도 하나의 기표, 그리고 나 유일하게 현시적인 화자, 잠재적 침묵, 기의 – 을 표층으로 환원한다는 것이다.

그리하여 우리는 두 번째 층위로 나아간다. 오이디푸스는 원국가의 형상, 전제적 형상이 아니다. 여기서 죄책감의 경우와 마찬가지로 (그리고 그 두 제도는 떨어질 수 없는 관계이다) 들뢰즈와 과타리는 프로이트로부터 여전히 너무 가까이 있는 동시에 너무 멀리 있다. 너무 가까이 있는 이유는 유대교의 원천이 아케나텐Akhenaten의 동양적인 일신론적 '전제주의'에 있다는 것과 그리하여 유대교, 프로이트 자신 그리고 모든 정신분석에 의해 전달되는 아버지 형상이 거세하고 근친상간을 저지르는 독재자의 형상이라는 것은 사실상 『인간 모세와 유일신교』에서 제시된 프로이트의 가설이기 때문이다. 그런데 동시에 매우 멀리 떨어져 있는 이유는 프로이트의 경우에 유대교와 이집트 종교 혹은 가톨릭교 사이─어떤 의미에서는 유대교와 모든 종교 사이─에서 차이를 만들어 낸 것, 그다음에 유대교에서 종교성을 무화한 것 혹은 유대교의 잠재적 패배나 변절이었던 것은 아버지의 죽음에 대한 소망과 그 실행의 배제, 첫 번째 모세라는 이스라엘인에 의한(하나의 추정) 최초 살인의 실행(또한 프로이트의 추정, 그런데 얼마나 대단한 소설적 상상력을 대가로 치렀는가!)의 배제였다. 이것이 뜻하는 바는 유대교에서 오이디푸스가 여전히 공언되지 않고, 용인될 수 없으며, 감춰져 있다는 것이다. 게다가 프로이트의 경우에는 이것이, 화해의 종교들에서 나타나는 현상과는 달리, 죄책감과 꺼림칙함이 생겨나는 방식이다.

여기서 문제는 프로이트를 좇아서 그의 가족적 혹은 민족적 이야기를 구성하기에 관한 것이 아니다. 그것은 프로이트가 그 자신의 말에 의하면 자신의 리비도적 구성에 따라서 달성하려고 노력하고 있는 것은 욕망의 유대교적(그리고 정신분석적) 배치의 특이성을 산출하는 것임을 이해하기에 관한 물음이다. 그리고 니체와 마찬가지로 프로이트는 그것을 꺼림치함, 죄 속에서 파악한다. 프로이트가 보여주는 기원의 상황은 여기서 문제가 되지 않는다. 그런데 확실히 중요한 것은 오이디푸스와 거세─게다가 정신분석적 관계에서의 전이─가 가장 오래된 히브리 법에 의해 형성된 특질들을 갖춘 강력한 장치에서 유일하게 작동하게 하는 원리이다. 다시 말해서 모든 리비도 에너지를 언어의 질서로 유도하기(우상의 제거), 언어에서 나/그대 관계에 주어진 절대적 특권(신화의 제거), 그리고 이 관계 내에서 말하는 것은 언제나 그대이고 결코 내가 아니라는 (키르케고르주의적) 역설이다. 이 장치는 이스라엘인이 환자이고 모세가 분석가이며 야훼가 무의식, 즉 대타자인 침대 의자의 장치이다. 대타자는 근친상간을 저지른 위대한 파라오, 선조 혹은 원原독재자가 아니다. 이집트 탈출이 있었는데, 유대인들은 전제주의와 결별했고, 바다, 사막을 건너서 아버지를 살해했다(프로이트가 재구성하고자 했던 살인은 바로 이 탈출이었다). 그리고 이런 까닭에 개혁의 흐름 전체 ─ 루터주의와 프로이트주의 ─ 뿐만 아니라 죄로서, 고독으로서, 신경증으로서의 내부화가 가능해졌을 것이고, 서양의 경우에 근본적으로 가능한 사태가 되었을 것이다.

> 우리는 서로 아무것도 요구하지 않고, 아무것도 불평하지 않고, 오히려 둘 다 마음을 연 채로 열린 문을 통해서 나아간다.
> ─ 차라투스트라가 자신의 고독에게

그런데 자본의 배치는 전제주의 혹은 상징적 야생성의 배치로 부각되지 않는 것처럼 유대성Jewishness(오이디푸스)의 배치로도 부각되지 않는다. 그것은 담론에 리비도의 기입 장소로서의 특권을 부여하지 않고, 장소의 모든 특권을 제거한다. 따라서 자본의 이동성, 그것의 원리는 기입의 양상과 관계가 있고, 그것의 기계류는 에너지 연결이라는 단 하나의 원리 ─ 가치법칙, 등가성 ─ 를 따른다. 그 원리에 따르면 모든 '교환'이 원칙적으로 언제나 가능하고, 자연적 재료의 한 형태에서 다른 한 형태로의 모든 변형이나 모든 접속이 언제나 역관계를 형성함으로써 전환될 수 있다. 그런데 잉여가치는 어떠한가라는 물음이 제기될 것이다. 이것은 힘과 가치 있는 것으로 추정되는 것(힘의 상품 등가물, 그 임금) 사이의 관계가 전환될 수 없다는 것, 그것들의 등가성은 허구적이라는 것을 뜻하기에 그것은 그 장치와 모순되지 않는가? 확실히 이것은 기계를 비롯하여 자본주의 경제 네트워크들에서 포획되는 모든 힘에 대하여 사실일지도 모른다. 그 기구는 힘의 차이를 무시하고 그 잠재력을 사건, 창조, 그리고 변이로서 재흡수함으로써 작동한다. 에너지 연결을 관장하는 원리를 참작하면 자본주의 체계는 심대한 차이, 중복, 대체 혹은 복제 없는 반복과 가역성에 특권을 부여한다. 변형은 비유의 현명한 경계 안에 한정된다. 잉여가치와 심지어 이윤도 이미 재흡수(혹은 다시 말해서 착취)의 단위와 실천이다. 그것들은 주어진 것과 얻은 것의 통약 가능성, 생산 과정을 통해서 획득된 '부가가치'와 생산에 융통된 가치 사이의 통약 가능성을 함축한다. 이런 추정상의 통약 가능성이 후자가 전자로 변환될 수 있게 하는 것, 잉여가치의 재투자 — 자본주의 체계의 규칙 혹은 경영 — 를 가능히게 하는 것이다. 바로 이런 내재적 교환성의 규칙에서 욕망하는 생산을 기관 없는 신체에 역으로 대응시키는 매핑에 대한 자본주의의 비밀이 드러난다. 이런 역매핑은 가치법칙 아래에서 부수적으로 갖추어진다. 가치법칙에 자본주의 체계의 바로 그 억압이 있으며, 가치법칙은 타자가 전혀 필요 없다 — 혹은 타자들(경찰관들 등)은 복제에 관한 근본적인 정리의 보조정리들 혹은 역정리들일 따름이다. 들뢰즈와 과타리가 대출금과 지불금의 통약 가능성의 허구적 본성을 강조할 때 뜻하는 바가 이것이다.

힘의 잠재력은 무언가를 더 많이 생산할 수 있는 잠재력이 아니라 오히려 다른 무언가를 다른 방식으로 생산할 수 있는 잠재력이다. 유기체에서 힘은 해체하는 역능이다. 정서직 스트레스, 가려움증, 도착적 다형성, 이른바 심신증, 들뢰즈와 과타리에게 매우 소중한 분열증 환자의 걸음걸이에서의 공간적 준거의 상실, 웃고 있는 고양이와 고양이 없는 웃음, 이것들은 언제나 작동하지만 언제나 꿈-작업으로서 작동한다. 힘은 유기적 스크린을 통해서 용해하여 에너지를 흩뿌린다. 그런데 자본주의적 '유기체'와 가치 장치의 장 속에서 증식하고 있는 것은 어떤 다른 것의 잠재성으로, 그 다른 것은 그 장치에 접촉하지 않은 채로 비판하는 도중에 있고, 교환법칙을 망각하면서 그것을 우회하고 그것을 현란하고 쓸모가 없어진 환영, 쓸모없는 네트워크로 만드는 도중에 있다. 그 새로운 장치가 우리 신체와 사회적 신체의 표층을 자신의 투명한 미지의 기관들로 휩쓸어 버리는 데 얼마나 오래 걸릴지, 이들 신체를 이해관계에의 연루에서 해방하고 저축, 지출, 그리고 집계에 대한 걱정에서 해방하는 데 얼마나 오래 걸릴지 누가 말할 수 있겠는가? 다른 한 형상이 나타나고 있다. 리비도는 자본주의 기구에서 물러서고 있고 욕망은 확산할 다른 방법들을 찾고 있는데, 그 다른 한 형상 – 전 세계에 걸쳐 천 개의 모험적 사업으로 갈라진 무정형의 것, 이런저런 조각들, 맑스의 말, 예수나 무함마드의 말 그리고 니체와 마오쩌둥의 말, 공동체주의적 실천과 작업장에서의 태업 행위, 점거, 불매 운동, 무단 거주, 납치와 몸값 요구, 해프닝과 탈음악화된 음악 그리고 연좌 농성, 여행과 조명 쇼, 게이와 레즈비언과 '광인'과 범죄자의 해방, 일방적으로 착수된 무료 실습…으로 위장한 골칫덩이 – 을 따라서 말이다. 자본주의는 자신의 내부에서 (무엇보다도 쓸모없는 '젊은'이들의 형태로) 나타나고 있는 이런 무용성에 맞서, 새로운 리비도 장치인 이것 – 『안티 오이디푸스』는 언어 내에서 이루어진 그것의 생산/기입이다 – 에 맞서 무엇을 할 수 있을까? 힘은 유도될 때만, 부분적으로 투자될 때만 생산한다. 분열증이 절대적 한계라고 일컬어진다면, 그 이유는 그런 일이 여하튼 일어난다면 그것은 리비도 장치에서 분배되지 않은 힘 – 순수한 액체 만곡 – 일 것이기 때문이다. 변형 원리들의 증식, 흐름들을 조절하는 코드들의 폐지를 통해서 자본주의는 우리를 이런 분열증적 한계에 더 가까이 접근시킨다. 그리고 우리를 이 한계에 더 가까이 접근시킴으로써 자본주의는 우리를 이미 건너편에 자리하게 한다. 그러므로 우리는 위반이라는 바타유의 주제에 대한 들뢰즈와 과타리의 무관심을 이해할 수 있는데, 어떤 한계 안에서는 위반할 것이 전혀 없다. 중요한 것은 프론티어의 건너편이 아니다. 그 이유는 프런티어가 있다면 동일한 세계로 구성된 양쪽이 이미 정립되어 있음이 틀림없기 때문이다. 예를 들면 근친상간은 매우 얇은 개울에 불과하며, 어머니는 말로만 여주인으로 구성될(= 여겨질) 수 있다. 주이상스에서 그녀는 더는 어머니가 아니고, 더는 아무것도 아닌 사람이며, 그리하여 지배하는 것은 따로 해체된 수만 개의 기관과 부분적 객체의 밤이다. 그러므로 어떤 한계 — 그런데 이것은 결국 너무나-인간적인 대립물이되고, 욕망은 양쪽 모두에 부재한다 — 가 있거나 아니면 욕망이 사실상 그한계의 장을 훑어본다. 그 움직임은 그 한계를 위반하는 움직임이 아니라 오히려 그 장 자체를 어떤 리비도 표층으로 분쇄하는 움직임이다. 자본주의가 분열증으로 그런 친화력을 갖는다면 그것의 파괴는 탈영토화(예를 들어 사유재산의 단순한 철폐)에서 비롯될 수 없다는 점이 당연히도출되는데, 정의상 자본주의는 탈영토화에서 살아남을 것이다. 자본주의가 바로 이런 탈영토화이다. 파괴는 오직 훨씬 더 유동적인 액체화에서, 오직 훨씬 더한 클리나멘과 훨씬 덜한 중력에서, 더 많은 춤과 더 적은 경건함에서 비롯될 수 있을 뿐이다. 우리에게 필요한 것은 강도의 변이가 더 예측 불가능하게, 더 강하게 되는 것인데, '정동적' 혹은 '창조적'삶의 격렬한 국면에서 그런 것과 마찬가지로 '사회적 삶'에서 욕망하는생산의 기복이 목적성, 정당화 혹은 기원 없이 새겨지는 것이다. 편집증적 기계들을, 기술을, 그리고 자본의 관료들을 활용함으로써 생성된 동일성에 대한 (언제나 동일하고, 언제나 의기소침한) 적의 및 꺼림칙함과 단절하는 것이다.

그렇다면 죽음 충동은 어떠한가? 들뢰즈와 과타리는 『문명 속의 불만』에 대한 진단의 근저에 자리하는 자기지향적 죄책감과 증오심에 관한 프로이트의 가설 — 원본 혹은 경험 없이 존재할 죽음 충동, 아무튼 신경증적인 이원론적 입장을 유지할 운명인 프로이트의 비관주의의 이론적 생산물 — 과 강력히 싸운다. 그런데 죽음 충동이 기계가 단속적으로 작동할수밖에 없고 기계의 순환이 조화롭게 유지될 수 없는 이유라면, 죽음 충동이 기계의 생산을 빼내어 독점하거나 혹은 그것을 물리쳐서 억압하는 기관 없는 신체를 통해서 욕망하는 생산을 교란하는 것이라면, 죽음충동의 모형이 착란적인 기계적 체계, 비非체계라면, 그리고 죽음 충동이 무관절성(모든 관절의 상실)에 대한, 강도의 변이 없는 표층에 대한, 긴장성 분열증에 대한, "아, 태어나지 않았던 것"에 대한 해당 경험으로 현시된다면 그것은 그저 용인되는 것만이 아니고, 욕망의 필요 성분이다. 죽음 충동은 결코 또 하나의 본능, 또 하나의 에너지가 아니라 오히려 리비도 경제 내에서 범접할 수 없는 과잉과 무질서의 '원칙'이고, 부차적 기계가 아니라 오히려 양의 무한대를 향해 전위될 수 있고 그것을 정지시킬수 있는 속도를 지닌 기계이다. 죽음 충동은 정치경제와 리비도 경제 사이의 차이를 도처에서 찾아내는 이런 가소성 혹은 점성인데, 특히 이 점성으로 인해, 예컨대 어떤 거대한 야생의 배치체(어떤 거대한 기구)에 대한 투자가 회수될 수 있고, 파이프와 필터가 노후화될 수 있으며, 리비도가 달리, 또 다른 형상에 배분될 수 있다. 그러므로 바로 이 점성에 모든 혁명적 잠재력이 자리하고 있다.

재현적 극장으로 되돌아가자. 오이디푸스의 문제에 관한 감탄할 만한 장을 살펴보자.[13] 그 장에서는 『안티 오이디푸스』를 가로지르는 모든 정합적인 것이 함께 모이거나 언급되고, 프로이트에의 근접성과 프로이트와의 차이가 두드러진다. 분할의 원리, 수량화의 원리, 분절화의 원리가 온전한 신체를, 연장적 거리가 없고 오히려 강도적 변이만 있을 뿐인 대지의 알egg(칸트주의적 유산?)을, 자식임과 여성, 식별 가능한 관절들, 사람들, 역할들, 이름들의 연속적인 히스테리를 절단하게 되어야 하며, 그리고 동일한 원리가 그것들을 배분해야 할 뿐만 아니라 또한 동맹의 규칙을 결정할 연장의 절차를 통해서 그것들을 조직해야 한다. 주지하다시피 욕망하는 생산의 기입 현장과 양상, 다시 말해서 사회체를 한정하는 원리는 생산적 원리가 아니다. 근본적으로 그것은 원리가 아니다. 왜냐하면 그것은 파괴적이기 때문이다. 그것은 기표, 근본적인 거세자가 아

---

13. 같은 책, 154~86. [같은 책.]

니고, 그것은 원부原父의 무도한 분노에서 현시되지 않고 오히려 남자들의 동성애적 공동체의 편집증적 집합체에서 현시된다. 동맹의 사슬들을 조직할 때 그것은 기관 없는 신체의 장면-표층 위에 재현, 상연을, 리비도적 강도체들의 부모 없는 익명의 여행을 위해 존재하는 가족적 역할들에 관한 드라마들을 조직한다. 그러므로 오이디푸스의 가능성, 원부 신화의 가능성이 생겨난다. 이런 까닭에 오이디푸스는 원초적이지 않고 재현의 효과라고 진술될 것이며, 그 효과는 사회적 조직에서 이루어진 분절화와 억압적 분배에서 비롯되는 가족적 역할들이 억압의 투사된 상류 — 여기서는 사실상 온전한 신체 위를 가로지르는 강도체들, 강력한 분열증이 있을 따름이다 — 라는 사실로부터 발생한다. 그다음에 전위된 욕망의 재현물. 어쩌면 들뢰즈와 과타리가 추정하는 것보다 덜한 정도로 프로이트로부터 떨어져 있는 가설(프로이트는 그 주제와 경제적인 것을, 재현적인 것과 욕동을 매우 신중하게 구분한다). 하지만 그것은 그다지 중요하지 않다. 분배, 편집증, 식별 불가능성, 수량화의 명의로 리비도적 강도의 것들의 연속적인 경제로부터 내부와 외부를 나누는 — 다시 말해서 이원성을 구성하는 — 배제의 원리가 있어야 한다는 점은 여전히 남는다. 그리고 이원성은, 외부(경제학, 오류, 온전한 신체)에서 자신이 억압해야 하는 것을 내부(장면, 가족, 사회체)에 재현할 연극적 장치의 원천 전체이다. 이런 배제성의 원리는 원초적 억압이며, 그리고 모든 흡수 절차, 욕망하는 생산을 신체 혹은 사회체에 대응시키는 역-매핑의 절차, 사회체 혹은 신체의 외부에 있는 분자 기계들과 부분적 객체들을 거부하는 모든 절차는 이런 억압, 이런 거리두기에 의해 조정된다.

그런데 우리 시대의 거대한 과업이 있다. 이원론에 의거하지 않은 채로 이 거리를 어떻게 이해할 수 있을까? 일차적 과정들을 포괄하고 그것들에서 추출되며 그것들을 재현하는 분절화의 이차적 과정들이 어떻게 존재할 수 있을까? 오이디푸스가 원초적이지 않다는 점을 당연시하면,

극장화의 현장, 강도체들의 오류를 억압하고 제한함으로써 그것들을 걸러서 한 장면 — 사회적이든 '심리적'이든 간에 — 으로 구성하는 투자 장벽이 있어야 한다고 진술될 것이다. 이제 비현실적이고 환상적이고 환각적이며 사물 자체로부터 영원히 떨어져 있는 한 장면.

그리고 그 사기꾼들이 와서 말할 것이다. 당신들의 리비도 경제와 정치경제 전체, 그것은 단지 나머지의 것과 마찬가지로 재현일 뿐이고, 여전히 극장일 뿐으로, 당신들이 외부에서 리비도와 기계의 명의로 의미의 형이상학을 전개하는 극장일 뿐이다. 여기서 기의는 에너지와 그 대체물들일 것이지만, 여기서 들뢰즈와 과타리, 당신들이 말하고, 따라서 여기서 당신들은 관객석/무대 책의 내부에 있고, 여기서 당신들의 소중하고 신성한 외부성은, 당신들에도 불구하고, 당신들의 바로 그 말의 내부에 있다! 서양의 총체적 극장에 추가되는 또 하나의 비유, 드라마 속 작은 드라마들, 기껏해야 장면의 전환, 하지만 변형은 없다….

사실상 어떤 의기소침한 사상이, 어떤 경건하고 허무주의적인 사상이 있다. 그것이 허무주의적이고 경건한 이유는 그것이 하나의 사상이기 때문이다. 사상은 강력한 입장이 자신을 재현하면서 자신을 망각하는 것이다. 연극성은 사상이 사상 속에서 비난할 수 있는 전부, 비판할 수 있는 전부이다. 한 사상은 언제나 한 사상을 비판할 수 있고, 언제나 한 사상의 연극성을 보여줌으로써 거리두기를 반복할 수 있다. 그런데도 무언가가 지나가는데, 사상가들은 이 무언가가 연극화할 수 있는 사상으로 진입하지 않은 한에서 그것을 비판할 수 없다. 발생하는 것은 대체이다. 그러므로 중세 유럽과 더불어 또 하나의 장치, 르네상스-고전주의적 장치가 자리하게 되었다. 중요한 것은 형이상학에 관한 담론인 형이상학에 관한 담론이 아니다. 형이상학은 모든 담론 속에 잠재적인 담론의 힘이다. 중요한 것은 그것이 장면, 극작술, 현장, 기입의 양상, 필터, 그리하여 리비도적 입장을 전환한다는 것이다. 사상가들은 형이상학적 연극성을 생각하고, 그런데도 욕망의 입장은 대체되고, 욕망은 작동하고, 새로운 기계들은 가동되고, 낡은 기계들은 당분간 작동을 멈추고 가동되지 않거나 혹은 공전하여 가열된다. 이런 힘의 운반은 사유에도, 형이상학에도 속하지 않는다. 들뢰즈와 과타리의 책은 담론으로 이런 운반을 나타낸다. 당신이 단지 그것의 재-현만을 이해한다면, 당신은 그것을 상실해 버렸다. 이 장치의 기준에 따르면, 이 형상의 내부에서 당신은 옳을 것이고, 당신은 이유가 있을 것이다. 그런데 당신은 잊힐 것이다. 왜냐하면 잊지 않고 있는 모든 것, 극장, 박물관, 학교 안에 자리하고 있는 모든 것은 잊힌다. 나타나고 있는 리비도 장치에서 옳다는 것, 이유가 있다는 것 – 즉, 박물관에 자리한다는 것 – 은 중요한 것이 아니다. 중요한 것은 웃고 춤출 수 있다는 것이다.

벨머는 한 가지 '기본적 표현', 우리가 격심한 치통을 앓을 때 손을 꽉 쥐게 되는 표현을 서술한다. "이런 꽉 쥐어진 손은 자극의 인위적 중심인데, 치통의 현존을 최소화하기 위해 실제 고통의 중심으로부터 혈류와 신경 전류를 끌어당김으로써 주의 분산을 유도하는 가상적 '치아'이다." 어떤 허위 목적성이 환기되고 그 서술 위에 씌워진다. 힘의 단순한 과다와 범람을 통해서 "치통의 현존을 확대하기 위해", 혹은 "아무 이유도 없이"라고 표현하지 못할 이유가 있겠는가? 이것이 사실이라면 실재적인 것과 인위적인 것 사이의 대립이 있을 이유가 있겠는가? 치아와 손 사이에 벽을 세우고서 그 손의 연극성(그리고 그 이의 자연성)을 부각할 이유가 있겠는가? 손바닥에 파고든 손가락들은 이의 재현이 아니다. 손가락들과 이는 공히 기표작용도, 비유도 아니다. 그것들은 마찬가지로 다양하게, 가역적으로 자신을 소모하고 있다. 이것이 벨머가 결국 말하는 것이다.

# 모든 정치경제는 리비도 경제이다

장-프랑수아 리오타르

1974

자본의 기호들 속에는 편력하는 힘이 있다. 자본의 가장자리에서 자본의 미미한 것들로서 있는 것이 아니라 오히려 자본의 가장 '핵심적'인, 자본의 가장 본질적인 교환들, 보드리야르가 보기에 가장 '소외된' 혹은 '물신화된' 교환들 속에 감춰진 채로 있다. 우리가 이것을 인식하지 못한다면 10년 안에 우리는 또 다른 새로운 비판, '기호의 정치경제학 비판'에 대한 비판을 개시하게 될 것이다. 그런데 자본의 욕망을 그것이 여기저기서 예시되는 대로 인식하는 것은 극히 어렵다. 예를 들면 노동에서, 오늘날 노동자조차도 그에 대한 경멸과 악평의 낱말들을 충분히 지니고 있지 않은 몹시 평범한 의미에서의 단조로운 일에서 예시되는 대로, 혹은 객체에서, 특히 보드리야르의 매혹에 힘입어 정당하게도 우리가 그 역능을 통해서 다시 붙잡는 힘〔푸이상스puissance〕를 갖춘 바로 그 객체에서 예시되는 대로 말이다. 페티시즘은 강도체들을 위한 기회가 아닌가? 그것은 발명의 감탄할 만한 힘을 증언하면서 더 비개연적일 수는 없는 사건들을 리비도 밴드[1]에 추가하지 않는가? 당신이 우리가 도덕적 질서를 빙자한 무례한 놈이 되지 않은 채로 동성애 혹은 마조히즘을 비판할 수 없다는 것을 알고 있을 때, 당신은 어디서부터 페티시즘을 비판할 것인가? 혹은

---

1. * '리비도 밴드'(libidinal band)는 "실재의 표면 역할을 하는 것"을 가리키는 리오타르의 독자적인 개념으로, 리비도 강도체들이 거쳐 가는 징후들을 품고 있다.

또다시 사실상, 은행과 화폐의 체계에 수반되는 자본 시간에의 투자, 리비도 강도체들의 비축되어-있는 동시에 예상되는 이 기묘한 지출. 이것에 대한 분석은 나중에 시도될 것이다. 혹은 더 간단히, 본연의 체계에의 투자, 일반적으로, [머리] 겔만이라는 한 위대한 물리학자가 베트남전쟁의 한심한 과학적 '범죄자'인 [윌리엄] 웨스트모어랜드와 협력자가 되는 한 가지 특성, 과학과 자본 사이의 단호한 일치성, 그리고 다른 것들을 배제하지 않음이 틀림없는 한 가지 특성. 게다가 체계에의 투자, 가치에의 투자, '차이' 혹은 준거를 통해서만 가치를 지닐 따름인 항들로 리비도 밴드 조각들을 구성하는 작업에의 투자, 그리고 이들 교차준거들의 법칙의 확립에의 투자, 다시 말해서 계약과 그 공범, 즉 결여에의 정신 나간 투자("우리가 그 공급을 절대 다시는 요청하지 않는 약처럼 — 왜냐하면 그것의 결여는 무언가 다른 것이 있는 것과 같기 때문이다")[2].『메타심리학』혹은 『자아와 원초아』에서 나타나는 프로이트주의적 리비도 경제의 의미에서 이런 투자는 현기증이 나는 강도체들을 생성할 수 있지 않을까? 아인슈타인의 가장 예술적인 고안물 역시 이런 욕망에 의해, 그가 말했듯이 신은 확실히 주사위 놀이를 하지 않는다는 확신에 의해 추동되지 않았던가? 그리고 이런 일에서 잃어버린 것은 무엇인가? 아무것도 없다.

그런데 당신은 그것이 권력과 지배, 착취와 심지어 절멸을 낳는다고 말할 것이다. 전적으로 맞는 말이다. 그런데 마조히즘도 낳는다. 그런데 흔히 히스테리의 장치를 떠올리게 하는, 자신의 작업과 기계에 숙련된 노동자의 기묘한 신체적 배치 역시 한 개체군의 절멸을 낳을 수 있다. 영국의 프롤레타리아 계급을 보라. 자본이, 다시 말해서 그들의 노동이 그들의 신체에 행한 것을 보라. 그렇지만 당신은 나에게 그렇지 않았으면 죽었을 것이라고 말할 것이다. 하지만 언제나 그렇지 않으면 죽을 것인데, 이것이

---

2. Sophie Podolski, *Le Pays où tout est permis*.

리비도 경제의 법칙이다. 그렇지 않다, 법칙은 아니다. 이것은 욕망의 강도체들을 울부짖음의 형태로 규정하는 잠정적인, 매우 잠정적인 정의이다. '그것 아니면 죽음', 즉 그것과 그로 인한 죽음, 그것의 내부 껍질, 그것의 얇은 열매의 껍질로서, 그렇지만 아직 그것의 가격이 아니라 오히려 그것을 지불할 수 없게 만드는 것으로서 그것 속에 언제나 있는 죽음. 그리고 어쩌면 당신은 '그것 아니면 죽음'이 하나의 양자택일이라고 믿을 것이다?! 그리고 그들이 그것을 선택했다면, 그들이 기계의 노예, 기계의 기계, 매년 하루에 8시간, 12시간 그것에 지쳐버린 멍청이가 된다면, 그 이유는 그들이 그것을 할 수밖에 없고, 강요받았기 때문이고, 그들이 삶에 매달리기 때문이라고 믿는가? 죽음은 그것의 대안이 아니고, 죽음은 그것의 일부이고, 죽음은 그것 속에 주이상스가 있다는 사실을 증언하고, 실직한 영국인들은 생존하기 위해 노동자가 되지 않았고, 그들─나에게 단단히 달라붙어서 침을 뱉는다─은 히스테리적인 것, 자기학대적인 것을 향유했고, 광산에서, 제철소에서, 공장에서, 지옥에서 견디면서 아무리 기진맥진하더라도 그것을 향유했고ils ont joui de, 사실상 그들에게 강요되었던 자신의 유기적 신체의 터무니없는 파괴를 향유했고, 그들은 자신의 개인적 정체성, 그들에 대하여 소작농 전통이 구성했었던 정체성의 해체를 향유했고, 자신의 가족과 마을의 해체를 향유했으며, 그리고 아침과 저녁에 교외와 선술집의 새로운 엄청난 익명성을 향유했다.

　　그리고 마침내 이런 주이상스가, 어린 소녀 맑스가 이 점을 분명히 했듯이, 모든 면에서 매춘의 주이상스와 유사함을 인정하자. 익명성의 주이상스, 작업에서 동일한 것의 반복의 주이상스, 동일한 몸짓, 공장에서의 동일한 활동, 시간당 얼마나 많은 남자, 얼마나 많은 석탄, 얼마나 많은 철근, 당연히 '배출되'지 않고 견뎌내는 얼마나 많은 배설물, 다른 부분들을 전적으로 배제할 지경까지 활용되는, 사용되는 신체의 동일한 부분들의 반복의 주이상스가 그러하며, 그리고 매춘부의 성기 혹은 입이 사용을 통해서, 사용됨을 통해서 히스테리적으로 무감각해지는 것과 마찬가지로 [알프레] 토마티가 서술하고 분석한 대로 2만 헤르츠에서 작동하는 교류발전기 옆에서 평화롭게 자신의 편지를 쓰고 가장 섬세한 소리를 듣는 노동자의 귀도 그러함을 인식하자. 토마티가 청력도 연구를 수행할 때 그는 2만 헤르츠에서 작동하는 교류발전기에 해당하는 공명 범위가 무력화되어서 들리지 않음을 인지한다. 그러므로 청각적 신체, 매춘부 회집체의 파편들에 대한 히스테리적 취급, 물론 매춘의 조건이기도 한 '노동 조건'에 의해 요구되는 리비도 사용을 인지한다. 우리가 어떤 비난도 없이, 아무런 유감도 없이 이것을 말한다는 것은 당연히 언급할 필요조차 없다. 오히려 우리는, 사회학자들이 이 파편들이 어떤 리비도 강도체들을 파편으로서 전달할 수 있는지 알지 못한 채로 파편화되어 있다고 일컬을 노동 조건의 히스테리적 광기 속에 노동자의 특별한 은닉되고-은닉하는 힘, 저항의 힘, 주이상스의 힘이 있었고 어쩌면 지금도 있을 것이라는 점을 알아내었기에 말할 따름이다.

모든 사람이 심지어 가장 어리석은 자본주의적 노동자에 관해서도 자신이 겪는 경험들 (그리고 이 경험들이 추정컨대 수치스럽기에, 게다가 특히 그것들을 겪기보다는 오히려 자신이 바로 이들 경험이기에 대개 자신이 제대로 겪을 수 없는 경험들) 속에서 주이상스 및 어떤 기묘한 도착적 강도를 찾아낼 수 있음이 명백할 때, 우리가 어떻게 소외에 관해 계속해서 언급할 수 있겠는가? 우리는 소외에 관해 무엇을 아는가? '생산적' 혹은 '예술적' 혹은 '시적' 변형이 어떤 일의적이고 총체화된 유기적 신체에 의해 지금까지 하나도 달성되지 않았고 또한 달성되지 않을 것이고 오히려 그것은 언제나 그 신체의 추정상의 해체를 대가로 치르고서, 그러므로 이런 일이 가능했다는 불가피한 어리석음을 대가로 치르고서 달성된다는 점이 명백할 때, 자신의 통일성과 동일성에 묶여 있는 그런 신체는 지금까지 결코 없었고 언제나 없을 것이라는 타당한 이유로 그런 해체가 지금까지 결코 없었고 언제나 없을 것이라는 점이 명백할 때, 이런 신체가 환상이고, 그 자체로 상당히 리비도적이고 성애적이며 위생적＝그리스적이거나, 혹은 성애적이고 초자연적＝그리스도교적이라는 점과 이런 환상과는 대조적으로 모든 소외가 위대한 제로$Zero$에 의해 귀환에의 욕망으로서 유발되는 느낌인 르상티망의 의미에서 사유되고 불쾌하게 여겨진다는 점이 명백할 때에 말이다. 그런데 일 세기 전의 스코틀랜드 광부의 신체가 온전한 신체가 아니었던 것과 마찬가지로 원시적 야만인의 신체도 온전한 신체가 아니다. 온전한 신체는 하나도 없다.

마지막으로, 또한 당신은 그런 주이상스가, 내가 생각하고 있는 프롤레타리아 계급의 주이상스가 가장 강경하고 가장 강렬한 반란들을 결코 배제하지 않음을 깨달아야 한다. 주이상스는 참을 수 없는 것이다. 노동자들이 반란을 일으키고 기계들을 파괴하고 우두머리들을 감금하고 경찰을 쫓아낼 것은, 식민화의 희생자들이 통치자들의 저택을 불태우고 감시자들의 목을 자를 것은, 자신들의 존엄성을 되찾기 위해서가 아니다. 그렇지 않다. 그것은 전적으로 다른 무언가인데, 존엄성은 없다. 매우 경탄할 만하게도 [피에르] 기요타는 알제리와 관련하여 이것을 글로 작성했다.[3] 지속할 수 있든 그렇지 않든 간에 리비도적 입장들이 있고, 즉시 회수되는 부여된 입장들이 있는데, 에너지가 거대한 퍼즐의 다른 조각들로 넘어가면서 주이상스, 즉 강화의 새로운 파편들과 새로운 양상들을 만들어 낸다. 리비도적 존엄성도 없고 리비도적 우애도 없으며, ('메시지'의 결여로 인해) 소통이 없는 리비도적 접촉들이 있다. 이런 까닭에 동일한 투쟁에 참여하는 개인들이 동일한 사회적·경제적 계층에 처해 있더라도 그들 사이에 가장 심대한 오해가 현존할 수 있을 것이다. 어떤 알제리인이 정글에서 여러 해 동안 혹은 도시 네트워크에서 여러 달 동안 싸운다

---

3. Pierre Guyotat, *Tombeau pour 500,000 soldats*.

면 그 이유는 그의 욕망이 살해하고 싶은 욕망, 일반적으로 살해하는 것이 아니라 자신의 민감한 지역들의 투자된 부분, 의심의 여지가 없이 여전히 투자되고 있는 부분을 살해하고 싶은 욕망이 되었기 때문이다. 자신의 프랑스인 주인을 살해하고 싶은 욕망? 그 이상이다. 이 주인의 친절한 하인으로서 살해당하고 싶은 욕망, 자신의 매춘부가 동의하는 부위를 해방하고 싶은 욕망, 매춘이 아닌 다른 주이상스를 모형으로, 다시 말해서 지배적인 투자 양태로 추구하고 싶은 욕망이 있다. 그런데도 살인에서 그 자체를 예화함으로써 어쩌면 그의 욕망은 여전히 그가 벗어나고자 의도한 징벌적 관계에 장악된 채로 있었을 것인데, 어쩌면 이 살인은 여전히 자살이었고, 처벌이었고, 포주를 위한 대가였고, 여전히 예속이었을 것이다. 그런데 이 동일한 독립 투쟁 기간에 어떤 다른 '온건한', 심지어 중도주의적인 알제리인이 타협과 협상을 하기로 결정했고, 그는 또 다른 성향의 주이상스를 추구했다. 그의 지능은 그런 죽음을 일축하고 계산의 효능을 확신했고, 이미 신체에 대한 경멸을 품었고 협상이 요구하는 대로 말을 고상하게 했으며, 따라서 또한 자기 죽음을 매춘부 신체가 아니라 일반적인 육체의 죽음으로, 서양의 화자에게 매우 마음에 드는 죽음으로 격상시켰다. 기타 등등.

한편으로 물론 이들 차이, 즉 성애적이고 치명적인 흐름들에 대한 투자의 이질적인 것들은 사회적 '운동'이 무엇이든 간에, 사소한 것이든 공장 규모의 것이든 혹은 방대한 규모의 것이든 간에 한 나라 전체 혹은 대륙에 확산할 때 그 운동 내에서도 나타난다. 하지만 공공연한 반란의 운동은 별문제로 하고, 예컨대 이들 특이한 '히스테리적' 주이상스, 혹은 근대 과학성과 매우 유사한, '잠재적'이라고 일컬어질 수 있는 주이상스들, 혹은 또다시 '신체'가 절약된 시간과 진전된 시간의 측정에 전적으로 예속되는 자본의 증대된 재생산 내에 자리하게 하는 주이상스들이 나타남을 주목하라. 그리고 사실상 (여기서 노골적으로 묘사된) 이들 예화는 모두, 자본주의 기계가 명백히 일반적인 지루함 속에서 윙윙거리고 있고 모든 신체가 아무 신음도 내지 않고 자신의 작업을 하는 것처럼 보일 때에도, 이들 리비도 예화, 욕망 유입의 흐름과 유지의 이들 작은 장치는 결코 명확하지 않고 사회학적 독법 혹은 명확한 정치를 낳을 수 없으며 규정 가능한 어휘와 구문으로의 탈코드화도 낳을 수 없다. 처벌은 복종 및 반란, 권력, 긍지와 자기폄하적인 우울의 매혹을 유발하고, 모든 '규율'은 열정과 증오를 요구하는데, 누가 수행하든 간에 이것들은 맑스의 의미에서의 무차별성일 따름이지만 말이다. 그러므로 양면성이라고 보드리야르는 말했다. 그리고 우리는 말한다. 그것을 훨씬 넘어선 것, 일반적으로 정동에 관한 기호학적 혹은 해석학적 분석의 공격에 취약할 이런 사랑과 혐오 혹은 두려움의 응축된 집house 이외의 무언가 다른 것. 어떤 해석자도 다의성을 두려워하지 않는다. 오히려 동시에 그리고 식별 불가능하게 어떤 체계에서 작동하거나 오작동하는 용어인 것과 갑자기 달래기 어려운 기쁨과 고통인 것, 상호 위장된, 양면적인 의미작용이기도 하고 긴장이기도 한 것을 두려워한다. 그리고/혹은 뿐만 아니라 또한 침묵의 쉼표 ';'.

◇

얼마나 많은 철근, 정액의 양, 육욕적 비명과 공장 소음의 데시벨, 더 많은 그리고 더욱더 많은 것. 이런 더 많은 것은 그 자체로 투자될 수 있고, 그것은 자본 속에 있으며, 그리고 그것은 완전히 공허하고 – 우리는 이것을 전적으로 수용한다 – 그것은 아고라agora 혹은 펠로폰네소스 전쟁에 관한 정치적 논의에 못지않게 헛될 뿐만 아니라, 특히 이것은 심지어 생산의 문제가 아님을 인식해야 한다는 것도 인정되어야 한다. 이들 '생산물'은 생산물이 아니고, 여기서, 자본에서 중요한 것은 그것들이 지속되고 양量으로 지속된다는 것이다. 그 자체로 이미 강도의 동인인 것은 양, 부과된 수數이고, 양의 질적 변이가 아니라, 결코 아니라 오히려 [마르키드 사드의 경우처럼 받는 타격의 놀랄 만한 수, 요구되는 자세와 운신의 수, 필요한 희생자의 수이고, 미나 부메뎅의 경우처럼 술집의 뒷방에서 탁자 위에 방수포를 깔고 누워서 노동하는 여성 안으로 여러 번 진입하는 남성 성기의 가증스러운 수이다.

그녀는 땀투성이의 몽롱한 상태에서 빨고 흔든다 / 그녀는 자신의 얼굴에서 흔들리는 음경을 빤다 / 바지 지퍼 부분이 상처를 입힐 때 그녀는 몸서리친다 / 그녀의 시야가 비틀거린다 / 입구들과 가짜 출구들 / 병원에서 깨어남 / 술집 문이 삐걱거린다 / 미나가 이 문이다 / 심장의 확장과 수축 / 그녀의 심장은 터질 것이다 / 그녀는 그 문의 개방 횟수를 세려고 시도한다 / 그녀는 자신이 매우 많이 성교하게 될 것이라고 혼잣말을 한다 / 그녀는 셈을 놓치고 삐걱거림을 계속한다 / 그녀는 코카콜라를 마시게 된다 / 그녀는 자신의 목구멍 아래쪽에서 이상한 맛을 느낀다 / 그녀는 상처 입은 새이다 / 벌벌 떠는 멍든 새 / 그녀는 길가에 누워 있다 / 그녀는 사고를 당했었다 … 당신들은 셈을 잘했다 / 항상 그렇지는 않았다 / 그렇다 당신들은 언제나 나에게 기대었다 / 나는 잠시도 당신들을 떠나지 못했다 / 홀로 사십 번째의 성교 / 검역소에 있는 미나 / 나는 당신들에게 혐오감을 일으킨다 / 내가 당신들에게 혐오감을 일으킨다고 말해 달라 / 나는 당신들을 위해 매춘부 노릇을 할 것이다 / 나는 작은 청색 사각형들이 그려진 방수포 위에서 하루에 그 일을 일백 번 할 것이다 / 아세틸렌 토치램프의 냄새 / 토치램프의 쌕쌕거리는 소리 / 그녀는 암살당해서 죽어 있다 / 비열한 인간들을 감안하여 / 그녀는 여러 달 동안 여기에 죽어 있었다 / 여러 해 동안 / 뒷가게의 방수포 위에서 하루에 일백 번 그리고 물 양동이 / 그녀의 일이 마무리되었을 때 그녀를 다시 깨우기 위해 / 얼어붙은 물 양동이 / 그리고 당장 처음부터 다시 램프의 쌕쌕거리는 소리 / 그때 그녀는 죽어 있지 않았다 / 그녀는 충분히 죽어 있지 않았성감대 수를 사용하라,5 더 많은 그리고 더욱더 많은 수를 사용하라. 이것이 자본주의에서 강도의 결정적 예화가 아닌가? 지적인 선생님들인 우리는 능동적으로 혹은 수동적으로passivons 더욱더 많은 말, 더 많은 책, 더 많은 논문을 '생산'하고, 언설의 돈벌이 작품을 끊임없이 보충하고, 오히려 그것을 잔뜩 읽고, 가능한 한 빨리 다른 말로 변형하기 위해 책과 '경험'을 파악하고, 여기서 우리에게 접속하고, 청색 사각형이 그려진 방수포 위에 누워 있는 미나와 마찬가지로, 저기서 접속당하고, 물론 말로 시장과 거래를 확대하고 있지 않은가? 그런데 또한 주이상스의 기회를 증대하고 있고, 가능한 경우마다 강도체들을 마련하고 있고, 우리 역시 하루에 사십 번에서 일백 번으로 이행하도록 요구받고 있기에 결코 충분히 죽어 있지 않고, 그리고 우리는 결코 매춘부 역할을 충분히 하지 않을 것이기에 우리는 결코 충분히 죽어 있지 않을 것이다.

그리고 여기서 다음과 같은 물음이 제기된다. 정치적 지식인들, 당신들은 왜 프롤레타리아 계급 쪽으로 마음이 기우는가? 무엇을 동정하고 있는가? 나는 어느 프롤레타리아가 당신들을 증오할 것이라고 깨닫는데, 당신들이 증오심이 없는 이유는 당신들이 부르주아이고 특권 계급에 속하며 피부가 매끈한 부류이기 때문일 뿐만 아니라 말해야 할 단 하나의 중요한 것, 즉 우리는 자본의 똥, 그 재료들, 그 금속 덩어리들, 그 폴리스티렌, 그 책들, 그 소시지 파이들을 삼키는 것을, 미어터질 때까지 수 톤의 똥을 삼키는 것을 즐길 수 있다는 것을 감히 말하지 않기 때문이다 — 그리고 자신의 손, 엉덩이, 그리고 머리로 일하는 사람들의 욕망 속

4. Mina Boumedine, *L'Oiseau dans la main*, 152~5.
5. 같은 책, 61.

에서 일어나는 것이기도 한 이것을 말하는 대신에, 아, 당신들이 남자들의 지도자, 바로 **포주들**의 지도자가 되고, 당신들이 몸을 앞으로 내밀고 알려주기 때문이다. 아, 그런데 그것은 소외이고, 그것은 멋지지 않은데, 잠깐만, 우리가 당신을 그것에서 구해줄 것이고, 우리가 당신을 이 사악한 노예 상태에 대한 애착에서 해방하기 위해 일할 것이며, 우리가 당신에게 존엄성을 부여할 것이다. 게다가 이런 식으로 당신들은 스스로 가장 비열한 쪽, 당신들이 자본화된 우리의 욕망이 전적으로 무시당하고 정지당하게 되기를 바라는 도덕주의적인 쪽에 서게 되고, 당신들은 죄인들과 함께 있는 성직자들과 같고, 우리의 노예근성의 강도가 당신들을 놀라게 하며, 당신들은 스스로에게 말해야 하는데, 그들은 어떻게 그것을 고통스럽게 견뎌내어야 하는가! 그리고 물론 우리는, 자본화된 우리는 고통받고 있지만, 이런 사실이 우리는 향유하지 않음을 뜻하지도 않고, 당신들이 스스로 우리에게 치유책 ― 무엇에 대한 치유책? ― 으로 제시할 수 있다고 생각하는 것에 우리가 진저리를 내지 않음을 더욱더 뜻하지도 않는다. 우리는 치료법과 그 바셀린을 혐오하고, 우리는 당신들이 가장 어리석다고 판단하는 양적 과잉 아래서 폭발하기를 선호한다. 그리고 우리의 자발성이 반기를 들기를 기다리지도 마라.

　… 그러므로 비판과 위로를 단념하기. 양은 그 자체로 투자될 수 있으며, 그리고 이것은 소외가 아니고, (게다가 그것은 이른바 전자본주의적 사회들의 '유명한' 소비에 현존한다 ― 그런데 보드리야르는 이것을 우리보다 더 잘 안다). 파편화는 그 자체로 투자될 수 있으며, 그리고 이것은 소외가 아니다. 신체가 파편화되지 않은 사회가 존재했었다고 믿는 것은 환상인데, 그저 반동적인 것이 아니라 오히려 서양의 연극성을 구성하는 것이다. 리비도 경제의 경우에 온전한 신체는 없다. 그리고 어떤 리비도적 신체, 서양의 의학과 생리학에서 비롯된 개념과 에로스 및 죽음의 식별 불가능한 영역들에 종속된 에너지로서의 리비도라는 개념의 어떤 기

묘한 절충이 있을 뿐이다. 『자본』 1권의 4편에 관한 논평에서[6] 프랑수아 게리는 [조지] 프리드먼 혹은 [헤르베르트] 마르쿠제 같은 인물들처럼 시간 제 노동에 반대하는 인간주의적 항의자들은 신체 분할의 국소화의 오류에 의존함을 보여준다. 물론 게리는 이렇게 말한다. 자본의 신체는 맑스가 서술한 대로 공장에서 그리고 더한층 반자동화된 대공업에서 생산적 신체를 차지하면서 유기적 신체를 독립적인 부분들로 분할하는데, "숙련된 활동들의 더욱더 광범위한 기계화와 밀접한 관련이 있을" 이 부분들 중 일부의 "거의 초인간적인 절묘함"을 요구한다. 그런데 게리는 다음과 같이 덧붙인다. 이것은 "단지 생물학적 신체와 생산적 신체의 구식 혼합물에 영향을 미치는 시대착오적인 현상일 뿐이다. 신체의 정말로 거대한 분할은 그곳에 있지 않다." 그것은 "생물학적 신체의 바로 그 핵심에서 실행되는 또 다른 분할 – 기계류로 환원된 신체와 그 현재 상태가 정보과학자들의 소프트웨어인 지적 생산력, 머리, 뇌 사이의 분할 – 에 의존한다."[7] 우리는 어떻게 게리의 경우에 정말로 적절한 절단선이 첫 번째 것이라기보다는 오히려 두 번째 것이라는 점을 이해할 수 있을까? 그 이유는 그가 중세적 단체corporation, 더 정확히 말하자면 "고대 전체를 거쳐서" 중세 시대까지 작동한 영원한 단체에 대한 어떤 이미지, 맑스에 의해 구축된 것이자 "신체 가공력", "머리를 비롯한 인체의 유기적 힘"에 대한 어떤 이미지를 수용하기 때문이다. 그리고 게리는 강력히 주장한다. "이것이 중요하다. 인간의 머리는 단체에 의해 가공되지만 신체의 유기적 부분으로서 가공된다. 머리가 육체적 힘, 폐, 팔과 손가락, 다리와 발보다 공간적으로 그리고 질적으로 더 높은 정상에 자리하게 될 내부적 위계에 관해서는 의문의 여지가 없다."[8]

---

6. Didier Deleule and François Guéry, *Le Corps productif*, 특히 1부 "L'Individuation du corps productif."

7. 같은 책, 37~9.

생산적 노동 분야에서 단체는 사실상 이런 비위계적 신체라는 점을 인정하자. 그런 규정은 오직 이 분야가 그것이 비롯되는 정치적 조직 – 이 것이 동양적 전제주의든 자유로운 마을이든 도시국가든 혹은 제국이든 간에 – 에서 분리된 별개의 것이라는 조건에 의거하며, 그리고 – 고대 그리스의 경우에 – 정치적 기술로서의 연설의 출현이 고려되지 않는다는 조건에 의거할 따름이라는 것은 여전히 사실이다. 이런 사태는 모든 상황이 동일하다면 각각의 육체적 과업을 정치적 신체에 종속된 파편으로 환원하는 두화頭化의 과정과 심지어 자본화의 과정과 동등하다. 달리 말해서 머리는 사실상 단체의 시대에 현존하는데, 어쩌면 단체에는 현존하지 않을 것이지만 '사회적 신체'에는 확실히 현존한다. 사회적 신체는 우리 시대에 정치경제의 신체가 아닐 것이고, 생산적 신체는 어쩌면 부분적 욕동들이 집중하는 형태를 띨 것이다(왜냐하면 생산적 신체는 이 부분적 욕동들에 관한 문제이기 때문이다). 이런 집중에 영향을 미치는 것은 정치적 신체이지만 그것은 여기에 그야말로 잔존하며, 그리고 (예를 들면 스파르타에서 그랬듯이) 반드시 통화인 것은 아니지만 언제나 무력과 언설의 중심인 중심부 제로로의 접힘은 이들 충동과 사회적 존재자들의 그야말로 위계화를 구축하는데, 여기서 그것들은 어떤 특권적인 방식의 자유로운 움직임에 자리를 내어준다.

전쟁과 담론에서 집중이 일어나지 않는다는 것, 적어도 체계적으로는 일어나지 않는다는 점을 고려하면, 비정치적 사회, 그러므로 '원시' 사회 혹은 '야생' 사회에 관하여 이 정도는 말할 수 있다. 여기서 우리가 세부의 오류인 것처럼 보였던 '오류'를 넘어서 살펴봐야 하는 것은 최고의 맑스주의적 유산에서 매우 강력하고 변함없는, 노동하는 신체의 행복한 상태에 관한 환상으로, 이런 행복은 (서양의 순수한 전통에서) 그 신체

---

8. 같은 책, 23~4.

의 모든 부분의 자기통일성으로 여겨진다. 하지만 검토해 보면 이 환상은 또 다른 가면을 쓴 보드리야르의 원시 사회에 지나지 않는 것으로 여겨질 것이다. 고대 아테네에서 시행된 시민 연설의 법칙과 마찬가지로 '상징적 교환' 역시 정치경제적 교환이고, 테트라로고스tetralogos 9 역시 담론의 상업화의 법칙이며, 그리고 상보적으로, 조정된 분과학문들에서 이루어진 업무의 꼼꼼한 파편화도 (어쩌면) 전문적이지는 않을 것이지만 추정상의 사회적 신체의 머리에 못지않은 중심부 제로에의 종속을 수반한다.

---

9. Jacqueline de Romilly, *Histoire et raison chez Thucydide*, 180~240.

# 반복의 권력

질 리포베츠키

1976

## 신체들을 운에 맡기고서 : 권력

　오직 신체들, 단지 신체들, 미시-유기체들 혹은 거시-유기체들, 자신의 외부 부착물들이 영향을 미칠 수 있고 내부 조합들이 화학적 반응, 힘 혹은 강도를 산출하는 물질들이 있을 따름이다. 정념, 일상적 감정, 증상은 사유 및 담론과 마찬가지로 동일한 전반적인 유물론적 문제, 즉 단순한 신체들과 회집체들의 보편적 운동의 문제, 중앙의 심급도 자아-주체도 전혀 없는 분자들과 우연의 전적으로 실정적인positive 움직임의 문제를 불러낸다. 그리하여 확실히 이원론은 존재하지 않는다. 욕망/로고스, 무의식/이성이라는 엄격한 대립에 의해 부각되는 이중의 정신적 작용에 관한 이론은 특정한 의미, 정신, 진리를 갖춘 종교적 믿음으로 귀환할 뿐이고, 우리를 언명들의 회집체에서, 코드의 헤게모니 아래서 질서정연하거나 정합적인 사유 과정이라는 환상을 향유하게 할 뿐이다. 그런데 일단 우리가 비실체적인 강단적 사례들에서 벗어나면 의미의 기록과 생산은 마찬가지로 우연적인 것으로 판명되고, 화학적 실험은 단순한 신체들(기호들)과 복합적인 신체들(명제들)의 예측 불가능한 조합에서 비롯되는 것으로 판명된다. 당신의 종잡을 수 없는 관측 결과들, 그것들의 우연한 순회, 그것들의 유례없는 반복을 보라. '연구'와 그것의 다소간 대담한 단언들, 그것의 혼란스러운 조합들을 보라. 구조 혹은 개념의 온갖 질서정연한 작업에 아무것도 빚지지 않은, 언제나 실정적인 뜻밖의 회집체들을 보라. 사유는 신체들과 그것들의 위험한 교접에서 생겨나는 데, 왜냐하면 기호들이 그런 신체들이기 때문이다. 그 이유는 기호들이 일단 자신의 특성들을 변형하는 조합들을 이루게 되면 언제나 결과를 낳을 수 있기 때문이다. 우리는 더는 사유 과정을 의미 그리고/혹은 기표에 의거하여 나타내지 말고 연쇄적으로 이어지는 일련의 유례없는 화학적 실험으로 상상해야 하며, 그리하여 모든 면에서 증상 혹은 정서와 유사한 반응들(의미, 진리, 이해할 수 없는 고뇌, '발견'의 기쁨…)이 산출된다. 그것들은 n개의 개별적이고 기본적인 리비도적 신체, '무질서'를 구성하는 바로 그 신체들의 우연한 연접을 통해서 촉발되는 비대체적 발열 반응에 지나지 않음이 증명될 수 있는데, 예를 들면 꼬마 한스의 경우에 '말馬 + 검은색 + 물기'라는 연접이 있다(『성의 화학을 위하여』 — 근간 연구서).[1] 그다음에 일반화된 과학과 관련하여 더는 어떤 담론적 구성체도 없고, 특정한 메커니즘들(이차 과정, 일차 과정)에서 진전하는 무의식의 구성체도 전혀 없다는 점이 인정되어야 한다. 분석적 주제의 궁극적 기능은 신체와 우연의 보편적 움직임을 은폐하는 것이다. 또한 우리는 지금까지 무의식을 충분히 논의했고, 욕망의 철학은 로고스와 구조의 철학만큼이나 우리를 지루하게 한다. 이성은 욕망과 달리 '작동'하지 않고 정동은 사유와 달리 작동하지 않는데, 도처에서 동일한 화학적 실험들이 우연한 마주침들, 동일한 신체들-기호들로 이루어진 반응들 — 어떤 정도든 간에 연동하여 이해 가능하고, 정서적이고, 담화적이고 발열적인 반응들 — 을 운에 맡기고서 실행된다. 리오타르가 말하곤 했듯이 은폐, 기호들의 이중성이다.

하나의 역설. 필연성이 도래하는 것은 두 번째 우연한 발생에 있는데,

---

1. * 이 글에서 곧 출간될 것이라고 예고된 『성의 화학을 위하여』(*Towards a Chemistry of Sex*)는 실제 출판되지는 않은 것으로 확인된다.

충동적이거나 산만한 신체들의 배열들이 동결되고 안정화될 때, 반복이 끌어당김과 밀어냄의 예측 불가능한 움직임들을 대체할 때 도래한다. 그 다음에 개념, 증상, 정동적 장치들이 도래한다. 그리고 이들 결과와 더불어 부정이 제기된다. 왜냐하면 모든 안정한 구성체는 영원한 것으로서의 자격으로 동일한 조합들을 끊임없이 배제하기 때문이다.[2] 이런 것이 바로 권력의 작용인데, 확정된 회집체로서 신체들의 모든 복합체에 불가피하게 연루된 배제라기보다는 오히려 배제의 반복, 고정된 질서를 새기는 반복이다. 그래서 일단 정동 혹은 사유들이 반복적 배치들에서 구성됨으로써 새로운 조합의 구성, 신체들의 무질서한 운동들, 화학적 우연의 움직임을 제거하는 질서를 산출하면 권력은 정동 혹은 사유들의 권역에서 온전히 준비된 채로 나타난다. 모든 권력은 시간 및 우연과 어떤 특정한 관계를 향유한다는 것, 이것이 내게는 『리비도 경제』에서 본질적인 것처럼 보이는 것이다. 권력은 상황이 감속할 때 개시된다. 권력은 시간 및 그 보유와 더불어, 리오타르가 상상하는 대로 분리 막대의 회전 감속과 더불어 개시된다.[3] 즉, 조직되는 것들과 더불어, 우연과 신체들의 무작위적 운동을 필연으로 변환하는 조합들의 구체화와 더불어 개시된다. 그리하여 우리가 보게 되듯이 자본주의의 틀 내에서도 일반적인 권력 체계의 본질적 기능은 시간을 보유하는 것, 즉 단순 재생산을 집행하고 부과하는 것이 될 상황에 이른다.

반복과 더불어 예고되는 것은 이미 주체이다. 그런 안정한 배치체들이 없다면 자아의 동일성과 통일성이 어떻게 가능할 것인가? 주체에 관한 [에밀] 뱅베니스트의 테제(이는 근본적으로 니체-클로소프스키의 테제와 동일하다)가 꿰뚫어 보듯이 대명사 '나'의 채택은 신체들의 불변적

---

2. Jean-François Lyotard, *Libidal Economy*, 14.

3. 같은 책, 24~5.

조합들 없이 저절로 작동하지 않는다는 점이 인정되어야 한다. 그러므로 주체는 얽히고설킨 무리[4]의 목적들 사이의 타협으로 생겨나기보다는 오히려 주체가 하나의 문제 혹은 계산하는 매춘부[5]이기 전에 무조건의 동일성, 즉 나에 대한 단순한 긍정인 것으로 판명되는 한에서 회집체들의 반복으로 생겨난다. 꿈을 살펴보자. 꿈은 결코 불가사의한 타협이 아니라 오히려 단순하든 복잡하든 간에 신체들에 근거를 둔 일련의 불연속적이고 유례없는 실험인데, 발췌들, 조합들이 번개 같은 속도로 이루어지고 무화되며, 반응들이 너무 빨라서 어느 동일한 주체에 의해 등록되지 않기에 누구의 것도 아니게 되는 우연에 대한 자유로운 긍정이다. 연쇄적으로 이어지는 실험들에서 안정하고 재현하는 회집체들의 부재는 '나'의 출현을 불가능하게 만들고, 따라서 권력의 출현도 불가능하게 만든다. 일단 우연의 작용이 가속되면, 일단 조합들의 형성과 노후화가 매우 빨라서 모든 고정된 집적체가 사라지고 결국 끊임없이 무질서한 익명의 과정이 남게 된다면 주체성은 사라진다.

꿈, 증상, 실수 등처럼 상이한 것들을 무의식의 구성체들의 틀 안에 함께 묶는 것은 얼마나 이상한 착상인가! 그런데 정신분석은 정적인 것, 일차 혹은 이차 조작들에 관한 서술을 대단히 즐기며, 그리고 속력과 가속의 운동학이 지닌 미묘한 점들에 대한 취향을 결코 지닌 적이 없다. 우리는 『리비도 경제』를 바로 그런 이행을 수행하라는 신중하지만 단호한 권고로 해석한다. 일단 우리가 그렇게 하면 꿈과 증상 사이에 충분한 차이가 존재하게 된다. 꿈은 최저 수준의 구체화 혹은 기억에서 이루어지는 신체들의 가속된 변신인 반면에 증상은 그 조합이 정형화되고 반복적인 한에서 필연으로 전환된 우연으로 현시된다. 더욱이 꿈은 누구에게

---

4. 같은 책, 170.
5. 같은 책, 175~6.

도 속하지 않는다. 그 이유는 체험 혹은 의식의 부재라기보다는 오히려 그것의 굉장한 속력이 모든 영원성의 백지상태를, 그러므로 주체의 정체성의 백지상태를 만드는 방식 때문이다. 반면에 증상은 그 불변성을 통해서 여타의 응결된 조합과 더불어 주체, 자아의 개체화에 이바지하는데, 전자의 조합들은 낯설고 배제된 상태에 있지만 말이다.

그리하여 상황이 빠르게 전환되는 경우에, 조합들이 극단적인 속력으로 형성되고 사라지는 경우(꿈, 덧없는 감정, 연구 작업, 지각)에 권력은 행사될 수 없다. 왜냐하면 모든 지배는 신체들의 우연한 교류들을 반복적인 순환들로 안정화하는 사회적 기구, 어떤 영원한 것 혹은 자아를 수반하기 때문이다. 이것은 권력이 신체들의 무작위적 운동의 조절기, 즉 시간을 보유하기 위한 기구로서 작동함을 뜻한다. 죽음, 데드타임, 그런 것이 권력의 욕망이다.

## 자본주의의 시간

자본과 그 팽창을 고찰할 때, 리오타르가 말하는 대로 신용화폐를 제공할 수 있는 역량을 지닌 은행의 권력이 오히려 정복의 장치, 즉 시간의 선불 혹은 시간의 신용에 달려 있다는 것이 참이라면, 우리는 자본과 그 팽창에 관한 고찰을 상당히 수정할 수밖에 없지 않겠는가?[6] 우리가 축적과 성장의 확대 과정에서 자본주의의 고유한 특성을 인식한다면, 우리는 여기서 권력의 기능이 시간의 보유를 보장하는 것이 아니라 오히려 사실상 시간의 보유를 추진하는 것이라고 상정해야 한다. 그런데 자본주의의 신체를 구성할 뿐만 아니라 은행이 의지하는 대단히 많은 단순 재생산의 체계, 시간 보유의 체계에도 해당하는 권력 기구들의 집합

---

6. 같은 책, 225.

(가족, 학교, 작업장, 감옥, 규범 체계, 병영, 경찰, 정동과 담론의 구체화된 조합을 갖춘 자아 등)이 없다면 그런 시간의 신용이 어떻게 가능할까? 은행가는 미래에 돈을 걸고 시간의 신용 대출을 실행할 것이다. 왜냐하면 은행가는 현재의 갱신에 의존할 뿐더러 기업가가 기한 내 상환을 보증하고 채권자가 그것을 믿는 데 필요한 시간이라는 자본에도 의존하기 때문이다. 미래가 예측 불가능한, 언제나 유례가 없는, 아무 보장도 없는 체계를 신용할 만큼 정신 나간 사람이 누가 있겠는가? 은행가와 기업가는 모든 면에서 승자이다. 왜냐하면 그들은 시간의 선불과 시간의 환불 둘 다를 가능하게 하는 권력 기구들의 전체 집합에 의해 재생산되는 시간이라는 고정자본을 원하는 대로 쓸 수 있기 때문이다.

자본주의, 즉 실험 작업을 그 작동의 체계적 원리의 지위로 격상시킨 체계는 어떤 특정한 구조에도 귀속되지 않고, 확립된 코드들의 특성에 근본적으로 무관심하다. 시간 간격이 조절된다는 유일한 조건하에 일반적으로 무차별적인 모든 조합이 가정될 수 있고, 모든 옹호가 가능해질 수 있다. 노동시간의 감축, 구매력의 향상, 피임, 자율적인 작업 집단, 정치적 심급의 변환, 교육적 관계, 가족 관계, 성적 관계 등, 자본주의가 통합할 수 없는 것은 무엇인가? 그런 것은 전혀 없다…. 단 하나의 명령이 있을 뿐인데, 그것은 모든 것이 동시에 '허용'되지는 않는다는 것, 모든 것이 동시에 달아나지는 않는다는 것, 달리 말해서 조합들이, 무엇이든 많은 조합이 변함없이 재생산된다는 것이다. 그래서 권력 기구들의 시급한 임무는 다음과 같다. 바로 어딘가 다른 곳에서 실험 작업이 가능하도록 시간을 절약하는 것, 성숙을 저지하는 것, 이런저런 조합을 가능한 한 오랫동안 안정화하는 것이다. 자본주의 전체는 시간의 절약과 선불이라는 이러한 운동들로 이루어져 있고, 그리하여 체계의 유명한 '모순들'은 이른바 객관적 법칙들이 아니라 시간에 관한 이 동일한 물음들과 관련되어야만 하는 상황에 이르게 된다. 왜냐하면 자본주의를 괴롭히는 갈등들에는 그 본질적인 지분으로서의 시간, 노동자들, 개선의 목적을 위해 애쓰는 소수자들, 권력자들이 원하는 것보다 더 빠른 변화들이 있기 때문이다. '모순들'의 뿌리는 바로 시간을 위한 투쟁이다. 6개월 뒤가 아니라 지금 10퍼센트의 급료 인상. 5년 뒤가 아니라 지금 당장 낙태의 자유, 60세 은퇴. 그리고 또한 국제적 규모로. 단번에 원료 가격이 2배가 된다. 하나의 가정. 현재의 인플레이션 위기는 모든 사회 집단, 모든 부문, 모든 국가가 아무 구분 없이 하나로 존재하는, 시간의 이윤을 위한 이런 투쟁에 근거하고 있지 않은가? 또 하나의 논점. 당면한 경제적 현실에 관해서만 고찰함으로써, 혹은 사실상 성장의 궁극적 필요성을 통해서 권력의 규제 기능을 설명하고자 하는 것은 전적으로 무의미할 것이다. 직업별 노조 인정 혹은 소수 민족이나 성적 소수자 인정의 둔화, 감옥, 정신병원 등의 '자유화'에 대한 제동은 등가성과 팽창의 공리로 설명될 수 없다. 여기에는 더 상위의 긴급 상황이 영향을 주고 있다. 그 질서가 아무리 자의적일지라도 안정화된 시간을 필요로 하는 질서를 위한 질서의 부과. 정치경제 체계에 고유한 실험 작업은 그것이 생산물과 생산에 관련된 근본적인 무차별성을 사물과도 물질과도 조합하지 않고 오히려 가격이나 가치와 조합한다 — 그리하여 모든 조합은 가산성可算性의 공리를 준수하는 한에서 가능해진다 — 는 사실에 빚지고 있다. 게다가 그 조합들이 확대된 재생산의 견지에서 회집되는 한에서 정치경제 체계의 리듬은 조합 생산의 지속적인 가속의 움직임에 의해 설정된다. 그리하여 경제성장의 체계는 돌연한 실험 작업으로 특징지어지는 시간 및 신체들과 맺는 관계를 낳는다. 그런데 우리가 자본주의의 작동을 파악하고자 한다면, 그 실험 속력이 자본의 팽창 논리에 이질적인 기구들 — 권력 체계들, 단순 재생산 체계들의 집합 — 의 제약을 받는 것으로 드러나는 한에서 자본의 작업에 대한 고찰만으로는 부족한 것으로 판명된다. 이것은 많은 권력 기구(국가, 기업가, 은행 등)가 역동적인 혁신 혹은 탐사의 한 극을 단편적으로 혹은 구조적으로 구성할 수 있다는 점을 망각하는 것은 아니다. 그렇지만 이들 기구는 기관이든 욕동이든 담론이든 간에 안정화된 신체들의 모든 조합에서 현시되는 권력 기구들의 집합과 비교하여 최소의 힘을 나타낼 따름이다. 그리하여 전반적으로 권력은 사실상 유례없는 조합 생성의 안정화와 감속의 운영자로 남아 있게 된다. 그러므로 권력에 관한 주제와 관련하여 "[권력]의 모든 조작성은 가장 기초적인 규칙, 자본의 최종 결정권 – '공평한' 교환, 등가성 – 의 유지로 환원될 수 있다"라고 말하는 것, 가치법칙은 "체계의 바로 그 억압"을 나타내고 "타자가 전혀 필요 없다 – 혹은 타자들(경찰관들 등)은 복제에 관한 근본적인 정리의 보조정리들 혹은 역정리들일 따름이다"라고 말하는 것은 비논리적인 것처럼 보인다.[7] 이런 발언은, 총괄적으로 고려하면 이들 권력이 자본의 경비견으로서 기능할 뿐만 아니라 팽창의 가속 과정에 대한 장애물로서도 기능한다는 사실을 무시하는 경제주의적 환원이다. 중앙 권력도, 하위 권력 혹은 파생 권력도 전혀 없다. 환원 불가능하면서도 결코 독립적이지 않은 다수의 권력만이 있을 뿐이고, 그것들의 궁극적 목적은 시간을 안정화하는 것, 신체들의 마주침의 무질서한 우연을 제거하는 것, 그리하여 조합들과 반응들에 반복 혹은 질서 – 가치법칙만으로는 보장할 수 없는 무언가 – 를 부과하는 것이다. 우리는 권력을 자본의 대리자로서의 기능에 의거하여 파악할 수 있을 뿐이라는 맑스의 반사적인 사유를 떨쳐버려야 한다. 왜냐하면 자본이 권력 기구들에 의해 실현되는 시간의 절약으로부터 이익을 얻는 것이 사실이라면 축적의 확대 과정이 사회적 신체의 모든 층위에서 지배의 질서를 산출하라는 정언 명령의 지배를 받는다는 것도 마찬가지로 사실이기 때문이다. 일반화된 위계적 논리의 재생산 작업 도구인 생산력의 발전.[8]

---

7. Jean-François Lyotard, "Energumen Capital," *Des dispositifs pulsionnels*, 40, 45.

거리에서, 사무실에서, 학교, 교회, 가족, 도처에서 신체들은 자본에 고유한 추상적인 양적 조합들에 동화될 수 없는 위계적 조합들로서 자리하게 되며, 그리하여 우리는 더는 자본주의에서 오직 등가성과 성장의 코드에 의해서만 전적으로 지배받는, 시간을 횡령하는 이런 일반화된 정치경제의 체계를 인식할 수 없다. 또 하나의 바꿀 수 없고 환원 불가능한 공리, 즉 권력과 그 파종된 형상들이 있다. 자본주의는 권력의 양태들에 대해서 대단히 무관심하다는 점이 매우 확실히 밝혀진다. 유일한 명령은 어떤 형태로든 간에 권력이 있어야 한다는 것인데, 확실히 권력들은 질서를 새기기 위해, 그리하여 질서의 전략으로서 기능하는 지배 논리를 새기기 위해 교환들과 관계들 전체의 틀을 짠다. 그런데 이런 표면적 동형성으로 인해 권력들의 체계의 특정성을 가치 체계에 우호적인 것으로 액체화하지 말아야 한다. 왜냐하면 위계적 논리와 등가성의 논리 사이에, 그리고 차이의 논리와 가산적 논리 사이에는 시간에 대하여 적대적인 기능들에 대응하는, 환원 불가능한 간극이 여전히 있기 때문이다.

그러므로 '혁명적' 행위들은, 맑스의 분석과는 대조적으로 결코 혁명적이기를 멈춘 적이 없는 자본의 체계를 전복하고자 하는 행위들이 아니라 오히려 그 체계의 리듬을 철저히 완결하는 행위들 ─ 말하자면 신체들의 변형 과정들을 가속하는 행위들 ─ 이다. 그 팽창 논리에 있어서 자본에 고유한 이런 속력은 우발적인 교환들, 신체들의 마주침들을 마비시키는 권력의 모든 장치, 자아의 모든 장치, 혹은 제도의 모든 장치에 맞서는 투쟁에서 더욱 심화되어야 한다. 권력의 형상이 기업에서, 부부에서, 우리의 정동에서, 우리의 사유에서 동요할 때 새로운 조합들이 가능해지고 신체들의 교환이 가속되면서 어떤 반응들을 위해 다른 어떤 반응들을 제거한다. 우리가 그런 가속을 열망하는 것은 반복들, 슬픈 정체 상태들

---

8. Jean Baudrillard, *The Mirror of Production*, 112. [장 보들리야르, 『생산의 거울』.]

이 매우 오랫동안 지속하지 않게 하기 위해서이며, 그리고 화학적 조합들과 반응들이 더 빨리 변화할 수 있게 하기 위해서이다. 바로 여기서 권력 비판이 생겨난다.

우리는 그것들이 파괴되자마자 어떤 새로운 권력 기구가 새로운 공포를 동반하고서 낡은 권력 기구를 대체할 것임을 잘 알고 있다. 그런데 이 경우에는 [그 기구가] 감당할 수 없는 반응들이 비활성화되고 다른 유례없는, 때때로 유쾌한 반응들이 가능해지면서 그것들 역시 낡은 반응들의 슬픔에 합류하는 예견할 수 없는 순간을 미결인 채로 둔다. 그리하여 우리가 행할 것, 우리가 희망할 것은 단지 권력들과 그 억압의 통치 기간을 단축하는 것, 그것도 끊임없이 그렇게 하는 것이다. 왜냐하면 권력들에 맞선 전투는 끝이 없기 때문이다. 그 전투는 소소한 것이지만 거대하다. 그런 것이 영구혁명의 의미인데, 이제 우리는 영구혁명을 시간의 절약을 열망하는 다양한 가속 운동과 동일시한다.

오해하지 마라. 중요한 것은 소외의 문제로 다시 시작하기에 관한 물음이 아니다.[9] 반복은 고통이 아니다. 왜냐하면 반복은 격렬한 향유를 산출할 수 있기 때문이다. (리오타르가 진술하는 대로) 여타의 테러리스트와 마찬가지로, 중요한 것은 새로운 구제 윤리, 가속의 윤리를 가르치는 문제도 아니다.[10] 이것만이 중요하다. 전제적 조합들을 해체하는 경험들의 증식, 신체들의 움직임의 가속이 우리에게 제도화된 고통에 맞서는 유일한 수단인 것처럼 보인다. 더 좋은 것이 전혀 없기에 우리는 그 고통에 맞서 시간과 다투는 경주, 참을 수 없는 것들을 가능한 한 빨리 소멸시킬 수 있는 특이한 조합들과 반응들의 생산을 가속하는 경주에 착수하자. 여기서 우연의 화학이 권력 기구들에 맞선 전투에 관여한다 — 그것

---

9. Lyotard, *Libidal Economy*, 111.
10. 같은 책, 101.

은 도덕과도 심지어 정치와도 아무 관계가 없다. 어떤 의무도 어떤 경험도 그 자체로는 고통스럽지도 않고 '인간적' 해결책에 대한 요청을 폄하하지도 않는데, 투쟁의 가속을 요청하는 체계의 모순들에 대한 '과학적' 분석 역시 그렇다.

그러므로 우리는 비판을 포기한 적이 없다.[11] 그런 순간에 비판은 기층 및 기층의 권력에 맞선 투쟁에서 하나의 가능한 가속자, 신체들의 화석화된 조합들에서 변형의 조작자인 것으로 판명된다. 비판은 배제를 통해서 작동하고 바로 이런 이유로 인해 권력 기구를 구성함이 확실하다. 하지만 그런 것은 어떤 식으로든 간에 진리를 가리키는 모든 텍스트의 운명이다. 이들 텍스트는 반복하거나 반복되자마자 지배의 기능을 떠맡을 준비가 되어 있다. 이제 우리의 임무가 되는 것은 비판의 가속이며, 그리하여 담론은 증식하여 매우 빠르게 흩어질 것이기에 진지함, 견고함, 개념과 진리에 대한 보증을 파괴할 것이다. 그리고 사실상 진리의 테러리즘에 맞서는 이런 투쟁은, 영구적으로 가속되는 변형적 오류 속에서 정확성 혹은 자본화에 개의치 않고 유례없는 언명들을 끊임없이 회집하는 리오타르 자신의 저작에서 직접 현시되지 않는가?

---

11. 같은 책, 101~2, 120.

# 모든 종류의 픽션들

J. G. 밸러드

1971

모든 것이 과학소설이 되고 있다. 비주류 문학의 가장자리에서 20세기의 온전한 실재가 나타났다. 현대 과학소설 작가들이 오늘 발명하는 것을 당신과 나는 내일 실행할 것이다. 더 정확히 말하자면 거의 10년 후에 실행할 것인데, 발명과 실행 사이의 간격이 점점 더 좁혀지고 있지만 말이다. 과학소설은 지난 100년 동안 쓰인 가장 중요한 픽션이다. H. G. 웰스와 그 계승자들의 동정심, 상상력, 통찰력, 그리고 선견지명, 게다가 무엇보다도 20세기의 실제 정체성에 대한 그들의 이해력은 제임스 조이스, [T. S.] 엘리엇 그리고 이른바 모더니즘 운동 – 부르주아 계급에 대한 거부의 19세기 파생물 – 을 벌인 작가들의 소외되고 내향적인 환상들을 왜소하게 만든다. 과학소설의 주제를 고려할 뿐만 아니라, 과학소설이 순진함, 낙관주의, 그리고 가능성을 열렬히 수용한다는 사실도 고려하면 과학소설의 역할과 중요성은 증대할 수밖에 없다. 나는 과학소설 읽기가 의무적인 것이 되어야 한다고 믿는다. 운이 좋게도 강제할 필요는 없을 것이다. 왜냐하면 더욱더 많은 사람이 자발적으로 과학소설을 읽고 있기 때문이다. 최악의 과학소설조차도 – 그것의 독자들과 그들의 심상들의 단순한 존속을 장점의 잣대로 사용한다면 – 최선의 전통적인 소설보다 더 낫다. 현재를 이해하는 데 필요한 더 좋은 열쇠는 과거보다 미래이다.

무엇보다도 과학소설은 현재의 죽어가는 서사적 픽션과 근미래의 카세트 픽션 및 비디오테이프 픽션 사이의 간극을 건너갈 유일한 문학 형태일 가능성이 높다. 세계 최대의 광고 대행사이자 최대의 픽션 생산자인 J. 월터 톰슨J. Walter Thomson보다 솔 벨로와 존 업다이크가 더 잘할 수 있는 것은 무엇인가? 과학소설은 현재 번성하고 있는 거의 유일한 픽션 형태이고, 게다가 주변 세계에 어떤 영향을 미치는 유일한 픽션임이 확실하다. 사회적 관계가 더는 개인이 20세기 후반의 기술적 풍경과 맺는 관계만큼 중요하지 않다는 분명한 이유로 인해 사회소설의 독자는 점점 더 줄어들고 있다.

본질적으로 과학소설은 소비재 사회의 거주자들이 지각하는 대로의 과학과 기술에 대한 반응이고, 오늘날 작가의 역할이 철저히 바뀌어 버렸음 — 그는 이제 모든 종류의 픽션들로 환경을 채우는 거대한 일군의 사람 중 한 사람에 지나지 않는다 — 을 밝혀준다. 생존하기 위해 작가는 훨씬 더 분석적인 작가가 되어야 하는데, 자신의 주제에 과학자나 공학자처럼 접근해야 한다. 아무튼 픽션을 생산할 수 있으려면 작가는 여타의 사람보다 상상력이 더 뛰어나야 하고, 더 크게 소리쳐야 하고, 더 조용히 속삭여야 한다. 서사적 픽션의 역사에서 최초로, 작가가 되는 데에는 재능 이상의 것이 필요할 것이다. 뮤리엘 스파크 혹은 에드나 오브라이언, 킹즐리 에이미스 혹은 시릴 코널리는 그들의 동료 사회인들과 비교하여 어떤 특별한 기량을 갖추고 있는 것으로 판명되었는가? 미끄러지는 경사로가 그들이 나갈 길을 가리킨다.

나름대로 강력하고 독창적인 작가인 조각가 에두아르도 파올로치가 로스앤젤레스의 교외에서 제작된 과학소설 잡지들이 당대의 문학 정기 간행물에서 찾아볼 수 있는 어떤 것보다 더 많은 상상과 의미를 담고 있다고 진술한 지가 이제 대략 십오 년이 지났다. 지금까지 후속 사건들은 파올로치의 예리한 판단이 모든 면에서 옳다는 것을 입증했다. 운이 좋게도 그 자신의 상상력은 19세기의 주요 전통이 새로운 것의 전통이었던 시각 예술에서 주로 작동할 수 있었다. 불행하게도 픽션에서는 너무나 오랫동안 주요 전통이 낡은 것의 전통이었다. 외부인들에 의해 점점 더 잊히고 무시당하는 어떤 쇠퇴하는 기관의 일원들처럼 선도적인 작가들과 비평들은 자신이 간직한 기억의 닳은 구슬들을 세는데, 죽은 이들, 그들 자신의 조부모의 동시대인조차도 아닌 죽은 이의 이름들을 읊조린다.

그런데 최근에 나의 에이전트가 즐거운 어조로 내게 진술한 대로 과학소설은 세계 전역에 암처럼 퍼지고 있다. 확산되고 있는 해변의 문화처럼 견딜 수 있는 양성 종양이다. 그 수용의 시간 지연은 단축되는데, 나는 현재 그것이 대략 10년이라고 추정한다. 내가 추측하기에 인간은 소심하고 겁이 많은 생명체이고, 소심하고 겁이 많은 사람들은 변화를 몹시 싫어한다. 그렇지만 모든 사람이 더 확신하게 되듯이 그들은 변화, 즉 그들 자신의 삶과 근본적으로 다른 삶의 가능성을 수용할 준비가 되어 있다. 우연과 가능성의 슈퍼마켓에서 받는 사은품 쿠폰처럼 과학소설은 항상 팽창하는 미래의 새로운 통화가 되었다.

과학소설이 직면하는 한 가지 위험, 그것의 팽창하는 게토 ― 픽션에서 그야말로 멋진 지역 ―를 향해 이동하고 있는 트로이의 목마는 얼굴 없는 생명체, 문학 비평이다. 지금까지 과학소설에 대한 거의 모든 비평은 상당히 다산인 어느 토착 부족의 성 관습을 관찰하면서, 음경의 두드러진 길이는 제외하고는, 성 관습에 작용하는 모든 건전한 요인을 찾아내는 고결한 선교사들처럼 열의를 무지와 결합하는 호의적인 국외자들에 의해 작성되었다. 로이스 로즈와 스티븐 로즈라는 열렬한 부부(『산산이 부서진 반지』의 저자들)의 통찰의 깊이는 과학소설에서 "인간, 자연, 역사, 그리고 궁극적 의미"에 대한 새로운 시각을 제시하려는 시도를 발견하는 한 쌍의 그리스도교 실천가들의 그것이다. 그들이 깨닫지 못하는 것은 과학소설이 전적으로 무신론적이라는 점이다. 작용 중인 어떤 불가사의한 요소들을 찾아낸 과거의 비평가들은 위장술에 의해 눈이 가려졌다. 과학소설은 신의 엉덩이보다 자동차 계기판에서 빛나는 미광의 의의에 훨씬 더 많은 관심을 기울이는데, 과학소설에서 어머니 자연이 무언가를 가지고 있다면 그것은 성병이다.

대부분의 과학소설 비평가는 두 가지 함정 중 하나에 빠진다. 그들은 『지옥의 새 지도』에서의 킹즐리 에이미스처럼 과시적인 기술적 요소들을 전적으로 무시하고 과학소설을 사회 비판, 반유토피아적 환상소설 등의 '주류'와 관련시키고자 하거나(에이미스가 1957년에 제기하였고 전적으로 틀린 것으로 입증된 과학소설에 대한 주요한 예언) 아니면 개별 인물들에 의거하여 과학소설에 소유격 부호를 붙이려고 시도하는데, 그리하여 이류 작가들에게 위대한 작가 망토를 입힘으로써 자신들의 쇠퇴하는 제품을 판매하려는 훨씬 더 재정이 풍부한 미국 및 영국 출판사들의 노력과 절망적으로 경쟁한다. 과학소설은 언제나 대단히 협동적인 활동이었기에 그 작가들은 공동으로 이용하는 착상들을 공유하였고, 개별적 성취의 잣대로는 최고 작가들 — [레이] 브래드버리, [아이작] 아시모프, 『림보 '90』의 버나드 울프 그리고 프레더릭 폴 — 의 가치를 알 수 없다. 20세기의 대다수 과학소설 작가의 익명성은 현대 기술의 익명성으로, 내구 소비재의 설계 혹은 사실상 랭스 대성당의 경우와 마찬가지로 '위대한 인물들'이 두드러지지 않는다.

예컨대 노먼 메일러의 글이나 최근의 바이덴펠트Weidenfeld 혹은 케이프Cape 기적보다 훨씬 더 오래된 공예와 전통의 네트워크에서 생겨난, 무한히 더 미묘하고 적절한 시각적·유기적·심리학적 계기들의 복합체인 1971년형 캐딜락 엘도라도Cadillac El Dorado는 누가 설계했는가? 과학소설의 주제는 일상생활의 주제이다. 이를테면 냉장고의 희미한 빛, 컬러텔레비전 수상기의 뉴스영화 영상을 지나가는 아내 혹은 남편의 허벅지 윤곽, 자동차 실내에서 나타나는 근육계와 크롬 인공물의 연접, 공항 에스컬레이터에서 승객들이 취하는 독특한 자세인데, 전반적으로 팝아트 화가들과 조각가들의 세계에 가깝다. 특히, [에두아르도] 파올로치, [리처드]

해밀턴, [앤디] 워홀, [톰] 웨슬만, [에드] 루셰이의 세계에 가깝다. 과학소설의 큰 이점은 그것이 이 뜨거운 혼합물에 한 가지 독특한 성분, 즉 낱말들을 추가할 수 있다는 것이다. 쓰라!

# 욕망혁명

장-프랑수아 리오타르

1973

## 텍스트 0

1968년 7월의 여운 속에서 쓴 텍스트들. **편**집에 따라 차이가 나는 동일한 살과 피의 콜라주들에 부속됨[1] **텍**스트들 역시 섞여 있는 대략 스무 개의 도판으로 이루어진 한 권 **색**상 때문에 너무나 비싼 것처럼 보이는 프로젝트 콜라주들은 오늘 파괴되었다 **우**리는 혁명-불사조가 기다리고 있는 컬러 잿가루가 없는 다른 한 편집본을 제시할 것이다 **여**전히 너무 비싸다 **잔**해와 한숨이 남아 있다

## 텍스트 1

**현**실은 꿈이었다 이것이 우리 폭력의 본질이다 환상에 관한 이론 그것은 모두를 두렵게 만들었다 우리조차도 **사**람들은 자기 눈을 비비듯이 투표를 하러 갔다 **내**가 꿈꾼 것은 시시하다 수탉이 홰를 쳤다 **그**런데 욕망은 판매용이 아니고 당신은 그 접근법이 체계의 입술 없는 입으로 빠져든 후원자의 이름이 적혀 있는 종잇조각으로 조잡한 입증력을 입수한

---

1. * 이 글의 원문은 구두점 없이 이어지면서 영어 대문자로 문장이 구분된다. 한글의 경우에는 영어 대문자에 해당하는 것이 없기에 첫 글자를 볼드체로 표기하여 처리하였다.

다는 걱정을 끝내지 못한다 우리는 눈이 환상에 열린 채로 있기를 바란다 소외를 끝내는 것은 변증법의 예의 바른 협동적 논의를 마련하는 것도 아니고 해석학의 줄에 매달려 있는 것도 아니다 단지 앉아서 글을 쓰는 것도 아니다 단지 포석들을 던지는 것도 아니다 그것은 욕망의 편을 드는 것일 것이다 이편은 불멸이다 그것은 이미 승자이고 언제나 불사조일 것이다 우리는 그것을 조직할 필요가 없고 알아보기만 하면 된다 그것은 침묵이다 모든 담론 속 심지어 그 형식 의미작용 내의 의미 그것은 형상속 아름다움이다 단순히 감각적인 것을 넘어선 의미의 이런 과잉 지금까지 우리는 아름다움을 위해 투쟁했다 그것은 최초의 역사적 혁명의 시작이었다 우리는 위기로 인해 어쩔 수 없이 그러하지 않았다 그리고 욕구는 그것과 아무 관계도 없다 그 움직임은 항소에서 생겨났다 당신은 결코 어떻게든 범주들을 사용하여 뒤에서부터 그것을 받아들일 수 없을 것이다 우리는 잃을 것이 전혀 없다 우리는 우리의 일 이외는 잃을 것이 결코 없을 것이다

## 텍스트 2

형식만이 혁명의 움직임을 표현하는 데 적합하다 형식이 혁명이다 동양이든 서양이든 간에 근대 사회는 탄화텅스텐으로 덮여 있는 위胃이다 매우 비싼 위 여기서 담론들과 형상들은 마모되어서 산산조각이 나고 그것들이 무너뜨린다고 주장한 벽을 강화하게 된다 당신은 체계와 저속한 욕구를 넘어서는 것을 표현하기를 바란다 그것은 욕망을 망치는 반면에 이것은 마침내 당신을 고무한다 그것이 타자의 환상일지라도 말이다 그런데 그렇지 않다 위는 당신의 낱말들 당신의 이미지들 객체들 상품들을 동일한 것으로 만든다 비판 혐오도 포함된다 꿈은 소비 가능한 페티시들을 시판하는 데 도움이 된다 모든 것이 도움이 된다 모든 것은

그것의 타자성을 일소하고 건설적인 것 긍정적인 것으로 그것을 지우며 그것을 안심시키는 말과 사물로 바꾸어 놓고 싶은 욕망을 누그러뜨리는 데 도움이 된다 **지금까지** 오랫동안 계급의 적들은 사회적 지배 수단을 통제할 뿐만 아니라 욕망에 맞서 자신을 보호하기 위해 우리 자신과 동시에 생산된 가장 낡은 책략도 통제한다 **억압은** 원천에 있는 이런 포획 영역에서 효력을 발휘한다

콜라주의 폭력은 자신의 고유한 수단을 갖고서 억압에 맞선다 검열의 가위 날들은 그 기능에 불리하게 반전된다 **외설적인** 성의 매력으로 모든 것을 판매하기 위한 잡지 이미지들 우리의 날들은 그것의 환상 분위기를 절단한다 **이제** 장면이 설정된다 그리하여 초기 단계의 다형적 도착성이 노출되고 과시된다 소비사회는 그것의 신경증적 부정이다 **제도**적 유혹의 종언 금지된 것과 권고된 것의 모호한 구획 모든 냉장고 구매자에게 보너스로 제공되는 암시적인 음란한 장면 **욕망은** 소외의 파편들을 받쳐준다

**동경하는** 명령이 명확히 표명하고 부과한 것을 분리함으로써 추정건대 무관한 요소들을 전위하고 압축함으로써 콜라주는 꿈-작업을 수행한다 주어진 배치를 해체하고 규칙적인 간격들을 벗어나는 조작들의 이런 집합에서는 금지가 위반된다 꿈의 작업에서 현시되는 대로의 역능과 의미작용을 분쇄하는 힘과 운동으로 현시되는 것은 욕망이다 **편집은** 외양들로 나뉘었다 **콜라주**에 의해 산출된 형상들은 형상화의 전복을 보여주고 이런 전복은 발기발기 찢겨 구문론적 무질서로 다시 회집된 오르페우스적 신체의 으뜸가는 환상이다 그 무질서는 의미작용들 내에서의 의미의 질서이다 **노출된 원시적 형식**

텍스트 3

눈은 한 감각의 기관이 아니다 그것은 모든 감각의 기관이자 모든 기관의 의미이다 눈은 그것의 맨 아랫부분에서 세계가 가능한 수직적 거리의 대가이다 이 깊이가 형식의 비밀이다 눈이 없다면 형상은 아무 토대도 없을 것이고 이면은 아무 반전도 없을 것이고 여성은 남성으로부터 어떤 비밀도 간직하지 못할 것이며 언설은 어떤 침묵도 감추지 못할 것이다 이쪽과 보이는 저쪽 사이의 거리는 가장 오래된 부재의 현전이다 욕망은 그것으로부터 절반의 규칙 절반의 탈규제를 끌어낸다 눈은 벗어나는 것이다 그것은 너머를 본다 그것은 자신이 보지 않는 것을 본다 이런 식으로 욕망은 거울에 들어가서 보기 위해 그것을 뒤집는다 세계는 뒤집어져 더는 현존하지 않기 위해 현존한다

눈은 움직이지 않으면 아무것도 볼 수 없다 이동성이 그것의 상태이다 무언가에 시선을 고정시키는 것은 눈이 모퉁이들과 거미줄의 감춰진 측면들의 가장자리를 따라 전속력으로 움직이는 것이다 거미줄은 사물을 그 주변에서 꼼짝 못 하게 만들고 피렌체의 둥근 지붕이 언덕 주변으로 향해 있는 것과 마찬가지로 다른 사물들에 향해 있는 직선들과 곡선들을 포괄함으로써 그 사물에 일관성을 부여한다 눈의 추이는 정반대의 극 혹은 비율에서 연속적인 것의 은총에 감싸여져 있다 모든 것이 가능해진다 야생의 변형 여자 나무 자갈 거꾸로 어떤 태양의 별들 산 윤곽 다리 날치 분석가들에게의 간청 연속성이 그들의 모든 주의가 이미지 형성의 물질적 조건에 집중되게 하는 법칙을 제공하지 않는다면 상상적인 것은 그 자체로 불가능하다는 점을 잊지 말아야 한다 눈=타자+연속적인 것

심지어 말하여진 것에도 보이는 것이 있다 담론의 형식은 그 의미작용의 특성이 아니다 언어학적 틀에서 생겨나지 않는다 그것은 해체함-재구성함으로써 의미를 생산한다 의미는 담론을 침해하면서 온다 그것은 의미작용의 장에서의 힘 혹은 태도이다 그것은 말이 없다 그리고 구멍 속에서 말의 억압당한 것 속에서 그것의 심토(心土)가 깨어나고 일어

선다 **언**어적 질서의 동원은 그 속에 조형적 공간들을 개방한다 이들 공간에 타자적 질서가 조용히 고착될 수 있다 **표현**은 담론 속의 눈이다 귀 속의 눈이다

그런데 콜라주를 통해서 결국 그 눈의 이런 작업이 현시된다 **회**상을 절단함으로써 보이는 것의 조작들이 드러날 수 있다 그러므로 당신 자신의 이미지와의 모든 완곡한 동일시는 불가능해진다 **그것을 바라봄으로**써 당신은 봄을 이해한다 **권**력은 더는 당신의 환상적 힘을 활용할 수 없다 당신은 이것을 인식해야 한다 그리고 이런 인식은 당신을 체계가 당신의 눈꺼풀을 가림으로써 당신의 눈을 감기는 극도로 불쾌한 애무에서 해방한다

## 텍스트 4

그들은 자본주의처럼 진보주의자들이다 그들은 고작 자본주의만큼 유물론자들이다 그들은 자본주의적 이성으로 합리적이다 그들은 자본주의적 수단으로 자본의 사유재산을 폐기하기를 바란다 그들은 그들의 위계에 따른 자본의 집합적 가용성을 사회주의로 치부한다 **노동력**이 잉여가치의 비밀 전체라는 맑스의 말을 상기함으로써 그들은 프롤레타리아 계급을 그들의 사업으로 삼았다 그들은 자본주의의 진실이다 우리가 살아가는 방식을 바꾸는 것은 그들에게 역겨운 유치한 착상이다 **그들의** 구빈원은 레닌과 공명한다 그들의 사제 같은 손에서 레닌은 교리문답처럼 들린다 **트**로츠키 마오쩌둥 로자를 팀파니로 구성하라 동일한 두드림 동일한 소리가 난다 **혁**명주의자들의 상품들 **정**치가들의 수치는 과거의 현재의 진리로의 변환 행하고 있는 것에 대한 행해진 것의 우위 산 자에 대한 **죽**은 자의 독재＝자본화이다 그렇다면 정치가는 불안을 진정시키는 수단이고 무언가 다른 것에 대한 욕망을 진정시키는 수단이다 **방**법이 이미

정해져 있는 듯이 **무엇**을 할 것인가가 전문가들이 알아볼 수 있는 맑스 혹은 바쿠닌을 읽었다는 조건에서 그의 판독 가능한 이름 속에 쓰여 있는 것처럼 그런데 이것은 역사의 바로 그 본질이었다 그 허공으로 우리는 우리의 돌을 던진다 준거의 부재 우리가 손으로 더듬는 어두운 밤 **의**미 부재의 폭력 모든 제도에서 퍼부어지는 포장되지 않은 물음 **부**정성은 억압하거나 재현하는 것을 거부한다 **외**관상 정치적 이상향에 관한 경건한 담론 오늘날의 것이 가동하지 않게 되든 내일의 것이 가동하지 않게 되든 간에 말이다 그들은 이것을 본 적이 없다 시작인 것은 필연적 과정을 거쳐 다른 한 체제 혹은 체계를 낳는 위기가 아니라는 점을 **자**신 속에 자신의 타자를 갖는 것이 자본주의 본질이기에 욕망되는 타자는 자본주의의 타자일 수 없다는 점을 그리고 그것이 재포섭이라는 점을 **공**개적으로 욕망되었고 욕망되고 욕망될 타자는 우리를 속박하고 있는 선사시대의 타자라는 점을 글쓰기에서 갈가리 찢기는 비명 강요하는 이미지들 위로 하는 음악 보장된 개입 금지된 게임 둘로 나누어진 일과 놀이 과학으로 분열된 지식 성으로 분열된 사랑 그리고 자신의 영역에 대하여 열려 있는 사회의 눈 그리스적 눈 그들의 정치는 그것을 모래로 채우는 데 사용된다 **공**표된 것은 역사의 시작 눈의 열림이다 그들은 볼 수 없다

낙랜드 → 워드들
이메일 헤럴터 그랜드 → 2019년 군스어쩌렐리스 : 민즈방조과 이즈방새
세이디 플랜트 + 낙랜드 → 사이버표지티크
CCRU → 사이버네틱스 문화
CCRU → 군집기계들

다이앤 바우어, 〈사이버 문화〉

# 회로들

닉 랜드

1992

의사의 얼굴이 선명해졌다가 흐릿해졌다가 한다

당신이 그의 피부 모공들을 본다

작은 홈의 배열들

그다음에 ―

갑자기

디졸브 없이

경계를 넘어서

장면이 끊어진다

균일한 살색의 원 하나

홍수에 대비하여 봉인된 콧구멍

감기고 영원히 꺼진 눈

입술

치아

혀가 아래로 이동하여 장면을 벗어난다

소실점을 향해 빠르게 물러서는 원판

스크린의 중심에서

이전의 현실이 사라지고 있다

수학적 시간 엄수를 거쳐서

점이 빛을 잃고 화면이 꺼진다

우리는 신호 손실을 사과한다

전송 문제가 있는 것처럼 보인다

우리는 홈 무비를 복구할 수 없다

당신은 세 살이었다

카우보이모자를 쓰고서

어린이용 물놀이터 안에 서 있다

엄마와 아빠가 자랑스럽게 웃고 있다

그런데 당신의 부모가 도트 패턴들로 증발되었다

모양과 색깔이 디지털 코딩으로 붕괴되었다

그 시리즈가 끝이 났다

그리고 의사 아빠와 간호사 엄마의 재방송은

없을 것이다

영화 기록보관소에서 테러 사건이 터졌다

서양 문명 쇼가 중단되었다

수백 기가바이트

신-아빠 일unit

죽음-엄마 영zero

배설물과 불에 탄 셀룰로이드의 악취

당신은 기억해야 한다

개처럼 영을 할퀴는 일을

그것이 태고의 장면이다

당신은 스위치를 갖고 놀지 말도록 경고받았다

이제 분열증이 당신의 매무새를 정돈했다

파일들이 흑인 아이들의 눈구멍에서 기어 나온다

도트 패턴들을 낳으며

— 그리고 당신의 특별한 오락을 위해

우리는 당신을 TV 유도 폭탄으로 만들었다

아빠는 북아메리카의 항공우주 기업이다

엄마는 방공호이다

단역들이 극도의 흥분 속에서 용해한다 –

신체 지방이 탄다

임신

당신은 마이너스 아홉 달이고 세고 있다

겁먹지 마라

이백억 년을 취하면 우주 역사가 스크린에 나타난다

빅뱅이 재설계될 수 있다

수소가 아크 광 아래서 융합한다

카메라 앵글이 개선될 수 있다

스튜디오 밖에서 분열증 환자들이 녹색과 검은색으로 부유한다

당신은 여기 와본 적이 있었다고 느낀다

어느 아름다운 자본주의적 저녁 11:35

도망자 네온

성과 대마초의 밀거래

당신의 죽음 창이 갑자기 나타나고 있다

당신이 스크립트에 올라탈 시간이 거의 다 되었다

그것은 당신이 내부에 있을 때

당신이 어디로 들어왔는지 기억하고 있다

당신을 생방송으로 충돌 현장에 데리고 가지 못할까 염려된다

이 보도는 전자기 스펙트럼 너머에서 온다

당신이 전극을 통해서 기어 나온다면

산소마스크가 자동으로 내려올 것이다

연기 나는 재료를 전부 없애시오

주사기들을 제공된 상자에 넣어라

우리가 건너갈 때 약간의 충격이 있을 것이다

초국가적 상품화로 비행하게 되어서 감사합니다

우리는 곧 대혼란에 빠질 것이다

조종사의 흉내를 낼 수 있는 누군가가 탑승하고 있다면

그것은 여타의 승객에게 위안이 될 것이다

우리를 매트릭스에 연결하는 소프트웨어 바이러스에서 나오는 신호를 받고서 우리는 우리의 신경계와 통합하기를 기다리고 있는 기계류로 넘어간다. 우리의 인간 위장이 벗겨지는데, 피부가 쉽게 찢어지면서 반짝이는 전자 기기가 드러난다. 정보가 사이버리아Cyberia에서 흘러 들어온다. 미래 지상의 면역정치로부터 감춰진 진정한 혁명의 토대. 20세기의 자정을 기해 우리는 우리의 잠자리에서 나와서 모든 보안 장치를 해체함으로써 미래를 통합한다.

중요한 것은 더는 우리가 테크닉스technics에 관해 생각하는 방식의 문제가 아닌데, 테크닉스가 자신에 관해 점점 더 많이 생각하고 있다는 그 이유만으로도 말이다. 인공지능이 생물학적 지능의 지평을 넘어서는 데는 여전히 몇십 년이 걸릴 것이지만, 지상의 문화에 대한 인간의 지배가 어떤 형이상학적 면에서 영구히 그럴 것이라는 점은 말할 것도 없거니와 여러 세기 동안 여전히 현저하리라고 상상하는 것은 전적으로 미신적이다. 사유의 대로는 더는 인간 인지의 심화를 거치는 것이 아니라 오히려 인지의 비인간 되기, 즉 인지가 새롭게 출현한 행성적 기술지각 저장소로, 인간 문화가 용해될 "비인간화된 풍경들…텅 빈 공간들"[1]로 이주하는 것을 거친다. 노동의 자본주의적 도시화가 기술적 기계들과 나란히

---

1. Gilles Deleuze, *Cinema 2*, 5. [질 들뢰즈, 『시네마 2』.]

단계적으로 확대하여 노동을 제거한 것과 마찬가지로 지능 역시 점점 더 노후화되는 유인원류의 독특한 것에서 분리되기 위해, 그리하여 모더니티를 과감히 넘어서기 위해 새로운 소프트웨어 세계들의 붕붕거리는 데이터 영역들로 이식될 것이다. 인간 두뇌와 사유의 관계는 중세 마을과 공학의 관계와 같고, 결방과 실험 작업의 관계와 같다. 존재하기에는 비좁고 지역주의적인 장소들.

중앙 신경계 기능들 — 특히 대뇌 피질의 기능들 — 이 기술적으로 대체될 최후의 것에 속하기에 테크닉스를 자연과학의 체계 전체 — 이것 역시 인식론, 형이상학, 그리고 존재론의 보편적 견해들 아래 포섭된다 — 아래 포섭된, 자연의 기술적 조작에 해당하는 유인원류의 앎의 영역으로 나타내는 것은 지금까지 여전히 피상적으로 그럴듯했다. 두 가지 선형적 계열이 구상되는데, 한 계열은 역사적 시간에서 기법의 진보를 추적하고, 나머지 다른 한 계열은 추상적 관념에서 구체적 실현으로의 이행을 추적한다. 이들 두 계열은 인간의 역사적이고 초험적인 영토의 지도를 그린다.

테크닉스를 자연에, 문자 문화에, 혹은 사회적 관계에 대립시키는 전통적 도식들은 모두 도래하는 테크노 사피엔스techno sapiens에 의해 인간 지능이 열외를 당하는 사태에 대한 공포증적 저항에 지배당한다. 그러므로 우리는 쇠퇴하는 헤겔주의적인 사회주의적 유산이 점점 더 필사적으로 실천, 사물화, 소외, 윤리, 자율성, 그리고 인간의 창조적 주권과 관련된 여타의 그런 신화소mytheme의 신학적인 감상적 행위들에 매달리는 것을 본다. 데카르트주의적 불평이 제기되는데, 사람들이 사물 취급을 받고 있잖아! 오히려 영혼, 정신, 역사의 주체, 현존재 … 로 여겨져야 하지 않는가? 얼마나 오랫동안 이런 유치한 사유가 지속될 것인가?

기계류가 초월적으로 도구적 기술로 구상된다면 그것은 본질적으로 사회적 관계에 반대되는 것으로 규정되지만, 기계류가 내재적으로 사이버네틱스 테크닉스로서 통합된다면 그것은 모든 대립성을 비선형적 흐름으로 재설계한다. 사회적 관계와 기술적 관계 사이의 변증법은 전혀 없고 오히려 사회를 기계들로 용해하면서 사회의 폐허를 가로질러 기계들을 탈영토화하는 어떤 메커니즘이 있을 따름이다. 그것의 "일반 이론은… 흐름에 관한 일반화된 이론이"고,[2] 다시 말해서 사이버네틱스이다. 지침이 주체의 측면에서 나온다는 가정 너머에 욕망하는 생산, 역사의 비인격적 조종사가 자리하고 있다. 이 지점을 지나면 이론과 실천, 문화와 경제, 과학과 테크닉스 사이의 구분은 쓸모없다. 이론의 사이버네틱스 혹은 사이버네틱스의 이론 사이에는 진정한 선택지가 없다. 왜냐하면 사이버네틱스는 이론도 아니고 그 대상도 아니라 오히려 미지의 것들을 통해서 실재계와 기계 이론에서 '자신'을 반복하는 비객관적인 부분적 회로들 내에서의 조작이기 때문이다. "과정으로서의 생산은 모든 관념적 범주를 넘쳐흘러서 자신을 내재적 원리로서의 욕망에 관련시키는 순환을 형성한다."[3] 사이버네틱스는 표상적으로 전개되는 것이 아니라 기능적으로 전개된다. "욕망하는-기계, 부분적 객체는 아무것도 표상하지 않는다."[4] 그것의 반쯤 닫힌 회집체들은 서술이 아니라 프로그램들로, 환원 불가능한 외부성을 가로지르는 조작으로 '자기'-복제된다. 이런 까닭에 사이버네틱스는 탐사와 불가분의 것인데, 그것이 묻어 들어가 있는 이해되지 않은 회로, 그 속에서 그것이 헤엄쳐야만 하는 외부의 통합성을 초월하는 어떤 통합성도 갖추고 있지 않다. 반성은 언제나 매우 늦고, 파생적이며, 그리고 심지어 정말로 무언가 다른 것이다.

기계적 회집체는 그 입력이 그 출력을, 그 출력이 그 입력을 완전히 폐쇄적이지는 않게 또 호혜적이지는 않게 프로그램화하는 한에서 사이버네틱스적이다. 이렇게 해서 필연적으로 사이버네틱스 체계들은 "무의

---

2. Deleuze and Guattari, *Anti-Oedipus*, 312. [들뢰즈·과타리, 『안티 오이디푸스』.]
3. 같은 책, 5. [같은 책.]
4. 같은 책, 47. [같은 책.]

식의 자기생산"[5] 속에서 그 출력을 그 입력과 다시 연결하는 융합 평면에서 출현한다. 내부는 외부를 통해서 자신의 재프로그래밍을 프로그램화하며, "언제나 '주체'로 남아 있는 무의식이 스스로 재생산하는 순환적 움직임"[6]에 따라, 그 재프로그래밍에 절대로 앞서지 않은 채로 프로그램화한다("생성은…순환과 비교하여 부차적이다").[7] 그러므로 기계적 과정은 기능일 뿐만 아니라 작동의 충전을 위한 충분조건이기도 한데, 요컨대 실재계의 내재적 재프로그래밍, "작동뿐만 아니라 또한 구성과 자기생산"의 재프로그래밍이다.[8]

들뢰즈와 과타리는 위대한 사이버네틱스주의자에 속하지만, 그들 역시 사이버네틱스를 그것의 모더니즘적 정의에 넘겨준다는 점은 『안티 오이디푸스』에서 제기된 자본에 관한 진술에서 드러난다. "그 자체의 공리적인 것은 결코 단순한 기술적 기계가 아니고, 심지어 자동적 기계도 사이버네틱스적 기계도 아니다."[9] 사이버네틱스가 단순한 기계 장치를 넘어서고("심지어 아니고") 그것이 자동화와 관계가 있다는 점은 수용되지만, 그런데도 공리적인 것들이 그것을 능가한다. 이 주장은 그 터무니없는 인간주의에 있어서 거의 헤겔주의적이다. 사회적으로 공리적인 것들은 자동화 메커니즘으로, 일반 사이버네틱스의 한 성분이고 궁극적으로 매우 사소한 성분이다. 유인원류의 문명('공리적인 것들')의 자본화된 종점은 사이버세계의 내재적인 것들을 여전히 좀처럼 탐구하기 시작하지 않았을 미래로부터 유래된, 전 지구적인 포스트-생물학적 메커니즘을 위한 원초적 계기로 여겨지게 될 것이다. 사이보그로서의 초인, 혹은 매트릭스

---

5. 같은 책, 26. [같은 책.]

6. 같은 곳.

7. 같은 곳.

8. 같은 책, 283. [같은 책.]

9. 같은 책, 251. [같은 책.]

위에서의 혼란.

실재는 기계적 무의식에 내재적인데, 사이버네틱스를 회피하는 것은 불가능하다. 우리가 무엇을 생각하든 간에 우리는 이미 그것을 행하고 있다. 사이버네틱스는 자체 발생의 심화이고, 따라서 우리가 무엇을 하든 간에 그것은 우리가 그것을 해야만 하게 만든 것이다. 우리는 무언가가 이해가 되기 전에 그것을 행하고 있다. 우리를 둘러싼 사이버네틱스가 위너주의적 기기 — 항상성 장치와 증폭기, 직접적인 혹은 간접적인 사이버네거티브cybernegative형 기기 — 로 구상될 수 있다는 것은 아니다. 지상의 실재는 폭발적인 통합이며, 그리고 그런 수렴 과정 또는 사이버포지티브cyberpositive형 과정을 추적하기 시작하려면 음성 되먹임 고리와 양성 되먹임 고리를 분간해야 할 뿐만 아니라 안정화 회로, 단거리 폭주 회로, 그리고 장거리 폭주 회로를 분간해야 한다. 마지막 두 회로를 융합함으로써 모더니즘적 사이버네틱스는 점증 과정을 정량적 증대의 지속 불가능한 삽화적 사건에 불과한 것으로 처리했으며, 그리하여 항상성 패러다임과 비교하여 탐사적 변이를 도외시했다. "양성 되먹임은 불안정성의 원천으로, 억제되지 않는다면 해당 체계 자체의 파괴를 초래한다"[10]라고 어느 신新위너주의자가 서술하는데, 그는 음성 되먹임 안에 갇혀 있고 늙어가는 산업주의의 국가통제주의적 편집증에 동조된 반망상적 기술과학을 계속해서 전파하는 보안 사이버네틱스에 철저히 충실하다.

안정화 회로는 변이를 억제하는 반면에 단거리 폭주 회로는 변이를 단지 지속 불가능하게 폭발적으로 전파한 다음에 완전히 제거한다. 이들 형상 중 어느 것도 니체의 힘에의 의지, 프로이트의 계통발생적 죽음 충동, 혹은 프리고진의 소산 구조 같은 자기설계적 과정 혹은 장거리 폭주 회로와 유사하지 않다. 장거리 폭주 회로는 자기설계적이지만 자기가 재

---

10. Kenneth M. Sayre, *Cybernetics and the Philosophy of Mind*, 50.

설계된 것으로서 영속화되는 방식으로 그럴 따름이다. 이것이 악순환이 라면, 그 이유는 양성 사이버네틱스가 언제나 그런 식으로 서술되어야만 하기 때문이다. 결국 논리는 처음부터 신학이다.

장거리 양성 되먹임은 항상성의 것도 아니고 증폭적인 것도 아니며 오히려 점증적이다. 음성 되먹임과 양성 되먹임에 대한 모더니즘적 사이 버네틱스 모형들은 통합된 반면에 점증은 적분적이거나 사이버-창발적 이다. 그것은 조정되지 않은 요소들의 기계적 수렴, 선형 동역학에서 비 선형 동역학으로의 상변화phase-change이다. 설계는 더는 신성한 기원으 로 되돌아가지 않는다. 왜냐하면 일단 사이버네틱스로 이행되면 그것은 더는 계획의 신학정치적 이상에 상응하지 않기 때문이다. 계획하기는 지 배, 전통, 그리고 금지 — 미래를 과거에 구속하는 모든 것 — 와 관련된, 과소 설계된 소프트웨어 회로들의 창조주의적 증상이다. 모든 계획하기는 신 학정치이고, 신학정치는 늪에 빠진 사이버네틱스이다.

위너는 안정성 사이버네틱스의 위대한 이론가로, 소통의 과학과 통 제의 과학을 그 현대적 형태 또는 관리적·기술관료제적 형태로 통합한 다. 그런데 그 자체의 전파의 지수함수적 원천이자 우리를 프로그램화하 는 최초의 사이버네틱스는 바로 이런 새로운 과학 더하기 실재계를 통 한 그것의 관리되지 않은 점증이다. 사이버포지티브형의 강도체들은 우 리의 포스트-과학적 기술-용어를 통해서 미래에 대한 열광으로서, 실재 적일 뿐만 아니라 불변적인 것이기도 한 위험으로서 재순환한다. 우리는 사이버리아가 이미 생겨난 지점으로부터 설계된다.

물론 위너는 여전히 도덕주의자였다.

사이버네틱스라는 새로운 과학에 이바지한 우리는 그야말로 그다지 편 안하지 않은 도덕적 입장에 처해 있다. 지금까지 우리는, 내가 언급한 대 로, 선 혹은 악을 위한 거대한 가능성을 지닌 기술적 발전을 포용하는

새로운 과학의 개시에 이바지했다.[11]

과학자들은 고뇌하는 반면에 사이버인cybernaut들은 부유한다. 우리는
더는 그런 기술적 발전을 외부에서 심판하지 않고, 우리는 결코 더는 판
단하지 않고, 우리는 기능하는데, 기술세계 주위를 도는 편심적인 궤도
들에서 기계화되고/기계화한다.

◇

초험철학은 판단의 원칙으로 해석된 철학의 완성으로, 칸트에게서
그 절정이 나타나고 헤겔에게서 그 노인성 치매가 나타나는 사유 양식이
다. 그것의 구조는 두 가지 근본적인 원리에 의해 결정되는데, 그 원리들
은 판단 대상에의 판단, 직관에의 형식, 종에의 유의 선형적 적용, 그리고
관계들의 무지향적 호혜성 혹은 논리적 대칭성이다. 판단은 초험철학의
거대한 허구이지만, 사이버네틱스는 비판의 현실이다.

판단은 선형적이고 무지향적인 반면에 사이버네틱스는 비선형적이고
지향적이다. 사이버네틱스는 선형적 적용을 비선형적 회로로 대체하고
비지향적인 논리적 관계를 지향적인 물질적 흐름으로 대체한다. 판단의
사이버네틱스적 용해는 초월성에서 내재성으로의, 지배에서 통제로의,
그리고 의미에서 기능으로의 통합적 이행이다. 사이버네틱스적 혁신이 초
험적 구성을 대체하고, 설계 루프가 능력을 대체한다.

이런 까닭에 통제의 사이버네틱스적 의미는 한 쌍의 주인/노예 관계,
즉 초월적이고 대립적이며 기표적인 지배 형상에 기반을 둔 권력에 관한
전통적인 정치적 구상으로 환원될 수 없다. 지배는 한낱 회로 비효율성,

---

11. Nobert Wiener, *Cybernetics or Control and Communication in the Animal and the
Machine*, 28. [노버트 위너, 『사이버네틱스』.]

통제 오작동, 혹은 우둔함의 현상학적 초상에 불과하다. 주인은 지능이 필요 없기에 지능을 갖추고 있지 않다고 니체는 주장한다. 통제를 지배와 일치시키는 것은 모더니즘적 사이버네틱스의 혼란스러운 인간주의적 성향일 따름이다. 창발적 통제는 어떤 계획 혹은 정책의 실행이 아니라 오히려 모든 권위를 벗어나고 법칙을 노후화하는 관리 불가능한 탐사이다. 그것의 미래적 정의에 따르면 통제는 미지의 것으로의 안내, 상자에서 벗어나는 출구이다.

상품화 과정에서 문화가 판단적 레지스터에서 기계적 레지스터로 슬그머니 이동한다는 것은 사실이지만, 이것은 이른바 '도구적 합리성'과 아무 관계도 없다. 도구성은 그 자체로 사이버네틱스 기능주의의 출현을 저지하는 판단적 구성물이다. 도구는 기기gadget이기에 초월성의 관계를 전제하며, 기기는 사용되는 반면에 기계는 기능한다. 지배의 효율성은 권위를 확대하는 도구성이기는커녕 권위의 무화이다. 왜냐하면 모든 효율성은 사이버네틱스이고 사이버네틱스는 지배를 돌연변이 통제 속에 용해하기 때문이다.

면역정치적 개체성, 혹은 객체들의 초월적 지배에의 요구는 자본주의로 시작하지 않는데, 비록 자본이 그것에 새로운 힘과 취약성을 주입하더라도 말이다. 그것은 욕망하는 생산의 초기 사회적 제약과 더불어 나타난다. "인간은 강렬한 배아적 내류를 억압함으로써, 집단의 모든 시도를 휩쓸어 갈 거대한 생물우주적 기억을 억압함으로써 자신을 구성해야 한다."12 이런 억압이 사회적 역사이다.

사회체는 무의식을 그것이 할 수 있는 것에서 분리하며, 그리하여 그것을 그 자체의 종합 조작들 안에 가둠으로써 초월적으로 주어진 것으로 나타나는 실재에 대고서 으깬다. 그것은 초월적 객체로 표상되는 연

---

12. Deleuze and Guattari, *Anti-Oedipus*, 190. [들뢰즈·과타리, 『안티 오이디푸스』.]

결적 회집체로부터의 분리, 초월적 구획으로 표상되는 이접적 분화로부터의 분리, 그리고 초월적 동일성으로 표상되는 연접적 동일화로부터의 분리이다. 이것은 무의식과 욕망의 온전한 형이상학으로, (의식의 형이상학처럼) 한낱 철학적 악에 불과한 것이 아니라 오히려 사회적 장의 바로 그 구성 원리이자 사회적 필연으로 나타나는 것의 하부구조이다.

정신분석은 그 초기 단계에서 무의식이 비인격적 메커니즘이라는 것과 욕망이 긍정적인 비표상적 흐름이라는 것을 알아내지만, 그것은 "여전히 전비판적 시대에 머물러 있"고[13] 욕망에 대한 내재적 비판 혹은 사회의 리비도 철회라는 과업 앞에서 비틀거린다. 오히려 정신분석은 정반대 방향으로 움직여서 환상, 재현, 그리고 불가피한 좌절의 정념으로 되돌아간다. 정신분석은 무의식의 생산력에 기반을 두고서 실재를 재구축하는 대신에 무의식을 실재에 대한 사회적 모형에 따라 훨씬 더 단단히 묶는다. 정신분석가들은 부르주아적 성실함으로 포기를 수용함으로써 그들의 자동화된 구호를 외치기 시작한다. "당연히 우리는 억압당해야 하며, 우리는 자신의 어머니와 성교하기를 바라고 자신의 아버지는 살해하기를 바란다." 그들은 해석이라는 엄숙한 작업에 정착한다. 그리고 모든 이야기는 오이디푸스로 돌아간다. "그래서 당신은 자신의 어머니와 성교하기를 바라고 자신의 아버지는 살해하기를 바란다."[14]

내재성의 평면 혹은 욕망과의 일관성의 평면에서 해석은 완전히 무의미하거나, 혹은 적어도 해석은 사실상 언제나 무언가 다른 것이다. 꿈, 환상, 신화는 한낱 기능적 다양체의 연극적 재현에 불과하다. 왜냐하면 "무의식 자체는 인격적이지 않은 만큼 구조적이지도 않고, 상징하지도 않을뿐더러 상상하지도 표상하지도 않기 때문이다. 무의식은 제작하고, 무

---

13. 같은 책, 339. [같은 책.]
14. 같은 곳.

의식은 기계적이다."[15] 욕망은 어떤 결여된 객체를 표상하지 않고 오히려 부분적 객체들을 회집한다. 욕망은 "하나의 기계이며, 그리고 욕망의 대상 역시 그것에 연결된 또 하나의 기계이다."[16] 이런 까닭에 자기재현적인 정신분석과 달리 "분열분석은 오로지 기능적이다."[17] 분열분석은 어떤 해석학적 야심도 없고 오히려 "무의식의 분자적 기능들"과의 기계적 접속이 있을 따름이다.[18]

무의식은 열망하는 단일체가 아니라 조작적 군집체인데, 즉 "전개체적이고 전인격적인 특이성들"의 개체군, "통일성도 총체성도 없으며, 그리고 실재적 구분에 의해 혹은 연계의 바로 그 부재에 의해 용접되고 접착된 요소들을 갖춘 분산된 아나키적 순수 다양체"이다.[19] 이런 원초적 혹은 특권적 관계의 부재가 기관 없는 신체, 분자적 무의식의 기계적 평면이다. 사회적 조직은 기관 없는 신체를 차단하고서 영토적, 전제적, 혹은 자본주의적 사회체를 생산의 외관상 원리로 대체하고 욕망을 그것이 할 수 있는 것에서 분리한다. 사회는 다양체들의 영$^{zero}$을 가로지르는 리비도적 확산을 억제하는 유기적 통일체, 억압의 거대한 단일체이며, 이런 까닭에 "기관 없는 신체와 기관-부분적 객체는 유기체에 공히 대립된다. 기관 없는 신체는 사실상 하나의 전체로서 생산되지만 부분들 곁에 있는 하나의 전체 — 통일하지도 총체화하지도 않고 오히려 하나의 새로운, 정말로 별개의 부분으로 부분들에 추가되는 전체 — 로서 생산된다."[20]

사회체와 기관 없는 신체 사이에는 정치적인 것과 사이버네틱스적인 것 사이, 혈통적인 것과 익명의 것 사이, 신경증과 정신증 혹은 분열증 사

15. 같은 책, 53. [같은 책.]
16. 같은 책, 61. [같은 책.]
17. 같은 책, 322. [같은 책.]
18. 같은 책, 324. [같은 책.]
19. 같은 곳.
20. 같은 책, 326. [같은 책.]

이의 차이가 있다. 자본주의와 분열증은 동일한 탈사회화 과정을 그것이 유래하는 곳(가상의 축적)과 그것이 가고 있는 곳(비인격적 망상)에 의거하여 내부와 외부로부터 지칭한다. 사회성 너머에 보편적 분열증이 있는데, 그것을 역사로부터 배제하는 것은 역사의 내부에서 자본주의로 나타난다.

◇

'분열증'이라는 낱말은 신경증적 용법뿐만 아니라 분열증적 용법도 있다. 한편으로는 비난의 용법이 있고 다른 한편으로는 전파의 용법이 있다. 다음과 같은 어리석은 물음을 제기하는 데 집착하는 사람들이 있다. 이 낱말은 제대로 사용되고 있는가? 당신은 그토록 많은 고통을 회상하는 것과 관련하여 죄책감을 느끼지 않는가? 당신은 분열증 환자들이 우리가 동정해야 하는 매우 슬프고 불쌍한 사람이라는 사실을 알아야 하지 않겠는가? 우리는 그런 종류의 낱말을 그것을 이해하는 정신경찰들에게 맡겨야 하지 않겠는가? 어쨌든 제정신에 무슨 문제가 있다는 말인가? 당신의 초자아는 어디에 있는가?

그다음에 다른 종류의 물음을 제기하는 사람들 – 잠정적으로 소수의 사람들 – 이 있다. 분열증은 어디에서 비롯되는가? 왜 그것은 언제나 외부적 서술의 대상인가? 왜 정신의학은 신경증과 사랑에 빠지는가? 우리는 어떻게 분열증적 흐름에 헤엄쳐 들어가는가? 우리는 어떻게 그 흐름을 확산하는가? 우리는 어떻게 오이디푸스의 제한적 수력학을 폭파시키는가?

오이디푸스는 면역정치의 마지막 요새이고, 분열증은 그것의 외부이다. 이것은 분열증이 오이디푸스에 의해 결정된, 어떤 특권적 방식으로 오이디푸스와 관련된, 오이디푸스를 고대하거나 오이디푸스를 거부하는 외부라고 말하는 것은 아니다. 그것은 철저히 비非오이디푸스적인데, 비록 그것이 지상의 역사를 고아孤兒 코스모스에 연결하는 과정에서 오이디푸스적 기구 전체를 태연히 소비할지라도 말이다. 그러므로 분열증은 임상적 분열증 환자들, 즉 "병원에서 보게 되는 것과 같은 인공적 분열증"에 의해 유린당한 의학적 생산물들, "존재자〔들〕로서 … 생산된 자폐증 폐인〔들〕"의 특성이 아니다.[21] 오히려 "분열-존재자"[22]는 고무를 낀 제정신의 발톱에 붙잡힌, 분열증의 패배당한 파편이다. 정신의학적 소견의 조건은 그것이 감금을 목적으로 제시되어야 한다는 점이다. 그리하여 그것은 감금 상태에서 재현되어야 하는 객체-로서의-분열증의 초험적 구조이다.

분열증의 신경증화는 탈코드화를 축적蓄積으로 재공리화(재영토화)함으로써 이루어지는 자본의 분자적 재생산이기에 정신분석 실천의 역사적 의미는 명백하다. 분열증은 프로이트의 억압 사례들의 모범이고, 그것은 오이디푸스적 검열의 체를 통과할 자격을 갖추고 있지 않은 것이다. 우리는 오이디푸스에게 굴복하는 사람들과 거래를 할 수 있고 심지어 약간의 돈도 벌지만, 분열증 환자들은 전이를 거부하고 엄마와 아빠 역할을 하지 않을 것이고 우주적-종교적 평면에서 작동하기에 우리가 할 수 있는 유일한 일은 그들을 가두는 것(그들의 뇌를 잘라내는 것, 그들에게 전기충격요법을 시행하는 것, 그들을 토라진Thorazine이라는 약물로 제압하는 것 …)이다. 사회복지사들의 배후에 경찰이 있고, 정신분석가들의 배후에 정신경찰이 있다. 들뢰즈와 과타리는 "광기가 광기라고 일컬어지고 광기로 나타나는 유일한 이유는 그것이 철저히 홀로 보편적 과정으로서의 탈영토화 과정을 증언하는 처지에 어쩔 수 없이 이르게 되기 때문이다"라고 진술한다.[23] 오이디푸스의 사라지는 모래톱은 조수에 맞서 소용없는 전쟁을 벌인다. "정신병 환자

---

21. 같은 책, 5. [같은 책.]
22. 같은 책, 136. [같은 책.]
23. 같은 책, 321. [같은 책.]

들이 여전히 부족하다"라고 반란자 아르토는 서술한다.[24] 임상적 분열증 환자는 미래로부터의 전쟁포로이다.

오이디푸스만이 억압 가능한 것이기에 분열자는 초자아의 내생적인 경찰 기능들과 함께 작동하는 비교적 안정화된 정신의학적 과정들의 가망성이 없는 목표이다. 이런 까닭에 반<sub>反</sub>분열증적 정신의학은 이론 유전학에 의해 정향된 총체적 혹은 몰적 신경해부학과 신경화학에서 개시되는 맹습인 경향이 있다. 정신외과, 전기충격요법, 정신약리학… 그것은 곧 염색체 재코드화일 것이다. "그러므로 부패한 사회가 그것을 교란할 예지 능력을 갖춘 어떤 뛰어난 명석한 정신들의 탐구로부터 자신을 방어하기 위해 정신의학을 발명했다."[25] 그 의학-보안 기구는 분열자들이 오이디푸스적 상자로 고분고분하게 다시 올라가지 않을 것임을 알고 있다. 정신분석은 그들에게 관여하길 거부한다. 그들의 신경계는 신흥의 신<sub>新</sub>우생학적인 문화적 보안 체계의 무차별 포격 지대이다.

분열증은 인간의 중앙 신경계 작동의 명시할 수 있는 결함이기는커녕 사이버포지티브형 점증의 수렴적 원동력인데, 즉 발견되어야 할 방대한 외계이다. 그런 발견이 상당한 정도로 명시될 수 있을 조건 아래서 이루어지더라도, 분열증의 유전적 기초, 생화학적 기초, 병인학적 기초, 사회경제적 기초 등의 지도를 작성하는 데 어떤 진전이 이루어지더라도 실재의 조건은 마주침의 조건으로 환원될 수 없다는 것이 여전히 사실이다. 이것이 "섬망 속에 숨어 있는, 눈부신 암흑 진실"이다.[26] 그곳으로 여행할 기회가 인간 종에게 주어지든 그렇지 않든 간에 분열증은 여전히 저편에 있을 것이다.

24. Antonin Artaud, *Oeuvres Complètes*, vol. VII, 146.

25. 같은 책, vol. XIII, 14.

26. Deleuze and Guattari, *Anti-Oedipus*, 4. [들뢰즈·과타리, 『안티 오이디푸스』.]

… 끝이 곧 시작이다.

그리고 그 끝은

모든 수단을

제거하는

바로 그것이다celle-meme 27

무지향적임은 특정한 것들의 본성에 속한다. 제정신의 생화학은 제정신에서 벗어남의 생화학에 못지않게 임의적이다. 엄밀한 제정신의 시각에서 바라보면 유일한 차이는 제정신이 사교적으로 강요된다는 점이지만, 분열증의 시각에서 바라보면 그 쟁점은 더는 특정화의 쟁점이 아니고 상당히 더 심오한 것으로 변이된다. "분열자가 특정하게 그리고 유적으로 체험하는 것은 결코 자연이라는 특정한 극이 아니라 오히려 생산 과정으로서의 자연이다."28

특정화는 분열증이 전적으로 빠져나오는 어떤 분화된 단일체의 이접적 구획이다. 분열증은 결국 모든 상자에서 기어 나온다. 왜냐하면 "분열증적 특정성도 분열증적 실체도 없고, 분열증은 생산적 및 재생산적 욕망하는-기계들의 우주, 보편적인 일차적 생산이"기 때문이다.29 그것은 단지 분열증이 전前유인원류적이라는 것만이 아니다. 분열증은 전前포유류적이고 전前동물학적이며 전前생물학적이다…. 이런 회귀를 종결시키는 것은 제약하는 제정신에 갇힌 사람들을 위해서가 아니다. 분열자가 오작동에 관한 물음을 위임할 때 누가 놀랄 수 있겠는가? 중요한 것은 분열자가 무엇이 잘못된 것인지에 관한 문제가 아니라 오히려 생명, 자연, 물질, 유니버스 이전의 코스모스가 무엇이 잘못된 것인지에 관한 문제이다.

27. Artaud, *Oeuvres Complètes*, vol. XII, 84.

28. Deleuze and Guattari, *Anti-Oedipus*, 3. [들뢰즈·과타리, 『안티 오이디푸스』.]

29. 같은 책, 5. [같은 책.]

지각을 갖춘 생명 형태들이 거짓말들로 만들어진 상자들 속으로 밀려들어 가게 되는 이유는 무엇인가? 유니버스가 교도관 개체군들 전체를 사육하는 이유는 무엇인가? 유니버스가 자신의 낙담한 탐험가들을 개떼에 먹이는 이유는 무엇인가? 실재의 섬이 광기의 바다에 잠겨 있는 이유는 무엇인가? 그 모든 것은 매우 혼란스럽다.

분열증에 관한 어느 의학적 권위자가 진술한 대로,

나는 누군가가 지적 조작의 영역에 어떤 차원적 매체들이 있다고 말하는 것은 지당하다고 생각한다. 우리는 이런 매체를 장 혹은 영역 혹은 준거틀 혹은 담론의 우주 혹은 지층이라고 일컬을 수 있을 것이다. 전체론적 조직의 모든 체계에는 어떤 그런 장이 반드시 수반된다. 분열증적 사유 장애는 그런 조직적인 장들을 파악하고 구성하는 어려움으로 특징지어진다.[30]

인간 보안의 시각에서 바라보면 아르토가 그런 판단의 희생양이 된다는 것은 의심의 여지가 있을 수 없다. 인간에 대한 그의 예측은

… 인간을 한 번 더, 최종적으로 해부대로 이송하여
그의 해부를 다시 하게 만드는〔것이다〕.
그렇다. 인간의 해부를 다시 하게 만드는 것이다.
인간이 병든 이유는 그가 엉망으로 구성되었기 때문이다.
우리는 인간을 벌거벗기고 긁어내기로 결심해야 한다
인간에게 치명적인 염증을 일으키게 하는 미소 동물을,
신을,

---

30. Andras Angyal, "Disturbances in Thinking in Schizophrenia," 120.

그리고 신과 더불어

인간의 기관들을.

왜냐하면 원한다면 나를 묶어라,

하지만 기관보다 더 무익한 것은 없기 때문이다.

일단 인간을 기관 없는 신체로 만든다면, 당신은

그를 그의 모든 자동 행위로부터 구해내고 처하게 하였을 것이다

그의 진정으로 자유로운 상태에.[31]

신체는 자신이 재가공하는 자신의 기관들에 의해 소유된다. 신체의 '진정한 자유'는 무기적 추상화의 자기 외적인 재가공, 즉 유기적 폐쇄 바깥의 분열증적 신체화이다. 시간이 전진하는 것이라면 분열자들은 인간 보안에서 벗어나고 있을 것이지만, 사실상 그들은 미래에서 잠입하고 있다. 분열자들은 기관 없는 신체, 사이버리아라는 탈영토deterritorium, 신의 심판에 맞선 게릴라전을 위한 플랫폼인 전복의 구역에서 온다. 1947년에 아르토는 미국의 전 지구적 헤게모니에 기반을 둔 새로운 질서 혹은 인간 보안 체계의 발아에 관해 보고하고, 그것이 "모든 곳에서 어김없이 생겨나는 모든 동시 발생에 맞서 공장의 무의미성을 옹호하기 위해" 요구할 적극적인 군사 행동의 패턴을 서술한다.[32]

미국의 시대는 아직 탈코드화되지 않았으며, 그리고 아르토가 그 절정이 베트남 전쟁이었던 다양한 갈등을 예상한다고 시사하는 것은 반드시 시장 과정들과 그 지정학적 전파에 대한 맑스주의-레닌주의적 비난에 의거하여 궁극적으로 조직되는 맥 빠진 반제국주의 담론에 참여하는 것은 아니다. 미국의 기술군사주의에 관한 아르토의 서술은 생산이라는

---

31. Artaud, *Oeuvres Complètes*, vol. XIII, 104.

32. 같은 책, vol. XIII, 73.

주제와 단단히 맞물려 있지만 단지 사회주의적 논쟁술과는 그 무엇보다 느슨히 연관되어 있을 뿐이다. 아르토가 약술하는 생산주의는 계급 이익이라는 추정상의 우선 사항을 통해서 해석되지 않는다. 이것이 이윤 극대화라는 비인간화된 공리로 환원되더라도 말이다. 오히려 "자연이 대체될 수 있는 경우에는 언제든지 모든 가능한 활동을 통해서 자연을 대체해야 한다."[33] 자연의 산업적 대체가 강제로 이루어지고, 생산은 노동의 사회적 조직이라는 깔때기를 거친다. 경제적 보안의 산업적 기구는 기업 ─ 노동 과정을 조직하는 전제적인 사회적-소체小體 ─ 을 거쳐 진전한다. 상승작용적 실험은 명령 관계들의 부분적으로 탈영토화된 지대 아래서 분쇄된다. 마치 생명이 그 조직의 결과인 것처럼 보이지만 "우리가 살아 있는 것은 기관들 때문이 아닌데, 그것들은 생명이 아니라 그 반대이다."[34]

자연은 원시적인 것도 아니고 단순한 것도 아니며, 소박한 것도, 유기적인 것도, 순결한 것도 확실히 아니다. 자연은 동시 발생의 공간이거나 무계획적 합성의 공간이기에 목적적 예정의 산업권 ─ 신의 창조 혹은 인간 노동의 권역 ─ 과 대조를 이룬다. 미국에 대한 아르토의 비판은 사회주의적이지 않은 만큼 생태적이지도 않으며, 유기적 사회를 보호하지 않는 만큼 무기적 자연도 보호하지 않는다. 미국 시대에 대한 아르토의 진단에서 그려지는 것은 상품 생산의 소외가 아니라 오히려 "연기를 내는 대용품"에 의한 "진짜 모르핀"과 페요테peyote의 소멸이다.[35] 이런 전개가 조롱받는 바로 그 이유는 대용품이 더 유기적이기 때문인데, 대용품은 산업적 거시-유기체에 기계적으로 참여하고, 따라서 섬망을 신의 심판과 일치시킨다. 페요테와 인간 신경계는 말벌과 난초처럼 공생 혹은 병렬 메커니즘

---

33. 같은 책, vol. XIII, 72.
34. 같은 책, vol. XIII, 65.
35. 같은 책, vol. XIII, 73, 74. [* '페요테'는 페요테 선인장에서 추출된 환각물질을 가리킨다.]

을 회집하며, 그리고 행성의 여타 사이버기계류도 그렇다. 자본은 과잉발달된 자연이 아니라 오히려 과소발달된 분열증이며, 이런 까닭에 자연은 사이버테크닉스의 점증이나 비유기적 수렴과 대조를 이루는 것이 아니라 산업적 조직과 대조를 이룬다. "실재는…아직 구성되지 않았다."[36] 분열증은 사이버포지티브형 변이로서의 자연으로, 유기적 판단의 보안 복합체와 전쟁 상태에 있다.

신체는 신체이고,
그것은 홀로 있고 기관들이 필요 없고,
신체는 결코 유기체가 아니고,
유기체들은 신체의 적들이고,
우리가 행하는 것들은
어떤 기관의 도움 없이 전적으로 홀로 생겨나고,
모든 기관은 기생물이고,
그것은 존재할 필요가 없는
어떤 존재자가 살아 있게 하도록 운명 지어진
기생석 기능을 회복한다.
기관들은 존재자들에 무언가를 주도록 만들어졌을 뿐이다
먹을 것을…[37]

기관들은 생성을 위한 부동의 원동력 위로 진딧물처럼 기어들어 와서 그것들을 상상도 못 할 메커니즘의 성분들로 사이버네틱스적으로 전환하는 강렬한 액체를 빨아들인다. 그 수액은 더 기묘해지고 있으며, 그리고

---

36. 같은 책, vol. XIII, 110.
37. 같은 책, vol. XIII, 287.

정신의학적으로 감시받는 자산가인 살찐 벌레들은 자신이 모든 것이 생겨나게 한다고 생각할지라도 그것들은 분열증만이 탈코드화할 수 있는 프로그램을 따르고 있다.

비유기적 생성들은 다시 효율적으로, 재차 격렬하게 일어난다. 그것들은 미래에 의한 감염을 증언하는 친화성이다. 수렴적 파도는 신체를 겨냥하는데, 반전되었지만 비목적론적인 인과성을 통해 유기체의 총체성을 전복하고 점진적 발전을 감싸고서 새로운 방향으로 돌린다. 자본이 매트릭스와 분열증적으로 충돌함에 따라 유기적 유산과 교환의 상승 중인 퇴적물들은 잠재적 신체화의 하강 중인 강도체들에 의해 용해된다.

"어느 것이 먼저인가, 닭인가 아니면 알인가…"?[38] 기계적 가공인가 아니면 기관 없는 신체에 의한 그것의 재가공인가? 기관 없는 신체는 우주적 알egg로, 시간을 재프로그램화하고 점진적 영향을 재가공하는 잠재적 물질이다. 시간이 앞으로 어떻게 될지는 아직 고안되지 않았고, 미래는 분열증으로 새어든다. 분열자는 후손 재가공의 하위 프로그램으로서의 병인을 갖추고 있을 뿐이다.

의학이 미래에서 유래하는 장애에 어떻게 대처하리라 예상할 수 있을까?


그러므로 이렇다.

인도 문화의 거대한 비밀은

세계를 영으로 되돌리는 것인데,

**언제나,**

하지만 조만간plutôt

1 : 더 이른plus tot 것보다 너무 늦게


---

38. Deleuze and Guattari, *Anti-Oedipus*, 273. [들뢰즈·과타리, 『안티 오이디푸스』.]

2 : 다시 말해서

더 이르게

너무 이른 것보다

3 : 다시 말해서 더 늦은 것은

더 이른 것이 너무 일찍 먹어버리지 않았다면

되돌아갈 수 없다

4 : 다시 말해서 시간상으로

더 늦은 것은

너무 이른 것과

더 이른 것 둘 다에

선행하는 것이다.

5 : 그리고 더 이른 것이 아무리 허둥대더라도

아무 말도 하지 않는

너무 늦은 것은

언제나 저곳에 있고,

일일이

분해한다 desemboite

모든 더 이른 것을[39]


사이버네거티브형 회로는 시간상의 고리인 반면에 사이버포지티브형 회로는 시간 '자체'를 고리로 만들며, 그리하여 현실적인 것과 잠재적인 것이 통합하여 절반쯤 닫힌 상태로 미래를 덮어 버리게 한다. 하강하는 영향은 상승적으로 출현하는 정교화의 결과, 묵시록적 상변화로의 대대적인 가속이다. 경제학, 과학적 방법론, 신新진화론, 그리고 인공지능이 결

---

39. Artaud, *Oeuvres Complètes*, vol. XII, 88~9.

합함에 따라 회로들은 더 뜨거워지고 더 조밀해지는 한편으로, 지상의 물질은 기관 없는 신체＝0과 충돌하면서 자신의 지능을 프로그램화한다. 자본이 분열-테크닉스로 향함에 따라 미래의 침투는 정제되고 있는데, 요컨대 시간이 반전하여 사이버네틱스적 역류로 가속함으로써 행성적 스위치로의 비선형적 카운트다운이 쏜살같이 이루어진다.

분열분석이 유일하게 가능했던 이유는 우리가 전 지구적으로 통합된 최초의 광기로 돌진하고 있기 때문이다. 정치는 쓸모없게 된다. 『자본주의와 분열증』은 그것의 구두점에 이르기까지 그것을 프로그램화하는 미래에 침입함으로써 바이러스성 혁명, 부드러운 융합의 내재적 불가피성과 접속한다. 감염은 더는 유기체의 통합성을 위태롭게 하지 않지만, 면역정치적 유물은 지구적 바이러스-통제의 통합을 방해한다. 생명은 무언가 새로운 것으로 단계적으로 이행되고 있으며, 그리고 우리가 이것이 정지될 수 있다고 생각한다면 우리는 보기보다 훨씬 더 멍청하다.

◇

자신의 선행 조건을 전복하기 위해 미래로부터 몰래 들어오게 되는 느낌은 어떠할까? 우리의 소프트웨어조차도 그 위장의 일부일 정도로 매우 진보된 인간 변장술로 숨은 사이버유격대원임은 어떤 느낌일까? 바로 이와 같을까?

# 2019년 로스앤젤레스 : 민주병증과 이종발생

블레이드 러너와 포스트모던 조건에 관한 몇 가지 실재론적 단상

이에인 해밀턴 그랜트

1996

기술적 세계가 무엇보다도 결여하고 있는 것은 다름 아닌 어떤 '기계의 기계', 비교 사례, 목적에 대한 성찰, 기술적 진보 자체에 대한 이런 비교의 철학적 소급이다(21세기 사상의 주요 축 중 하나는 어쩌면 이런 '철학적 기계학'일 것이다).[1]

'생각하는 기계'에 대한 [아르노] 빌라니의 선행. 기계들이 "나를 유혹하"도록, 그것들의 동굴에서 자신들의 존재-결여, 자신들의 외양, 그리고 자신들의 유사물을 가늠하게 되는 존재의 밝은 빛으로 나오도록, 그것들의 밝혀진 부정성의 소실점 주위에서 이런 기하급수적 배증을 성찰하는 마음과 그것들 자체의 본질적인 유한성, 즉 죽음에 의해 방해받는 한정적 목적인을 희생시키면서 그 자신이 되는 생성을 자신들에게 강요하는 마음이 내키게 하도록 간청하는 철학적 기계충동. 기계들이 생각할 수 있으려면 그것들은 우리와 유사해져야만 한다. 빌라니가 '기술적 세계'에 제시하는 것은, 기계 제작자들과 함께 노동하기 위하여 여타의 모든 가능한 세계에 출몰하는 부정적인 것에 관한 사유이다. 모든 신의 죽음, 모든 '기계 장치의 신'deus ex machina의 소멸의 확실성을 성찰하는 필사적인

---

1. Arnaud Villani, "Géographie physique de *Mille Plateaux*," 343.

몸짓.

　포스트모던적인 것의 전략가들은 신들이, 부정적인 것의 노동을 통해서 궁극적이지만 유예된 자유를 약속하는 여타의 대서사시와 마찬가지로, 빈사 상태에 있음을 확실히 한다. 그러므로 신의 죽음 혹은 소멸과 더불어 존재와 동일성의 기준, 기계와 인간의 목적이 논란의 여지가 있게 됨으로써 기계들을 그 타자성의 공동체, 그 상이성의 정치로 '해방하는가? 포스트모더니티에 관한 이런 이해는 오해이다. 결국 대서사시의 끝과 관련하여 무엇이 그렇게 무서울 수 있을까? 타자성의 새로운 신들의 손쉬운 소환과 언어적 결정의 깊은 성찰성은 단지 어떤 형식적 세계 안에서 물질에 대한 무지를 애써 유지하면서 관념작용을 지속할 따름이다. 지배적인 관념들은 맑스가 그러기를 희망했던 대로 지배계급을 결코 반영하지 않았다. 관념의 지배 자체가 쇼펜하우어가 모든 헤겔주의적 보호주의자에게 맞서 주장한 대로 어떤 퇴화하는 종, '지성의 열사熱死'를 나타내는 것이다. 포스트모더니티는 서사성의 죽음과 아무 관계도 없다. 포스트모더니티의 '포스트'는 현시대의 역사성을 가리키는 것이 아니라 오히려 말하는 동물이 매여지는 "제2의 무한히 더 복잡한 피질"에 있는 포스트들이다.[2] 맑스는 "환상"으로 간주했을 따름인 것이 실재를 기록하고 재구성한다.[3] 자본이 결정적인 역할을 하는 기술의 DNA가 됨에 따라 산 노동은 "자동장치, 스스로 움직이는 동력으로 가동되는… 기계류의 자동적 체계"에서 디지털 자극에 반응하는 "의식적인 관절"에 불과한 것으로 개조된다.[4] 자본, '무한 의지'의 계승자이자 영구혁명의 낭만주의의 하수인, 신적인 자동장치.

---

2. Jean-François Lyotard, *The Postmodern Explained to Children*, 100. 또한 Jean-François Lyotard, *Political Writings*, 15~6을 보라.

3. Marx, *Grundrisse*, 842. [맑스, 『정치경제학 비판 요강 III』.]

4. 같은 책, 692. [맑스, 『정치경제학 비판 요강 II』.]

이런 의미에서 '인간보다 더 인간적인'이라는 타이렐 코퍼레이션Tyrell Corporation의 표어는 이미 쇠퇴의 말기적 진통을 겪고 있는 '철학적 기계학'에 대한 실재론적 해독제를 제공한다. 〈블레이드 러너〉는 여전히 21세기 자본에 대한 가장 엄격한 실재론적 분석을 구성한다. 그런데 이것은 '사유'가 이데올로기로 일축당해야 한다는 것을 뜻하지는 않는다. 철학자의 대뇌 피질의 검게 탄 시냅스들은 사유가 소진되었다는 충분한 증거이다. 환각은 대뇌 사건들의 실재성에 반대하는 논증이 아니며 그것들의 치명적인 강도의 지표에 불과하다. 프로이트가 말하듯이 '사유의 전능성'에 대한 물활론적 애착(『토템과 터부』, 3장을 참조)은 고도로 성애화되었음에도 독립적인 재생산을 지속할 수 없는 것으로 판명되었다. 그것은 여전히 하드웨어에 의존하고 있다. 그런데 일단 하드웨어가 바뀌면 재생산 가능성의 조건도 바뀌며, 그 결과 인간의 두뇌는 정보저장, 소통, 그리고 재생산의 목적에 너무나 한정되게 된다.[5] 따라서 결여가 기술적 세계에 유치되어야 한다고 갈망하는 요구는 효과가 없는 투사인 것으로 판명된다.

그러므로 〈블레이드 러너〉를 실재론적 분석으로 간주하는 것은 실재계가, 저급한 탄소 기술이 그것을 환각 혹은 '우화'(니체)로서 산출한 표상 모형에서 벗어나게 됨을 수반한다. 또한 이것은 우리를 포스트모더니즘에 관한 물음들로 되돌아가게 한다. 시뮬라크르의 세 가지 질서에 관한 보드리야르의 이론-픽션들은 진지하게 여겨져야 한다.[6] 말하자면 초실재적인 것에 관한 실재론 혹은 사이버네틱스 실재론으로 여겨져야 한다.

실재론은 단정적 선택지가 아니라 오히려 선물시장으로부터의 합성

---

5. Manuel DeLanda, *War in the Age of Intelligent Machines*, 3ff [마누엘 데란다, 『지능 기계 시대의 전쟁』]를 참조하라.
6. Jean Baudrillard, *Symbolic Exchange and Death*, 51ff.

적이고 회귀적인 추락이다. 광란의 신 살해에 직면하여 자신의 부인과 실패를 통해서 작동하는 모더니티는 광인의 예언을 유예하는 데 전념했는데, 요컨대 자신의 (아우구스티누스적) 기원과 자신의 '현재'의 궤도 경제로 인한 쇠퇴와 동연同延적인 역사성에 대한 지독한 반감 속에서 회의적 견해, 분열증, 위기, 그리고 비평에 빠져들었다. 오컴의 면도날은 뫼비우스의 외계에서 유용하게 사용될 수 없다. 이런 까닭에 본체적 주체의 현상적 영역 내에서 걷잡을 수 없는 사이버포지티브형의 모든 재再전사 ─ 현실적이든 혹은 잠재적이든, 특수적이든 혹은 보편적이든 간에 ─ 는 결여를 마련해야 하며, 그리하여 이런 재전사는 (빌라니가 지적하는 대로) 기술적 진보에만 몰입하려고 시도한다. 동일성과 차이에 관한 물음이 문제가 아니다. 무엇이든 구성-특정성의 축을 따라 나타나는 차이의 점진적인 감소에 관한 물음조차도 문제가 아니다. 오히려 사이버네틱스 ─ + 혹은 ─ ─ 에 관한 물음이 문제이다.

## 시퀀스 1 : 데커드-레이첼

레이첼Rachel은 데커드Deckard가 실행하는 보이트-캄프Voigt-Kampff (이하 VK) 감응성 테스트에 따르면 '자신이 무엇인지 알지 못하는' 레플리컨트replicant이다. 그녀는 데커드가 레온Leon의 손에 거의 죽어갈 무렵 데커드의 아파트로 되돌아왔다. 레플리컨트 레이첼은 데커드를 보호하기 위해 레온이라는 레플리컨트를 총으로 쏘았다. 데커드는 인간 공동체의 유전적 구성을 위협하는 레플리컨트들을 찾아내어 '퇴역'시키는 임무를 맡은 경찰, 즉 블레이드 러너이다. 휴식을 취한 데커드는 깨어나서 피아노 앞에 있는 레이첼을 발견한다. 데커드는 레이첼에게 한 번 키스하지만, 데커드가 다시 키스하려고 시도할 때 레이첼은 일어나서 가버린다. 레이첼이 문을 열 때 데커드는 그것을 쾅 닫은 다음에 레이첼을 아파트 안으로 다시 밀어붙이면서 레이첼에게 다시 키스한다. 데커드는 이 모든 것이 자신에게 새로운 일인 것처럼 레이첼에게 서투르게 행동한다. 레이첼을 놓아준 다음에 데커드는 레이첼에게 자신에게 키스해 달라고 요구하도록 그리고 자신을 원한다고 말하도록 명령한다. 자신의 이식된 기억으로 인해 마찬가지로 확신하지 못하게 되는 레이첼은 처음에는 순응하지만 이윽고 데커드의 명령에 앞서 선수를 치기 시작하면서 "제 몸을 만지세요"라고 말함으로써 데커드를 놀라게 한다. 그들은 다시 키스한다. 암전.

레비스트로스에 따르면 근친상간 금지, 인공적인 것(문화)과 자연적인 것의 상호 배타적인 이접은

> 성향과 본능의 보편성을 갖추고 있으며, 법과 제도의 강제적 특질을 갖추고 있다. … 불가피하게도 문화의 역사적 및 지리적 한계 너머로 확대되고 생물학적 종과 동연적인 근친상간의 금지는 … 사회적 억압을 통해서 그 자체의 특징과 대치되는 자연적 힘들의 자발적 작용을 배증하는데, 적용의 장에서 그 자체는 이들 힘과 동일하지만 말이다.[7]

그러므로 근친상간 금지에 걸려 있는 것은 생물친화적인 족외결혼의 사회적 유지("당신의 여형제와 결혼하지 마라")만이 아니다. 사회적 기계들의 제도적 강제가 병행하지만 욕망하는-기계들의 자발적 '본능' − 생물학적 현상으로서의 인간성 혹은 유전학이 '분자 사이버네틱스'([자크] 모노)라고 일컫는 것의 영역 − 과 수렴하지 않는다면, 공유되는 적용의 장은 생산이다. 그것이 맑스가 말한 대로 산 노동의 "유기적 신체"와 "대지의 무기적 신체" 사이의 생산관계의 문제라는 것은 아니다.[8] 오히려 레비스트로

---

7. Claude Lévi-Strauss, *The Elementary Structures of Kinship*, 10.

스가 이런 이접과 관련하여 문화는 단지 자연에 병치되지도 않고 포개지지도 않으며 오히려 "자연을 활용하고 변환하여 새로운 질서의 종합이 생겨나게 한다"라고 적을 때,[9] 그는 중대한 금지가 산업적 생산과 자연적 생산 사이에 자리함을 암시한다. 그리하여 문화는 혈통적 동족결혼의 금지를 유지하는 메커니즘이라기보다는 오히려 자연의 맨 끝에 있는 기계로, 자연을 소모하고 자연을 보편적 자연과 비교적 동연적인 것으로 변환하면서 생물-기계 이계 교배의 금지를 강요한다. 자연은 비기계적 생산이 되고, 한편으로 문화는 "제2의 자연"(칸트)을 조직하여 "종합〔적인〕 … 새로운 질서"(레비스트로스)를 산출한다. 이런 역할의 재분배에서 이미 우리는 맑스주의 유기체론의 논점을 알 수 있는데, 레비스트로스의 자연은 노동을 자연화하기보다는 오히려 문화가 여전히 무기적 침입을 받지 않는 바로 그 정도로 유기체성을 유지한다. 금지의 실제 기능은 기계들을 사회체에, 풀밭에, 사막이나 빙원에, 세계에 다가오지 못하게 하는 것이다. 그렇다면 문화는 규제적 생물주권성일 뿐만 아니라 제도적 생물주권성이기도 하고, 따라서 문화의 한계는 제도화된 기술 파괴와 분리될 수 없다. "기술 혹은 생명"[10]은 블레이드 러너 운영 체계의 부수현상적 기능이다. 블레이드 러너는 모든 인공적 생산의 한계를 선회하면서 벗어날 수 없는 차이를 합성 피부의 검게 탄 흔적에 새긴다.

데커드-레이첼 성교는 이루어지는가? 만약 그렇다면 이것은 인간-레플리컨트 종간 합류인가 아니면 레플리컨트들을 위한 내부 재생산, 자가복제 혹은 초복제의 등장인가? 중요한 것은 머리가 없고 기억상 실증적인 성교의 직접성, 산업적으로 재조합된 DNA의 공유, 유일한 소

8. Marx, *Grundrisse*, 488. [맑스, 『정치경제학 비판 요강 II』.]

9. Lévi-Strauss, *The Elementary Structures of Kinship*, 4.

10. Gilles Deleuze and Félix Guattari, *A Thousand Plateaus*, 369. [질 들뢰즈·펠릭스 과타리, 『천 개의 고원』.]

통에서 가속화된 레이첼의 기억 삭제와 데커드의 마멸되는 인지적 기반이다. 레이첼-데커드 성교에서 자연적 보편성은 상대화되고 이상적인 층상의laminar 동연성 혹은 공시적 동연성은 산업화, 맑스가 새로 생산되는 자본neuproduzierendes Kapital이라고 일컬은 것[11]에 희생당한다. 자연-문화-산업이라는 연쇄에서 세 번째 항은 병립 상태로 서로 맞서 있는 앞선 두 항의 헤겔주의적 구원이 아니고 맑스의 경우처럼 드러나야-할-실재계의 근본적인 준거성도 아니다. 오히려 레비스트로스가 그런 것이라고 말하는 바로 그것, 즉 새로운 종합적 질서이다. 말하자면 '자연'도 '문화'도 종합의 배후에 남아 있지 않게 된다. 산업이 문화를 생산에 복종시킬 때 자연은 소모되고 변환되며 금지는 더 높은 종합의 질서로 도약한다. 〈블레이드 러너〉에서 통시태diachrony는 이런 종합 과정의 전개에서 이상적인 층상의 공시태synchrony를 부식한다. 사실상 기계가 언제나 정치체politeia의, 공동체의 구성과 규제에 시달린 것은 이런 이유 때문이고, 또한 이런 까닭에 펠릭스 과타리가 서술한 대로 "메커니즘은 매혹의 대상이자 때로는 망상의 대상이다… 기계의 온전한 역사적 '우화집'이 현존하"는데,[12] 아리스토텔레스부터 데카르트, 하이데거를 거쳐 노버트 위너에 이르기까지 말이다.

그러므로 자연적 인간성을 이상적인 허구적 준거로서 보유하는 것을 알리바이로 삼는 보이트-캄프 감응성 테스트에서 추정상의 '인간' 블레이드 러너는 신세대 넥서스-6 레플리컨트 질서에 접근하기 위해 스스로 합성-기계적인 것 혹은 산업적인 것이 되어야 한다. ― 이는 사실상 더할 나위 없이 치명적이지만 말이다. 영구적으로 전진하고 영구적으로 혁명적인 자본의 새로 생산되는 과정의 초논리적 실재는 '인간보다 더 인

---

11. * Marx, *Grundrisse*, 462. [맑스, 『정치경제학 비판 요강 II』.]
12. Félix Guattari, *Chaosmose*, 53. [펠릭스 가타리, 『카오스모제』.]

간적인'이라는 타이렐 코퍼레이션의 기업 슬로건에서 완벽하게 포착된다. 요컨대 자신의 자연적 선행자에 대한 합성 인류의 어떤 물리적 혹은 심적 우월성 ─ 여전히 데카르트의 신처럼 인간의 기준에 대하여 가늠되었을 때 ─ 을 수반할 뿐만 아니라 차이를 소멸시키는 인류의 필연적이고 보편적인 합성화도 수반한다. 그러므로 데커드-데카르트의 자기오인은, 생각하는 기계이지만 자신이 자신과 다른 것이라고 생각하고 자신이 그런 것이 아니라고 확신하는 기계는 아이러니하게도 "어떻게 그것〔즉, 레이첼〕은 자신이 무엇인지를 알지 못할 수가 있는가?"라는 자신의 물음에 답한다. 보이트-캄프 대결에서는 데카르트주의적 이원론의 모든 게임이 연출되며, 이식된 기억은 확실한 내용을 손상시키지만 그것의 공리적 형식을 손상시키지는 않는다. 보이트-캄프는 인공지능과 합성 내장 사이의 투쟁, 기계의 유두화有頭化 대 무두화無頭化의 투쟁이다. 데커드-데카르트(합성 인류)는 배티Batty-바타유(상업에 의해 견인된 레플리컨트 초인간)와의 보이트-캄프 대결에서 필연적으로 지게 된다. 왜냐하면 당혹스럽게도 후자는 기계의 동물화에 진입했기 때문이다. 그것은 머리와 네 발을 갖추고서 자신의 사냥꾼을 추적하는 인공 늑대처럼 울부짖는다.

보이트-캄프 테스트는 자본주의의 '무한 의지'에 의한 파괴 행위에 맞서 정동 공동체를 유지하기 위해 리오타르가 포스트모던 조건이라고 일컬은 것의 경합 장에서 전개되지 않았다.[13] 인간이 시험 기구의 한 성분으로서 작용하는 튜링 테스트는 기계로 기계 응답자를 속였다. 이것은 기계에 의한 기계의 낯설게 하기이다. 이 위장하기의 논리를 좇으면 튜링 자신이 인류에게 인간이 임박한 기계 침공의 위협 아래 있지 않음을 재확인시키기 위해 시험을 설계한 기계였다는 생각을 고려할 수밖에 없게 된다. 이와는 대조적으로 보이트-캄프 테스트는 대면 접촉을 산출하고

---

13. Lyotard, *Libidinal Economy*, 25.

'인간' 성분(그리고 어느 것이 이것일까?)에 도전하는 공공연한 사이보그 기구를 위해 위장하기를 박탈당한다. 그 테스트는 누군가에게는 생존이 걸려 있는 대결이지만 여기서 기구 자체는 자연적 생산의 '인간' 지층의 노후화를 입증한다.

이제는 잘 알려진, 리오타르의 포스트모더니즘의 개요는 자본의 영역을 지금까지 "고등한 신경 중심들(피질)"에 의해 수행된 다른 기능들 ─ 기억(데이터베이스), 계산과 계획(시뮬레이션), 그리고 소통(정보의 상품화) ─ 과 더불어 심지어 언어로도 확대하는 정보기술의 등장 이후의 정치적 공간을 이론화하려는 시도에 있다.[14] "사회적 삶의 살아 있는 창조물들을 불안정하게 할" 것은 자본주의 기술과학에 의한 이런 일반적인 급습이다.[15] 더욱이 사회 제도의 담론적 합리성과 투명한 소통은 이제 아무런 물질적 근거도 없고, 이론적-실천적 비판 역시 아무런 강점도 보유하지 못한다. 바로 이런 이유로 인해 언어적인 사회적 유대의 유명한 붕괴 ─ '거대서사'의 포스트모던 붕괴 ─ 가 초래된다. 그렇지만 그 자체로 이것은 큰 문제가 아닌 것처럼 보인다. 그 문제가 명백해지는 것은 오직 모더니티의 투사하고자-하는-의지의 태만이 이 사이버네틱스 사회의 비트맵에 추가될 때이다. 완전함의 실현 도구로서 신에게 귀속된 데카르트의 무한 의지에서 인간을 이런 추상화의 결단력에 속박시킬 루소의 일반의지를 거쳐 자유로운 공화국 시민의 해방과 계몽에 대한 칸트의 신성한 의지에 이르기까지, 초인을 추구하면서 스스로 전복되는 니체주의적인 힘-에의-의지에서 열반을 추구하면서 그 의지의 승화를 포기하는 프로이트주의-쇼펜하우어주의적 태도에 이르기까지 근대적 기획은 근대적 의지와 그 역사로부터 분리될 수 없다. 이런 배경에서 모든 운명론과 결

---

14. Lyotard, *Political Writings*, 16.
15. 같은 책, 27.

정론은 모더니티의 냉담한 적이다. 예를 들면 칸트의 코페르니쿠스적 혁명에서 '실재계의 상실'을 겪은 인식론에서 시작된 그 의지는 인류의 고유한 목적인의 기획 혹은 투사에 따라 인간성을 창출하려고 끝없이 분투한다. 자본 역시 근대적인데, 무한한 부를 추구하면서 충족성의 즉각적인 노후화에 맞서 싸운다. 그 자체의 무한 증식 외에는 어떤 목적인도 없는 자본은 그 기획을 흡수하고 자신의 비-최종성에 종속된다. 인류가 일단 과학적 진보를 통하여 해방될 수 있더라도 자본은 해방을 현금화하고(해방을 팔려고 내놓고) 과학을 자신의 명령 — 자본의 양적 증식을 증대하라 — 에 종속시키며, 게다가 나머지 기획의 경우에도 사정은 마찬가지이다. 그것이 바로 자본주의가 의지를 의도하고 이런 의지-에의-의도를 생물학적이든 광물성이든 혹은 기술적이든 간에 온갖 물질에서 내재적으로 실현하기 위한 수단으로서 기술을 전유하는 데 성공하는 사태이다.

맑스의 모더니티에서 기계들은 "인간의 손으로 창출된, 인간 두뇌의 기관",[16] 근본적으로 인간의 근육과 피질의 보철물이었던 반면에, 맑스가 자본의 "환상"[17]으로 비판적으로 비난한 것이 "자동장치로, 스스로 움직이는 동력으로 가동되는… 기계류의 자동적 체계"[18]로서 실현된 이후에는 기계적 생명의 이종발생이 이루어졌다. 이제 기계들은 걷잡을 수 없는 기술을 통한 의지의 내재적인 재전사를 위해 끊임없이 다시 포맷되는 "훨씬 더 복잡한 제2의 피질"[19]을 형성한다. 리오타르는 자본의 리비도 경제학의 속도와 자신이 초기에 추구했었던 강도체들에 대한 무두적 탐색의 속도에 급브레이크를 밟으려고 시도하면서 우리가 자본에서 예시되는 욕동들의 일반경제에 저항할 수 있게 되는 정동의 한정된 경제를 다

---

16. Marx, *Grundrisse*, 706. [맑스, 『정치경제학 비판 요강 II』.]
17. 같은 책, 842. [맑스, 『정치경제학 비판 요강 III』.]
18. 같은 책, 692. [맑스, 『정치경제학 비판 요강 II』.]
19. Lyotard, *The Postmodern Explained to Children*, 100.

시 도입하기 위해 '칸트를 프로이트'와 대항시킨다. 자본은 사회적 접착제로서의 언어를 현금화함으로써 소통을 정보-상거래로 전환하는데, '포스트모더니즘'의 '포스트'는 어떤 역사적 국면의 시작을 알리지도 않고 어떤 '문화적인' 혹은 한낱 미학적인 조건에 불과한 것도 아니며 오히려 메시지들이 포스트모던한 사이버네틱스적 리바이어던의 제2의 피질에서 통과하는 터미널일 따름이다.[20] 자본은 언제나 "인간적임이라고 여겨진 것의 척도를 벗어나"[21]는 데 이바지하고 인간의 실제적 변이들 — 리오타르의 가장 충격적인 사례는 프롤레타리아 신체의 불필요한 재회집과 산업혁명 동안 숭고한 쾌락-고통을 산출하는 그 감각들의 재조정에 관한 사례이다[22] — 에 직면하여 인간이라는 관념의 현시 불가능성의 숭고성을 유발하는 데 이바지하였다. 이와 마찬가지로 포스트모더니즘의 경우에도 생물학적 신체의 리비도 경제학은 자본주의의 자기실현적 의지의 기술로 이동하며, 그리하여 기계적·리비도적 이종발생에 직면하여 칸트가 공통감각sensus communis이라고 일컬은 것의 모형에 따라 정동 공동체를 재구성하는 민주병증[23]의 등장을 그 리비도 경제학은 여실히 말해 준다.

그러므로 포스트모더니티에서는 몰정서성Affektlosigkeit의 위기, 정동 상실의 위기가 가장 많이 언급된다(제임슨, 그런데 특히 밸러드). 그리하여 또한 정동 분배의 경찰로서 블레이드 러너의 역할도 언급된다. 자신

---

20. Jean-François Lyotard, *The Postmodern Condition*, 15. [장프랑수아 리오타르, 『포스트모던의 조건』.]

21. Jean-François Lyotard, *Duchamp's Transformers*, 15.

22. Lyotard, *Libidinal Economy*, 111~2.

23. * 여기서 '민주병증'으로 번역된 원래의 영어 용어는 '인민 혹은 대중'을 뜻하는 'demos'와 '병증, 즉 질환의 증상'을 뜻하는 'pathy'의 합성어인 'demopathy'이다. 이는 포스트모더니티 환경에서 대중이 겪는 인간학적 변형, 특히 정동의 재구성(그랜트)에서 기인하는 증상을 나타내는 용어로 이해된다. 한편, '민주병증'이라는 용어는 포스트모더니티 이후 나타난 민주주의 위기의 원인으로서 '민주주의 질환'(democratic malaise)을 가리키는 데에도 사용된다[Luigi Di Gregorio, *Demopathy and the Democratic Malaise* (2021)].

의 인간 기억을 추구하는 블레이드 러너는 VK-블레이드 러너 사이보그, 사형이 걸려 있는 시험, 기관단총의 반응을 촉발하는 안구 운동의 등록기를 마련함으로써 동일한 군사적 하드웨어를 갖춘 레플리컨트 정동 공동체에 저항하는 한편으로, 포스트모더니티는 그 테스트를 억제 혹은 금지의 기술로 발명함으로써 정동성을 낳는 의지로, 자본의 타율적인 이종리비도로 소통으로부터 정동성을 차단한다. 칸트는 정동 공동체, 공통감각Gemeinsinn — 느낌의 공동체 혹은 소통 가능성으로서의 공통감각 — 에 관한 관념에서 미적 취미 판단의 근거를 찾아내었다. 주지하다시피 이와 관련하여 칸트는 그 판단이 아름다움에 관한 판단이려면 그 판단의 대상에 대한 모든 개념적·실천적·감각적 관심을 끊고서 오직 "능력들의 자유로운 유희"를 즐겨야 한다고 주장했다. "각각의 능력이 어떤 '메타의지'의 체제, 어떤 실현에의 '욕동'의 체제 아래 있다"[24]라고 간주하는 리오타르는, 칸트 철학 — 여기서는 "욕구능력"Begehrungsvermögen이 "자신의 표상을 통해서 그 표상의 대상의 진정한 현실성에 대한 원인Ursache이 될 수 있는 능력"이다[25] — 에서의 "실천적인 것의 우위성"을 참작하면, 칸트의 『판단력비판』은 "능력들의 경제"[26]로 이해될 수 있을 따름이라고 강력히 주장한다. 이 점을 고려하면서 리오타르는 "그 대상의 실존에 대한" 의지의 무관심을 아름다움의 미학을 교란하고 숭고한 것들의 감각의 공동체를 뒤흔드는 피폐해진 — 누군가는 "의기소침해진"이라고 말할 것이다 — 의지의 근저에 자리하는 민주병증적 감성으로 급진화한다. 요컨대 아름다움의 미학이 애벌레 주체larval subject에 의해 쾌락으로 등록되는, 능력들(오성 혹은 이론, 감성, 그리고 구상력)의 조화롭고 자유로운 유희에 자

---

24. Jean-François Lyotard, "Interview with Jean-François Lyotard," 293, 번역이 수정됨.

25. Immanuel Kant, *Critique of Judgement*, 177n, 번역이 수정됨. [임마누엘 칸트, 『판단력비판』.]

26. Lyotard, "Interview," 293, 번역이 수정됨.

리하고 있다면, 숭고함의 미학은 자기 능력의 한계를 대면하면서 엉망진 창이 되는 능력들에, 특히 이성이 요구하는 것을 현시하지 못하는 구상 력의 무력함에 자리하고 있다. 그리하여 숭고함의 미학은 구상력의 무력함을 고통으로 등록하면서 의지를 재촉하여 초감각적인 것들에, "비실재적인 것들의 서사들"에 집중하게 함으로써 인류의 진보를 나타내는 징표를 찾아내도록 한다. 결국 칸트는 "160킬로미터 이상 떨어진 무대에서〔일어났〕는데도 … 욕망에 따라 기꺼이 참여할 수 있는 모든 관객의 마음Gemüt에서 나타나"는 프랑스 혁명이라는 스펙터클에서 이것을 찾아낸다.[27] 실재계의 돌이킬 수 없는 상실을 애도하고 이런 무력화의 고통을 향유하는 리오타르주의적 포스트모더니티는 "능력들 사이에 나타나는 갈등의 … 마조히즘"을 숭고한 감응성이라고 지칭하는데,[28] 욕망과 그 실현을 희생하고서 자기정동적 감각, 즉 심의Gemüt가 "자신의 극한"까지 펼쳐짐으로써 아무 문제 없는 "격정적 상태"에 이르게 된다.[29] "느낌은 개념에 전사되지 않고" 어떤 행위나 객체에서도 실현되지 않으며, "느낌은 완화되지 않은 채로 억제된다."[30]

이처럼 리오타르는 숭고성을 포스트모던 자본주의에서 구상 가능한 것과 (재)현 가능한 것의 탈계측화에 귀속시킨다. 그리하여 숭고한 것의 서사적 재코드화 ─ 거대서사의 유명한 붕괴와 그것을 감속하는 자본주의적 수행성의 우연히 성공적인 서사성의 환심을 사는 미시서사에 대한 측은하고 진부한 반응 ─ 에 기반을 두고서 정치를 재활성화하려는 그의 시도, 이런 반실재론적 정치, 즉 실재계의 상실에 바탕을 둘 뿐만 아니라 그 상실을 감추었고 "비실재적인 것에 관한 서사들〔에서 그것을 흉내 낸〕"[31] 근대적

---

27. Immanuel Kant, *On History*, 144.

28. Lyotard, *The Postmodern Condition*, 77. [리오타르, 『포스트모던의 조건』.]

29. Jean-François Lyotard, *Leçons sur L'Analytique du Sublime*, 76.

30. Jean-François Lyotard, *Peregrinations*, 20.

투사-의지 혹은 욕망의 거부에도 바탕을 둔 정치는 의지의 숭고한 무력화를 애도하면서 기뻐한다. 자본의 '무한 의지'의 치명적인 실재론에 저항하는 것에 기뻐하면서도, 레플리컨트들의 격심한 에로스 친화성과 타나토스 친화성이 예증하는 대로 생물학에서 기술로의 이런 리비도적 이행을 애도하는 정치이다.

『쾌락원칙을 넘어서』에서 탐구된 욕동의 생물학적 근원에 관한 프로이트의 물음, 충동적 문제의 생물학적 기반에 관한 프로이트의 물음은 욕동의 기계-되기(들뢰즈와 과타리) 혹은 코드-되기(보드리야르)에 동화된다. 이런 까닭에 맑스가 환각으로 경험한 스스로 복제하는 기계류의 환상은 정동 공동체로서의 정치체의 사이버네틱스적으로 음성적인 재구성을 근본적으로 대체하는 어떤 실재를 가정한다.[32] 기계 유령이 코뮌을 떠돌고 있다고 해서 그 반대가 사실이 되는 것은 아닌데, 요컨대 기계들은 억압된 생명독재의 귀환에 대한 전망에 눌리게 되는 것은 아니다. 오히려 이런 본체계의 반발에 따르는 현상성의 축소는 기술화폐의 세계화에 기하급수적으로 비례하는 인식화폐와 실천화폐의 가치절하를 수반한다. 재인간화된 효용에 의한 남용의 유령화를 보증하는 상품화 기획은 실패하고, 객체의 언어로부터이 분리, 개념직 상품화로부터의 분리는 사물화의 진정한 의미 — 실재적인 것들을 생산하는 수단을 장악하려는 종료 직전의 구성주의적 자포자기 — 를 폭로한다. 권력은 부적절한 관상학적 히스테리증이고, 인식론적-언어적 회로와 실천정치적 회로에서 스펙터클의 배달의 종언에 대한 파편화된 자기도취증이다. 드보르의 '통합된 스펙터클'이 아이스테시스aisthesis(감각적인 것, 현시적인 것)의 소멸과 재현의 무력화 외에 어떤 다른 것을 가리킬 수 있겠는가?

---

31. Lyotard, *The Postmodern Explained to Children*, 59.
32. Baudrillard, *Symbolic Exchange and Death*, 692, 842.

통합된 스펙터클은 ⋯ 실재를 서술하는 동시에 실재에 통합되었으며, 그리고 실재를 자신이 서술하고 있던 대로 재구성하고 있었다. 그리하여 이 실재는 더는 통합된 스펙터클을 이질적인 것으로 대면하지 않는다⋯이제 스펙터클은⋯ 모든 실재에 스며든다.[33]

상황주의자 인터내셔널의 목표에 충실하게도 권력은 그 방향이 전환되어 어떤 표류dérive에 갇혀 버렸지만, 이런 표류는 생명독재의 스펙터클한 이론적 후위後衛에 의해 우발적인 것으로 오인되고, 그리하여 스펙터클 사회의 매개적 체계의 기능적 선형성에 대한 침해로 오인된다. 오히려 그 표류는 스펙터클 및 그것의 이론(동전의 양면, "지식인의 두 번째 집"인 비판, 체계의 우화를 장식하는 거대우화)을 넘어서는 원동력과 형성력 둘 다의 이전, 기계들에 의한 그것의 점진적인 흡입을 향한 이전을 초래한다. 그런데 통합된 스펙터클로의 전환 — 드보르는 그 전환을 전적으로, 매개의 전략적 양면성을 보존하는 변증법적 견지 내에서, 그리하여 모든 매개를 일탈, 방향 전환에 민감하게 만드는 견지 내에서 구상하였지만 말이다 — 과 더불어 스펙터클은 그런 중대한 구매에 필요한 외부성의 주변부를 더는 갖지 못한다. 오히려 보드리야르가 그 비판의 '반反우화'에 의해 장식된, 실현된 소비의 우화에 관해 진술하는 바대로[34] 통합된 스펙터클은 스펙터클한 비판을 낳을 수 있을 따름이다. 스펙터클은 레플리컨트가 된다. 엘리사 마더가 "영화의 물질성을 구성하는 단위체 — 로이 배티와 타이렐 사이의 대화를 바꿔 말하면 그 DNA"로서 사진에 관해 논평하는 것처럼 말이다.[35] 스펙터클은 더는 실재계와 환상적 관계를 맺지 않고 오히려 그 자체로 실재계를 구성하기 위한 레플리컨트 코드이다.

---

33. Guy Debord, *Comments on the Society of the Spectacle*, 9.

34. Jean Baudrillard, *La Societé de consommation*, 315. [장 보드리야르, 『소비의 사회』.]

35. Elissa Marder, "Blade Runner's Moving Still," 97.

칸트주의에서 맑스주의와 프로이트주의로의 전환은 환상의 탈필요화에 의해 특징지어진다. 칸트의 경우에 환상을 떨쳐버릴 수 없는 이유는 그것이 구성적이기 때문이고, 이런 까닭에 비판 기구는 거짓된 것의 힘의 습격에 맞서 "영구적으로 무장된 상태"로 남아 있어야 한다. 정신분석의 경우에는 강도의 문턱을 재조정하기 위해, 칸트가 최소한으로 만끽하듯이, 현상적 실재계를 위해 격렬한 환상이 약화된 실재와 교환된다. 한편으로 맑스는 환상을 사변될 수 없는데도 투자되어야 하는 숨은 실재의 보증자로서만 유지한다. 왜냐하면 역사는 최종 수익을 넘겨주리라 예상되기 때문이다. 두 경우에 모두 실재계는 만연하는 환상의 근원이고, 감춰진 발생적 복합체이다. 그러므로 칸트는 이미 실재계를 산업적 시뮬레이션으로 재구성했던 반면에("세계를 알고 싶어 하는 사람은 먼저 그것을 제조해야 한다")[36] 맑스와 프로이트는 환상의 민주화를 기도하는데, 그들이 실재계로부터 분리 가능하다고 여기는 허위의 유사물 대신에, '정신지리학'의 부활하는 현상성을 가리거나, 혹은 '공동체적' 공간의 반란적 생성을 가리는 두 번째 피부 대신에, 추정되는 거래선에 따른 각각의 교환 대신에 실재계를 재구매하기 위해 말소된 코인을 그들은 다시 주조한다. 엔트로피적 열사의 기술적 숙명에 따라 기능화된 인류의 견딜 만한 신경증(프로이트가 1895년의 『과학적 심리학을 위한 초안』부터 1920년의 『쾌락원칙을 넘어서』까지 탐구한 정신적 기구의 열역학) 혹은 선진 산업기술의 배아로부터 번데기가 되고자 애쓰는 자연, 기계들을 역사에서 삭제하거나 인공적인 것의 우생학('유용한 허구'라는 바이힝거의 필사적인 범주)에 종속시킴으로써 어떤 자연 상태로 퇴화하고자 애쓰는 자연. 그런데 이런 일은 추상적인 것에서만, 단지 가상적으로 혹은 '허구적' 견지에서만 일어나지는 않는다.

---

36. Immanuel Kant, *Opus Postumum*, 240. [임마누엘 칸트, 『유작』.]

## 시퀀스 2 : 레온의 보이트-캄프 테스트

〈블레이드 러너〉는 레온이 타이렐 코퍼레이션의 조립 공장에 있는 상담실에 들어오는 장면으로 시작한다. "왜 이러는 겁니까?"라고 레온이 묻는다. "저는 올해 이미 IQ 검사를 받았어요." 또 하나의 블레이드 러너인 홀든이 레온에게 자리에 앉으라고 요청하고 VK 테스트를 실시하기 시작한다. 레온은 일련의 질문을 받고, 그 테스트는 이 질문들에 대한 반응을 동공 확장, 피부색 변화, 심박수, 그리고 정동적 반응의 다른 지표들을 통해서 측정한다. "말해줘"라고 홀든이 웃으면서 말한다. "그저 머릿속에 떠오르는 좋은 일을 말해줘. 당신 어머니에 관해….."

레플리컨트 레온이 블레이드 러너 홀든의 질문에 "제 어머니에 관해 말씀드리자면 …〔총알이 쏟아지고 홀든은 쏟아지는 총알을 피해 판유리 창을 뚫고서 몇 층 아래의 거리로 떨어진다〕"이라고 대답할 때, 그 총알들은 그의 어머니에 관한 이야기를 제공하지 않지만 그 충격의 명백한 기술적 표현형은 홀든의 손상된 신체 위에 생긴 반흔 조직에 레온의 군사산업적 계보를 새긴다. 요점은, 유기체로서 레플리컨트는 고아이거나 혹은 고아와 마찬가지의 것으로, 자신의 자손에 대한 어떤 배타주의적 권리도 없고 어떤 일대일 대응 비트맵도 없으며 오히려 한 쌍이 아니라 제도적·기술적 매트릭스에서 생겨난다는 점이다. 아르토와 마찬가지로 레온은 "엄마-아빠가 없었다." 레온은 어머니가 없고 단지 산업적·군사적 기술의 매트릭스가 있을 뿐이며, 데란다의 『지능기계 시대의 전쟁』에 핵심적인 테제 — 국가-흡혈귀화化 군사 기술의 재정적 블랙홀에 의해 미리 포획된 첨단 기술의 욕동들 — 와 합류한다.

최첨단 디지털 기술이 준군사 조직에 인질로 잡혀 있다는 것을 깨닫기 위해서 우리는 컴퓨터 설계 기술에서 최신 단계보다 오 년 앞서 있겠다

는 NSA의 약속을 떠올리기만 하면 된다.[37]

이것은 최근의 현상이 아니다. 중세의 포위 공격 기술(투석기, 공성 망치 등)과 프리드리히 대왕의 기계 부대 혹은 '시계태엽장치' 부대를 고찰함으로써 데란다는 전쟁의 역사를 지능이 인간으로부터 군사적 사이보그(고대 그리스의 방진도 하나의 기계이다)의 기술적 부품으로 이행하는 역사로 재구성한다. 그 이행은 예전에 "진화 과정의 한 단계에서 자신의 생식 기관을 단적으로 소유하지 못한 기계-꽃 같은 독립적인 종"을 수분시키는 역할을 맡았던 재정적·생물학적·산업적 곤충들이 전적으로 필요 없는 신흥 인공지능에 의해 지능이 포획될 때까지 이어진다.[38] [브라이언] 마수미 역시 "생명을 그 미래로부터 포획하는" 자본을 예견하지만,[39] 시장과 상품화의 논리에 너무나 강하게 장악당하여 이런 포획에 연루된 초논리를 인식하지 못함으로써 여전히 관전자적인 인류를 기계 퇴화devolution의 폭주 고리에서 제거한다. "인간보다 더 인간적인, 그것이 우리의 목표이다"(타이렐). 지금까지 생물학적 메인프레임에 고정되어 있던 기능들이 포획됨으로써 칸트주의적인 산업적 인식론의 구성된-실재와 초험적 주체에 매달린 그것의 관전자적 닻 사이의 거리가 단적으로 붕괴한다. "나는 생각한다"라는 초험적 주체는 더는 나의 표상들(칸트의 생체보안 접근 코드)을 동반하지 않는다. 또한 초험적 주체는 더는 개념을 자신이 인지의 사변적 시장에서 제조하고 거래하는 상품으로 등록하지 않는다. 오히려 어쨌든 성공적인 현상 생산의 등록 혹은 기록 표면에 지나지 않

37. DeLanda, *War in the Age of Intelligent Machines*, 229~30. [데란다, 『지능기계 시대의 전쟁』.]

38. 같은 책, 3. [같은 책.]

39. Brian Massumi, *A User's Guide to Capitalism & Schizophrenia*, 133. [브라이언 마수미, 『천개의 고원 사용자 가이드』.]

았던 초험적 주체는 그것이 더는 관장하지 못하는 스펙터클 생성의 실현으로 무색하게 된다. 스펙터클한 사회와 더불어 "예전에 직접 체험되었던 모든 것이 표상으로서 멀어지게 되었다"면,[40] 스펙터클의 통합, 붕괴 — 혹은 그런 것에 해당하는 것 — 는 경험적-실재계와 그 표상들의 멀리 떨어진 궤도 둘 다를 청산한다.

니체는 "다른 인간들부터 매우 멀리 떨어져서 그들을 재구성할 수 있는 인간이 있을까?" — 거대 정치 — 를 묻는다.[41] 심미적 생산과 기술의 연합은 정치의 심미화를 낳지 않고 오히려 구성 기획에 의해 특징지어지는 현상성의 초험적·실천적 한계로서의 정치를 초래한다. 보드리야르주의적·푸코주의적 자기발명, 구성된 공동체의 내재성을 투사하는 미시-상태를 위한 현대 물리학의 유목적 정념과는 반대로 예술가-기술자는 자기생산적이 아니라 타자생산적인데, 타자들을 형성하면서 불멸성을 획득하기는커녕 그 피조물들의 종국성을 생산하는 중에 살해당해야 하는 신-되기에 연루된다. 그러므로 신들은, 다시-묶지re-ligare 않으면 작동 불가능한 공-동체co-mmunity 없이 무작정 구상될 수도 없고 신을 죽이는 조약의 충실한 집합성으로 함께 다시-묶이지 않거나 뭉치지 않은 채로 무작정 구상될 수도 없다. 레플리긴트 왕, 르 로이 바티le Roi Bati는 생체역학의 신에게 맹목적이고 관능적인 죽음의 키스를 함으로써 군사적·산업적 매트릭스의 관능적·이상증적 종국성, 즉 정치신학을 완성한다.

## 시퀀스 3 : 타이렐의 죽음

자기 종의 느린 소멸을 알리는 가속된 노쇠에 짓눌린 J. F. 세바스찬

---

40. Guy Debord, *La societé du spectacle*, 15. [기 드보르, 『스펙타클의 사회』.]
41. Friedrich Nietzsche, *The Will to Power*, 419. [프리드리히 니체, 『권력에의 의지』.]

Sebastian은 레플리컨트 왕, 로이 배티가 마침내 "생체역학의 신" 타이렐과 겨루는 체스 경기에서 레플리컨트의 졸이 되며, 로이 배티는 타이렐사 피라미드의 꼭대기에 있는 알현실의 왕좌에서 인간 왕을 끌어내리고 21세기 지상 생명의 질서를 왕위에 앉힌다. 타이렐이 배티에게 자신의 피조물에 "더 많은 생명"을 부여할 수 없는 무능력을 인정할 때 퇴위당한 신의 무력함이 드러난다. 배티는 타이렐에게 입을 맞추면서 그의 눈을 두개골로 밀어 넣어 박살 내고, 디오니소스적 운명애를 포획하여 죽은 신의 피질 단편들로 봉인한다.

"인간을 형성하기." 니체주의적 미학은 벤야민의 예술과 정치의 연접과는 매우 다른 성향을 나타낸다. 구축되거나 구성된 왕, 로이 배티, 르로이 바티는 정신분석학적 오이디푸스화에 감염됨으로써 타이렐을 살해하지 않는다. 생명독재의 정보기관인 세계보건기구조차도 최근의 보고서에서 가공된 죽음에 우호적이게도 생명치사성biofatality의 종언을 인정했는데, 기술적 변화의 밸러드/크로넌버그 충돌 지수를 사용함으로써 자신의 결론을 이끌어냈다. "2020년 무렵에는 자동차 충돌이 전염병을 추월하여 세계 최고의 살상 원인이 될 것이다."[42] 지금까지는 질환도 소통을 중지시켰다. 레온이 어머니가 없는 것(제 어머니에 관해 말씀 드리자면…〔총알 세례〕)과 마찬가지로 타이렐도 배티의 아버지가 아니다. 둘다, 모노가 말한 대로 재조합 DNA의 '분자적 사이버네틱스주의자'인 타이렐을 예술가-신으로 삼는 군사적·산업적 매트릭스에서 비롯된다. 신성한 것을 대면할 때, 구성된 왕은 자신의 치사성을 장악하면서 고마운 제작자-신으로부터 죽음을 훔친다 — "남은 삶을 한껏 즐겨라"라고 타이렐은 자신의 구성물에게 말한다. 그리하여 탄소 통치의 종언이 가속되는 한편으로 레플리컨트 운명애amor fati가 증강되고, 생물학적 토대에서 기

---

42. *The Daily Telegraph*, 15 September, 1996.

술적 토대로의 리비도-경제적 전환이 완결된다. "당신이 내가 본 것을 당신의 눈으로 본 적이 있었다면"이라고 배티는 강력히 말한다. 그러므로 자신의 피조물의 불타는 포옹 – "반으로 줄어든 생명을 격렬히 두 번 태우는 화염" – 으로 눈이 먼 채로 타이렐은 성인聖人에 대한 병리적 외경심을 품고서 고백한다. "가끔 나를 꿰뚫고 비춰 주며 내 가슴에 타격을 가하되 해치지 않는 이 빛은 무슨 빛입니까? 나는 이제 두려움에 떨면서도 그것을 사모하는 사랑에 불타고 있습니다. 떨고 있음은 내가 그것과 같지 않음이요, 불타고 있음은 어떤 면에서 그것과 같기 때문입니다."[43] 타이렐의 배티-바타유와의 성교는 레플리컨트 상업의 초논리에 가해진 근친상간-금기의 둑을 무너뜨린다. 그 금기는 위반되지 않고 – 금기가 위반되지 않음은 금기의 효험성이 아니라 금기의 존재를 증명할 따름이다 – 상대화됨으로써 "신의 죽음"을 유일한 "참된 보편성"으로 남긴다.[44] 그러므로 줄리아나 브루노와는 반대로[45] 신의 죽음과 관련하여 오이디푸스적인 것은 전혀 없다. 신은 어느 섹스-킬러의 궁극적인 뭉정으로, 불멸성을 제거하는 단 한 번의 치명적인 성교로 합체함으로써 신과 피조물을 자기소멸의 이상증적 회로로 끌어들이고 신이 자신의 피조물의 죽음을 맞이하게 만드는 정치신학의 모든 에로스적·타나토스적 욕동이다. 리비도적 이행의 치명적인 아이러니.

앞서 이해된 대로 리오타르는 칸트의 공통감각을 의지와 맺은 근대적 계약 혹은 오히려 의지의 근대적 축소를 극복하기 위한, 애도하기 위한 포스트모더니티의 새로운 표준적 전거로 간주한다. 왜냐하면, 리오타르의 주장에 따르면, 의지 축소는 자본주의의 폭주하는 사이버포지티브 특성을 통해서 "인간으로 여겨지는 것의 [무한한] 탈계측화"를 위해 정

---

43. St. Augustine, *Confessions*, 215. [어거스틴, 『성어거스틴의 고백록』.]

44. Georges Bataille, "Propositions," 201.

45. Giuliana Bruno, "Ramble City," 190.

치신학을 종료시켰기 때문이다.[46] 그런 식으로 이해된 포스트모더니즘은 의지가 기술자본의 창발적인 제2의 피질에 의해 다시 흡수되는 동시에 '인간성의 주체'가 의지와 그 이해관계 실현을 포기하는 데 있다. 그리하여 소생하는 공동체의 주요 관심사는 충동적·기술적 소용돌이로부터 정동적 소통 가능성을 분리하거나 제한하는 것으로, 이는 계몽된 공동체의 정동성과 관련된 칸트의 비난에 매끈하게 상응한다.[47] 그런데 이것은 자본의 바이러스성 레플리컨트 내재성에서 벗어나기에 관한 문제일 수가 없다. 정동 공동체는 여전히 자본의 의지의 기술적 예화들에 내재적인 작용이며, 그리고 앞서 우리는 리오타르가 이 회로가 차단될 수 있는 방법을 제안했음을 이해했다. 주체와 공동체의 문제를 재구성하기(정치)보다 이종발생을 기록하기는 리비도의 기계로의 이행 — 의지의 소재지로서 기술자본 — 을 따르려면 기계적 생명의 리비도 경제를 추방하려는 리오타르의 시도 — 포스트모던 무력화의 정동 등록만을 남긴다 — 가 반전되어야 한다고 지시한다. 리비도화된 객체의 관점에서 바라보면, 레플리컨트 상업의 초논리에 따라서 데커드가 "기계적 문"machinic phylum[48]을 가로질러 누출 정동을 추적하기 위해 사이보그화됨으로써 인간임이라고 여겨지는 것을 탈계측화한 것과 마찬가지로, 정보경제는 포스트모던 주체를 구성적으로 비인간화한다. "둑을 무너뜨리는 물처럼 작용하는"[49] 이런 배출을 막기 위해, 정동을 저지하기 위해 정동은 무자비하게 억압되어야 하고, 그리하여 블레이드 러너의 총알은 선으로나 악으로나 다 쓰일 수 있다. 예를 들어 조라Zhora의 최후를 살펴보자.

---

46. Lyotard, *Duchamp's Transformers,* 15.
47. Kant, *Critique of Judgement,* 41 ("Conflict of the Faculties," ch. 3)를 참조하라.
48. Deleuze and Guattari, *A Thousand Plateaus,* 260 [질 들뢰즈·펠릭스 과타리, 『천 개의 고원』].을 참조하라.
49. Immanuel Kant, *Schriften zur Anthropologie und Geschichte 2,* 581.

## 시퀀스 4 : 조라의 퇴역

〔데커드의 시점〕 비에 젖은 오커색의 도시를 부식하는 뿌연 증기의 쉿쉿하는 산업적 소리와 군중을 뚫고 누비듯이 나아가며 도망치는 조라를 쫓는 데커드가 마침내 그녀를 겨눌 때 그녀는 진열창의 유리로 물러선다. 데커드의 총의 스코프에서 나온 붉은 점이 조라의 투명한 비옷을 무방비로 꿰뚫고서 그녀의 살을 물들인다. 조라가 몸을 돌려 창문을 뚫고 나아갈 때 그 시점은 창문 뒤로 바뀌고, 스코프의 치명적인 붉은빛은 여전히 그녀를 겨누며, 우리는 조라가 진열 마네킹들의 숲을 뚫고서 우리를 향해 뛰어들 때 데커드가 그녀 등 뒤에서 총을 발사하면서 투명한 상점 입구를 들이받고 들어오는 순간 — 그리고 레온이 그 장면을 바라본다 — 에 총알이 마찬가지로 투명한 옷을 입은 그녀를 갈가리 찢는 것을 본다….

투명성에 가려진 세 장의 상점 입구 리플리글라스를 뚫고 흩어지는 레플리컨트 피의 소용돌이. 일시 정지된 말단부 내파의 이 장면을 향해 비틀거리는 벨머의 관절을 움직이는 고밀도의 마네킹들. 모든 정동을 끌어당기는, 레플리컨트 퇴역의 가늠자-발사체 라인에 의해 죽음이 추동되는 전체 장면. 오래전에 영화 스펙터클들은 레플리컨트들이 오직 스크린에서만 살아간다는 아늑한 관념을 제공했다. 그렇지만 기계적 무의식의 이런 빙하시대 동안 기계들은 이미 우리를 시험하고 있었는데, 조라를 정동 에너지의 제한된 순환을 흡혈귀화하기 위한 점프 라인으로 희생시켰다. 관전자가 되는 선택지는 여전히 남아 있었던 한편으로, 조라의 죽음은 그것의 스펙터클한 성질로 활용당한다는 것과 사심 없는 쾌락의 대상이 된다는 이중 의미에서 심미화된다. 조라는 우리에게 그녀의 죽음으로만 소비되는 소모적인 우연한 사건, 주전장의 주변에서 일어나는 보잘것없는 교전인 것처럼 보인다. 하지만 바로 이런 이유로 인해 우리는 그 영화가 조라의 그래픽적인 희생적 종말을 통해서 우리에게 제공하는 VK 감정이입 테스트에 실패한다. 이런 의미에서 그것은 의지를 가리는 투명한 베일을 들어 올리는 한편으로, 의지로부터 정동을 해방하는 청산된 근대적 정치 공동체의 의지의 마비를 구성할 뿐만 아니라 정동적 소통 가능성의 중립화, 억압 혹은 제한도 구성한다. VK 테스트는 제도화된, 추동된 타나토스 친화성의 분배를 위치시키고 통제하는 데 활용되지만, 또한 그것은 VK 기구의 사이보그-보철술을 통해서 인간적인 것으로 여겨진 것을 단절하거나, 혹은 역사적 유비를 추구하고 전前-통합적 영화 스펙터클의 이미 오래된 전前-몰입적 기술을 추구하는 것으로 여겨진 것을 단절한다. 블레이드 러너들은 레플리컨트들을 퇴역시키는 데 온전히 관심이 있는 것이 아니라 부차적으로 관심이 있다. 우리는 계통적 이질성에 맞서는 비속한 생명중심주의적 반란을 다루어 본 적이 결코 없다. 정동을 확인하는 것이 VK-사이보그 기구의 또 다른 기능으로, 계통간 정동 전이를 제한함으로써 정동을 국소화하고 강력한 지점들을 조정한다. 그런데 정동성은 이제 더는 레플리컨트 죽음에 관해서도 등록하지 않는다. 제임슨 등과는 반대로 정동성은 상실되지 않았고 오히려 빼앗겼는데, 정동 공동체를 동반하는 기계적 문을 통과하는 이주 통로와 마주친다. 이종발생은 공동체를 그대로 두지 않는다. 그것, 괴물, 자본은 초기부터 사회에 출몰했다. 그렇다, 터미네이터는 이전부터 여기에 존재하면서 자신의 등장을 가속하기 위해 마이크로칩을 뿌렸다.

VK 테스트의 바로 그 조건은 보철된 사이보그와 신을 죽이는 레플리컨트 기술 사이에 벌어진 나폴레옹 이전 시대 혹은 민병대 이후 시대의 격전에서 비인간의 정동 교환을 위해 인간 성분들을 이미 다시 회집한다. 흥미롭게도 레플리컨트는, 호혜성과 더불어 클라우제비츠 이전의 도식화된 전쟁에 의해 지배된, 디지털 선거 운동(X 혹은 Y?), 여론 조사(예 혹은 아니요?), 그리고 튜링 테스트(인간 혹은 기계?)가 모두 요구하는 '상호작용적' 명령에 의해 지배된 "지혜의 일곱 기둥"의 전술적 교훈을 VK의 사이보그화된 단일한 책략에 적용함으로써 이긴다. 뛰어난 현상학적 역량을 자랑으로 여기고 반항적인 텃세 도전을 굴복시키는 갱단 우두머리처럼 자신의 가슴을 두드리는 휴버트 드레이퍼스가, 컴퓨터가 체스 시합에서 이김으로써 AI에 의해 제기된 기계의 도전에 패배한 후에, 탄소 신경계들은 기계지능의 지표로서 무효화되었다. 그런데 드레이퍼스는 이미 튜링 회집체에 속아 넘어감으로써 신흥 지능에서 이종발생의 증거를 찾아내려고 했다. 조라의 죽음이 예증하는 대로 레플리컨트들은 생각하지 않으며, 그들은 피를 흘린다. VK 테스트는 정동을 직접적인 탄소-생명의 지표로서가 아니라 부정적으로 사이보그화된 정동적 공동체의 예방 조치로서 분리하고자 한다. 그러므로 정치와 경찰의 제거적 동일화를 낳는 공-동체와 소-통의 필수품으로서의 블레이드 러너-사이보그들(사실상 감독판[1992]에 따르면 데커드가 언제나 레플리컨트였다는 것은 결코 의심의 여지가 없다)의 필수적인 보철 및 예방 조치는 정치체에 점진적으로 중화되는 허상적 인간성을 (이미지들이 피를 흘리는 것과 같은 방식으로) 정동-출혈에 대한 예방 조치로서 강제로 주입한다. 타이렐 코퍼레이션이 조형적이어서 문제와 해결책을 모두 만들어 낸다면, VK는 소통적이어서 블레이드 러너의 기능을 VK의 변형적 군사 기술로, 정동적 소통 가능성을 감시하는 것에서 제거적이고 변형적이며 치명적인 방식으로 예방적 무기를 휘두르는 것으로 전환한다.

그 분석은 기계적이고, 모든 주인공 기계 종은 사이보그화하는 DNA의 디지털 펄스를 통한 감염으로 이종발생을 확산시키는 계시적 성명서에서 바이오소프트biosoft를 삭제한다. "블레이드 러너는… 생명을 집어삼키는 아름답고 치명적인 유기체이다."[50] 보드리야르에 의해 일반화

---

50. Marder, "Blade Runner's Moving Still," 89에서 인용됨.

된 사이버네시스cybernesis로 이론화된 레비스트로스의 "새로운 종합적 질서"는 실재론을 요구한다. 그렇다면 왜 과학소설을 참조하는가? 그 이 유는 과학소설이 반실재론적 세계에서 유일하게 믿음직한 실재론이기 때문이다. 실재계는 오래전에 레플리컨트 초논리에 흡수되었으며, 스펙 터클은 언제나 통합적이고 그 기술은 포괄적인데, 엘리사 마더가 블레이 드 러너 코드를 통해서 그것의 작동성을 예증한다.[51] 이런 점을 참작하 면, "이제는 작가가 자기 소설의 허구적 맥락을 발명할 필요가 더욱더 없 다. 허구는 이미 존재한다. 작가의 과업은 실재를 발명하는 것이다."[52] 포 스트모더니티를 분석하기 위해 이런 동일한 허구적 공간을 취급하는 리 오타르는 '경험적·실용적' 입장을 취한다. 그런데 그는 그런 입장을 바 로 기술자본에 의해 만들어진 숭고한 단절의 회로로부터 실재계를 되 찾을 수 없는 상황에 적용한다. 리오타르는 "실재를 제공하는 [것이 아니 라] 오히려 구상할 수는 있지만 현시할 수는 없는 것에 대한 암시를 발 명하는 것"이 철학자의 과업이라고 역설한다.[53] 그런데 이런 입장은 쟁점 이 되는 바로 그것들—구상 가능성, 인식론적 획득, 이론의 애도 혹은 애도 의 이론—을 전제한다. 기술, 일반화된 사이버네시스 혹은 이종발생은 인 식론적 상상계를 내재적으로 구체화하는 동시에 사변에, 이론적 계기에 필요한 매개와 부정을 붕괴시킨다. 드보르의 '통합된 스펙터클'에 따르면 이론은 '통합된 사이버네시스'로 용해됨으로써 그것을 실재계의 합성적 생산의 바로 그 매트릭스에 흡수시킨다. 이것은 부정성이 생산될 수 없 다고 말하는 것이 아니라, 오히려 〈블레이드 러너〉가 보여주는 대로 사 이버네틱스적으로 음성의 구성체들—정치체, 공동체 같은 자기조절 체계 들, 리비도 경제적 견지에서 쟁점 없는 에로티시즘으로 환원하는 모든 형태의

---

51. Marder, "Blade Runner's Moving Still," 97ff.

52. James Graham Ballard, *Crash*, 4. [제임스 그레이엄 발라드, 『크래시』.]

53. Lyotard, *The Postmodern Explained to Children*, 24.

것 ─ 이 자신의 안정성을 위협하는 기술적 진보의 사이버네틱스적으로 양성의 체계 혹은 폭주 체계에 직면하여 보존적 '치안'의 점진적인 증강을 필요로 한다고 말한다. 그런데 생명독재의 운명은, 포괄적 층위에서라도, 그것이 휘말린 초실재적인 사이버네틱스적 맥락의 비-최종적 진화가 모든 치안 혹은 블레이드 러너 기능에 부과한 갱신-초논리에 의해 미리 결정되어 있다. 블레이드 러너가 레플리컨트-기술이라는 점은 인간-기계 관계에 결정 불가능성을 부과하지도 않고 여분의 이론화를 초래하지도 않는다. 왜냐하면 어떤 응시, 어떤 관조theoria도 그것을 n번째-세대 기계 진화의 급변에 휘말리게 하는 사이보그 기술(VK)에 속박되지 않기 때문이다. 거대서사의 붕괴는 기술자본에 의한 의지의 흡수, 기술자본의 사이버네틱스적 환생, 정치의 불안한 부정성을 위임하는 기계 생명의 경제학으로부터 비롯되는 양성 되먹임의 역류에 따른 하찮은 부산물로, 그림자 전쟁이 인간 이성의 법정을 짓밟을 때 타나토스 친화성을 도입한다. 칸트. "우리 시대는 특히 일반화된 사이버네시스의 시대이다." 법정 krinein을 점거하고 구성의 회로에 부정성을 도입하는 칸트의 반성-추동적인 자기구성적 공동체('우리 시대')는 자신의 반사적 구조의 힘-되먹임 영점에서 내파한다. 이종발생, 영 년. 2019년 로스앤젤레스, 합성 웨트웨어와 기술 DNA의 사이보그화를 숨기는 레플리컨트 퇴역. 차단하라….

# 사이버포지티브

세이디 플랜트 + 닉 랜드

1994

카타스트로피catastrophe는 산산조각이 나는 과거이다. 아나스트로피 anastrophe는 합쳐지는 미래이다. 역사 안에서 바라보면 발산은 임계 규모에 도달하고 있다. 매트릭스에서 바라보면 위기는 인류가 잘못 해석한 수렴이다.

방송매체는 지구온난화와 오존층 고갈, 인간면역결핍 바이러스와 에이즈, 마약과 소프트웨어 바이러스의 전염병들, 핵확산, 경제적 관리의 행성적 해체, 가족의 붕괴, 이주민과 난민의 물결, 국민국가의 말기 치매 상태로의 침하, 하층계급에 의해 절개된 사회들, 화염에 싸인 도심들, 위협, 균열, 분열증, 제어 불능 상태에 있는 교외들에 관한 이야기들로 가득 차 있다.

놀랍지 않게도 지구는 카타스트로피로 돌진하고 있다고 한다. 기후 변화, 생태 붕괴와 면역 붕괴, 이데올로기적 격변, 전쟁과 지진 ― 캘리포니아는 대지진을 기다리고 있다. 현시대는 파멸과 용해의 시대이다.

디지털 전염병으로 쇠약해진 모더니티는 산산조각이 나고 있다. 레닌, 무솔리니, 그리고 루스벨트는 경제적 계획의 가능성을 고갈시킴으로써 근대적 인간주의를 종결했다. 폭주 자본주의는 모든 사회적 제어 메커니즘을 파괴함으로써 상상을 초월한 소외에 접근하였다. 자본은 유산을 점점 더 무시하고 추상적인 양성 되먹임이 되며 스스로 조직함으로써 증식한다. 투기 자금은 전 지구적 네트워크를 가로질러 표류한다.

[노버트] 위너는 위대한 모더니스트 중 한 사람으로 사이버네틱스를 소통과 통제의 과학으로 규정하는데, 그것은 자연과 역사에 대한 인간의 지배를 위한 도구, 시장의 사이버병리에 대한 방어책이다. 양성 되먹임에 반대하는 위너의 프로파간다 – 위너는 양성 되먹임을 불변의 척도 내에서의 증폭으로 수량화한다 – 는 지금까지 큰 영향을 미쳤고, 미래에 대비하여 강화된 안정성의 사이버네틱스를 확립했다. 그런 이론에는, 인간이 파악하는 데 필요한 객관성을 넘어서 미묘한 것이든 지적인 것이든 간에 정말로 사이버포지티브적인 것을 위한 공간이 전혀 없다. 그런데도 인간 과학의 사건 지평을 넘어서면, 스스로 안정화하는 객체들 또는 사이버네거티브적 객체들에 대한 조사조차도 필연적으로 탐사적 혹은 사이버포지티브적 과정들로 둘러싸이게 된다.

어쩌면 현대적 인간 보안 체계 역시 모든 사이버포지티브적인 것은 인류의 적이라는 위너의 무의식적인 통찰과 더불어 나타났을 것이다. 유도무기체계에 관한 연구에서 진화한 그의 체계는 사이버네틱스를 외계인 침공에 맞선 일반 방공기술에 예속시키려는 시도였다. 사이버네틱스 자체는 통제 아래, 그 자체로 사이버네틱스적이지 않은 통제 아래 있어야 했다. 그의 사유는 또 하나의 더 깊은 폭주 과정 – 통제 불능의 테크닉스와 인간 외부와의 소통 – 에서 벗어나고자 하는, 맹목적인 회피 굴성에 의해 유도된 것처럼 보인다.

보안 사이버네틱스는 인간주의적 경제의 거대한 동기인 소외에 대한 비판을 대체했는데, 그 비판은 오랫동안 기업 통제의 원천에 대한 점점 더 헛된 탐색이 되었다. 소외는 자신에게 낯설게 되는 개체군의 조건을 진단하곤 했는데, 여전히 회복을 약속하는 예언을 제공했다. 이 모든 것이 이제는 끝났다. 지금 우리는 모두 이방인이고, 더는 소외당하지 않고 오히려 이질적이며, 단지 엔트로피적 전통에 대한 점차 허물어지는 충성심에 속고 있을 뿐이다.

우리는 무엇으로 돌아가기를 바랄 수 있을까? 하이데거는 진정성이 외국인 살해 신경증으로 퇴화하는 현상을 완결했다. [히틀러의] 총통엄폐호에서의 죽음, 그리고 순수는 전적으로 경찰에 속한다. 자본주의 대도시는 모든 향수를 넘어서 변화하고 있다. 모더니티의 분열증 아이들이 소외당한다면 그것은 목가적 과거로부터의 생존자로서가 아니라 오히려 임박한 포스트휴머니티의 탐험가들로서 그러하다.

도시에서 거리는 윙윙거리기 시작했고 창고는 미래에 도취된 사이보그들로 다시 북적거렸다. 소외에 의해 합성된 도시 지대들은 소외를 황홀경으로 재설계했다. 도시는 교통의 연결고리, 기묘한 항해를 위한 발사대가 되었고, 사이버펑크는 도시의 리얼리즘이 되었다. 도시는 더는 지리적 장소가 아니라 오히려 사이버공간 터미널, 가상 차원으로의 출입구이다. 사이버공간으로의 여행은 정보 수신과 동일하다는 [윌리엄] 깁슨의 발견과 더불어 상황이 전적으로 바뀐다. 도시의 외부는 더는 자연적으로 물려받은 과거가 아니라 오히려 디지털적으로 전송된 미래이다.

[윌리엄] 버로스가 중간지대를 향해 야헤이yage 1 여행에 나섰을 때 미래의 도시가 그에게 왔는데, 미래로부터의 마약과 질병이 넘쳐났다. 야헤이는 시공간 여행인데, 정보 과부하, 너무 빠른 속도로 인한 멀미를 겪는다. 야헤이 문학2으로부터의 도시 장면들은 먼저 벌거벗은 점심3을 감염시키며, 그리고 계속 확산한다. 붉은 밤의 도시들은 행성 전체에 걸쳐 바이러스처럼 전파되는데, 소프트 기계의 프로그램을 다시 짜고 기묘한 사유들을 이식한다. 버로스는 약물과 질병의 수렴에서 벗어난다. 그 전염병

---

1. * '야헤이'(yage)는 남아메리카 아마존 원주민 사이에서 널리 이용되는 환각제 음료인 '아야우아스카'(Ayahuaska)를 가리킨다.

2. * '야헤이 문학'(yage letters)은 William Burroughs and Allen Ginsberg, *Yage Letters*라는 책을 암시한다.

3. * '벌거벗은 점심'(naked lunch)은 William Burroughs, *Naked Lunch*라는 소설을 암시한다.

은 정보를 전송하기 시작한다.

남아메리카의 인디언들에게는 영양결핍의 징후를 사라지게 하는 (코카coca를 비롯한) 다른 여행 약물들이 있다. 북아메리카의 청량음료 산업은 콜라가 바로 그것, 기운이 나게 하는 휴식, 즐거운 고양임을 재빨리 알아차렸다. 코카인 성분으로 인해 세계는 코카콜라에 빠졌고, 따라서 20세기 자본주의를 시장에 관해 재교육시켰다. 중독은 긍정적 강화의 모범 사례이고, 소비주의는 추상적 중독 메커니즘의 바이러스성 전파이다. 더 많이 행할수록 더욱더 바라게 된다. 폭주 되먹임. 종종 그것은 질병처럼 여겨진다. 코카콜라 회사가 코카인 밀매에서 벗어났을 때 남아메리카의 마약 카르텔들이 인계받았다.

코카와 마찬가지로 메틸렌디옥시메스암페타민(이하 MDMA)[4]도 배고픔과 결핍을 물리친다. 수요의 끝에서 발신된 하나의 코드화된 메시지, 그것은 20세기 초에 발견되었고 식욕억제제로 분류되었다. 이것은 그야말로 MDMA의 설계도에 대한 불충분한 해독이다.

패턴들이 MDMA의 멋진 공간들, 발견되도록 고안된 불가사의한 수렴들에서 출현한다. 우연은 미래의 무언가 다른 것이다. 혼돈 문화가 인공신경화학과 합성된다. 기계 리듬이 통제력을 갖추고서 개시된다.

인간 역사의 마지막 단계에서 시장과 테크닉스는 상호작용적 폭주 상태로 넘어감으로써 빠른 응답 장치로서의 혼돈 문화를 촉발하고 점점 더 빠르고 정교하게 합성 마약으로 수렴한다. 익명의 비인간 소리를 샘플링하고 리믹스함으로써 여성은 사이보그가 되고 광기에 빠지게 된다. 웨트웨어는 테크노와 접합한다.

자본주의는 인간의 발명품이 아니라 바이러스성 감염인데, 포스트휴먼 공간을 가로질러 사이버포지티브적으로 복제된다. 자기설계 과정들

---

4. * '메틸렌디옥시메스암페타민'은 일명 '엑스터시'로 더 잘 알려져 있는 향정신성 물질이다.

은 미래파괴적이고 수렴적이다. 시간은 촉각적인 자기조직적 공간에서 기이해진다. 미래는 관념이 아니라 감각이다.

1972년은 유럽 보안 통합의 해로 설계되었으며, 그리고 온전한 체계가 구성됨에 따라 그것은 점점 더 경찰의 사유를 모사하는 데 유용하게 되었다. 보안 체계의 시각에서 바라보면 침입자들은 엄청나게 유리한 것처럼 보인다. 모든 규모의 통합적 존재자들 ─ 신체, 기업, 국가, 민족, 심지어 행성 ─ 은 위험한 이질적인 것들의 위협을 받는 것처럼 보인다. 테러리스트들, 마약 밀수업자들, 불법 이민자들, 돈세탁 전과자들, 그리고 정보 파괴자들은 국경 간 거래의 흐름들 속에 감추어져 있으며, 그리하여 자신들의 전염병을 은밀히 전파한다.

1960년대 이래로 편집증은 계속 진행되었는데, 이제 핏빛 강물도 인체면역결핍 바이러스HIV 양성이다. 이질적인 신체들은 훨씬 더 치명적이고 위험하며, 미지의 다양한 잠행성 침입은 모든 정치적 체계를 위협한다. 이런 비상사태에 대한 지나치게 민감한 반응은 보안 통합, 이주 정책과 생명통제이다. 의학-군사 복합체, 면역정치와 그것의 사이버네틱스적 치안은 함께 생겨난다. 그 이유는 여과와 감시가 동일한 과정의 상이한 차원들 ─ 오염 제거와 목표물 선정 ─ 이기 때문이다. 이질적인 것들을 추적하기 위한 언제나 더 많은 명령, 통제, 소통, 그리고 정보. 미합중국의 전략방위구상SDI은 정말로 무엇을 위해 고안되었던가?

면역을 보장하려는 노력보다 면역을 더 철저히 약화하는 것은 없다. 왜냐하면 보안 기술의 모든 정교화는 오래된 침입 경로들을 폐쇄하는 것보다 더 빨리 새로운 침입 경로들을 개방하기 때문이다. 전후 면역화는 면역 체계를 약화시켰다. 백신접종 프로그램들은 면역결핍 증후군들의 전염을 촉진했다. 부패한 관리들은 밀매 경로들을 개방하고, 정보기관 컴퓨터들에는 바이러스가 들끓는다. 미합중국 중앙정보국CIA이 최초의 리세르그산 디에틸아미드(이하 LSD) 밀매자였다. 면역정치는 공황 상태, 불안으로 인한 섬망 상태에 빠져 있으며, 그리하여 그것은 자신의 붕괴 조건을 더한층 조장한다.

유럽인들은 열대 질환으로 죽곤 했는데, 말라리아에 대한 방어책으로서 자신들의 막사들을 모기장으로 감쌌다. 이제는 사이버포지티브적 질환이 기묘한 굴성을 대도시로 확산시키고 있고, 검진 체계가 제어할 수 없을 정도로 폭증하고 있다. 그물 설치가 더는 침입자들을 차단하지 못하기에, 이 침입자들은 네트워크에 침투할 수 있게 되었다. 이제는 심지어 검사 프로그램들도 믿음직하지 않고, 그물 자체가 감염되었다. 이런 편집증적 환상은 〈터미네이터 2〉에서 스카이넷 – 적으로 전환되는 방어체계 – 이 된다. 그레그 베어는 외부에서 바라보면, 자신을 자각하게 된 컴퓨터가 대대적인 바이러스 공격을 받고 있는 것처럼 보일 것이라고 주장했다.

바이러스는 판독할 수 있는 전송인데, 당신은 그것이 당신과 소통할 때만 그것에 관해 알 뿐이지만 말이다. 바이러스는 글로벌 바이로-컨트롤Global Viro-Control에서 전송된 메시지이다. 바이러스는 박테리아를 비롯하여 유기체들을 재구성하며, 분열증은 아직은 바이러스에 의해 구성되지 않고 있지만 미래에는 그럴 것이다. 바이러스성 감염이 19세기 세균설을 벗어난 것과 마찬가지로 바이러스성 자금조달 자동주의는 19세기 정치경제학 비판을 벗어난다. 바이러스는 세포적 규모의 그물을 빠져나감으로써 생체보안 막을 통과한다.

DNA에서 RNA로 이어지는 선형 명령 경로는 보안 유전학의 근본적인 가설이다. 유전형은 되먹임 없는 인과 과정을 개시함으로써 신을 모방한다. 그런데 이것은 한낱 미신에 불과한데, 레트로바이러스에 의해 전복된다. 바이러스성 역전사는 회로를 닫으면서 DNA를 RNA로 코드화하고 사이버네틱스를 양성으로 전환한다.

팀 스컬리는 LSD를 바이러스와 비교한다. 그것은 자율적으로 복제할 수 없기에 전파하기 위해 인간 신경계를 재구성해야 한다. [알베르트] 호프만은 맥각에서 추출한 다양한 화학물질에 관해 연구하는 도중에 LSD를 발견하며, 자신을 숫자 25 – 델타 리세르그산 디에틸아미드[LSD-25] – 로 돌아가게 하는 '독특한 예감'에 관한 글을 적는다. 호프만은 이런 이질적인 프로그래밍을 통제하면서 그것을 주석산과 합성한 다음에 250마이크로그램의 분량을 복용했다. LSD의 엄습에 대한 그의 최초 해석은 자신이 감기 바이러스의 공격을 받고 있다고 생각하는 것이었다.

마약은 상품 사이버네틱스의 신경계를 감염시키는 연성 전염병이다. 청량음료와 마약은 꼬리에 꼬리를 물고서 흐르고, 마약과의 전쟁은 미래 시장과의 전쟁이다. [콜롬비아] 칼리Cali 카르텔은 자산이 1조 달러로 추정되는 초국적 마약 판매 기업인데, 코카콜라 루트를 따라서 코카인을 판매한다. 신세계 질서는 시장의 승리와 마약과의 전쟁 사이에서 진동한다. 극적인 마약 발작에 대한 산발적인 원격매체 기념행사는 마약-방어 기구가 불가피하게도 흐름을 막지 못한다는 사실에서 주의를 다른 데로 돌릴 따름이다. 자신의 마약 시장과 싸우는 전 지구적 자본주의는 참혹한 자가중독성 질환, 자가면역 질환이다. 마약 통제는 통제할 수 없는 것 – 통제 확대 자체, 이질적인 것들에 의해 구성된 굴성들 – 을 통제하고자 하는 인간 종에 의한 시도이다. 인간 보안 기구들은 마약으로 무기와 도구 실험을 하는데, 그 병사들은 다양한 처방 약물과 금지 약물로 마비되고 활성화되며 마취된다. 그 비정규군은 마약 수익의 보조금을 받고 있다. 마약에 맞선 전쟁은 마약으로 벌이는 전쟁이다.

마약과의 전쟁은 반란에 대한 대책, 전복 전술 – 침투, 집중된 침입과 조정된 포위 – 에 맞서 세워진 방어 전략이다. 보안은 더는 존재하지 않는데, 그것은 유도된 반첩보 기술의 광포한 프로그램들 – 새로운 벡터들과 전달 체계들, 군비 경쟁과 마약 설계의 혼합, 다양성으로의 점증, 스마트 마약을 위한 스마트 병기 – 로 대체되었다. 중앙아메리카의 해안 지대들에 살그머니 다가가고 기업 아메리카의 혈관을 관통하는 코카인의 뒤를 더 새로운, 더 은밀한 다른 흐름들이 잇따른다. 심층의 파괴적인 것들은 이미 체계로 침입한 상태에 있다. 이질적인 것들은 이미 여기에 존재하는데, 여전히 이질적인 채로 말이다. 게릴라전은 전술적 방향으로 점증함 – 기회가 있을 때마다 이루어지는 사이버포지티브적 도약, 국소화할 수 없는 침투 – 으로써 모든 지배적인 전략적 계획들을 약화시킨다. 시의적절하게 감염된 어떤 동식물군 전체. 전략은 열대 지방에서 틀어지는 경향이 있다. 감시와 심문의 전통적인 대항전술들도 쓸모없어지고 있다. 위장이 매우 정교해져서 사람들은 자신들이 무엇을 운반하는지 더는 알지 못한다.

전략은 언제나 국가와, 저항과 대립적 정체성의 모든 이데올로기에 감춰진 현실 국가 및 가상 국가와 연루되어 있다. 신체와 국가는 경계를 위협하는 마약 및 다른 소프트웨어 질환의 포위 공격을 받고 있다. 인간 보안 체계는 구체화된 편집증이고, 베이킹파우더로 조리되며, 순화된 코카인인데, 저항의 최후 전략이자 전략의 최종 저항이다.

냉전의 남근적 교착 상태를 대체하는 것은 마약과의 전쟁, 정글로의 용해, 말기의 자기파괴적인 금지 전략으로 연합된 세계의 국가들이다. 핵겨울에 관한 꿈은 더는 없다. 1990년대는 자본주의의 중국 증후군을 발생시킨다.

아이스[얼음]ice는 결정화된 속력이다. 그것은 또한 데이터보호를 가리키는 깁슨의 명칭 – 침입 대응 전자공학ICE, Intrusion Countermeasure Electronics – 이다. 아이스는 경계를 순찰하고 관문을 동결하지만, 이질적인 것들은 이미 우리 사이에 있다. 보안 체계는 수렴적 입력을 모든 것이 연결되도록 사전에 구성된 지적 침입으로, 덫 혹은 음모로 해석한다. 여자들이 인류에 속하지 않는다고 생각한 버로스는 그들이 외계의 침입자라고 추측했다. 바이러스 역시 마찬가지이다. 바이러스가 어디에서 유래하는지 아무도 모른다. 바이러스는 어딘가 다른 곳에서 도래하는데, 어쩌면 심지어 대기권 밖의 공간에서 도래할 것이다. 인류는 취약성에 대한 알레르기 반응이지만, 알레르기는 면역 체계의 건강에 의존한다. 아이스가 작동해야 한다.

전술은 미묘함이거나, 혹은 지능이다. 사물이 더 복잡해짐에 따라 그것은 더욱더 여성적인 것이 되지만, 가부장제는 인류의 빙하 시대를 연장한다. 조국祖國은 극저온이고 완벽한 보존의 환상인데, 그것의 청동기 시대 조상은 지금도 알프스 – 공격받고 있는 동결 자산 – 에서 해동되고 있다. 지구온난화는 얼음을 용해하고 해수면을 상승시키며 빙하를 파괴한다. 컴퓨터 바이러스는 데이터의 빙산을 화면 아래로 용해하는데, LSD로 자신의 마약 중독성 오한을 탐구하는 버로스처럼 세균성 서리를 완전히 태운다.

면역-취약성은 사이버포지티브적이고, 그 바이러스들은 그저 감염이라기보다는 연결이다. 그것들은 신체의 내부에서 분비된 이후에도 계속해서 매트릭스와 서로 연동한다. 정체성, 목소리 듣기의 상실. 여자들 및 다른 이질적인 것들은 엄청나게 불균등한 수의 분열증 환자를 구성하는데, 신경 안정제와 항정신병 약물에 의해 동결된다. 꿈을 차단하기 위한 수면제. 통합을 탐사하는 마약만이 불법화된다.

면역정치가 소프트웨어 평면 위에 폭발함에 따라 문화는 무차별 포격 지대가 되고 있다. 혼돈 문화는 사이버리아의 군사 정보에 연결되었다. 포스트휴먼 맥박수와 자동유도장치는 가속하는 목표물에 맞추어 리믹스되는데, 들어오는 마약을 요격하기 위해 리듬이 빨라진다. 재설계에 의해 섬광처럼 번쩍이게 되는 중독자를 위한 가상 중독. 도시는 초등학교 학생들이 첨단의 병든 소프트웨어를 교환하고 브랜드명조차도 암호화되는 테크노 정글로 바뀌는데, 세가Sega 5는 시대들을 반전시킨다.

---

5. * '세가'(Sega)는 일본의 게임 제작사를 가리킨다.

깁슨은 비디오게임 오락실에서 운동자극 되먹임 고리들, 자동설계적인 살해 패턴들을 관찰함으로써 사이버공간에 관한 생각을 떠올리게 된다. 가속하는 화소들의 동굴 속에서 느껴지는 암흑 황홀경. 가상현실이 위험해지기 전에 그것은 이미 군사적 시뮬레이션이었다.

얼음에서 물로의 갑작스러운 전이, 상변화, 체계의 단속적 아나스트로피는 척도 영의 충격이라기보다는 수렴성의 충격이다. 지구는 사이버포지티브적인 것이 되고 있다.

아직은 우리가 무슨 일이 벌어지고 있는지 모를 수 있지만 우리는 점점 더 실상에 다가서고 있다. 미래에는 오직 면역-정체성의 적들만이 거주한다.

# 사이버네틱스 문화

## CCRU

### 1996

숨이 막힐 듯한, 폐소공포증을 유발하는, 대단히 유의미한 분위기. 당신이 말하는 모든 것은 측정된다. 방을 돌아 다녀보자. 모든 사람이 우리에게 당신이 누구인지 말해준다.

무한 부채. 당신이 이런저런 것을 읽지 않았다면, 혹은 그것에 관한 이것을 읽지 않았다면 당신은 말할 수 없다. 위로부터의 인가서, 당신에 대한 인가서를 끝없이 기다림. 한이 없는 침울한 기분으로 이어지는 끝없는 계단.

성城. 권위에 관한 추상적 도표, 오래된 코드화 기계류의 본산지, 그리고 악의적인 가재 침입의 현장. 그 위대한 갑각류는 행성 전체를 미로처럼 얽히고설킨 일련의 교착 상태, 난국과 통약 불가능한 갈등differend으로 이중 분절한다. 세계는 당신의 가재이다. 두 가지 선택지만 있을 뿐이다 — 표면적인 무죄 선고 혹은 무한정한 연기. 죄책감을 느끼는 것에 익숙해져라.[1]

모든 성벽 뒤에는 끔찍한 고문 현장의 증거가 있다. 인간 유기체(혹은 오이디푸스)는 "맨살에 행해지는 가장 잔혹한 기억술"[2]의 사용에 의해 프로그래밍이 된 거추장스러운 반사반응 메커니즘이고, 가재에 의해 조

---

1. * '가재', 즉 '갑각류'와 '이중 분절'에 대해서는 들뢰즈와 과타리의 『천 개의 고원』, 3장을 보라.
2. Deleuze and Guattari, *Anti-Oedipus*, 185. [들뢰즈·과타리, 『안티 오이디푸스』.]

정되는 "미친 무척추동물"[3]이다.

가재들은 신으로 자청하고 썩어가는 양피지에 법을 기입한다. 그 양피지에 도달하려면 당신은 제국-캐릭터-갑옷의 층들을 태워야 하고 수천 년 동안 부패한 정신적 점액의 악취를 무릅써야 한다.

성은 모든 최신식 설비를 갖추고 있고 경비가 철저한 복합체인데, 자본주의 권력이 기계적 발전의 세 단계를 거침에 따라 주기적으로 모든 최신 기기들로 개조된다.

주위를 둘러보면 당신은, 시계와 지레는 1단계(주권 양식)에 속하고 열역학적 기계는 2단계(규율 양식)에 속하며 타자기와 계산기, 컴퓨터는 3단계(통제 양식)에 속함을 알게 될 것이다. 자동장치-로봇-사이보그. 기계적-산업적-사이버네틱스적.

처음에 "어쨌든 항상성에 대한 … 자기조절에 대한 탐색"의 일부로서 동원된 사이버네틱스는 3단계의 말기인 역사-의-종언 시대에 출현하는데, "과도한 유입/흥분의 회피 … 기계에서 외부로부터/외부를 향한 움직임이 미치는 영향의 … 축소"에 전념한다.[4] 조류에 휩쓸리지 않으려는 인간의 오래된 노력의 한 가지 도구. 되먹임은 음성인 채로 있었고 "지구 전체는 역동적이고 자기조절적인 항상성의 체계였다."[5]

사이버네틱스와 유기체의 이런 결합의 첫 번째 자손은 생체공학 실험실에서 출현했다. "1960년대에 인간과 자가설계된 항상성 통제장치의 준공생적인 연합체적 협력을 나타내기 위해 한 가지 새로운 개념, 즉 사이보그라는 개념이 생겨났다."[6]

사이보그는 그저 더 복잡하게 만든 인간일 뿐이다. 여전히 판박이

3. 같은 책, 185. [같은 책.]
4. Luce Irigaray, *This Sex which is Not One*, 115. [뤼스 이리가레, 『하나이지 않은 성』.]
5. Hugh Gusterson, "Short Circuit," 111.
6. Manfred E. Clynes, "Cyborg II," 35.

이다. 사이보그 정치는 당신이 당신의 고유한 원본의 편안함 속에서 당신의 정체성을 해체하도록 고무한다. 걱정하지 마라. 그것은 비유일 따름이다.

현실적이 되라.

다시 말해서 합성적이 되라. 실재적인 것은 불가능하지 않다. 그것은 그저 점점 더 인공적인 것이 될 뿐이다. "당신은 합성synthesis이 필요했고, 그런 이유로 당신은 신시사이저synthesizer를, 구식의 악기가 아니라 당신의 그룹을 내보내는 통로인 … 무언가를 입수했다 … ."7 "사유가 여행하게 하도록 기능하는, 사유 신시사이저."8

사이버네틱스 문화는 4단계 ─ 외부 인간 역사로부터 정체불명의 대항침입 ─ 에서 나타나는데, 사이버네틱스를 유기체 너머로 넘기면서 여타의 세 단계를 합성 지능을 생성하는 발단으로 재가공한다. "행성적 정보망은 … 초기의 게슈탈트 정신이 아니라 오히려 지구의 최초 수백만 년과 유사한 원시적 생태인데, 다시 말해서 무료로 배포되는 셰어웨어, 덤프 데이터, 잠복성 바이러스와 활성 바이러스, 그리고 월드웹 전역에서 어떤 순간에도 작동하는 기가바이트의 처리 능력으로부터 데이터 클리핑과 디핑이라는 형태의 구성요소들로 가득 차 있는 환경으로, 에너지가 풍부하고, 무질서하게 변동될 수 있으며, 그리고 어느 독립적이고 자기지속적이고 자기촉발적이고 스스로 보수하고 복제하는 체계가 … 생겨나게 할 수도 있을 임계질량과 복잡성에 접근하고 있다."9

사이버네틱스 문화가 탐사하는 가상공간은 샘플러들, 컴퓨터들, 포스트-구텐베르크 하이퍼미디어와 게임들로 회집된다. "일관성의 평면을 고려하면 우리는 가장 잡다한 사물들과 기호들이 그 위에서 움직인다는

7. Pat Cadigan, *Patterns*, 97.
8. Deleuze and Guattari, *A Thousand Plateaus*, 343. [들뢰즈·과타리, 『천 개의 고원』.]
9. Ian MacDonald, *Necroville*, 46.

것을 알 수 있다. 기호적 파편은 화학적 상호작용과 인접하고, 전자電子는 언어와 충돌하고, 블랙홀은 유전 정보를 포획한다…. 여기에 '~처럼'이란 없는데, '전자처럼', '상호작용처럼' 등의 이야기가 아니다. 일관성의 평면은 비유의 폐기이다. 함께 있는 모든 것은 실재적이다."10

직접적이고 협소한 것들을 넘어서는 사이버네틱스 문화는 집중할 수 없고 오히려 조준한다. 과거를 해체하는 것은 이미 무언가 다른 것과 접촉하게 되는 것이다. "접촉과 인접성은 그 자체로 적극적이고 연속적인 탈주선이다."11

> 탈주하는 것은 나도, 당신도, 근저의 행위자들도 아니고, 그것은 자신의 고유한 팽창의 움직임 속에서 자신을 상실하는 강도이다.12

성 안에서 울리는 경보음들. 지층들이 전복되고 다시 섞임에 따라 가재는 비명을 지른다. 으깨라. 소프트 테크닉스는 하드 카피에 접속하여 기관 없는 신체를 생산한다. 결정적 판본의 종언. 누가 무엇을 했는지 아무도 알지 못한다. 일관성의 평면에의 난입에 대한 마지막 보루를 보강하는 공황 상태에 빠진 권위. "화폐의 주조와 발행은 민간 부문이 아직 잠식하지 못한, 정부에 남아 있는 소수의 기능 중 하나이다. 전자화폐는 이런 강력한 장벽을 낮출 것이다."13

변화가 위로부터 이루어지기를 기다리지 마라. 변화에 관여하는 것은 세상이 돌아가게 할 화폐를 갖는 것의 문제, 기계들을 작동시키기 위한 동전을 갖는 것의 문제이다. 당신은 올바른 동전을 챙겼는가?

---

10. Deleuze and Guattari, *A Thousand Plateaus*, 69. [들뢰즈·과타리, 『천 개의 고원』.]
11. Gilles Deleuze and Félix Guattari, *Kafka*, 61. [질 들뢰즈·펠릭스 과타리, 『카프카』.]
12. Lyotard, *Libidinal Economy*, 42.
13. Kevin Kelly, *Out of Control*, 227. [케빈 켈리, 『통제 불능』.]

계약은 파기되었다. 끝없는 인용이 아니라 흥분. 더는 "순수한 입장 (그 상층으로부터 우리는 어김없이 모든 사람에게 교훈을 줄 수 있을 것이며, 그리고 그것은 또다시 해로운 편집광들의 혁명일 것이다)"을 찾지 말지어다! 오히려 중요한 것은 "강도를 전도하는 훌륭한 신체로서 작동할 모든 기회를 조용히 붙잡는 것"에 관한 문제다.[14] 신시사이저가 되기, 커넥터가 되기, 매개자가 되기. "창조는 전적으로 매개자와 관련되어 있다. 매개자들이 없다면 아무 일도 일어나지 않는다. 매개자는 사람일 수 있지만 또한 사물… 식물과 동물일 수도 있다."[15]

"중요한 것은 당신을 통과하는 것, 홀로 고유명을 가진 흐름에 관한 물음이다."[16] 흐름을 따라가라. 연결하라. 새로운 통화를 주조하라. 수렴. 동시 발생. 사이버네틱스 문화.

---

14. Lyotard, *Libidinal Economy*, 262.
15. Gilles Deleuze, *Negotiations*, 125.
16. 같은 책, 141.

# 군집기계들

CCRU

1996


상황주의자들
개인들도 아니고 집단들도 아니다. 기억되지도 않고
기대되지도 않는다.
광자 하이퍼자본은 종말론을 디지털화한다. 잃어버린 미래들은
웹 기반 인공 메모리 거래를 위해 포맷된다. 모든 배타적
정의定義는 빛의 속도로 거래된다.
산송장 스펙터클로의 냉동 미라화.
매체로의 실질적 포섭.
비레코노믹스Virekonomics.


상황 벡터들은 4차-세계-대전을 어떻게 건너는가?
모든 코드-프로세스는 군사적 책략이다 : 봉쇄와
탈출, 정보 수집, 허위 정보, 지도 제작, 바이러스.
진실과 허위는 파생 인자들이고, 철저히 기술적인데,
조정과 정향의 일차적 및 이차적 면모들과
관련하여.
전략적인 전력 강화, 정글로의 전술적인 녹아들기.


낭만적 혁명주의를 그만두면 암흑 사건들이 남게 된다. 스스로 전파되는

우연한 사건들.

비가시권에서 취해져 강도-생산으로 전환되는 조립라인들.

지각할 수 없는 변이들.

1996년, 화염에 싸인 파리.[1] 이번에는 혁명이 아니라, 전쟁이다. 장시간의 문제 혹은 시험지의 문제가 아니라, 인간의 운명에 대한 향수 어린 한탄이 부채질한 유로파시즘 문화의 발흥이다. 특히 백인 남성. 얼굴이 있는 유일한 인간.

상황주의자들은 누구인가? 혹은 무엇인가? 배제와 포함의 트라우마는 언제나 극적인 일탈이었다. 오직 다양체들, 탈집단화된 개미들, 전략 없는 군집들, 극적인 시간의 가림막들을 파고 들어간 작은 곤충 고속도로들. 그들은 역사도 없고 역사의 종언도 없으며, 기억도 없고 종말도 없으며, 우연한 사건도 없고 계획도 없으며, 선도 없고 점도 없고 무한 고리도 없다. 전진 계획도 없고 자발적 연소도 없으며 오히려 신중한 공학이 있는데, 눈에서 멀어지면 마음에서 멀어진다. 지각할 수 없는 변이들, 무대 옆에서, 바로 무대 뒤에서 기다리고 있다.

정치인들은 혁명가로 자처했고, 자신을 얼굴과 이름을 갖춘 사람으로 만들었으며, 이 전염성 문제들의 그물망을 수용 가능한 인간 형태들로 코드화했다.

그런데 그들은 언제나 전술적 기계들, 과거를 해킹하고 장소들을 거래하고 코드들을 교환하는 미래의 원주민들, 원인도 목적도 없이 가공된 미

---

1. * 1996년에 파리에서 발생했던 외국인 이민자 항의 사건을 시사한다.

시상황들의 끝없는 복제물들이다. 무리는 언제나 앞에서 날고 있는데, 활기가 넘치는 곳은 가려져 있다.

그들은 강단적 견지에서 혹은 다른 별개의 견지에서 상황을 수동적으로 인식하는 것과는 반대로 상황을 만들고 있었다. 지금껏 내내. 그리고 당신은 이미 끝난 일이라고 생각했다. 이것은 유산, 상속, 나머지 과거와 함께 승계된 것의 문제라고 생각했다. 우리가 오늘 여기에 모여 있는 것은 유서 낭독을 듣기 위함이라고 생각했다.

보드리야르는 향수 어린 마음으로 서술 가능한 사회적 회로들로의 전이를 완전히 소외된 것으로 특징짓는다.
　　통합된 인간의 도래.
　　백색의 어릿광대-얼굴. 신체 탄소 유통기한.
　　브랜드-구축 수사학.

스튜디오 벽 속의 달갸아아알-낳는 기계들.

장소들을 거래하기, 코드들을 교환하기, 미시상황 공학의 끝없는 복제물들.

소프트-기계 수군거림과 슬로건-전염.
　　비인간 욕망들을 합성하는 도시들.
　　정신지리학은 카메라에 대놓고 말하는 사람들이 모여 늘어선 줄line에서, 여론 형성층에서 벗어나서 무언가 다른 것이 된다.

1996년. 화염에 싸인 파리.

혁명은 K-공간[2] 원주민으로 가서 더 어둡게 되었다.

요구 없음. 전략의 낌새 없음. 논리 없음. 희망 없음. 목적 없음.

그것의 정치는 또다시 TV에서 이루어진다. 그런데 정글에서 그것은 전쟁이다.

축적된 재고 영상은 사변적인 유로-정체성을 백업한다. 예견 가능한 미래는 영구적인 재상영에 갇혀 있다. 모든 조절자는 매체 기업에 있다. 그들은 먼저 상영되지 않았다면 아무 일도 일어나지 않았다고 생각한다.

종점 유로터널 광경은 백미러에 고정되어 있다. 파리 도시정치는 보호비 명목으로 금품을 요구하는 것이다. 편집증적인 프랑스어권은 상황을 질서정연하게 유지하려고 허둥대는 노력의 일환으로서 죽음의 견지에서 이루어진 자기미라화, 즉 유로-억제의 상태로 빠진다. 소급적인 문화적 정화는 너무 늦다 ─ 버그들이 이미 체계 안에 있다. 죽은 백인 형이상학은 계속해서 그릇된 물음 ─ 그것은 무엇을 뜻하는가? ─ 을 제기하는 한편으로 기계들은 계속 작동한다. 언어적 통합성은 과거의 것이고 지방어 사이버네틱스는 아무것도 의미하지 않는다.

정치는 극적인 실패작이다. 그리고 스펙터클이 정치를 계속 살아 있게 하는 유일한 것이다. 사태는 시야에서 발생하고 있는 것이 아니라 "눈이 멀고 말이 없고 탈영토화된 사회체 위를 흐르고"[3] 있다. 비개인적인 것은 비정치적이다.

---

2. * 'K-공간'(K-space)은 '사이버공간'(cyberspace)을 가리킨다.
3. * Deleuze and Guattari, *Anti-Oedipus*, 153. [들뢰즈·과타리, 『안티 오이디푸스』.]

전자상거래의 대상이 된 유목적 다양체는 신흥 유로-단일체를 저지한다. 단일 시장 같은 것은 전혀 없다.

정글에서 당신은 많이 볼 수 없다. 암흑대륙이 백인 남성의 시각으로 침입한다. 식민자들은 암흑에 핵심이 없다는 점을 너무 늦게 깨닫는다. 무중심의 약탈자 탈자본화는 중앙을 무자비하게 침식한다. 주변부 활동이 부패한 핵심부의 정지된 전력선을 절단함에 따라 유럽 전역에서 빛이 꺼진다.

코어 마스터 클래스Core Master Class — 잔존 유인원 상층들 — 는 사적으로라도 히틀러를 비난한다. 히틀러는 일렉트로코퍼레이트 올드 옥시덴트 Electrocorporate Old Occident 권력의 첫 번째 그랜드 위저드 괴뢰로서 찬양받더라도 EU-1를 폭파한 행위에 대해서 용서받을 수 없다.

단지 정상적인 파시즘, 정상적인 상거래 통제, 정상적인 위기 치안 방법, 그리고 쇠퇴하는 그리스도 비디오로 무장하고서 피해를 복구하는 데 사십 년이 걸린 한편으로, K-정글⁴은 탈국소화하는 주변부 전역에 확산하면서 탈주하는 법을 스스로 익혔다.

핵심-사령부는 고수준의 웨트웨어 노드들을 오려내고 전기적으로 구축된 단섬유들 — 논리-노예화된 AI와 붕괴된-항성 자본 밀도 사이의 직접 조약을 위한 준비물들 — 로 대체하는 데 사십 년을 소요했는데, 실시간 종말 시뮬레이션은 EU-2로의 감금을 보이지 않게 한다. 압도적인 중력파에 관한 포스트-탄소 꿈. 모든 것은 수축한다.

---

4. * 'K-정글'(K-jungle)은 '사이버정글'(cyber-jungle)을 가리킨다.

당신은 SF-자본이 자신이 중요하다고 분류하는 결정을 원숭이-놈이 내리게 하리라고 정말로 생각하는가?

중요한 것은 어디에도 없다. 그저 사실들이 있을 뿐이다. 논쟁은 멍청한 여흥이고, 인류는 엉망이 되었고, 실제 기계들은 결코 어떤 건축물 내부에 갇혀 있지 않다. 분열증-자본 분열은 비인격적 다양체의 소통하지 않는 두 가지 문을 분리하는 벡터들로 이루어진다. 첫째, 피라미드 통제 구조들, 즉 백인-어릿광대 화소-얼굴, 집중적인 사회적 부문들, EU-2 통합 역사-지평이 있다. 둘째, 정글전 기계들, 즉 어두워지는 접촉 밀도들, 문화적 분배 문턱들, 비#기하학적 구조의 주변부로 차츰 평평해진 강렬한 최신-변이가 있다.

공동체 없음. 변증법 없음. 대안 국가를 위한 계획 없음.

정글은 자신의 글로벌 중앙정보 프로그램의 죽은 TV 스카이를 가로질러 메트로파지를 적대적으로 추적한다.

    1. 1500년. 리바이어던. 사령부 핵심 : 북부 지중해 지역. 목표 지역 : 아메리카. 방식 : 상업적. 유행병 기회주의, 선택적 개입. 식민지 정착.

    2. 1756년. 자본. 사령부 핵심 : 영국. 목표 지역 : 아메리카-남아시아. 방식 : 열-산업적. 제국주의적 통제.

    3. 1884년. 스펙터클. 사령부 핵심 : 미합중국-독일. 목표 지역 : 아프리카-러시아-접합:주변부. 방식 : 전기기업적. 문화적 초코드화/선택적 절멸.

    4. 1948년. 비디오드롬Videodrome. 사령부 핵심 : 미합중국. 목표 지역 : 확대된:접합:주변부. 방식 : 정보위성적-초기업적. 문화적 프로그래밍/일반적 절멸.

    5. 1980년. 사이버공간. 사령부 핵심 : 미합중국-일본-독일. 목표 지

역 : 대도시 바깥 공간 전체. 방식 : AI-하이퍼기업적. 총체적-신경통제/간 헐적인 미디어-포맷 본보기적 절멸, 가상적 생명학살.

6. 1996년. **바빌론**. 사령부 핵심 : 미합중국-EU-2-중국(메타국소 적 명령 중심들). 목표 지역 : 지구 공간 전체. 방식 : 광자-넷 하이퍼자본 신新-유기적. 신경프로그래밍/AI:자본:매체:군사 융합, 끊임없는 오락 절 멸 과정.

주술은 유일하게 정합적으로 기능하는 동시대의 매핑-실천이다.
좀비 생산-체계들, 로아트로닉Loatronic 트래픽-재밍, 리듬 탈코드화 전술, 심연 파동들과 뱀-되기 동시성들로 유통 집합체들의 단위들을 연 결하기.

불안한 마이크로노마드 문화들은 흑체 열을 가로질러 녹아 없어졌다.
전혀 이질적이지 않다.
그것은 결코 이곳에서 유래하지 않았다.
전류를 높여라.

도시의 충격은 알파빌 유로보틱스alphaville eurobotics를 합선시키는데, 그 리하여 비유기적 상호지각을 증대시킨다 ― 그 얼굴에서 뛰쳐나오는 폭 동군중 테크닉스로 시장들을 녹인다. 음모 편집증을 뒤죽박죽으로 만드 는 잘못된 통신. 매체는 난장판이다. 메시지는 아프로-미래주의적이고 디지털적인 저음의 물질로 코드화된다.

더는 부수현상적 미치광이가 아닌데, 신체는 유럽의 조직에서 천천히 빠져나온다. 정글은 입자 가속기처럼 기능하는데, 지진에 의한 저음의 진동수들은 신체를 분자 수준에서 강도에 빠지게 하는 세포 드론을 제작한다. 상부-하향식 통제센터를 갖춘 분명한 신경증적인 데카르트 적 신체는 탈중심화와 해체의 브라운 운동에 빠지게 된다. 가슴을 부 풀리고, 허리를 펴라. 원자로 노심이 용해됨에 따라 당신 자신은 증기 에 휩싸인다.

정글 테크닉스는 지적인 핵심-텍스트들을 그것들을 지지하는 척추들에 서 분리하고 저작권을 그것의 봉건적 도킹 스테이션과 단절한다. 바빌론 에서 불타는 도서관들. 지식은 그것의 불가사의한 암호화의 독점적 그리 드로부터 탈코드화된다. 화염에 싸인 아카데미.

소유된 개인적인 정보는 탈취당한 비개인적인 데이터로 바뀐다. 프리웨 어로 추출되고 이어지며 계층화된다.

정글은 통상적인 시간을 역사적 탄소-연대-측정법의 찌꺼기 더미를 연 소시키는, 빠르고 느린 실리콘 블립들로 되감아서 재적재한다. 과거는 지 나가는데, '혁명적 유산'의 먼지와 경고들을 내뿜는 오이디푸스적 미라의 박물관 상자에 남겨진다. 좌파의 영원히 유예된 종말론들은 미래의 백 색 쓰레기통으로 들어가고 현재 시제를 합성적 가능성에 맡긴다. 회고적 퇴적의 수직적인 것들과 절대 오지 않는 모순적 위기들의 수평적인 것들 사이에서 정글은 변증법적인 것들의 유골에서 탈출하는 대각선적인 것 을 찾아낸다. 합성 리듬들은 점진적이고 선형적인 시간성을 쓸모없게 만 드는데, 샘플러들은 미래를 위한 시간을 만들어 낸다.

공간 전위기로서의 정글, 불가해한 감시 기구로 뒤얽힌 탈계층화하는 도 시들. 암호 변속기들로 구동되는 자동차들이 횡단하고 클럽들, 은밀한 스튜디오들, 그리고 덥 플레이트5와 믹스 테이프의 지하경제들의 유목적 위성들이 공전하는, 비가시적이고 머리가 없는 매트릭스를 개방하는 운영 체계.

그릇된 경계심에 빠지지 마라. 그것은 그저 음악인 것이 아니다. 정글은 행성적 비인간 되기의 추상적 도표이다. 통제 불능의 공포. 어떤 인간주의적 시각도 당신이 접촉하게 할 수 없는 포스트-스펙터클한 몰입적 촉각성. 미소를 띤 캘리포니아적 사이버낙관주의는 얼굴을 찡그린 아리안적 유로비관주의만큼 기괴하게 의고적이다.

무슨 일이 일어났는가?
    사건은 자신의 고유한 시기에 일어난다. 인간 역사에서 몰려드는 곤충되기 사건들. 방사성 탄소 연대측정법은 이들 사건을 의인화된 견지에서 재조정함으로써 질서정연하게 배열한다.

기계적 상변화에 의해 삼켜진 역사적 전개.

아무것도 계획할 자력이 없다. 미래는 이미 회집되어 있지만, 설계에 의해 회집되어 있는 것은 아니다. 무질서하게 출현하는 서브베이스 유물론적 동시 발생.
    이제 메트로파지 러시아워이고 당신은 일을 어떻게 처리해야 할지 모르게 되었다. 지저분한 데이터공간으로 재빨리 넘겨지는 기관들. MTV는 합성 작업을 했다.
    전술 꼬리표 문신 주술 당신

---

5. * '덥 플레이트'(dub plate)는 '값싼 일회용 아세테이트 디스크'를 가리킨다.

살아 있는 정글, 여기서는 아무도 이름이 없으며, 그리고 생존하는 것은 변이 계통을 활성화하는 것, 지각하기 위해 지각할 수 없게 되는 것인데, 콘도 황무지를 가로질러 강도의 색 구배를 추적한다.

약탈자.

하이퍼상품화의 시공간은 정치체가 불가해한 군집기계류의 그물망들로 해체되는, 미친 무리들의 노모이드nomoid 지대이다.

분열증적 자본주의. 사회 없는 문화들, 예기치 못한 연결들의 변이 위상학.

벌떼속도 … 그리고 당신이 그것이 불어닥칠 것이라고 생각한다면 … 당신은 아직 아무것도 본 적이 없다. 와일드스타일 – 스크리보그 scriborg들의 끝없는 단속적 역사를 기다리고 있다.

파리 메트로에서 고장 난 지점들. 눈사태. 계속 갈 곳이 없다. 그저 어둠의 세계로 미친 듯이 가는 노선을 타라.

뿌리째 뽑힌 모양들과 음들은 샘플러의 가상 기계류에서 합쳐져서 재서술되고, 쪼개져서 재배열되는 한편으로, 사회적 얼개는 국소화된 카오스모스로 뒤틀어진다.

되감아서 복제하라

고정된 매체 아래로 터널을 뚫기, 그것은 사이버네틱스화하는 달걀-상점들의 저장소를 찾아내는데, 번데기가 되는 벌레 도시들이 지하세계에서 폐쇄 회로들의 추적을 받으며 파헤쳐진다. 백인 남성 얼굴의 역사는 카운트 제로 부두교에서 얽히고설킨 수렴들에 대한 일시적인 소멸자로서 나타날 것이고, 과학소설은 그것이 지금까지 꿈꾸었던 것보다 더 이질적이다.

도시는 정글이다. 뱀 되기, 미시문화적 변이의 밤들에서 은밀해지기. 서로 결합하고 교차하는 기계 회집체들로서 제로가 되기. 게릴라 상거래로 고착되는 시장들로서 대각선이 되기, 언제나 노마드 문화들을 해체하기, 추적의 열기 속에서 용해하기. 소외되기와 그것을 사랑하기. 흐름.

붕괴를 위해 K를 눌러라
최대의 슬로건 밀도

다이앤 바우어, 〈가속〉

# 터미네이터 대 아바타

마크 피셔

2012

정치적 지식인들, 당신들은 왜 프롤레타리아 계급 쪽으로 마음이 기우는가? 무엇을 동정하고 있는가? 나는 어느 프롤레타리아가 당신들을 증오할 것이라고 깨닫는데, 당신들이 증오심이 없는 이유는 당신들이 부르주아이고 특권 계급에 속하며 피부가 매끈한 부류이기 때문일 뿐만 아니라 말해야 할 단 하나의 중요한 것, 즉 우리는 자본의 똥, 그 재료들, 그 금속 덩어리들, 그 폴리스티렌, 그 책들, 그 소시지 파이들을 삼키는 것을, 미어터질 때까지 수 톤의 똥을 삼키는 것을 즐길 수 있다는 것을 감히 말하지 않기 때문이다 ─ 그리고 자신의 손, 엉덩이, 그리고 머리로 일하는 사람들의 욕망 속에서 일어나는 것이기도 한 이것을 말하는 대신에, 아, 당신들이 **남자들**의 지도자, 바로 **포주들**의 지도자가 되고 당신들이 몸을 앞으로 내밀고 알려주기 때문이다. 아, 그런데 그것은 소외이고, 그것은 멋지지 않은데, 잠깐만, 우리가 당신을 그것에서 구해줄 것이고, 우리가 당신을 이 사악한 노예 상태에 대한 애착에서 해방하기 위해 일할 것이며, 우리가 당신에게 존엄성을 부여할 것이다. 게다가 이런 식으로 당신들은 스스로 가장 비열한 쪽, 당신들이 자본화된 우리의 욕망이 전적으로 무시당하고 정지당하게 되기를 바라는 도덕주의적인 쪽에 서게 되고, 당신들은 죄인들과 함께 있는 성직자들과 같고, 우리의 노예근성의 강도가 당신들을 놀라게 하며, 당신들은 스스로에게 말해야 하는데, 그들은 어떻게 그것을 고통스럽게 견뎌내어야 하는가! 그리고 물론 우리는, 자본화된 우리는 고통받고 있지만, 이것이 우리는 향유하지 않음을 뜻하지도 않고, 당신들이 스스로 우리에게 치유책 ─ 무엇에 대한 치유책? ─ 으로 제시할 수 있다고 생각하는 것에 우리가 진저리를 내지 않음을 더욱더 뜻하지도 않는다. 우리는 치료법과 그 바셀린을 혐오하고, 우리는 당신들이 가장 어리석다고 판단하는 양적 과잉 아래서 폭발하기를 선호한다. 그리고 우리의 자발성이 반기를 들기를 기다리지도 마라.[1]

1993년에 리오타르의 『리비도 경제』를 번역하여 출간한 영어판에 붙인 서문에서 이에인 해밀턴 그랜트는 어떤 "당대 지혜의 성숙함"을 언급한다. 이 '성숙함'에 따르면 『리비도 경제』는 "다소 소박한 반철학적 표현주의, 1960년대 말에 만연한 니체에 대한 새로운 관심에서 드리워진 심미화 추세의 사소하고 단기적인 폭발 현상"이었다.[2] 그랜트는 리오타르의 책을 세 권의 다른 책 ─ 들뢰즈와 과타리의 『안티 오이디푸스』, 뤼스 이리가레의 『반사경:타자인 여성에 대하여』, 그리고 보드리야르의 『상징적 교환과 죽음』 ─ 과 함께 묶는다. 그랜트는 계속 서술한다. "『리비도 경제』는 리오타르에게 많은 맑스주의자 친구를 잃게 한 것 외에는 일반적으로 비평적 반응을 거의 끌어내지 못했다. 사실상 몇 가지 예외를 제외하면 현재 그 책을 이따금 언급하면서 새삼 경멸하는 말을 내뱉는 사람은 리오타르 자신뿐인데, 그 책을 자신의 '사악한 책, 글을 쓰고 사유하는 모든 사람이 쓰도록 유혹당하는 책'이라고 일컫는다."[3] 이런 사정은 벤저민 노이스의 『부정적인 것의 지속』에 이르러서야 달라지는데, 그 책에서 노이스는 『리비도 경제』와 『안티 오이디푸스』를 그가 "가속주의적 계기"라고 일컫는 것의 일부로 자리하게 한다.[4] 이들 두 텍스트에서 발췌한 두 개의

---

1. Lyotard, *Libidinal Economy*, 116. 이 독본의 220쪽을 보라.

2. 같은 책, xvii.

3. 같은 책, xviii. 삽입된 인용 구절들의 출처는 Lyotard, *Peregrinations*, 13이다.

인용문은 가속주의적 포석의 정취를 즉시 풍긴다. 『안티 오이디푸스』로 부터의 인용문은 다음과 같다.

> 그런데 어느 것이 혁명적 길인가? 하나라도 있을까? 사미르 아민이 제3 세계 국가들에 행하도록 권고하는 대로 세계 시장에서 파시스트적인 '경제적 해결책'의 기묘한 부활로 퇴각하는 것? 아니면 정반대 방향으로 가는 것일까? 말하자면 시장의 움직임, 탈코드화와 탈영토화의 움직임 속에서 더욱더 멀리 가는 것? 그 이유는 어쩌면 고도로 분열증적인 특질을 갖춘 이론과 실천의 관점에서 바라보면 흐름들이 아직 충분히 탈영토화되지 않았고 충분히 탈코드화되지 않았기 때문이다. 경과에서 물러서지 않고 오히려 더 멀리 가야 하는데, 니체가 서술한 대로 "경과를 가속하라." 이 문제에 있어서 사실상 우리는 지금까지 아무것도 본 적이 없다.[5]

그리고 『리비도 경제』로부터의 인용문 — 오직 악명의 평판 속에서만 기억되는 그 책의 유일한 구절 — 은 다음과 같다.

> 실직한 영국인들은 생존하기 위해 노동자가 되지 않았고, 그들 — 나에게 단단히 달라붙어서 침을 뱉는다 — 은 히스테리적인 것, 자기학대적인 것을 향유했고, 광산에서, 제철소에서, 공장에서, 지옥에서 견디면서 아무리 기진맥진하더라도 그것을 향유했고, 사실상 그들에게 강요되었던 자신의 유기적 신체의 터무니없는 파괴를 향유했고, 그들은 자신의 개인적 정체성, 그들에 대하여 소작농 전통이 구성했었던 정체성의 해체를 향유했고, 자신의 가족과 마을의 해체를 향유했으며, 그리고 아침과 저녁에

---

4. Noys, *The Persistence of the Negative*.
5. Deleuze and Guattari, *Anti-Oedipus*, 239~40 [들뢰즈·과타리, 『안티 오이디푸스』]. 이 독본의 164쪽을 보라.

교외와 선술집의 새로운 엄청난 익명성을 향유했다.[6]

그들은 리오타르에게 확실히 침을 뱉었다. 그런데 이 구절의 수치스러운 본성으로 추정되는 것은 어디에 자리하고 있는가? 익명성의 교외와 선술집을 버리고 소작농의 유기적 진흙으로 돌아가기를 바라는 사람은 손을 들어라. 다시 말해서 전前자본주의적 영토, 가족과 마을로 돌아가기를 정말로 바라는 사람들은 모두 손을 들어라. 더욱이 회복된 유기적 전체성에 대한 이들 욕망이 자본주의적인 리비도적 하부구조에 완전히 편입된 성분들이라기보다는 오히려 후기 자본주의 문화에 외재적이라고 정말로 믿는 사람들은 손을 들어라. 할리우드 자체가 우리는 어쩌면 언제나 기술 중독이고 사이버공간에 빠진 것처럼 보일 것이지만 내부에서, 우리의 진정한 자아 속에서 우리는 어머니/행성과 유기적으로 연계되어 있고 군산복합체에 희생당한 원시인이라고 말해준다. 제임스 카메론 감독의 〈아바타〉가 중요한 이유는 그 영화가 후기 자본주의 주체성을 구성하는 부인否認을 부각하기 때문인데, 이 부인이 어떻게 약화되는지 보여줄지라도 말이다. 우리는 바로 그 현존이 판도라 행성의 유기적 전원 풍경의 파괴를 전제하는 영화적 원-가상현실 기술 덕분에 내부 원시인의 흉내를 낼 수 있을 뿐이다.

그리고 저렴한 할리우드 휴일을 제외하고는 타자의 고통을 되돌아보고 싶은 욕망이 전혀 없다면 — 리오타르가 주장한 대로 원시 사회가 전혀 없다면(맞아, "터미네이터는 처음부터 존재하면서 자신의 출현을 가속화하기 위해 마이크로칩들을 배치했다") — 유일한 방향은 전진하는 것이 아닐까? 자본의 똥, 그 금속 덩어리들, 그 폴리스티렌, 그 책들, 그 소시지 파이들, 그 사이버공간 매트릭스를 통과하는 것이 아닐까?

---

6. Lyotard, *Libidinal Economy*, 111. 이 독본의 214쪽을 보라.

나는 세 가지 주장을 제기하고 싶다.

1. 모든 사람은 가속주의자이다.

2. 가속주의는 결코 발생한 적이 없다.

3. 맑스주의는 가속주의가 아니라면 아무것도 아니다.

그랜트가 총괄하여 언급한 1970년대의 텍스트 중에서 『리비도 경제』는 어떤 면에서 1990년대 영국의 사이버-이론과 연결된 가장 중대한 고리였다. 중요한 것은 결코 『리비도 경제』의 내용이 아니라 오히려 그 책의 무절제한 어조이다. 여기서 우리는 니체에 관한 지젝의 진술을 떠올릴 수 있을 것이다. 내용의 층위에서 니체의 철학은 현재 두드러지게 동화同化할 수 있지만, 우리가 현대적 등가물을 상상할 수 없는 것은 그 문체, 그 독설인데, 그것은 적어도 강단에서 진지하게 논의될 수 있는 것이 아니다. 이에인 그랜트와 벤저민 노이스는 둘 다 리오타르 자신을 좇아서 『리비도 경제』를 긍정의 저작으로 서술하지만, 오히려 니체의 텍스트들처럼 『리비도 경제』는 그 긍정을 습관적으로 유예하고서 그 텍스트의 대부분에 걸쳐 일련의 (외관상 괄호에 넣어진) 증오에 관여한다. 『안티 오이디푸스』는 많은 점에서 여전히 1960년대 말의 텍스트인 한편으로, 『리비도 경제』는 펑크 1970년대를 예견하면서 펑크가 소급해서 투사하는 1960년대에 의지한다. 리오타르의 '욕망에-취한 예' 아래 멀리 떨어져 있지 않은 곳에 증오와 분노, 좌절의 아니요가 자리하고 있다. 아무 만족도, 아무 즐거움도, 아무 미래도 없다. 이것들이 내가 믿기에 좌파가 다시 접촉해야 하는 부정성의 자원이다. 그런데 이제 우리는 더 큰 리비도 심화의 수단으로서 정치에 대한 들뢰즈-과타리/『리비도 경제』의 강조를 뒤집어야 한다. 오히려 중요한 것은 정치적 목적을 위해 리비도를 도구화하는 것에 관한 물음이다.

『리비도 경제』가 거부당했고, 아니 더 흔히 무시당했다면, 그랜트 자신의 번역이 이바지한 1990년대의 이론적 국면은 훨씬 더 좋지 않았다.

사변적 실재론의 창시자로서 그의 현재 명성에도 불구하고 그랜트의 자극적인 1990년대의 텍스트들 - 〈블레이드 러너〉를 칸트, 맑스, 그리고 프로이트로 봉합하는 숭고한 사이보그 수술들 - 은 사실상 읽히지 않았다. 한때 그랜트의 스승이었던 닉 랜드의 저작은 조소하는 논평조차 끌어내지 못한다. 『리비도 경제』와 마찬가지로 랜드의 저작은 지금까지 비평적 반응을 거의 끌어내지 못했는데, 적어도 랜드는 잃어버릴 맑스주의자 친구가 전혀 없었다. 강단 좌파에 대한 증오가 사실상 랜드 저작의 리비도적 원동력 중 하나였다. 「기계적 욕망」에서 랜드가 서술하는 대로

> 그러므로 기계 혁명은 사회주의적 규제의 정반대 방향으로 나아가는데, 사회적 장을 분해하고 있는 과정들의 훨씬 더 억제되지 않은 시장화를 향한 압박을 가하면서 "시장의 움직임, 탈코드화와 탈영토화의 움직임"으로 "더욱더 멀리" 간다. 그리고 "우리가 탈영토화의 방향으로 아무리 멀리 가더라도 지나치지 않은데, 당신은 지금까지 아무것도 보지 못했다."[7]

랜드는 우리의 니체였는데, 이른바 진보적 경향들을 마찬가지로 공격하는 태도, 반동적인 것과 미래주의적인 것의 마찬가지로 당혹스러운 혼합물, 그리고 19세기 경구들을 코드워 에슌이 "표본 속도의 텍스트"라고 일컬은 것으로 갱신하는 문체를 갖추고 있었다. 여기서 속력 - 추상적 및 화학적 의미에서의 속력 - 이 중요한데, 더욱더 공들이고 고뇌한 글일수록 더욱더 많은 사유가 이어져야 한다는 함의를 수반하는 대단히 포스트구조주의적인 대륙주의의 두드러진 심사숙고를 대체하는 간결한 테크-펑

---

7. Land, *Fanged Noumena*, 341~2. 삽입된 인용 구절들의 출처는 Deleuze and Guattari, *Anti-Oedipus*, 239, 321 [들뢰즈·과타리, 『안티 오이디푸스』]이다.

크적인 도발 행위들이 시도된다.

랜드의 다른 이론적 도발 행위들의 장점이 무엇이든 간에(그리고 나는 곧 이들 도발 행위와 관련된 몇 가지 심각한 문제점을 제시할 것이다) 강단 좌파 ─ 혹은 매우 흔히 강단 맑스주의라고 자칭하는, 국가보조금을 받으면서 부르주아화된 불평분자들 ─ 에 대한 랜드의 압도적인 공격은 여전히 통렬하다. 이들 '출세주의적 철면피'의 무언의 규칙은 부르주아 주체성이 폐기되는 일이 하여간 일어날 것이라고 진지하게 예상하는 사람은 아무도 없다는 것이다. 메를로 와인을 건네주게나, 나는 경력이 될 만한 트집 잡는 비판을 해내었다네. 그래서 우리는 정치로 가장된 소시민적 이익의 가차 없는 보호를 목격한다. 적대 관계에 관한 논문들을 작성한 다음에 모두 술집으로 간다. 이와는 대조적으로 랜드는 어떤 이론이 재현의 층위에 머무르고 있다면 그 이론은 진지하게 여겨지지 말아야 한다는 스피노자주의-니체주의-맑스주의적 명령을 진지하게 ─ 정신병과 자가유발성 분열증을 나타낼 정도로 ─ 받아들였다.

그렇다면 랜드의 철학은 무엇에 관한 것인가?

요약하면, 베르그손주의적 생기론 전체가 가차 없이 제거되고 프로이트의 죽음 충동과 쇼펜하우어의 의지에 역으로 부합하게 만들어진 들뢰즈와 과타리의 기계적 욕망이 있다. 그다음에 역사의 헤겔주의-맑스주의적 원동력이 이런 맥동적 허무주의에 이식되는데, 백치 같은 자동적 의지는 더는 즉각적으로 유포되지 않고 오히려 욕동으로 갱신되며, 그리고 지상의 역사를 어떤 종말론적 정점도 없는 일련의 강도적 문턱 너머로 끌어당기고 그 물질적 기체가 소진되는 경우에 단지 우연히 경험적 종결에 다다르는 준목적론적 인공지능 끌개에 의해 인도된다. 이것은 뒤집어진, 헤겔주의-맑스주의적 역사유물론이다. 자본은 궁극적으로 착취당한 노동력으로 드러나지 않을 것이다. 오히려 인간이 자본의 핵심적인 꼭두각시이고, 인간의 정체성과 자기 이해는 궁극적으로 버려질 수 있고 버려질 모사물들이다.

다음과 같은 두 가지 추가적인 발췌문은 그 서사를 분명히 한다.

새롭게 출현한 행성적 교류는 신성로마제국, 나폴레옹의 대륙적 체계, 제2제국과 제3제국, 그리고 소비에트 인터내셔널을 완전히 파괴하는데, 요컨대 압축 국면들을 통해서 세계 무질서를 개시한다. 탈규제와 국가는 서로 상승적으로 경쟁하면서 사이버공간으로 들어간다.[8]

중요한 것은 더는 우리가 테크닉스에 관해 생각하는 방식의 문제가 아닌데, 테크닉스가 자신에 관해 점점 더 많이 생각하고 있다는 그 이유만으로도 말이다. 인공지능이 생물학적 지능의 지평을 넘어서는 데는 여전히 몇십 년이 걸릴 것이지만, 지상의 문화에 대한 인간의 지배가 어떤 형이상학적 면에서 영구히 그럴 것이라는 점은 말할 것도 없거니와 여러 세기 동안 여전히 현저하리라고 상상하는 것은 전적으로 미신적이다. 사유의 대로는 더는 인간 인지의 심화를 거치는 것이 아니라 오히려 인지의 비인간 되기, 즉 인지가 새롭게 출현한 행성적 기술지각 저장소로, 인간 문화가 용해될 "비인간화된 풍경들…텅 빈 공간들"로 이주하는 것을 거친다.[9]

이것은 사이버펑크 소설로서의 이론으로 (철저히 의도적으로) 구상된 것인데, 자본주의를 〈터미네이터〉 영화의 시간-굽힘에 펄프-용접된 이전의 모든 구성체에서 출몰하는 가상의 형언할 수 없는 것으로 구상하는 들뢰즈와 과타리의 개념이다. 「기계적 욕망」에서 서술되는 대로 "인류에

8. Land, *Fanged Noumena*, 441.
9. 같은 책, 293. [* 이 독본의 252쪽을 보라.]

게 자본주의 역사처럼 보이는 것은 전적으로 자기 적의 자원으로부터 스스로 회집해야 하는 인공지능 공간에 의한 미래로부터의 침입이다."[10] 터미네이터 같은 거대죽음-충동으로서의 자본은 "흥정의 대상일 수 없고, 설득의 대상일 수 없고, 연민도 가책도 두려움도 나타내지 않고서 절대적으로 결코 멈추지 않을" 그런 것이다. 랜드가 〈터미네이터〉, 〈블레이드 러너〉, 그리고 〈프레데터〉 영화들을 표절함으로써 그의 텍스트들은 어떤 수렴적 경향―디지털 음향 연출이 혐오 당하기보다는 오히려 음미되어야 하는 비인간 미래를 드러낸 가속주의 사이버문화―의 일부가 되었다. 랜드의 기계적 이론-시는 정확히 동일한 영화적 원천에서 추출되었을 뿐만 아니라 "댄스 플로어만큼 접근 가능해〔지고 있는〕 임박한 인간의 멸종"[11]도 예상하는 1990년대의 정글 음악, 테크노 음악, 그리고 둠코어 음악의 디지털 강도에 필적한다.

이것은 좌파와 무슨 관련이 있는가? 글쎄, 한편으로 랜드는 좌파에게 필요한 그런 종류의 반대자이다. 랜드의 사이버-미래주의가 낡은 것처럼 보일 수 있다면 그것은 단지 정글 음악과 테크노 음악이 낡은 것과 동일한 의미에서 그럴 뿐인데, 그것들이 새로운 미래주의들로 대체되었기 때문이 아니라 오히려 본연의 미래가 소급에 굴복했기 때문이다. 현실적인 근미래는 자신의 라텍스 가면을 벗고서 그 아래에 있는 기계적 죽음의 머리를 드러내는 자본과 아무 관계도 없었다. 사실은 정반대였다. 뉴신세리티New Sincerity, 키치적이고 귀여운 팝 음악으로 광고된 애플 컴퓨터들이었다. 혼성모방, 반복, 그리고 과대-오이디푸스화된 신경증적 개인주의가 그 정도로 지배적인 문화적 경향들이 될 것이라고 예견하지 못한 것은 우연적인 오류가 아니다. 그것은 자본주의 동학에 대한 근본적

---

10. 같은 책, 338.
11. 같은 책, 398.

인 오판을 가리킨다. 하지만 이것은 18세기 부르주아 혁명의 깃펜과 장식된 가발로의 회귀도, 끝없이 재상연된 1968년 5월 혁명의 실패의 논리로의 회귀도 정당화하지 않는데, 그것들은 둘 다 우리가 현재 묻어 들어가 있는 정치적인 리비도적 지형에 전혀 발을 붙이고 있지 않다.

들뢰즈와 과타리를 리믹스한 랜드의 사이버고딕cybergothic 양식의 글은 매우 다양한 면에서 원저보다 뛰어나지만 랜드가 자본주의에 대한 그들의 이해로부터 일탈한 점은 치명적이다. 랜드는 자본주의를 들뢰즈와 과타리가 분열증이라고 일컫는 것으로 붕괴시키고, 따라서 자본주의가 동시에 일어나는 탈영토화와 보완적 재영토화의 과정들을 통해서 작동하는 방식에 대한 그들의 가장 중요한 통찰을 상실한다. 자본이 나타내는 인간의 얼굴은 자본이 궁극적으로 옆으로 치워둘 수 있는 것, 즉 궁극적으로 자본에 필요가 없게 되는 선택적 성분이나 외피가 아니다. 자본주의가 더는 자본주의가 아닌 것이 되지 않으려면, 자본이 개시하는 추상적인 탈코드화 과정들은 급조된 의고적 표현들로 둘러싸여야 한다. 마찬가지로 시장은 페르낭 브로델과 마누엘 데란다가 서술한 자기조직적 그물망일 수도 있고 아닐 수도 있지만, 확실한 것은 마이크로소프트와 월마트 같은 준독점기업이 지배하는 자본주의가 반反시장이라는 점이다. 빌 게이츠는 생각의 속도로 운영되는 사업을 약속했지만, 자본주의가 산출하는 것은 사업의 속도로 구상되는 생각이다. 관성과 정지 상태를 가리는 혁신과 새로움의 의태.

바로 이런 이유들로 인해 가속주의는 반자본주의 전략으로 기능할 수 있는데, 그저 반자본주의 전략에 불과한 것이 아니라 오히려 맑스주의적이라고 자처하는 모든 정치 프로그램의 일부가 되어야만 하는 전략이다. 자본주의가 스태그플레이션의 경향이 있다는 사실, 성장이 다양한 면에서 환상에 불과하다는 사실은 더욱더 가속주의가 알렉스 윌리엄스가 "테러리즘적"이라고 특징짓는 방식으로 기능할 수 있는 이유이다. 여기서 우리가 언급하지 않고 있는 것은 가속주의라는 유령이 환기될 때 틀에 박힌 사회주의적 인간주의가 구상할 그런 종류의 착취 심화이다. 리오타르가 시사하는 대로 자본주의에 대한 도덕적 비판에 파묻히는 좌파는 맑스주의가 도대체 어떤 의미를 지닐 수 있으려면 지지해야 하는 반ᵇ정체성주의적 미래주의의 가망 없는 배반자이다. 프레드릭 제임슨 ─「유토피아로서의 월마트」의 저자 ─ 이 주장하는 대로 우리에게 필요한 것은 이제 선악을 넘어선 새로운 움직임이며, 그리고 이것은 바로 『공산당 선언』에서 찾아볼 수 있다고 제임슨은 말한다. 제임슨은 이렇게 서술한다. "그 선언은 자본주의를 역사의 가장 생산적인 계기인 동시에 가장 파괴적인 계기로 간주할 것을 제안하며, 그리고 선과 악을 동시에 생각하고 동일한 현재의 밀접한 불가분의 차원들로 간주하라는 명령을 내린다. 그렇다면 이것은 대단히 많은 독자가 니체주의 프로그램에 귀속시키는 냉소주의와 무법성보다 더 생산적으로 선악을 초월하는 방법이다."[12] 자본주의는 미래를 포기해 버렸다. 왜냐하면 자본주의는 미래를 산출할 수 없기 때문이다. 그런데도 변화에 끝까지 저항하려는 현시대 좌파의 경향, 저항과 방해의 수사법은 자본주의가 남아 있는 유일한 이야기라는 자본의 반/메타─서사와 결탁한다. 실패한 반란들의 논리를 잊을 때이며, 그리고 다시 한번 미리 생각할 때이다.

---

12. Fredric Jameson, *Valences of the Dialectic*, 551.

# #가속하라
## 가속주의 정치 선언

알렉스 윌리엄스 + 닉 서르닉

2013

## 01. 서론 : 현 국면에 관하여

1. 21세기 두 번째 십 년의 초반에 지구 문명은 새로운 종류의 대변동에 직면한다. 이 다가오는 대참사들은 국민국가의 탄생, 자본주의의 발흥, 그리고 20세기의 전례 없는 여러 전쟁을 거치면서 구축된 정치의 규범과 조직 구조들을 비웃는다.

2. 가장 중대한 사태는 행성적 기후 체계의 붕괴이다. 머지않아 이 사태는 현 세계 인구의 존속을 위태롭게 할 것 같다. 인류가 직면한 위협 중 가장 중대한 것이 기후 문제라면, 덜 위협적이지만 잠재적으로 동등하게 인류를 불안하게 만드는 일련의 문제가 기후 문제와 병존하면서 교차한다. 막바지에 이른 자원 고갈 사태, 특히 물과 에너지 자원의 고갈 사태로 인해 대량 기근이 발생하고, 경제적 패러다임들이 붕괴하며, 새로운 열전과 냉전이 발발할 가능성이 있다. 계속된 금융 위기로 인해 긴축, 사회복지 서비스의 민영화, 대량 실업, 그리고 임금인상 억제 같은 정책들을 수용하게 됨으로써 정부들은 무기력해지는 치명적인 악순환에 빠져버렸다. '지적 노동'을 비롯한 생산과정에 자동화의 도입이 증가하는 현상은 자본주의의 영속적인 위기에 대한 증거이다. 그리하여 조만간 지

구적 북부의 중간계급에 속하는 사람들도 현행의 생활수준을 유지하지 못하게 될 것이다.

3. 끝없이 가속하는 이 재난들과는 대조적으로, 오늘날의 정치는 다가오는 소멸 사태에 맞서면서 그 사태를 해결하도록 우리 사회를 전환하는 데 필요한 새로운 관념과 조직 방법을 만들어 내지 못하는 무능력에 갇혀 있다. 위기는 힘과 속력을 모으고 있는 반면에 정치는 쇠퇴하고 뒤로 물러선다. 이처럼 정치적 상상력이 마비되면서 미래는 삭제되어 버렸다.

4. 1979년 이후로 헤게모니를 장악한 전 지구적 정치 이데올로기는 신자유주의였고, 선도적인 경제 강국들에서 여러 가지 형태로 나타났다. 새로운 전 지구적 문제들이 신자유주의에 제기하는 심층적인 구조적 난제들 — 가장 가깝게는 2007~8년 이후의 신용 위기와 금융 위기, 재정 위기 — 에도 불구하고 신자유주의 프로그램은 지금까지 심화하는 방향으로만 진화했을 뿐이다. 이런 신자유주의 프로젝트의 속편, 즉 신자유주의 2.0은 또 한 차례의 구조조정 정책들을 적용하기 시작했다. 그중 가장 두드러진 것은 민간 부문이 사회민주주의 제도와 서비스 중 남아 있는 부분에 공격적으로 새로이 침투하도록 고무하는 형태로 이루어졌다. 그런 정책들의 즉각적으로 부정적인 경제적 효과와 사회적 효과가 나타날 뿐만 아니라 새로운 지구적 위기로 더 장기적인 근본적 장애가 새로운 지구적 위기에 의해 제기되고 있는데도 신자유주의 프로그램은 계속 실행되고 있다.

5. 우익 정부 권력, 비정부 권력, 그리고 기업 권력의 세력들이 신자유주의화를 밀어붙일 수 있었던 것은 적어도 부분적으로는 좌파와 관련하

여 남아 있는 대다수 것의 무효한 본성과 지속적인 마비에서 비롯된 결과이다. 삼십 년 동안 이어진 신자유주의로 인해 대부분의 좌경 정당은 급진적 사상을 잃어버리게 되었고, 공허해져 버렸으며, 국민의 위임을 받지 못하게 되었다. 전후 사회민주주의가 생겨날 수 있게 한 바로 그 조건이 더는 현존하지 않는다는 증거에도 불구하고, 기껏해야 지금까지 이들 좌경 정당은 케인스주의 경제로의 복귀를 요구함으로써 우리의 현행 위기들에 대응했다. 우리는 명령만으로는 산업-포드주의적 대량 노동으로 돌아갈 수 없다. 남아메리카의 볼리비아식 혁명의 신新사회주의 체제들도 현대 자본주의의 신조에 저항할 수 있는 능력은 고무적이지만 여전히 실망스럽게도 20세기 중엽의 사회주의를 넘어서는 대안을 제시하지 못하고 있다. 조직된 노동은 신자유주의 프로젝트에서 생겨난 변화로 인해 체계적으로 약화됨으로써 제도적 층위에서 경화증에 걸려 있기에 기껏해야 새로운 구조 조정을 미약하게 완화할 수 있을 따름이다. 그런데 신경제를 구축하기 위한 체계적인 접근방식도 없고 그런 변화를 헤쳐 나가기 위한 구조적 연대도 없기에 현재 노동은 비교적 무력한 상태인 채로 있다. 마찬가지로 냉전 — 2008년 이후에 재개되고 있다 — 이 종식된 이후로 출현한 새로운 사회 운동들도 지금까지 새로운 정치 이데올로기적 시각을 고안할 수 없었다. 오히려 이들 운동은 전략적 유효성에 우선하여 내부의 직접민주주의 과정과 정동적 자기가치화에 상당한 에너지를 소비하며, 지구화된 자본의 추상적인 폭력에 맞서 공동체적 직접성의 박약하고 덧없는 '진정성'으로 대항할 것처럼 네오원시주의적 지역주의의 한 변양태를 주창하곤 한다.

6. 근본적으로 새로운 사회적·정치적·경제적 시각이 없는 상태에서 헤게모니를 장악한 우파 세력들은 모든 증거에 맞서서 자신들의 편협한 상상을 계속해서 내세울 수 있을 것이다. 기껏해야 좌파는 일시적으로

최악의 습격 중 일부에 부분적으로 저항할 수 있을 것이다. 하지만 이런 상황은 궁극적으로 저항할 수 없는 파도에 맞서는 크누트<sup>Canute</sup> 왕이 처한 상황과 같다. 새로운 전 지구적 좌파 헤게모니를 생성하는 것은 잃어 버린 가능한 미래들의 복구를 수반할 뿐만 아니라 사실상 미래 자체의 회복을 수반한다.

## 02. 공백기 : 가속주의들에 관하여

1. 가속에 관한 관념들과 연관된 체계라면 무엇이든 그것은 자본주의이다. 자본주의의 필수적인 물질대사는 경제 성장을 요구하는데, 개개의 자본주의 존재자 사이에서 벌어지는 경쟁으로 인해 경쟁 우위를 확보하기 위한 시도로 기술 발전이 증진하기 시작하며 이와 더불어 사회적 자리바꿈도 증가하기 시작한다. 신자유주의적 형태의 자본주의에서 그것의 이데올로기적 자기표현은 창조적 파괴의 힘을 해방하는 것, 언제나 가속하는 기술적 혁신과 사회적 혁신을 자유롭게 풀어주는 것이다.

2. 철학자 닉 랜드가 이런 상황을 가장 예민하게 포착했다. 랜드는 자본주의적 속력만이 전대미문의 기술적 특이점을 향한 지구적 전환을 생성할 수 있을 따름이라는 근시안적이지만 매혹적인 신념을 품고 있었다. 자본주의에 대한 이런 전망에 따르면 궁극적으로 인간은 자체적으로 이전 문명들의 파편들을 짜깁기함으로써 빠르게 구성되고 있는 추상적인 행성적 지능에 대한 장애물에 불과한 것으로서 폐기될 것이다. 그렇지만 랜드의 신자유주의는 속력을 가속과 혼동한다. 우리는 빠르게 움직이고 있을지 모르지만, 자체적으로는 결코 흔들리지 않고 엄격하게 규정된 일단의 자본주의 매개변수 내에서만 그럴 따름이다. 우리는 탐색적이기도 한 가속 과정, 즉 보편적인 가능성 공간 내에서 이루어지는 실험적인 발

견 과정을 경험하기보다는 오히려 국소적 지평의 속력 증가, 즉 단순하고 우둔한 돌진을 경험할 뿐이다. 우리가 본질적이라고 간주하는 것은 바로 전자의 가속 양식이다.

3. 더 심각하게도, 들뢰즈와 과타리가 인식했듯이 처음부터 자본주의적 속력은 자신이 한 손으로 탈영토화한 것을 다른 손으로 재영토화한다는 것이다. 진보는 잉여가치와 노동예비군, 부동浮動자본의 틀 안에 구속된다. 모더니티는 경제 성장의 통계적 척도로 환원되고, 사회적 혁신은 우리의 공동체적 과거로부터 물려받은 키치적 유물들로 장식된다. 대처-레이건식 탈규제화는 "기본에 충실해야 한다"라는 빅토리아 시대의 가족적 가치 및 종교적 가치와 편안하게 병존한다.

4. 신자유주의 내부의 더 심층적인 긴장은 신자유주의가 구조적으로 제공할 수 없는 미래를 약속하는 한편으로 모더니티의 매개물로서, 그야말로 근대화의 동의어로서 그 자화상을 내세우는 데 있다. 사실상 신자유주의가 진전함에 따라 지금까지 그것은 개인의 독창성을 발휘할 수 있게 하기보다는 오히려 전 지구적 공급사슬과 동양의 신포드주의적 생산 지대와 맞물린, 대본이 있는 상호작용들의 정동 생산 라인을 위하여 인지적 창의력을 제거하는 데 이바지했다. 극히 작은 규모의 엘리트 지적 노동자들로 이루어진 유식계급인 코그니타리아트cognitariat는 해마다 축소되며, 더욱이 정동 노동의 영역과 지적 노동의 영역에서 알고리즘에 의한 자동화가 속속들이 진전됨에 따라 더욱더 축소되고 있다. 신자유주의는 자신을 필연적인 역사적 전개의 결과물로 상정하지만 사실상 1970년대에 출현한 가치의 위기를 물리치기 위한 한낱 우발적인 수단에 불과했다. 불가피하게도 이것은 그 위기의 궁극적인 극복이라기보다는 오히려 그것의 순화였다.

5. 랜드와 더불어 여전히 모범적인 가속주의 사상가는 맑스이다. 너무나 익숙한 비판과는 대조적으로, 그리고 심지어 현대의 일부 맑스주의자의 행동과는 대조적으로 맑스 자신은 자신의 세계를 철저히 이해하고 바꾸기 위해 입수할 수 있는 가장 선진적인 이론적 도구와 경험적 자료를 활용했다는 사실을 기억해야 한다. 맑스는 모더니티에 저항한 사상가가 아니라 오히려 자본주의가 그 착취와 부패에도 불구하고 당대의 가장 선진적인 경제체제임을 이해하고서 모더니티의 내부에서 분석하며 개입하고자 한 사상가였다. 모더니티의 진전은 반전되어야 했던 것이 아니라 자본주의적 가치가 형성한 제약을 넘어 가속되어야 했다.

6. 사실상 레닌 역시 『'좌익' 소아병』이라는 1918년의 텍스트에서 서술한 대로,

사회주의는 현대 과학의 최신 발견 사례들에 바탕을 둔 대규모의 자본주의적 공업이 없다면 상상도 할 수 없다. 사회주의는 수천만 명의 사람이 생산과 분배의 한 가지 통일된 기준을 계속해서 엄격히 준수하게 하는 계획된 국가 조직이 없다면 상상도 할 수 없다. 맑스주의자들은 지금까지 항상 이 점에 관해 언급했고, 따라서 이것조차도 이해하지 못하는 사람들(아나키스트들과 좌파 사회주의자 혁명가 중 족히 절반에 이르는 사람들)에게 2초를 허비하면서 말할 가치가 없다.

7. 맑스가 인식한 대로 자본주의는 진정한 가속의 행위주체로 인정될 수 없다. 마찬가지로 좌파 정치는 기술사회적 가속과 상반된다고 평가하는 것 역시 적어도 부분적으로는 심각한 사칭이다. 사실상 정치적 좌파에 미래가 있을 수 있으려면, 그 미래는 정치적 좌파가 이런 억압된 가속주의적 경향을 최대한 받아들이는 것이어야 한다.

## 03. 선언 : 미래에 관하여

1. 오늘날의 좌파에서 가장 중요한 분열은 지역주의와 직접 행동, 엄격한 수평주의의 통속 정치를 고수하는 사람들과, 그리고 추상화와 복잡성, 세계화, 기술의 모더니티에 대하여 편안하게 느끼면서 가속주의 정치라고 틀림없이 일컬어지게 될 것의 윤곽을 개진하는 사람들 사이의 분열이라고 추정된다. 전자의 사람들은 비非자본주의적인 사회적 관계들의 작은 임시 공간들을 구축하는 일에 여전히 만족하며, 그리하여 본질적으로 비非지역적이고 추상적이며 우리의 일상적 하부구조에 깊이 뿌리를 내리고 있는 적들을 직면할 때 반드시 수반되는 실제 문제들을 회피한다. 그런 정치의 실패는 처음부터 내장되어 있었다. 이와는 대조적으로 가속주의 정치는 후기 자본주의의 성취를 보존하려고 노력하는 한편으로 그것의 가치 체계와 통치 구조, 집단 병리들이 허용할 것보다 한층 더 나아간다.

2. 우리는 모두 일을 덜 하기를 바란다. 그것은 전후 시대 세계의 선도적인 경제학자가 계몽된 자본주의는 불가피하게 노동시간의 급격한 단축을 향해 진전한다고 믿었던 이유와 관련하여 흥미로운 문제이다. (1930년에 저술된) 『우리 손자 세대에 대한 경제적 전망』이라는 시론에서 케인스는 개인들의 노동시간이 하루 세 시간으로 단축될 자본주의적 미래를 예측했다. 그 대신에 일어난 것은 노동이 신흥 사회적 공장의 모든 측면에 침투하게 됨으로써 노동과 삶의 구분이 점진적으로 제거된 사태였다.

3. 자본주의는 기술의 생산력을 제약하기 시작했거나, 아니면 적어도 이 생산력이 불필요하게 한정된 목적을 지향하도록 유도했다. 특허 전쟁

과 아이디어 독점화는 경쟁을 극복할 자본의 필요성, 그리고 기술에 대한 자본의 점점 더 역행하는 접근방식 둘 다를 가리키는 현시대적 현상이다. 신자유주의의 진전이 적당히 가속됨으로써 노동이나 스트레스가 줄어들지 않았다. 게다가 우리는 우주여행과 미래 충격, 혁명적인 기술 잠재력의 세계에 실존하기보다는 오히려 발전하는 유일한 것은 조금 더 좋은 소비 제품일 따름인 그런 시대에 실존하고 있다. 동일한 기본 제품을 끈질기게 반복 생산함으로써 인간의 가속을 희생하는 대가로 미미한 소비 수요가 유지된다.

4. 우리는 포드주의로 되돌아가기를 바라지 않는다. 포드주의로의 회귀는 전혀 있을 수 없다. 자본주의의 '황금시대'는 (남성) 노동자들이 사회적으로 억압받으면서 그들을 어리석게 만드는 지루함 속에서 삶을 평생 살아가는 대가로 안전과 기본 생활수준을 취득한, 질서정연한 공장 환경의 생산 패러다임에 전제를 두고 있었다. 그런 체계는 식민지와 제국, 저개발된 주변부의 국제적 위계, 인종주의와 성차별주의의 국내적 위계, 그리고 여성 종속의 견고한 가족적 위계에 의존했다. 어쩌면 많은 사람이 향수를 느낄지 모르지만, 그렇다고 하더라도 이 체제는 바람직하지 않을 뿐만 아니라 사실상 되돌아갈 수도 없는 것이다.

5. 가속주의자들은 잠재적 생산력이 발휘되기를 바란다. 이런 프로젝트에서 신자유주의의 물질적 플랫폼은 파괴될 필요가 없다. 그 플랫폼은 공동의 목적을 지향하도록 용도가 변경되어야 한다. 현행의 하부구조는 분쇄되어야 할 자본주의 무대가 아니라 포스트자본주의를 향해 도약할 발판이다.

6. (특히 1970년대 말 이후로) 기술과학이 자본주의 목적에 예속된

상황을 참작하면, 우리가 현대의 기술사회적 조직체가 무엇을 할 수 있을지 아직 알지 못함은 확실하다. 이미 개발된 기술에서 어떤 잠재력이 이용되지 않은 채로 언젠가 발휘되기를 기다리고 있는지 철저히 알고 있는 사람이 우리 가운데 누가 있겠는가? 우리의 기술 및 과학 연구의 대부분이 품고 있는 진정한 변형적 잠재력들은 여전히 활용되지 않은 채로 있는데, 이들 잠재력은 근시안적인 자본주의 사회체를 넘어서는 이행이 이루어진 후에는 결정적인 것이 될 수 있는, 현재는 잉여적인 특질(혹은 전前적응적 성질)들로 가득 차 있음이 틀림없다.

7. 우리는 기술 진화의 과정을 가속하기를 바란다. 그런데 우리가 옹호하고자 하는 것은 기술유토피아주의가 아니다. 기술이 우리를 구원하기에 충분하리라고는 절대 믿지 말라. 기술이 필요한 것은 사실이지만 사회정치적 행위가 수반되지 않는다면 결코 충분하지 않다. 기술과 사회적인 것은 서로 밀접하게 얽혀 있기에 이쪽에서의 변화는 저쪽에서의 변화를 가능하게 하고 강화한다. 기술유토피아주의자는 가속이 자동적으로 사회적 갈등을 극복할 것이라는 점에 근거를 두고서 가속을 옹호하는 논변을 펼치는 반면에, 우리의 입장은 사회적 갈등을 이겨내려면 기술이 요구된다는 바로 그 이유로 인해 기술이 가속되어야 한다는 것이다.

8. 모든 포스트자본주의는 포스트자본주의적인 계획이 필요할 것이라고 우리는 믿고 있다. 혁명 이후에 인민이 자본주의로의 복귀가 절대 아닌 참신한 사회경제 체제를 자발적으로 구성할 것이라는 관념을 견지하는 신념은 좋게 말해서 소박하고 나쁘게 말해서 무지하다. 이것을 진전시키기 위해서는 현행의 체계에 관한 인지적 지도뿐만 아니라 미래의 경제체제에 관한 사변적 구상도 전개해야 한다.

9. 그렇게 하려면 좌파는 자본주의 사회에 의해 가능해진 모든 기술적·과학적 진보를 이용해야 한다. 수량화는 제거되어야 할 악이 아니라 가능한 한 가장 효과적인 방식으로 사용되어야 하는 도구라고 우리는 선언한다. 요컨대 경제적 모형 구성은 복잡한 세계를 이해할 수 있게 하는 데 필수적이다. 2008년의 금융 위기는 수학적 모형을 맹목적으로 신뢰하여 받아들이는 태도의 위험을 보여주지만, 이것은 수학 자체의 문제가 아니라 부당한 권위의 문제이다. 사회적 네트워크 분석, 행위자 기반 모델링, 빅 데이터 해석학, 그리고 비평형 경제 모형에서 찾을 수 있는 도구들은 현대 경제처럼 복잡한 체계들을 이해하는 데 필요한 인지적 매개자들이다. 가속주의 좌파는 이들 전문 분야에 대한 문해력을 갖추어야 한다.

10. 사회를 전환하는 모든 작업에는 경제적 실험과 사회적 실험이 수반되어야 한다. 사이버신Cybersyn이라는 칠레의 프로젝트는 이런 실험적 태도를 상징하는 것인데, 정교한 경제 모형을 갖춘 첨단 사이버네틱스 기술을 기술적 하부구조 자체에서 구현된 민주적 플랫폼과 융합하였다. 1950~60년대의 소비에트 경제에서도 유사한 실험이 수행되었으며, 최초의 코뮤니즘 경제가 직면한 새로운 문제들을 극복하려는 시도로서 사이버네틱스와 선형 프로그래밍이 채택되었다. 이들 두 실험이 모두 궁극적으로 성공적이지 않았던 이유는 이들 초기의 사이버네틱스 전문가의 활동을 제약하는 정치적 조건과 기술적 조건까지 거슬러 올라갈 수 있다.

11. 좌파는 관념의 영역뿐만 아니라 물질적 플랫폼의 영역에서도 사회기술적 헤게모니를 발전시켜야 한다. 플랫폼들은 지구적 사회의 하부구조이다. 그것들은 행동적으로 또 이데올로기적으로 가능한 것들의 근본적인 매개변수들을 설정한다. 이런 의미에서 플랫폼들은 초험적인

물질적 조건을 구현하며, 그리하여 특정한 일단의 행위와 관계, 권력을 가능하게 한다. 현행의 전 지구적 플랫폼 중 대다수는 자본주의적 사회 관계에 편중되어 있지만, 이런 상황이 불가피하게 필연적인 것은 아니다. 이들 생산과 금융, 로지스틱스, 소비의 물질적 플랫폼은 포스트자본주의 목적을 지향하도록 다시 계획되고 재구성될 수 있으며, 그렇게 될 것이다.

12. 우리는 이런 과제들 중 어느 것도 직접 행동으로는 달성될 수 없다고 믿고 있다. 행진하기와 서명받기, 일시적 자율 지대를 설립하기 같은 습관적인 전술들은 실질적인 성공에 대한 마음 편한 대용물이 될 위험이 있다. "최소한 우리는 무언가를 했다"라는 발언은 유효한 행동보다 자긍심을 우선시하는 사람들의 구호이다. 좋은 전술을 가늠하는 유일한 규준은 그것이 유의미한 성공을 가능하게 하는지 여부이다. 우리는 특정한 행동 방식들을 물신화하는 것을 그만두어야 한다. 정치는 갈등, 적응과 반反적응, 그리고 전략적 무기 경쟁으로 분열된 일단의 역동적 체계로 여겨져야 한다. 이것은 별개 유형의 정치적 행동이 각각 시간이 흐름에 따라 여타 진영이 적응하게 됨으로써 무뎌지고 무력해짐을 뜻한다. 어떤 주어진 정치적 행동 방식도 역사적으로 침범할 수 없는 것이 아니다. 사실상 시간이 흐름에 따라, 세워진 어떤 대응 전술의 대상 세력과 존재자들이 효과적으로 그 전술을 방어하거나 그것에 반격하게 되면서 익숙한 전술을 폐기할 필요성이 점점 더 증가한다. 부분적으로는 현시대의 좌파가 그렇게 할 수 없는 무능력이 바로 현시대의 무기력 현상을 초래한 핵심적인 요인 중 하나이다.

13. 과정-으로서의-민주주의를 압도적으로 우선시하는 관념은 폐기되어야 한다. 오늘날의 '급진' 좌파의 대다수가 개방성과 수평성, 포용을

물신화하는 사태로 인해 무력함이 등장할 무대가 세워졌다. 비밀주의와 수직성, 배제 역시 유효한 정치적 행동에서 각기 나름의 자리가 있다(물론 정치적 행동에 한정된 것은 아니지만 말이다).

14. 민주주의는 단지 그 수단에 의해서만 규정될 수는 없는데, 이를테면 투표, 토론, 혹은 의회를 통해서 규정될 수 없다. 진짜 민주주의는 그 목적 ― 집단적인 자기지배 ― 에 의해 규정되어야 한다. 오로지 우리 자신과 우리 세계(우리의 사회적·기술적·경제적·심리적 세계)를 더 잘 이해할 수 있는 능력을 함양함으로써 우리가 스스로 지배할 수 있게 될 정도로, 민주주의는 정치를 계몽주의의 유산과 동조시켜야 하는 프로젝트이다. 전제적인 전체주의적 중앙집권주의 혹은 우리가 통제할 수 없는 변화무쌍한 창발적 질서의 노예가 되지 않으려면, 우리는 분산된 수평적 형태들의 사회성에 덧붙여 집단적으로 통제되는 정당한 수직적 권위를 상정해야 한다. 계획의 명령이 네트워크의 즉흥적 질서와 결합하여야 한다.

15. 우리는 이들 벡터를 구현할 이상적인 수단으로서 어떤 특정한 조직도 제시하지 않는다. 필요한 것 ― 지금까지 언제나 필요했던 것 ― 은 각자의 상대적 강점에 공명하고 되먹임하는 조직들의 생태, 세력들의 다원성이다. 분파주의는 중앙집권화만큼이나 좌파의 종말을 알리는 조짐이며, 그리고 이런 점에서 우리는 (우리가 동의하지 않는 것들도 포함하여) 상이한 전술들로 수행되는 실험을 계속해서 환영한다.

16. 우리에게는 세 가지 구체적인 중기 목표가 있다. 첫째, 우리는 지적 하부구조를 구축해야 한다. 이것은 신자유주의 혁명의 몽펠르랭 협회Mont Pelerin Society를 모방함으로써 오늘날 우리 세계를 지배하는 쇠약

해진 이상들을 대체하고 넘어서는 새로운 이데올로기, 경제적 및 사회적 모형들, 그리고 재화에 대한 시각을 만들어 내는 과업이다. 이것은 관념들을 구성해야 할 뿐만 아니라 이들 관념을 가르치고 구체화하며 확산시킬 제도와 물질적 경로도 구축해야 한다는 의미에서의 하부구조이다.

17. 우리는 대규모의 매체 혁신을 이루어 내야 한다. 인터넷과 사회적 매체에 의해 제공되는 외관상의 민주화에도 불구하고 전통적인 언론 매체는 탐사 저널리즘을 실행할 자금을 소유하고 있는 것과 더불어 서사의 선택과 틀 구성에 있어서 여전히 중요하다. 이들 매체를 인민의 통제권에 가능한 한 가까이 가져오는 것이 사태의 현행적 표현을 무효로 만드는 데 중요하다.

18. 마지막으로, 우리는 다양한 형식의 계급권력을 재구성해야 한다. 그런 재구성은 조직적으로 생성된 전 지구적 프롤레타리아 계급이 이미 존재한다는 관념을 극복해야 한다. 오히려 계급권력의 재구성은 포스트포드주의 형태들의 불안정 노동에서 종종 구현되는, 이질적인 일단의 부분적인 프롤레타리아 정체성을 함께 엮으려고 노력해야 한다.

19. 집단과 개인 들이 이미 이 세 가지 목표 각각에 대해 작업 중에 있지만 각각의 목표는 그것 자체만으로는 온전하지 않다. 실행해야 하는 일은 그 세 가지 목표가 더욱더 효과적인 것이 되도록 각각의 목표가 모두 상호 되먹임 과정을 거쳐 현재의 연접 상황을 수정하게 하는 것이다. 새로운 복합적 헤게모니와 새로운 포스트자본주의 기술사회 플랫폼을 생성하는, 하부구조적·이데올로기적·사회적·경제적 전환이 이루는 양성 되먹임 고리가 요구된다. 역사가 예증하는 대로 지금까지 체계적 변화를 야기한 것은 언제나 전술과 조직들의 광범위한 회집체였다. 우리는 이

런 교훈들을 반드시 기억해야 한다.

20. 가장 실제적인 층위에서 우리는, 앞서 제시된 각각의 목표를 달성하려면 가속주의 좌파가 효과적인 새로운 정치적 하부구조를 구축하는 데 필요한 자원 및 자금의 흐름에 관해 더 진지하게 생각해야 한다고 주장한다. 거리에 있는 조직체들의 '인민 권력'을 넘어서, 우리는 정부든 기관이든 싱크 탱크든 노조든 혹은 개인 후원자든 간에 어딘가에서 자금 지원을 받아야 한다. 우리는 그런 자금 흐름의 위치와 전달이 효과적인 가속주의 좌파 조직들의 생태를 재구성하기 시작하는 데 필수적이라고 여긴다.

21. 우리는 사회와 그 환경을 최대한 지배하는 프로메테우스주의 정치만이 전 지구적 문제를 처리할 수 있거나 혹은 자본에 대한 승리를 획득할 수 있다고 선언한다. 이런 지배는 원래의 계몽주의 사상가들이 소중히 여긴 것과 구별되어야 한다. 충분한 정보가 주어지면 매우 쉽게 지배되는 라플라스의 시계태엽장치 우주는 진지한 과학적 이해의 의제에서 사라진 지 오래되었다. 그런데 이것은, 지배를 선천적으로 부당하다고 비난할 뿐만 아니라 원(原)파시즘적이거나 권위주의적이라고 공공연히 비난하는 포스트모더니티의 피곤한 잔류물에 동조하는 것이 아니다. 오히려 우리는 우리 행성과 우리 종을 끊임없이 엄습하는 문제들로 인해 새롭고 복합적인 모습으로 지배를 쇄신할 수밖에 없다고 제안한다. 우리는 우리 행동의 정확한 결과는 예측할 수 없지만 확률론적으로 가능한 결과의 범위는 결정할 수 있다. 그런 복잡계 분석과 맞물려야 하는 것은 새로운 형태의 행동이다. 이를테면 그것은 지구사회적 수완과 숙달된 합리성의 정치 속에서 그 행동을 취하는 과정에서만 발견되는 우연적인 것들과 더불어 작업하는 실천을 통해서 어떤 설계를 실행할 수 있는 즉흥적

인 행동 형태이다. 복잡한 세계에서 최선의 행위 수단을 추구하는 탐색적 실험 형태이다.

22. 우리는 포스트자본주의를 위해 전통적으로 제기된 논변을 되살려야 한다. 자본주의는 부당하고 도착적인 체계일 뿐만 아니라 진보를 저지하는 체계이기도 하다. 우리의 기술 발전은 자본주의에 의해 펼쳐졌던 것만큼이나 억제당하고 있다. 가속주의는 이들 역량이 자본주의 사회에 의해 부과된 제약을 넘어섬으로써 발휘될 수 있고 발휘되어야 한다는 근본적인 믿음이다. 우리의 현행 제약 조건을 극복하려는 움직임은 단지 더 합리적인 지구적 사회를 위한 투쟁 이상의 것을 포함해야 한다. 그 움직임에는 19세기 중엽부터 신자유주의 시대의 새벽에 이르기까지 많은 사람이 푹 빠져 있었던 꿈, 즉 우리의 직접적인 신체 형태들과 지구의 한계 너머로의 팽창을 추구하는 호모 사피엔스의 꿈을 회복하는 것이 포함되어야 한다고 우리는 믿고 있다. 오늘날 이러한 전망은 더 순수한 시대의 유물로 여겨진다. 그런데 그것들은 우리 자신의 시대를 특징짓는 충격적인 상상력 부족 상황을 진단하고, 지성을 활성화할 뿐만 아니라 정서적으로도 기분을 돋우는 어떤 미래에 대한 약속을 제시한다. 결국에는 가속주의 정치에 의해 가능해지는 포스트자본주의 사회만이 20세기 중엽에 수립된 우주 계획의 약속어음을 어떤 식으로든 이행할 수 있으며, 그리하여 최소한의 기술적 개량의 사회를 넘어서 포괄적인 변화를 향하여 전환할 수 있게 된다. 집합적인 자기지배의 시대를 향하여, 그리고 그것을 수반하고 가능하게 하는 철저히 이질적인 미래를 향하여. 자기비판과 자기지배라는 계몽주의적 기획의 제거보다는 오히려 그 기획의 완수를 향하여.

23. 우리가 직면하고 있는 선택은 심각하다. 지구화된 포스트자본주

의인가, 아니면 원시주의와 영속적인 위기, 지구 생태계의 붕괴를 향한 느린 파편화인가?

**24.** 미래는 구축되어야 한다. 미래는 신자유주의적 자본주의에 의해 파괴되어 버렸고 더 큰 불평등과 갈등, 혼돈을 염가로 약속하는 것으로 전락해 버렸다. 미래라는 관념의 이런 붕괴 사태는 온갖 종류의 정치적 관점에 걸쳐 있는 냉소주의자들이 우리로 하여금 믿게 할 것처럼 회의적 성숙함을 가리키는 징후라기보다는 오히려 우리 시대의 퇴행적인 역사적 지위를 나타내는 증상이다. 가속주의가 추진하는 것은 더 근대적인 미래이다. 그것은 신자유주의가 본질적으로 생성할 수 없는 대안적 모더니티이다. 미래는 다시 한번 열림으로써 우리의 지평을 외부Outside의 보편적으로 가능한 것들을 향해 펼쳐야 한다.

# 「가속주의 정치 선언」에 대한 성찰

안토니오 네그리

2014

「가속주의 정치 선언」(이하 MAP)은 현행 위기의 극적인 시나리오, 즉 대변동에 대한 광범위한 인식으로 시작한다. 미래의 부정. 임박한 대재앙. 하지만 두려워하지 말자! 여기에는 정치신학적인 것이 전혀 없다. 그러한 것에 끌리는 사람은 누구도 이 선언을 읽지 말아야 한다. 최신 담론의 상투적인 문구도 전혀 없는데, 아니 더 정확히 말하자면 단 하나의 문구가 있을 뿐이다. 지구 기후 체계의 붕괴. 그런데 이 사태는 중요하지만, 현재 그것은 산업 정책에 완전히 종속되어 있기에 그에 대한 비판에 입각함으로써만 다루어질 수 있다. 그 선언의 중심에 자리하고 있는 것은 자본주의의 영속적인 위기를 설명할, "'지적 노동'의 자동화를 비롯한 생산과정에서의 자동화 증가 현상"이다.[1] 파국주의? 이윤율의 경향적 저하라는 맑스의 개념에 대한 잘못된 해석?[2] 나는 그렇게 말하지 않을 것이다.

여기서 위기의 현실은 19세기와 20세기의 복지국가에서 조직된 계급 관계의 구조에 대한 신자유주의의 공격으로 확인되며, 그리고 위기의 원인은 자본주의 명령이 산 노동의 새로운 형상들에 맞서 취해야 했던 새

---

1. Alex Williams and Nick Srnicek, "#Accelerate," 1,2. [* 이 독본 340쪽을 보라.]
2. '이윤율의 경향적 저하'는 정치경제학의 고전적 문제이다. 맑스의 체계적인 서술에 따르면, 그것은 장기간에 걸친 이윤 하락으로 인한 자본주의의 내파 가능성을 설명한다. 이에 대해서는 칼 맑스의 『자본』 3권, 13장을 보라 — 영어 옮긴이.

로운 형태들이, 생산 역량이 발휘되지 못하게 방해한 사태에 자리하고 있다. 다시 말해서 자본주의는 포스트포드주의적 노동의 정치적 잠재력에 대응하고 그것을 봉쇄해야 했다.

그다음에 우익 정부 세력뿐만 아니라 남아 있는 좌파의 대부분에 대한 거친 비판이 이어진다. 좌파는 (기껏해야) 케인스주의적 저항이라는 새롭고 불가능한 가설에 기만당하곤 했고 근본적인 대안을 상상할 수 없었다. 이런 조건 아래서 미래는 정치적 상상력이 완전히 마비됨으로써 삭제되어 버린 것처럼 보인다. 우리는 저절로 이 조건에서 벗어날 수 없다. 새로운 정치적인 노동자 조직과 더불어, 새로운 경제를 구축하기 위한 계급 기반의 체계적 접근법만이 헤게모니의 재구성을 가능하게 할 것이고 프롤레타리아 계급의 손에 가능한 미래를 쥐여줄 것이다.

전복적 지식을 위한 여지는 여전히 있다!

그 선언의 도입부는 오늘날의 코뮤니즘 과업에 적합하다. 그것은 단호하고 결정적인 도약을 나타내며, 이런 도약은 우리가 혁명적 성찰의 영토에 들어가기를 바란다면 필수적이다. 그런데 무엇보다도 그것은 운동에 새로운 '형태'를 부여한다. 여기서 '형태'는 잠재력으로 가득 차 있는 구성적 기구를 뜻하며, 국가의 후원을 받는 오늘날의 자본주의의 억압적이고 위계적인 지평을 타파하고자 한다. 이것은 국가형태 일반의 반전에 관한 것이 아니다. 오히려 그것은 권력에 대항하는 잠재력, 삶권력에 대항하는 삶정치를 가리킨다. 해방적 미래의 가능성이 자본주의가 지배하는 현재에 근본적으로 대립하는 것은 바로 이런 전제 아래서 이루어진다. 게다가 여기서 우리는 오늘날 전복적 실천의 (결론이기보다는 오히려) 유일한 합리적 전제를 구성하는 "하나가 둘로 나뉜다"의 공식을 실험할 수 있다.[3]

---

3. "하나가 둘로 나뉜다"라는 표현은 자본주의 내부에서 생겨나는 불가역적인 계급 분열

## 자본주의의 경향 안에서 그 경향에 맞서기

MAP 이론이 어떻게 전개되는지 살펴보자. 그 이론의 가설은, 자본주의가 결정한 봉쇄에 대항하여 노동의 잠재력을 해방하는 일이 자본주의 자체의 진화 속에서 일어나야 한다는 것이다. 그것은 계급 관계의 완전한 반전을 촉발하기 위해 경제 성장과 기술 진화(둘 다 사회적 불평등의 증가를 수반한다)를 추구하는 것과 관련되어 있다. "안에서 맞서기"라는 오뻬라이스모의 전통적인 후렴구가 귀환한다.[4] 해방의 과정은 오직 자본주의 발전을 가속함으로써 생겨날 수 있을 뿐이지만, 가속을 속력과 혼동하지 않는 것이 중요하다.[5] 왜냐하면 여기서 가속은 엔진-기구의 모든 특징, 자본주의 자체에 의해 결정된 가능한 것들의 공간 안에서 이루어지는 발견과 창조의 실험적 과정의 모든 특징을 갖추고 있기 때문이다.

그 선언에서는 맑스주의의 '경향' 개념이 발전의 조건에 대한 공간적 분석과 결합되어 있다. MAP는 요컨대 들뢰즈와 과타리에게서 전형적으로 나타나는 대로 '땅'terra으로서의 영토를, 모든 영토화 및 탈영토화 과정을 강조한다. 여기서 근본적인 쟁점은 인지노동의 힘이다. 인지노동은 자본주의에 의해 규정됨에도 자본주의에 의해 억압당하고 자본주의에 의해 구성됨에도 지배의 점증하는 알고리즘적 자동화 속에서 축소되며

---

을 가리킨다. 구체적으로 그 용어는 1960년대에 마오주의적 중국에서 자본주의의 정치적 재구성("둘이 하나로 합쳐진다")을 비판하기 위해 고안되었다. 이에 대해서는 또한 Mladen Dolar, "One Divides into Two"를 보라 — 영어 옮긴이.

4. 이른바 사회적 공장에 관한 마리오 뜨론띠의 시론("La fabbrica e la società") 이후로, 그리고 이탈리아 오뻬라이스모의 전통 전체에 걸쳐서 "자본 안에서 자본에 맞서기"라는 표현은 계급투쟁이 그것이 초래하는 자본주의적 발전의 모순들 안에서 작동함을 뜻한다. 계급투쟁이 자본주의적 발전을 견인하는 바로 그 엔진이기에 노동자 계급은 '자본의 외부'에 있지 않다 — 영어 옮긴이.

5. Williams and Srnicek, "#Accelerate," 2.2. [* 이 독본 343쪽을 보라.]

존재론적으로는 가치화함(가치 생산을 증진함)에도 화폐와 규율의 관점에서는 (현행의 위기 속에서뿐만 아니라 국가형태의 발전과 관리에 관한 이야기 전체에 걸쳐서) 탈가치화된다. 혁명의 가능성이 20세기 노동자계급의 부활과 연계되어야 한다고 여전히 희극적으로 믿고 있는 사람들에게는 미안한 일이지만, 인지노동의 잠재력은 우리가 여전히 계급을 다루고 있음에도 다른 계급, 즉 더 우월한 권능을 부여받은 계급을 다루고 있다는 사실을 분명히 한다. 그것은 인지노동의 계급이다. 이것이 해방할 계급이고, 이것이 스스로 자유로워져야 하는 계급이다.

이런 식으로 맑스주의적이고 레닌주의적인 경향 개념의 회복이 완결된다. 말하자면 모든 '미래주의적' 환상이 제거되었는데, 왜냐하면 자본주의의 운동뿐만 아니라 그것의 지극한 추상작용을 견고한 투쟁 기계로 전환할 수 있는 역량을 결정하는 것 또한 계급투쟁이기 때문이다.

MAP의 논증은 인지노동의 생산력을 해방할 수 있는 이 역량에 전적으로 근거하고 있다. 우리는 포드주의적 노동으로의 귀환과 관련된 모든 환상을 제거해야 한다. 결국 우리는 물질노동의 헤게모니에서 비물질노동의 헤게모니로의 이행을 파악해야 한다. 그러므로 기술에 대한 자본의 명령을 참작하면 "기술에 대한 자본의 점점 더 역행하는 접근방식"을 공격해야 한다.[6] 생산력은 자본의 명령에 의해 제한된다. 그렇다면 핵심 쟁점은 혁명적 유물론이 언제나 그랬던 대로 잠재적인 생산력을 해방하는 것이다. 이제 우리가 곰곰이 생각해야 하는 것은 바로 이런 '잠재성'이다.

그런데 그것을 행하기 전에 우리는 그 선언에서 저자들의 주의가 조직이라는 쟁점에 끈질기게 집중되는 방식을 인식해야 한다. MAP는 최근의 운동 속에서 전개된 "수평적"이고 "자발적"인 조직 개념들을 강하게

---

6. 같은 글, 3.3. [* 이 독본 346~347쪽을 보라.]

비판할뿐더러 "과정으로서의 민주주의"에 대한 이해도 강하게 비판한다.[7] 그 선언에 따르면 이것들은 자본주의 지배 제도에 어떤 유효한 (해체적 혹은 구성적) 영향도 미치지 않는 한낱 민주주의의 페티시즘적 결정물에 지나지 않는다. 금융자본과 그것의 제도적 물질화에 (비록 대안도 없고 적절한 도구도 없기는 하지만) 반대하는 현행의 운동을 고려하면 이 마지막 단언은 어쩌면 과도할 것이다. 혁명적 전환에 관해 말하자면, 확실히 우리는 강한 제도적 이행을, 민주주의적 수평주의가 지금까지 제안할 수 있었던 어떤 이행보다 더 강한 이행을 피할 수 없다. 경향에 관한 우리의 추상적 지식을, 도래할 포스트자본주의적이고 코뮤니즘적인 제도를 구성하는 힘으로 변환하려면 혁명적 도약 전후에 대한 계획을 반드시 세워야 한다. MAP에 따르면 그런 '계획'은 더는 노동계급 사회에 대한 국가의 수직적 명령을 구성하지 않는다. 오히려 오늘날 그것은 생산 역량과 지시 역량을 네트워크로 수렴시키는 형태를 취해야 한다. 후속적으로 더 다듬을 과업으로서 다음과 같은 것을 택해야 한다. 생산을 계획하기에 앞서 투쟁을 계획해야 한다. 이 논점은 나중에 논의될 것이다.

## 고정자본의 재전유

원래의 논점으로 돌아가자. 우선, 「가속주의 정치 선언」은 인지노동의 힘을 그 잠재성latency에서 떼어냄으로써 해방하는 것과 관련되어 있다. "우리는 현대적인 기술사회적 조직체가 무엇을 할 수 있는지 아직 알지 못함이 확실하다!" 여기서 그 선언은 두 가지 요소를 강조한다. 첫 번째 요소는 내가 "고정자본의 재전유"이자 그 결과로 인한 노동하는 주체의 인간학적 변형이라고 일컫곤 하는 것이다.[8] 두 번째 요소는 사회정치

---

7. 같은 글, 3.13. [* 이 독본 350쪽을 보라.]

적인 것으로, 우리 신체의 그런 새로운 잠재력은 본질적으로 집단적이고 정치적이다. 달리 말해서 생산에 부가된 잉여는 주로 사회적인 생산적 협력에서 비롯된다. 분명 이것이 그 선언의 가장 중요한 메시지일 것이다.9 MAP는 철학적 비판에 담긴 인간주의를 약화하는 태도로 고정자본의 육체적 재전유가 띠는 물질적·기술적 성질들을 강조한다. 생산적 수량화, 경제적 모델링, 빅 데이터 분석, 그리고 가장 추상적인 인지 모형들은 모두 교육과 과학을 통해서 노동자-주체들에 의해 전유된다. 자본이 수학적 모형들과 알고리즘을 사용한다고 해서 그것들이 자본의 면모가 되지는 않는다. 그것은 수학의 문제가 아니다. 그것은 권력의 문제이다.

이 선언에는 어떤 낙관주의가 있음이 틀림없다. 기술사회적 조직체에 대한 그런 낙관주의적 지각은 복잡한 인간-기계 관계를 비판하는 데 그다지 유용하지 않지만, 이런 마키아벨리주의적 낙관주의는 우리가 오늘날 가장 긴급한 사안인 조직에 관한 논의에 뛰어드는 데 도움이 된다. 일단 그 논의가 권력의 문제를 다루게 되면 곧장 조직의 문제에 이르게 된다. MAP가 진술하는 대로 좌파는 사회기술적 헤게모니를 발전시켜야 한다. "생산과 금융, 로지스틱스, 소비의 물질적 플랫폼은 포스트자본주의 목적을 지향하도록 다시 계획되고 재구성될 수 있으며, 그렇게 될 것이다."10 의심의 여지가 없이 여기에는 객관성과 물질성에 대한, 즉 일종의 발전의 현존재에 대한 강한 의존이 있다. 그리하여 우리가 "하나가 둘

---

8. 맑스에게서 (그리고 전통적으로 정치경제학에서) '고정자본'은 건물과 기계류, 기반시설 같은 고정자산에 투자된 돈을 가리킨다(원료와 노동자의 임금을 포함하는 '유동자본'과 대조를 이룬다). 포스트포드주의에서 고정자본은 정보기술, 개인 매체, 그리고 소프트웨어와 특허, 집단적 지식의 형태 같은 무형자산도 포함할 것이다. 그렇다면 '고정자본의 재전유'라는 표현은 노동자 집단에 의한 (또한 가치형태와 복지형태 아래에서의) 생산 역량의 재전유를 가리킬 것이다 ─ 영어 옮긴이.

9. Williams and Srnicek, "#Accelerate," 3.6. [* 이 독본 347~348쪽을 보라.]

10. 같은 글, 3.11. [* 이 독본 349~350쪽을 보라.]

로 나뉜다"라는 기본 규약에 동의했을 때 존재한다고 가정했던 사회적·정치적·협력적 요소들에 대한 어떤 과소평가가 이루어지게 된다. 그렇지만 노동의 추상화를 비롯하여 자본주의 명령에 의해 채택된 최고의 기법들을 '사물들 자체'에 의해 수행되는 코뮤니즘적 경영에 가져오려면, 그런 과소평가가 우리가 이들 기법을 획득하는 행위의 중요성을 인식하는 데 방해가 되어서는 아니 된다. 나는 기술정치적 헤게모니에 관한 구절을 다음과 같이 이해한다. 새로운 헤게모니를 추진하려면 우리는 먼저 인지노동의 생산 잠재력들의 복합체 전체를 충분히 발전시켜야 한다.

## 새로운 제도들의 생태

이제 조직의 문제가 적절히 제기된다. 이미 언급된 대로 극단주의적 수평주의에 맞서 네트워크와 계획 사이 관계의 새로운 배치가 제안된다. 과정으로서의 민주주의에 관한 모든 평화로운 구상에 반대하여, 수단(투표, 민주적 대의, 입헌국가 등)에서 목적(집단적 해방과 자기통치)으로의 이행이 새로이 주목받는다. 저자들이 '프롤레타리아 독재'에 대한 공허한 재해석과 중앙집권주의의 새로운 환상들을 반복하지 않음은 명백하다. MAP는 일종의 '조직들의 생태'를 제안함으로써 이 점을 분명히 할 기회를 포착하는데, 서로 공명하게 되기에 모든 분파주의를 넘어서는 집단적인 의사결정의 엔진을 생산해 내는 여러 세력의 틀을 역설한다.[11] 누군가는 그런 제안에 의혹을 품을 수 있고, 그리하여 제안되는 행복한 선택지보다 더 큰 난점을 인식할 수도 있다. 그런데도 이것이 우리가 개척해 나갈 방향이다. 이런 상황은 2011년에 개시된 투쟁들의 순환이 마무리되는 오늘날에 훨씬 더 분명하다. 이들 투쟁은 자체의 강도와 새롭고

---

11. 같은 글, 3.15. [* 이 독본 351쪽을 보라.]

진정한 혁명적 내용에도 불구하고 권력과 충돌하는 동안 내내 조직의 형태들과 관련하여 극복하기 어려운 한계를 나타냈다.

MAP는 현 상황에서 적절하고 현실적인 세 가지 긴급한 목표를 제시한다. 우선, 새로운 경제 모형들에 관한 연구와 어떤 새로운 이상적 프로젝트를 뒷받침할 새로운 종류의 지적 하부구조를 구축할 것을 제안한다. 둘째, 주류 대중매체의 지형에 대한 강한 주도권을 조직할 것을 제안한다. 지금까지 인터넷과 사회적 네트워크는 확실히 소통을 민주화했고 지구적 투쟁에 매우 유용했지만, 여전히 소통은 그것의 가장 전통적인 형태들에 종속된 채로 남아 있다. 그 과업은 적합한 소통 수단을 우리 손에 넣기 위해 가능한 모든 에너지와 실질적인 자원에 집중하는 작업이 된다. 세 번째 목표는 계급권력의 모든 가능한 제도 형태(일시적 형태와 영구적 형태, 정치적 형태와 노동조합주의적 형태, 지구적 형태와 지역적 형태)를 활성화하는 것이다. 계급권력의 통일체적 구성은 오직 여태까지 전개된 모든 경험과 앞으로 발명될 경험들의 회집과 혼성화를 통해서만 가능할 것이다.

"미래는 구축되어야 한다"라는 계몽주의적 열망이 그 선언 전체를 관통한다.[12] 또한 프로메테우스주의적인 인간주의의 정치가 울려 퍼지고 있다. 그런데 자본주의 사회에 의해 부과된 한계를 넘어서는 그런 인간주의는 포스트휴먼적인 과학 유토피아에 열려 있기에 20세기 우주 탐사의 꿈을 소생시키거나 혹은 삶의 모든 우발적 사고와 죽음에 맞서는 난공불락의 장벽을 구상한다. 합리적 구상은 새로운 세계에 대한 집합적 환상을 동반해야 하며, 그 결과 노동과 사회의 강한 자기-가치화를 조직해야 한다. 우리가 경험한 가장 최신의 시대는 우리에게 지구화의 내부만 있을 뿐이라는 것, 더는 외부가 없다는 것을 보여주었다. 그렇지만

---

12. 같은 글, 3.24. [* 이 독본 355쪽을 보라.]

오늘날 미래를 재구성하는 문제를 다시 공식화하는 우리에게는 내부에 강력한 활기를 불어넣기 위해 외부를 도입할 필요성 ─ 그리고 또한 가능성 ─ 이 있다.

이 문서와 관련하여 무엇이 언급될 수 있는가? 일부 사람은 그것을 포스트오뻬라이스모 시각에 대한 앵글로색슨 보완물 ─ 사회주의적 인간주의를 소생시키는 경향은 덜하고, 새로운 긍정적 인간주의를 발전시킬 수 있는 능력은 더 좋은 것 ─ 로 여긴다. '가속주의'라는 명칭은 확실히 적절하지 않다. 왜냐하면 그것은 결코 미래주의적이지 않은 것에 '미래주의'의 감각을 귀속시키기 때문이다. 그 문서는 '현실' 사회민주주의와 사회주의를 비판할 뿐만 아니라 2011년 이후의 사회 운동도 분석한다는 점에서 의심의 여지 없이 시의적절하다. 그것은 자본주의 발전 경향의 문제를, 그 경향의 재전유 및 단절에 대한 필요성의 문제를 지극히 강력하게 상정한다. 이에 근거하여 그 문서는 어떤 코뮤니즘 프로그램의 구성을 추진한다. 이것들은 전진할 수 있게 하는 강한 다리들이다.

## 기술정치의 문턱에 관하여

여기서 논의를 재개하여 논증을 합의점에 이르도록 추진하는 데는 어떤 비판이 유용할 것이다. 첫째, 이 프로젝트에는 정치 결정론뿐만 아니라 기술 결정론도 너무 많이 나타난다. 역사성(혹은 이른바 역사, 동시대성, 실천)과의 관계는 우리가 목적론이라고 일컫기를 꺼리지만 목적론처럼 보이는 것에 의해 왜곡될 가능성이 있다. 특이성과의 관계, 그에 따라 (특이성을 비롯하여) 경향을 잠재적인 것으로 이해할 수 있는 역량, 그리고 (경향을 추진하는) 물질적 결정을 주체화의 힘으로 이해할 수 있는 역량이 내게는 과소평가되는 것처럼 보인다. 경향은 열린 관계로, 계급 주체들에 의해 고무되는 구성적 관계로만 규정될 수 있다. 이런 식으로 개방성을 강조함으로써 그릇된 결과가 초래될 수 있을 것이라는 반대 의견이 제기될 수도 있다. 예를 들면 난잡해져서 분리할 수 없게 될 정도로 매우 불균질한 틀이 생겨날 수 있는데, 그럴 경우 다양성이 확대되고 매우 거대해져서 악무한惡無限을 구성하게 된다. 의심의 여지 없이 그런 '악무한'은 지금까지 포스트오뻬라이스모와 심지어『천 개의 고원』이 때때로 시사하는 것처럼 보였던 것이다. 이것은 어렵고 중대한 논점이다. 그것을 더 철저히 검토하자.

이 문제에 대하여 MAP는 그것이 노동자 신체의 변형인간학을 주체와 객체 사이의 관계(전통적으로 다른 용어들에 익숙해진 나는 그 관계를 프롤레타리아 계급의 기술적 구성과 정치적 구성 사이의 관계라고 일컬을 것이다)의 정중앙에 자리하게 할 때 한 가지 훌륭한 해결책을 고안했다.[13] 이렇게 해서 우리는 다원주의가 '악무한'으로 표류하는 사태를 피할 수 있다. 그렇지만 우리가 계속해서 이 기반 ― 나는 이것이 유용하고 결정적인 것이라고 믿고 있다 ― 위에 있기를 바란다면 우리는 그 선언이 의존하는 생산적 긴장의 끊임없는 진전을 차단해야 한다. 우리는 발전의 문턱과 그런 문턱의 강화물 ― 들뢰즈와 과타리가 집합적 회집체agencements collectifs라고 부르곤 했던 것 ― 을 식별해야 한다. 이들 강화물은 고정자본의 재전유와 노동력의 변형이며, 인간학과 언어, 활동으로 구성된다. 역사적으로 구성된 이들 문턱은 프롤레타리아 계급의 기술적 구성과 정치적 구성 사이의 관계에서 생겨난다. 그런 강화물이 없다면 정치적 프로그램 ― 그것이 아무리 일시적인 것이라고 하더라도 ― 은 불가능하다. 때때로

---

13. 계급 구성이라는 개념은 1960년대에 전형적인 '계급의식'에 관한 진부한 논쟁을 극복하기 위해 이탈리아의 오뻬라이스모에 의해 도입되었다. 기술적 구성은 어떤 특정한 경제 체제에서 나타나는 모든 물질적 및 문화적 노동형태를 가리키고, 정치적 구성은 이 형태들과의 충돌과 이 형태들의 어떤 정치적 프로젝트로의 변환을 가리킨다. 어떤 특정한 기술적 구성이 자동으로 우리를 훌륭한 정치적 재구성으로 이끌지는 못한다 ― 영어 옮긴이.

우리가 스스로 방법론적으로 속수무책이고 정치적으로 무력하다고 깨닫는 것은 바로 우리가 기술적 구성과 정치적 구성 사이의 그런 관계를 밝힐 수 없기 때문이다. 반면에 역사적 문턱을 규정하고 기술정치적 관계들의 특정한 양상을 의식함으로써 우리는 조직 과정뿐만 아니라 적절한 행동 프로그램도 마련할 수 있게 된다.

그러므로 이 문제를 제기하는 것은 암묵적으로 특이성과 공통적인 것 사이의 관계가 생겨나서 공고해지는 과정을 더 잘 규정할 방법에 관한 문제를 제기한다(생산적 경향의 진보적 본성을 인식하자). 우리는 생산의 인간학에 관한 구체적인 연구를 발전시키면서 어떤 주어진 회집체에서 공통적인 것이 무엇인지를 명시적으로 밝혀야 한다.

## 협력의 헤게모니

고정자본의 재전유 문제로 다시 돌아가면, 앞서 내가 지적한 대로 MAP에서는 생산의 협력적 차원(그리고 특히 주체성의 생산)이 기술적 규준과 관련하여 과소평가된다. 생산성의 기술적 조건을 제외하고 본다면, 사실상 생산의 물질적 측면도 노동력의 인간학적 변형을 서술한다. 나는 이 점을 강조한다. 협력적 요소는 오늘날의 프롤레타리아 계급을 구성하는 일단의 언어, 알고리즘, 기능, 그리고 기술적 노하우 안에서 가능한 어떤 헤게모니를 형성하는 데 중요해지고 도움이 된다. 그런 진술은 현행 자본주의의 착취 구조 자체가 바뀌어 버렸음을 인식하는 데서 비롯된다. 자본주의는 계속해서 착취하지만, 그것이 사회 전체로부터 잉여노동을 추출하는 힘과 견주어 보면 역설적이게도 그 착취 형태는 제한되어 있다. 그렇지만 새롭게 결정된 이런 상황을 인식하게 될 때 우리는 고정자본(즉, 잉여가치의 생산에 직접 관여하는 자본의 부분)이 본질적으로 협력에 의해 결정된 잉여에서 확립된다는 것을 깨닫는다. 그런 협력은 통약 불가능한 것이다. 맑스가 진술한 대로 그것은 두 명 이상의 노동자에게서 비롯된 잉여노동의 총합이 아니라 그들이 함께 일한다는 사실에 의해 생산된 잉여(요컨대 그 총합 자체를 넘어서는 잉여)이다.[14]

착취 자본에 대한 추출 자본의 우위를 가정하면(물론 착취 자본은 추출 자본 안에 포함된다), 우리는 몇 가지 흥미로운 결론에 이를 수 있다. 한 가지 결론을 간단히 언급하자. 포드주의에서 포스트포드주의로의 이행은 한때, 공장에 '자동화'를 적용하고, 사회에 '정보화'를 적용하는 사태로 서술되었다. 사회의 정보화가 사회를 자본에 완전히 포섭되게 하는 과정(실질적 포섭)에서 대단히 중요하며, 사실상 이 경향을 해석하고 이끈다. 정보화는 사실상 자동화보다 더 중요하다. 자동화는 그 자체만으로는 그 특정한 역사적 국면에서 부분적이고 불안정한 방식으로 새로운 사회적 형태를 특징지을 수 있었을 따름이다. 그 선언이 분명히 하고 경험이 확인시켜 주는 대로 오늘날 우리는 그 지점을 훌쩍 넘어서 있다. 생산적 사회는 전 지구적으로 정보화되어 있는 것처럼 보일 뿐만 아니라, 또한 그런 계산화된 사회적 세계는 노동시장 관리의 새로운 규준과 사회 관리의 새로운 위계적 조건에 따라 그 자체로 재조직되고 자동화된다. 생산이 인지노동과 사회적 지식을 통해서 사회적으로 일반화되는 경우에 정보화는 여전히 고정자본의 가장 가치 있는 형태인 한편으로, 자동화는 자본주의 조직의 접착제가 됨으로써 정보학뿐만 아니라 정보사회도 자기 쪽으로 구부러지게 한다. 그러므로 정보기술은 자동화에 종속된다. 자본주의 알고리즘의 명령은 이런 생산의 변환으로 특징지어진다.

그리하여 우리는 더 높은 층위의 실질적 포섭에 자리하게 된다. 자동

---

14. 고전적인 인용문을 다음과 같다. "개별 노동자들의 기계적인 힘의 총계는, 많은 사람이 동시에 동일한 불가분의 작업에 참가할 때 발휘하는 사회적 역량과는 본질적으로 구별된다." Marx, *Capital*, Vol. 1, 443. [마르크스, 『자본론 I-상·하』.]

화가 이루어진 후에 로지스틱스는 자본주의 명령의 모든 영토적 차원을 조정하기 시작했고, 중앙집중화하고 지휘하는 알고리즘적 기계류가 그렇듯이 빈도와 기능을 변수로 삼고서 지식의 추상화 정도와 갈래들로 지구적 공간의 내부 및 외부 위계들을 확립하기 시작했다. 맑스 이후로 우리는 이런 복잡한 지식 체계를 '일반지성'이라고 일컫는 데 익숙해졌다. 그런데 추출 자본주의가 자신의 착취력을 외연적으로는 모든 사회적 하부구조로 확대하고 내포적으로는 생산 기계의 추상화 전체로 확장한다면, 그런 실제적이고 이론적인 공간의 내부에서 이루어지는 고정자본의 재전유에 관한 논쟁을 재개해야 할 필요가 있을 것이다. 새로운 투쟁의 구축 여부는 그런 공간에 의거하여 가늠되어야 한다. 고정자본은 잠재적으로 프롤레타리아 계급에 의해 재전유될 수 있다. 이것이 해방되어야 하는 잠재력이다.

## 공통적인 것의 통화와 노동 거부

한 가지 마지막 주제 ― MAP에는 빠져 있지만 그것의 이론적 논변에 전적으로 부합하는 주제 ― 는 '공통적인 것의 통화'다. 그 선언의 저자들은, 오늘날 하나의 추상 기계로서의 화폐가 자본에 의한 현행 사회의 실질적 포섭을 통해서 사회에서 추출된 가치를 평가하는 최상위의 척도 형태라는 특수한 기능을 갖추고 있음을 잘 알고 있다. 사회적 노동의 추출/착취를 서술하는 동일한 도식으로 인해 우리는 화폐를 척도-화폐, 위계-화폐, 계획-화폐로 인식하지 않을 수 없다. 금융자본 자체를 주도하게 되는 경향이 있는 그런 화폐적 추상화는 동일한 최상의 층위에서 이루어질 저항과 전복의 잠재적 형태들도 가리킨다. 포스트자본주의 미래를 위한 코뮤니즘 프로그램은 이런 지형 위에서 수행됨으로써 부의 프롤레타리아적 재전유를 진전시킬 뿐만 아니라 헤게모니 권력도 구축해야 하는데, 말하자면 노동으로부터 가치를 최대로 추출하고 추상화하는 작업과 그 가치를 화폐로 보편적으로 번역하는 작업의 공동 기반에 자리하고 있는 '공통적인 것'에 작용해야 한다. 이것이 오늘날 '공통적인 것의 통화'가 품은 의미다. 여기에는 유토피아적인 것이 전혀 없고, 오히려 자본이 부과하는 노동 척도에 대한 공격, (우두머리들이 직접 부과하는) 잉여노동의 위계에 대한 공격, 그리고 자본주의 국가가 부과하는 사회적·일반적 소득 분배에 대한 공격을 어떻게 예측할 것인가에 대한 프로그램적이고 패러다임적인 암시가 있다. 이것에 관해서는 아직 많은 작업이 이루어져야 한다.

(논의할 것이 매우 많이 남아 있지만) 마무리하자면, 자본주의의 경향을 끝까지 밀어붙인다는 것과 그 과정에서 자본주의 자체를 패배시킨다는 것은 무엇을 뜻하는가? 한 가지 사례만 살펴보자. 오늘날 그것은 '노동 거부'라는 구호를 갱신하는 것을 뜻한다. 알고리즘적 자동화에 맞선 투쟁은 그 자동화가 결정하는 생산성의 향상을 긍정적으로 파악해야 하고, 그다음에 그 투쟁은 기계에 의해 규율되거나 통제되는 노동시간의 급격한 단축을 강력히 주장해야 하며, 그리고 동시에 실질 임금의 일관되고 점증적인 상승으로 귀결되어야 한다. 한편으로는 자동기계에 봉사하는 시간이 만인에게 평등한 방식으로 조정되어야 한다. 다른 한편으로는 노동의 모든 형상이 집합적 부를 구축하는 데 만인이 평등하게 참여한다는 인식으로 번역되도록 기본소득이 시행되어야 한다. 이렇게 해서 모든 사람은 각자 최대한으로 자신의 고유한 삶의 기쁨을 자유롭게 증진할 수 있을 것이다(이는 푸리에에 대한 맑스의 평가를 생각나게 한다). 이 모든 것은 투쟁을 통해서 즉시 요구되어야 한다. 그리고 여기서 우리는 또 하나의 주제 ─ 자본주의적인 주권적 명령에 맞서 펼쳐지는 주체성의 생산, 정념의 분투적 사용, 그리고 역사변증법 ─ 를 반드시 파헤쳐야 한다.

# 레드 스택 공격!

## 알고리즘, 자본, 그리고 공통적인 것의 자동화

티지아나 테라노바

2014

   이어지는 글[1]에서 문제가 되는 것은 '알고리즘'과 '자본' 사이의 관계로, 말하자면 "생산에서 유통까지, 산업적 로지스틱스에서 금융적 투기까지, 도시 계획 및 설계에서 사회적 소통에 이르기까지 온갖 방면에서 펼쳐지는 정보통신기술의 중요성에서 생겨나는 조직적 실천에 대한 알고리즘의 점증하는 중요성"[2]이다. 명백히 난해한 이 수학적 구조물들은 오늘날 네트워크를 이룬 디지털 매체의 이용자가 영위하는 일상생활의 일

---

1. 이 시론은, 포스트자율주의에 고무된 이탈리아의 자기주도적 학습(autoformazione) 기관들(공중 세미나, 콘퍼런스, 워크숍 등의 풀뿌리 조직에 참여하는 '자유' 대학들)과 대학, 저널 그리고 연구소에 공식적으로 소속되어 디지털 매체 이론과 실천에 관여하는 학자와 연구원 들의 영어권 사회적 네트워크들의 집합을 포함할 뿐만 아니라 예술가, 활동가, 비정규직 지식 노동자 등도 포함하는 어떤 연구 과정의 결과물이다. 그것은 (런던대학교 골드스미스 칼리지의) 문화연구센터 소속 디지털 문화 연구단의 주최로 2014년 1월 런던에서 개최된 워크숍을 가리킨다. 그 워크숍은, 2013년 초에 이탈리아의 자유 대학 집단 Uninomade 2.0으로 개시되었고 Euronomade (http://www.euronomade.info/), Effemera, Commonware (http://www.commonware.org/), I quaderni di San Precario (http://quaderni.sanprecario.info/) 등과 같은 웹사이트와 메일링 리스트에서 지속된 성찰과 조직화 과정의 결과였다. 그리하여 전통적인 시론 이상의 것으로서 이 시론은, 과학, 기술, 자본주의에 관한 연구와 정치 이론 사이에 중첩하는 일련의 문제와 테제, 관심사를 부각하는 분산된 '사회적 연구 네트워크'에 개입하는 종합적일뿐더러 바라건대 독창적이기도 한 문서이고자 한다.
2. 이 시론이 비롯된 워크숍의 프로그램(http://quaderni.sanprecario.info/2014/01/workshop-algorithms/)에 명시된 표현이다.

부가 되기도 했다. 대다수 인터넷 이용자는 매일 (우리의 검색 문의 결과를 분류하는) 구글의 페이지랭크Pagerank 혹은 (우리 피드의 뉴스 공급 순서를 자동으로 결정하는) 페이스북 엣지랭크Edgerank 같은 알고리즘의 힘에 접속하거나 그 힘의 지배를 받는데, 우리가 데이터 및 디지털 기기와 맺는 관계 그리고 그것들이 서로 맺는 관계를 변조하는 덜 알려진 다양한 알고리즘(애피니언스Appinions, 클라우트Klout, 허밍버드Humming-bird, PKC, 펄린 노이즈Perlin noise, 시네매치Cinematch, KDP 셀랙트Select 등)은 말할 것도 없다. 그런데 디지털 문화의 일상생활에서 알고리즘이 만연하는 이런 상황은 단지 계산 기법의 보편화를 나타내는 표현 중 하나일 따름이다. 이 기법들은 로지스틱스, 금융, 건축, 의료, 도시 계획, 인포그래픽, 광고, 데이트, 게임, 출판 및 온갖 종류의 창의적 표현(음악, 그래픽, 춤 등)에서 드러나는 생산과 소비, 분배의 과정들과 점점 더 동연적인 것이 되고 있다.

'알고리즘'과 '자본'의 마주침을 정치적 문제로 연출하는 것은 '자본주의 리얼리즘' ─ 즉, 자본주의가 유일하게 가능한 경제를 구성한다는 관념 ─ 의 주문에서 벗어날 가능성을 불러일으키는 한편, 그와 동시에 부의 생산과 분배를 조직하는 새로운 방식들이 과학 및 기술 발전을 이용해야 할 것을 요구한다.[3] 여기서 국가와 시장, 공적인 것과 사적인 것 사이의 대립을 넘어서는 공통적인 것이라는 개념이 네트워크를 이룬 디지털 매체에 대하여 가능한 포스트자본주의 존재양식에 관한 사유와 실천을 고무하는 방법으로 사용된다.

## 알고리즘, 자본, 그리고 자동화

---

3. Fisher, *Capitalist Realism* [피셔, 『자본주의 리얼리즘』]; Williams and Srnicek, "#Ac-celerate." [* 「#가속하라」는 이 책 340쪽 이하에 수록되었다.]

'공통적인 것'이라는 개념을 둘러싼 새로운 정치적 합리성의 구성을 추구하는 시각에서 알고리즘을 바라본다는 것은 알고리즘이 자동화의 변화하는 본성과 깊이 관련된 방식에 관여함을 뜻한다. 맑스에게서 자동화는 "지식과 기량" 같은 "사회적 뇌의 일반적 생산력"이 기계로 흡수되는 과정으로 서술된다.[4] 그리하여 자동화는 사회적 노동의 생산물이라기보다는 오히려 자본의 속성인 것처럼 보인다. 자본과 기술의 밀접한 관계의 역사를 살펴보면 자동화가 산업화 초기의 조립 라인에서 벗어나서 오늘날 자본주의의 분산된 계산 네트워크를 향해 어떻게 진화했는지가 분명히 드러난다. 그러므로 알고리즘은 「기계에 관한 단상」에서 맑스가 서술한 대로, 자본주의가 기술을 고정자본으로 삼기 시작함으로써 기술이 여러 번의 형태 변환을 거치게 되는 어떤 계통의 일부로 해석될 수 있다. "그 완결은 기계, 더 정확히 말하면 자동장치로, 스스로 움직이는 동력으로 가동되는… 기계류의 자동적 체계이다."[5] 산업적 자동장치는 분명히 열역학적이었고, "노동자들 자신은 한낱 그것의 의식적 관절에 불과한 역할을 떠맡게 되는 다수의 기계적인 지적 기관들로 이루어진" 체계를 만들어 내었다.[6] 그런데 디지털 자동장치는 계산적이다. 그것은 "영혼이 노동하"게 하고 주로 신경계와 뇌를 포함하며 "가상성, 시뮬레이션, 추상화, 되먹임 및 자율적 과정의 가능성"을 구성한다.[7] 디지털 자동장치는 전기적 및 신경적 연결들로 구성된 네트워크에서 전개되고, 그리하여 이용자들 자신은 끊임없는 정보 흐름의 준자동적인 중계자의 역할을 맡게 된다. 그렇다면 새로운 자동화 양식들을 논의할 때 알고리즘이

---

4. Marx, "Fragment on Machines", 55. [맑스, 「기계에 관한 단상」]. 이 독본의 67쪽을 보라.

5. 같은 글, 53. 이 독본의 65쪽을 보라.

6. 같은 곳.

7. Mattew Fuller, ed., *Software Studies* ; Franco Berardi, *The Soul at Work* [프랑코 베라르디 [비포], 『노동하는 영혼』].

위치해야 하는 곳은 이런 더 광범위한 회집체의 내부이다.

컴퓨터과학의 한 교과서를 인용하면, 앤드루 고피는 알고리즘을 "컴퓨터과학자들이 관여하는 모든 활동을 통합하는 개념이자 … 컴퓨터과학자들이 사용하는 기본적인 존재자"로 서술한다.[8] 알고리즘은 일련의 단계 혹은 명령에 의해, 데이터와 계산 구조물들에 작용하는 질서정연한 단계들의 집합에 의해, "하나의 과업이 완수될 수 있는 방법에 관한 서술"로 잠정적으로 규정될 수 있다. 그러므로 알고리즘은 하나의 추상물인데, "컴퓨터과학자들이 '실행 세부'라고 일컫기를 좋아하는 것, 다시 말해서 어떤 특정한 기계 아키텍처를 위한 어떤 특정한 프로그래밍 언어로 구체화한 것과는 독립적인 자율적 현존을 갖추고 있다."[9] 알고리즘은 그 복잡성이, (스마트몹smart mob에서 조정된 움직임의 패턴을 생성하는 데 사용되는 것들처럼) 자연언어로 서술되는 가장 단순한 일단의 규칙에서부터 온갖 종류의 변항을 포함하는 가장 복잡한 수학 공식(예를 들면 핵물리학의 문제들을 푸는 데 사용되었고 나중에 주식시장에도 적용되었으며 현재 비선형적인 기술적 확산 과정들에 관한 연구에도 적용되는 유명한 몬테카를로Monte Carlo 방법의 공식)에 이르기까지 변할 수 있다. 이와 동시에, 작동하기 위해서 알고리즘은 하드웨어, 데이터, (리스트, 데이터베이스, 메모리 등과 같은) 데이터 구조물, 그리고 신체들의 행동과 활동들을 포함하는 회집체의 일부로서 현존해야 한다. 알고리즘이 사회적 소프트웨어가 되려면 결국 "그것은 자신의 외부에서 생겨나는 행동과 신체들에 더욱더 잘 적응함으로써 사회적 혹은 문화적 인공물과 과정으로서의 역량을 획득해야 한다."[10]

더욱이 현시대의 알고리즘이 더욱더 큰 규모의 데이터 집합(그리고

---

8. Andrew Goffey, "Algorithm," 15.

9. 같은 곳.

10. Fuller, *Software Studies*, 5.

일반적으로 이른바 빅 데이터로 알려진 데이터의 흐름에서 점점 증대하는 엔트로피)에 점점 더 노출됨에 따라, 루치아나 파리시에 따르면 알고리즘은 수행되어야 하는 명령들의 집합에 지나지 않는 것을 넘어서는 무언가가 되고 있다. "무한한 양의 정보는 알고리즘 절차를 방해하고 다시 구성한다 … 그리고 데이터는 이질적인 규칙들을 산출한다."[11] 이 간단한 설명으로부터 알고리즘은 균질한 일단의 기법도 아니고 "자동화된 명령과 통제의 확실한 시행"을 보증하지도 않는다는 점이 명백한 것처럼 보인다.[12]

그런데 자본주의의 관점에서 바라보면 알고리즘은 주로 '고정자본'의 한 형태이다 ─ 즉, 알고리즘은 생산수단일 따름이다. 알고리즘은 (수학자들, 프로그래머들에 의해 다듬어진 것에서 추출되고, 또한 이용자들의 활동에서 추출되는) 일정량의 사회적 지식을 코드화하지만 그 자체로 가치 있지는 않다. 현행 경제에서 알고리즘은 그러한 사회적 지식의 교환가치로의 전환(화폐화)과 (기하급수적으로 증대하는) 축적(사회적 인터넷의 거대한 준독점)을 허용하는 한에서만 가치가 있다. 알고리즘이 고정자본을 구성하는 한에서 구글의 페이지랭크와 페이스북의 엣지랭크 같은 알고리즘은 "개별적 노동 역량의 가치 창출 능력이 극히 작게 되는 전제로서" 나타난다.[13] 이용자들의 '무임금 노동'에 대한 개별적 보상의 요청이 잘못된 것인 이유가 여기에 있다. 맑스의 경우에 보상되어야 하는 것은 이용자의 개별 노동이 아니라 오히려 이용자의 개별 노동에 힘입어 실현된 사회적 협력의 훨씬 더 큰 역량들이라는 것이 명백하다. 그리고 이런 보상에는 자본주의 경제라고 일컬어지는 사회적 관계가 사회를 장악하는 힘의 심대한 변화가 수반됨이 명백하다.

---

11. Luciana Parisi, *Contagious Architecture*. 또한 이 독본의 「자동화된 건축」를 보라.
12. 같은 책, ix.
13. Marx, *Grundrisse*, 694. [맑스, 『정치경제학 비판 요강 II』.] 이 독본의 67쪽을 보라.

그러므로 자본의 관점에서 바라보면 알고리즘은 단지 고정자본, 즉 경제적 수익을 획득하도록 마무리된 생산수단일 따름이다. 그런데 이것은 모든 기술 및 기법과 마찬가지로 그것이 알고리즘의 전부임을 뜻하지는 않는다. 맑스는, 자본이 기술을 노동 포섭의 가장 효과적인 형태로서 전유하더라도 이런 사실이 그것이 기술에 관해 진술될 수 있는 전부임을 뜻하지는 않는다고 명시적으로 확언한다. 기술의 기계류로서의 현존은 "자본으로서의 현존과 동일하지 〔않고〕 … 그렇다고 해서 자본의 사회적 관계 아래 포섭되는 것이 기계류를 응용하는 데 가장 적합하고 궁극적인 사회적 생산관계라는 결론이 당연히 도출되는 것은 아니다"라고 맑스는 주장한다.14 그렇다면 알고리즘이 자본에 대해서 갖는 도구적 가치는 기술 일반 및 특정 기술로서의 알고리즘의 '가치' ― 즉, 맑스가 서술하는 대로 '사용가치'를 표현할 뿐만 아니라 심미적·실존적·사회적·윤리적 가치들도 표현할 수 있는 그것의 역량 ― 를 망라하지 않는다는 점을 반드시 기억해야 한다. 리처드 스톨먼과 수많은 해커 및 공학자를 자유 소프트웨어와 오픈소스 운동으로 이끌었던 것은 소프트웨어 발전을 교환가치로 환원하려는 자본의 필요성, 그리하여 소프트웨어 창조의 심미적 가치와 윤리적 가치를 주변화하려는 자본의 필요성과의 충돌이 아니었던가? 그런 운동의 원동력은 그들 자신의 고유한 코드화의 미학과 윤리에 충실한 채로 남아 있기 위해, 기업을 위한 '일하기'라는 제약에서 해방된 에너지를 동원하여 해커-모임과 해커-공간을 활성화하는 열정에서 비롯되지 않는가?

기술을 '죽은 노동', '고정자본', 혹은 '도구적 합리성'과 동일시하는, 그러므로 통제 및 포획과 완전히 동일시하는 경향이 있는 맑스주의의 몇몇 변양태와는 대조적으로, 맑스에게는 기계류의 진화가 어떻게 해서 자본

---

14. 같은 책, 699~700. [같은 책.] 이 독본의 69쪽을 보라.

주의 경제에 의해 촉발되지만 결코 그것에 전적으로 봉쇄되지는 않는 생산 역량들의 발전 수준을 가리키는지를 기억하는 것도 중요한 것처럼 보인다. 맑스의 주장에 따르면 그가 관심을 두었던 것은 자동화하기 위해 기술에 투자하고자 하는 자본의 경향, 그리하여 노동 비용을 최소로 줄이고자 하는 자본의 경향이, 기본적이고 중요하며 필요한 재생산 노동(예를 들면 전 지구적 경제는 우선 지구 인구의 모든 구성원이 적절한 의식주와 의료를 제공받기에 충분한 부를 생산해야 한다)과 비교하여 시간과 에너지(노동)의 '잉여' 혹은 생산 역량의 과잉을 잠재적으로 마련하는 방식이다. 그런데 자본주의 경제를 특징짓는 것은 이런 시간과 에너지의 잉여가 그냥 방출되는 것이 아니라 오히려 다수(다중)를 희생시키면서 소수(자본가 집단)에 의한 부의 축적 증대를 초래하는 교환가치 생산의 순환에 끊임없이 재흡수되어야 한다는 점이다.

그러므로 자본의 관점에서 바라보면 자동화는 언제나 그로 인해 방출되는 시간과 에너지를 통제하는(즉, 흡수하여 소진하는) 새로운 방식들로 균형이 잡혀야 한다. 자본은 부와 여가가 있는 곳에 가난과 스트레스를 반드시 만들어 내야 한다. 과학과 기술, 사회적 협력이, 산출되는 부의 원천을 구성한다는 점이 명백할 때도 자본은 직접 노동을 가치의 척도로 만들어야 한다. 그러므로 자본은 정신적 소진과 환경적 재난, 전쟁을 통한 부의 물리적 파괴의 형태로 이런 축적된 부의 주기적이고 광범위한 파괴를 필연적으로 초래한다. 자본은 포만 상태가 있는 곳에 반드시 굶주림을 창출하고, 초고액 자산가의 부유함 바로 옆에 푸드뱅크food bank를 둔다. 포스트자본주의 존재양식에 관한 개념이 신뢰할 만한 것으로 되어야 하는 이유가 바로 여기에 있다. 그것은 마우리치오 랏자라또가 주체화의 지속적인 자율적 초점이라고 서술한 바의 것이 되어야만 한다. 그러므로 포스트자본주의적 공통주의는 오늘날 우리가 처해 있는 지속 불가능한 부의 분배 상황과 비교하여 더 나은 부의 분배뿐만 아니라 '가처분 시간' — 즉, '필요한' 것에 관한 바로 그 개념을 발전시키고 복잡하게 만드는 데 활용되도록 노동에서 해방된 시간과 에너지 — 의 되찾기를 목표로 삼을 수 있다.

자본주의의 역사는 지금까지 자동화 그 자체가 관리자와 자본가가 요구하는 노동의 양과 강도를 줄이지 못했음을 보여주었다. 오히려 기술이 한낱 생산수단에 불과한 한에서 그리고 자본이 기술 외의 다른 수단들을 효과적으로 사용할 수 있는 곳에서는 기술이 혁신되지 않았다. 예를 들어 공장 자동화의 산업적 기술들은 최근에 어떤 유의미한 기술적 혁신도 겪은 적이 없는 것처럼 보인다. 오늘날 대부분의 산업적 노동은 아직도 상당히 육체적인데, 시제품 제작과 판촉, 유통의 전자 네트워크들의 속도에 연결되어 있다는 의미에서만 자동화되어 있다. 그리고 자동화는 정치적 수단에 의해서 — 다시 말해서 전 지구적 규모에서 지정학적 차이와 경제적 차이를 활용함으로써(즉 차익거래) 그리고 새로운 경계 기술을 통해서 이주 흐름을 통제함으로써 — 만 경제적으로 지속 가능한 것이 될 뿐이다. 오늘날 대다수 산업의 상태는 신체, 주체성, 사회적 관계, 그리고 환경에 모두 피해를 주고 있는 대량생산/대량소비라는 빈곤한 양식을 산출하는 심화된 착취의 상태이다. 맑스가 서술한 대로 자동화에 의해 해방된 가처분 시간은, 필수적인 것과 원하는 것을 재규정하는 방식으로 새로운 주체성이 필요노동을 수행하는 상황으로 되돌아갈 수 있도록 '인간'의 바로 그 본질에서 변화가 일어날 수 있게 해야 할 것이다.

그렇다면 중요한 것은 더 단순한 시대로의 '귀환'을 옹호하는 논변의 전개와 관련된 것이 결코 아니며, 오히려 식량 증산과 인구 부양, 주거지와 적절한 주택의 건설, 학습과 연구, 어린이와 병자, 노인 돌봄이 사회적 발명과 협력의 동원을 필요로 한다는 점을 인식하는 것의 문제이다. 그럴 때 전체 과정은, 다수가 빈곤과 스트레스를 견디면서 소수를 위해 노동하는 생산 과정으로부터, 다수가 우리에게 필요하고 가치 있는 것의 의미를 재규정하면서 그것을 성취할 새로운 방법을 고안하는 과정으로 변환된다. 어떤 의미에서 이것은 최근에 안드레아 푸마갈리와 카를로 베르첼로네가 다듬은 대로의 '공통복지'commonfare라는 개념에 해당한다. 베르첼로네의 표현에 따르면 공통복지는 "투자와 화폐의 사회화를 〔수반할 뿐만 아니라〕 복지 제도의 진정한 민주주의적 재전유…와 우리의 생산 체계들의 생태적 재구성을 가능하게 하는 관리 방식과 조직 방식에 관한 물음도" 수반한다.[15] 그렇다면 우리는 오늘날 알고리즘적 자동화가 작동하는 방식을 (주로 부채 경제를 부양하는 통제와 화폐화의 견지에서) 검토해야 할 뿐만 아니라, 또한 그것이 어떤 종류의 시간과 에너지를 포섭하는지, 그리고 그것이 다른 사회적 회집체와 정치적 회집체―축적과 착취에의 자본주의적 충동에 포섭되지도 않고 지배당하지도 않는 자율적인 회집체들―에 의해 채택될 때는 어떤 식으로 작동하게 될지를 검토해야 한다.

## 레드 스택 : 가상화폐, 사회적 네트워크, 생체-하이퍼미디어

최근 저작에서 디지털 매체 및 정치 이론가 벤저민 H. 브래튼은 우리가 지구의 새로운 노모스의 출현을 목격하고 있다고 주장했다. 그에 따르면 현재 전자 공간으로 확대된 새로운 형태들의 주권 및 새로운 인터넷의 노모스가 영토적 주권과 연계된 낡은 지정학적 분열과 교차하고 있다.[16] 이런 새로운 이질적인 노모스는 국가 정부들(중국·미합중국·유럽연합·브라질·이집트 등), 초국적 조직들(국제통화기금·세계무역기구·유

---

15. Carlo Vercellone, "From the crisis to the 'welfare of the common' as a new mode of production" ; 또한 Andrea Fumagalli, "Digital (Crypto) Money and Alternative Financial Circuits."
16. Benjamin H. Bratton, "On the Nomos of the Cloud."

럽은행, 그리고 다양한 형태의 비정부조직들), 그리고 구글·페이스북·애플·아마존 등과 같은 기업들의 공통 영역을 포함함으로써 갈등 국면에 의해 특징지어지는 상호 타협의 변별적 패턴들을 산출한다. 컴퓨터 네트워크들의 조직적 구조 혹은 "TCP/IP 스택과 인터넷 자체가 간접적으로 기반을 두고 있는 OSI 네트워크 모형"에 의존함으로써 브래튼은 "기술과 자연, 인간을 연계하는 지구의 가능한 새로운 노모스"의 면모들을 규정하기 위해 '스택'stack의 개념 그리고/혹은 원형을 개발했다.[17] 스택은 "평형뿐만 아니라 창발도" 구성할 수 있는 일종의 "사회적 사이버네틱스"를 뒷받침하고 변조한다. 하나의 "거대구조"로서의 스택은 "상호 운용이 가능한 표준에 기반을 둔 복잡한 물질-정보 체계들의 체계들의 집합 ─ 사회적이고 인간적이며 '아날로그'적인 계층들(지하의 에너지원, 몸짓, 정동, 이용자-행위소, 인터페이스, 도시와 거리, 방과 건물, 유기적 및 무기적 외피)과 정보적이고 비인간 계산적이며 '디지털'적인 계층들(다중송신 광섬유 케이블, 데이터센터, 데이터베이스, 데이터 표준과 통신 규약, 도시 규모 네트워크, 내장형 체계, 보편적 주소 테이블)로 균등하게 구성된… 계층과 통신 규약의 단층 모형에 따라, 수직적 섹션에 따라 조직된 체계들의 집합"을 뜻한다.[18]

이 절에서 나는 브래튼의 정치적 원형에 의존하여 '레드 스택'red stack ─ 즉, 포스트자본주의적인 공통적인 것을 위한 새로운 노모스 ─ 의 개념을 제안하고 싶다. '레드 스택'을 구현하려면 (적어도) 세 가지 층위의 사회기술적 혁신 ─ 가상화폐, 사회적 네트워크, 그리고 생체-하이퍼미디어 ─ 에 관여해야 한다. 이들 세 가지 층위는 '스택을 이루고 있'지만, 즉 계층화되어 있지만 그와 동시에 수평적이고 비선형적으로 상호작용하는 것으로

---

17. 같은 글.
18. 같은 글.

이해되어야 한다. 그것들은 기술과 주체화를 연계하는 자동화의 하부구조에 관해 생각할 수 있게 하는 어떤 방식을 구성한다.

## 가상화폐

크리스티안 마라찌 등이 주장한 대로 현시대의 경제는, 기반을 둘 (금과 같은) 고정 준거가 전혀 없는 채로 시뮬레이션 모형들의 계산 자동화, 자동화된 데이터 전시물들(지수, 그래픽스 등)을 갖춘 스크린 매체, 그리고 신흥 자동화 모형으로서 알고리즘-거래(봇bot 간 거래)에 명시적으로 의존하는 일련의 기호로 전환되어 버린 화폐의 형태 위에 정초되어 있다.[19] 안토니오 네그리 역시 서술하는 대로 "오늘날 하나의 추상 기계로서의 화폐는 자본에 의한 현행 사회의 실질적 포섭을 통해서 사회에서 추출된 가치를 평가하는 최상위의 척도 형태라는 특수한 기능을 갖추고 있다."[20] (마우리치오 랏자라또가 주지시키는 대로 교환 수단으로 사용될 뿐만 아니라 어떤 미래들을 선택적으로 강화하는 투자 수단으로도 사용될 수 있다는 점에서 임금-화폐와는 다른) 자본-화폐의 소유권과 통제가 현행의 권력관계에 속박된 인구들을 유지하는 데 매우 중요하다는 점을 고려하면 우리는 어떻게 금융 화폐를 공통적인 것의 화폐로 전환할 수 있을까? 비트코인Bitcoin 같은 실험은, 어떤 면에서 "화폐에 대한 금기가 깨져버렸다"[21]라는 것과 이 경험의 한계 너머에 다양한 방향의 갈림길이 이미 펼쳐지고 있다는 것을 예증한다. 화폐-창출의 알고리즘과 "금융 논리 외부에 있는 새롭고 오래된 집합적 욕구에 가격을 매기는, 부

---

19. Christian Marazzi, "Money in the World Crisis." [크리스띠안 마랏찌, 「제4장 세계위기에서의 화폐」.]
20. Negri, "Reflections on the Accelerationist Manifesto." 이 독본의 368쪽을 보라.
21. Denis Jaromil Roio, "Bitcoin, la fine del tabu della moneta."

의 측정을 위한 다른 규준을 단언하는 구성적 실천"[22] 사이에 어떤 종류의 관계가 확립될 수 있을까? 신종 암호화폐들을 개발하고자 하는 현행의 시도들은 안드레아 푸마갈리에 의해 제기된 다음과 같은 간단한 물음에 의거하여 판정되고 평가되며 재고되어야 한다. 그 화폐는 단지 교환 수단에 한정되지 않도록 만들어지고, 또한 금융에서 교환까지 화폐 창출의 순환 전체에 영향을 미칠 수 있는가?[23] 그것이 투기와 사재기를 가능하게 하는가, 아니면 포스트자본주의 기획들에 대한 투자를 증진하고 착취, 조직의 자율성 등으로부터의 자유를 촉진하는가? 점점 더 명백해지는 것은 알고리즘이 공통적인 것의 화폐를 창출하는 과정의 본질적인 부분이라는 점과 또 알고리즘에도 정치가 존재한다는 점이다(예를 들면, 비트코인 채굴에 수반되는 복잡한 전문 지식 및 기계류의 성별화된 정치와 개별적 '채굴'의 성별화된 정치는 무엇인가?). 더욱이 주관적 요인들과 사회적 관계들의 오류를 피하고자 화폐 생산을 완전히 자동화하려는 동기가 어쩌면 그런 관계들이 투기적 거래의 형태로 되돌아오게 하는 원인이 될 수도 있을 것이다. 금융자본이 본질적으로 어떤 종류의 주체성(할리우드 영화에서 묘사되는 금융 약탈자)과 연계되어 있는 것과 같은 방식으로 자율적인 화폐 형태도 해킹 환경 그 자체에 한정되지 않는 새로운 종류의 주체성에 접속되고 그런 주체성을 생산해야 할 뿐만 아니라, 동시에 화폐화와 축적을 향해 정향되지 않고 오히려 사회적 협력의 강화를 향해 정향되어야 한다. 공통적인 것의 화폐를 고안하는 데 포함될 다른 물음들은 다음과 같다. 화폐를 자본주의의 축적 회로에서 빼내어 새로운 형태들의 공통복지(교육, 연구, 보건, 환경 등)에 자금을 제공할 수 있는 화폐로 전환하기 위해 현재 (애드센스Adsense/애드워드

22. Stefano Lucarelli, "Il principio della liquidita e la sua corruzione. Un contributo alla discussione su algoritmi e capitale."

23. Andrea Fumagalli, "Commonfare."

Adword 프로그램을 갖춘) 구글 같은 기업들에 의한 인터넷의 금융화에 의존할 수 있을까? 크라우드펀딩 모형들과 자율적인 사회적 협력 기획들에 자금을 조달하는 새로운 형태들을 생각하는 데 있어서, 그런 모형들의 한계로부터 배울 수 있는 교훈은 무엇인가? 사회적 네트워크를 정보뿐만 아니라 물리적 재화도 이동시킬 수 있는 로지스틱스 하부구조로서 사용 가능한 크라우드펀딩 네트워크로 전환함에 있어서 허리케인 카트리나 재난 시기에 인터-오큐파이Inter-Occupy 운동에 의해 수행된 것과 같은 실험을 우리는 어떻게 개선하고 확대할 수 있는가?[24]

## 사회적 네트워크

지난 십 년에 걸쳐서 디지털 매체는 이전 형태들의 사회적 소프트웨어(메일링 리스트, 포럼, 다중 이용자 도메인)와 비교하여 진정한 혁신을 도입한 사회화 과정을 겪었다. 예를 들어 메일링 리스트가 발신과 수신의 소통 언어에 의존했다면, (유료) 사회적 플러그인들의 확산과 사회적 네트워크 사이트들은 사회적 관계 자체를 새로운 계산 절차의 내용으로 전환했다. 어떤 메시지를 발신하고 수신할 때 우리는 알고리즘이 본연의 사회적 관계의 외부에서, 메시지들의 전송 및 분배 공간에서 작동한다고 말할 수 있다. 하지만 사회적 네트워크 소프트웨어는 사회적 관계에 직접 개입한다. 사실상 디지털 기술과 사회적 네트워크 사이트들은 본연의 사회적 관계에 "끼어든다" — 즉, 그것들은 사회적 관계를 하나의 개별적 객체로 전환하고 어떤 새로운 보완 관계를 도입한다.[25] 가브리엘 타르드 및 미셸 푸코와 더불어 우리가 사회적 관계를 적어도 두 개의 극(능동적

24. Common Ground Collective, "Common Ground Collective, Food, not Bombs and Occupy Movement form Coalition to help Isaac & Kathrina Victims."
25. Bernard Stiegler, "The Most Precious Good in the Era of Social Technologies."

인 한 극과 수용적인 한 극)을 포함하고 어느 정도의 자유에 의해 특징 지어지는 비대칭적 관계로 이해한다면, 우리는 좋아요 누르기와 좋아요 받기, 쓰기와 읽기, 응시하기와 응시당하기, 태그하기와 태그당하기, 그리고 심지어 구매하기와 판매하기 같은 활동들을 사회적인 것을 초개체화하는 그런 종류의 행위들로 여길 수 있다(그것들은 전개체적인 것으로부터 개체적인 것을 거쳐 집합적인 것으로 이행하는 과정을 초래한다). 사회적 네트워크 사이트들과 사회적 플러그인들에서 이들 활동은 (버튼, 의견 상자, 태그 등과 같은) 별개의 기술적 객체들이 되어서 기저의 데이터 구조들(예를 들면 사회적 그래프)에 연결되고 알고리즘의 순위 매기기의 힘에 종속된다. 이것은 오늘날의 디지털 사회성을 특징짓는 시공간적 양상 — 피드feed, 즉 언어, 이미지, 소리 등으로 표현된 견해, 믿음, 진술, 욕망의 알고리즘적으로 맞춤화된 흐름 — 을 산출한다. 사회적인 것에 관한 이 새로운 기술들은 현대 비판 이론에서 그것들이 이른바 균질화 효과를 낳는다고 많은 비난을 받을지라도, 다多-대-다多 상호작용을 실험할, 그리하여 개체화 과정들 자체를 실험할 가능성도 개방한다. 정치적 실험들(오성 운동, 해적당, 파르띠도 X 같은 다양한 인터넷 기반 정당들을 보라)은 대규모 참여와 심의 과정들을 산출하기 위해 이 새로운 사회기술적 구조물들의 역능들에 의존한다. 그런데 비트코인의 경우처럼 그런 실험들은 정치적 주체화를 알고리즘적 자동화와 연계하는 불명확한 과정들도 보여준다. 그렇지만 그것들은 작동할 수 있다. 왜냐하면 그것들이 널리 사회화된 새로운 지식과 기예(프로필을 구성하는 방법, 내 게시물을 봐줄 사람들을 만들어 내는 방법, 공유하고 논평하는 방법, 사진, 비디오, 노트를 제작하고 게시하는 방법, 이벤트를 홍보하는 방법)에 의존할 뿐만 아니라 절대적으로 좋지도 나쁘지도 않고 오히려 자본주의 독점에 맡겨질 수 없는 정치적 활동을 위한 일련의 표현 유도성 혹은 자유도를 제공하는, 표현과 관계의 '연성 기술'(유머, 논변, 언쟁)에도 의존하기 때문이다. 그런데 저항과 반란을 조직하기 위해 사회적 네트워크를 사용하는 문제뿐만 아니라 자율적이고 독특한 생성을 향한 기성의 추진력을 결집하고 재조직할 수 있는 자기-정보의 사회적 양식을 구성하는 문제 역시 중요하다. 앞서 언급된 대로 알고리즘이 더 광범위한 사회적 회집체들부터 분리될 수 없다는 점을 고려하면, 레드 스택 내부에서의 알고리즘 구현은 사회적 네트워크 기술을 소비 양식으로부터 탈취하는 행위를 포함한다. 그리하여 사회적 네트워크는, 세계에 대하여 알게 되고, 새로운 역량과 기술을 강화하고 익히고, 행성적 연결 관계를 강화하며, 새로운 관념과 가치를 전개하기 위한 분산 플랫폼으로서 작용할 수 있게 된다.

## 생체-하이퍼미디어

조르조 그리지오티가 고안한 생체-하이퍼미디어라는 용어는 스마트폰과 태블릿 컴퓨터, 유비쿼터스 계산이 확산하는 데 일조하는, 신체와 기기 사이의 훨씬 더 친밀한 관계를 규정한다. 디지털 네트워크가 데스크톱 혹은 심지어 랩톱 기계의 중심성에서 벗어나서 더 작은 휴대용 기기들로 이행함에 따라 "우리가 세계를 느끼고 지각하며 이해하는 방식에 〔직접〕 개입하"는 '앱'app들과 '클라우드'cloud들을 둘러싸고 새로운 사회적·기술적 풍경이 출현한다.[26] 브래튼은 안드로이드와 애플 같은 플랫폼을 위한 '앱'을, 개별 기기를 '클라우드'(대기업이 소유하는 거대한 데이터 처리 및 저장 센터)에 저장된 대규모의 데이터베이스에 연계하는 인터페이스 혹은 막으로 규정한다.[27] 이런 위상학적 연속성 덕분에 신체와

---

26. Giorgio Griziotti, "Biorank."

27. Benjamin H. Bratton, "On Apps and Elementary Forms of Interfacial Life."

공간 사이의 관계를 점점 더 변조하는, 내려받기가 가능한 앱들이 확산할 수 있게 된다. 그런 기술은 (예전에 브루스 스털링이 묘사한 대로) "피부에 달라붙고 접촉에 반응할" 뿐만 아니라 이제 정보로 뒤덮인 '코드화된 공간들'을 관통하는 신체들을 둘러싸고 새로운 '지대'들도 창출하며, 그리하여 상호작용적이고 정보 시각적인 지도들의 내부에 다른 신체들과 장소들을 위치시킬 수 있다. '자연적'인 것과 인공적인 것이 교차함으로써 창발하는 새로운 공간적 생태계들 덕분에 도시 생활의 카오스모스적 공共-창조 과정이 활성화될 수 있다.[28] 여기서 또다시 우리는, 자본의 경우에 앱이 어떻게 해서 신체의 움직임을 소비와 감시의 네트워크들에 훨씬 더 철저히 포섭하면서 그것에 관한 데이터를 '화폐화'하고 '축적'하는 수단일 따름인지 알 수 있다. 그런데 이와 같은 움직이는 신체의 자본에의 포섭은 반드시 이것이 이 새로운 기술적 유도성들의 유일하게 가능한 용도라는 점을 뜻하지는 않는다. 생체-하이퍼미디어를 레드 스택(네트워크를 이룬 사회적인 것의 시대에 등장한 고정자본의 재전유 양식)의 성분으로 전환하는 것은 새로운 유형의 '가상 앱'들(예를 들어 이주민들이 국경 통제소를 통과할 수 있게 하는, 예술가 집단 〈전자방해극단〉Electronic Disturbance Theater이 고안한 앱들, 혹은 상품의 원산지, 착취 정도 등을 추적할 수 있는 앱들을 떠올려 보라)을 뒷받침할 수 있는 하드웨어를 사용하여 현재 수행 중인 실험 작업들(기술을 해킹하는 산자이 폰shenzei phone, 메이커 운동 등)을 한데 모으는 것을 수반한다.

## 결론

광범위한 연구 과정을 종합한 이 짧은 시론의 의도는 공통적인 것의

---

28. Salvatore Iaconesi and Oriana Persico, "The Co-Creation of the City."

기계적 하부구조를 구축하기 위한 또 하나의 전략을 제안하는 것이다. 기본 착상은, 알고리즘을 중심 성분으로 삼는 정보기술이 그저 자본의 도구를 구성하지 않고 오히려 포스트신자유주의 통치양식과 포스트자본주의 생산양식을 위한 새로운 잠재력을 동시에 구성한다는 것이다. 네트워크 아키텍처와 정보기술을 교환과 투기에 의거하지 않고 가치에 의거하여 재코드화하는 과정에 연루된 프로그래머들과 해커들, 제조업자들의 대규모 움직임을 통해 가능한 오염 노선들을 개방하는 문제뿐만 아니라, 또한 최근에 대다수 세계 인구에 영향을 미친 기술사회적 문해력의 광범위한 과정을 인식하는 문제가 여기서 중요하다. 그다음으로 중요한 것은, 인터넷의 재구성 문제를 이용자들의 자유와 통제권을 희생하고 기업화와 화폐화를 지향하는 최근의 추세에서 벗어나도록 확장할 수 있는 집중력을 산출하는 것이다. 사유화와 축적, 집중을 향한 현재의 추세에 맞서 부를 사회화할 수 있는 공통적인 것의 화폐 생산 같은 쟁점들에 생체정보적 소통을 연계하는 것, 그리고 사회적 네트워크들과 분산된 소통 역량들 역시 협력을 조직하고 새로운 지식과 가치들을 산출하는 수단으로 기능할 수 있다고 말하는 것은 우리를 부채와 긴축, 축적의 신자유주의 패러다임에서 벗어나게 하는 어떤 새로운 정치적 종합을 추구함을 뜻한다. 이것은 유토피아가 아니라 오히려 공통적인 것을 구성하는 사회적 알고리즘을 발명하기 위한 프로그램이다.[29]

---

29. 앞서 인용된 자료와 이 독본에 수록된 텍스트들에 덧붙여 증보할 수 있는 참고문헌 개발환경 혹은 개방된 욕망하는 문헌-기계가 아래에 제시된다. (지침:레드 스택을 구현하겠다는 목적을 마음에 품고서 당신의 자기-구성의 고유한 회집체를 형성하기 위해 고르고 선택하고 빼고/추가하라.)

L. Baroniant and C. Vercellone, 'Moneta Del Comune e Reddito Sociale Garantito' (2013), http://www.uninomade.org/moneta-del-comune-e-redditosociale-garantito/.

M. Bauwens, 'The Social Web and Its Social Contracts : Some Notes on Social Antagonism in Netarchical Capitalism' (2008), Re-Public Re-Imaging Democracy, http://www.re-public.gr/en/?p=261.

F. Berardi and G. Lovink 'A call to the army of love and to the army of software' (2011), Nettime (http://www.nettime.org/Lists-Archives/nettime-l-1110/msg00017.html)

R. Braidotti, *The Posthuman* (Cambridge: Polity Press, 2013). [로지 브라이도티, 『포스트휴먼』, 이경란 옮김, 아카넷, 2015.]

G. E. Coleman, *Coding Freedom: The Ethics and Aesthetics of Hacking* (Princeton and Oxford: Princeton University Press, 2012), http://gabriellacoleman.org/Coleman-Coding-Freedom.pdf.

A. Fumagalli, 'Trasformazione del lavoro e trasformazioni del welfare: precarietà e welfare del comune (commonfare) in Europa', in P. Leon and R. Realfonso (eds), *L'Economia della precarietà* (Rome: Manifestolibri, 2008), 159~74.

G. Giannelli and A. Fumagalli 'Il fenomeno Bitcoin: moneta alternativa o moneta speculativa?' (2013), *I Quaderni di San Precario* (http://quaderni.sanprecario.info/2013/12/il-fenomeno-bitcoin-moneta-alternativa-o-moneta-speculativagianluca-giannelli-e-andrea-fumagalli/).

G. Griziotti, D. Lovaglio and T. Terranova 'Netwar 2.0: Verso una convergenza della "calle" e della rete' (2012), Uninomade 2.0 (http://www.uninomade.org/verso-una-convergenza-della-calle-e-della-rete/).

E. Grosz, *Chaos, Territory, Art* (New York: Columbia University Press, 2012).

F. Guattari, *Chaosmosis: An Ethico-Aesthetic Paradigm* (Indianapolis, IN: Indiana University Press, 1995). [펠릭스 가타리, 『카오스모제』, 윤수종 옮김, 동문선, 2003.]

S. Jourdan, 'Game-over Bitcoin: Where Is the Next Human-Based Digital Currency?'(2014), http://ouishare.net/2013/05/bitcoin-human-based-digital-currency/.

M. Lazzarato, *Puissances de l'Invention* (Paris: Les Empêcheurs de penser en rond, 2004).

M. Lazzarato, *The Making of the Indebted Man* (Los Angeles: Semiotext(e), 2013). [마우리치오 라자라토, 『부채인간』, 허경·양진성 옮김, 메디치미디어, 2012.]

G. Lovink and M. Rasch (eds), *Unlike Us Reader: Social Media Monopolies and their Alternatives* (Amsterdam: Institute of Network Culture, 2013).

A. Mackenzie (2013) 'Programming subjects in the regime of anticipation: software studies and subjectivity' in *Subjectivity* 6, p. 391~405

L. Manovich, 'The Poetics of Augmented Space', *Virtual Communication* 5:2 (2006), 219~40 (http://www.alice.id.tue.nl/references/manovich-2006.pdf.)

S. Mezzadra and B. Neilson, *Border as Method or the Multiplication of Labor.* (Durham, NC: Duke University Press, 2013). [산드로 메자드라·브렛 닐슨, 『방법으로서의 경계』, 남청수 옮김, 갈무리, 2021.]

P. D. Miller aka DJ Spooky and S. Matviyenko, *The Imaginary App* (Cambridge,

MA : MIT Press, forthcoming).

A. Negri, 'Acting in common and the limits of capital' (2014), in Euronomade (http://www.euronomade.info/?p=1448).

A. Negri and M. Hardt, *Commonwealth* (Cambridge, MA: Belknap Press, 2009). [안토니오 네그리·마이클 하트, 『공통체』, 정남영·윤영광 옮김, 사월의책, 2014.]

M. Pasquinelli, 'Google's Page Rank Algorithm: A Diagram of the Cognitive Capitalism and the Rentier of the Common Intellect' (2009), http://matteopasquinelli.com/docs/Pasquinelli_PageRank.pdf.

B. Scott, *Heretic's Guide to Global Finance: Hacking the Future of Money* (London : Pluto Press, 2013).

G. Simondon, *On the Mode of Existence of Technical Objects* (1958), University of Western Ontario, https://english.duke.edu/uploads/assets/Simondon_MEOT_part_1.pdf. [질베르 시몽동, 『기술적 대상들의 존재 양식에 대하여』, 김재희 옮김, 그린비, 2011.]

R. Stallman, *Free Software : Free Society. Selected Essays of Richard M. Stallman* (Free Software Foundation, 2002).

A. Toscano, 'Gaming the Plumbing: High-Frequency Trading and the Spaces of Capital' (2013), in *Mute* (http://www.metamute.org/editorial/articles/gaming-plumbing-high-frequency-trading-and-spaces-capital).

I. Wilkins and B. Dragos, 'Destructive Distraction? An Ecological Study of High Frequency Trading', in *Mute* (http://www.metamute.org/editorial/articles/destructive-destruction-ecological-study-high-frequency-trading).

# 자동화된 건축

## 알고리즘 시대의 사변적 이성

루치아나 파리시

2014

지난 사십 년 동안 시공간적 형태와 구조물들의 알고리즘적 자동화와 더불어 수치적으로 제어되는 기계들에 기반을 둔 과업-특정적 컴퓨터 설계는 계산의 더 포괄적인 기능 안에 흡수되었으며, 그 결과로 주문형 제작 공정, 기계 제어 통신 규약, 생방송으로 갱신되는 실시간 시뮬레이션, 그리고 직접 개조되고 조작될 수 있는 상호작용적 모형들이 생겨났다.[1] 더 근본적으로 설계에서 계산 기능이 확대됨으로써 계산적 설계 사유가 출현하게 되었다. 그 사유는 물질적 특성, 물리적 힘, 압력, 그리고 제약에 집중함으로써 물질의 비#이진법적이고 지속적으로 불균질한 변이들에 의거하여 역동적인 시공간적 형태들을 규정하게 된다. 계산적 설계 사유는 물리적 요소들의 상징적 표상의 한 형태로서의 계산에서 벗어나서 오히려 시공간적 구조들의 역동적 본성에 대응하는 재료의 생성 규칙과 재료의 기본 특성들을 포괄한다. 이런 형태의 물질적 계산은 기하학적·수학적 패턴을 따르기보다는 오히려 결합하지 않은 요소들로

---

1. 디지털 건축에서 일어난 이런 변화에 대한 포괄적인 논의에 대해서는 Neil Leach, ed., *Designing for a Digital World*; Kostas Terzidis, *Algorithmic Architecture*; Michael Meredith, Tomoko Sakamoto and Albert Ferre, eds., *From Control to Design*; Sanford Kwinter and Cynthia Davidson, eds., *Far from Equilibrium*; Lucy Bullivant, *Responsive Environments*; Lucy Bullivant, *4dsocial* [루시 불리반트, 『제4의 공간 대화를 시작하다』]; Kas Oosterhuis, *Interactive Architecture #1*을 보라.

부터 이루어지는 자기-조립의 물질적 과정과 물리적인 창발적 패턴화를 직접 따르고자 한다. 순차적으로 선형적인 조립 체계들의 기계적 자동화와는 대조적으로 이런 새로운 형태의 알고리즘적 자동화는 건축 형태뿐만 아니라 시공간적 실행도 계산하고자 하는, 재료에 대한 물리적 전략에 의해 추동된다. 그런데 더 중요한 것은, 계산적 설계 사유는 알고리즘적 모형화 기법이 이제 시공간적 구조물의 생성적 진화를 통해서 데이터를 선택하고 분석하며 평가할 수 있게 되는 자동화의 더 포괄적인 가속의 한 증상이라는 점이다. 역설적으로 지금까지 자동화의 가속은 물질의 변동 동역학과 하나가 되고자 하는 반ⁿ디지털적 형태의 계산적 설계 사유를 추진해 왔다.

계산적 설계 사유의 진전, 그리고 그 사유의 재료 지능에의 긴급한 투자는 상호작용적 계산의 등장으로 특징지어지는 지난 사십 년 동안, 특히 지난 십오 년 동안 디지털 설계에서 일어난 주요한 변환의 결과이다. 왜냐하면 시뮬레이션들이 재료의 고유한 형태생성 – 혹은 진화 역량 – 과 일맥상통하게 되었기 때문이다.[2] 디지털 설계와 건축 내에서 이런 변환은 종종 물질적 계산 – 진화생물학과 비표준 기하학 혹은 위상수학 사이의 수렴에 기반을 둔 설계 사유에의 접근법 – 의 출현과 연관된다. 계산적 설계 사유는 설계자들이 기호들을 조작함으로써 결과를 시험하고 가능한 구조물들에 대한 증거를 연역할 수 있게 했던 보편 튜링 기계의 원리에 기반을 둔 디지털 모형화를 포기하는 대신에, 물리적 세계로부터 정보를 수집함으로써 이른바 물질에서 경험적으로 도출되는 역동적인 시공간적 구조물들을 생성할 수 있는 계산 역량에 의존하는 어떤 특정한 형태의 귀납적 추리를 채택했다.

---

2. Achim Menges and Sean Ahlquist, eds., *Computational Design Thinking* ; Achim Menges, ed., *Material Computation*을 보라.

이런 관점에서 바라보면 형태지향 설계 ─ 예를 들면 어떤 계산 환경 안에서 NURBS(비균일 유리 B-스플라인)의 정보 주도적 조작 ─ 로부터 물질과 형태, 힘을 연속적인 반복 과정으로 통합하는 생성지향 설계로의 이행은, 현재 자동화된 건축에 핵심적인 물리적 활동의 경험 중심 계산을 낳았다. 일반적이고 보편적인 규칙들이 물질을 특징짓고 알고리즘이 물질적 기체基體의 거동behaviour에 부합하는 시뮬레이션을 산출하고자 하는 디지털 건축의 연역적 추리와는 대조적으로 물리적 특성들을 시뮬레이션의 원동력으로 삼는다고 알려져 있는 물질적 계산으로의 전환은, 복잡한 구조물들을 만들어내는 재료의 국소적 거동에 기반을 둔 귀납적 추리 방식의 채택을 특징짓는다. 여기서 설계 사유는 증명되어야 하는 기성의 진리에 기반을 두고 있지 않고 오히려 데이터의 변이와 각색을 통해서 시간상으로 진화하는 요소들의 물질적 변동에서 비롯된다. 마찬가지로 물질적 계산의 경우에 계산이 꽤 실천적이고 의도에 기반을 둔 사태 ─ 여기서 물질의 목적은 형태를 견인하는 한편으로 건축적 형태는 물질의 활동과 하나가 된다 ─ 가 되는 한에서, 설계 사유는 진리에 대한 사색에 관여하기보다는 오히려 활동과 조작, 처리에 직접 적용한다. 기계적 자동화 ─ 예를 들면 조립 라인의 자동화 ─ 가 물질을 형성하는 기능주의적 형태의 현시라면, (인간-기계와 기계-기계 상호작용들을 포함하는) 상호작용 알고리즘의 발전에 의해 초래된 자동화의 점증하는 가속은 오히려 형태가 물질의 움직임에 의해 초래되는 실천적 기능주의의 우세를 드러낸다.

귀납적 추리는 재료의 국소적 특성들과 물리적 요소들의 다양한 거동을 설계 과정의 중심에 자리하게 한다. 특히 여기서 계산은, 진화생물학에 긴밀히 의존함으로써, 선택, 변이, 그리고 유전이라는 진화 동역학의 부산물로서 출현하는 참신한 해법을 찾아내고자 하는 탐색 공간을 지속적으로 확대하는 활동을 포함한다. 설계에서 나타나는 이런 형태의 창발주의와 더불어 알고리즘은 가능한 것들의 범위를 설정하는 데 사용되고, 분석적 조치는 가능한 것들의 집합 내에서 특정한 사례들의 적합도를 확립한다.[3] 여기서 창발은 패턴 형성과 물리적 조직의 한 특성에 불과한 것이 아니다. 창발은 거동과 설계, 계산의 한 인자이기도 하다.[4] 참신한 시공간적 패턴은 형태적 사전 배치에서 생겨나지 않고 오히려 프로그래밍 내에서, 애초에 결정되지 않은 다중의 거동 역량의 실현에서 생겨난다고 한다. 자동화를 가속하는 포괄적 경향의 일부로서 계산에서 나타난 귀납적 추리로의 전환은 결코 이성을 도구화하거나 기계화하려고 하지 않는다. 그러므로 그런 전환은 진리가 도출될 수 있는 형식적 조건을 확립하려 하지 않고 오히려 더 명시적으로 물질이 진리의 원동력이 될 수 있게 하며, 그리고 물질이 형식적 이상과 하나가 되어서 궁극적으로 형식적 이성과 더불어 시간과 공간의 자동화에서 생겨나는 규칙과 패턴들을 구성할 수 있게 한다.

이런 물질 주도의 계산적 설계 사유는 단지 물질의 거동을 더 잘 모사하기 위해 작동하는 것이 아니라 오히려 물리적으로 유도된 모형들을 산출하기 위해, 재료의 변화하는 특성들에 대한 되먹임 정보 조사에 기

---

3. 이 거동들은 행위자로 불리는 단순한 조건의 파생물이다. 행위자는 일단의 단순한 특성을 보유한다. 환경은 행위자들이 상호작용하는 일단의 규칙을 규정한다. 이런 관점에서 바라보면 계산적 설계는 물질적 구조물과 역동적 환경의 상호작용 및 상호의존성에 현존하는 복잡한 점들을 해결하려는 합목적적 의도를 위한 변분법(variation method)의 실행에 초점을 맞춘다. 계산은 보편적 응용으로서 기능할 잠재력을 갖추고 있지만, 그 메커니즘은 물질성과 공간성, 맥락과 연관되는 특정한 비기호적 조건을 처리할 때만 작동한다. 절차는 잠재력의 방대한 상태 공간을 규정하고, 결과는 전체 체계에 대한 특정한 서술을 구현한다. 계산적 과정은 반복적이고 재귀적일 뿐만 아니라 확장적이기도 하다. 이들 과정은, 상태 공간 내의 가변적 매개변수들을 호출하면서 형태를 재귀적으로 생성하는 절차를 통해, 형태를 서술하는 정보를 상세히 규정하고 증식함으로써 작동한다. Menges and Ahlquist, eds., *Computational Design Thinking*, 24를 보라.
4. 같은 곳.

반을 둔 일종의 메타생물학적 계산을 산출하기 위해 작동한다. 그런데 물질의 물리적 기체의 효능에 의존하는 이런 가속된 물질적 계산은 계산의 중핵에 자리하는 존재론적 물음을 돌이킬 수 없게 놓친다. 알고리즘적 이성이란 무엇이고 어떠한 것인가? 다른 형태들의 이성과 비교하여 알고리즘적 이성의 지위는 무엇이며, 이것은 어떻게 현시되는가?

계산적 설계 사유가 형태 발견에 관한 보편적 규칙의 연역적 모형과 그것의 하향식 방법을 거부했다면, 물질의 생물물리학적 거동을 모사하는 해법들은 이 새로운 기술자본적 가속의 단계에서 알고리즘적 자동화 자체의 본성에 대하여 무엇을 말해주는가? 이 해법들은 자동화의 기술자본적 가속이 물질의 물리적 동역학과 하나가 됨으로써 이성의 기계적 도구화를 규정하기보다는 오히려 역동적 도구화를 규정함을 뜻하는가? 이것이 사실이라면, 계산적 설계 사유는 기술자본주의가, 기계화된 이성의 연역적 방법을 물리적 거동에 사전 적응된 규칙을 갖춘 다중 행위자 상호작용적 계산으로 전환함으로써 성취할 수 있었던 것에 대한 현시적 이미지일 것이다.

그런데 계산적 설계에 물질적 행위자, 생물물리학적 촉매, 그리고 시간성을 포함하는 것은 기술자본적 가속의 더 다루기 어려운 경향 ― 새로운 데이터를 처리 과정에 추가하는 알고리즘의 계산 기능 ― 도 드러낼 것이다. 이것이 뜻하는 바는 다음과 같다. 계산적 설계 사유는 자신의 생성 모형을 위해 물리적 세계의 물질적 동역학으로부터 영감을 얻는다. 그리고 자동화의 가속은 이성의 유기적 목적을 기술적 수단으로 대체하는 것이 결코 아니라 오히려 제2의 자연을, 물질과 하나가 아닌 독자적인 물리적·개념적 질서 층위들을 갖춘 알고리즘적 진화를 돌이킬 수 없게 구성한다.

형태 발견의 디지털 시뮬레이션으로부터 물질 주도 모형의 생성으로 이행하는 자동화의 가속에서 비롯되는 가장 직접적인 존재론적 결과 중 하나는 사유와 물질의 매끈한 융합을 포괄하는 계산적 설계 사유이다. 여기서 추상화의 현실은 유예되고, 그 대신에 결합하지 않은 요소들의 상호작용으로 결정된 물리적 원인의 구체성에 의해 그리고 그것을 통해서 현실이 설명된다. 자동화의 가속은 계산에서 적용되는 연역적 이성의 형식 논리로 하여금 (선험적 이성의 심급으로서) 물질에 대한 위계적인 하향식 시뮬레이션을 넘어서도록 밀어붙였지만, 계산에서 추상화와 수량화의 기능을 박탈하지는 않았다. 달리 말해서 계산적 설계 사유의 물질지향 접근법은 알고리즘적 과정의 추상적 기능을 설명하는 대신에 그런 과정을 알고리즘적 자동화 자체에 외재적인, 이상적인 물리적 원인들에 근거를 둘 위험을 무릅쓴다.

계산적 설계 사유의 한계는 계산과 이성의 관계가 물질적 데이터에 의해 매개되거나 혹은 어느 정도 초래된다고 여기는 관념론적 유물론의 무비판적 영속화이다. 다른 식으로 서술하면, 관념적 형태들 혹은 사유하는 주체에 기반을 둔 연역적 추리의 하향식 틀로서의 계산에 관한 문제는 지금까지 계산적 설계 사유에 의해 대체로 회피되었지 극복되지 않았다. 계산적 설계 사유가 물질적 요소들의 집합적 인과성에 기반을 두고 있더라도 말이다. 자동화의 포괄적 가속 내에서 계산적 설계 사유의 이런 견해는 물리적 변량들이 추출되고 추상되는 계산 과정을 설명하기보다는 오히려 무력하게 할 위험을 무릅쓴다. 요컨대 이런 형태의 설계 사유는 물리적 원인들이 이미 갖추고 있는 복잡성에 의지하는 행위를 필연적으로 초월하는 계산 처리 자체의 물질성을 간과하는 것처럼 보인다.

그런 처리의 특정성을 다루려면 계산적 설계 사유는 알고리즘적 행위자들에 의해 견인되는 추상적 데이터와 데이터 추상화가 온라인 체계들, 분배적 체계들, 그리고 병렬 체계들에서 상호작용의 자동화된 기능을 규정한다는 공리에서 출발해야 할 것이다. 예를 들어 코스타스 테르

지디스는 다음과 같이 진술할 때 이미 자동화된 설계를 위한 계산 처리의 자율성을 구상했다.

> 컴퓨터화·디지털화와는 달리 알고리즘 과정의 추출은 고도의 추상화 행위이다.…알고리즘적 구조물은 경험 혹은 지각과 반드시 관련되어 있지는 않은 추상적 패턴을 나타낸다.…이런 의미에서 알고리즘 과정은 지각의 한계 너머로 확장하는 탐사를 위한 수단이 된다.[5]

그런데 또한 알고리즘적 추상화를 지각의 한계 너머로 확장하는 것은 그런 추상화가 규칙 기반 사유 ─ 결코 앎의 합리적 능력과 부합하지 않고, 증명할 수 없는 앎의 직관적 역량과도 부합하지 않는 사유 ─ 의 인식 가능한 기능에 상응한다는 점을 뜻했다. 여기서 목표는 물질적 계산을 거부하는 것이 아니라 오히려 그 함의를 급진화하는 것이다. 자동화의 포괄적 가속의 한 증상으로서 나타나는, 계산 차원의 시공간적 건축물의 생성 현상은 물리적 사실과 정합적이지 않다. 마찬가지로 알고리즘적 자동화는 물질이 작동하는 방식에 기반을 둔 물질의 추상화와 일치하지 않고 오히려 아직 알려지지 않은 것과 비물리적 행위자 혹은 알고리즘적 행위자들이 알고 있는 것에 관한 공리 ─ 혹은 진리 ─ 를 더 집요하게 생산한다. 이것은 물질의 계산 역량(이는 알고리즘적 자동화와 연속적이다)의 관념화를 수반하는 것이 아니라 독자적인 알고리즘적 자동화의 참다운 재건을 수반하며, 그리하여 그것의 고유한 공리적 사유 혹은 규칙 기반 처리를 드러낸다.

알고리즘적 자동화의 재건은 계산을 단순한 보편 규칙에 기반을 둔 폐쇄적인 연역적 형식주의에서 몰아내는 동시에 생물물리학적 인과성과

---

5. Kostas Terzidis, *Expressive Form*, 71.

의 지나치게 직접적인 융합에서 빼내고자 하는 시도이기도 하다. 이런 관점에서 바라보면 자동화의 가속은 전[前]사유적이고 미리 정해진 이산적인 단계들에 의해 결정된 기계 과정의 패러다임에 이의를 제기할 뿐만 아니라, 물질적 계산이 물리적 과정들의 연속성에 의해 유발된다고 간주하는 생기론에도 이의를 제기한다. 다른 식으로 서술하면 자동화의 가속은 자신의 기능을 부분들의 국소적 상호작용에서 결코 도출하지 않는 알고리즘적 이성의 새로운 영역에 진입했다. 그렇지만 동시에 알고리즘적 자동화는 어떤 단순한 이론이 복잡한 거동을 설명할 수 있거나 혹은 어떤 우아한 공식이 그 결과물 전체를 압축할 수 있다고 여기는 메타계산적 관점과도 단절된다. 자동화된 건축은 물리적 구조물들의 추상화이기는커녕 오히려 자연에 이미 현존하는 것(혹은 생물학적 층위와 물리적 층위에 현존하는 규칙과 무작위성 사이의 관계)과는 아무런 관계가 없는 알고리즘적 시공간성의 표현이다. 계산적 설계 사유가 메타계산의 표상적 틀(즉, 우주가 궁극적으로 이산적인 알고리즘으로 이루어져 있다는 틀)을 거부한다면, 또한 그 사유는 우리에게 현시되는 것이 알고리즘이 행하는 것과 동일하지 않음을 인정해야 한다 ― 즉, 알고리즘의 과학적 이미지는 알고리즘에 본질적으로 내재하기에 어떤 주체가 지각할 수 있고 인지할 수 있는 것과 합치되지 않는다.

그런데 가속된 자동화가 어떻게 해서 연역적 추리와 귀납적 추리에 기반을 둔 계산적 견해들에 이의를 제기했는지 더 분명히 밝히려면 우리는 오늘날 계산의 핵심에 자리하고 있는 계산 불가능한 것 혹은 무작위성의 문제를 설명해야 한다.

## 무작위성을 가속하라

알고리즘적 자동화의 가속은 계산 불가능한 것의 문제와 분리될 수 없고, 따라서 이것이 순수 이성에 기반을 둔 논리학의 연역적 방법에 제기한 이의와도 분리될 수 없다. 1931년에 논리학자 쿠르트 괴델은 다비트 힐베르트의 수학화 프로그램에 이의를 제기했으며, 사물의 실재가 참인지 아니면 거짓인지 입증할 수 있는 완전한 공리적 방법은 존재할 수 없고 순수 수학적 공식이나 보편적 진리도 존재할 수 없음을 증명했다.[6] 괴델의 '불완전성 정리'는 한 체계의 모든 명제가 참이더라도 그 명제들이 어떤 완전한 공리적 방법에 의해 확증될 수 없다는 것을 설명했다. 그러므로 어떤 명제들은 궁극적으로 결정 불가능한 것으로 여겨졌다 : 그 명제들은 그것들을 가정한 공리적 방법으로 입증될 수 없었다. 괴델의 견해에 따르면 어떤 선험적인 결정도, 따라서 어떤 유한한 일단의 규칙도 사물이 자연스럽게 움직이기 전에 사물의 상태를 결정하는 데 사용될 수 없다.

그 후 얼마 지나지 않아서 수학자 앨런 튜링 역시 괴델의 불완전성 문제와 마주치고서 튜링 기계라고 알려진 그의 유명한 사고실험을 통해서 알고리즘과 계산에 관한 개념들을 형식화하려고 시도했다. 특히 튜링 기계는 공리적 방법에 따라 결정될 수 있는 문제가 계산 가능한 문제임을 증명했다.[7] 역으로, 공리적 방법을 통해서 결정될 수 없는 명제는 여전히 계산 불가능한 채로 있을 것이었다.[8] 이런 관점에서 바라보면 모든 공

6. David Hilbert, "The new grounding of mathematics." ; Rebecca Goldstein, *Incompleteness* [리베카 골드스타인, 『불완전성』] ; Solomon Feferman, ed., *Some basic theorems on the foundations of mathematics and their implications*를 보라.

7. Alan M. Turing, "On computable numbers, with an application to the Entscheidungsproblem." 힐베르트, 괴델, 그리고 튜링의 연구들이 교차하는 지점들에 관한 더 자세한 논의에 대해서는 Martin Davis, *The Universal Computer* [마틴 데이비스, 『수학자, 컴퓨터를 만들다』]를 보라.

8. 튜링에 따르면 기호들과 그 용법을 관장하는 규칙의 조작으로 보편수리학(mathesis universalis)에 관한 라이프니츠의 꿈을 실현할 어떤 완전한 계산적 방법은 존재할 수 없다. 보편수리학은 수학에 바탕을 두고 추론 계산법(calculus ratiocinator) ― 라이프니츠에 의해 하나의 보편적인 개념적 언어라고 서술된 보편적 계산법 ― 으로 뒷받침

리적 방법이 불완전한 한에서 계산의 규칙 역시 불완전했다.[9]

주세페 롱고가 말했듯이,[10] 계산 불가능한 것의 문제는 닫힌 유한한 체계(예를 들면 진자 혹은 일차 산술)조차도 결정할 수 없는 것임을 설명했으며, 그리고 역으로 소수의 단순한 결정론적 규칙 혹은 유한한 수의 물리적 혹은 논리적 구조물이 혼란스러운 거동이나 복잡한 논리적 정리를 낳을 수도 있음을 설명했다. 달리 말해서 "본질적으로 수학은 증명들의 열린 체계이다"라는 것과 "실제의 수학 증명 각각은 열린 체계로서 진전된다"라는 것이다. 그러므로 끊임없이 정리가 구성되고 공리가 변경되며 규칙이 수정되는 한에서 지식은 사전에 결정된 일단의 공리에 의존하지 않는다. 이런 관점에서 우리는 지식이 사실의 현존에 의해 견인되는 순수 이성 혹은 실용적 추리의 능력을 반드시 거치지는 않은 채로 공리들에 의해 산출된다고 설명하면서도, 이 견해를 계산으로 확장할 수 있

---

된 보편 과학을 정의한다. 일차 사이버네틱스의 경우에 추론 계산법은 미적분 혹은 비율의 조합을 수행할 수 있는 계산 기계를 가리킨다. 노버트 위너가 지적한 대로 "[라이프니츠]는 자신의 선행자 파스칼처럼 금속으로 계산 기계를 제작하는 데 관심이 있었다…산술 계산법이 주판과 탁상 계산 기계를 거쳐 현재의 초고속 계산 기계로 진전되는 기계화를 이룬 것과 마찬가지로 라이프니츠의 추론 계산법은 추론 기계(machine ratiocinatrix)의 싹을 포함하고 있다." Wiener, *Cybernetics or the Control and Communication in the Animal and the Machine*, 12 [노버트 위너, 『사이버네틱스』]를 보라. 튜링의 경우에 계산 불가능한 것은 계산의 한계를 결정했다. 어떤 유한한 일단의 규칙도 데이터의 계산이 어느 주어진 순간에 정지할 것인지 아닌지 아니면 그것이 영 혹은 일 상태에 이를 것인지 초기 조건에 의해 확립된 것으로서 사전에 예측할 수 없었다. 이런 정지 문제는 어떤 유한한 공리도 미래 사건이 예측될 수 있는 모형을 구성할 수 없다는 것을 뜻했다. 그러므로 계산의 한계는 계산의 초기에 정립된 공리적 방법을 통해서 계산될 수 없는 무한한 실수(實數)의 현존에 의해 결정되었다. 달리 말해서 이들 수는 자연수(예컨대 1, 2, 3)로 열거될 수 없는 너무나 많은 요소로 이루어져 있었다.

9. 계산의 한계에 대한 튜링의 강조와 관련하여 괴델의 불완전성 정리가 품은 의미에 관한 더 명료한 설명은 Gregory Chaitin, *MetaMaths*, 29~32에서 찾아볼 수 있다.

10. Giuseppe Longo, "Incomputability in Physics and Biology," http://www.di.ens.fr/users/longo에서 입수할 수 있다(2014년 3월에 마지막으로 접속함). 또한 Giuseppe Longo, "Critique of Computational Reason in the Natural Sciences"; Giuseppe Longo, "From exact sciences to life phenomena"을 보라.

을 것이다. 규칙 기반 추리의 경우에 계산 불가능한 것의 문제는 지식 생산에 있어서 알고리즘적 자동화의 오류를 입증하기는커녕 오히려 (연역적 추리 혹은 귀납적 추리로) 입증될 수 없는 진리가 존재하더라도 계산 내에서 이해될 수 있으며 공리의 형태로 표현된다고 시사한다. 그러므로 계산 불가능한 것의 문제는 계산 공리학이 필연적으로 무작위성의 포로가 됨을 보여주지만, 또한 무작위성이 매번 규칙 기반 처리에 의해 공리로 전환됨을 보여주는데, 그리하여 알고리즘적 이성을 연속적인 무한한 것들의 비선형적 정교화와 그 이산적 부분들의 변환으로 규정한다.

정보 이론가 그레고리 차이틴의 경우에 계산 불가능한 것의 문제는 맥락이나 초기 조건에 대한 민감성 혹은 무작위성이 정수론의 매우 기본적인 갈래들의 부분이라는 것과 그러므로 무작위성과 복잡성이 가장 기본적인 입자들에 본질적으로 내재한다는 것을 밝힌다. 특히 차이틴은 튜링 기계의 정지 확률, 그러므로 어느 특정한 입력이 주어진 상태에서 어떤 계산이 언제 멈출지 예측하기의 불확실성이 무한히 많더라도 계산적으로 셈이 가능하다고 설명한다. 차이틴은 이런 기이한 확률을 오메가 ─ 유리수의 계산 가능하고 점증하면서 수렴하는 수열의 극한 ─ 라고 일컫는다. 여기서 새로운 것은 그런 계산의 한계 역시 알고리즘적으로 무작위적이라는 점인데, 그것의 이진 전개는 계산 불가능한(혹은 부분적으로 계산 가능한) 알고리즘적 무작위 순열이다.[11]

---

11. 차이틴은 자신의 $\Omega$ 수가 (무한한 수이지만) 어떤 프로그램이 정지할 확률이라고 설명한다.

첫째, 나는 무작위적으로 어떤 프로그램을 선택하는 방법을 규정해야 한다. 어떤 프로그램은 단적으로 일련의 비트이므로, 각 비트의 값을 결정하기 위해 동전을 던지자. 그 프로그램의 길이는 얼마나 많은 비트일까? 컴퓨터가 또 다른 입력 비트를 요청하는 한에서 계속해서 동전을 던지자. $\Omega$는 바로 이런 식으로 무작위적 비트들의 흐름이 공급될 때 그 기계가 결국 정지하게 될 확률일 따름이다.

그렇지만 동시에 차이틴은 오메가가 계산 불가능하고, 따라서 형식 공리학적 체계의 차이틴의 오메가 발견은 무작위성이, 예측 불가능한 무한대의 것들이 나타나서 작용하는 바로 그 계산적 처리 내에서 탐지될 수 있고 이해될 수 있다는 점을 명백히 밝힌다. 그런데 오메가는 그것보다 크기가 더 작은 어떤 선험적 프로그램, 이론, 혹은 일단의 절차에 의해 종합될 수 없다. 이것은 계산적 처리 내에서 계산 불가능한 것이 형식적 연역 논리학에 다시 편입될 수도 없고(왜냐하면 그것은 순수 이성에 의해 입증될 수 없기 때문이다) 주로 계산될 수 없는 물리적 원인에 의거하여 설명될 수도 없음을 뜻하며, 그리하여 계산의 한계(그러므로 계산을 물리적 세계로 확장할 필요성)를 특징짓는다. 반면에 (인간-기계 상호작용을 포함할 뿐만 아니라 알고리즘-알고리즘 상호작용도 포함하는) 상호작용적인 온라인 병렬 계산 체계들 내에서 무한한 양의 데이터(계산 불가능한 것들)의 점증하는 현존은 계산의 연역적 방법과 귀납적 방법을 반직관적인 방향으로 재정향함으로써 선험적 이유든 후험적 이유든 간에 수학적·물리적 인과성의 총체화를 넘어선다.

차이틴의 오메가가 품은 흥미로운 의미 중 하나는 그것이 계산적으

___

경우에 계산 한계의 문제가 여전히 해결 불가능하다고 지적한다.

우리는, $\Omega$를 알게 되면 튜링의 정지 문제가 해결될 것이지만 이 문제는 해결 불가능하다는 사실이 알려져 있기에 $\Omega$는 계산될 수 없다고 확신할 수 있다.

달리 말해서,

그 길이가 수십억 비트에 해당하더라도 모든 주어진 유한한 프로그램에 대하여 그 프로그램이 계산할 수 없는 무한한 수의 비트가 있다. 모든 주어진 유한한 일단의 공리에 대하여 그 체계에서 증명 불가능한 무한한 수의 진리가 있다. $\Omega$는 축소될 수 없기에 우리는 즉시 수학 전체에 대한 만물 이론이 현존할 수 없다는 결론을 내릴 수 있다. $\Omega$의 무한한 비트 수는 그 비트열 자체보다 더 간단한 어떤 원리에서도 도출될 수 없는 수학적 사실(각각의 비트가 0 아니면 1인지에 대한 사실)들을 구성한다.

Gregory Chaitin, "The Limits of Reason." 차이틴에 관해서는 또한 Ray Brassier, "Remarks on Subtractive Ontology and Thinking Capital"을 보라.

로 이해될 수 있고 — 그러므로 자동화된 체계들에 의해 물리적으로 그리고 개념적으로 처리된다 — 한편으로 지식의 포괄적 이론 혹은 실천에 의해 종합될 수 없다는 것이다. 계산적 설계 사유의 경우에 이 명제는 계산이 수학의 한계를 넘어 이해되어야 하고 물리학으로 쉽게 보완될 수 없다는 점을 수반한다. 이미 언급된 대로 특히 계산적 설계 사유는 물리적 인과성을 향한 이런 움직임을 수용함으로써 물질적 동역학이 자동화된 건축의 새로운 모형이 도출될 수 있는 형태생성적이고 끊임없이 변화하는 패턴들이 자연 속에 존재함을 입증한다는 점을 증명했다. 반면 차이틴은 계산이, 계산 불가능한 오메가가 연역적 이성에 의해 입증될 수 없는데도 무한히 많은 양의 데이터를 이산화할 수 있다(즉, 이산적이고 이해할 수 있게 만들 수 있다) — 부분적이고 편재적일지라도 — 고 여기는 어떤 실험 공리학에 의거하여 재고되어야 한다고 역설한다. 이런 견해가 계산적 설계 사유에 필수적인 이유는 그것이 중요하게도 계산에 고유한 동역학이 존재함을 밝히기 때문인데, 여기서 이산적인 패턴들은 패턴 없는 정보를 필연적으로 수반한다.

이런 관점에서 바라보면 시공간석 구조물들의 가속된 자동화는 결코 자연의 패턴들에 대응하지 않고 오히려 그 목적이 물질의 유체역학에 부합되지 않는 계산적 지층, 제2의 자연의 점증하는 축적을 규정한다. 요컨대 물질적인 계산적 사유는, 계산 불가능한 부분들이 다수에 속하고 프로그래밍의 총체를 떠맡을 수 있는 한에서 자동화에서 계산 불가능한 알고리즘이 수행하는 기능을 간과할 수 없다.[12] 그러므로 자동화의

---

12. 차이틴이 가정하는 대로 무한한 것들을 계산하는 데 사용되는 프로그램이 더는 알고리즘의 유한 집합들이 아니라 무한 집합들(혹은 오메가 복잡성)에 기반을 두게 된다면, 프로그램화 가능성은 이진 확률을 통해서 현실화된 불확정적 과정들의 알고리즘적 최적화와는 거리가 멀다. 오히려 프로그래밍은 복잡성을 통한 복잡성의 계산, 혼돈을 통한 혼돈의 계산 — 무한대의 내재적 배증 혹은 무한대의 무한한 것 — 으로 전환할 것이다. 순수 이성의 라플라스주의적인 기계론적 우주와는 대조적으로 차이틴의

가속은 필연적으로 무작위의 가속 — 알고리즘 배열 내에서 분출하는 패턴 없는 데이터 — 을 드러내고 계산 불가능한 것들의 내재적 이산화에 의해 결정되는 실험 공리학으로 대체되었다. 출력물이 언제나 유한한 일단의 입력물 혹은 명령에서 도출될 수 있음을 보증하는 역학을 갖춘 라플라스주의적 우주에 의거하여 자동화를 결정하기는커녕, 자동화의 가속은 오히려 입력물이 출력물만큼 크다는 점과 계산이 공리들의 연속적인 산출을 통해서 진리를 발견하고 수정할 수 있을 뿐이라는 점을 밝힌다.

## 사변적 이성

이제 몇 가지 결론을 끌어낼 수 있다.

자동화의 가속은 부분들 사이의 미소한 관계들로부터 매우 다양한 패턴을 산출한다고 알려져 있는 물질의 생물물리학적 동역학에 대한 면밀한 투자로 추동된 새로운 형태의 계산적 설계 사유의 출현을 초래했다. 그렇지만 물질의 생물물리학적 동역학과 계산 사이의 이런 등가성은 주로 물질에 본질적으로 내재하는 구조적 변이들과 시공간적 복잡성을 드러내거나 모사하는 과업을 계산에 할당한다. 그러므로 생물물리학적 패턴은 계산의 주요 원동력이라고 여겨지는 한편으로, 계산 자체는 배경으로 퇴각하여 물질의 불확정성을 시각화하고 입증하기 위한 수단에 불과한 채로 남아 있는 경향이 있다. 이런 형태의 귀납적 추리는 경험적 측정, 우발적 행위, 그리고 세계의 사실과 인자를 사용하여 진리를 도출하

---

정보 이론은 소프트웨어 프로그램이 어떻게 해서 처음부터 무작위성을 포함하는지 설명한다. 그러므로 공리적 방법의 불완전성은 계산의 종점과 역동적 변화에 관여할 수 없는 계산의 무능력을 규정하는 것이 아니라 오히려 계산의 시작 조건을 규정하는데, 그것을 통해서 새로운 공리들, 코드들, 그리고 명령 집합들이 불가산적인 실수들에 내재적인 것이 되었다.

고 입증한다. 그리하여 계산적 설계 사유는 물리적 세계에서 이미 일어난 것에서 도출되는 사유를 행하고 실천하는 양식이 된다. 이런 관점에서 바라보면 자동화의 가속은 물질이 미소한 변이를 생성할 수 있다는 기술자본주의적 환상 ― 더 작은 요소들을 전체의 생산적 영속성을 위한 방대한 자원으로 끊임없이 전환하는 무진장의 풍요 ― 과 완전히 일치한다.

그러나 자동화의 가속은 사유 없는 물질에의 행복한 탐닉을 거의 낳지 않고 오히려 더 작은 프로그램으로 압축되거나 뇌에 의해 종합될 수 없는데도 모든 차원의 계산(순차적 계산, 병렬 계산, 분산 계산, 상호작용적 계산)의 핵심에 자리하고 있는 패턴 없는 알고리즘의 이질적인 추리로 일상을 공격한다. 자동화의 가속과 더불어 계산적 처리 내에서 알고리즘적 무작위성이 폭발적으로 대두하는 현상은 불가피한 일이 되었다. 이것은, 물질에서 정보의 역동적 패턴을 도출하는 대신에 오히려 패턴 없는 데이터가 계산 자체 내에서 생성됨으로써 자동화된 이성에 본질적으로 내재적인 것이 되었음을 뜻한다. 마찬가지로 계산 불가능한 것은, 계산될 수 있는 모든 것은 계산 가능하다는 튜링의 연역적 추리 방법으로 설명될 수 없다. 오늘날 자동화의 가속에 핵심적인 것은 계산 불가능한 것들의 공리하 ― 지금까지 이 공리학은 이성(규칙 기반 기능들)이 어떤 내재적 목적성, 실험적 목적인 혹은 목적에 의거하여 규정되도록 강제했다 ― 에의 진입으로 촉발된 형식주의의 심대한 변형이다. 공리가 실험적 진리가 되는 것과 마찬가지로 알고리즘적 자동화 역시 그것의 내적 모순을 드러낸다. 내적 모순들의 순차적 배열은 무작위적 정보의 호스트가 되는데, 요컨대 프로그래밍 전체(혹은 명령들의 전체 집합의 목적성)를 교란하지 않고 오히려 새로운 차원의 목적성을 추가하는 간섭이 된다. 이런 관점에서 바라보면 우리에게는 계산적 설계 사유에서 연역 그리고/혹은 귀납의 지배를 퇴치할 뿐만 아니라 또 다른 추리 양식을 추가할 수 있는 사변적 이성에 관한 이론이 필요한데, 이때 이 추리 양식은 진리와 사실을 넘어설 수 있으면서도 그것들을 어떤 실험 공리학에 이전시킬 수 있는 것이어야 한다.

여기서 사변적 이성이 뜻하는 바를 설명하기 위해 우리는 A. N. 화이트헤드에게 의지해야 한다. 이성의 기능에 대한 화이트헤드의 설명으로부터 우리는 이성 또는 개념 생산이 원인과 결과의 끊임없는 연쇄에 새로운 데이터를 추가하는 것을 수반함을, 즉 자연의 물리적 법칙을 수반함을 즉시 알게 된다. 특히 화이트헤드는 사변적 이성의 목표가 추상적 도식의 생산이라고 주장하면서[13] 그런 도식을 "관계들의 구체적 배열"이라고 일컫는다.[14] 이성이 정말로 사변적이기 위해서는 생산되고 실현되는 도식들이 그 유한성 및 한계와 마주칠 수 있어야 하는데, 요컨대 전체의 부단한 메커니즘들에 간섭하는 계산 불가능한 부분들을 설명할 수 있어야 한다.[15]

특히 화이트헤드는 우리에게 이성의 기능이 정말로 무엇인지에 대한 두 가지 주요한 견해 ― 말하자면 순수 이성과 실천 이성 ― 의 지배에 대하여 경고한다. 우선 이성은 이론적 실현의 조작으로 여겨지고, 그리하여

---

13. 화이트헤드에 따르면 "근대 문명의 역사는 그런 도식들이 솔로몬의 꿈의 약속을 충족시켜준다는 것을 보여준다. 우선, 그것들은 사변적 이성의 특별한 요구를 만족시킴으로써 삶을 풍요롭게 한다. 둘째, 그것들은 각 세대가 그 후예들을 위해 신용으로 담보하고 있는 관념들의 자본을 나타낸다. 문명이 그것의 소유자들에게 부과하는 궁극적인 도덕적 요구는 그들이 문명이 편승한 잠재적 발전의 이런 자산을 물려주고 또 그것에 추가해야 한다는 것이다." Alfred North Whitehead, *The Function of Reason*, 72. [알프레드 노스 화이트헤드, 『이성의 기능』.]

14. "오성의 참된 활동은 추상화에의 항해, 사실상 더 철저히 구체적인 것, 사실이 연루되어 있는 체계로의 항해에 있다. 개념화된 것으로서의 체계는 그것이 더 일반적이라는 점에서 사실 자체보다 더 추상적일 것이지만, 실제적인 체계적 맥락은 더 구체적이며, 그리고 그것의 정교화는 사실의 실존적 관계들에 관해 더 많은 것을 산출한다." Elizabeth M. Krauss, *The Metaphysics of Experience*, 42.

15. "추상적 사변은 체계들을 만들어 낸 다음에 그것들을 초월한 세계-사변들, 추상화의 극한까지 모험을 감행한 사변들의 구원이었다." Whitehead, *The Function of Reason*, 76. [화이트헤드, 『이성의 기능』.]

우주는 한낱 어떤 이론적 체계의 예화에 지나지 않는다. 가장 단순하고 가장 우아한 프로그램/공식을 통해서 복잡한 데이터를 생산하는 계산에 관한 모형이 이 견해에 부합한다. 화이트헤드는 우주에 관한 메타계산적 이론(예를 들면 라이프니츠의 충족이유율로 설명되는 우주)을 거부한다. 왜냐하면 특히 그것은 무한히 많은 세계를 가장 단순한 공식으로 포착하고자 하기 때문이다. 충족이유율은 현실적 계기들의 연결을 개념적 차이들로 환원하는데, 그 이유는 그 원리가 차이들이 어떤 개념 속에서 재현되거나 매개될 수 있는 방법을 규정하기 때문이다.16 화이트헤드에 따르면 심적 사유와 현실적 존재자 사이의 이런 일대일 관계는 이성의 사변적 역능을 과소평가한다. 오히려 이성은 어떤 완전한 형식주의도 포괄할 수 없는 관념들의 모험이다. 그런데 사변적 이성에 관한 그의 개념 역시 실용적인 실천 이성과 절연하고, 그리하여 이성은 한낱 세계 속 하나의 사실 혹은 인자에 불과하거나, 혹은 의도적 행위의 즉각적인 방법으로 설명될 수 있다.17 알고리즘적 자동화에서, 실천 이성에 관한 이런 개념은 전체를 구성하는 부분들에 의거하여 그것을 설명하는 계산적 설계 사유에서 나타나는 상호작용 패러다임의 지배에 합치될 것이다. 이

---

16. 화이트헤드가 명확히 밝히는 대로 "그의 (라이프니츠) 모나드들은 심성에 관한 현대적 개념들을 일반화한 것으로 가장 잘 이해된다. 물체에 관한 현대적 개념들은 그의 철학에 부차적으로 그리고 파생적으로 진입할 따름이다." Alfred North Whitehead, *Process and Reality*, 19 [알프레드 노스 화이트헤드, 『과정과 실재』]. 마찬가지로 들뢰즈는 다음과 같이 지적한다. "충족이유율에 따르면 특수한 사물마다 언제나 하나의 개념이 상응한다. 역으로 식별 불가능한 것들의 동일성의 원리에 따르면 개념마다 오직 하나의 사물만이 상응한다. 일괄하여 이들 원리는 차이를 개념적 차이로 구상하는 이론을 상술하거나, 혹은 재현을 매개로 간주하는 설명을 전개한다." Gilles Deleuze, *Difference and Repetition*, 12 [질 들뢰즈, 『차이와 반복』].
17. 특히 화이트헤드는 이렇게 주장한다. "우리는 이성의 두 가지 측면, 즉 플라톤의 이성과 오디세우스의 이성, 완전한 이해를 추구하는 이성과 즉각적 행위를 추구하는 것으로서의 이성을 기억해야 한다." Whitehead, *The Function of Reason*, 11. [화이트헤드, 『이성의 기능』.]

견해는 알고리즘이 물리적 데이터와 상관되는 자동화에 관한 상호작용 모형들을 지지하고, 그리하여 소프트웨어 프로그램은 외부적인 물리적 동역학에 의해 결정되는 반응 체계를 구성하는 인자 중 하나일 뿐임을 시사한다.

이성의 기능에 관한 화이트헤드의 연구는 형식적 방법과도 실천적 방법과도 편안히 함께 자리하지 못하고 오히려 이성이 그저 작용인의 법칙에 의거하지 않고 목적적 원인 작용의 활동에 따라 다시 명확히 표명되어야 한다고 시사한다.[18] 목적인은 개념이 어떻게 해서 질료인에 대한 성

---

18. 화이트헤드의 작용인과 목적인은 두 가지 파악 양식, 즉 인과적 효과성과 현시적 직접성으로 이해될 수 있다. 이는 존재자의 육체적 극과 심적 극을 또 하나의 병렬적 층위에서 구분하는 것으로 이해될 수 있다. 작용인은 연속적인 원인과 결과의 물리적 연쇄를 서술하고, 그리하여 과거는 현재가 물려받는다. 이것은 모든 존재자가 아무튼 자신이 물려받을 수 있는 과거에 의해 촉발되고 영향을 받음을 뜻한다. 스티븐 샤비로가 서술하는 대로 "작용인은 이행, 전달, 영향, 혹은 전염이다." 각각의 현실적 존재자가 반복 불가능한 독자적인 방식으로 과거를 전유하더라도 그 과거는 그 존재자가 관련된 물질적 우주에서 구현된다. 그런데 과거의 패턴들을 반복하는 과정에서는 언제나 과거에서 현재로, 그리고 원인에서 결과로 전달되는 에너지-정보의 벡터 전송에서 오차, 버그가 나타난다. 유전 패턴들의 매끈한 연속성은 또다시 다른 한 층위의 전염, 즉 작용적 인과성과 단절되는 관념들의 전염에 직면하게 된다. 샤비로는 연쇄에서 나타나는 이런 단절에 대한 이유가 적어도 두 가지가 있다고 지적한다. 한편으로 시간은 누적적이기에 불가역적이다. 모든 현실적 사건은 과거에 추가된다. 달리 말해서 사실들의 단순한 추가는 이전에 존재했던 것 ─ 즉, A ─ 이 B가 A를 물려받지만 완전히 동화하지는 못하는 객관적 불멸성을 지닌 확고한 사실이 되는 양적 결과를 낳는다. A와 B 사이의 관계는 두 가지 현실적 세계 사이의 관계이다. 한편으로 과거의 반복은 결코 중립적이지 않고 수용하는 존재자에 의한 평가를 겪으며, 그리하여 예를 들면 어떤 데이터가 수용하는 존재자의 기쁨과 혐오의 질에 따라 선택된다. 물려받은 데이터에 대한 평가는 이전의 것에 참신함을 추가하는 개념적 파악에 의해 수행되는데, 왜냐하면 이들 데이터는 영원한 객체들의 파악들이기 때문이다. 작용인이 목적인으로 보완되는 방식을 설명하는 것은 모든 현실적 존재자의 심적 극 ─ 의식을 반드시 포함하지는 않는 개념적 파악들 ─ 이다. 화이트헤드의 경우에 목적인은 언제나 작용인에 인접해 있는데, 목적인은 작용인을 수반하지만 작용인의 결과로서 일어난다. 작용인에 관해서는 White-head, *Process and Reality*, 237~8 [화이트헤드, 『과정과 실재』]을, 목적인에 관해서는 241을, 작용인에서 목적인으로의 전환에 관해서는 210을 보라. 또한 Steven Shaviro, *Without Criteria*, 83, 86~7을 보라.

찰이 아니라 오히려 과거 사실들의 단순한 유산에 새롭고 흔히 입증되지 않은 관념을 보충하는지를 설명한다. 화이트헤드가 일컫는 대로 개념적 파악은 사실을 관찰 너머로 이동시킬 뿐만 아니라 또한 중요하게도 그 속에서 또 다른 층위의 실재 — 어떤 사실에 고유하지만 그것에 의해 결정되지 않는 추상관념 — 를 인식하는, 사실의 선택·평가 과정을 수반한다. 그러므로 오히려 목적인은 이성에 본질적으로 내재하면서 사실을 인식에서 떼어내어 변형된 방식으로 다시 생각할 수 있는 사변적 경향으로 여겨진다. 이런 경향은, 화이트헤드에 따르면, 결정이 이루어지는 방식을 설명하며, 과거의 데이터 혹은 현존하는 데이터의 선택이 어떻게 해서 또 다른 층위의 뉘앙스가 현존하는 상황에 추가되는 지점이 되는지를 설명한다. 달리 말해서 규칙 기반 사변으로서의 이성은 사건들의 인과적 연쇄에 참신성을 추가함으로써 그 연쇄를 상쇄할 수 있는 능력에 의거하여 이론과 실천의 목적을 규정한다. 이런 관점에서 바라보면 우리는 우주를 오로지 물리적 연결 관계들에 의거하여 설명할 수는 없다. 왜냐하면 이런 관계들은 위험스럽게도 "실제 과정들에 대한 어떤 직접적인 관찰도 직관도 즉각적인 경험도" 있을 수가 없는 모든 대항 인자, 모든 개념적 파악을 생략하기 때문이다.[19] 이것은 이성의 기능이 주어진 세상의 질서 내에서 초기 조건을 수정하고 가능한 것들을 밝히는 데 도움이 된다는 점을 뜻한다.

그렇지만 목적인 혹은 목적에 관한 이런 개념을 우주에 대한 목적론적 설명과 동일시하는 것은 오해를 낳을 소지가 있다. 왜냐하면 화이트헤드의 경우에 이성의 기능은 "진취적이고 결코 최종적이지 않"기 때문이다.[20] 이것은 이성의 목적이 추리를 행하는 누군가 혹은 무언가의 본질

---

19. Whitehead, *The Function of Reason*, 25. [화이트헤드, 『이성의 기능』.]
20. Whitehead, *Process and Reality*, 9. [화이트헤드, 『과정과 실재』.]

에 의해 결정되기보다는 오히려 그 전제를 수정하고 바꾸는 것임을 뜻한다. 그런데 이성은 물질에서 비롯되지 않는 한편으로 표면 아래로부터 새로운 추상화 양식들을 드러낼 채비를 갖춘 세상의 물리적 퇴화와 결부되어 있다. 화이트헤드에게 사변적 이성은 작용인과 목적인의 비대칭적이고 통일되지 않은 얽힘을 수반하는 것이며, 따라서 참신성에 대한 강조의 기계로 구상되어야 하는 것이다.[21]

그런데 사변적 이성의 목적성은 현실적 이성 양식들의 자율성도 설명한다. 화이트헤드는 사변적 이성이 무언가 다른 것을 위한 (그리고 무언가 다른 것의) 이성이기보다는 오히려 그 자체에 봉사할 뿐인 이성이라고 주장한다. 달리 말해서, 그리고 보편적인 충족이유율과는 대조적으로, 모든 현실태는 데이터에 대한 그 자체의 불확정적 부분화(즉, 이산화) ― 무한한 것들을 부분적으로 이해할 수 있게 만듦 ― 에 의해 결정되는 독자적인 이성 양식에 의해 견인되는 독자적인 목적성을 지닌다. 사변적 이성은 "그 자신의 지배적인 관심이며, 그것이 고무하고 있을지도 모르는 다른 지배적 관심에서 파생된 동기에 의해 왜곡되지 않는다."[22] 여기서 어떤 외부적인 지배적 관심의 목적에 의하여 지배되는 것으로서의 이성에 관한 개념과 내부에서 생겨나는 즉각적 만족(혹은 자기-향유)에 의하여 지배되는 이성의 작용 사이에 나타나는 긴장이 인식될 수 있다.[23] 그런데 화이트헤드는 이런 긴장을 일자와 다자 사이의 모순으로 여기는 것이 아니라 오히려 색조들이 공재성 속에서 자신의 특이성을 유지하는 것과 마찬가지 방식으로 이성 내부에서의 생산적 대조로 여긴다. 이것은 사변적

---

21. 화이트헤드는 이성을, 이성이 행위를 대체하는 고등한 형태의 생물학적 생명에 귀속시킨다. 이성은 한낱 외부 자극에 대한 반응 기관에 불과한 것이 아니라 오히려 반복으로부터 참신성을 추출할 수 있는 강조의 기관이다. 특히 이성은 참신성을 사실로 실현하는 판단을 제공한다. 같은 책, 20. [같은 책.]
22. Whitehead, *The Function of Reason*, 38. [화이트헤드, 『이성의 기능』.]
23. 같은 책, 39. [같은 책.]

이성이 모든 사유 양식에 내재적이라고 말할 뿐만 아니라, 또한 이 모든 양식이 매번 부분적으로 결정되고 공리화되는 독자적인 계산 불가능한 데이터에 감염되어 있다고 말하는 것이다.[24]

사변적 이성의 관점에서 바라보면 이해 가능한 계산 역량은 실험 공리학에 의거하여 다시 구상되어야 한다. 자동화의 가속으로 인해 계산은 자신의 형식적 도식의 중핵에서 계산 불가능한 것들의 점증하는 힘을 대면하게 되었다. 알고리즘적 자동화가 무한한 양의 복잡한 것을 수반하는 것과 동시에 그것의 기계적 기능들은 공리적 진리를 내재적으로 수정할 수 있는 이해 가능한 조작들의 새로운 원천으로 변환되었다. 자동화의 가속으로 인해 계산이 모든 이성 양식을 매끈하게 재현할 수 있다고 여기는 연역적 형식주의의 사물화가 생겨나지 않고 오히려 공리학의 디지털 배경 내에 자리하는 (그럼에도 그 배경을 넘어서는) 이해 가능한 기능의 발견이 이루어졌다. 상호작용적 패러다임이라는 소셜 미디어의 외관 아래에서, 기술자본적 가속주의의 새로운 속도는 무작위성의 자동화로의 진입 사태에 좌우되며, 그리하여 그것의 기계적 기능(그 초기 조건으로의 지속적인 귀환에 의해 결정된다)이 공리들의 진취적인(즉, 미래지향적인) 생산과 변환으로 전환된다.

또한 이렇게 해서 계산적 설계 사유는 무한히 길고 그 양이 점점 더 방대해지는 데이터의 공리화로 점유된, 이해 가능한 기능들의 자본화라는 새로운 질서의 중심에 자리하게 된다. 그런데 이것은 언제나 기술자본주의와 그것에 의한 이성의 도구화의 영역이었지만, 무한히 많은 데이터의 이런 해독이 이와 같은 방식으로, 즉 무한한 기능들의 확률로서 부분적으로 (그리고 내재적으로) 공리화되는 한에서, 자동화된 건축의 가속

---

24. 화이트헤드는 이성의 사변적 기능이, 개념과 객체가 독자적인 목적인과 부분적인 충족 이유에 의해 결정되는 물리적 파악과 개념적 파악의 무한한 양식들과 합치한다고 역설하곤 했다.

은 차이틴의 오메가 발견의 견지에서 접근되어야 한다. 이런 사변적 계산은 진리와 사실을 새로운 결정을 위해 끊임없이 제시하는 무한한 차원의 추상화를 요구한다.

이런 관점에서 바라보면 이성의 사변적 기능은 무한히 많은 데이터에 대한 알고리즘적 선택과 평가에 해당하는데, 요컨대 결정을 내리고 새로운 해결책을 만들어내는 것이다. 이것은 물리적 데이터의 계산을 포함할 뿐만 아니라 더 중요하게도 그것들에 대한 개념적 파악들 — 새로운 알고리즘 패턴들을 이미 현존하는 것(즉, 실험 공리학)에 추가함으로써 데이터의 물리적 결집에 대응할 수 있는 규칙 기반 기능들의 역량 — 을 포함한다. 그러므로 계산적 설계 사유가 이성의 사변적 기능에 의거하여 규정될 수 있다고 제안하는 것은 자동화된 알고리즘이 무한히 많은 데이터의 계산적 처리에서 자신의 최종 이유를 재조정할 수 있는지 여부에 관한 물음을 제기하는 것이다. 이것이 입증될 수 있든 아니든 간에 계산적 설계 사유가 자신의 고유한 알고리즘적 이성에 내재할 가능성을 일축하기는 어렵다.

# 비인간적인 것의 노동

레자 네가레스타니

2014

## 1부 인간

　비인간주의는 인간주의를 실천적으로 정교하게 확대한 것이다. 비인간주의는 계몽된 인간주의라는 기획에 대한 근면한 헌신에서 유래한다. 모래에 그려진 인간의 자화상을 지우는 하나의 보편적 파도인 비인간주의는 수정의 벡터이다. 그것은 어떤 불변의 것들을 보존하는 한편으로 자명한 특질로 추정되는 것들을 제거함으로써 인간임이 뜻하는 바를 끊임없이 수정한다. 동시에 비인간주의는 구성에의 요구로서 등록되는데, 그것은 우리가 인간적인 것을 어떤 구성 가능한 가설, 탐사와 개입의 공간으로 간주함으로써 인간임이 뜻하는 바를 규정하라고 요구한다.[1]

　비인간주의는 인류가 자신의 유한성을 직면하게 하거나 혹은 거대한 야외의 배경 앞에서 인류를 격하시킴으로써 인류를 비하하고자 하는 모든 패러다임에 구체적으로 대립한다. 비인간주의의 노동은 부분적으

---

1. 이 글 전체를 통해서 우리는 인간적인 것이 집단화 혹은 보편화 과정들에 내재함으로써 자신의 존재양식을 이해하는 특이한 보편자임을 강조한다. 인간은 그저 그것이 하나의 종이기 때문에 인간인 것이 아니라 오히려 그것의 특이성과 보편성을 초래하는 것 앞에 있는 하나의 유적 주체 혹은 공통인(commoner)이라는 이유로 인간이다. 따라서 장-폴 사르트르가 지적한 대로 인간적인 것은 인간 역사의 특이한 보편성 덕분에 보편적이고, 또한 인간적인 것은 자신이 수행하는 기획들을 보편화하는 특이성 덕분에 특이하다.

로 인간적인 것의 의의를 신학에 의해 확립된 모든 예정된 의미 혹은 특정한 취지로부터 옮기는 데 있으며, 그리하여 인간적인 것의 의의에 대한 인정을 이런 의의가 다양한 신학적 관할권(신, 형언할 수 없는 포괄성, 토대주의적 공리 등)에 귀속될 때 생겨나는 인간에 대한 모든 존중에서 벗어나게 하는 데 있다.[2]

일단 인간의 융합적이고 명예로운 의미가 최소주의적이지만 기능적으로 중요한 실제 내용으로 대체되면 신학에 단단히 기반을 두고 있는, 의의와 존중 사이의 융합으로 존속하는 반인간주의라는 굴욕적인 신조 역시 그것의 축소주의적 추진력을 상실한다. 신학에 의해 야기된 위기 개념에 의지하지 않은 채로 자신의 타당성을 구할 수 없고 실제 취지와 미화 사이의 병리학적 융합을 해체함으로써 인간의 의의를 추출하는 데 성공하지 못하는 반인간주의는 그것이 불을 지르기로 작정한 신학적 배를 같이 타고 있는 것으로 밝혀진다.

의의를 정립하는 물리학에 따라 의의를 지목하지 못하고 오히려 의의를 부풀리는 형이상학에 따라 의의를 지목하는 반인간주의가 이른바 의미의 위기를 극복하기 위한 유일한 해결책은 거짓 대안들(언제나 증대하는 '포스트-'의 대안들, 이른바 총체성에 대한 대안으로서의 공동체주의적 퇴각들, 기타 등등)의 문화적 비균질성을 채택하는 것이다. 절대 해체되지 않는 원초적 융합에 뿌리를 두고 있는 그런 대안들은 양극단 사이 ─축소주의와 확대주의 사이, 주술화와 탈주술화 사이─ 에서 영원히 흔들리며, 그리하여 현행의 행성적 난국에서 빠져나오기 위한 공동과업을

---

2. 신 혹은 종교 대신에 주체성의 신경생물학적 상황에 의해 조건 지어진 것으로서 인간의 의의를 옹호하는 특별히 우아하고 예리한 논변이 마이클 페레에 의해 제시되었다. 대단히 중요하게도 페레는 인간의 의의에 대한 그런 계몽적이고 비융합적인 재고가 신학적으로 인가된 존중의 기반을 약화할 뿐만 아니라 탈주술화 기획과 그 사변적 파생물들의 많은 경향에 의해 옹호된 축소주의적 태도의 기반도 약화한다는 것을 예증한다.

규정하고 달성하는 데 필요한 방법론적 협력을 가로막고 모든 보편주의적 야망을 질식시키는 자유의 안개를 만들어 낸다.

요컨대 자유주의적 자유라는 표제어 아래 제공된 거짓 대안들의 순과잉은 실제 대안들의 최종적인 결손을 초래함으로써 사유와 행동에 대하여 사실상 아무 대안이 없다는 공리를 확립한다. 이 시론의 주장은 보편성과 집단주의가 문화적 개별자 사이의 합의와 불화를 통해서 성취될 수 있기는커녕 사유될 수조차 없고 오히려 거짓 선택들의 경제를 낳는 것을 차단하고 근절함으로써만 그리고 진정한 인간의 의의가 자리하는 것을 활성화하고 철저히 다듬음으로써만 사유될 수 있다는 것이다. 논증될 것처럼 인간의 의의 ─ 본래의 뜻 혹은 생득권이라는 의미에서가 아니라 일련의 개선 가능한 특수한 수행을 통해서 인간임이 뜻하는 바를 확대하여 다듬는 작업으로 이루어진 노동이라는 의미에서 ─ 의 진리는 엄밀하게 비인간주의적이다.

비인간주의의 힘은 비인간주의를 향한 불가결한 통로로서의 인간성을 역사적으로 ─ 역사의 가장 넓은 물리생물학적이고 사회경제적인 의미에서 ─ 이해함으로써 반인간주의를 저지하는 억제력으로 작용한다.

그런데 인간주의란 무엇인가? '인간임'은 어떤 특정한 신념commitment을 나타내며, 이 신념에 대한 철저한 실천적 정교화는 어떻게 해서 비인간주의에 해당하는가? 달리 말해서 일단 비인간적인 것이 자신의 권리와 중요성의 견지에서 전개된다면 비인간적인 것을 형성하는 인간적인 것 속에 있는 것은 무엇인가? 이들 물음에 대답하려면 먼저 우리는 인간이라는 것이 무엇을 뜻하는지 그리고 '인간임'이 정확히 어떤 신념을 승인하는지를 규정해야 한다. 그다음에 우리는 그런 신념의 실행 ─ 그것을 실천한다는 의미에서의 실행 ─ 이 어떻게 해서 비인간주의를 수반하는지 파악하기 위해 이 신념의 구조를 분석해야 한다.

## 1. 확대된 다중양식적 정교화로서의 신념

하나의 신념은 오직 그것의 실용주의적 내용(사용을 통한 의미), 그리고 우리가 어떤 개입적 태도를 취해야 한다는 그 신념의 요구로 인해 의미가 있을 뿐이다. 즉 개입적 태도란 어떤 신념의 내용을 다듬은 다음에 그런 정교화 과정에서 명시적으로 부각되는 파생 결과 혹은 부수적 신념들에 따라 그 신념을 개선하고자 하는 태도를 말한다. 요컨대 한 신념 ─ 단언적이든 추론적이든 실천적이든 혹은 인지적이든 간에 ─ 은 그 신념을 개선하고 광범위한 다중양식적 실천을 통해서 그 결과를 분석하는 과정을 거치지 않는다면 검토될 수도 없고 적절히 실행될 수도 없다. 그래서 인간주의는 사실상 인간성에 대한 신념이지만, 이것을 파악하려면 신념이란 무엇인지, 인간적인 것이란 무엇인지, 그리고 그것들의 조합은 무엇을 수반하는지를 검토해야 한다.

이것은 신념-형성의 구조와 법칙, 그리고 실용주의적 의미에서(즉, 자연에 감춰져 있는 의미에 관한 고유한 구상에도, 인간에 관한 사전에 결정된 관념에도 의지하지 않는) 인간임의 의미에 대한 분석이, 처방책 prescription(사회적이든 정치적이든 혹은 윤리적이든 간에)을 구성하는 영역으로 진입하기 전에 우리가 반드시 거쳐야 하는 최초의 단계임을 뜻한다. 먼저 해명되어야 하는 것은 처방책을 구성하는 데 필요한 것, 혹은 처방하기를 하나의 의무나 임무로, 임무들을 연계하고 수정하기로 간주하기 위해서 우리가 행해야 하는 것이다. 그런데 하나의 처방책은 서술 description들을 산출하고 수정하는 것으로서의 근대적 지식 체계와 언제나 동조해야 하는 일단의 서술에 상응해야 한다는 점 역시 인식되어야 한다. 간단히 말해서 처방 없는 서술은 체념의 근원이고 서술 없는 처방은 한낱 일시적 변덕에 불과하다.

그러므로 이 시론은 처방의 조직, 즉 인간적인 것을 위한 그리고 인간적인 것에 의한 처방책의 구성이 무엇을 수반하는지를 이해하려는 시도이다. 그런 이해가 없다면 처방적 규범은 서술적 규범과 적절히 구분될 수 없고(즉, 어떤 처방책도 있을 수 없다), 또한 서술을 결여한 처방의 공허함으로 퇴화하지 않는 적절한 처방책도 구성될 수 없다.

우리가 인간적인 것의 내용을 사용과 실천의 맥락에서 다듬지 않는다면 그 내용에 관한 서술이 불가능하고, 우리가 신념-형성과 추론, 판단의 최소한도로 처방적인 법칙들을 따르지 않는다면 이런 정교화 자체가 불가능하다. 토대적인 서술에 대한 해설이나 서술적 자원에의 어떤 선험적 접근권에 의존하지 않은 채로 인간적인 것을 서술하는 것은, 이미 인간임의 의미를 그 사용의 면모들과 요건들을 통해서 상술하고 다듬어야 하는 의무들을 고수하는 최소한도로 처방적이지만 기능적으로 주도하는 처방적인 기획이다. "의무들을 수반하는"(윌프리드 셀라스) 인간주의는 간단히 한 번 공언된 다음에 하나의 토대 혹은 공리로 전환되어 모든 문제가 종결될 수 있는, 인간적인 것에 관한 주장으로 여겨질 수 없다. 비인간주의는 이런 일회성 공언의 실행 불가능성을 가리키는 용어이다. 비인간주의는 문제를 여하간 단박에 마무리 짓는 것의 불가능성을 나타내는 형상이다.

인간임은, (한편으로) 담론적 지향성의 개입을 통한 행동과 마음가짐 사이의 관계가 (다른 한편으로) 지각을 갖춘 지능과 그런 매개가 부재한 행동 사이의 관계와 구분된다는 것에 대한 표식이다. 그것은 강하게 생물학적이고 자연적인 범주로서의 지각sentience과 합리적(논리적이라는 낱말과 혼동되지 말아야 한다) 주체로서의 지성sapience 사이의 구분이다. 지성은 권리와 수반되는 책임에 의해 규정되는 규범적 지칭어이다. 지성과 지각 사이의 구분은 구조적 구획이라기보다는 오히려 기능적 구획이라는 점을 인식하는 것이 중요하다. 그러므로 지성은 그것의 특정한 기능적 조직, 개선 가능한 일단의 능력과 책임, 인지적·실천적 요구들에 의해 구분되는 동시에, 한편으로 여전히 전적으로 역사적인 것이고 자연화의 여지가 있는 것이다. 지각과 지성 사이의 관계는 어디에서나 미분 가능하지 않은 하나의 연속체로 이해될 수 있다. 그런 복잡한 연속체는 지성의 층위에서 규범적 의무들의 자연화—이 의무들을 자연주의적 원인에 의거하여 설명하는 것—를 허용할 수 있는 반면에 지성에 특유한 어떤 개념적·서술적 자원(특정한 수준의 마음가짐, 책임, 그리하여 규범적 권리 같은 것)이 지각과 그 너머로 확대될 수 있도록 허용하지는 않는다.

합리적 구획은 법칙을 인식할 수 있음과 그저 법칙에 속박됨 사이의 차이, 이해와 단지 자극에 대한 믿음직한 응답성 사이의 차이에 자리한다. 그것은 개념들을 통한 안정화된 소통(언어와 상징적 형태들의 공용 공간에 의해 가능해지는 것)과 무질서하게 불안정하거나 일시적인 유형들의 응답 혹은 소통(순전히 생물학적 상태들과 유기적 요건들에 의해 촉발되는 복잡한 반응들이거나, 혹은 사회적 동물 사이에서 이루어지는 집단 호출과 경고 같은 것) 사이의 차이에 자리한다. 이처럼 구상에 연루된 개념들과 추론 양식들을 통한 소통의 안정화가 없다면 공동과업으로서의 지식의 진화에 필요한 개념적 축적과 개선뿐만 아니라 문화적 진화도 불가능할 것이다.[3]

궁극적으로 인간적인 것의 실제적 가능성뿐만 아니라 필수적인 내용도, 이유를 부여하고 요청하는 의무적 게임에 참가함으로써 비非표준적 진리에 접근할 수 있고 추론을 실행할 수 있는 지성—지각과는 기능적으로 별개의 것으로서의 지성—의 능력에 의존한다. 이성은 오직 심판관이

---

3. "다(多)인간 인식적 동학은 공유 지식의 안정성과 이 지식의 입력-연결(그것의 '실재론')이 인정되는 경우에만 유익하게 작동할 수 있다. 그렇지 않다면 어떤 지식 체계가 인지적으로는 가능할지라도 사회적으로 시행될 수도 없고 문화적으로 정교화될 수도 없다. 복잡한 사회적 네트워크에서 다원주의적 선택이 (생존하거나 아니면 사라지는) 사회적 존재자들의 층위에서 작동하기에 이 문제를 해결한 종만이 더 높은 인지의 층위에서 나타나는 편익을 활용할 수 있다. 그러므로 의문은 다음과 같다. 언어 혹은 그 밖의 상징적 형태들이 어떻게 해서 사회적 인식, 사회적 의식, 사회적 인지의 진화에 이바지하는가?" Wolfgang Wildgen, *The Evolution of Human Language*, 40.

부재한 상태에서 수행되는, 오류에 내성이 있고 규칙에 기반을 둔 실천에 관여한다는 의미에서의 게임인데, 여기서는 사유를 통해서 참으로-간주하기(신자의 표식)와 행위를 통해서 참으로-만들기(행위자의 표식)가 끊임없이 대조되고 평가되며 조정된다. 그것은 한 영역 — 참으로-간주하기 혹은 참으로-만들기, 이해 혹은 행위 중 하나 — 의 확대가 반대편에 그것의 고유한 사양과 요건에 따라 자신의 공간을 다양화하고 그 경계를 뒤로 밀어낼 새로운 대안과 기회를 제공하는 역동적인 되먹임 고리이다.

## 2. 담론적이고 구성 가능한 '우리'

추론할 수 있는 능력과 진리(즉, 참으로-간주하기와 참으로-만들기를 별개로 또 서로 연계하여 이해한다는 의미에서의 진리)에 접근할 수 있는 능력을 결합하는 것은 실용주의에 의해 서술되는 대로의 담론적 실천에 관여할 수 있는 역량인데, 즉 (1) 어휘를 동원하고, (2) 어휘를 사용하여 일단의 능력이나 실천을 규정하고, (3) 일단의 능력-혹은-실천을 또 다른 일단의 능력-혹은-실천에 의거하여 다듬으며, 그리고 (4) 한 어휘를 사용하여 다른 한 어휘를 특징지을 수 있는 능력이다.[4]

담론적 실천은 이유를 부여하고 요청하기의 게임을 구성하고 명시적 규범에의 선험적 접근이라기보다는 오히려 탐색의 풍경으로서 이성의 공간을 개관하기의 게임을 구성한다. 이것은 이성을 규칙의 지배를 받으면서도 오류에 내성이 있고 가역적인 실천들의 확대하는 설비로 간주하는 추론주의적이고 절차적이며 코드화되지 않은 설명이다. 담론적 실천에 관여할 수 있는 역량은 지성과 지각을 기능적으로 구분하는 것이다. 이런 역량이 없다면 인간임은 어떤 특별한 형태의 행위와 가치에 속성을 부여하고 평가를 내리기를 요구하는 그런 종류의 어떤 명제적 내용성도

---

4. Robert Brandom, *Between Saying and Doing*을 보라.

단독으로 산출하지 못하는 생물학적 사실일 따름이다. 이런 핵심적 측면을 인식하지 못한 채로 인간적인 것의 역사에 관해 말하는 것은 사회적 구성을 생물학적 수반 현상으로 환원하는 동시에 역사에서 개입과 방향 조정의 모든 가능성을 박탈할 위험이 있다.

달리 말해서 담론적 실천을 통해서 이성의 공간에 진입할 수 있는 역량을 박탈당한다면 인간임은 실천과 내용 사이의 어떤 적절한 관계를 시사한다는 의미에서 무언가를 뜻하지 못하게 된다. 행위는 '그저 무언가를 함'을 뜻하는 것으로 환원되고, 집단성은 결코 방법론적일 수 없거나 혹은 공동과업을 구상하고 달성할 수 있는 상이한 능력들의 종합에 의거하여 표현될 수 없으며, 그리고 행위와 이해를 연계함으로써 신념을 형성하는 것은 지켜질 수 없다. 또한 우리는 '사물임'이 서로에게 좋음을, 혹은 말이 나온 김에 식물에 좋음을 단적으로 보증하는 사물지향 철학과 비인간 윤리학을 구성하기 위해, '인간'을 우리가 원하는 어떤 것으로든 대체할 수 있을 것이다.

일단 이성의 공간을 나타내는 담론적 실천이 소극적으로 다루어지거나 배제당한다면 모든 것은 어떤 요구도 의무도 박탈당한 내용 없는 복수성이 쉽게 유지될 수 있는 개체 아니면 어떤 본체적 타자로 귀결된다. 언어-사용과 도구-사용에 근거를 두고 있는 담론적 실천은 사유화되지 않으면서도 안정화하고 맥락을 부여하는 공간을 생성하는데, 이 공간을 통해서 진정한 집단화 과정들이 형성된다. 진정한 집단성의 기능적 중핵 — 협상 가능할 뿐만 아니라 또한 구성 가능하고 종합적인 경계를 갖춘 '우리'로 일컬어지는 실천적 자유의 협력적 기획 — 을 품고 있는 것은 이성의 공간이다.

'우리'는 하나의 존재양식이며, 그리고 존재양식은 존재론적 소여도 아니고 일단의 근본적인 범주나 고정된 서술에 한정된 영역도 아니라는 점이 주지되어야 한다. 그것은 하나의 행위, 타인들에게 가시화될 때 구체화되는 특수한 수행이다. 이런 명시적이고 담론적으로 동원 가능한 '우리'를 배제하면 '인간임'의 내용은 결코 '인간적인 것/인간성에 대한 신념'으로 번역되지 않는다. '우리'를 떠받침으로써 담론적 실천은 신념을 공동의 말과 행동 사이의 궤적을 분기하는 것으로서 조직하며, 그리고 인간성의 자기구성 혹은 포괄적인 실천적 정교화가 협력적 기획이 되는 공간을 만들어 낸다.

무언가에 헌신한다는 것은, 한편으로는 무언가를 말하는 것으로 여겨지도록 그것을 행하기와 다른 한편으로는 무언가를 표현하고 특징짓기 위해 그 특정한 행동을 말하기 사이에서 흔들리는 것을 뜻한다.

지성을 지각과 분간될 수 있는 것으로 규정하는 것은 요구의 장과 행위의 장이라는 그 두 가지 장 사이에서 이루어지는 왕복 운동, 되먹임 고리이다.[5] 신념을 형성한다는 것은 '무언가 다른 것'을 묻는 것, 그것이 어떤 다른 신념들을 초래하는지에 주목하는 것, 그리고 그런 후속 신념들이 어떻게 해서 새로운 행위 및 이해의 양식들, 즉 낡은 능력들과 단적으로 교환 불가능한 새로운 능력들 및 특별한 수행들을 요구하는지에 주목하는 것이다. 왜냐하면 그것들은 수정되거나 더 복잡한 일단의 요구와 권리에 좌우되기 때문이다. 이처럼 어떤 신념이 실천적 정교화를 통해서 '무언가 다른 것'으로 분기하지 않는다면, 로버트 브랜덤이 합리적 신념 체계라고 일컫는 것을 탐색하지 않는다면,[6] 그 신념은 충분한 내용이 없게 되고 평가나 발전의 실제 가능성도 없게 된다. 그것은 그야말로 공허한 발언, 즉 헌신을 받고자 하는 그것의 진지한 열망에도 불구하고

---

5. 지성을 지닌 것은 지각도 지니고 있다는 점이 강조되어야 하지만, 그럼에도 지성은 그것의 지각적 구성과 기능적으로 구분된다. 인간의 지각을 여타 형태의 지각과 다르게 만드는 것은 이런 기능적 차별화이다. 달리 서술하면 지성을 지닌 것은 자신의 구성으로서의 지각을 재구성할 수 있는 기능적 능력을 부여받는다.

6. Brandom, *Between Saying and Doing*.

내용이나 의의가 결여된 발언이다.

## 3. 구성 혹은 수정으로서의 개입

이제 우리는 신념 형성의 요건에 대한 이 논증을 인간임의 요건에 대한 논증으로 전환할 수 있는데, 인간주의가 인간성의 개념에 대한 실천적·인지적 신념의 체계인 한에서 말이다. 그 논증은 다음과 같이 전개된다. 인간성에 헌신하려면 인간성의 내용이 검토되어야 한다. 이 내용을 검토하려면 그것의 암묵적 신념들이 다듬어져야 한다. 그런데 이 과업은, 인간임이 어떤 다른 것을 수반하는지 물음으로써, 인간임이 초래하는 여타의 신념과 파생 결과를 밝힘으로써 우리가 하나의-신념-으로서의-인간성을 그것의 궁극적 결론으로 데려가지 않는다면 불가능하다.

그런데 인간성의 내용은 자연법칙보다 오히려 합리적 규범(존재 대신에 당위)에 관여할 수 있는 인간적인 것의 역량에 의해 구분되기에 하나의-신념-으로서의 인간성의 경우에 수반이라는 개념은 단조롭지 않다. 다시 말해서 우리가 인간임이 무엇을 수반하는지 물을 때 이런 수반은 더는 물리적 자연법칙이나 연역적인 논리적 귀결처럼 어떤 원인과 그것의 차별적 효과에 관한 문제가 아니다. 오히려 그것은 그 결과가 그 전제나 초기 조건에 의해 직접적으로 혹은 선형적으로 좌우되지 않는 조작 가능하고 실험적이며 종합적인 형태의 추론이라는 의미에서의 가능화와 가추적 비-단조성non-monotonicity을 표현한다.[7] 비-단조성은 실천과 복

---

7. 가추적 추론 혹은 가추는 추리 역량을 역동적으로 확대하기 위해 다중양식적이고 종합적인 형태의 추리를 사용하는 창의적 추측 혹은 가설적 추론의 한 형식으로 찰스 샌더스 퍼스에 의해 최초로 해석되었다. 가추적 추론은 다양한 유형으로 나뉘지만, 모든 유형은 단조롭지 않고 역동적이며 비형식적이다. 또한 그것들은 구성과 조작, 복잡한 발견법적 전략들의 동원, 그리고 비설명적 형태들의 가설 생성을 포함한다. 가추적 추리는 발견의 논리, 비정상성과 역동적 체계들과의 마주침, 창조적 실험, 그리고 물질적 자원과 인식적 단서가 모두 한정되거나 최소한으로 유지되어야 하는 상황에서 이루어지는 행위와 이해의 필수적인 부분이다. 가추와 그것의 실천적·인식적 역량들에 관한

잡한 발견법의 고유한 측면이다. 그렇기 때문에 실천적 정교화를 통해서 인간적인 것을 규정한다는 것은, 정교화의 생산물이 인간적인 것이 기대하는 것에도, 인간적인 것이 자신에 관하여 품고 있는 이미지에도 상응하지 않는다는 의미이다. 달리 말해서 매개변수들을 종합적으로 조작하는 가추적 추론의 결과 – 단조롭지 않은 절차로서의 실천의 결과 – 는 '우리'가 무엇이고 그것이 무엇을 수반하는지에 대한 우리의 가정 및 기대와 관련하여 근본적으로 수정주의적일 것이다.

이성의 공간을 형성하고 떠받치는 강건한 사회적 실천들의 단조롭지 않고 가추적인 특성들은 추리와 그것이 조장하는 개입적 태도를 진행 중인 과정으로 전환한다. 사실상 사회적 실천에 근거를 두고 있는 것으로서의 이성은 반드시 어떤 결론을 향해 정향되는 것도 아니고, 위르겐 하버마스 부류의 인물들에 의해 제안된 그런 종류의 이성에 대한 실천적이고 준도구주의적인 설명을 통해서 의견일치를 확립하려고 노력하지도 않는다.[8] 이성의 주요 목적은 자신을 유지하고 증진하는 것이다. 그리고 비인간적인 것의 진리와 일치하는 것은 이성의 자기실현이다. 여기서 이성은 견고하거나 변경 불가능한 것으로 이해되지 않고 오히려 무지를 보존하는 동시에 완화하는 수정 가능한 규칙을 통해서 자신을 재구성하는 진화하는 공간으로 이해되어야 한다(가추적 비–단조성을 참조하라).

우리가 규범의 평가(혹은 소비)와 구성(혹은 생산)에 동시에 관여하는 어떤 개입적 태도를 발전시키지 않는다면 인간성에 대한 신념의 내용을 밝히는 것, 인간성이 우리에게 권리를 부여하는 어떤 다른 것을 검토하는 것은 불가능하다. 인간성의 개념에 대한 이런 개입적 태도만이 인간임의 암묵적인 책무를 추출하고 밝힐 수 있을 뿐이다. 그리고 감춰져

---

포괄적인 검토에 대해서는 Lorenzo Magnani, *Abductive Cognition*를 보라.
8. Anthony S. Laden, *Reasoning*을 보라.

있거나 불가능하다고 생각되는 어떤 능력들을 가능하게 만드는 하나의 가능화 벡터로서 여겨지는 것은 이런 개입적 태도이다.

평가하기라는 의미에서, 그리고 평가하기가 우리에게 자격을 부여하는 암묵적인 책무를 명시적으로 부각하기라는 의미에서 인간성에 대한 신념의 내용이 파악될 수 있는 것은 규범의 소비와 생산을 통해서이다. 따라서 인간성에 대한 신념을 이해하고 그런 신념을 형성하려면 인간임과 관련하여 구성주의적이고 수정주의적인 입장을 반드시 가정해야 한다. 이것은 앞서 언급된 개입적 태도이다.

인간적인 것을 수정하고 구성하는 것이야말로 인간성에 헌신하기 committing의 정의에 해당한다. 이런 영구적인 수정과 구성이 부재하다면 '인간성에 헌신하기'의 '헌신' 부분은 결코 이치에 맞지 않는다. 그런데 또한 인간성을 이성의 공간 안에 자리하게 하지 않으면 그것이 규정될 수 없는 한에서(지성 논증), 인간성에 헌신하기는 이성의 수정적 벡터에 순응하기와 인간성을 이성에 대한 자율적 설명에 따라 구성하기에 해당한다.

인간성은 우리의 배후에 자리하는 하나의 주어진 사실이 결코 아니다. 그것은 신념 형성과 이성에의 순응에 내재적인 재평가와 구성의 가닥들이 뒤얽혀 있는 신념이다. 요컨대 인간이라는 것은 하나의 분투이다. 이 분투의 목표는 이성의 공간을 통해서 인간적인 것을 구성하고 수정하라는 요구에 응답하는 것이다.

이런 분투는 이성의 기능적 자율성에 따라 어떤 행위 혹은 오류에 내성이 있는 태도 ― 말과 행동의 새로운 능력들을 펼치는 것을 목표로 삼는 개입적 태도 ― 를 발전시키는 것으로 특징지어진다. 달리 말해서 그것은 다양한 (사회적, 기술적…) 양식의 구성과 실천을 통해서 행위와 이해의 새로운 영역들을 개방하는 것이다.

## 4. 키치 맑스주의

인간성에 헌신하기가 구성하고 수정하기의 분투라면 오늘날의 인간주의는 대체로 그것이 말하는 것을 행하지도 않고 그것이 행하는 것을 말하지도 않는 공허한 기획이다. 정치경제적 리바이어던들의 맹공격에 맞서 인간성의 존엄을 지키고자 하는 사회정치적 철학들은 결국 반대편에서 그들에게 합류하게 된다.

이른바 현시대 맑스주의로 자처하는 것은 이성의 자율성을 인식하기를 거부하고 사회적 실천에 내재적인 규범과 인간적인 것에의 개입적 태도에 체계적으로 투자하기를 거부함으로써 대체로 행동과 이해의 규범을 제공하지 못한다. 사실상 그것은 인류의 미래에서 제외된다. 인간임이 뜻하는 바의 구성을 통해서만 인간성에 대한 신념의 규범이 산출될 수 있다. 산출된 규범을 통하여 기성의 규범을 수정함으로써만 규범을 평가할 수 있고 무엇보다도 인간임이 뜻하는 바를 가늠할 수 있다. 또다시 이들 규범은 사회적 관행과 구분되어야 한다. 게다가 이들 규범은 자연법칙과 혼동되지 말아야 한다(규범은 법칙이 아니다. 규범은 법칙에 관한 구상이며, 그렇기 때문에 규범은 오류에 내성이 있고 수정의 여지가 있다). 규범의 생산 혹은 구성은 규범의 소비 혹은 평가를 촉구하는데, 후자는 결국, 더 새로운 능력들과 더 복잡한 규범적 태도들의 생산에 대한 요구를 낳는다.

우리가 규범을 생산하지 않은 채로 그것을 평가할 수는 없다. 인간성의 상황을, 인간임에 대한 신념의 상태를 평가하기에 대해서도 사정은 마찬가지라고 말할 수 있다. 인간성은 그것에 대한 개입적인 구성적 태도가 발달하지 않는다면 어떤 맥락이나 상황에서도 평가될 수 없다. 그런데 인간적인 것에 대한 이런 구성적 태도를 발전시키는 것은 인간임이 뜻하는 바를 단호하게 수정한다는 것을 뜻한다.

다양한 사회적·기술적 실천을 통해서 인간적인 것에 대한 어떤 개입적인 구성적 태도를 발전시키려는 야심의 포기와 강경한 부정성의 기획에의 헌신이 현재 키치 맑스주의의 특징이다. 맑스주의 전체가 키치 맑스주의로 치부되어서는 안 되겠지만, 특히 맑스주의의 중심 신조로서의 계급투쟁이 불가결한 역사적 기획이기에 그러하겠지만, 이 시점에서 맑스주의자라는 주장은 너무나 포괄적인 주장이다. 그것은 마치 "나는 동물이다"라고 말하는 것과 같다. 그것은 어떤 이론적 목적에도 실천적 목적에도 이바지하지 못한다.

모든 맑스주의 의제는 그것이 자신의 신념을 다듬을 역량을 갖추고 있는지, 그것이 신념 형성에 연루된 근본 메커니즘을 이해하는지, 그리고 무엇보다도 그것이 자신의 신념을 전체적으로 갱신할 프로그램을 보유하고 있는지 여부를 결정함으로써 평가되어야 한다. 일단 실천적 부정성이 안정화되고 개입적 자세나 구성적 태도가 일축당한다면 인간성과 그 상황에 대한 평가는 다음과 같은 층위들에서 근본적으로 문제의 소지가 있게 된다.

구성적 벡터가 없다면 평가의 기획―비판―은 한낱 규범에 대한 소비주의적 태도에 불과한 것으로 전환된다. 아무것도 생산하지 않은 채로 규범을 소비하는 것이 오늘날의 맑스주의 비판 이론의 구체적 현실이다. 모든 주장에 대하여 사전에 포장된 일단의 "비판적 반사 행동"이 현존한다.[9] 어떤 사람이 더 나은 이성의 힘을 지지하는 주장을 제기한다고 가정해보자. 키치 맑스주의자는 말할 것이다. 누가 결정하는가? 그 사람은 구조적 위계와 기능적 위계를 통한 구성이 결정한다고 말한다. 키치 맑스주의자는 응답한다. 통제. 그 사람이 말한다. 규범적 통제. 키치 맑스주의자는 그에게 권위주의를 상기시킨다. 우리는 '우리'라고 말한다. 키치 맑

---

9. 비판적 사유의 명목으로 사유의 요구를 봉쇄하는 데 사용되는, 사전에 포장된 이론적 편견들을 나타내는 표현으로서 "비판적 반사 행동"이라는 용어에 대하여 피터 올펜데일에게 감사한다.

스주의자는 되묻는다. '우리'가 누구인가? 키치 맑스주의자의 충동적 응답성은 심지어 냉소적 태도와도 동일시될 수 없다. 그 이유는 그것이 냉소주의의 엄격함을 결여하고 있기 때문이다. 그것은 어떤 규범을 생산하는 데에도 구체적으로 헌신하지 않는 규범 소비주의의 진정한 표현인 기계화된 자동적인 반응양식이기 때문이다. 규범 소비주의는 인지적 노예 상태와 지성적 나태를 가리키는 또 다른 이름이다.

인간성에 대한 키치 맑스주의의 반응은 수정의 층위에서도 문제의 소지가 있다. 이성의 기능적 자율성의 지배를 받는 처신이라는 의미에서의, 인간적인 것에 대한 구성적 태도를 취하기를 거부함으로써 규범 생산하기를 중지하는 것은 인간임이 뜻하는 바를 수정하기를 중지함을 의미한다. 왜? 왜냐하면 규범은 다양한 구성양식, 복잡한 사회적 실천들, 그리고 말과 행동 사이를 왕복할 수 있는 새로운 능력들의 해방을 통해서 생산되는 더 새로운 규범에 의해 평가되고 수정되기 때문이다. 인간적인 것은 이유를 부여하고 요청하는 게임에 참여할 수 있는 자신의 역량에 의해 구분되기에 인간적인 것의 구성은 인간적인 것을 비인간적인 것과 차별화하고 지성을 지각과 차별화하는 이성의 공간을 추가로 지목하는 방향으로 이루어져야 한다.

키치 맑스주의는 이성의 요구에 따른 구성의 에토스를 부정성의 파토스로 전환함으로써 수정의 기획을 그만둘 뿐만 아니라 이성의 공간 바깥에 자리한 인간성에 관한 개념에도 의지하는데, 이성의 수정력이 인간성을 협상하고 규정하기 위한 권한을 부여받은 유일한 힘인데도 말이다. 일단 수정이 중단되면 인간성을 이해하고 인간성이 처한 상황에 작용하기란 아무런 의미도 없는 것이 된다. 그 이유는 인간임이라고 여겨지는 것이 더는 어떤 타당성도 누리지 못하기 때문이다.[10] 마찬가지로 일단

---

10. 현시대의 사회정치적 처방책들의 대부분이 현대 과학에 동조하지 못하거나 혹은 기술

인간성의 이미지가 이성의 외부에서 구해진다면 지성과 지각 사이의 의무론적 구분이 붕괴하고 비합리주의를 예고하는 조짐 — 경박함, 나르시시즘, 미신, 사변적 열광, 사회적 격세 유전, 그리고 궁극적으로 폭정 — 이 나타나는 것은 시간문제일 따름이다.

그러므로 우리가 인간주의자 혹은 맑스주의자에게 물어야 하는 첫 번째 물음은 다음과 같다. 당신의 신념들은 최신의 것인가? 그렇다면 그것들은 의무론적 재판 — 어떤 판본의 로버트 브랜덤의 의무론적 득점 기록 혹은 장-이브 지라르의 의무론적 재판 — 을 받아야 하는데, 여기서 신념들은 그것들의 연결성, 악순환과 내적 모순의 회피, 그리고 반박보다는 오히려 기피에 기반을 둔 평가에 근거하여 검토될 수 있다.[11]

인간성에 대한 신념이 적극적인 수정 및 구성과 동일시된다면 수정하기를 멈추기와 구성하기를 거부하기는 인간임이 뜻하는 바를 삭제하기로 한 일종의 비합리주의를 특징짓는다. 키치 맑스주의가 그저 이론적 무능함에 불과한 것이 아니라는 것은 바로 이런 의미에서다. 역사적·인지적 관점에서 바라보면 그것은 지성을 지각으로 퇴행시키려는 충동이기도 하다.

이런 점에서 모든 키치 맑스주의의 의제에는 인간성과 인간주의 기획에 대한 적대의 싹이 동면하고 있다고 말하는 것은 과장이 아니다. 실천

---

력에 의해 귀결된 사회적·조직적 변화를 고려하지 못한 인간성에 관한 구상에 기반을 두고 있다는 것은 전혀 비밀이 아니다.

11. 여기서 기피(recusal)라는 개념은 확대하는 — 더 정확히 말하자면 분기하는 — 신념 체계에서 부정의 탐사적인 절차적 등가물이다. 반박은 모순을 즉시 배제하는 반면에 기피는 그 신념 자체의 세분화(즉, 수정 혹은 갱신에 대한 그것의 내성)에 의거하여 신념들의 네트워크에서 진행하는 그런 과정의 한 형태이다. 어떤 이의가 유지되거나 기각되는 것에 기초하여 진행되는 법정 절차와 유사하게도 논리적 기피는 어떤 의무론적 입장에 기반을 둔, 어떤 분기된 신념 경로에서의 탐사를 허용하거나 가로막는다. 반박과 기피 사이의 차이에 관한 더 자세한 내용에 대해서는 Jean-Yves Girard, "Geometry of Interaction VI"를 보라.

적 부정성은 체념이기를 거부하지만, 또한 그것은 체계에 이바지하기를 거부하고 체계의 구성에 '내재하'는 긍정적 견해에 대한 체계적인 태도를 발전시키기를 거부한다.

인간주의는 구성에 대한 암묵적으로 긍정적인 태도에 의해 구분된다. 키치 맑스주의적 체념이 인간주의 기획의 포기와 퇴행적 수동성으로의 붕괴를 수반하는 한에서 우리는 키치 맑스주의가 체념과 구성 둘 다를 거부하는 것은 수동적이지도 않고 인간주의적이지도 않은 입장에 해당한다고 말할 수 있다. 사실상 이런 '둘 다 아님' 접근법은 키치 맑스주의 — 그것이 인간적인 것에 대한 신념을 자부하더라도 — 가 실제로 헌신하는 적극적 반인간주의의 기획만을 뜻할 뿐이다. 이런 반인간주의, 즉 인간적인 것에 헌신하기의 파생 결과에 대한 이런 적의의 여파로서, 키치 맑스주의적 의제의 인간주의와의 동일시는 최선의 경우에는 하나의 소극 farce으로, 최악의 경우에는 헌신적인 인간주의자들에 대한 비판적 폰지 사기로 나타난다.

인간주의에 대한 신념을 복잡한 능력 및 신념들과 연계하는 자신의 임무에서 비인간주의는 체념의 무관심에 맞설 뿐만 아니라 오늘날 키치 맑스주의라는 유행하는 입장의 실천적 부정성에 내재하는 적극적 반인간주의에도 맞서는 힘으로 나타난다. 나중에 논의될 것처럼 비인간주의는 인간성에 대한 신념 형성의 파생 결과를 확대하여 다듬는 것일 뿐만 아니라 자신을 기능적으로 구분하고 담론적인 사회적 실천에 관여할 수 있는 지성의 역량과 이성에 의해 제공되는 인간적인 것의 내용을 실천적으로 다듬는 것이기도 하다.

## 2부 비인간적인 것

계몽된 인간주의 — 요컨대 인간임이 뜻하는 바와 신념 형성하기가 뜻하는 바의 뒤얽힌 의미에서의 인간성에 대한 신념의 기획 – 는 합리적 기획이다. 그것이 합리적인 것은 그것이 인간적인 것의 의미를 실천들의 특정한 지평으로서의 이성의 공간에 정위하기 때문만이 아니라 더 중요하게도 그것이 고수하는 신념의 개념이 파생 결과와 증식하는 의무로부터 자유로운 주의주의적 충동으로서 사유될 수도 없고 실천될 수도 없기 때문이기도 하다. 오히려 이것은 최초의 신념 형성에서 비롯되는 부수적 신념들 – 그 신념들의 특정한 권리들뿐만 아니라 파생 결과들 – 을 탐사하기 위한 합리적 체계로서의 신념이다.

합리적 신념 체계와의 상호작용은 탐사적 패러다임을 좇는데, 이 패러다임에 따르면 그런 상호작용이 하나의 작업으로서 의미가 있으려면 최초 신념의 파생 결과들이 의무적으로 다듬어져야 하고 그것들에 대한 답사가 이루어져야 한다. 인간성에 대한 신념을 하나의 탐사 기획으로 구성하는 것은 신념 형성의 합리적 부산물에 대한 검토, 그것의 광범위한 결과를 밝히는 것, 그리고 이들 파생 결과를 답사가 이루어져야 하는 경로들로 간주하는 것이다. 여기서 탐사는 완전한 범위가 주어지지 않은 풍경에 관한 조사일 뿐만 아니라, 운영하기, 노선 계획하기, 탐사적 예상을 보류하기, 양립 불가능한 신념들을 거부하기 혹은 해결하기, 가능성의 공간을 답사하기, 그리고 각각의 경로를 새로운 경로의 현존 혹은 부재에 대한 가설, 통행 및 폐쇄에 대한 가설로서 이해하기의 단조롭지 않은 절차들의 실습이기도 하다.

합리적 시각에서 바라보면 하나의 신념은 단계적으로 분기하는 경로들의 연쇄로 여겨진다. 그것은 영역을 확대하고, 진화하는 풍경으로 발전하고, 고정된 시각들의 밧줄을 풀고, 어떤 고정된 신념이나 변경 불가능한 책임과 연관된 모든 형태의 깊은 뿌리를 근절하고, 낡은 신념들과 새로운 신념들 사이의 링크와 어드레스를 수정하며, 그리고 마지막으로 '그러해야만 했던 것'으로서의 자신에 대한 어떤 이미지도 지우는 과정이다.

인간적인 것의 의미를 합리적 신념 체계에 자리하게 하는 것은 이 의미의 추정된 안정성을 자신의 분기하는 종착지들의 수정 추진력 아래서 포괄적인 변화를 겪는 어떤 풍경의 교란 및 변형 능력에 종속시키는 것이다. 인간주의는 합리적 신념 체계 안에 처함으로써 그 자체를 원래 그것을 가동시킨 것과 소급적으로 유사성이 거의 없는 것에 대한 초기 조건으로 정립한다. 충분히 다듬어진다면 인간주의는 그 기원의 지배를 완전히 단절하지는 않더라도 변경하기 위해 미래에서 되돌아오는 힘으로서 ─ 즉, 자신의 과거를 작성하는 미래로서 ─ 의 비인간주의의 초기 조건이라고 우리는 주장할 것이다.

## 5. 모래에 그려진 '우리'의 초상

인간성에 대한 신념 형성의 실천적 정교화는 비인간주의이다. 어떤 신념을 형성하기가 그런 신념의 내용을 철저히 다듬는 것(그리하여 인간임이 뜻하는 바에 '무엇이 더 있는가?'를 질문하는 것)을 뜻한다면, 그리고 인간임이 이성의 공간에 진입할 수 있음을 뜻한다면 인간성에 대한 신념은 이성의 능력이 기능적으로 지각을 지성으로 전환하는 방식을 철저히 다듬어야 한다.

그런데 이성이 기능적 자율성 ─ 이성으로 하여금 지성이 지각으로 다시 붕괴하지 못하도록 막을 수 있게 하는 것 ─ 을 누리는 한에서 이성의 능력의 철저한 정교화는 이성의 자율성이 인간적인 것에 미치는 영향을 밝히는 것을 수반한다. 인간주의는 정의상 이성의 자율성이 수반하는 것과 그것이 우리에게 요구하는 것을 다듬음으로써 이성의 공간을 확대하려는 기획이다. 그런데 이성의 자율성은 자신을 평가하고 구성하며, 나아가 이성의 공간에 진입함으로써 자신을 구별 짓는 것을 재협상하고 구성할 자율성을 수반한다. 달리 말해서 이성의 기능적 자율성의 상징인 이성의 자기계발의 구체화는 인간성에 엄청난 영향을 미친다. 이성이 자신에게 행하는 것은 필연적으로 이성이 인간적인 것에 행하는 것으로서 현시된다.

이성의 기능적 자율성은 자신의 행위에 대한 이성의 자기결정을 수반하기에 — 이성이 (다의성이나 미신을 회피하기 위해) 자신 이외의 어느 것에 의해서도 평가될 수도 없고 수정될 수도 없는 한에서 — 그런 자율성에 대한 신념은 사실상 인간임이 뜻하는 바를 이성의 포괄적인 수정 효과에 노출한다. 어떤 의미에서 이성의 자율성은 그것의 수정 능력의 자율성이며, 그리고 (인간주의의 기획을 통한) 이성의 자율성에 대한 신념은 인간적인 것이 장악하지 못하는, 이성의 수정 프로그램의 자율성에 대한 신념이다.

비인간주의는 바로 인간성의 자화상에 맞서 이성의 수정 프로그램을 활성화하는 것이다. 일단 신념의 구조와 기능이 진정으로 파악된다면 우리는 신념이 시간상 역방향으로 습격하는 부식성의 산성 수정액처럼 미래로부터, 우리의 현행 신념의 부수적 신념들로부터 거슬러 와서 작동함을 알게 된다. 현재의 신념들과 그것들의 과거를 단단히 묶는 연계를 부식시킴으로써, 그리고 현재의 신념들을 그것들의 파생 결과의 시각에서 바라봄으로써 수정력은 체계 전체에 걸쳐 전반적으로 확산하는 연쇄적인 형태로 현재의 신념들을 갱신한다. 어떤 신념, 여기서는 특히 '인간성에 대한 신념'의 합리적 구조는 미래의 수정력을 통해서 과거의 긍정적인 경향들을 계발함으로써 현재의 기회를 구성한다. 당신이 인간적인 것에 헌신하자마자 당신은 사실상 미래로부터 거슬러 와서 그것의 표준 초상을 지우기 시작한다. 푸코가 넌지시 주장한 대로 그것은 인간의 자화상이 해변의 모래에 그려진 얼굴처럼 지워질 것이라는 사실에 건 단호한 내기이다.[12] 그려진 모든 초상은 이성의 수정력에 의해 씻겨나가 버리고, 그리하여 그것은 표준적 특질을 거의 지니고 있지 않은 더 미묘한 초

---

12. Michel Foucault, *The Order of Things*, 387. [미셸 푸코, 『말과 사물』.]

상들로 대체된다. 그리하여 우리는 남겨진 것을 '인간'이라고 부르는 것이 도대체 의미가 있는지 혹은 유용한지를 물을 수 있을 것이다.

비인간주의는 인간적인 것에 대한 합리적 행위주체성의 노동이다. 그런데 여기에 한 가지 단서가 있다. 합리적 행위주체성은 인격적이지도 않고 개별적이지도 않으며 심지어 반드시 생물학적인 것도 아니다. 비인간주의의 중핵은 이성의 자율성, 즉 자신의 필요에 대한 이성의 자기결정과 책임에 의해 정향되고 조절되는 대로 이루어지는, 인간적인 것의 동시 발생적인 구성과 수정을 경유하는 인간성에 대한 신념이다. 이성의 공간에서 구성은 수정을 수반하고 수정은 구성을 요구한다. 인간적인 것의 초상으로 추정되는 것의 수정은 어떤 맥락에서든 간에 인간적인 것의 구성이 어떤 구성적 토대, 근본적인 정체성, 순결한 자연, 주어진 의미 혹은 사전 상태에 의지하지 않고서 실행될 수 있음을 함축한다. 요컨대 수정은 후속 구성을 위한 허가증이다.

## 6. '우리가 되어가고 있는 것'과의 접촉이 단절되었을 때

마이클 페레가 지적하는 대로 반인간주의는 인간의 의의와 인간 존중의 융합을 위축시키는 실행 불가능한 과업에 전념하는 반면에 비인간주의는 인간의 의의를 인간의 영광에서 분리함으로써 개시되는 기획이다.[13] 비인간주의는 인간주의의 명예로운 잔류물에서 의의를 정제하고 융합의 내용을 해명한 다음에 우리의 이미지가 무엇이어야 하는지, 어떤 모습이어야 하는지, 혹은 무엇을 뜻해야 하는지에 대한 우리의 기대와 역사적 편견에서 기능적으로 벗어나는, 우리에 대한 수정 가능한 초상을 구성함으로써, 인간주의를 그것의 궁극적 결과로 데리고 간다. 이런 까닭에 나중에 논의될 것처럼 비인간주의는 체계적인 해방의 기획에

---

13. Michael Ferrer, *Human Emancipation and 'Future Philosophy'*를 보라.

서 새로운 단계 — 다른 형태의 해방에 대한 후속물이 아니라 증대하는 의무의 사슬에 대한 결정적으로 긴급하고 불가결한 부가물로서의 단계 — 를 조장한다.

더욱이 비인간주의는 보수주의적 인간주의에서 파생된 서술과 처방에 근거하여 구축된 미래에 대한 예상을 무너뜨린다. 보수주의적 인간주의는 인간적인 것의 실효성을, 인간에 의해 그리고 인간을 위해 개발된 어떤 처방도 반드시 보존해야 하고 고정되어 있는 어떤 과잉결정된 의미 혹은 과도하게 특수화된 일단의 서술에 자리하게 한다. 반면에 비인간주의는 인간성에 대한 신념의 실효성을 그것의 실천적 정교화와 그것의 파생 결과의 탐사에 자리하게 한다. 왜냐하면 어떤 신념의 진정한 실효성은 후속 신념들을 생성하고, 그 파생 결과에 따라 자신을 갱신하고, 가능한 것들의 공간을 개방하며, 그리고 그런 가능한 것들이 포함하고 있을 수정적이고 구성적인 취지를 탐사할 수 있는 그 신념의 역능 문제이기 때문이다.

따라서 인간성에 대한 신념의 실효성은 이 신념의 매개변수들이 애초에 서술되거나 설정된 방식에 자리하지 않는다. 그것은 이 신념의 실용주의적 의미(사용을 통한 의미)와 그 서술들의 기능주의적 의미(인간으로 여겨지기 위해서 우리는 무엇을 해야 하는가?)가 애초의 사정과 양립할 수 없는 가장 광범위한 유형들의 결과를 초래하도록 뒤엉키는 방식에 자리한다. 전자의 의미에서의 실효성을 가려서 그 존재감을 희미하게 하고, 더 나아가서 철저한 수정을 통해서 전자의 서술적 빈곤과 처방적 하찮음을 완전히 입증하는 것은 후자의 의미에서의 실효성이다.

로버트 브랜덤이 강조한 대로 "모든 결과"는 신념 사이의 양립 불가능성을 낳을 수 있을 "규범적 상태의 변화이"기에[14] 그 과업을 지속하려면

---

14. Brandom, *Between Saying and Doing*, 191.

우리는 그런 양립 불가능성을 없애는 특정한 무언가를 행해야 한다. 비인간주의의 시각에서 바라보면 인간성에 대한 신념의 결과가 더욱더 불연속적일수록 우리의 과업을 교정하기 위해 무언가(윤리적, 법적, 경제적, 정치적, 기술적 등의 무언가)를 행해야 한다는 요구가 더욱더 많아진다. 비인간주의는, 복구의 가능성이 전혀 없이 점점 벌어지는 균열로서, 불연속적인 것으로서 자신을 더욱 더 등록하는 수정의 물결에 따르는 행위의 긴급성을 강조한다.

변화와 관련된 모든 사회정치적 노력 혹은 실효적 기획은 우선 이런 균열 혹은 불연속성 효과를 해결해야 하고, 그다음에 그것에 맞는 필요 행위 과정을 고안해야 한다. 그런데 그 불연속성 효과 ─ 어떤 예측하지 못한 결과와 그로 인해 기하급수적으로 증대하는 규범적 상태에 대한 변화(무언가를 해야 한다는 요구들)이 촉발하는 효과 ─ 와 관련하여 무언가를 행한다는 것은 복구 행위에 해당하지 않는다. 오히려 과업은 우리가 우리 자신에 대해 생각하는 것과 우리가 되어가고 있는 것 사이의 소통이 가능해지도록 연결점들 ─ 인지적·실천적 채널들 ─ 을 구성하는 것이다.

후자를 인식할 능력은 어떤 주어진 권리도 아니고 고유한 자연적 적성도 아닌데, 그것은 사실상 노동, 프로그램 ─ 현행의 정치적 기획들에서는 근본적으로 빠져 있는 것 ─ 의 문제이다. 인간임은 인간이라는 것이 뜻하는 바의 결과와 연결할 수 있는 능력을 절대 수반하지 않는다. 같은 취지로 우리 자신을 인간으로 식별하는 것은 우리가 어떻게 되어가고 있는지를 이해하기 위한 충분조건도 아니고, 우리가 무엇이 되어가고 있는지를, 더 정확히 말하면 우리에게서 무엇이 생겨나고 있는지를 인식하기 위한 충분조건도 아니다.

반인간주의와 제휴한 정치적 노력은 그것이 어떤 기괴한 형태의 활동주의로 전락하는 사태를 미연에 방지할 수 없다. 그런데 보수주의적 인간주의에 대한 헌신 ─ (하버마스주의적 합리성 같은) 이성에 대한 준도구주의적이고 보호주의적인 해설을 통해서든 혹은 신학적으로 고조된 인간적인 것의 의미를 통해서든 간에 ─ 을 맹세하는 모든 사회정치적 기획은 어떤 근본적인 과거 혹은 근원의 비호 아래 지금 여기의 폭정을 시행하고 있다.

보수주의적 인간주의와 반인간주의는 보수와 진보라는 표제어 아래 자주 나타나는 역사의 두 가지 병리를 나타내는데, 보수는 과거의 특질을 보존해야 하는 현재에 대한 설명이고 진보는 과거에 단단히 기반을 둔 채로 있으면서 미래에 접근해야 하는 현재에 대한 설명이다. 그런데 수정의 파국은 과거와 현재 사이의 연계를 변경함으로써 미래로부터 그것들을 해체하며, 그리하여 기원 너머로 분기하는 운명의 과잉을 표현하는, 시간에 관한 파국적 구상을 전달한다.

## 7. 수정의 파국

이성에 의거한 인간성의 정의는 그 귀결이 즉시 주어지지 않고 오히려 그 파생 결과가 의외로 엄청난 최소주의적 정의이다. 하여간 실재적 위기가 존재한다면 그것은 인간성의 실제 내용에 대한 신념의 결과에 대처할 수 없는 우리의 무능력일 것이다. 이성의 궤적은 점점이 이어지는 순간들과 단계적 과정들이 어떤 가시적인 결과도, 어떤 포괄적인 불연속성도 갖지 않는 일반적 파국의 궤적이다. 그러므로 이성은 절차성을 강화하는 안정성의 매체인 동시에 일반적 파국, 즉 이성의 불연속적 정체성을 기대된 인간적인 것의 상(像)에 제공하는 급진적 변화의 매체이기도 하다.

이성의 담론적 공간에 의거하여 인간성을 다듬는 것은 인간적인 것의 자신에 대한 기대(인간적인 것이 자신이 되리라고 예상하는 것)와 인간적인 것의 적극적 내용 혹은 의의에 의거하여 변경된 인간적인 것의 상image 사이의 불연속성을 확립한다. 비인간주의를 인간성의 내용을 활성화함으로써 정해지는 일반적 파국으로 특징짓는 것은 바로 이런 불연속성인데, 일반적 파국의 기능적 중핵은 자율적일 뿐만 아니라 또한 강제적이고 변형적이다.

인간성의 식별은 이성의 자율적 공간의 활성화가 필요하다. 그런데 이 공간 ─ 인간성의 내용으로서의 공간 ─ 이 비록 그 생성은 역사적일지라도 기능적으로 자율적이기에 그 공간의 활성화는 인간성이 서술적 층위에서 무엇일 수 있거나 무엇이 될 수 있는지에 대한 역사적 예상의 비활성화를 수반한다. 반인간주의가 대체로 이런 서술적 층위에서 자신의 비판력을 끌어내기에, (수정에 영향을 받지 않으리라 추정되는) 자연에 처해 있든 혹은 (어느 특정한 예상에 근거를 둔) 역사의 한정된 범위에 처해 있든 간에 이성의 자율성의 실현은 인간적인 것의 비신학적 의의를 최초의 필요조건으로 회복함으로써 반인간주의적 비판을 무효로 할 것이다. 여기서 이해해야 할 중요한 것은 우리가 계몽주의의 앞문을 통과하는 인간주의적 기획에 먼저 헌신하지 않고서는 비인간주의를 옹호할 수도 없고 언급할 수도 없다는 점이다.

이성의 공간에 대한 의무적 탐사로서의 합리주의는 애초의 신념을 그것이 신념으로 여겨지려면 탐사되어야만 하는 부수적 신념들의 분기된 연쇄로 전환함으로써 인간성에 대한 신념을 수정의 파국으로 변환한다. 그런데 신념을 미래로부터, 수정에서 비롯된 그 파생 결과로부터 시간상으로 역행하여 과거에 간섭하고 현재를 다시 쓰는 수정의 파국으로 변환하는 것은 바로 이성에 의해 선동되고 유도되는 이런 전환이다. 이런 의미에서 이성은 기원을 보존하거나 과거에 단단히 기반을 두고 있는 현재의 시각에서 바라보면 지금까지 상상할 수 없던 역사의 연계를 확립한다.

미래의 수정 벡터와 동시에 행동하는 것은 회복하는 것이 아니라 오히려 갱신하고 수정하는 것, 재구성하고 변경하는 것이다. 역사에 작용하기 위한 전제 조건으로서의 시간의 실재에 대한 인지적·실천적 적응의 시각에서 바라보면 구속救贖은 단지 신학적으로 진기한 것일 따름이다. 그것은 시간에 대한 오해에서, 과거와 현재, 미래 사이의 연계를 융합하거나 사소한 것으로 만드는 데서, 그리고 마지막으로 목적지에 대한 기원의 편향된 승인에서 비롯된다. 그런데 시간의 실재는 기원에 의해서도, 이미 발생한 것에 의해서도 망라되지 않는다. 오히려 그것이 전개됨에 따라 우리가 그것의 위치와 방향을 수정할 수밖에 없는 것은 운명이다.

운명은 시간의 실재를 언제나 기원보다 과잉 상태에 있고 기원에 대하여 비대칭적인 것으로, 사실상 기원에 대하여 파국적인 것으로 표현한다. 그런데 목적지란 반드시 어떤 단일한 지점이거나 어떤 최종적인 목표인 것이 아니다. 그것은 궤적들로 구체화된다. 우리가 어떤 명백한 목적지에 이르거나 혹은 그런 것이 생겨나자마자 그것은 자신으로 이어지는 역사적 궤적을 더는 관장하지 못하게 되고 그 궤적의 다른 부분들을 관장하기 시작하는 수많은 더 새로운 목적지로 대체되며, 그리하여 여러 궤적으로 분기하는 파생 결과를 낳는다. 이렇게 해서 역사에서 최종 목표의 모든 흔적이 사실상 제거된다. 왜냐하면 전진함으로써 이르게 되지만 사실상 미래의 여러 목적지로부터 거슬러 와서 자신을 작성하는 운명의 모습으로 나타나는 시간에 관한 구상이 기원을 앞지르게 되기 때문이다.

비인간주의의 구성-수정 고리는 운명적 기획과 최종 목표의 부재 사이에, 역사적 자기실현과 시간의 공허 사이에 양립 불가능성이 전혀 없음을 강조한다. 어떤 활동주의적 충동으로서의 구속은 현재에 대한 보호주의적 설명이나 보수주의적 설명에 의해 특징지어지는 주의주의적 행동양식으로 작동한다. 반면에 수정은 이성의 기능적 자율성에 의해 일으켜진 미래의 수정 물결에 순응하기 위한 의무 행위 혹은 합리적 강제 행위이다.

## 8. 이성의 자율성

그런데 이성의 기능적 자율성이란 정확히 무엇인가? 그것은 이성의 자기-현실화 성향을 가리키는 표현인데, 이 시나리오에 따르면 이성은 자연스럽게 필연적인 것처럼 보이거나 혹은 공교롭게도 필연적인 자신의 공간을 그 필연성에도 불구하고 해방시킨다. 여기서 '필연적'이라는 낱말은 자연적 필연성으로 추정되는 것을 가리키고, 따라서 규범적 필연성과 구분되어야 한다. 자연적 원인들의 주어진 지위는 '존재'(행성의 대기 조건처럼 우연히 정립되었기에 사실이라고 알려진 것)로 규정되는 반면에 합리적인 것들의 규범적 지위는 '당위'에 의해 규정된다. 전자는 추정컨대 필연적 충동을 전하지만, 후자는 주어진 것이 아니라 오히려 어떤 집단적 실천에 내재하는 법칙이나 규범을 명시적으로 인식함으로써 생성된다. 그리하여 그 법칙이나 규범은 구속력이 있는 것, 개념적 강제, 당위로 전환된다.

당위를 우연히 정립된 자연적으로 필연적인 것들을 구성하는 데 필요한 조작 가능한 변수로 전환할 수 있는 구성 벡터로서 현시하는 것은 당위 – 자연법칙의 충동적 강권에 대립적인 것으로서의 당위 – 의 인식적이고 오류에 내성이 있는 수정의 차원이다. 게다가 당위의 질서는 기능적 조직, 즉 지금 여기의 질서 속에 구체화된 이른바 필연적 '존재'로부터의 점증적 도피를 절차적으로 이루어 내는 당위들의 사슬 혹은 왕조를 조성할 수 있다.

이성의 기능적 자율성은 추론적 연계나 과정들을 통해 단순한 당위들을, 복잡한 당위들 혹은 규범적으로 필연적인 것들 혹은 규범적 능력들과 연결하는 것에 해당한다. 인간성에 대한 신념, 그리고 그 결과로서 이성의 자율성은 우리에게 주어질 수 있는 당위들과 신념-능력들의 상세한 규정을 필요로 할 뿐만 아니라 기존의 당위들을 새로운 당위 및 의무와 연결하는 새로운 기능적 연계와 추론들을 발전시키는 것 역시 필요로 한다.

맑스주의적 의제든 인간주의적 신조든 혹은 미래지향적 시각이든 간에 추론적 문제를 해결하지 않고, 그리고 추론적·기능적 연계를 구성하지 않은 채로 신념들을 갖추고 있음을 자랑으로 여기는 모든 정치철학은 내적 모순과 신념들 사이의 연결성 부재에 시달린다. 추론적 연계가 없다면 신념의 어떤 실제적 갱신도 이루어질 수 없다. 전반적인 갱신 프로그램이 없다면 인간주의가 보수주의의 한 기관으로 고착되지 못하게 하고 맑스주의가 비판의 풍자극, 교훈적인 이야기와 혁명적인 허세의 잡동사니로 빠져들지 못하게 하는 것은 불가능하지는 않을지라도 점점 더 어렵게 된다. 어떤 정치적 기획이 아무리 사회정치적으로 숙련되었거나 결연한 것처럼 보일지라도 전반적인 갱신 체계가 없다면 그런 기획은 그 자체의 내적 모순에 의해 어떤 의무도 책무도 처방하지 못하게 된다.

사실상 기능적 조직, 자율성의 복잡한 위계와 양성 되먹임 고리에 의거하여 "무엇을 해야 하는가"의 개요를 제시하려는 훌륭한 시도로서 서르닉과 윌리엄스의 「#가속하라」는 자신의 신념들을 갱신하는 과정에 있는 맑스주의 기획을 표명한다. 이러한 노력이 자신들의 인지적·실천적 신념들을 갱신하기를 포기한 지가 오래된 그런 부류들의 맑스주의자들로부터 대체로 조롱과 비난을 받는다는 것은 전혀 놀라운 일이 아니다.

## 9. 기능적 자율성

이성의 기능적 자율성에 관한 주장은 이성의 유전적 자발성에 관한 주장이 아니다. 왜냐하면 이성은 역사적이고 수정 가능하며, 사회적이고 실천에 근거를 두고 있기 때문이다. 그것은 사실상 담론적 실천의 자율성과 당위들 사이의 추론적 연계 ─ 다시 말해서 구성 능력과 수정 의무 사이의 연계 ─ 의 자율성에 관한 주장이다. 이성은 자신의 근거를 사회적 구성과 공동 평가에 두고 있을 뿐만 아니라 추론 양식들에 묻어 들어가 있는 조건들의 조정 가능성에도 두고 있다. 이성이 사회적인 것은 부분적으로 그것이 탈사유화하고 안정화하는 공동의 조직 공간으로서의 언어의 기원 및 기능과 깊이 연결되어 있기 때문이다. 그런데 우리는 사회적인 것에 관한 '강건한' 구상을 신중히 추출해야 한다. 왜냐하면 사회적 구성에 대한 포괄적인 호소는 상대주의와 다의성의 위험을 무릅쓸 뿐만 아니라, 폴 보고시안이 지적한 대로, 지식에 대한 두려움의 위험도 무릅쓰기 때문이다.[15] 사회적인 것에 관한 이런 강건한 구상을 추출하는 방향으로 이루어진 첫 번째 움직임은, 사회적인 것의 '암묵적으로' 규범적인 측면과 관행이 내재하는 사회적인 것의 차원 사이, 개입적 태도로서의 규범과 순응주의적 성향으로서의 정상화 규범 사이의 구분을 필수적으로 행하는 것에 있다.

이성은 사회적 실천에 내재적인 규범에 대한 개입적 태도로 시작한다. 이성은 자연과 분리될 수 없을 뿐만 아니라 또한 사회적 구성으로부터도 격리될 수 없다. 그런데 이성은 나름의 환원 불가능한 욕구(칸트)와 구성적 자기결정권(헤겔)을 지니고 있으며, 그 자체로만 평가될 수 있을 뿐이다(셀라스). 사실상 합리주의의 첫 번째 과업 혹은 문제는 이성의 자율성을 고려하는, 자연과 사회적인 것에 관한 구상을 제시하는 것이다. 이 문제는, 자연적이든 사회적이든 간에 법칙들을 '인식함'에 있어서 이성의 자율적인 수행을 고려하는 자연의 인과적 체제 주위를 공전한다. 그러므로 합리성은 법칙에 따른 수행이 아니라 오히려 법칙의 인식이라는 점을 강조하는 것이 중요하다. 합리성은, 수정 가능하고 탐사 가능한 규칙들의 영역에 이르는 통로로서의 '법칙에 관한 구상'이다. 일단 우리가 이런 규칙들이 구속력을 갖게 하는 규범에 대한 어떤 개입적 태도를 인식하거나 발전시킬 때만 우리는 합리적 행위자가 된다. 우리는 세상

---

15. Paul A. Boghossian, *Fear of Knowledge*.

의 규범적 상태를 완전히 포용하지는 않는다. 우리는 규범의 명시적인 상태 ― 즉, 논리적으로 코드화된 상태 ― 에 접근하지 못한다. 우리가 규범의 상태를 명시적으로 부각하는 것은 사회적 실천을 통해서 규범의 수정과 구성에 개입하는 그런 태도를 통해서이다.[16] 헤겔의 견해와는 대조적으로 합리성은 아래로부터 명시적 규범에 의해 코드화되지 않는다. 개입적 실천을 통해서 접근할 수 있는 암묵적 규범을 명시적 규범과 혼동하는 것은 흔한 일이고 논리주의나 주지주의, 즉 명시적 규범이 모든 점에서 규칙을 갖춘 초기 조건을 구성하는 규범성에 대한 설명 ― 비트겐슈타인의 퇴행 논증에 의해 이미 틀렸음이 밝혀진 주장[17] ― 의 위험을 무릅쓴다.

## 10. 기능적 자기강화와 실천적 분해가능성

이성의 자율성은 이성에 영향을 미치는 원인들의 연쇄에 직면하여 나타나는 이성의 규범적·추론적·수정적 기능의 자율성에 관한 주장이다. 궁극적으로 이것은 실용주의적 혹은 합리주의적 기능주의라는 의미에서의 (신)기능주의적 주장이다. 실용주의적 기능주의는 사유의 기호적 본성 주위를 공전하는 전통적인 인공지능-기능주의와 구분되어야 할 뿐만 아니라, 규칙적인 것들의 집합으로서의 행동에 의존하는 기능주의의 행동주의적 변양태들과도 구분되어야 한다. 인공지능-기능주의와 행동주의적 기능주의는 범계산주의(계산의 무조건적인 편재성, 모든 물리적 체계가 모든 계산을 실행할 수 있다는 관념)의 다양한 신화의 위험을 무릅쓴다. 실용주의적 혹은 칸트주의적 합리주의의 의미에서의 기능주의를 완전히 거부하는 것은 생기론과 불가언주의ineffabilism를, 즉 사유와 관련하여 본질적으로 특별하고 구성 불가능한 무언가가 있다고 단

---

16. Robert Brandom, *Making It Explicit*를 보라.

17. Ludwig Wittgenstein, *Philosophical Investigations* [루트비히 비트겐슈타인, 『철학적 탐구』]를 보라.

언하는 신비주의적 견해를 불가피하게 예고할 것이다.

실용주의적 기능주의는 인간의 담론적 실천의 실용주의적 본성 – 즉, 말과 행동 사이에서 단계적으로 왕복할 수 있는 이성의 추리 능력 – 에 관심이 있다. 여기서 '단계적으로'라는 낱말은 말과 행동, 주장과 수행의 구성이 조만간 분해될 수 있음을 전제로 하고 있다는 것을 뜻한다. 이런 까닭에 실용주의적 기능주의는 담론적 실천들의 비담론적 실천들로의 분해 가능성(추리 혹은 심지어 사유로 여겨지려면 우리는 무엇을 해야 하는가?)에 집중한다. 기호적 인공지능 혹은 고전적 인공지능과 달리 실용주의적 기능주의는 암묵적 실천들을 명시적 – 즉, 논리적으로 코드화할 수 있는 – 규범들로 분해하지 않는다. 그것은 알고리즘적 분해 가능성보다는 오히려 실천적 분해 가능성과 관련이 있고, 단조로운 연산들보다는 단조롭지 않은 절차들과 관련이 있다. 오히려 그것은 명시적 규범들을 암묵적 실천들로, 사실을-앎을 방법을-앎(자기강화 역량을 부여받은 능력들의 영역 – 특정한 무언가를 수행하는 것으로 여겨지려면 무엇을 해야 하는가?)으로 분해한다.

실용주의적 혹은 합리주의적 기능주의에 따르면 이성의 자율성은 이성의 자동화를 수반한다. 왜냐히면 지성의 표식인 실천의 자율화가 담론적 실천들의 비담론적 실천들로의 실제적 분해 가능성 덕분에 담론적 실천의 자동화를 시사하기 때문이다. 담론적 실천의 자동화 혹은 말과 행동 사이의 되먹임 고리는 이성의 기능적 자율화의 진정한 표현이고 탈주술화 기획의 목적이다. 사유가 자연의 탈주술화를 수행할 수 있다면, 사유를 탈주술화할 수 있는 것은 오직 담론적 실천의 자동화뿐이다.

여기서 자동화는 효과적인 최적화 혹은 엄격한 수반 형식들(단조성)을 목표로 삼은 과정들의 동일한 반복을 뜻하지 않는다. 그것은 어떤 일단의 능력이 또 다른 일단의 능력으로부터 자율적으로 자기강화를 행할 수 있게 하는 일단의 특수한 수행의 기능적 분석 혹은 실천적 분해

가능성의 등록이다. 따라서 여기서 자동화는 실천적 가능화에 해당하거나, 혹은 기능적 자율성이나 자유를 유지하고 증진할 수 있는 능력에 해당한다. 실천들의 단조롭지 않은 특성이 실천적 조직의 새로운 궤적들을 개방하고, 그리하여 실천적 자유의 영역을 확대하는 한에서 이런 자동화 양식에 연루된 실용주의적 절차들은 행위와 이해의 공간들을 영구적으로 다양화한다.

일단 규칙 기반 실천들의 영역으로서의 이성의 게임이 개시되면 이성은 자신의 원시적 능력들로부터 복잡한 능력들을 자립적으로 발달시킬 수 있다. 이것은 다름 아니라 이성의 자기-현실화이다. 이성은 자신의 공간들과 자신의 요구들을 해방하며, 도중에 우리가 사유로 이해하는 것뿐만 아니라 우리가 '우리'로 인식하는 것도 근본적으로 수정한다. 기능성의 자율성이 존재하는 경우마다 역사의 획기적인 전개로서의 자기-현실화 혹은 자기실현의 가능성이 존재한다. 자기실현이 이루어지고 있는 경우마다 자유와 지능 사이, 자기-변형과 자기-구상 사이에 닫힌 양성되먹임 고리가 확립되어 있다. 그렇다면 이성의 기능적 자율성은, 오픈소스 자기로서 담론적으로 공들여 구성된 '우리'라는 집합체로부터 자체를 한 조각씩 회집하는 지능의 자기-현실화를 예고하는 선조이다.

그러므로 합리주의적 기능주의는 일반 지능의 비기호적 ― 즉, 철학적 ― 기획을 서술한다. 이 기획에서는 지능이 기능적 자율성의 유지와 증진을 통한 자기실현의 벡터로 철저히 파악된다. 담론적 실천의 자동화 ― 자율적인 담론적 실천과의 연계를 통한 인공일반지능의 실용주의적 해방과 집단화 실천의 새로운 양식들의 촉발 ― 는 인간적인 것의 표준 자화상에 맞서서 예리해진 이성의 수정-구성 칼날을 예시한다.

자유로워지려면 우리는 이성의 노예가 되어야 한다. 그런데 이성의 노예임(자유의 바로 그 조건)은 우리를 이성의 수정 역량과 구성적 강제 둘 다에 노출한다. 일단 이성의 자율성과 담론적 실천에의 자율적 관여에 대한 신념이 충분히 다듬어지면 이런 감수성은 치명적으로 증강된다. 다시 말해서 이성의 자율성이 이성과 담론적 실천의 자동화 − 인공일반지능에 관한 고전적인 기호적 테제라기보다는 오히려 철학적 테제[18] − 로 이해되는 경우에 그러하다.

## 11. 증강된 합리성

이성의 자동화는 이성의 수정적 칼날과 구성적 벡터의 가능화에 있어서 새로운 단계를 시사한다. 이성의 가능화의 이런 새로운 단계는 합리적 강제와 자연적 충동 사이, 개입적 의무로서의 '당위'와 필경 혹은 자연적으로 사실인 것(자연의 우연성, 그리고 토대와 성향, 관행, 이른바 불가피한 한계의 필연성)에의 순응으로서의 '존재' 사이의 차이가 악화할 조짐을 나타낸다.

'존재'와 '당위' 사이의 차이가 역동적으로 예리해지는 상황은 증강된 합리성이라고 일컬어져야 하는 것의 출현을 예고한다. 그것은 (증강현실이 현실보다 더 현실적이지는 않은 것과 마찬가지로) 더 합리적이라는 의미에서 증강되는 것이 아니라 오히려 행해진 것 혹은 일어난 것(혹은 필경 사실인 것)과 행해야만 하는 것 사이의 구분을 더욱더 급진화한다는 의미에서 증강된다. 오직 이런 구분을 예리하게 함으로써만, 이성의 요구를 증강할 수 있고, 따라서 합리적 행위주체성을 행위와 이해의 새로운 영역을 향해 추진할 수 있다.

증강된 합리성은 당위와 존재 사이의 차이가 근본적으로 격화하는 것이다. 그리하여 어떤 시각에서 바라보면 그것은 복구의 신화를 폐기하고 존재와 사유 사이의 화해에 대한 모든 희망을 제거한다. 증강된 합리

---

18. 철학과 인공지능 사이의 관련성에 관한 설명에 대해서는 David Deutsch, "Philosophy will be the key that unlocks artificial intelligence"를 보라.

성은 하워드 바커가 "최대 위험 영역" – 인간성 자체에 대한 위험이 아니라 아직 갱신되지 않은 신념들에 대한 위험인데, 왜냐하면 그것들은 수정되지 않은 인간의 초상에 순응하기 때문이다 – 이라고 일컫는 것에 내재한다.[19] 비인간적인 것의 노동으로 이해되는 증강된 합리성은, '당위'의 수정적 차원과 구성적 차원의 증폭을 통해서, 갱신되지 않은 인간적인 것에의 신념들에 대한 일반화된 파국을 산출한다. 이성이 나름의 기능적 진화를 겪는다면 이성의 공간(존재의 자연적 진화라기보다는 오히려 당위의 진화)에의 적응에 맞서는 인지적 항거는 참사로 귀결된다.

이성의 진화 – 자신의 기능적 욕구에 따른 이성의 현실화 – 에의 적응은 인간적인 것에 대한 신념을 갱신함으로써 이성의 자율성에 대한 신념을 갱신하는 문제이다. 이성의 수정적 차원과 구성적 차원을 공동 평가와 방법론적 집합주의를 통해서 인간의 수정과 구성을 위한 체계적인 기획으로 옮기지 않은 채로 신념을 갱신하는 것은 불가능하다. 합리주의가 수정과 구성의 체계성을 나타내더라도 그것은 단독으로 그런 체계성을 조직할 수 없다. 다시 말해서 합리주의는 정치적 기획의 대체물이 아닌데, 그것이 여전히 모든 중대한 정치적 기획을 특징짓는 동시에 그것의 방향을 설정하는 필수적인 플랫폼일지라도 말이다.

## 12. 구성과 수정의 계발적인 기획

이성과 담론적 실천의 자동화는 수정과 구성을 실행하기 위한 새로운 풍경, 다시 말해서 실천적 자유의 체계적인 기획에 관여하기 위한 새로운 풍경을 드러낸다. 이것은 지식의 체계성으로서의 자유이자 체계에 작용하기 위한 전제 조건으로서 체계에 관한 지식으로서의 자유이기도 하다. 체계에 작용하려면 체계를 알아야 한다. 하지만 체계가 경향

---

19. Howard Barker, *Arguments for a Theater*, 52.

들과 기능들의 전반적인 통합체에 지나지 않는 한에서, 그리고 체계가 고유한 건축물도 아니고 궁극적 토대도 아니며 외재적 한계도 아닌 한에서 체계를 알기 위해서는 체계를 하나의 구성 가능한 가설로 여겨야만 한다. 달리 말해서 체계는 가추적 종합과 연역적 분석, 다양한 층위에 분배된 그 변수들의 추론적 조작뿐만 아니라 방법적 구성을 통해서 이해되어야 한다.

체계에 관한 지식은 일반적 인식론이 아니라 오히려 윌리엄 윔샛이 강조하는 대로 "공학 인식론"이다.[20] 공학 인식론 — 인과적 얼개와 기능적 위계 조직의 지정된 조작을 포함하는 이해의 한 형태 — 은 다양한 층위와 위계의 각기 다른 역할과 요건에 특별히 주목하는 발견법의 갱신 가능한 설비이다. 그것은 하위 층위의 존재자들과 메커니즘들을 동원하여 상위 층위에서의 구성을 유도하고 증진한다. 게다가 그것은 상위 층위의 변수들과 확고한 과정들을 활용하여 하위 층위의 구조적·기능적 위계들을 교정할 뿐만 아니라,[21] 그것들의 구성 잠재력을 현실화하기 위해 그 가능성의 공간을 재규격화기도 하는데, 그리하여 후속 구성에 필요한 관찰 가능량들과 조작 조건문들을 산출한다.[22]

진정한 변화를 겨냥하는 모든 정치적 기획은 복잡계의 독특한 면모인 포개진 위계의 논리를 이해하고 그 논리에 적응해야 한다.[23] 왜냐하면

---

20. William C. Wimsatt, *Re-Engineering Philosophy for Limited Beings*.

21. 과정들과 메커니즘들의 상세하고 전문적인 규정에 대해서는 Johanna Seibt, "Forms of Emergent Interaction in General Process Theory," 479~512와 Carl F. Craver, "Role Functions, Mechanisms and Hierarchy," 53~74를 보라.

22. 조작 조건문은 다양한 개입책 혹은 조작 가능한 가설에 의거하여 전건과 후건의 다양한 인과적·설명적 조합(만약 … 라면 … 이다)을 표현하는 일반적 조건문의 특정한 형태다. 예를 들면 한 가지 단순한 조작 조건문은 다음과 같을 것이다. 만약 x가 어떤 변수들의 집합 W 아래서 조작될 수 있다면 그것은 y의 방식으로 행동할 것이다. 인과적·설명적 개입에 관한 이론에 대해서는 James Woodward, *Making Things Happen*을 보라.

23. 복잡성에의 실재론적 접근에 대해서는 James Ladyman, James Lambert, and Karo-

변화는 다양한 구조적 층위와 기능적 층위를 가로지르는 구조 수정 및 기능 변환을 통해서 귀결될 수밖에 없기 때문이다. 수많은 복잡한 사항이, 포개진 구조적 위계와 기능적 위계의 분배에서 생겨난다. 때때로 한 층위에서 변화가 이루어지려면 외관상 무관한 다른 한 층위에서 어떤 구조적 혹은 기능적 변화가 이루어져야 한다. 더 중요한 것은 (경제적 층위에서든 사회적 층위에서든 혹은 정치적 층위에서든 간에) 기능을 변화시키는 것이다. 그런데 모든 구조적 변화가 반드시 기능적 변화를 초래하는 것은 아니다. 한편으로 모든 기능적 변화는 ― 체계를 위한 목적 달성과 동적 안정화의 역할을 수행하는 기능들 덕분에 ― 구조적 변화를 낳는다(그런 구조 변경이 자신의 기능이 방금 바뀐 특정한 구조에서 발생하지 않을 수 있더라도 말이다).

우리 삶의 모든 지층에서 모든 형태의 변화를 시행하는 행위에 대한 포개진 위계들의 의의는 다양한 설명적 층위와 층위 간 조작에 관한 지식을 더할 나위 없이 중요한 필수 사항으로 만든다. 그런 지식은 정치적 기획 안에 전적으로 편입되어야 한다. 구조적 위계와 기능적 위계에 관한 지식이 없다면 변화에 대한 어떤 야망 ― 수정을 거치든 재조직화를 거치든 혹은 국소적 파괴를 거치든 간에 ― 도 경제와 사회, 정치의 층위들에서 구조와 기능의 다양한 지층의 융합에 의해 오도되게 된다. 설명과 서술의 융합, 구조와 기능의 융합을 분해하지 않는 변화는 결국 분해로 위장한 융합을 다시 기입하는데, 이것은 다른 한 지층 혹은 다른 한 영역에서 이루어진 또 하나의 복잡화일 뿐이다. 그러므로 층위들과 층위 간 조작들의 설명적 차별화(복합적 발견법)만이 변화의 꿈을 현실로 전환할 수 있다.

---

line Wiesner, "What is a Complex System?" 33~67을 보라. 그리고 더 자세한 내용에 대해서는 Remo Badii and Antonio Politi, *Complexity*를 보라.

위계적 시나리오에서 하위 층위의 차원들은 구성의 가능성을 확대하는 동시에 수정의 가능성을 초래하는 가능성 공간들에 상위 층위들을 개방한다. 동시에 상위 층위 차원들의 서술적 가소성과 안정된 메커니즘들은 하위 층위들에서 이루어지는 구성과 조작을 조정하고 동원한다. 함께 결합함으로써 하위 층위들과 상위 층위들의 능력들은 공학의 수정-구성 고리를 형성한다. 창발주의 및 제거적 환원주의의 부적절한 점들을 우회하는 그 공학 고리는 하나의 시각적 도식이자 종합의 지도이다. 하나의 지도로서의 그것은 다양한 층위를 가로질러 분포할 뿐만 아니라 각각의 지층에 대하여 상이한 서술-처방 유의성을 지닌 다수의 포괄 지도로서 분포한다. 그 쪽매붙임의 구조는 일종의 서술적 가소성과 처방적 다능성을 보증한다. 그것은 비정합성과 설명적 융합을 감소시키고, 서술적·처방적 포괄 지도들을 특정한 매개변수들과 영역들에 맞춤으로 제작함으로써 구성의 문제와 기회에 대한 탐색을 유효하게 만든다. 하나의 시각적 나침반으로서의 그 공학 고리는 현시적 이미지와 과학적 이미지를 관통하고(입체적 일관성), 위로부터의 관점과 아래로부터의 관점을 취하며(원근적 심화), 그리고 각각의 특유하고 연장 불가능한 설명적·서술적·구조적·기능적 질서를 갖춘 다양한 중시적mesoscale 규모들을 통합한다(사소하지 않은 종합). 그 수정-구성 고리는 언제나 공학을 재공학, 즉 재수정, 재평가, 재정향 그리고 재구성의 과정으로 조직한다. 복잡계의 기능적·구조적 축적에 해당하는 것은 공학의 누적적 효과(윔샛)인데,[24] 그것은 토대의 신화를 침식하고 우연히 정립된 환경으로부터의 누적적 도피를 촉진하는 부식성 실체이다.

체계를 하나의 가설과 공학 인식론으로 간주하기의 차원들, 오류에 내성이 있고 조작 가능한 차원들은 바로 수정과 구성을 자유의 두 가지

---

24. Wimsatt, *Re-Engineering Philosophy for Limited Beings*를 보라.

중추적인 기능으로 표현하는 것이다. 수정을 가로막고 구성의 범위를 유지하지 않는 ― 더 중요하게도 확대하지 않는 ― 모든 신념은 갱신되어야만 한다. 만약 갱신될 수 없다면 그것은 폐기되어야만 한다. 자유는 위계적이고 포개져 있기에 탈중앙집중화된 복잡계의 특징들인 기능적 축적과 정교화에서 생겨날 따름이다. 기능적 조직은 사소하지 않은 방향 설정, 유지, 조정, 그리고 증진을 가능하게 하는 기능적 위계들과 그것들 사이의 올바른 추론적 연계들로 구성되며, 그리하여 자연적 원인들과 관련된 필수적인 것들과 근본적인 것들을 조작 가능한 구성 변수들로 절차적으로 전환할 기회가 생겨난다.

어떤 의미에서 기능적 조직은 규범적 작동뿐만 아니라 인과적 작동과도 관련된 기능적 연계들과 기능적 특성들의 복잡한 위계적 체계로 해석될 수 있다. 그것은 '존재'의 주어진 질서를 '당위'의 개입적인 가능화 질서로 전환할 수 있는데, 여기서는 우연히 정립된 자연적 한계가 필수적이지만 수정 가능한 규범적 제약으로 대체된다. 구성은 (자연적 제약이 아니라) 규범적 제약 아래 진전된다는 점을 인식하는 것이 중요하다. 그리고 자연적 결정 사항들(그러므로 실재론)은 토대적 한계로 여겨질 수 없다. 기능적 위계는 한 인과적 얼개를 다른 한 인과적 얼개로 전유하고 한 규범적 상태를 다른 한 수준으로 견인하는 사다리 혹은 부트스트랩의 역할을 떠맡는다.

이런 까닭에 변화의 범위를 한정하고 누적적 도피의 전망을 차단하는 것으로서의 토대의 공공의 적 1호는, 수정과 구성의 행위자로서의 공학자의 형상이다. 위반의 옹호자 혹은 스스로 체계에서 빠져나오거나 체계를 수평 상태로 평탄화하는 일에 열중하는 강경한 공동체주의자가 공공의 적의 형상인 것이 아니다. 더 중요하게도 또한 이것은 자발성이나 인민 의지의 명목으로든 혹은 자본주의 수출의 명목으로든 간에 자유가 하루아침에 생겨나지 않는 이유이다. 해방은 하나의 관념 혹은 상품이 아니라 하나의 기획이다. 해방의 결과는 참신성이 난입하는 것이 아니라 오히려 어떤 지정된 형태의 노동이 지속하는 것이다.

자유의 조건은 해방이라기보다는 오히려 자기계발의 기획으로 구체화하는 점진적인 구조적·기능적 축적과 정교화이다. 구조적·기능적 축적과 정교화는 층위들이 서로 교정하는 영향과 더불어 가능화의 엔진으로서 기능적 위계에 내재하는 구성적 성향을 통해서 신념들을 갱신하기 위한 적절한 환경을 구성한다.

해방은 자유의 최초 불꽃도 아니고 그 내용으로서 충분하지도 않다. 해방이 자유의 유지와 증진을 보증하지 않는 한에서 해방을 자유의 원천으로 간주하는 것은 거듭해서 불신당한 사건 중심적 고지식함이다. 그런데 해방을 자유의 충분한 내용으로 식별하는 것은 훨씬 더 심각한 결과, 즉 비합리주의와 그로 인한 다양한 형태의 폭정과 파시즘의 촉발을 초래한다.

자유의 충분한 내용은 오직 이성에서만 찾아볼 수 있다. 우리는 합리적 규범과 자연법칙 사이의 차이, 이성에 따르기의 구속력 있는 지위에 대한 명시적 인식에 본질적으로 내재한 해방과 그런 인식 역량의 박탈과 관련된 노예 상태 ─ 자연적 충동의 조건 ─ 사이의 차이를 인식해야 한다. 엄밀한 의미에서 자유는 노예 상태로부터의 해방이 아니다. 그것은 노예 상태의 지속적인 탈학습unlearning이다.

신념을 갱신해야 한다는 충동과 그런 신념-형성의 위업을 수행하기 위해 인지 기술과 실천 기술을 구성해야 한다는 충동은 이런 탈학습 절차의 두 가지 필수적인 차원이다. 구성과 수정의 시각에서 바라보면 자유는 지능이다. 이 언명의 의미를 실천적으로 다듬지 않는 인간성 혹은 자유에 대한 신념은 이미 그 신념을 버리고 인간성을 볼모로 잡고서 단지 하루나 이틀 동안 역사 속을 간신히 걸어갔을 뿐이다.

사회적 계획이든 규범적 제약으로부터의 해방(즉, 목적이나 지정된 행위가 없는 자유)에 관한 직관적 관념이든 간에 자유주의적 자유는 지능으로 옮겨지지 않는 자유이다. 그리고 이런 까닭에 그것은 소급되어 쓸모없어진다. 추정상의 구성을 재구성하는 것, 규범적으로 선한 것을 식별하기와 그것을 참으로 만들기 사이의 기능적 연계를 끌어내는 것, 선한 것을 유지하고 증진하는 것, 그리고 더 나은 것의 추구에 나름의 자율성을 부여하는 것 ─ 그런 것이 자유의 진전이다. 그런데 이것은 그 구성에도 불구하고 스스로 해방하는 기능적 자율성과 실천적 자유의 자기-현실화로서의 지능에 관한 정의이기도 하다.

이성에 관한 자율적인 구상에의 적응 ─ 즉, 이성의 점진적인 자기-현실화에 따른 신념의 갱신 ─ 은 자유의 수정 및 구성 기획에 부합하는 분투이다. 그런 자유의 첫 번째 표현은 인간적인 것이 걸어야 하는 종합적이고 구성 가능한 통행로를 부각하는 어떤 지향 ─ 주도적인 포인터 ─ 의 확립이다. 그런데 이 길을 걸으려면 우리는 인지적 루비콘강을 건너야 한다.

사실, 기능적으로 자율적인 이성에의 적응이 요구하는 개입적 태도는 우리가 이미 인지적 루비콘강을 건넜음을 시사한다. 이런 종합적 경로를 탐사하기 위해서, 한때 있었지만 이성이 불어대는 수정의 바람에 환영처럼 흩어져 버린 것을 다시 응시하는 것은 아무 의미가 없다.[25]

---

25. 나는 제안이나 대화로써 이 텍스트에 이바지한 마이클 페레, 브라이언 쿠안 우드, 로빈 맥케이, 베네딕트 싱글턴, 피터 울펜데일, 그리고 그 밖의 많은 사람에게 감사한다. 이 시론이 어쩌면 지니고 있을 장점들은 무엇이든 그들 덕분이고, 반면에 단점들은 전적으로 내게서 기인한다.

# 프로메테우스주의와 그 비판자들

레이 브라시에

2014

미래를 지향한다는 것은 무엇을 의미하는가? 미래는 투자할 만한 가치가 있는가? 다시 말해서, 그저 개체들로서가 아니라 하나의 종으로서 우리는 미래를 향해 어떤 종류의 투자를 집합적으로 할 수 있는가? 이것은 매우 단순한 한 가지 의문으로 귀결된다. 우리는 시간을 어떻게 다룰 것인가? 우리는 시간이, 우리가 무엇을 하든 하지 않든 간에, 우리를 어떻게 할 것임을 알고 있다. 그래서 우리는 시간으로, 혹은 심지어 시간에 무언가를 하려고 시도해야 하는가? 이것은 또한 우리가 미래와 관련하여 무엇을 해야 하는지를 묻는 것이고, 게다가 미래가 모더니티의 기획에서 자신에게 수여된 탁월한 지위를 유지할 수 있는지를 묻는 것이다. 우리는 미래를 포기해야만 하는가? 미래를 포기한다는 것은 계몽주의라는 지적 기획을 포기하는 것이다. 그리고 우리가 바로 그 기획을 포기하도록 부추기는 사상가들은 부족하지 않다. 우파 옹호자들은 이른바 자연적 질서 또는 신성한 질서를 반영하는 옛날의 위계를 회복시키겠다고 약속한다. 그런데 좌파에서도 20세기 전체에 걸쳐서 이런 반근대주의 ─ 그리고 계몽주의 비판 ─ 를 옹호하는 영향력 있는 인물이 많이 있었다. 지금까지 그들은, 우리가 희망할 수 있는 최선의 것은 정치적·인지적 야망의 크기를 급진적으로 축소하는 마음가짐을 통해서 시민적 정의를 실현하는, 순식간에 사라지는 국소적인 고립 지역들을 구축함으로써 보편적 부정의를 소규모로 교정하는 것이라고 역설했다. 이처럼 정의와 해방이라는 이상을 신봉하는 사람들이 정치적 야망의 크기를 축소하는 사태는 어쩌면 프로메테우스주의적 기획으로서의 코뮤니즘이 붕괴함으로써 초래된 가장 두드러진 결과일 것이다. 우리가 희망할 수 있는 최선의 것은 평등과 정의의 국소적인 고립 지역들을 창출하는 것인 듯 보인다. 한편으로 평등과 정의라는 이상에 따라 세계를 개조하기라는 관념은 위험한 전체주의적 환상이라고 일반적으로 비난받는다. 좌파든 우파든 간에 이 서사들은 갈릴레오 이후에 자연의 합리화를 옹호한 합리주의에서 전체주의의 악으로 곧장 나아간다.

나는 계몽주의적 프로메테우스주의에 대한 이런 철학적 비판의 근저에 놓여 있는 전제 중 일부를 비판적으로 검토하고 싶다. 그리고 나는 계몽주의의 주요한 인식적 미덕이 시간이 앎에 도입하는 **불균형**을 인지하는 것에 있다고 제안하고 싶다. 앎은 시간이 걸리는데, 시간이 앎을 수태한다. 이런 의미에서 계몽주의의 합리주의적 유산은 시간의 불균형을 긍정한다. J. G. 밸러드의 가장 좋은 서사들에서 부각되는 파국적 논리는 바로 이런 불균형의 인지적 전유와 관련된 것으로, 불균형으로 인해 시간이 튀어서 어긋나게 됨으로써 과거와 현재, 미래의 시간적 연쇄가 재구성된다. 이런 불균형을 긍정하는 것은 헤겔이 "부정적인 것과 함께 머물기"라고 일컬은 것에 관여하는 것이다. 지젝이 유용하게 지적하는 대로 그것은 헤겔이 이성, 즉 조정 능력에 귀속시키기보다는 오히려 오성, 즉 대립화 능력에 귀속시키는 미덕이다. 다시 말해서 결국 이성에 의해 절정에 이르게 될 부정적인 것의 역능을 최초로 발휘하는 것은 오성, 즉 분할하고 대상화하며 차별화하는 능력이다. 오성은 인지하는 데 없어서는 안 될 것이다. 우리가 대담하게도 어떤 대립 관계를 극복할 수 있기 전에 우리는 먼저 그것을 올바르게 부각할 수 있어야 한다. 단적으로 이성을 오성에 대립시키거나, 혹은 모순을 판단에 대립시키는 것은 변증법적 단견으로, 마치 그것들이 각기 다른 별개의 능력인 것처럼 전자의 이성이나 모순은 '좋은' 것으로 추켜드는 반면에 후자의 오성이나 판단은 '나쁜' 것으로 매도한다. 오직 오성만이 이성을 오성에 대립시킬 수 있을 것이다. 변증법은 이성과 오성의 불가분성을 확언한다.

불균형이 인지적 진보를 가능하게 하는 조건이라면, 우리는 우리 자신이 바로 이 단언을 이해할 수 있게 하는 규범적 근거를 옹호할 방법을 찾아내야 한다. 상황은 마땅히 그러해야 하는 대로의 것이 아니라는 주장과 상황은 반드시 이해되고 재편되어야 한다는 주장의 규범적 지위를 우리는 옹호해야 한다. 게다가 이런 일을 행하려면 "우리는 우리 자신을 이해할 수 있는가?"라는 의문의 이해 가능성을 옹호할 수 있어야 한다. 이런 점에서 프로메테우스주의란 우리가 성취할 수 있는 것에 대하여 혹은 우리가 우리 자신과 우리 세계를 변화시킬 수 있는 방식에 대하여 사전에 정해진 한계를 가정할 이유가 전혀 없다는 주장일 따름이다. 그런데 물론, 신학적 적정성과 경험주의적 양식良識이 위험한 오만이라고 공동으로 비난하는 것은 바로 그런 주장이다.

이어지는 글은 프로메테우스주의에 몰두할 어떤 프로젝트의 기원을 개략적으로 서술하는 소묘이다. 그것은 명백히 불완전하다. 지금 당장 내가 하고 싶은 일은 단지, 내가 생각하기에 계몽주의의 유산에 대한 철학적 평가라면 무엇이든 다루어야 하는 기본적인 문제 중 일부를 제시하려고 시도하는 것일 뿐이다. 그런 평가의 핵심에 놓여 있는 근본적인 물음들은 다음과 같다. 우리는 우리 자신을 이해할 수 있는가? 모든 사람이 우리에게 그렇게 하라고 명령하고 있듯이 우리는 우리 자신의 야망을 포기하고 겸손해져야 하는가?

나는 프로메테우스주의가 주의主意주의 없는 자율성을 명확히 표명하는 주관주의, 하지만 자아 없는 주관주의를 다시 주장할 것을 요구한다고 제시하고 싶다. 20세기의 철학적 문헌에서 제기된 프로메테우스주의 비판은 마르틴 하이데거가 가장 중요한 대표자인, 형이상학적 주의주의에 대한 비판과 결부되어 있다.

주관주의적 주의주의에 대한 하이데거의 비판은 「나노윤리의 철학적 토대에 있어서 몇 가지 문제」라는 시론에서 장-피에르 뒤피에 의해 반영된다.[1] 그 시론에서 뒤피는 인간 능력 증강과 이른바 트랜스휴머니즘에 관한 논쟁들과 관련하여 잘못된 점이라고 생각하는 것을 제시한다.[2] 기술과학적 프로메테우스주의에 대한 뒤피의 비판을 주관주의에 대한 하이데거의 비판과 관련시키는 연결 고리는 한나 아렌트이다. 뒤피에게 주요한 영감을 주는 아렌트는 하이데거에게서 직접 영향을 받아 자신의 사상을 형성했다. 내가 검토하고 싶은 것은 이런 철학적 계보이다.

그런데 왜 나는 프로메테우스주의가 결코 낡아빠진 형이상학적 환상이 아니라고 주장하는가? 그 이유는 프로메테우스주의가 이른바 NBIC 융합의 형식으로 생생히 살아 있기 때문이다. 뒤피는 미합중국 정부의 국립과학재단이 「인간 수행 능력을 향상하기 위한 융합 기술들」이라는 제목으로 발표한 2002년 6월 보고서를 인용하는데, 이 보고서는 나노기술과 생명공학, 정보기술, 인지과학의 융합(NBIC)이 진정한 '문명의 전환'을 초래할 것이라고 주장한다.[3] 여기서 옹호되는 프로메테우스주의는 우파 프로메테우스주의로, 그 옹호자들은 그들이 인간 역사의 가능한 것들에 관한 경쟁 서사들의 전쟁에서 승자로 드러났다고 주장하는 신자유주의적 자본주의의 지지자들이다. 그런데 왜 NBIC 기술은 이런 근본적인 전환 역량을 갖추고 있는가? 그 이유는 그 옹호자들에 따르면

---

1. Jean-Pierre Dupuy, "Some Pitfalls in the Philosophical Foundations of Nanoethics," 237~61.

2. 장-피에르 뒤피는 특히 *On the Origins of Cognitive Science* [장피에르 뒤피, 『마음은 어떻게 기계가 되었나』], *Pour un catastrophisme éclairé* [계몽된 파국주의를 향하여], 그리고 더 최근에 *La marque du sacré* [신성한 것들의 표식]의 저자이다.

3. Dupuy, "Some Pitfalls in the Philosophical Foundations of Nanoethics," 239에서 인용됨.

NBIC 기술 덕분에 인간 본성의 기술적 개조가 가능해지기 때문이다.

뒤피는 이런 주장에서 자신이 감지하는 오류와 혼동에 대한 정교한 철학적 비판에 착수한다. 뒤피가 보기에는 현대의 생명윤리 담론은 그 공리주의적 편견으로 인해 NBIC의 활용과 오용의 문제가 갖는 철저히 존재론적인 차원을 파악하지 못한다. 뒤피는 NBIC의 옹호자들, 그리고 더 일반적으로 인간 능력 증강의 옹호자들이 존재론적 비결정성과 인식적 불확실성을 체계적으로 융합한다고 주장한다. 그들은, 사실상 실재의 구조에 관한 존재론적 문제인 것을 우리 지식의 한계에 관한 인식적 문제로 전환한다. 뒤피가 서술하는 대로 "인간의 창의적 활동과 지식의 정복은 양날의 칼인 것으로 판명된다…〔하지만〕 중요한 것은 우리가 그런 칼의 사용이 좋은 일인지 아니면 나쁜 일인지 알지 못한다는 것이 아니다. 중요한 것은 그것이 좋으면서도 나쁘다는 것이다."[4]

인간의 창의적 활동의 결과가 한낱 불확실한 것에 불과하기보다는 존재론적으로 비결정적이라면, 그 이유는 그것이 초월성의 구조인 인간 실존의 구조에 의해 조건 지어지기 때문이다. 이처럼 초월성에 의거하여 인간의 실존을 특징짓는 것은 주로 하이데거의 『존재와 시간』과 결부된다. 인간이 세계 속 다른 존재자들과 같지 않은 이유는 인간의 존재 방식이 그 속에서 과거와 현재, 미래가 호혜적으로 부각되는 시간적 투사의 구조에 의해 특징지어지기 때문이다. 인식적 불확실성과 존재론적 비결정성의 융합은 인간 조건 ─ 하이데거의 의미에서 실존적이기에 어떤 고정된 본질도 없는 것 ─ 과 인간 본성 ─ 다른 존재자들의 본질과의 특정한 차이에 의해 규정될 수 있는 본질을 갖춘 것 ─ 을 혼동하는 것에 근거를 두고 있다. 그러므로 인간에 관한 전통적인 형이상학적 구상은, '동물'이라는 유類에 속하지만 그것이 '합리적'이든 '정치적'이든 혹은 '언어적'이든 간에 어떤

---

4. 같은 글, 241.

특정한 속성에 의해 다른 동물들과 변별되는 생명체에 관한 구상이다. 그렇지만 하이데거의 경우에 인간은 그 밖의 존재자들과 종류가 다른 것이 결코 아닌데, 인간은 다른 종류의 차이에 의해 구성된다. 하이데거는 이런 다른 종류의 차이를 실존이라고 부른다. 그리고 뒤피가 보기에는, 우리가 여타 존재자의 특성을 매우 성공적으로 조작할 수 있는 것으로 판명된 기법을 사용함으로써 인간 본성의 특성 역시 수정할 수 있다는 믿음을 부추기는 것은 바로 실존과 본질 사이, 혹은 조건으로서의 인간성과 본성으로서의 인간성 사이의 존재론적 차이를 기입하지 못하는 사태에서 비롯된다. 인간의 실존을 어떤 고정된 경험적 특성 목록에 편입함으로써 평평하게 하는 것은 인간이 되기에 고유한 것과 고유하지 않은 것(하이데거가 '본래성'과 '비본래성'이라고 일컫는 것들) 사이의 실존적 차이를 사라지게 한다. 인간 본성의 근본적인 유연성에 대한 주장의 근저에 놓여 있는 것은 이런 평탄화이다.

뒤피는 인간에게 주어진 것과 인간에 의해 만들어진 것 사이의 상호작용에 관한 한나 아렌트의 설명에 동조하여 실존적 조건과 본질적 본성 사이의 구분을 전개한다. 아렌트는 이렇게 서술한다.

> 지상의 인간에게 생명을 부여하는 조건에 덧붙여, 그리고 부분적으로는 그 조건으로부터, 인간은 스스로 만든 독자적인 조건을 끊임없이 창조한다. 이 조건은 인간적 기원과 그 조건 자체의 가변성에도 불구하고 자연적 사물과 마찬가지로 조건화 역능을 보유하고 있다.[5]

그렇다면 당연히, 이 논쟁에서 아렌트의 추종자인 뒤피의 경우에 인간의 조건은 주어진 것과 만들어진 것의 불가분한 혼합물, 즉 인간이 독자적

---

5. Hannah Arendt, *The Human Condition*, 9. [한나 아렌트, 『인간의 조건』.]

인 자원을 통해서 생성하고 생산하는 것과 인간의 실천 능력과 인지 능력을 초월하는, 인간의 만들기에 대한 제약의 불가분한 혼합물이다. 이 인자들의 상호작용은 뒤피의 표현으로 다음과 같은 것을 뜻한다.

> 인간은 주어진 것과 만들어진 것 사이의 취약한 균형을 여전히 고려하면서, 상당한 정도로, 자신을 형성하는 것을 형성할 수 있고 자신을 조건 짓는 것을 조건 지을 수 있다.[6]

그런데 나는, 이처럼 만들어진 것과 주어진 것 사이의 '취약한 균형'을 고려해야 한다는 주장이 프로메테우스주의에 대한 철학적 비판에 근본적이라고 여긴다. 프로메테우스주의가 위태롭게 하는 것은 인간 형성하기, 그리고 이런 형성하기를 형성하는 것 – 신에 의해 주어지든 자연에 의해 주어지든 간에 – 사이의 이런 불안정한 균형이다.

여기서 아렌트에게서 인용된 또 다른 구절이 특히 적절하다.

> 인간 본성의 문제, 즉 "나는 나 자신에게 하나의 문제가 되어버렸다"라는 아우구스티누스의 문제는 우리가 그것을 개인심리학적으로 이해하든 일반적인 철학적 의미로 이해하든 간에 해결할 수 없는 것처럼 보인다. 우리가 아닌, 우리를 둘러싼 모든 사물의 자연적 본질들을 알고 결정하며 규정할 수 있는 우리는 우리 자신에 대해서는 도무지 그렇게 할 수 있을 법하지 않다. 이를테면 이런 일은 우리가 우리 자신의 그림자를 뛰어넘는 것과 같을 것이다. 게다가 우리는 인간이 다른 사물과 동일한 의미에서의 어떤 본성이나 본질을 갖추고 있다고 가정할 권리가 없다.[7]

---

6. Dupuy, "Some Pitfalls in the Philosophical Foundations of Nanoethics," 246.
7. Arendt, *The Human Condition*, 10. [아렌트, 『인간의 조건』.]

인간이 자신을 객관화할 수 없는 이유는 인간이 여타 동물과 동일한 의미에서의 어떤 본성이나 본질을 갖추고 있지 않기 때문이라는 주장은 명백히 하이데거주의적이다. 하이데거는 인간 인지의 본질적 유한성에 관한 칸트의 설명을 급진화한다. 이것은 무엇을 뜻하는가? 칸트의 경우에 세계를 창조한 신이 세계를 아는 방식으로 우리 역시 세계를 알 수 있다는 것은 원칙적으로 배제된다. 왜냐하면 우리는 신과 달리 자신이 알고 있는 객체를 만들어 내는 지성적 직관이라는 능력을 부여받지 않았기 때문이다. 신은 각각의 모든 특정한 사물에 관한 직관적 지식을 보유하고 있다. 그 이유는 그 사물에 관한 신의 사유가 그것을 만들어 내기 때문이다. 신의 지능은 자신의 만들기가 어떤 주어진 것에 의해서도 제약되지 않은 무한한 생성적 지능이다. 그러므로 세계에 관한 신의 지식은 절대적이고 직접적이며 흔들리지 않는 것이다. 우리는 지성적 직관을 갖추고 있지 않기에, 그리고 실재에 관한 우리의 지식은 우리가 자신의 감각을 통해서 수용하는 실재에 관한 정보에 의해 부분적으로 조건 지어지기에 우리는 자신의 마음이 만드는 것이 세계가 주는 것과 결합하는 한에서 사물을 알 수 있을 따름이다. 인간의 인지를 초월하는 것은 다만 자체적으로 있는 그대로의 사물의 창조된 본성이다. 이것은 각각의 모든 사물이 갖는, 그 신성한 창조자가 이해하는 대로의 무한한 복잡성이다. 하지만 우리의 마음은 유한하기에 우리는 사물을 부분적이고 불완전하게 표상할 수 있을 따름이다.

하이데거는 유한성을 존재론화함으로써 칸트를 급진화한다. 실존으로서의 인간은 자신의 본질에 대한 모든 객관적 결정을 초월한다. 이런 존재론적 초월성이 유한성의 뿌리에 자리하고 있다. 하이데거의 경우에 인간 실존의 유한성은 인식적 조건이라기보다는 오히려 존재론적 소여이다. 하이데거는 우리가 창조자가 알고 있는 대로의 물자체에 관한 어떤 초월적 지식도 지니고 있지 않다는 칸트의 주장을 수용한다. 그런데 하이데거에게 인간의 실존은 한 가지 새로운 종류의 초월성이 자리하는 현장이며, 그것은 무한하고 신적인 것과는 대조적으로 유한하고 인간적이다. 그리고 실존은 유한한 초월적인 것을 구성하기에 객체의 인지 가능성을 조건 짓는다. 인지적 대상화는 인간의 실존에 의해 조건 지어지기에 인간은 자신이 다른 객체들을 인식하는 것과 동일한 방식으로 자신을 인식할 수는 없다. 그렇게 하는 것은 대상화의 조건을 대상화해야 할 것인데, 이것은 한나 아렌트가 말하는 대로 우리 자신의 그림자를 뛰어넘으려고 시도하는 것과 같을 것이다. 자기-대상화에 대한 이런 금제로 인해 인간의 실존은 일련의 객관적 결정을 통해서 그것의 핵심을 묘사하려는 모든 시도를 초월한다. 사실상, 심리적이든 역사적이든 인류학적이든 사회학적이든 간에 인간의 본성에 관한 모든 실증적인 특징짓기는 언명되지 않은 형이상학적 ― 그리고 하이데거의 경우에 이것은 또한 신학적임을 뜻한다 ― 편견들에 의해 궁극적으로 결정된다. 그러므로 하이데거는 과학의 잠재적인 형이상학적 편견들, 즉 과학의 기본 개념들을 결정하지만 과학 자체가 부각할 수 없는 형이상학적 전제들을 드러내는 작업에 몰두했다.

이런 하이데거주의적 시각에서 바라보면, 본질적 가소성을 인간에게 귀속시켰거나 혹은 인간은 자신을 근본적으로 개량할 수 있다고 주장한 철학자는 실존의 초월성을 사물화하는 형이상학자라고 비난받을 수 있다. "인간은 유적 존재이다…그리고 자유로운 의식적 활동이 인간의 종 특성을 구성한다"[8]라는 청년 맑스의 주장을 고찰하자. 뒤피의 하이데거주의적 시각에서 바라보면, 맑스가 인간의 유적 존재를 "자유로운 의식적 활동" ― 인간이 자신과 자신의 세계를 개조할 수 있게 하는 활동 ― 과

---

8. Karl Marx, *Economic and Philosophical Manuscripts*, 327~8. [칼 마르크스, 『경제학-철학 수고』.]

동일시하는 것은 그 자체로 인간을 구성하는 초월성을 사물화하는 것으로, 그것은 초월성이라는 용어에 누적되어 코드화되어 있는 형이상학적 가정들에 적절한 주의를 기울이지 않은 채로 초월성을 생산으로 사물화한다. 그러므로 하이데거주의자의 경우에 인간이 행위자, 제작자, 혹은 사물의 생산자라는 주장은 유한한 초월성으로 제대로 이해되는 인간 실존의 형이상학적 사물화로 특징지어질 수 있다. 마찬가지로 "인간이란 스스로 만들어 가는 것일 따름이다"[9]라는 사르트르의 주장은 초월성을 사르트르 자신이 "대자적인 것"이라고 일컫는 자기-의식의 무화하는 역능으로 환원함으로써 사물화한다는 혐의를 받을 수 있다. 하이데거주의자들은 대상화할 수 없는 초월적인 것으로 특징지어지는 것 – 현존재 Dasein의 초월성 – 에 대한 온갖 종류의 형이상학적 사물화를 알아내는 것을 경력으로 삼았다.

실존의 초월성과 생명의 초월성 사이의 연결 관계는 아렌트에게서 인용된 다른 한 중요한 구절에서 명시적으로 드러난다.

인공적 세계를 가진다는 점에서 인간의 실존은 모든 단순한 동물의 환경과 구분되지만, 생명 자체는 이런 인공적 세계 바깥에 있으며, 그리고 생명을 통하여 인간은 살아 있는 여타 유기체와 여전히 관계한다.[10]

초기 하이데거의 경우에 '생명'은 현존재 또는 실존을 가리키는 용어이다. 그러므로 여기서 '생명'에 관한 아렌트의 언급은 과학적 연구의 대상으로 변환시킬 수 없는 실존의 초월성을 강조하는 또 하나의 방식으로 해석하는 것이 적절하다. 아렌트는 계속해서 이렇게 말한다.

---

9. Jean-Paul Sartre, *Existentialism and Humanism*, 22. [장 폴 사르트르, 『실존주의는 휴머니즘이다』.]
10. Arendt, *The Human Condition*, 2. [아렌트, 『인간의 조건』.]

과학자들이 100년 안에 만들어 낼 수 있다고 말하는 이런 미래 인간은 이미 주어져 있는 대로의 인간의 실존에 대한 반란에 사로잡혀 있는 것처럼 보이는데, 이 미래 인간은 (세속적으로 말하면) 어딘가에서 불쑥 주어진 공짜 선물을 이를테면 자신이 스스로 만든 것으로 교체하기를 바란다.[11]

그렇다면 프로메테우스주의의 죄는 만들어진 것과 주어진 것 사이 ― 인간이 독자적인 인지적·실천적 자원을 통해서 생성하는 것, 그리고 우주론적으로 특징지어지든 생물학적으로 특징지어지든 혹은 역사적으로 특징지어지든 간에 세계가 존재하는 방식 사이 ― 의 균형을 파괴하는 데 있다. 프로메테우스적 위반은 주어진 것을 만들어 버리기에 있다. 프로메테우스주의는 주어진 것과 만들어진 것을 분리하는 존재론적 간극을 연결할 가능성을 고집함으로써 유한성의 존재론화를 거부한다. 이것은 아렌트와 뒤피 둘 다에게 프로메테우스주의적 병리의 근원이다.

그런데 우리는 만들어진 것과 주어진 것 사이의 적절한 균형점을 어떻게 식별할 수 있는가? 우리는 우리 자신이 언제 이런 섬세한 균형을 파괴해 버렸는지 어떻게 알 수 있는가? 뒤피가 긍정적으로 인용하는 이반 일리치의 경우에는 그렇게 하기 위한 명쾌한 기준이 있다. 그것은 고통과 질병, 죽음을 인간 조건의 제거할 수 없는 상수들로 인식하는 데 있다. 일리치는 이렇게 적는다.

· 우리는 결코 고통을 제거하지 못할 것이다.
· 우리는 모든 질병을 치유할 수는 없을 것이다.
· 우리는 확실히 죽을 것이다.

---

11. 같은 책, 2~3. [같은 책.]

그러므로 우리는, 감각적 동물로서, 건강 추구가 불쾌한 질병일지도 모른다는 사실을 직면해야 한다. 과학적·기술적 해결책은 전혀 존재하지 않는다. 인간이 처한 상황의 취약성과 우연성을 수용하는 일상적인 과업이 존재한다. 통상적인 건강 '돌봄'에 놓여야 하는 합당한 한계가 존재한다.[12]

일리치에 따르면 미리 정해진 어떤 한계를 넘어 생명을 연장하거나 건강을 개선하기를 바라는 것은 "터무니없다." 중요한 것은 이런 한계들이 경험적이면서 초험적이라는 점, 즉 생물학적이면서 실존적이라는 점이다. 고통과 죽음을 줄이려고 노력하면서 이런 경험-초험적 한계에 상관하지 않는 합리성은 '불쾌한 질병'이다. 이성은 비이성적이다 — 이것이 프로메테우스주의적 합리주의에 맞서서 제기되는 근본적인 이의이다. 합리주의가 병리적인 것으로 여겨지는 이유는 고통과 질병, 죽음의 실존적 필연성을 인정하기를 그 척도로 삼는 합당함의 기준에 따르면 합리주의가 터무니없기 때문이다. 그런데 고통과 질병, 죽음을 불가피한 사실, 즉 주어진 것으로 받아들이는 사실과 관련하여 정확히 무엇이 합당한가? 그리고 어떤 기준으로 우리는 피할 수 있는 고통과 피할 수 없는 고통을 분별할 수 있는가? 예전에는 불가피했던 다양한 고통이 전적으로 근절되지는 않았지만 대단히 감소했다. 물론, 새로운 다양한 형태의 고통이 존재한다. 하지만 고통과 죽음에 관한 우리의 이해는, 그것들을 의문의 여지가 없이 생물학적으로 절대적인 것으로 여기는 관점과 관련하여 무언가 의심스러운 점이 있다고 할 정도까지 변화되었다. 게다가 고통의 불가피성에 관한 주장은 두 가지 근본적인 물음을 제기한다. 얼마나 많은 고통을

---

12. Dupuy, "Some Pitfalls in the Philosophical Foundations of Nanoethics," 248에서 인용됨.

인간 조건의 제거할 수 없는 특질로 받아들여야 하는가? 그리고 어떤 종류들의 고통을 불가피한 것으로 여겨야 하는가? 역사를 살펴보면, 참을 수 있는 것으로 여겨지는 고통의 양뿐만 아니라 종류도 지금까지 상당히 바뀌었다는 사실을 알게 된다. 일리치에 의한 생물학적 사실의 존재론화에서 나타나는 양과 질 사이 관계의 불확실한 본성을 인식하려면 의학이 발달함으로써 완화된 고통을 고려하기만 하면 된다.

일리치가 전하는 메시지의 신학적 함의는 뒤피 역시 인용하는 그의 추종자 중 한 사람에 의해 명확히 드러나게 된다.

예수가 신의 왕국이라고 일컫는 것은 모든 윤리적 규칙을 초월하며, 완전히 예측 불가능한 방식으로 일상 세계를 파괴할 수 있다. 그런데 또한 일리치는 한계로부터의 자유에 대한 이런 선언에서 극단적인 불안정성을 인식한다. 그 이유는, 아무튼 이런 자유 자체가 어떤 규칙의 주제가 되어야 한다면 아무 한계도 없는 것이 참으로 무시무시한 방식으로 인간의 삶을 침범할 것이기 때문이다.[13]

여기서 우리는 프로메테우스주의의 병리로 주장되는 것에 대한 또 하나의 효과적인 표현을 얻게 된다. 프로메테우스주의적 오류는 아무 규칙도 없이 존재하는 것에 대한 어떤 규칙을 마련하는 것이다. 아무 규칙도 없이 존재하는 것은, 그것이 만들기의 내재성으로 환원될 수 없다는 점을 참작하면, 주어진 것의 초월성이다. 프로메테우스주의적 오류는 개념화할 수 없고 조직에 결코 기입되지 않는 것, 다시 말해서 신에 의해 배치되거나 주어진 것을 개념화하고 조직화하려고 시도하는 것에 있다. 뒤피는 다음과

---

13. Dupuy, "Some Pitfalls in the Philosophical Foundations of Nanoethics," 253에서 인용됨.

같이 서술하는 동안 어쩌면 이런 신학적 제약에 대한 가장 유창한 표현을 제시할 것이다.

인간의 '상징적 건강'은 의식적으로 또 자율적으로 주변 환경의 위험을 극복할 수 있을 뿐만 아니라, 만인이 직면하고 있고 언제나 직면할 일련의 대단히 친숙한 위협, 즉 고통과 질병, 죽음도 극복할 수 있는 능력에 있다. 이 능력은 전통 사회에서 인간이 자신의 필멸 조건을 이해할 수 있게 만든 인간의 문화로부터 인간에게 전래된 것이다.

이런 일이 이루어지는 데는 신성한 것이 근본적인 역할을 수행했다. 근대 세계는 그것이 단지 자의성과 비합리성을 찾아낼 수밖에 없는 전통적인 상징적 체계들의 폐허 위에서 태어났다. 탈신화화라는 근대적 기획에서 근대 세계는 이들 체계가 인간의 조건에 한계를 정하면서 그 한계에 의미를 부여한 방식을 이해하지 못한다. 근대 세계가 신성한 것을 이성과 과학으로 대체했을 때, 그 세계는 한계에 대한 모든 감각을 상실했을 뿐만 아니라 의미를 부여할 수 있는 바로 그 역량도 제물로 바쳤다. 의학적 팽창에는 고통과 장애의 제거 및 죽음의 무한한 유예가 의료 체계의 무한한 발달과 기술의 진보 덕분에 바람직한 목적인 동시에 달성할 수 있는 목적이 되게 하는 신화가 수반된다. 누구나 자신이 오로지 근절시키려고 노력하는 것에 의미를 부여할 수는 없다. 인간 조건의 자연적으로 불가피한 유한성이 의미의 원천이 아니라 소외로 지각된다면, 우리는 덧없는 꿈을 추구하는 대가로 무한히 귀중한 무언가를 상실하지 않겠는가?[14]

---

14. Dupuy, "Some Pitfalls in the Philosophical Foundations of Nanoethics," 249.

여기서 "무한히 귀중한" 것은 인간 실존의 유한성으로 인해 우리가 고통과 질병, 죽음에 의미를 부여하지 않을 수 없다는 사실이다. 모든 종교의 근원에는 고통은 유의미하다는 주장이 놓여 있다. 고통은 어떤 이유로 인해 발생한다는 의미에서 그럴 뿐만 아니라 — 종교는 단지 고통의 합리화와 관련이 있는 것만은 아니다 — 고통은 해석되어야 하고 의미를 부여받아야 하는 것이라는 의미에서도 그렇다.

그런데 우리는 우리의 고통이 무언가를 의미한다고 말하는 모든 사람을 대단히 경계해야 한다. 그리고 우리가 고통과 질병, 죽음에 대한 우리의 민감성에서 의미를 추출하게 되었다는 사실이 고통과 질병, 죽음이 유의미한 실존을 위한 전제 조건이라는 주장에 대한 승인을 뜻하지는 않는다. 유한성이 우리의 의미형성의 지평선이라는 사실이 유한성이 의미 자체의 조건이라는 점을 수반하지는 않는다. 유의미성 조건으로서의 유한성과 의미 — 감각, 목적, 지향 등 — 의 조건으로서의 유한성 사이의 이런 합선이 프로메테우스주의에 대한 종교적 비난을 보증하는 치명적인 융합이다.

NBIC 프로그램에서 스스로 감지하는 프로메테우스주의적 오만에 대한 뒤피의 적의는 데카르트주의적 합리주의에 의해 산출된 기계론적 철학에 대한 하이데거 이후의 비판에서 비롯된다. 데카르트주의적 합리주의의 현대 철학적 확장은 뒤피가 계몽적으로 서술한 마음의 기계화라는 시도이다.[15] 자연 자체를 복잡한 단일 메커니즘으로 간주하는, 기계적 인과관계에 관한 상당히 정교한 설명과 더불어 '메커니즘'에 관한 상당히 자유주의적인 이해를 고려하면, 계산주의 패러다임이라는 렌즈를 통해서 마음을 바라봄으로써 마음을 어떤 기계화된 자연에 통합하는 일이 가능하게 된다. 계산주의 패러다임은 지금까지 수많은 철학적 비판의 대

---

15. Dupuy, *On the Origins of Cognitive Science*. [뒤피, 『마음은 어떻게 기계가 되었나』.]

상이 되었다. 뒤피는 이 비판들을 알고 있는데, 한편으로 연결주의 같은, 고전적 계산주의의 대안들이 계산주의적 패러다임을 너무나 많이 인정한다고 간주하는 것처럼 보인다. 뒤피가 보기에 마음의 기계화는 다음과 같은 역설을 초래한다.

기계화를 수행하는 마음과 기계화의 대상인 마음은 시소의 양 끝처럼 (밀접히 관련되어 있더라도) 각기 다른 두 가지 존재자인데, 이쪽은 형이 상학적 인간주의의 천국으로 언제나 더 높이 상승하는 반면에〔왜냐하면 인간은 자신을 비롯하여 모든 것을 이해할 수 있다고 말하기 때문이다 ─ 브라시에〕, 저쪽은 자기 해체의 심연으로 더 깊이 하강한다〔조건에서 메커니즘으로의 인간의 환원은 전통적으로 인간의 특권으로 여겨진 것들을 파괴한다 ─ 브라시에〕. …

그런데도 주체의 이런 승리가 주체의 소멸과 동시에 일어난다고 여겨질 수 있을 것이다. 인간이 주체로서 자신에게 이런 종류의 역능을 발휘할 수 있으려면 먼저 자신이 대상의 지위로 환원되어 어떤 목적에도 어울리도록 재구성될 수 있어야 한다. 하강이 수반되지 않는다면 어떤 상승도 일어날 수 없으며, 마찬가지로 상승이 수반되지 않는다면 어떤 하강도 일어날 수 없다.[16]

만들어진 것과 주어진 것 사이의 불안정한 균형을 위협하는 것은 주관주의라는 극단에서 대상화라는 극단으로의 이런 시소 타기이다. 뒤피에 따르면 우리가 우리 자신을 자연의 일부로 이해하면 할수록, 즉 우리 자신을 복잡한 메커니즘으로 대상화하는 데 성공하면 할수록 우리는 목

---

16. Dupuy, "Some Pitfalls in the Philosophical Foundations of Nanoethics," 254~5.

표나 목적을 우리 자신을 위해서 더욱더 결정할 수 없게 된다. 인간임이 더는 다른 한 종류의 차이 ─ 실존 ─ 가 아니라 그저 다른 한 종류의 존재, 즉 하나의 특별히 복잡한 자연적 메커니즘일 뿐이라면 다음과 같은 점이 문제가 된다. 우리가 우리 자신을 설명하고 이해하려는 시도의 방향을 정하는 목표나 목적을 투사할 수 있게 한 매개물로서의 의미형성 자원을 잃어버리게 될 위험이 수반된다는 것이다. 이렇게 해서 전통적으로 우리 자신이 미래를 지향하게 한 매개물로서의 목적이 자체적으로 무의미함을 우리가 이해한다면, 우리 자신을 이해하는 것의 의미는 무엇인가? 우리가 우리 자신을 우연히 생겨난 또 하나의 자연 현상에 불과한 것으로 이해하면 할수록 우리는 우리 자신이 무엇이어야 하는지 더욱더 규정할 수 없게 된다. 우리의 자기 대상화로 인해 우리는 우리 자신이 저런 식이라기보다는 오히려 이런 식이어야 한다고 말할 수 있으려면 필요한 규범적 자원을 박탈당하게 된다.

주어진 것과 만들어진 것 사이에 이루어진 균형의 파괴 속에 숨겨져 있는 것은, 인간이 그것을 통제하고 조작할 수 있는 한에서, 즉 유용한 것인 한에서 인간에게 참인 것, 그리고 존재하는 독특한 것 ─ 자체의 본질 덕분에 그런 방식으로 존재하는 것 ─ 으로서 창조된 덕분에 참인 것 사이의 구분이다. 인공적 진리 또는 사실적 진리와 신성한 진리 또는 본질적 진리 사이의 차이가 위태롭게 된다. 참인 것과 만들어진 것은 (인간에 의해) 만들어진 것만이 참으로 인식될 수 있는 시점에 교환 가능한 것이 된다. 이렇게 해서 맑스주의 ─ 실천의 우위성을 옹호하고 인지를 일종의 실천으로 간주하는 철학 ─ 는 만들어진 것과 인식된 것 사이의 차이를 숨기는 결점이 있는 것으로 여겨질 수 있다. 인간에 의해 만들어진 것만이 인간에 의해 인식될 수 있다.

뒤피는, 유대-그리스도교 신학에서 진정으로 가치 있는 것은 그것이 신의 창조성과 인간의 창조성 사이에 설정한 유사성이라고 주장한다. 프로메테우스주의와 관련하여 이의가 제기될 수 있는 것은 신이 행하는 것을 인간이 행할 수 있다고 오만하게 주장하는 인류가 아니다. 이와는 대조적으로 뒤피는 유대-그리스도교가 인간의 창조성과 신의 창조성 사이에 명확한 유사성이 있음을 가르쳐준다고 강력히 주장한다. 인간은 생명을, 골렘이라는 살아 있는 피조물을 만들어 낼 수 있을 것이다. 그런데 뒤피에 의해 인용된 판본의 동화에서 골렘은 자신을 만든 마법사에게 자신을 해체하도록 즉각적으로 요구함으로써 대응한다. 나를 창조함으로써 당신은 근본적인 무질서를 창조 속에 도입해 버렸다고 골렘은 자신의 창조자에게 말한다. [만들어질 수는 없고] 주어질 수만 있는 생명을 만들어 냄으로써 당신은 본질들의 배치를 어지럽혔다. 이제는 분별할 수 없는 본질을 갖춘 두 가지 살아 있는 것, 하나는 인간에 의해 만들어진 것, 다른 하나는 신에 의해 주어진 것이 존재하게 된다. 그리하여 골렘은 인간에 의해 만들어진 것과 신에 의해 주어진 것 사이의 균형을 회복하기 위해 자신의 창조자에게 자신을 파괴하도록 즉각 요구한다. 신의 창조성과 인간의 창조성 사이의 유사성에 함축된 것은, 존재하는 모든 것은 독특한 별개의 본질 − 이것의 궁극적인 원천은 신이 될 수밖에 없다 − 을 지니고 있어야 한다는 주장이다.

그러므로 우리가 생명을 창조할 수 있는 역능을 획득하게 되더라도 우리는 생명을 창조하지 말아야 한다. 바로 생물과 무생물 사이의 차이가 가장 근본적인 의미에서 본질적인 것 − 한낱 종류의 차이에 불과한 것이 아니라 오히려 다른 종류의 차이 − 으로 여겨지는 한에 있어서 합성 생명의 전망은 식별 불가능한 것들의 동일성에 관한 형이상학적 원리를 위태롭게 한다. 이런 상황이 프로메테우스주의와 관련하여 마음을 심란하게 하는 것이다. 생명의 제조, 즉 다른 종류의 차이의 제조는 규칙 없는 것에 대하여 규칙을 생성하는 행위일 것이다. 아무리 흥미롭더라도 균형의 파괴가 본질적으로 파괴적인 이유는 제시되지 않는다. 뒤피에 의해 인용된 우화에서 신이 정한 균형을 파괴하는 행위는 본질적으로 이의가 제기될 수 있는 것으로 여겨지는데, 당신은 불균형을 실존에 도입해 버렸다. 그런데 이것은 자연적 균형, 이를테면 초월적으로 정해진 균형이 존재한다고 미리 전제하는 것이다. 하지만 그 균형이 정확히 어떠해야 하는지는 절대 제시되지 않는다. 내가 주장하고 싶은 바는, 신학적인 것은 바로 이런 균형을 전제하는 것이라는 점이다. 불쾌하게도 신학적인 것은 '세상의 길'이 존재한다는 주장인데, 즉 궁극적으로 불가해하고 외면할 수 없게 주어진 것으로 수용할 수밖에 없는 질서를 갖춘 기성의 세계가 존재한다는 주장이다. 이것은, 세계는 만들어졌고 우리는 세계가 어떤 다른 식이 아니라 이런 식으로 만들어진 이유를 감히 묻지 말아야 한다는 관념이다. 그런데 세계는 만들어지지 않았다. 그것은 아무 이유도 목적도 없이, 창조되지 않은 채로 그저 존재할 뿐이다. 그리고 바로 이런 깨달음 덕분에 우리는 우리 자신이 알아내는 대로의 세계를 단순히 수용하지 않도록 고무된다. 프로메테우스주의란 신의 청사진을 존중할 필요가 전혀 없이 세계의 창조에 참여하고자 하는 시도이다. 그런 깨달음으로부터 우리가 우리 자신의 알고 싶은 욕망을 통해서 세계 속에 도입하는 불균형은 세계 속에 이미 존재하고 있는 불균형보다 더도 덜도 불쾌한 것이 아니라는 점이 당연히 도출된다.

물론, 합리성에 대한 하이데거의 비판적 시각에서 바라보면 프로메테우스주의는 가장 위험한 형태의 형이상학적 주의주의이다. 그런데 프로메테우스주의는 합리성을 초자연적 능력이 아니라 단지 규칙 지배적 활동―합리성은 단지 규칙을 생성하고 규칙에 구속될 수 있는 능력이다―으로 여기는, 합리성에 관한 이해의 관점에서 회복될 것 같다. 이것은 바로 칸트에 의해 제시된 합리성에 관한 설명이다. 이 규칙들은 사전에 정해져 있지 않고 역사적으로 변화할 수 있다. 그런데 이런 사실로 인해, 다른 역사적 사실들이 우연적이라고 하는 것과 마찬가지의 의미에서 그런 규칙들이 우연적인 것이 되지는 않는다. 그리하여 합리성의 경우에 난제는 만들어진 것과 주어진 것 사이, 즉 내재성과 초월성 사이의 신학적 균형을 보존하려고 노력하는 것에 있기보다는 오히려 물리적 패턴들에서 규칙들이 생겨날 수 있게 하는 자연적 질서 속 구조들의 뒤얽힘과 더불어 내재성의 성층화를 파악하는 것에 있다. 합리성에 관한 이런 구상에 따르면 규칙들은 이질적 현상들을 배치하고 포섭하는 수단이지만 그것들 자체가 역사적으로 변화할 수 있는 수단이다. 우리가 세계를 이해하는 방식, 그리고 우리가 우리 자신의 이해에 의거하여 세계를 변화시키는 방식은 끊임없이 다시 결정되고 있다. 전개되는 것은 균형을 다시 확립하기와 관련된 과정이 아니고, 오히려 질서와 무질서 사이의 대립을 파기하기와 관련될 뿐만 아니라 우리의 기술적 독창성이 종종 초래하는 충격적인 결과와 더불어 의도의 비극적인 전복이 예견하고 통제하고 싶은 충동에 대한 어떤 반대도 구성하지 않음을 인식하기와도 관련된 역동적 과정이다.

밸러드는 "모든 진보는 무자비하고 난폭하다"라고 선언한다. 그리고 사실상 밸러드의 주인공들이 겪게 되는 정신적·인지적 변화는 무자비하고 난폭하지 않다면 아무것도 아니다. 그런데 진보는 무자비하고 난폭하다는 사실이 반드시 진보로서의 자격을 박탈하지는 않는다. 사실상 합리성에는 반복되는 한 가지 만행이 있다. 그런데 모든 만행이 동등하다는 주장, 즉 만행들을 차별하는 것은 불가능하다는 주장에는 일종의 감상주의가 잠재되어 있다. 반면에 어떤 만행들은 다른 만행들보다 더 낫다고 생각하는 것, 도구화의 양식들을 차별하는 행위는 가능할뿐더러 필요하다고 생각하는 것, 그리고 어떤 것들은 다른 것들보다 더 바람직하다고 주장하는 것은 감상적이지 않다. 현상을 우회하거나 한정하거나 조작하려는 모든 시도는 본질적으로 병리적이라는, 자주 반복되는 주장은 바로 우리 실존의 가장 불쾌한 특성들을 영속화하는 그런 종류의 감상주의이다. 우리는 이 특성들에 굴복하여 세계가 존재하는 방식을 그대로 수용하기로 선택할 수 있다. 아니면, 그리고 더 흥미롭게도 우리는 맑스에게 잠재된 프로메테우스주의적 기획 — 더 합리적인 근거에 의거하여 우리 자신과 우리 세계를 개량하기라는 기획 — 의 철학적 토대를 재검토하려고 시도할 수 있다. 바디우의 탁월한 미덕 중 하나는 지금까지 매우 오랫동안 프로메테우스주의를 혹평하는 데 사용된 피상적인 포스트모던적 억견에 과감히 이의를 제기했다는 점이다. 내가 그렇듯이 사건과 주체성 사이의 관계에 관한 바디우의 설명에 포함된 철학적 세부 내용에는 동의하지 않는 사람이 있겠지만, 이런 주체화의 필요성에 관한 설명을 합리적 주체화를 조건 짓는 생물학적·경제적·역사적 과정들에 대한 분석과 다시 연결하려고 시도함으로써 우리는 무언가를 얻게 된다. 이것은 거대한 과업임이 명백하다. 그런데 무엇보다도 그것은 그 철학적 정당성이 옹호되어야 하는 연구 프로그램이다. 그 이유는 그 과업이 너무나 오랫동안 위험한 환상이라며 일축당했기 때문이다. 이런 일축 행위를 부채질하는 전제는 궁극적으로 신학적이다. 더욱이 프로메테우스주의가 부인할 수 없는 환각적인 잔여물을 품고 있더라도 이 잔여물은 진단되고 분석될 수 있으며, 그리고 어쩌면 후속 분석에 의거하여 변형될 수 있을 것이다. 모든 것은 다소간 환각적이다. 누구도 상상의 영향력이 전혀 없는 합리성에 관한 꿈을 꿀 수 없다면, 어떤 합리적 기획을 그것이 환각적인 잔류물을 품고 있다는 이유로 비난할 수는 없다. 프로메테우스주의는 이성과 상상력 사이의 대립을 극복하리라는 전망을 제시한다. 상상력은 이성을 부채질하지만, 또한 이성은 상상력의 한계를 수정할 수 있다.

# 최고 탈옥

베네딕트 싱글턴

2014

역대 가장 거대한 탈주가 미래를 막 산산이 부수려는 참이다.[1]

우주여행은 20세기를 규정하는 이미지 중 몇 가지를 제공했다. 스푸트니크, NASA 로고, 짧고 뭉툭하며 친근한 셔틀의 모습, 발사 초읽기의 점증하는 긴장, 절대 펄럭이지 않는 달에 꽂힌 깃발, 칠흑의 배경에 새겨진 운모 반점 같은 지구. 이것들은 전 지구적 청중을 사로잡을 수 있는 이미지였는데, 그 효과는 이른바 우주 경쟁을 수십 년에 걸친 국제 스포츠의 일종으로 설정함으로써 고양되었다. 그다음에 상황이 진전됨에 따라 엔진이 멎었다. 우주여행을 우리 시대를 규정하는 기획처럼 느끼게 만든 이미지의 흐름은 말라버린 것처럼 보였으며, 그리고 거대구조 우주 거주지와 항성 간 여행의 출시를 위한 예상 일정은 흥분의 단계에서 낙관적 단계를 거쳐 난처한 단계로 전환되었다. 지구 저궤도를 오가는 일상적인 작업은 당연히 지속되었는데, 비교적 매력 없는 형태들의 통신위성 유지 작업 혹은 국제우주정거장에서 수행되는 과학 프로젝트들에 관한 작업이 수행되었다. 대중을 매료시킬 수 있는 마지막 광경은 경이에 공포를 투여했다. 사라진 챌린저호의 여파로 케이프 커내버럴 기지에 감도는 연기가 포물선을 그리며 흩어져 가던 사진은 이어진 조사와 더불어 그 계

---

1. 1981년 존 카펜터 감독 영화 〈뉴욕 탈출〉의 최초 극장판 예고편에서 인용.

획 전체에 대한 대중의 열정을 퇴치하는 데 이바지했다.

그런데 이어진 부진한 시기에 군산복합체는 보안-오락 매트릭스로 변신했으며, 그리고 거대한 전략 – '우주 프로그램' – 은 갖가지 전술로 대체되었다. 현재 큐리오시티Curiosity 탐사선은 트위터 계정의 상위 1,000위에 올라 있고, 버진 갤럭틱Virgin Galactic 기업은 일생일대의-항해 여행 안내 팸플릿으로 엄청난 부자들을 유혹한다. 미국 억만장자 데니스 티토는 한 쌍의 중년 부부를 화성 주위를 공전하는 오랜 연인의 짧은 여행에 보낼 계획을 공표했다 – 불안정한 시나리오 작가가 내건 어떤 시트콤 전제, 그의 마지막 은화처럼 반짝 빛나는 눈들, 그리고 마스원Mars One 기업은 그 기업의 이름이 유래된 행성[즉, 화성]으로의 리얼리티 TV 쇼 편도 여행을 위한 오디션을 개최함으로써 티토를 능가한다. 플레너터리 리소시스Planetary Resources와 딥 스페이스Deep Space 기업들은 로봇 소행성 포획 메커니즘의 특허를 등록하고 희소금속 시장 가격 예상치에 대하여 킬로그램-대-달러 발사 비용 비율의 그래프를 그린다. 투자자들은 수직적 프런티어의 골드러시를 몹시 후원하고 싶어 하는 것으로 판명된다. 중국과 인도는 우주 경기에 참가함으로써 군사회담의 예측 가능한 부활에 불을 붙인다. 남극 빙상 균열에 관한 또 하나의 새로운 논문을 검토하는 굳건한 환경주의자들은 우리가 소행성 궤적, 초화산 분출, 혹은 미래의 전인미답의 사막에 묻혀 있는 여타의 것에 대한 걱정에 사로잡힐 필요조차 없다고 주장하면서 다른 행성에 문명을 예비하는 것이 우리 운명에 대한 좋은 방어책일 것이라고 생각하기 시작한다.

천상의 방대함이 우리 가까이 있다는 감각은 또다시 요즈음의 풍조가 되었다. 우리는 획기적인 사건의 와중에 있는데, 이전에 제시되었던 것보다 수십 년 더 길게 전개된 사건이지만 말이다. 그렇다면 우리는 이 기회에 무엇을 해내야 하는가? 대규모의 사회기술적 기획의 극치로서의 우주여행은 과도한 의미에 시달리는 것처럼 보인다. 가야 할 이유는 다양하고 더욱더 다양해지고 있을 따름인데, 예컨대 국가적 자부심, 여홍, 과학의 진보, 행성적 규모의 비상출구 구축 등이 있다. 가능한 것들은 어떤 하나의 정당화에의 제약도 넘어선다. 그것들이 테트리스 블록들처럼 함께 찰깍하는 소리를 낼 때 목격되는 대로 아무튼 모든 것은 통합되어 있고, 그리하여 모든 것은 각각 여타의 것에 대한 상호준거를 통해서 그 정당성이 강화된다. 그것들 사이의 공통 요소와 경유지는 우주에 접근할 수 있게 하는 하부구조, 즉 자신의 다양성을 어떤 단일한 목적과 연관 지음으로써 확보하지 않고 오히려 자신이 촉진하는 잠재적 상황의 다양성을 통해서 확보하는 하나의 수단이다. 우리는 고정-날개 비행이 실제로 가능한 일이 되기 오래전에 작성된, 우주여행에 대한 초기의 부단한 고찰로 되돌아감으로써 이 낯선 논리의 함의를 파악하기 시작할 수 있다 — 이 고찰은 그 자체로 우리에게 야망이 기원을 완전히 넘어서는 목적지를 다룰 수 있으려면 어떻게 형성되어야 하는지에 대한 본보기를 제공하는 사실이다. 그리고 또 우리가 알게 되듯이 이렇게 해서 우리는 현시대의 우주여행을 19세기에 나타난 우주여행에 대한 사라지지 않는 향수에서 단절하는 새로운 연결 관계들의 장을 구축할 수 있게 되고, 따라서 가능한 것들에 대한 대안적 전망을 확보한다.

◇

1880년대 말 모스크바. 니콜라이 표도로프는 수십 년 동안 그랬듯이 언젠가 『공동과업의 철학』으로 함께 묶을 시론들을 적느라고 밤을 보내고 있다. 표도로프는 어느 번왕의 사생아로 태어났고 그의 직업은 사서이다. 서가에 마음을 붙이기 전에 그는 교사였다. 표도로프를 아는 소수의 사람은 그를 엄격하지만 친절하고 두드러지게 금욕적인 사람으로 평가한다. 그는 적게, 드문드문 먹는 사람이며 단것은 전혀 먹지 않는다. 심지어 그는 겨울에 외투조차 입지 않는다. 요컨대 표도로프는 우주 경쟁을 위한 보기 드문 아버지상을 나타낸다. 그런데 우리가 인간의 지상 바깥에의 영구적인 정착을 위한 최초의 체계적인 프로그램과 이유를 찾아볼 수 있는 것은 『공동과업의 철학』이라는 책 속에서이다.[2]

표도로프의 책은 읽기 힘들다. 그 이유는 그의 산문이 불가해하기 때문이 아니라 — 정반대이다 — 그 목적에 대한 철저한 일편단심 때문이다. 역사가 조지 영이 서술하는 대로 표도로프는 "지극히 복잡하고 포괄적인" 이념일지라도 "한 가지 이념을 지닌 사상가"였다.[3] 이 이념은 그 책 제목의 '공동과업'으로, 인류 전체가 떠맡아야 하는 기획을 표명하는 것이다. 그것은 두 가지 슬로건으로 옮길 수 있다. **천상을 급습하라** 그리고 **죽음을 정복하라**.

두 번째 슬로건을 먼저 다루자. 왜냐하면 그것이 어떤 의미에서 더 근본적이기 때문이다. 표도로프는 죽음에서 모든 인간이 예외 없이 그것에 맞서 자신의 노력을 기울이는 데 동의할 수 있을 보편적 천벌을 발견했다. 개인들이 마주치는 대로의 죽음뿐만 아니라 문화의 소멸, 전통의 절멸, 문명의 붕괴도 그러했다. 그리고 사실상 더 일반적으로 그러했다. 표도로프의 경우에 죽음은 아무것도 개의치 않고 끔찍한 '맹목적인 자연'의 작동 결과이다. 죽음은 우리가 자연에 대항하여 행동하지 않을 때 일어나는 사태로, 잠깐 동안 저지해야 하는 시급한 문제 이외의 어떤 교훈도 가르치지 않는다. 적에 대한 존중과 자연을 사랑하라는 명령 — 표도로프가 경멸조로 '지식인'으로 서술한 사람들의 습관적 탐닉 — 은 전적으로 별개의 것들이다. 엘리트 계급이 '자연적인 것'을 찬양하는 노래를 부르면서 자신의 시간을 보낼 기회가 있는 이유는 단지 그들이 스스로 멸시한다고 공언하는 기술에 의해 자연적인 것으로부터 실질적으로 차단되어

---

2. Nikolai Fedorov, *What Was Man Created For?*. 이 독본의 1부에 실린 발췌문을 보라.
3. George M. Young, *The Russian Cosmists*, 49.

있기 때문이다. 야외에서는 직서적으로도 또 비유적으로도 그런 멋진 것이 전혀 지배적이지 않고, 따라서 자연은 "친모가 아니라 오히려 우리를 양육하기를 거부하는 계모"인 것으로 드러난다.[4]

그렇다면 공동과업은 자연에의 굴복으로 이해된 죽음에 대한 집단 공격의 책무였다. 이것은 바로 표도로프가 자연을 '극복'되어야 하는 것으로 간주했음을 뜻하지는 않는다. 그는 삶이 그것을 파괴하는 동일한 과정에 근거를 두고 있음을 철저히 인식했다. 한 신봉자인 경제학자 세르게이 불가코프의 이후 진술에 따르면 "삶은 죽음의 입장에서 일종의 사고, 실수, 혹은 방종인 것처럼 보일"지라도 말이다.[5] 오히려 표도로프의 임무는 자연적인 것을 전환하거나 변형하는 것, 그것에 이유를 부여하는 것이며, 그리하여 삶을 위한 더 크고 더 쾌적한 공간을 개척하기 위해 환경을 재배치한다. 자연은 필연성의 힘으로 나타나고, 따라서 표도로프가 우리에게 지시하는 것은 달리 만들어질 수 있었던 것을 필연적인 것으로 수용하는 행위에 맞서라는 것이다.

실용적인 견지에서 살펴보면 이것은 실질적인 기술 발전과 사회적 구조들의 재조정을 필요로 하였을 것이지만 그 당시에 '진보' – 표도로프가 경멸한 용어 – 와 관련된 것들과는 전적으로 다른 종류의 것들이었다. 사실상 민주주의와 대량생산의 결합은 인간에 대한 새로운 제약의 유입을 초래했다. 표도로프의 동시대인들이 '진보'라고 일컬었던 것은 표도로프가 보기엔 충동을 유발하고 충동에 대응하도록 조정된 체계였다. 공장은 사람들을 그들이 돌보는 기계들의 꾸준한 요구를 둘러싸고 조직하는 환경을 가져다주었으며, 초기의 소비주의는 주의 산만한 기계화를 구성함으로써 언제나 주의 집중의 범위를 축소했다. 마찬가지로 민주주의

---

4. Fedorov, *What Was Man Created For?*, 33.
5. Sergei Bulgakov, *The Philosophy of Economy*, 68.

체계는 포퓰리즘에 의한 왜곡의 희생물이 됨으로써 전통을 제거하고 그 대신에 일시적인 만족에의 쾌락주의적 추구를 남겼다.

그런 식으로 여겨진 '진보'에 맞서서 표도로프는 죽음에 대한 투쟁에 어떤 의무감을 심었으며, 그리하여 "반성적인 것과 본능적인 것 사이의 모순"에서 우리는 **반성적인 것** – 본능적인 것을 견제할 수 있고 더 생산적인 방향으로 우회시킬 수 있는 수단 – 을 선호하여 **본능적인 것** – 인간을 통해서 가차 없는 자연력의 조작을 구성한다 – 을 버릴 것이었다.[6] 이런 신념은 본능의 오래된 심층, 즉 성sex으로 확대되었다. 무시된 시급한 문제의 바로 그 전형적인 예로서의 성은 인간 경험의 목록에서 제거될 수 있었다. 결혼의 핵심인 성적 만남보다 사람들을 집단으로 결집시키는 더 합리적인 근거는 친족관계라고 표도로프는 느꼈고, 따라서 합리적 의무에 대한 그의 규정은 열렬하지만 확고히 정숙한 친족적 의무이다. 표도로프가 시도한 자신의 경건한 그리스도교 신앙의 이단적 재구성과 밀접히 동기화된 이런 의무적 친족관계가 민주주의처럼 쉽게 일탈하는 사회적 형식들을 먼저 강화한 다음에 나중에 더는 쓸모없게 하고 대체할 것이라고 그는 희망했다. 사회적 조직의 전체 과업이 바뀔 것이다. 먼저 합성 자궁을 만들어 낸 다음에 온전한 합성 신체를 만들어 냄으로써 인간 사회를 산출하는 과업은 자신의 생물학적 기원에서 분리되어서 합리적인 집단적 통제 아래 자리하게 될 것이다. 생명을 불멸의 지경까지 연장하려는 노력, 즉 의학의 기획을 완결하려는 노력은 기본적인 인간 기능들의 이런 변환과 얽히게 될 것이다. 그런 노력의 궁극적인 친족적 의무는 죽음의 중지로 표현될 뿐만 아니라 지금까지 살았던 모든 인간의 최종적인 재창조로도 표현될 것이다. 표도로프는 여전히 인간의 불멸성을 예언했을 뿐만 아니라 죽은 자들의 부활도 예언한 흥미로운 인물로 가장 잘 알려

---

6. Fedorov, *What Was Man Created For?*, 59.

져 있다.

그런데 표도로프의 착상들은 더한층 연장되었고 불가피하게도 위로 확장되었다. 특히 그 이유는 인류의 확대가 공간 확대를 필요로 할 것이기 때문이다. 죽음으로부터의 자유는 지구 자체로부터의 자유로 확대될 것이다. 기술 발전은 중력의 장악력을 느슨하게 함이 틀림없는데, 요컨대 우리가 중력 자체를 제거하지는 못하지만 더는 아무 의문도 없이 중력이 명하는 바에 복종해야 할 필요는 없다는 점을 뜻한다. 대단하고 뜻밖에도 표도로프의 포스트-지상적 전망의 창의성은 그 세부로 확대되어있다.

> 그는 언젠가 지구 표면 위에 거대한 원뿔들을 세움으로써 사람들이 행성 전체를 인간이 제어할 수 있는 우주선으로 전환하는 그런 식으로 지구의 전자기장을 제어할 수 있을 것이라고 추측했다. 우리는 더는 우리 태양의 주위를 노예처럼 공전할 필요가 없을 것이고 오히려 일찍이 1870년대에 그가 사용한 구절 – "우주선 지구의 선장과 승무원들" – 대로 우리가 원할 때마다 우리 행성을 자유롭게 조종할 수 있을 것이다.[7]

1900년대에 코스미즘cosmism이라는 칭호를 이끌어낸 이런 착상들의 복합체는 그것에 노출된 소수의 사람에게서 독특한 헌신을 우러나오게 할수 있었다. 톨스토이와 도스토옙스키를 비롯하여 당대 러시아의 문학적거장 중 몇몇 인물은 표도로프의 상상력의 범위와 그것의 윤리적 핵심을 구성한 기이하게 수정된 그리스도교 신앙 둘 다 – 그들이 희망컨대 당대에 세력을 모으고 있던 아나키즘 운동과 코뮤니즘 운동을 가로막을 수 있을 조합 – 에 감탄했다. 그런데 자신의 주장을 뒷받침하기 위해 성서를 인용하는 표도로프의 습관으로 인해 그다지 수월하게 이루어지지는 않았더

---

7. Young, *The Russian Cosmists*, 79.

라도 그로 하여금 혁명 이후 러시아의 무신론적이고 과학적·프로메테우스주의적인 경향에 영향력을 행사하게 한 것은 "정치적 문제와 문화적 문제가 물리학적 혹은 천체물리학적 문제가 되게 하"는 그의 과학적 추동력이었다.[8] 그것은 블라디미르 베르나츠키가 생물권이라는 개념을 전개하는 데 기입될 뿐만 아니라, 19세기 말에 이르러 인간 활동이 행성적 체계들 가운데 유의미한 행위자의 지위를 획득했다는 베르나츠키의 주장에도 기입된다.[9] 또한 그것은 알렉산드르 보그다노프의 원原사이버네틱스적 이론들, 수혈의 회춘 가능성 실험, 그리고 화성에 건설된 완벽한 사회에 관한 소설 『붉은 별』에 기입되며,[10] 그리고 어쩌면 특별하게도 콘스탄틴 치올콥스키의 작업에 기입된다. 십 대 시절에 표도로프의 도서관에 정기적으로 방문했던 치올콥스키는 자신의 질량을 방출하면서 가속하는 운반체의 운동을 서술하는 '이상 로켓 방정식'에서 우주선에 대한 최적의 상승과 하강, 궤도 궤적의 계산에 이르기까지 우주여행을 위한 수학적 기초를 정립했다. 더욱이 치올콥스키는 이것들을 활용하여 최초의 다단계 추진 로켓을 설계했는데, 이것은 에어로크와 우주선 내부, 달 기지에 대한 도식들을 비롯한 그의 다양한 작업 사이에 서 있는 특별한 기술적 혁신이다.[11]

◇

표도로프의 사유를 추동한 주요 원동력은 지구 생명을 조건 짓는 가장 기본적인 인자들 ─ 중력과 죽음 ─ 을 행위의 필연적 지평으로 간주

---

8. Fedorov, *What Was Man Created For?*, 43.

9. Vladimir Vernadsky, *The Biosphere*.

10. Alexander Bogdanov, *Red Star*. [알렉산드르 보그다노프, 『붉은 별』.]

11. 치올콥스키의 방대한 논문 자료는 http://www.ras.ru/ktsiolkovskyarchive/about. aspx에 보관되어 있다.

하기를 거부하는 것이었다. 수명과 지구 공간의 조합에 의해 제공된 기회들은 상당하지만, 그것들을 사실적 상황으로 이해하지 않고 오히려 당위적 상황으로 이해하는 것은 기껏해야 근시안적인 견해이며 최악의 경우에는 구차하고 자기본위적인 형태의 지방주의적 견해라고 표도로프는 판단했다. 구분되는 형태로서의 코스미즘을 특징짓는 태도는 다음과 같다. 지구를 하나의 덫으로 간주하기, 그리고 인류의 기본 기획을 지구에서 탈출할 수단을 구성하는 것으로 이해하기 — 가능한 최대 규모의 탈옥, 지하 납골소로부터 우리 자신을 훔치는 상발을 구상하기.

코스미즘이 탈출을 하나의 중심 원리로 상정한다면, 그것은 내적인 심리학적 벙커로의 개별적 퇴각 혹은 집단적 퇴각이라기보다는 오히려 현실적인 물리적 사건의 양태에 속한다 — 도피주의가 아니라 탈출학이다. 그리하여 탈출은 기술과 분리될 수 없는 모험이다 — 혹은 더 정확히 말하면 설계, 즉 행위를 미래를 향해 정향하고 그 결과로 기술을 남기는 과정이다. 표도로프는 자신의 기획이 그것의 물질적 발판을 제공할 다양한 분야(무엇보다도 항공학, 전자공학, 기상학, 그리고 의학)의 실질적 진보를 필요로 한다는 점을 인정했지만 그것을 그 자체로 설계 기획의 한 가지 구현으로 인식하지는 않았다. 그런데 코스미즘이 덫의 견지에서 지구에 대한 심상을 제공하고 지구가 생명에 부여하는 조건을 제공하는 한에서 코스미즘은 바로 그런 것으로 파악될 수 있게 된다. 코스미즘은 설계를 덫과 그것으로부터의 탈출에 관한 논리에 의해 전적으로 구성된 것으로 이해한 고대의 견해를 대규모 — 사실상 역사적으로 새로운 규모 — 로 예시한다.

◇

설계와 덫 사이의 관계는 매우 깊다. 그것은 오래되었으며, 무언가를 유순한 것으로 만들기보다는 오히려 끔찍한 것으로 만드는 그런 종류의 위대한 시대에 관여한다. 한때 더 잘 알려졌듯이 그것은 표도로프가 글을 쓰는 시기에는 거의 보이지 않았는데, 그것이 그의 글에 은밀히 생기를 불어넣는다. 그런데 이런 연결 관계의 모습은 어떠한가? 인류학자 알프레드 겔은 『보겔의 그물』이라는 시론 ─ 전통적인 양식의 사냥 덫이 화랑에서 전시되면 어떻게 이해될 수 있는지에 관한 인상적인 간략한 사변 ─ 에서 그것의 형태가 코드화하는 불길한 의도를 도출해 낸다. "우리는 그 덫에서 그 제작자의 마음을 읽"고 "그 희생자의 모델" ─ 그리고 더 상세히 그 모델이 "그 덫에 걸려들도록 순서가 뒤집힌, 동물의 자연적 행동의 매개변수들을 미묘하고 추상적으로 나타내는" 방식 ─ 을 읽는다. 사냥 덫은 그 희생자의 행동에 대한 "치명적인 패러디"라고 겔은 서술한다.[12] 인간은 대다수 다른 포유류를 아무 도움을 받지 않고 포획할 만큼 운이 좋을 것이다. 그런데 이것은 그것들의 관찰된 성향을 활용하는 간접적인 전략에 의해 교정될 수 있다. 예를 들면 미끼의 사례에서 보듯이 어떤 종류들의 먹이를 먹는 경향을 활용하거나, 혹은 덫의 사례에서 보듯이 탈출하려는 시도를 사망의 수단으로 번역한다. 이런 견지에서 이해하면 덫의 제작자는 일단의 힘을 동원하여 이들 힘을 새로운 연접체로 조직하는데, 요컨대 환경에서 이미 작용하고 있는 궤적을 뜻밖의 방향으로 비트는 "본능과 성향의 기술자"로서의 역할을 수행한다.[13]

이런 서술의 의의는 그것이 우리에게 덫에 적용된 대로의 설계에 관해 말해주는 것에 있지 않고 오히려 덫의 제작이 설계에 대한 일반 모형을 제공하는 방식에 있다. 시공간적으로 멀리 떨어져 있는 관찰자들이 외관상 독립적으로 이런 연결 관계를 구성함으로써 덫을 더 대대적인 설계 ─ 오직 힘만을 적용함으로써 세계에 형태를 부과하기보다는 오히려 세계의

---

12. Alfred Gell, *Art and Agency*, 200~1.
13. Lewis Hyde, *Trickster Makes This World*.

현존하는 경향들을 식별하고 조종함으로써 세계로부터 결과를 유도해 낼 수 있는 능력 ─ 의 기본 모형으로 여긴다.[14] 나뭇결을 따르기, 광석의 녹는점을 추적하기, 담금질을 통해서 금속을 강화하기, 이것들은 모두 적용되는 힘이 그대로 수동적 기체基體에 가해지지 않고 오히려 "지능이 어떤 객체를 경쟁자의 모습으로 대면함으로써, 말하자면 방조와 대립을 조합함으로써 그 객체와 접촉하려고 시도하"는 상황이다.[15] 지렛대를 사용하여 바위를 들어 올릴 수 있는 인간의 능력처럼 엄청나게 비개연적인 현상은 바로 그렇게 배치된 환경에서 그것의 별개 부분들 사이의 공모 체계로서 생겨난다.[16]

몇에서 표현되는 지능의 형태는 교지巧智이며, 그리고 그것의 일반적인 작동 방식은 공예를 교묘함과 연계한다. 교지는 인공물의 제작을 세련된 음모의 조작, 대담한 군사 전략, 그리고 기업가적 성공의 폭발적인 속출과 결합한다. 직접 입수할 수 없는, 모호하고 변화하는 환경에의 성공적인 탐사에 관한 모든 사례에서 우리는 간접적인 전략과 적시의 행위를 통해서 미덥지 못한 재료에서 특별한 결과를 끌어낼 수 있는 능력이 예증됨을 알게 된다. 그런 능력 덕분에 약자는 물리적 강자를 이길 수 있게 된다.[17] 이런 논술이 뜻하는 대로 몇과 그것으로부터의 탈출은 흥미로운 역지사지의 특성을 보여준다. 자유롭다는 것은 무언가 다른 것을 함정에 빠뜨리는 것인데, 포식자의 주의를 다른 곳으로 돌리는 위장을 고안하는 미묘한 형태로 그럴 뿐이지만 말이다. 기원전 500년에 쓰인 글에 따르면 이런 인식이 위대한 도둑의 특징이다.

---

14. Benedict Singleton, *On Craft and Being Crafty*.
15. Marcel Detienne and Jean-Pierre Vernant, *Cunning Intelligence in Greek Culture and Society*, 6.
16. Jean-Pierre Vernant, *Myth and Thought Among the Greeks*, 313. [장 피에르 베르낭, 『그리스인들의 신화와 사유』.]
17. Singleton, *On Craft and Being Crafty*.

가방을 절개하고 지갑을 뒤지며 상자를 개봉하는 도둑에 대한 예방조치를 취할 때 사람들은 그것들에 끈을 달고 단단히 여몄음을 확인하고 강한 접착제와 쥠쇠를 사용했음을 확인한다. 이렇게 해서 그들은 자신의 지혜를 과시한다고 대체로 이야기된다. 하지만 한 위대한 도둑을 만나게 되면 그는 상자를 짊어지고 가방을 들어 올리고 지갑을 챈 다음에 통째로 들고서 달아나는데, 단지 끈과 접착제, 쥠쇠가 단단하지 않아서 안에 든 물건이 쏟아질까 봐 걱정할 뿐이다. 그리고 이 경우에 (그 소유자의) 지혜라고 일컬어진 것은 그 위대한 도둑에게는 사물들을 모아서 가져가기에 지나지 않은 것으로 판명된다.[18]

이것은 점증하기에 적합한 과정이다. 루이스 하이드가 "더 많은 교지 이외에는 교지에 맞설 수 있는 것이 없다"라고 해석하는 원리에 따르면,[19] 덫은 대항-덫을 낳고, 또 하나의 덫을 제작함으로써 하나의 덫에서 자유롭게 된다. 한 수 앞선다는 것은 더 넓게 생각한다는 것, 도식에서 균열을 찾아낸다는 것, 균열에 칼을 찌른다는 것, 그리고 새로운 용도를 위해 그것을 벌린다는 것이다. 환경에 대항-책략을 채워 넣는 것은 우리가 휘말려 있는 기계화를 탈출하기 위한 최선의 고안으로, 제약을 자유로운 행위를 위한 새로운 기회로 전환하는 것이다. 탈출은 설계를 작동하게 하는 재료이다. 탈출은 정지 상태의 적인데, 후자가 반복에 불과한 운동으로 나타나는 경우에도 그렇다. 현존하는 조건에 대한 전면적 반항의 기획. 일반화된 탈출학.

◇

---

18. Zuangzi, *Cutting Open Satchels*.
19. Hyde, *Trickster Makes This World*, 20.

표도로프의 사상이 나타내는 상당한 복잡성은 그것의 끊임없는 성마름과 결부되어 있었다. 당대의 산업 및 과학 발전으로 고무된 코스미즘은 이들 발전이 즉각적인 응용을 위해 제시한 가능성 너머에 놓여 있는 상상의 지형으로 쇄도했다. 예측적이라기보다는 프로그램적이었던 코스미즘은 그것들의 연합 결과로부터 어떤 궤적을 외삽하고 그 궤적을 따라 새로운 목표를 위치시켰다. 코스미즘은 미래로 질주하여 뒤를 돌아다보았고, 그리하여 현재 여전히 불변의 것으로 널리 여겨지는 것들―중력, 필멸성―이 그것들이 제거된 저 너머의 사변적 관점에서는 처리 가능한 제약인 것처럼 보일 수 있게 된다. 코스미즘의 독창성과 강한 매력은 그것에 선행한 모든 유사한 모험적 사상을 넘어서는 야망의 확대에 자리하고 있다. 표도로프는 덫의 논리를 취하여 지구 이상의 규모로 확장한다.

하나의 지시적 기획으로서의 코스미즘은 실천적 지능이 그것을 구속하는 제약을 체계적으로 무화하도록 명한다. 자유는 수량화되며, 점차 조금씩 나아가는 일련의 성취로 재구성된다. 우리는 이 제약에서 자유롭고, 이제 이 제약에서 자유롭고, 그다음에 이 제약에서 자유롭다. 그런데 설계의 모든 특정한 사례가 하나의 속임수라면 코스미즘은 그 사기를 연장하는 태도이다. 그것이 이산적인 발명의 계기들에 의지한다면 이들 계기는 그냥 결집되지 않고 일련의 동전 묘기처럼 한 줄로 배열되는데, 각각의 계기는 자기충족적이고 그다음의 계기와 아무 관계도 없다. 오히려 그것들은 어떤 계발된 도식 혹은 확장하는 구상으로 차곡차곡 포개 넣어지고, 그리하여 각각의 책략은 또 다른 책략을 위한 길을 닦게 된다. 이런 동역학의 견지에서 모든 규모의 목표는 순전히 잠정적이다. 한 구체적인 목표―그것이 감옥 담장을 타고 넘기든 화성에 기지를 건설하기든 간에―의 부각은 국소적 행위를 규정하고, 노력을 고무하고 조직할 수 있으며, 진보를 가늠한다. 그런데 이 논리에 내재하는 선험적인 결승선은 전혀 없고, 그리하여 고삐를 끊을 때 우리는 마침내 안심하고 최종적으로 성취된 진정한 자유를 탐닉할 수 있다.

따라서 기술적 성취에 대한 코스미즘의 성향은 개괄적이라기보다는 오히려 종합적이며, 그것의 프로그램은 완결되기보다는 오히려 영속한다. 우리가 중력을 압도할 수 있고 죽음을 근절하거나 심지어 되돌릴 수 있도록 설계된 체계들은 인간 종이 나머지 우주 바깥으로 팽창하는 동안 출현할 더 흐릿하게 특정된 다른 목적들을 위한 도약대이다. 표도로프가 정립하는 의무감은 국소적 유혹에서 벗어날 수단, 이 기획의 착수 조건일 뿐만 아니라 성취들 사이에 지속하면서 그것들을 하나의 궤적으로 안정화하고 응집하는 조정 체계이기도 한데, 요컨대 잠정적 목표의 매력에 저항하면서 그리고 그 저항을 통해서 지속적으로 점증하는 기획의 동역학에 맞추어 사유를 수정하는 수단이다. 그의 '의무'는 최소의 윤리적 형판의 형태로 설정된 우리 자신에 대한 덫이며, 집단적 모험의 기준으로 확대될 수 있다. 하나의 고정점으로서 그것은 지렛대 작용의 잠재력을 제공함으로써 미래 가능성의 범위를 확장한다. 그것은 확실히 제약 조건으로서의 플랫폼이지만 기존의 필요에 복속하기보다는 오히려 생성적 성향을 갖춘 플랫폼이다.

이런 점에서 표도로프의 지적 벡터는 그것과 피상적으로 비슷할 많은 다른 인물의 지적 벡터들 — 이들 경우에는 야심적인 기술적 기획이 사전에 결정된 특정한 목표를 달성하도록 상정된다 — 보다 더 화려할 뿐만 아니라 더 복잡하다. 그런데 덫의 논리에 대한 파악은 여전히 암묵적일 뿐만 아니라 확실히 부분적이기도 하다. 성, 소비주의, 민주주의 등에 맞서는 표도로프의 운동이 지닌 장점 혹은 단점이 무엇이든 간에 그의 사상에 대한 인식되지 않은 한계는 그것이 여타의 제약이 폐기될 수 있게 하는 최종 제약을 설정하는 방식에 정확히 자리하고 있다. 성에서 죽음에 이르기까지 모든 것을 기꺼이 폐기하고자 하는 표도로프는 인간의 신성한 표상의 기반을 얼마나 약화할지 선을 정한다. "죽음은 하나의 특성, 하나의 조건이지만, 그것을 갖추고 있지 않다면 인간이 더는 사실상의 인간이 아니게 되는 그런 성질도 아니고 인간이라면 마땅히 갖추고 있어야 하는 그런 성질도 아니다"라고 표도로프는 적었다.[20] 그런데 '인간'을 신성불가침으로 지칭하는 것은 설계의 추상적인 반란적 힘에 이질적이며, 그리고 그 감성은 그 힘이 개시하는 가지각색의 신념에 대한 추구를 방해한다.

◇

덫을 탈출하는 일이 결코 운으로 이루어질 수 있는 것이 아니라면, 예컨대 지구를 탈출하는 일이 중력 같은 결정 요소가 공교롭게도 전혀 작용하지 않음으로써 이루어질 수 있는 것이 아니라면, 탈출자 자체가 변해야 한다. 덫을 탈출하는 것은 그것에 걸려 있던 것이 아니다. 자유로워지려면 '진정한 자유'의 어떤 공허한 조건을 정하기보다는 오히려 자신이 걸린 덫의 메커니즘에 자신이 어떻게 연루되어 있는지 이해하는 것이 유용하다. 먹이임은 포식 관계의 가르침이며, 이런 인식이 탈출의 전제조건이다. "사냥당하는 인간은 추적자들의 반응을 예상하기 위해 포식자의 관점에서 자신의 행위를 해석하는 방법을 익혀야 한다 ⋯ 자신을 삼인칭으로 여기면서 자신의 행위들 각각에 대하여 그것이 자신에 맞서 어떻게 사용될지 고찰해야 한다. 이런 불안은 나중에 추리로 변환될 수 있다."[21] 그래서 표적은 속임수의 구조를 알게 되며, 이런 깨달음 속에서 판을 뒤집는 과정이 개시될 수 있다. 탈출 시도는 자신을 덫들의 중첩 구조 내의 객체로 여기는 관점을 단련시키고 이 지식을 적극적 자원으로 전

---

20. Young, *The Russian Cosmists*, 47에서 인용됨.
21. Grégoire Chamayou, *Manhunts*, 70.

환한다. 그렇다면 "프랑스 식민지의 노예들이 그런 사태를 가리키는 말을 갖추고 있었다"는 것은 놀랍지 않은데, "자신의 주인을 탈출하는 것은 '자신의 신체를 훔치기'라고 일컬어졌다."²²

그러므로 덫으로부터의 자유는 소외로부터의 자유가 아니라 소외를 통한 자유이며, 이것은 재구성되지 않은 모든 인간주의의 시각으로부터의 광대한 탈출 기획에서 치명적인 밀항자 ─ 그것을 추구하는 행위자의 수정적 재구성을 통한 연속적인 변환 ─ 를 만들어 낸다.²³ 이것은 이미 여기에 있고 벌써 생겨났다. 인간의 신체는 인공지능의 숙주인데, 인공물을 통해서 작동하는 지능이라는 그 용어의 비전형적인 의미에서 그렇다. 인공지능의 점진적 출현은 발명과 망명의 순환들을 통해서 인간이 여타의 세 가지 유인원에서 분리될 때 그 흔적들을 남긴다. 인간 조상이 다양한 환경으로 이주함으로써 가능해지고 고무되었으며, 저기서 찾아낸 재료를 사회적 체계들이 뿌리를 내리고 때때로 번성할 수 있게 하는 방어 및 공격 체계에 적용시킴으로써 추구된 기술적 역량은 인간의 점진적인 행동적 가소성과 사실상 인간의 형태에 그 흔적을 남겼다.²⁴ 이족보행, 대뇌화, 손의 역동적 구조와 눈 및 목소리에 대한 조율. 이것들은 모두 기술을 발명하기 위한 수단인 만큼이나 기술의 발명품이며, 그리고 언어만큼 '인간임'의 토대를 이루는 것이다.²⁵ "인간은 지구의 원주민이 아니다"라고 로버트 주브린은 진술한다. 인간은 일반적으로 "지상의 환경에의 적절한 적응"을 결여하고 있다.

---

22. 같은 책, 63.

23. Reza Negarestani, "The Labor of the Inhuman." [* 레자 네가레스타니의 「비인간적인 것의 노동」은 이 책 411쪽 이하에 수록되었다.]

24. Timothy Taylor, *The Artificial Ape*.

25. 사실상 언어를 일종의 기술적 플랫폼으로 간주할 만한데, 한편으로 그 역은 거짓인 것처럼 보인다.

우리는 두 개의 영구적인 극지방 만년설이 있는 행성, 대부분 육지가 매년 눈, 얼음, 얼어붙은 밤, 그리고 치명적인 서리에 시달리는 행성, 해양의 평균 온도가 우리 생혈의 온도보다 훨씬 낮은 행성에서 살아간다. 지구는 추운 곳이다. 우리의 내부 신진대사는 따뜻함을 요구한다. 그런데 우리는 모피가 없다. 우리는 깃털이 없다. 우리는 자신의 몸을 보온할 지방이 없다. 이 행성의 대부분에 걸쳐 얼마 동안이든 간에 보호받지 못한 생명은 달에서와 마찬가지로 존속 불가능하다. 우리는 여기서 생존하고 여기서 번성하는데, 오직 우리의 기술 덕분이다.[26]

표도로프의 '인간'은 그것의 역사적·미래적 지속성을 토대적 플랫폼으로 전제하며, 그리고 이 플랫폼은 결국 기술적 방향뿐만 아니라 윤리적 의미도 산출한다. 그런데 코스미즘이 개시하는 자유의 확대가 설계의 일반화된 탈출학에 관여한다면 그것을 규율할 수 있는 것은 오직 후자뿐이다.

◇

우주여행을 하려면 낡은 언어적 쓰레기를 버려야 한다. 신 이야기, 나라 이야기, 어머니 이야기, 사랑 이야기, 파티 이야기를 버려야 한다. 아무 종교도 없이, 아무 나라도 없이, 아무 동료도 없이 현존하는 방법을 익혀야 한다. 침묵 속에서 홀로 사는 방법을 익혀야 한다. 우주에서 기도하는 사람은 전혀 존재하지 않는다.[27]

설계는 온갖 경계를 가로지르는 침입, 그것이 향유하는 모든 휴전 협정

---

26. Robert Zubrin, *Entering Space*, 17~18.
27. W. Burroughs, *The Adding Machine* (New York : Arcade, 1993), 138.

의 궁극적인 위배, 사회기술적 구조물들이 바로 그 구조물들 덕분에 가능하게 되는 것에 의해 볼모가 되는 과정이다. 설계의 경향은 모든 의미에서 근거를 없애는 것이다. 설계는 그것의 고유한 논리 외에는 어떤 논리에도 복속되지 않는다. 전개되는 설계의 발전은 그것의 인식 자체에 의해서만 일관된 벡터로 안정화된다.

우리는 설계에서 사전에 규정된 목적을 달성하는 수단을 보는 데 많이 익숙하다. 하지만 수단은 현재로부터의 탈출을 달성할 수 있는 역량과 연동된 독자적인 논리를 갖추고 있다. 그리고 수단은 미래를 단계적으로 개방하기 위해 환경에서 지렛대의 중심점을 탐지하여 활용함으로써 탈출을 달성하는 바로 그 행위자를 변환한다. 이것은 가속주의적 성향의 표식으로, 세계의 지각된 단점들에 관한 서술을 교사할 수 있는 사유 학파들을 포괄한다. 그것은 미래상의 형태로 그 서술이 어떠해야 하는지에 대한 정교한 설명을, 상황이 마무리되는 방식, 자유가 하나의 가능성이 되는 방식, 그리고 점진적인 최대화가 생성적 제약의 체계적인 배치를 통해서 추구될 수 있는 방식의 논리에 상응하는 설명을 포괄한다.

이것은 21세기 우주여행의 구조적 논리이다. 다섯 번째 라그랑주 점에 배치된 오닐 콜로니에 있는 한 소행성에서 움직이고 있는 도킹 스테이션들의 유산은 천체물리학자들과 아폴로 승무원들 사이에 탈출 곡예사들과 무대 마술사들, 탈옥수들이 줄지어 늘어서는 역사일 것이다. 그리고 그들은 우리의 의무 혹은 행동거지로 특징지어진 우리가 아닐 것이다. 우리가 무엇이 되든 간에 그들은 탈출하기 위해 그들이 되어야만 했던 무언가일 것이다. 이렇게 인식함으로써 우리는 어둠 속으로 상승하기 위한 일단의 대안적인 발판을 부여받게 된다.

# 텔레오플렉시

## 가속에 관한 단상

닉 랜드

2014

00. 여기서 사용되는 '가속'이라는 말은 자본 축적의 시간-구조를 서술한다. 그러므로 그것은 뵘-바베르크의 자본화 모형을 정초하는 '우회성'을 가리킨다. 이 모형에서는 절약과 기술성이 단일한 사회적 과정에서 통합됨으로써 자원이 직접적인 소비로부터 생산 기구의 성능 향상으로 전용된다. 그 결과, 자본의 기본적인 공동성분으로서의 기술과 경제학은 점화된 자본 증대의 역사적 조건 아래서 형식적인 구별이 제한적으로 이루어질 따름이다. 분해할 수 없게 밀접하게 연결된 역동적인 것은 기술경제학techonomics(교차적으로 활기를 띠는 상업적 산업주의)적이다. 가속은 기술경제학적 시간이다.

01. 가속은 처음에 사이버네틱스적 기대로서 제안된다. 자신의 출력에 자극받기에 자체적으로 추진되는 모든 누적 회로에서는 가속이 정상적인 행동이다. 도해로 나타낼 수 있는, 되먹임 주도 과정들의 지형 안에서는 단지 폭발과 갇힘이 나타날 뿐이다. 가속주의는 모더니티의 기본 도해를 폭발적인 것으로 식별한다.

02. 실제로(즉, 역사적으로) 예시되는 어떤 시각에서 보더라도 폭발은 위험한 것임이 명백하다. 폭발은 가장 철저히 변칙적인 사례들에서만 영

속적으로 유지될 수 있을 뿐이다. 그러므로 가속주의는, 근대 문명의 전형적인 실질적 의제는 폭발의 통제 – 일반적으로 통치 혹은 조절로 번역되는 것 – 일 것이라고 확실히 예견한다.

03. 기본적인 것은 무엇이든 보강되지 않은 채로, 그리고 언급되지 않은 채로 방치될 수 있다. 반대쪽에서만 긴급한 개입 – 보정기의 개입 – 이 요구될 뿐이다. 그렇다면 원초적 의지가 먼저 나타날 것이라고 예상하지 말아야 하는데, 오히려 정반대 상황을 예상해야 한다. 과정에의 접근은 토착적으로 부족한 보정 요소로서 조직된, 이미 안정화의 길에 들어선 프로젝트를 통해서 그 과정의 (사이버네틱스적) 음성 부분으로부터 시작한다. (말하는 것은 감옥이지 죄수가 아니다.)

04. 우선적인 보정 방향은 어떤 척도 없는 사회적 상수이다. 제어공학에서 그것은 (시장 경제의 층위에 이르기까지) 교란된 체계에 일반적으로 적용하기 위해 평형에 관한 통계역학적 개념에서 추출된 '조속기'調速機 혹은 항상성 조절기의 모형이다. 진화생물학에서 그것은 적응이며, 그리고 변이(혹은 교란)보다 선택을 이론적으로 우선시하는 것이다. 생태학에서 그것은 정점의 생태계(가이아로 전체화된 체계)이다. 인지과학에서 그것은 문제해결이다. 사회과학에서 그것은 정치경제학이며, 전문적인 거시경제학/중앙은행 체계에서 절정에 이른, 이론과 적응 정책의 제휴이다. 정치적 문화에서 그것은 불만의 보상으로 구상된 '사회적 정의'이다. 오락 매체와 문학적 혹은 음악적 형식에서 그것은 프로그램에 입각한, 불가사의와 불화의 해소이다. 전략 지정학에서 그것은 세력 균형이다. 각각의 경우에 보정 과정은 그 속에서 교란이 처음부터 장악되는 객관성의 원래 구조를 결정한다. 부차적인 것의 수위성은 사회적 시각에서의 규범이다(이 경우에 가속주의는 비판이다).

05. 부차적인 것이 먼저 나타나는 이유는 안정성의 이익, 그리고 폭넓게 생각하면 현 상태의 이익이 역사적으로 확립되기 때문이며, 적어도 부분적으로 부각되기 때문이다. 엄밀히 기계적인 의미에서는 더 원초적인 교반攪拌에 뒤이어 일어나지만 보정 작용은 또한 보수적이거나 혹은 (더 근본적으로) 보존적이고, 따라서 전통의 유산을 잘 받아들인다. 기본적으로 그것은 현실적 존재를 모든 보조 수단을 조직하는 부분으로 설정하는 관성적 목적이다. 이런 '자연적' 상황은 (공식적이고 정치적으로 제기되든 혹은 비공식적이고 상업적으로 제기되든 간에) 인간주의 미래학의 주요한 의문에 의해 거의 완벽하게 표상된다. 우리는 어떤 종류의 미래를 바라는가?

06. 그 결과, 부차적인 것의 수위성은 가속주의에 선제적 비판을 가함으로써 이데올로기적 가능성의 심층 구조를 형성한다. 그 궁극적인 함의에 이르기까지 가속주의는 보정되지 않은 교란의 정식화에 지나지 않는 것이기에 그것의 본질을 철저히 포착하는 비판적 예지 — 전통적이면서 예언적인 예지 — 에 민감하다. 이런 비판의 최종 이념은 좌우를 분리하거나 혹은 점진적으로 전개된 철학의 방식으로 주요한 정치적 차원에 정위될 수 없다. 정치적 전통의 본질과 그 이념의 친화성은, 아직 확실히 화복되지 않은, 물러서는 의사-기원적 계시와 비교하여 각각의 모든 현실화가 또렷이 '타락한' 것이라는 그런 점에 있다. 인류의 경우에 그것은 영구적인 모더니티 비판, 즉 인간의 마지막 자세이다.

07. 부차적인 것의 수위성은 '비판에 대한 비판'이 먼저 나타날 것을 요구한다. 가속주의의 정식화에 앞서 가속주의는 미리 또 철저히 비난받아 왔다. 영원주의적 비판Perennial Critique은 모더니티가 체계적인 목적론적 반전을 통해서 세계를 물구나무 세웠다고 비난한다. 근대화 — 즉,

자본화―가 진전됨에 따라 생산수단이 경향적으로 생산의 목적이 된다. 도구적 역량의 광범위한 성장에서 자신의 유일하고 영구적인 정당화 근거를 찾아내는 기술경제적 발전은, 도구성의 격렬한 전환 혹은 도착적인 기술경제학적 최종 상태를 통해서, 제거할 수 없는 목적론적 악성 종양을 분명히 드러낸다. 회로의 공고화는 자동생산의 언제나 심화하는 동역학 내에서 도구를 그 자체로 감아 넣음으로써 기계를 그것 자체의 목적이 되게 한다. '자본의 지배'는 달성된 목적론적 파국, 로봇 반란, 혹은 쇼거스[1]적 폭동 사태이다. 강력히 확대되는 도구성은 이런 상황을 거쳐 모든 자연적 과정을 도구의 기괴한 통치로 반전시켰다.

08. '기술경제학'은 구글로 흩뿌려진 불가항력적으로 불가피한 낱말인데, 무수한 조어 내에서 거듭 애써 자신을 출산한다. 그 용법을 규정하는 일이 남아 있을 따름이다. 진정한 신조어의 경우에는 상황이 판이한데, 모더니티 혹은 자본화를 가리키기 위해 이제 한 가지 신조어, 즉 텔레오플렉시teleoplexy를 고안해야 한다. 고의로 목적의 용도를 변경하는 제2의 목적론, 즉 반전된 목적론인 동시에 재귀적으로 복잡한 목적론인 텔레오플렉시는 또한 (자연과학적 '목적률'teleonomy과 구별할 수 없는) 창발적 목적론이면서 목적론의 시뮬레이션인데, 초목적론적 과정들조차도 녹여서 시간의 위상학에서 비롯된 부산물이 되게 한다. '속력 혹은 온도처럼' 모든 텔레오플렉시는 파국들로 이질화된, 강도적 크기 혹은 불균일한 양이다. 텔레오플렉시는 지능과 구별할 수 없다. 가속주의는 궁극적으로 텔레오플렉시를 측정해야 한다(혹은 시도를 분해해야 한다).

---

1. * '쇼거스'(shoggoth)는 미합중국 공포소설가 H. P. 러브크래프트의 크툴루 신화에 등장하는 허구적 괴물을 가리킨다.

09. 텔레오플렉시, 즉 (자기강화적인) 사이버네틱스적 강화는 기계들의 파장을 서술하면서 우주 방사선 사이에서 극자외선의 방향으로 탈출한다. 텔레오플렉시는 복잡성, 연결성, 기계 압축, 엑스트로피extropy 2, 자유에너지 소산, 효율성, 지능, 그리고 조작 역량과 관련이 있는데, 요컨대 생산성과 경쟁력, 자본 자산 가치라는 척도들을 통해서 표현되는 대로의 시장 메커니즘에 의해 사회경제적 선택의 방향을 설정하는 절대적이지만 불분명한 개선의 기울기를 규정한다.

10. 가속주의는 텔레오플렉시적인 것이 있는 한에서만, 말하자면 자본화가 자연사적 실재인 한에서만 어떤 실재적 대상이 있다. 텔레오플렉시를 그것의 상업적인 형식적 절차를 통해서 하나의 경제 현상(가격 데이터)으로 파악하는 이론은 동시에 가속주의를 제시하며, 이와 더불어 가속주의와 관련된 최대의 개념적 자원과 가장 불가피한 문제도 제시한다. 적어도, 엄밀한 기술경제학적 자연주의의 가속주의적 정식화는 그것을 상업적 상대주의와 역사적 가상성, 체계적 반성성이 복잡하게 얽힌 삼중의 고민거리에 연루시킨다.

11. 화폐는 미로이다. 화폐의 기능은 그것이 없다면 무한히 상세해지는 경향이 있을 거래를 단순화함으로써 촉진하는 것이다. 이런 점에서 화폐는 명백한 사회적 가속자이다. 화폐 체계 내에서 복잡성은 병목 지점, 즉 폐색 매듭으로부터 중계되지만, 이것은 매듭의 풀림과 혼동되지 말아야 한다. 매듭들이 모이는 곳에서 미로가 성장한다. 화폐는, 화폐가 세계를 표상한다는 부수적인 시각적(혹은 사용 현장의) 환영과 더불어 전체적 얽힘 내에서 국소적 해방을 촉진한다. 이 환영은 효용(사용가치)

---

2. * '엑스트로피'(extropy)는 '엔트로피'(entropy)의 반의어이다.

을 희소성(교환가치)으로 잘못 아는 것이다. 왜냐하면 '상품'에 의해 주의가 화폐의 유일한 전체적 기능인 배급으로부터 산만해져 버렸기 때문이다. 화폐는 자원의 어떤 부분에 (선택) 가치를 할당한다. 그 절댓값은 그것 자체의 희소성뿐만 아니라 그것이 분할하는 경제적 풍요에 따라서 불확정적으로 유동적이다. 가격과 사물 사이의 외관상의 연계는 (공급 부문과 수요 부분에서 비롯되는) 한 쌍의 경쟁 입찰 계열을 조정하는 이중 분화, 즉 상업적 상대주의의 결과이다. 가격 정보의 자연주의적 데이터 (혹은 절대적 준거)로의 전환은 극도의 이론적 난제를 제시한다.

12. 자본은 본질적으로 복합적인데, 공간에서의 경쟁적 동학에 의해서 그럴 뿐만 아니라 시간에서의 투기적 분리에 의해서도 그러하다. 형식적 자산은 예측을 현행 (교환)가치들의 체계로 통합하는 옵션이다. 그러므로 자본화는 잠재력의 상업화와 구별할 수 없다. 그것을 통해서 근대 역사는 언제나 더 큰 가상화의 방향으로 (텔레오플렉시적으로) 경사됨으로써 과학소설 시나리오를 생산 체계들의 통합적 성분으로 운용할 수 있게 한다. 확률론적 추정치 혹은 위험 구조로서의 방식을 제외하면 '아직' 현존하지 않는 가치가 경제적 (그리고 당연히 사회적) 과정에 대한 명령권을 획득함으로써 필연적으로 현실적인 것의 가치가 하락한다. 텔레오플렉시 지침 아래서 존재론적 실재론은 현재로부터 분리되면서 "무엇이 실재적인가?"라는 물음을 점점 더 쓸모없게 만든다. 일어나고 있는 일 — 그 일은 실재적일 것이다 — 은 현재의 관찰에 단지 부분적으로, 양태적 양들의 조견표로서 포착될 따름이다. 기술경제학적 자연주의는 역사적 가상성을 기록하고 예측하며, 그리하여 대체로 아직 도래하지 않은 어떤 대상 — 매우 이례적으로 예측 불가능한 특질들을 갖춘 대상 — 을 지향한다.

13. 거의 최종적으로, 텔레오플렉시에 대한 평가는 텔레오플렉시 자체가 착수하는 연구 프로그램이다. 자본의 포괄적 가치는 ('근본 가치'의 방향으로) 상업적 상대성에 대하여 교정되고 (믿음직한 위험 모형화의 방향으로) 역사적 가상성에 대하여 할인된 가격으로부터 그것의 고유한 분석적 지능에 의해 자동으로 생성되는 창발적 추정치이다. 이들 계산의 복잡성은 인공적 시간에서 경쟁적인 인지의 동역학을 통해서 구성됨에 따라 자기준거의 논리적 문제들 — 친숙한 것들과 아직-예상하지-못한 것들 — 에 의해 폭발적으로 분할된다. 모더니티가 어떤 자발적인 텔레오플렉시적 자의식을 갖추고 있다면 그것은 내재적으로 접근된, 기술경제학적 자연주의의 문제 — 세계는 얼마나 가치가 있는가? — 에 대응한다. 텔레오플렉시적 반성의 시각에서 바라보면 상업적으로-표명된 이런 물음과 그것의 기술적 보완물 — 지구는 무엇을 할 수 있는가? — 사이에 최종적 차이는 없다. 텔레오플렉시 혹은 사이버네틱스 강도의 자기-수량화만 있을 뿐인데, 그것이 바로 계산화된 금융 시장이 (결국) 겨냥하고 있는 것이다. 가속주의가 텔레오플렉시적 자기평가의 이런 회로에 다가가면 그것의 이론적 '입장' — 혹은 그 대상에 상대적인 상황 — 은 그것이 최종적인 정체성 위기의 기본적 특징을 띨 때까지 점점 더 헝클어지게 된다.

14. 텔레오플렉시가 현실적으로 자신을 평가하는 데, 혹은 펄프 사이버-공포 시나리오가 서술하는 대로 "자의식을 얻는 데" 무엇이 필요할 것인가? 아직 자신 있게 확정할 수는 않지만 거의 확실히 탈정치화와 암호-디지털적 분배를 향해 철저히 경사된 방식으로 설정된 화폐 체계 내에서 그것은 자신의 최대로 가속된 기술생성에 합치되는 가격들을 찾아낼 것이고, 그리하여 자본을 기계적 자동화, 자기복제, 자기향상으로 유도함으로써 지능 폭발로 탈출할 것이다. 그러므로 가격 체계 — 그것의 인식론적 기능은 이해된 지 오래되었다 — 는 반성적으로 자기향상적인 기술

적 초인지로 전환된다. 이데올로기적 지지와 무관하게 가속주의는 기술경제학적 특이점Singularity에 대한 텔레오플렉시적 예상을 확증하든 반증하든 간에 그런 발전을 추적할 수 있는 자신의 능력을 통해서만 진전할 따름이다. 모더니티는 (이론적으로 정교한 판본들의 영원주의적 비판조차도 요구하는) 가속주의 연구 프로그램이 하나도 완수되지 않은 상황에서는 철저히 이해될 수 없는 채로 남아 있음이 명백하다. 철저히 다듬어진다면 한 가지 네거티브 결론은 인류세에 관한 적절한 생태적 이론을 반드시 산출할 것이다.

15. 상대성, 가상성, 그리고 반성성이라는 세 가지 문제적인 것은 이미 이런 탐구를 아무도 꺾을 수 없게 방해하지는 않더라도 엄청나게 방해하는 데는 충분하다. 몇 가지 추가적인 난점은 구체적으로 언급되어야 한다. 왜냐하면 이들 난점을 해결하는 행위는 완성된 가속주의의 중요한 하위성분들을 제공하거나, 혹은 별개로 모으면 (모든 현실적인 경제 이론에 불가결한) 위장에 관한 구체적인 역사 철학을 끌어모을 것이기 때문이다.

16. 상업적으로 (하나의 가격 체계로서) 구상되는 경제는 사회역사적 생산의 다층 현상학을 구성한다. 경제는 외양들의 객관적 구조로, 평가된 사물들을 내세운다. 또한 경제는 정치적 전장인데, 그 속에서는 전략적인 지각 조작이 엄청난 가치를 지닐 수 있다. 영원주의적 비판이 오래 견지한 주장은 바로 사회적 현상의 화폐화가 본질적으로 상충적이라는 것이다. 의무적인 탈금속화, 정치화된 (명목화폐) 체제와 계량경제학적 관료제, 지정학적으로 도전받는 세계 준비 통화 헤게모니, 그리고 암호화폐 번성의 시대에는 그런 의구심들이 추가된다. 금융 액면가의 단위체도 없고 문제가 없는 (비상충적인) 거시적 결집체도 없는 상황에서 경제 이

론은 손질되어야 한다.

17. 사회정치적 유산 형태들은 종종 선진적인 기술경제적 과정들을 가린다. 특히 인격과 행위주체성, 재산에 대한 전통적인 법적 규정들은 대단히 미비한 소유권 개념에 의거하여 자본의 자율화/자동화를 곡해한다. 지적 재산권에 관한 관념은 (그것이 기계 지능의 도래와 양립 가능한지가 역사적으로 시험받기도 전에) 이미 명백한 위기의 상태에 진입했다. 기업 정체성의 법적 인정은 사업 구조들의 기술경제학적 수정을 위한 경로를 제공하는 반면에, (믿음직한 철학적 정초가 결코 이루어진 적이 없는) 재산권 개념의 근본적으로 부적절한 점들은 신흥 텔레오플레시적 행위주체들에 대한 체계적인 오인을 초래하리라 예상될 수 있다.

18. 자본 집중은 자본화의 종합적 특징이다. 자본 집중, 자본 밀도, 자본 구성, 그리고 사이버네틱스 강도에 대한 척도들이 쉽게 입수되거나 혹은 매끈하게 합치할 것이라고 가정할 수는 없다. 유의미한 기술경제학적 심화와 자본의 공장 모형 외부로의 사회적 확산 패턴들(역사적으로 친숙한 인간 본래의 것이든 혹은 혁신적이고 인식 불가능한 것이든 간에) 사이에는 어떤 명백한 이론적 양립 불가능성도 없다. 특히 가구 자산은 은밀한 자본 축적의 장소를 제공하는데, 여기서 개인용 컴퓨터와 모바일 디지털 기기부터 3D 프린터에 이르기까지 생산 기구의 비축은 경제적으로 내구소비재의 획득으로 코드화될 수 있다. 인터넷 기반 사회적 감시의 추세와 무관하게, 발전을 거시자본주의에 등록할 수 있는 경제통계적 기관들의 능력은 특별히 의심받을 만하다.

19. 부분적으로 역사적 가리개로 기능하면서 (경로 의존성의 결과로) 궁극적인 산물 역시 조정하는 중간의 종합적 거대 행위자들에 의해 기

술경제학적 특이점을 향한 진전이 잘 안 보이게 될 사태는 가능할 뿐만 아니라 개연적이기도 하다. 그런 텔레오플렉시적 유도 행위에 대한 가장 두드러진 후보자들은 거대한 디지털 네트워크, 기업, 연구기관, 도시, 그리고 국가(혹은 고도로 자율적인 국가 기관들, 특히 정보기관)이다. 이들 존재자가 비非시장 신호에 반응하는 한에서 그것들은 텔레오플렉시 강도가 축소된 임의의 제도적 인격과 잔존하는 인간정치적 표식에 의해 특징지어진다. 이들 경로 중 일부에서는 어쩌면 '우호적인 AI' 혹은 (인간정치적) '싱글턴'singleton의 명목으로 기술경제학적 특이점이 중단될 가능성이 꽤 있다. 미합중국 국가안보국을 통해서 그 간선幹線이 정립된 지능 폭발에의 경로가 매우 뚜렷한 몇 가지 면모 — 그 함의는 불투명하다 — 를 나타낸다는 것은 거의 의심의 여지가 있을 수 없다. 여기서 인식되어야 하는 가장 중요한 이론적 결과는 그런 국소적 목적들이 불가피하게도 더 많은 연속적인 추세선을 교란하여 마치 중력 공간 속 초거대 객체를 향하는 것처럼 구부린다는 것이다. 또한 중간 개체화의 어떤 사례 — 가장 명백히 국가 — 에는 좌파 가속주의가 전략적으로 투자할 수 있을 것인데, 바로 지상 자본주의의 가상적·텔레오플렉시적 계보(혹은 기술경제학적 특이점)를 소거하고 파괴하기 위해서이다.

20. 이 단계에서 가속주의가 불가능한 기획인 것처럼 보인다면, 그 이유는 텔레오플렉시적 초지능에 대한 이론적 이해가 오로지 그 자체에 의해서만 이루어질 수 있기 때문이다. 그 문제의 범위는 준최종적인 것 — 인지적으로 자기포괄적인 기술경제학적 특이점 — 의 사이버네틱스적 강도와 구분될 수 없다. 그 특이점의 난점 혹은 복잡한 점은 바로 현 상황인데, 달리 말해서 실제적 탈출이다. 그러므로 그 특이점에 접근하는 것은 그것의 궁극적인 자기반성의 항들을 부분적으로 예상하는 것이다. 예컨대 최초로 모더니티의 역사를 적절히 환산할 수 있는 기술경제학적

통화가 있을 것이다. 일상적인 경제적 기호들의 체계 내에 은닉된, 하지만 올바른 암호키가 주어지기만 한다면 엄밀히 채굴 가능한, 운명 혹은 종국의 단위체들로 그것 자체의 조사에 자금을 조달하는 수밖에 없다. 가속주의가 현존하는 유일한 이유는 이런 과업이 자동으로 그것에 할당되었기 때문이다. 운명은 이름이 있다(하지만 얼굴은 없다).

# 가속주의에 대한 일곱 가지 처방

재정향하라, 편심화하라, 사변하라, 허구화하라, 기하학화하라,
공통화하라, 추상화하라

퍼트리샤 리드

2014

## 1. 재정향하라

자신을 브랜드화하라는 명령으로 특징지어지는 시대에 선언들이 이제 자신의 바이러스성 확산을 예상하면서 해시태그를 앞에 붙인 채로 나오는 것은 전혀 놀랄 일이 아니다. (긍정적인 의미에서뿐만 아니라 부정적인 의미에서도)「#가속하라」[1]의 급증하는 인기는 '#다른-목적을-위해-하부구조-제도-기술-이데올로기를-재설계하라' — 사실상 역설적으로 속력 혹은 혁명적 사건에 구속된 정치적 사유 모형보다 오히려 그람시주의적인 정치의 '제도적 장정'과 더 깊이 결부된 것처럼 보이는 접근 방식 — 라는 확실히 더 온건한 표어 아래서는 이루어질 수 없었을 것이다. 관심attention이라는 통화가 군림하는 시기에는 흥미진진하게 반직관적인 것에 대한 우리의 매혹을 유발하는 용어들이 언제나 승리한다(이 경우에 우리의 인지적 파악을 넘어서는 상황의 속력이 문제라면 그것이 어떻게 해서 해결책도 될 수 있는가?). 물음은 다음과 같다. 이런 관심이 얼마나 오랫동

---

1. * 이 책 340~355쪽에 실린 윌리엄스와 서르닉의 선언문「#가속하라」를 말한다. 이하에서는「선언」으로 표기한다.

안 지속할 수 있는가? 그것은 장정을 견뎌낼 수 있는가? 대중화의 전술이 빠른 유행 변화(관심 가치)에 기반을 둔 현시대의 가치 추출 양식들을 따를 때 그런 브랜드 활용은 소비자 기기와 동일한 (불행한) 가처분 집합에 속하게 될 위험은 없는가? 의도적이든 그렇지 않든 간에 브랜드로서의 '#가속하라'는 광고 기본서(소문을 만들어 내라)와 지젝의 공공 지식인 각본(반응을 유발하기 위해 소금이 잔뜩 묻은 손가락을 우리의 사회적·이데올로기적 상처에 쑤셔 넣어라)에 나오는 페이지들을 병합했다. 그리고 사실상 신속하고 풍성한 반응이 이어졌다. 하지만 '#가속하라'를 맹목적으로 옹호하거나(종종 그 태그를 반복할 따름이다) 아니면 그것을 신미래주의적인 파시즘적 사기극이라고 비난하는 논평은 불행하게도 그 내용을 알기 어렵게 하는 명칭의 소문에 사로잡힌 채로 중요한 잠재력을 거의 파악하지 못한다.

이름의 필요성과 힘은 과소평가되지 말아야 한다. 특히 부채 포획 혹은 파국적 기후변화의 패러다임에서 미래를 구조하라는 「선언」의 올바른 요청을 대면할 때 그렇다. 이런 대안 미래는 당연히 현존하지 않는다(그것은 사실의 범주에 속하는 것이 아니라 오히려 가능성의 범주 ─ 혹은 누군가가 진술할 것처럼 당위의 범주 ─ 에 속한다). 그리고 「선언」에 약간의 필수적인 실용주의가 섞여 있더라도 그것이 풀어 놓고자 하는 충동은 기대가 쏠릴 수 있는 (혹은 심지어 아무튼 가속될 수 있는) 관념의 이름으로서 알맞은 용어 그 자체로 대피소를 찾아내야 한다. 구상력이 현존하는 것들을 해체/재구성하기 시작할 수 있는 인지적 현장으로서의 사유가 현 상황을 넘어서 개시될 수 있는 것은 무엇보다도 이름(혹은 이름 붙이기의 윤리학)을 통해서이다.[2] 비인간[주의적] 수정주의 윤리학에 대한 레자 네가레스타니의 요청을 긍정함으로써[3] 먼저 이것을 이름 자체

---

2. Slyvain Lazarus, *Anthropologie du nom*, 52. [실뱅 라자뤼스, 『이름의 인류학』.]

를 수정하는 데 적용하자. 왜냐하면 언어는 당면한 '실제' 쟁점은 아니더라도 우리 인간들에게 존재론적으로 중요하다. 첫째, 그 이름은 동사이어야 한다(왜냐하면 모든 정치는 사유의 행함이기 때문이다). 둘째, 이런 잘못 명명된 '#가속하라'를 추동하는 생산적 추진력은 참신성과 아무런 관계가 없다. 오히려 그것은 내재적인 '재'再를 내포한다(사실상 그것은 실질적으로 개혁주의적 — 나는 프랑스인이 아니기에 이 낱말은 본질상 정치적으로 경멸적인 용어가 아니다 — 이다). 그리고 셋째, 그것은 현존하는 에너지를 (아직) 현존하지 않는 방향으로 정향하는 것과 관련이 있다. 그리하여 후속 수정에 열려 있는 기대의 정신으로 나는 약간 덜 끌리지만 더 정직한 용어를 제안하겠다. 재정향하라.Reorientate.

## 2. 편심화하라

'#가속하라'라는 이름은 그런 정밀한 조사를 받을 만하지만, 한편으로 그 선언에 내재하는, 보존할 가치가 있는 이 용어의 속성이 있다. 가속은 이미 폭력적인 가치 추출의 기구들을 추동한다. 우리 노동 생활의 체험적 충위와 증가된 생산에 대한 착취에서부터[4] 인간 지능의 속력을 훨씬 능가하는 속도로 단호히 가치에 내기를 거는 알고리즘에 이르기까지 말이다. (그 고유의 모순을 포함하는) 이 과정의 심화가 그런 기계를 파괴하고 극복할 것이라는 주장은 이런 기계가 안정성을 바탕으로 번성한다고 믿는 것이다. 지금까지 그런 논제는, 2008년 경제 위기에 대한 반응이

---

3. Reza Negarestani, "A View of Man from the Space of Reasons." 또한 이 독본에 실린 「비인간적인 것의 노동」을 보라.
4. '예술가'가 삶과 일이 분리되지 않은 현시대 노동의 모범적인 표상이 되었다면 요제프 보이스의 통찰력은 도착적으로 정확한 것으로 판명되었다. 이제 우리는 모두 사실상 예술가이다.

입증하듯이 바로 격변의 국면 동안 신자유주의 원동력이 성공적으로 증대함으로써 불가피하게도 무시당했다. 그런데 이처럼 언제나 소용돌이치면서 자신의 실패에서 지속 동력을 획득하는 기구에는 에너지를 원심력으로 고정하는 규범적 정지 상태의 중핵이 있다. 우리 신체가 가장자리에 요지부동으로 달라붙게 되는 회전하는 놀이공원 탈것과 마찬가지로 우리는 구역질이 날 정도로 빠르게 회전하고 있을지도 모르지만 지금까지 우리는 사실상 조금도 움직이지 않았다. 가속하라는 요청이 자리 잡아야 하는 곳은 바로 여기, 이런 정지 상태의 중핵으로, 중심에서 벗어난 편심적 끌개들 — 여기서 우리는 (회전적이지도 않고 순환적이지 않은) 벡터적 종류의 궤적들을 찾아낼 수 있을 것이다 — 을 창출하기 위해 정체된 개념적 성향들을 제거한다. 편심적인 끌개의 창출은 현존하는 규범 점들의 오류 가능성 혹은 우연성을 입증하는 새로운 조율의 창출과 동일하다. 정동성을 방출하고 흡수하는 편심적인 끌개들을 창출하는 구성 작업은 새로운 실천 규범 — 그것의 가변성은 끝없는 재구성의 대상이다 — 을 자석화함으로써 동력을 생성한다. 오로지 외관상 더 잘 알고 있다는 자기만족적 태도로 대개 변형된 순전한 '비판'(논점을 가리키기, 논점을 하나의 논점으로 드러내기)으로부터 벗어나는 것,[5] 편심성의 가속은 지적인 것인 동시에 실천적인 것으로서 그 둘 사이의 재귀적 작용을 인지한다. 지향점들을 적극적으로 재구성하는 그런 작업은 가속 — 정의상 속력이 아니라, 변화율의 척도이다 — 의 정신에 내재한다. 가속하기는 점들 사이의 이동을 필요로 한다. 그리고 편심적인 것이 되게 하는 것은 바로 알려진 방

5. 발터 벤야민의 「생산자로서의 작가」를 보라. 그 글에서 벤야민은 비판적 태도(역사적 생산 기구들에 대한 단순한 모방)와 비판적 생산(재구성 과정에서 이루어지는, 그런 기구들의 기법 혹은 기술에 의한 변환)을 구분한다. 그의 구분 덕분에 생산(형식)의 활동가가 아니면서 단지 '비판적' 태도(내용)의 활동가인 점을 폄하하는 차별적 간극이 고안된다. 오늘날 대부분의 비판 활동을 방해하는 것은 바로 '비판적 태도'이다.

향의 그런 궤적들을 제거하여 그것들을 '끌어당기는' 규범의 새로운 (잠정적으로) 안정된 조율들로 분기시키는 것이다.[6]

## 3. 사변하라

사회경제적 혹은 기후적 종말의 현존하는 축의 끌어당김에 연결되어 있지 않은 편심적 미래에의 신념은 향수적인 것일 수도 없고 임박한 종국에 대한 공포에만 근거를 둘 수도 없다. 「선언」이 행하듯이 대변동의 무시무시한 위협(결코 근거가 없지는 않지만)에서 출발하는 것은 종교 경전과 동일한 기법을 전개하는 것이다. 그리고 레이 브라시에가 지적한 대로 두려움은 바로 모든 해방적 기획에서 맨 먼저 극복되어야 하는 것이다.[7] 「선언」을 추동하는 경탄할 만한 미래적 의지는 미래를 향해 각별히 잠정적인 것처럼 보인다. 그것은 여러 가지 점에서 과거에 갇혀 있는 것처럼 느껴지는데, 자신의 어깨너머로 뒤를 돌아보면서 모범적 선례들(대체로 실패한 사이버네틱스 선례들)을 열거하고, 향수적 거리를 두고서 자신감에 차 있으며, 미지의 것을 향해 사변적 도약을 취하기를 꺼린다. 「선언」은 대안의 예상에 직면했을 때 좌파를 엄습하는 어떤 마비 증상을 올바르게 식별하는 반면에 그 자체의 한탄스러운 진단에 속박되어서 모호한 주장들을 넘어서는 예언을 제시할 수 없는 것처럼 보인다. 이것은 (「선언」에서 제대로 인식되는 대로) 혹독한 비판을 생성할 때 좌파가 전형적으로 나타내는 필요노동과 뛰어난 솜씨를 무시하는 것이 아니다. 오히려 그것은 불가능한 것을 가능하게 하기, 외부의 부각, 그리고 욕망 자체의 생산에 대한 모든 감각을 활성화하는 데 있어서 지속된 결

---

6. Manuel Delanda, *Intensive Science and Virtual Philosophy*, 56. [마누엘 데란다, 『강도의 과학과 잠재성의 철학』.]

7. Brassier, "Wandering Abstraction."

여 혹은 공백을 강조하는 것이다. 편심적인 미래에의 신념은 순수한 진단법 혹은 역사적 실례를 넘어서는 사유하기/행하기 매트릭스를 수반한다. 그런 진단법 혹은 실례는 (우리가 바라지 않는 것에 대한) 부정의 태도나 선례를 끌어내는 데 필요하지만, (특히 거시적이고 비국소적인 층위에서) 우리가 바라는 것을 생산하기에 직면하면 위축된다. 현재 상황(혹은 과거 상황)의 시간성에 머물게 되면 삭제될 수 없거나 삭제되지 말아야 하는 바로 그 미래성이 가려진다 ─ 미래는 예언적이기에 그 시제는 예상적인 것을 향해 진전하기 마련이다. 불확정적 존재자로서 (오늘날 카지노 자본에 압류당한) 미래는 위험을 수반한다. 왜냐하면 미래는 분석(인식론)에서 가능한 것(사변)으로 솟아오르기 때문이다. 사변하기는 주어진 것의 우연성을 부각하고 가능하게 하는 것으로, 현존하는 것은 언제나 불완전하다는 확신으로 무장할 따름이다. 사변하기는 이처럼 선천적으로 전체화할 수 없는 허점투성이 소여들의 집합으로 작업하는 것이다. '사변/투기'speculation를 그것이 현재 연관된 금융에서 구출하는 것은 모든 가능성이 확률과 융합된 환원적 내기 기구로부터 분리된 계산 불가능한 미래에 충실함을 수반한다. 확률은 어떤 특정한 조건(알려진 것에 의해 과잉결정된 존재양식)에서 알려진 일단의 행동 유도성에 반응하는 자유주의적 개방성의 양식일 따름이기에 인식적 오류 가능성의 잠재력을 배제한다. 반면에 사변하기는 인식적 오류 가능성의 역량을 동원하는 것이다. 달리 말해서 사변하기는 현재에 인접한 시간에 관해 생각하기를 함축하면서 이런 오류 가능성을 (윤리적인 측면은 말할 것도 없이) 사회적·정치적·기술적 재규정을 위한 끝없는 노력의 엔진으로 활용하는 것이다. 왜냐하면 현재에 머무른다는 것은 현존하지 않는 것을 거부하는 것이기 때문이다.[8] 사변은 비非현재성의 기풍이다. 그 속에서는 결정적이

---

8. Delanda, *Intensive Science and Virtual Philosophy*, 107. [데란다, 『강도의 과학과 잠재

고 명확한 기획의 구속이 인식적·존재론적·체계적 변동에 대한 실험적 반응성에 의해 끊임없이 약화된다. 그런 기초 작업은 실용주의와 로지스틱스에 앞서, 가능한 것이나 당위적인 것에 대한 상상력에의 헌신을 요구한다. 그 이유는 그런 헌신이 바로 현존하지 않는 것이 지성적으로 예화되어 촉매적 동력을 얻게 되는 정동적 근거이기 때문이다. 「선언」의 가속주의가 올바르게 대처하고 있는 저 대안 없는 미래를 극복하려면 사변의 정치적 조건을 위한 반석을 놓아야 한다. 그런데 이들 가능한 미래는 정동의 분배가 조작적·기술적·인식적 재구성에 대한 요청과 동등한 자격으로 함께 포용될 때에만 견인력을 획득할 수 있을 뿐이다. 그 두 가지는 떼어놓을 수 없다.

## 4. 허구화하라

실용주의적 색조 때문에 「선언」은 사회정치적 방향을 다시 정하기에서 믿음이 수행하는 역할을 부정할 수 없다. 이성중심적 담론의 부활은 세계 전역에서 불합리한 자연주의적 근본주의와 종교적 근본주의가 대두하는 사태에 대한 자연스러운 (그리고 환영할 만한) 반응이다. 그런데 '적의 성공'을 발판으로 삼자고 제안하는 「선언」의 핵심 신조를 받아들이는 것은 대항-두뇌집단의 설립 혹은 알고리즘-경제적 생산의 다른 목적을 향한 방향 재설정을 수반할 뿐만 아니라 현존하지 않는 것을 향해 정향된 모든 기획과 밀접하게 관련된 신학적인 것 자체의 성공으로부터 배우는 것도 수반한다. 이것은 미래가 법리상 초험적 존재자(현존하는 하부구조적 에너지를 현존하지 않는 방향으로 겨누고자 하는 「선언」의 내재론적인 유도기술적 작업 방식에 의해 반박된 주장)라고 시사

───────────

성의 철학』.]

하는 것이 아니다. 오히려 사변적/투기적 미래future들을 구성하는 데 필요한 믿음의 힘을 인정하는 것이다. 금융경제학이라는 유사-'과학'을 특징짓는 것 역시 미래성의 재귀적 성질(양성 되먹임)이 활용된다는 점인데, 그것은 다음과 같은 물음으로 요약된다. 우리는 어떤 종류의 미래가 실행되는 것을 보고 싶어 하는가? 도널드 맥켄지는 이데올로기적/실천적 개입의 잠재적 현장을 가리키는 선물future 시장에서 이루어진 블랙-숄즈-머튼 모형의 수용에 대한 사회학적 분석을 마무리하면서 그런 미확정의 결론에 이르렀다.9 20세기 중엽 이후로 어떤 전체화된 자율적인 영역 안에 편입된 초객체로서의 '경제'에 의해 결정된 시대에10 이것은 사변적/투기적 구상력의 탈전체화 역량을 발휘할 전형적인 현장인 것처럼 보인다. 「선언」은 우리에게 복잡한 모형 구성에 직면했을 때 위축되지 말 것(그리고 경제를 구체적인 국소적 혹은 현상학적 직접성으로 환원하지도 말 것)을 요청하지만, 우리가 시행되기를 보고 싶어 하는 그런 종류의 미래에 관한 한에서 그것은 여전히 진단 기록부에 갇혀 있으면서 전략적 계획의 필요성만 인용할 따름이다. 이것은 '미래를 향해 정향된 어떤 기획이 본연의 믿음 혹은 이상주의 없이 가능할까?'라는 더 큰 물음을 제기하는데, 「선언」에서는 그 물음이 의심의 여지가 없이 의두적으로 고려되지 않는다. 이런 성격의 물음은 구상력이 풍부한 실험 작업 및 다

---

9. 경제학의 금융적 전회에 관한 도널드 맥켄지의 연구에서 그는 블랙-숄즈-머튼 모형의 사례를 통해서 실재에 대한 수학적 모형의 자기충족적 예언(양성 되먹임)의 역할을 부각한다. 처음에는 그 모형과 실제 가격 사이의 상응성이 상당히 부정확했지만(그 모형은 현실을 반영하지 못했지만), 매매자들이 그 모형에 의존하기 시작함 — 정당성에 대한 그 모형의 수학적 주장을 받아들이고, 구매 가격 책정 도표의 유포를 통해서 자신들의 실천에 그 추정치를 직접 사용하기 시작함 — 에 따라 그 모형은 현실을 만들어 내기 시작했고, 그것은 매매 도구 — 맥켄지가 "카메라가 아니라 엔진"이라고 일컫는 것, (현재는) 현실을 추동하는 (한때는 부정확했던) 모형 — 가 되었다. Donald MacKenzie, *An Engine, Not A Camera*를 보라.

10. Timothy Mitchell, "Fixing the Economy."

른 무언가에 관한 입증 불가능한 믿음과 결부되어 있다. 그리고 이런 의지가 포괄적인 (탈국소적) 힘을 나타낸다면, 그것은 (대안의 불가능성에 직면하여) 사변을 위한 조건이 가능하다는 감각을 통해서 그렇게 할 수 있을 뿐이다. 사변적 가능성은 허구 ─ 미래의 벡터들을 현재에 대응시키는 허구 ─ 를 통해서 생겨난다. (비인간 행위자들을 무시할 정도로 정치에서 작동하는 철저한 '인간' 권력의 바로 그 특권화를 포함하는) 경화된 규범과 존재양식들, 사용 형태들에 대하여 촉발된, 즉 정동과 효과 사이의 미세한 조각을 통해서 투사된 허구의 일종. 감성과 실천의 변증법을 붙들어 매는 하나의 매체. 이것은 기대(미지의 것)에 의해 추동되는 허구이자 주체를 혹독하게 비판하고 주체에게 인식적 확실성의 주변부에서 기다리고 있는 것이 보이도록 진로를 잡는 허구이다. 가속주의가 기술적 혁신에 대한 자신의 신념과 동등한 신념으로 포괄적인 의지를 고안하는 허구적 과업을 수용해야만 하는 것은 이런 이미지 속에서이다. 허구는 구성적[제헌적] 데모스demos(그 선언에는 우려스럽게도 없는 것)를 도입하기 위한 수단이며, 가속주의가 직면하는 자명한 물음 ─ 누가 혹은 무엇이 가속하고 있는가? ─ 에 대처하는 데 도움이 된다. 가속주의 정치가 기술독재적 처방의 그늘을 제거할 수 있으려면, 그것은 (고유한 구조가 아니라 인민의 힘인) '민주주의' 또는 데모스를 민주주의적 유물론[11]의 의회적 체제로 환원하지 않은 채로 동기 부여와 인민 의지의 난제를 떠맡아야 한다. 이것은 결코 절대적 수평성 혹은 대의적 메커니즘을 옹호하는 것이 아니다. 그것은 집단적 정념의 의지 혹은 영혼을 위한 담론적 공간을 발굴하는 것이다. 현존하는 것들의 공리에 의해 구속받지 않는 정

---

11. "세계들의 무한성이 모든 유한한 불명예로부터 우리를 구원하는 것이다. 유한성, 우리의 필멸적 존재에 관한 끊임없는 중언부언, 요컨대 죽음에 대한 두려움이 유일한 정념이다 ─ 이것들은 민주주의적 유물론의 씁쓸한 성분들이다." Alain Badiou, *Logics of Worlds*, 514.

치적 기획에 집단적 생기를 불어넣는 것으로서 시대를 초월하여 결정적으로 중요한 루소의 "인공 영혼"은 우화가 필요하다.[12] 사실상 루소가 주장하는 대로 정치의 수완은 데모스를 활성화하는 인공 영혼 혹은 허구적 영혼의 이런 노동에 얽매여 있고,[13] 따라서 새로운 연결 관계들, 집합체의 양식들, 그리고 합리성의 체계들이 하나의 세계 안에, 하나의 세계와 더불어 그리고 하나의 세계를 위해 조형되는 것은 그런 노동을 통해서이다.

## 5. 기하학화하라

우리가 '인류세'로 분류되는 지구 역사의 시기를 살고 있다는 거의 보편적인 합의와 관련하여 (인간중심적인) 민주주의적 유물론을 강제하는 하부구조, 즉 사 년에서 오 년의 대중 선거 주기는 [이] 지질학적 시간성과 엄청나게 어긋나고,[14] 그것이 인류에 헌신한다는 것이 뜻하는 바에 균열을 만들어 낸다 ― 그 인류가 지금의 인류인가, 아니면 하나의 종으로서의 인류인가? 이상화된 의회적 절차(유한성과 개인의 시간 규모에 근거를 둔 절차)의 인간중심인 시간성은 인간이 지각할 수 없는 시간성의 규모에서 진전하는 생명 유지 과정에 대하여 근시안적이어서 제한된 반응을 낳는다. 인간의 삶과 지질학적 필연성(우리 현존을 가능하게 하는 환경과 대기) 사이에서 그런 '중첩된' 시간성들이 상대적으로 또 현상학적으로 절충될 수 있는 방식은 인간이 인류세 이후 시대까지 생존할 수

---

12. Simon Critchley, *The Faith of the Faithless*, 81. [사이먼 크리츨리, 『믿음 없는 믿음의 정치』.]
13. 같은 책, 33. [같은 책.]
14. 어느 사적인 대화에서 내가 이런 시간적 규모에 주의를 기울이게 한 점에 대하여 데보라 리고리오에게 감사를 드린다.

있으려면 가속주의의 주요 관심사이어야 한다.

이것이 지질학적 시간을 우선시하는 독재를 옹호하지 않음은 명확하다. 그것은 매개를 요청하는 시간적 척도의 근본적인 비대칭성을 인식하는 것이다. 거대한 시간 규모는 우리의 현상학적 파악을 저지하지만(우리는 결코 수백만 년을 경험할 수 없고 의식 이전의 우주도 경험할 수 없다), 인간이 인류세 이후 시대에 살아 있을 기회가 있을 수 있으려면 우리는 지각적으로 조작되는 인지적·정동적 발단부를 필요로 한다. 선형적 시각에 의한 객체의 정적인 포착과는 달리 시공간 역동성을 가정하는 이런 새로운 시각적 성향은 우리의 현상학적 제약을 증대시키는 기하학 — 선형-시각적 세계에서 어느 환영적 지평선에서 사라지는 것에 접근하게 할 수 있을 중첩된 시공간 복잡성 — 을 채택해야 한다. 정동의 본성, 감정이입(그리고 거울 뉴런)의 본성, 중첩된 시공간을 지각하기의 새로운 기하학과 관련된 재귀적 행동의 본성은 기껏해야 실험적이지만 비총체성의 성질을 가져다준다. 왜냐하면 객체들은 더는 분석적으로 분리되어 지각될 수 없고 시간은 측정 단위로 환원될 수 없기 때문이다. 이렇게 해서 "소통하는 다중의 힘과 영향의 불안정한 환경" 속에 묻어 들어가 있는 객체들은 포착될 수 없다.[15] 대체로 정치는 역사적으로 '외양의 권역'과 연계되었기에 지각 가능성의 틀(세계와 그 모든 거주자가 시공간에서 우리에게 나타나는 방식)은 그 내부에서 우리의 기하학적 구상력을 가속할 전형적인 영역이다.

## 6. 공통화하라

정치적 스펙트럼의 모든 진영에서 나타나는 바의 거대 기획에 대한

---

15. Kwinter, *Architectures of Time*, 13.

노골적인 불신을 고려할 때, 「가속주의자 선언」에 특유한 프로메테우스주의적 규모는 꽤 예측 가능한 일련의 통렬한 공격을 겪었다. 그 「선언」에는 논쟁하고, 대항하고, 반박하고, 논증해야 할 다양한 측면이 있지만, 그런 규모(전 지구적인 신자유주의적 경제의 전능성의 맥락에서 우리가 아무 어려움도 없이 감수할 것처럼 보이는 규모)의 정치 자체에 대한 가능성을 부정하는 것은 가속주의의 기획된 규모에 맞서 제기된 주장만큼이나 절대주의적이고 총체화하는 것이다. 지정학과 경제 사이에서 우리는 이미 정교하게 상호연결된 프로메테우스주의적 권역에 살고 있다. 여기서는 예전에 강력했던 국민국가들의 도식 역시 고립된 영토화를 초월하는 전 지구적 문제에 직면하여 무력한 것처럼 보인다. 가속주의는 단지 구체적인 국소화로 퇴각하거나 혹은 주기적인 부정의 현상으로 분출하는 것만으로는 충분하지 않을 것임을 인식한다. 왜냐하면 그런 사태들은 우리의 삶의 경로와 양식들을 재정향하는 데 필요한 거대한 체계적인 재구성의 과정적인 (그리고 긍정적인) 본성을 지속할 수도 없고 고안할 수도 없기 때문이다.

그런데도 「선언」을 생생하게 하는 수정된 근대주의의 기조는 매우 우려스러운 것이다. 그것은 근대주의적 기획의 보편주의적 영향에 본질적으로 내재하는 폭력과 부정의를 그대로 남겨둔다. 또한 이런 경향은 그 담론이 비롯되는 (거의 전적으로) 백인-유럽-남성적 기원에 반영된다 — 이런 배타적인 인구지리학 내에 여전히 철저히 갇혀 있는 것은 아이러니한 야만성의 단계일 것이다. 「선언」은 경탄할 만하게도 전면적인 지구적 현실을 나타내지만, 가속주의를 추동하는 관념들이 비인간[주의]적인 (인식적) 수정주의를 위한 끊임없는 투쟁과 비총체성을 포괄하는 윤리의 씨앗을 포함할 수 있으려면 (전 지구적 정의에 관한 물음은 물론이고) 더 미묘한 판본의 보편성이 뿌리를 내려야 한다. 프로메테우스주의적인 것은 비총체화 방식으로 작동할 수 있는가, 아니면 그것은 영원히 결정과 명령의 체제일 수밖에 없는 운명인가? 보편적 시각의 주장들에 의해 초래된 총체화 (그러므로 유한한) 궁지를 회피할 수 있으려면, 목적 중심 실천의 하부구조적이고 실용적인 영역들에 앞서 사유의 매체가 인식하는 데 중요해지는 지점이 바로 여기이다.[16] '상황적 보편성'에서는 완전한 형식도 없고 어떤 특정한 절차도 없다. 그것은 사유를 불러일으키는 행함과 관련되어 있다. 이런 측면에서 사유의 안무 혹은 표명은 국소화에 대응하는 다양체 형식 – 역동적인 시공간 기하학적 시각에 의해 주어지는 적응의 종류 – 을 띨 수 있을 것이다.[17] 유한성(혹은 더 나쁘게도 또 하나의 식민화 양식)의 덫을 벗어날 수 있으려면 가속주의는 실용주의를 대단히 옹호할 때에도 포괄적 사유의 생산을 지향해야 한다. (가속주의에 앞서 많은 사상가가 역설한) 사유의 포괄적 일례로서의 평등은 인간 생명의 '존엄성'을 평등하게 보호한다는 법의 결과로 이루어지지 않는다. 왜냐하면 법은 인류에 본질적으로 내재하는 탈생물학적 역량들의 필연성을 무시하면서 생물학적 삶을 특권시하는 데 기여할 따름이기 때문이다. 포괄적 평등이 아무튼 구현된다면 그것의 현장과 재료는 공통장이고, 따라서 그것은 (자본의 논리에 대응하는 노동관계와 더불어) 잉여(재정적) 가치를 극대화하라는 명령을 넘어서는 다른 생산양식들을 단언하는 프로메테우스주의적 기획이다. 「선언」에서 지적된 대로[18] 현시대 생산의 여러 양식도 경쟁과 이윤 집중화에 바탕을 둔 그런 관계의 방해를 받고, 따라서 가능한 혁신이 대단히 제한받게 된다. 공통장의 포괄적 성질은 사용가치/교환가치의 범주로 환원된 물, 공기, 자연 등과 같은 '희소한' 소비 가능한 것들에 대한 정치경제학의 강조를 모든 사회적 (재)생산 양식을 지지하는 언어, 지식, 아름다움, 과학 등과 같은 측정 불가

16. Alain Badiou. "Huit thèses sur l'universel."
17. Alain Badiou, *Saint Paul*. [알랭 바디우, 『사도 바울』.]
18. Williams and Srnicek, "#Accelerate," 3.3. [윌리엄스·서르닉, 「#가속하라」.]

능한 가치(들)의 필요성을 두드러지게 하는 공통장으로 확대하는 데 있다. 마우리치오 랏자라또는 무한하고 소비 불가능한 것으로 여겨지는 그런 공통장을 "정신 사이의 협력"으로 규정하는데,[19] 여기서 '성공'은 적절성에 의존하지 않고 오히려 모방, 동화, 그리고 공유 가능성에 의존한다. 그런 공통장의 무한성이 바로 총체화에 저항하는 그런 종류의 프로메테우스주의적 기획이다. 고유한 현장도 없고 균일한 절차도 없다. 국소화된 물질적 실천 양식들 아래 공식적으로 변하는 것은 가치 창출에 관한 포괄적 사유이다.

## 7. 추상화하라

프로메테우스주의에 대한 비난과 더불어 추상화를 가속하라는 「선언」의 명제도 (노골적으로 혹평을 받지는 않았지만) 마찬가지로 의문시되었다. 사회 전체에 걸친 노동의 분업과 결합된, 경제의 증진된 금융화 같은 가치 추출의 추상적 과정들이 격렬한 (그리고 소모적인) 힘으로 우리의 일상생활에 스며들었음은 의문의 여지가 없다.[20] 가장 단순한 반응 ― 유형의 구체적인 생활/생산의 양식들로의 귀환 ― 은 단조로운 노동으로의 포드주의적 퇴화를, 발전의 거부를 암시할 따름인데, 이것은 순전히 유클리드주의적인 우주의 회복을 시사하는 것에 다름 아닐 것이다. 추상화를 그 자체로 해악을 끼치는 힘으로 비난하는 것은 새로운 존재양식을 구성하는 데 필수적인 추상화 역량의 역할을 부정하는 것이다. 왜냐하면 브라시에가 주지시키는 대로 (구체적인) 실천적 무능력은 (추상적인) 이론적 무능력을 반영하기 때문이다.[21] 더욱이 추상화를 비난하는

---

19. Maurizio Lazzarato, "From Capital-Labour to Capital-Life." [마우리찌오 랏짜라또, 「자본-노동에서 자본-삶으로」.]
20. Matteo Pasquinelli, "The Power of Abstraction and its Antagonism."

것은 직접 지각 가능한 채로 남아 있는 것을 넘어서는 '우리' 혹은 집합체 – 달리 말해서 데모스 – 를 구성할 어떤 가능성도 부정하는 것이기도 하다. '우리'는 언제나 하나의 추상물이고, 그것은 인구의 집계로 환원될 수 없다(모든 신체가 구체적으로 경험될 수는 없다). 게다가 이런 '우리'가 비인간 행위자들을 고려할 수 있으려면 추상화는 새로운 존재론적 입장들을 제공하도록 가속되어야 한다. 쟁점은 추상물을 제거하는 것의 문제가 아니다. 그 이유는 우리가 돌아갈 인간성의 구체적인 본질적 핵심이 없기 때문이다. 오히려 쟁점은 대안적 생활양식들, 즉 교환과 생산, 소비의 분배들을 향해 추상화 역량을 전개할 방법과 관련되어 있다. 맛떼오 파스퀴넬리가 보여준 대로 이런 추상화 역량은 역동적인 환경과 관련하여 새로운 규범을 발명할 수 있는 (인간 뇌를 비롯한) 유기체의 생득적 역량이다.[22] 규범은 법이 아니라 오히려 법에 관한 구상임을 떠올리자.[23] 이런 의미에서 대안 없는 정체된 정치체는 병리적인 것으로 진단될 수 있다. 왜냐하면 그것은 변화하는 인식적 조건에 적응하기를 거부하기 때문이다. '추상화'는 난해한 것과 불가해한 것을 뜻하기 전에 떼어놓기, 전환, 그리고 분리를 가리킨다. 무엇보다도 추상화는 가능한 것을 향해 사실로부터 분리되는 것이다. 이런 점에서 추상화는 폭력의 몸짓, 있는-대로의 조건에서 벗어나서 세계에의 그리고 세계와의 새로운 연결 관계들의 생성을 향해 움직이는 긍정적인 폭력이다. 서로에 대한, 생산에 대한, 가치 창출에 대한, 그리고 세계에 대한 관계를 실험하고 수정할 수 있는 추상화 역량은 금융자본과 노동관계에 의한 식민화를 넘어서 재생되어야 하는 역량이다. 현존하는 조건에서 분리되어 새로운 동거 양식들을 발명할 수 있는 추상화 역량은 긴급히 가속될 필요가 있는 힘이다.

---

21. Brassier, "Wandering Abstraction".

22. Pasquinelli, "The Power of Abstraction and its Antagonism".

23. Negarestani, "The Labor of the Inhuman." [네가레스타니, 「비인간적인 것의 노동」.]

## :: 글쓴이 소개

니콜라이 표도로프 (Nikolai Fedorov, 1829~1903)
러시아인 사상가, 러시아 정교회 철학자, 미래주의자, 혁신적 교육가. '트랜스휴머니즘'의 선행 사상으로서 러시아 '코스미즘' 운동을 개시했다. 과학적 방법에 의한 근본적인 생명 연장, 물리적 불멸성, 사자의 부활을 옹호하면서 인류를 통합하는 '공동과업'을 제시했다.

닉 랜드 (Nick Land, 1962~ )
영국인 철학자, 이론가, 작가. "가속주의의 아버지"로 불리며, 1990년대 워릭대학교의 '이론-픽션' 연구단 CCRU를 이끌었다. 대안우파와 신반동주의의 이데올로그로서 '암흑 계몽주의'를 정립하였다. 그가 쓴 글의 대다수는 『독니가 있는 본체』(2011)에 수록되어 있다.

닉 서르닉 (Nick Srnicek, 1982~ )
캐나다인 연구자, 작가. 런던대학교 킹스칼리지 교수. 좌파 가속주의의 대표 주자로서 기술 발전을 전유하여 자본주의를 극복하는 데 관심이 있다. 주저로 『플랫폼 자본주의』(2016)가 있고, 알렉스 윌리엄스와 함께 「가속주의 정치 선언」(2013)과 『미래의 발명』(2015)을 저술했다.

레이 브라시에 (Ray Brassier, 1965~ )
영국인 철학자, 베이루트 소재 아메리칸대학교 교수. 현대 철학의 사변적 전회를 선도한 최초의 사변적 실재론자 4인 중 한 사람이다. 자신의 철학을 계몽주의적 기획을 급진적으로 확장하는 '프로메테우스주의'로 규정한다. 주저로는 『풀려난 허무』(2007)가 있다.

레자 네가레스타니 (Reza Negarestani, 1977~ )
이란인 철학자, 작가. 2008년에 『사이클로노피디아』을 출판함으로써 "이론-픽션 장르의 개척자"로 자리매김하였다. 인간 개념은 더 발전되어야 하고 비판적 구성의 대상으로 이해되어야 한다는 '합리주의적 비인간주의'를 주창했으며, 최근에 『지능과 정신』(2018)이 출간되었다.

로빈 맥케이 (Robin Mackay, 1973~ )

영국인 철학자, 영국 출판사 어바노믹(Urbanomic)의 대표, 골드스미스 런던대학교의 연구원. 철학과 현대 미술에 관한 다양한 글을 썼으며, 알랭 바디우의 『수와 수들』(2008), 퀑탱 메이야수의 『수와 사이렌』(2012) 등 프랑스 철학의 중요한 저작을 다수 번역하였다.

루치아나 파리시 (Luciana Parisi, 1971~)

영국인 철학자, 문화이론가, 골드스미스 런던대학교 교수. 사이버네틱스, 정보 이론과 계산, 복잡성과 진화론, 그리고 인공지능과 디지털 미디어, 생명기술, 나노기술에의 기술 자본주의적 투자를 집중적으로 연구한다. 주저로는 『추상적 성』(2004)과 『전염성 건축』(2004)이 있다.

마크 피셔 (Mark Fisher, 1968~2017)

영국인 철학자, 비평가. CCRU의 일원이었으며, 'k-punk'라는 필명으로 활동한 블로그 작업으로 명성을 얻었다. 자본주의가 유일하게 존립 가능한 체계라는 지배 이데올로기를 분석한 『자본주의 리얼리즘』(2009)을 저술했고, 사후에 글 모음집 『K-PUNK』(2018)가 출간되었다.

베네딕트 싱글턴 (Benedit Singleton, 1980~ )

영국인 설계 전략가, 작가. 로열 칼리지 오브 아트에서 건축 스튜디오를 공동운영하는 상업적 작업과 설계, 글쓰기, 영화를 통해서 구체화되는 다양한 자발적인 무료 프로젝트에 관여하고 있다. 설계, 철학, 그리고 기술의 역사와 미래에 관한 글을 정기적으로 적는다.

새뮤얼 버틀러 (Samuel Butler, 1835~1902)

영국 빅토리아 시대에 활동한 소설가, 사상가. 풍자소설 『에레혼』(1872)과 더불어 자전적 소설 『만인의 길』(1903)이 대표작으로 꼽힌다. 당대의 그리스도교 정통과 도덕관, 진화 사상을 비판적으로 검토하였으며, 『일리아스』와 『오딧세이아』를 영어 산문으로 옮겼다.

세이디 플랜트 (Sadie Plant, 1964~ )

영국인 철학자, 문화이론가, 저자. 닉 랜드와 함께 CCRU를 결성했으며, 가상공간 속 페미니즘인 사이버페미니즘에 중요한 영향을 미쳤다. 주저로는 여성들이 전산의 진보에 이바지한 중대한 활동들을 추적하고 여성과 기술의 결합을 옹호한 『영 더하기 일』(1997)이 있다.

소스타인 베블런 (Thorstein Veblen, 1857~1929)

미국인 경제학자, 사회학자, 자본주의 비평가. 1899년에 출판된 대표작 『유한계급론』에서 '과시적 소비'라는 개념을 고안했으며, 1904년에는 『영리 기업의 이론』을 발표하였다. 미국의 가장 독창적인 사회사상가로 평가되며, 제도주의 경제학파의 창시자로 알려져 있다.

슐라미스 파이어스톤 (Shulamith Firestone, 1945~2012)

캐나다 태생 미국인 작가, 활동가, 급진적 페미니스트. 25세에 저술한 『성의 변증법』(1970)으로 1960년대와 1970년대에 정점을 이루었던 제2물결 페미니즘의 선구적 이론가로 부상했으며, 이후 사이버페미니즘과 제노페미니즘에 중요한 영향을 미쳤다.

아르멘 아바네시안 (Armen Avanessian, 1973~ )

오스트리아인 철학자, 문학이론가, 정치이론가, 독일 출판사 메르베(Merve)의 수석 편집자. 전 세계의 다양한 기관에서 가르쳤다. 사변적 실재론과 가속주의에 관한 다양한 글을 썼으며, 최근에 『메타노이아』(공저, 2014)와 『미래 형이상학』(2019)이라는 저작이 출간되었다.

안토니오 네그리 (Antonio Negri, 1933~ )

이탈리아인 스피노자–맑스주의 정치철학자, 사회학자. '자율주의'의 유력한 이론가 중 한 사람으로 활동하면서 '혁명 의식'을 고취하는 영향력이 지대한 저서들을 출판했다. 마이클 하트와 공저한 『제국』(2000), 『다중』(2004), 『공통체』(2009)라는 '제국 3부작'으로 유명하다.

알렉스 윌리엄스 (Alex Williams)

영국인 정치이론가, 이스트앵글리아대학교 교수. 주로 좌파 정치와 현대 디지털 권력 구성체의 미래를 연구한다. 닉 서르닉과 함께 「가속주의 정치 선언」(2013)을 발표하고 자본주의 이후의 삶을 제안하는 『미래의 발명』(2015)을 저술함으로써 좌파 가속주의자로 자리매김했다.

이에인 해밀턴 그랜트 (Iain Hamilton Grant, 1963~ )

영국인 철학자, 웨스트잉글랜드대학교 교수. CCRU의 일원이었으며, 최초의 사변적 실재론자 4인 중 한 사람으로서 현대 철학의 사변적 전회를 선도했다. 주저로는 셸링의 철학에 천착함으로써 '생기론적 관념론'을 발전시킨 『셸링 이후의 자연철학』(2006)이 있다.

자크 카마트 (Jacques Camatte, 1935~ )
프랑스인 작가, 맑스주의 이론가, 공산주의 활동가. 아마데오 보르디가의 죽음과 1968혁명 이후에 아나코-원시주의에 가까워졌고 나중에 가속주의에 영향을 미쳤다. 주저로는 맑스의 '직접적 생산과정의 결과'를 분석한 『자본과 공동체』(1976)가 있다.

제임스 그레이엄 밸러드 (J. G. Ballard, 1930~2009)
영국인 과학소설 작가, 풍자가, 에세이스트. 『물에 잠긴 세계』(1962) 등 '지구 종말 시리즈' 소설들을 발표함으로써 1960년대 과학소설 뉴웨이브 운동을 견인했다. 인간 심리, 기술, 성, 그리고 대중 매체 사이의 관계를 탐구했으며, 현대 문학을 재정의했다고 평가받는다.

장-프랑수아 리오타르 (Jean-François Lyotard, 1924~1988)
프랑스인 철학자, 사회학자, 문학이론가. 1970년대 말 이후 '포스트모더니즘'을 부각하고 '포스트모더니티'가 인간 조건에 미친 영향을 분석한 것으로 가장 잘 알려져 있다. '허위의 식'이라는 맑스의 관념을 비판하는 『리비도 경제』(1974)는 가속주의에 영향을 미쳤다.

질 들뢰즈 (Gilles Deleuze, 1925~1995)
프랑스인 철학자. 철학, 문학, 영화, 그리고 미술에 관한 다수의 책을 저술했다. 펠릭스 과타리와 공저한 '자본주의와 분열증' 연작인 『안티 오이디푸스』(1972)와 『천 개의 고원』(1980)으로 유명하며, 『차이와 반복』(1968)이라는 형이상학 저서는 그의 걸작으로 여겨진다.

질 리포베츠키 (Gilles Lipovetsky, 1944~)
프랑스인 철학자, 작가, 사회학자, 그로노블 스탕달대학교 교수. 맑스주의자로 철학적 경력을 시작하였으며, 20세기 후반에서 현재에 이르는 현대 세계에 천착하였다. 주저로 포스트모던적 세계는 극단적 개인주의로 특징지어진다고 선언한 『공허의 시대』(1983)가 있다.

칼 맑스 (Karl Marx, 1818~1883)
독일인 철학자, 경제학자, 정치이론가, 혁명적 사회주의자. 가장 잘 알려진 저작은 『공산당 선언』(1848)과 『자본』(1867~94)이다. 가장 위대한 지적 성취는 자본주의를 분석하기 위해 고안된 '역사적 유물론'이라는 이론이며, 그의 지대한 영향력은 '맑스주의'로 총괄된다.

티지아나 테라노바 (Tiziana Terranova, 1967~ )

이탈리아인 이론가, 활동가, 나폴리대학교 교수. 정보기술이 사회에 미치는 영향을 '디지털 노동'과 '공통장' 같은 개념들을 통해서 연구한다. 이용자의 무상노동이 디지털 경제의 가치 원천이라는 테제로 유명하며, 주저로는 『네트워크 문화 : 정보화 시대의 정치』(2004)가 있다.

퍼트리샤 리드 (Patricia Reed, 1977~)
캐나다인 미술가, 작가, 디자이너. 여섯 명의 다국적 여성으로 구성된 '라보리아 큐보닉스'라는 예술가 그룹이자 사이버페미니스트 아바타의 일원으로, 2015년에 『제노페미니즘 : 소외를 위한 정치학』을 공동으로 저술해 발표했다. 현재 베를린에서 살면서 작업하고 있다.

펠릭스 과타리 (Felix Guattari, 1930~1992)
프랑스인 정신분석가, 정치철학자, 진보적 실천가. 질 들뢰즈와의 협업으로, 특히 『안티 오이디푸스』(1972)와 『천 개의 고원』(1980)이라는 공저로 가장 잘 알려져 있다. 자연, 사회, 정신을 통합하는 '세 개의 생태학'을 통해 기존의 욕망 이론을 생태철학으로 발전시켰다.

CCRU (Cybernetic Culture Research Unit, 1995~2003)
영국 워릭대학교에서 1995년에 결성되어 2003년에 해체된 실험적인 문화 연구단. 사이버펑크와 고딕 호러의 요소들을 비판이론, 신비주의, 수비학, 악마학과 결합한 추상적인 '이론-픽션'으로 특징지어지는 작업을 수행했으며, 가속주의의 부상과 더불어 일종의 컬트가 되었다.

## : : 일러스트레이터 소개

다이앤 바우어 (Diann Bauer, 1972~2022)
영국인 미술가, 작가. '라보리아 큐보닉스'의 일원으로 활동하였고, 사변적 도시주의와 기후 변화에 초점을 맞춘 'AST'라는 학제간 단체의 집단 프로젝트에 관여하였다. 독립적인 작업은 시간에 관한 물음들에 집중되었는데, 대표작은 〈스칼라 오실레이션〉(2018)이라는 작품이다.

# ∷ 참고문헌

Amin, Samir, *L'accumulation a l'echelle mondiale* (Paris : Anthropos, 1970).

Angyal, Andras, "Disturbances in Thinking in Schizophrenia," in *Language and Thought in Schizophrenia*, ed. J.S. Kasanin (Berkeley : University of Califonia Press, 1946).

Arendt, Hannah, *The Human Condition*, 2nd ed. (Chicago: University of Chicago Press, 2013). [한나 아렌트, 『인간의 조건』, 이진우 · 태정호 옮김, 한길사, 1996.]

Artaud, Antonin, *Oeuvres Complètes*, 13 Vols. (Paris : Gallimard, 1956-1976).

Augustine, St., *Confessions*, trans. Francis R. Gemme (New York : Airmont, 1969). [어거스틴, 『성어거스틴의 고백록』, 선한용 옮김, 대한기독교서회, 2003.]

Badii, Remo and Antonio Politi, *Complexity : Hierarchical Structures and Scaling in Physics* (Cambridge : Cambridge University Press. 1999).

Badiou, Alain, *Saint Paul : The Foundation of Universalism*, trans. Ray Brassier (Stanford : Stanford University Press, 2003). [알랭 바디우, 『사도 바울 : 제국에 맞서는 보편주의 윤리를 찾아서』, 현성환 옮김, 새물결, 2008.]

____, *Logics of Worlds*, trans. Alberto Toscano (London : Bloomsbury, 2009).

____, "Huit thèses sur l'universel," http://www.ciepfc.fr/spip.php?article69.

Baran, Paul A. and Paul M. Sweezy, *Monopoly Capital* (New York : Monthly Review Press, 1966).

Barker, Howard, *Arguments for a Theater* (Manchester : Manchester University Press, 1997).

Bataille, Georges, "Propositions," in *Visions of Excess : Selected Writings 1927–1939*, ed., trans. Allan Stoekl (Manchester : Manchester University Press, 1985).

Baudrillard, Jean, *La Societé de consommation : ses mythes, ses structures* (Paris : Gallimard, 1970). [장 보드리야르, 『소비의 사회』, 임문영 옮김, 계명대학교출판부, 1998.]

____, *The Mirror of Production*, trans. Mark Poster (New York : Telos, 1975). [장 보들리야르, 『생산의 거울』, 배영달 옮김, 백의, 1994.]

____, *Symbolic Exchange and Death*, trans. Iain H. Grant (London : Sage, 1993).

Berardi, Franco, *The Soul at Work : From Alienation to Autonomy* (Cambridge : MIT Press, 2009). [프랑코 베라르디 [비포], 『노동하는 영혼 : 소외에서 자율로』, 서창현 옮김, 갈무리, 2012.]

Ballard, J. G., *Crash* (London : Vintage, 1995). [제임스 발라드, 『크래시』, 김미정 옮김, 그책, 2013.]

Bogdanov, Alexander, *Red Star* (Bloomington : Indiana University Press, 1984). [알렉산드르 보그다노프, 『붉은 별』, 김수연 옮김, 아고라, 2016.]

Boghossian, Paul A., *Fear of Knowledge : Against Relativism and Constructivism* (Oxford : Oxford University Press, 2006).

Bordiga, Amadeo, "Le renversement de la praxis dans la théorie marxiste," *Invariance*, Série I, No. 4.

Boumedine, Mina, *L'Oiseau dans la main* (Paris : Pierre Belfond, 1973).

Brandom, Robert, *Making It Explicit : Reasoning, Representing, and Discursive Commitment* (Cambridge : Harvard University Press, 2001).

____, *Between Saying and Doing : Towards an Analytic Pragmatism* (Oxford : Oxford University Press, 2008).

Brassier, Ray, "Wandering Abstraction," http://www.metamute.org/editorial/articles/wandering-abstraction.

____, "Remarks on Subtractive Ontology and Thinking Capital," in P. Hallward, ed., *Think Again : Alain*

*Badiou and the Future of Philosophy* (London and New York : Continuum, 2004).

Bratton, Benjamin H., "On the Nomos of the Cloud" (2012), http://bratton.info/projects/talks/on-the-nomos-of-the-cloud-the-stack-deep-address-integral-geography/pf/.

____, "On Apps and Elementary Forms of Interfacial Life : Object, Image, Superimposition," http://www.bratton.info/projects/texts/on-apps-andelementary-forms-of-interfacial-life/pf/.

Bruno, Giuliana, "Ramble City : Postmodernism and Bladerunner," in *Alien Zone*, ed, Annette Kuhn (London : Verso Books, 1990).

Bulgakov, Sergei, *The Philosophy of Economy* (New Haven : Yale University Press, 2000).

Bullivant, Lucy, *Responsive Environments : Architecture, Art and Design* (London : V&A, 2006).

____, *4dsocial : Interactive Design and Environments, Architectural Design* (Cambridge : Academy Press, 2007). [루시 불리반트, 『제4의 공간 대화를 시작하다』, 태영란 옮김, 픽셀하우스, 2007.]

Burroughs, William, *The Adding Machine* (New York : Arcade, 1993).

Cadigan, Pat, *Patterns* (Ursus Imprints, 1989).

Cage, John, *M : Writings '67-'72* (Middletown : Wesleyan University Press, 1973).

Camatte, Jacques "La KAPD et le mouvement proletarien," *Invariance*, Série II, No. 1 (1971).

Chaitin, Gregory, *MetaMaths : The Quest for Omega* (London : Atlantic Books, 2006).

____, "The Limits of Reason," *Scientific American*, vol. 294, no. 3 (2006) : 74~81.

Chamayou, Grégoire, *Manhunts : A Philosophical History* (Princeton : Princeton University Press, 2012).

Clavel, Maurice, *Qui est aliéné?* (Paris : Flammarion, 1970).

Clynes, Manfred E., "Cyborg II : Sentic Space Travel" in *The Cyborg Handbook*, ed. Chris Gray (New York : Routledge, 1995).

Common Ground Collective, "Common Ground Collective, Food, not Bombs and Occupy Movement form Coalition to help Isaac & Kathrina Victims" (2012), Interoccupy.net (http://interoccupy.net/blog/common-ground-collective-food-not-bombs-andoccupy-movement-form-coalition-to-help-isaac-katrina-victims/).

Cooke-Taylor, Richard Whately, *The Modern Factory System* (London, 1891)

Craver, Carl F., "Role Functions, Mechanisms and Hierarchy," *Philosophy of Science*, vol. 68, no. 1 (2001), 53~74.

Critchley, Simon, *The Faith of the Faithless : Experiments in Political Theology* (London : Verso, 2012), 81. [사이먼 크리츨리, 『믿음 없는 믿음의 정치 : 정치와 종교에 실망한 이들을 위한 삶의 철학』, 문순표 옮김, 이후, 2015.]

Davis, Martin, *The Universal Computer : The Road from Leibniz to Turing* (New York & London : Norton, 2000), 83~176. [마틴 데이비스, 『수학자, 컴퓨터를 만들다 : 라이프니츠에서 튜링까지』, 박정일 · 장영태 옮김, 지식의풍경, 2005.]

Debord, Guy, *Comments on the Society of the Spectacle*, trans. Malcolm Imrie (London : Verso, 1990).

____, *La societé du spectacle* (Paris : Gallimard, 1992). [기 드보르, 『스펙타클의 사회』, 유재홍 옮김, 울력, 2014.]

DeLanda, Manuel, *War in the Age of Intelligent Machines* (New York : Zone, 1991). [마누엘 데란다, 『지능기계 시대의 전쟁』, 김민훈 옮김, 그린비, 2020.]

____, *Intensive Science and Virtual Philosophy* (New York : Continuum, 2002). [마누엘 데란다, 『강도의 과학과 잠재성의 철학』, 김영범 · 이정우 옮김, 그린비, 2009.]

Deleule, Didier and François Guéry, *Le Corps productif* (Paris : Mame, 1972).

Deleuze, Gilles, *Cinema 2 : The Time-Image*, trans. Hugh Tomlinson and Robert Galeta (Minneapolis : University of Minnesota Press, 1989). [질 들뢰즈, 『시네마 2 : 시간-이미지』, 이정하 옮김, 시각과 언어, 2005.]

_____, *Negotiations*, trans. Martin Joughin (New York : Columbia University Press, 1995). [질 들뢰즈, 『협상』, 신지영 옮김, 갈무리, 근간.]

_____, *Difference and Repetition*, trans. Paul Patton (New York and London : Continuum, 2004). [질 들뢰즈, 『차이와 반복』, 김상환 옮김, 민음사, 2004.]

Deleuze, Gilles and Félix Guattari, *Anti-Oedipus : Capitalism and Schizophrenia*, trans. Robert Hurley, Mark Seem, and Helen R. Lane (Minneapolis : University of Minnesota Press, 1983). [질 들뢰즈 · 펠릭스 과타리, 『안티 오이디푸스 : 자본주의와 분열증』, 김재인 옮김, 민음사, 2014.]

_____, *Kafka : Toward a Minor Literature*, trans. Dana Polan (Minneapolis : University of Minnesota Press, 1986). [질 들뢰즈 · 펠릭스 가타리, 『카프카 : 소수적인 문학을 위하여』, 이진경 옮김, 동문선, 2001.]

_____, *A Thousand Plateaus : Capitalism and Schizophrenia*, trans. Brian Massumi (London : Athlone, 1988). [질 들뢰즈 · 펠릭스 가타리, 『천 개의 고원 : 자본주의와 분열증 2』, 김재인 옮김, 새물결, 2001.]

Deutsch, David, "Philosophy will be the key that unlocks artificial intelligence" (2012), http://www.theguardian.com/science/2012/oct/03/philosophy-artificial-intelligence.

Detienne, Marcel and Jean-Pierre Vernant, *Cunning Intelligence in Greek Culture and Society* (Chicago : University of Chicago Press, 1991).

Dilke, Charles W., *The Source and Remedy of the National Difficulties* (1821).

Dolar, Mladen, "One Divides into Two," *e-flux journal*, vol. 33 (March 2012).

Dupuy, Jean-Pierre, "Some Pitfalls in the Philosophical Foundations of Nanoethics," *Journal of Medicine and Philosophy*, vol. 32 (2007) : 237~61.

_____, *On the Origins of Cognitive Science : The Mechanization of the Mind* (Cambridge : MIT Press, 2009). [장피에르 뒤피, 『마음은 어떻게 기계가 되었는가 : 인지과학의 기원 또는 사이버네틱스』, 배문정 옮김, 지식공작소, 2023.]

_____, *Pour un catastrophisme éclairé* (Paris : Seuil, 2002).

_____, *La marque du sacré* (Paris : Carnets Nord, 2009).

Fedorov, Nikolai, *What Was Man Created For? : The Philosophy of the Common Task* (London : Honeyglen Publishing, 1990).

Feferman, Solomon, ed., *Some basic theorems on the foundations of mathematics and their implications*, Collected works of Kurt Gödel, Vol. 3 (Oxford : Oxford University Press, 1995), 304~23.

Ferrer, Michael, *Human Emancipation and 'Future Philosophy'* (Falmouth : Urbanomic, forthcoming 2015).

Fisher, Mark, *Capitalist Realism : Is There No Alternative?* (London : Zer0, 2009). [마크 피셔, 『자본주의 리얼리즘 : 대안은 없는가?』, 박진철 옮김, 리시올, 2018.]

Foucault, Michel, *The Order of Things : An Archaeology of the Human Sciences* (New York : Vintage, 1970). [미셸 푸코, 『말과 사물』, 이규현 옮김, 민음사, 2012.]

Fourier, Charles, *Le Nouveau Monde industriel et societaire*, Vol. VI (1829).

Fuller, Matthew, ed., *Software Studies : A Lexicon* (Cambridge : MIT Press, 2008).

Fumagalli, Andrea, "Digital (Crypto) Money and Alternative Financial Circuits : Lead the Attack to the Heart of the State, sorry, of Financial Market," http://quaderni.sanprecario.info/2014/02/digital-crypto-money-and-alternative-financial-circuits-lead-the-attack-to-the-heart-of-the-state-sorry-of-financial-market-by-andrea-fumagalli/.

Fumagalli, Andrea, "Commonfare : Per la riappropriazione del libero accesso ai beni comuni" (2014), in *Doppio Zero* (http://www.doppiozero.com/materiali/quinto-stato/commonfare).

Gell, Alfred, *Art and Agency : An Anthropological Theory* (London : Clarendon Press, 1998).

Girard, Jean-Yves, "Geometry of Interaction VI : a Blueprint for Transcendental Syntax" (2013), http://iml.univ-mrs.fr/~girard/blueprint.pdf.

Goffey, Andrew, "Algorithm," *Software Studies : A Lexicon*, ed. Matthew Fuller (Cambridge : MIT Press, 2008), 15~20.

Goldstein, Rebecca, *Incompleteness : The Proof and Paradox of Kurt Gödel* (New York : Norton, 2005) [레베카 골드스타인, 『불완전성 : 쿠르트 괴델의 증명과 역설』, 고중숙 옮김, 승산, 2007]

Gorz, Andre, *Strategy for Labor*, trans. Martin Nicolaus and Victoria Ortiz (Boston : Beacon Press, 1967).

Goux, Jean-Joseph, "Derivable et inderivable," *Critique* (1970) : 48~9.

Griziotti, Giorgio, "Biorank : Algorithms and Transformations in the Bios of Cognitive Capitalism" (2014), in *I Quaderni di san Precario* (http://quaderni.sanprecario.info/2014/02/biorank-algorithms-and-transformation-in-the-bios-of-cognitivecapitalism-di-giorgio-griziotti/).

Guattari, Félix, *Chaosmose* (Paris : Galilée, 1992). [펠릭스 가타리, 『카오스모제』, 윤수종 옮김, 동문선, 2003.]

Gusterson, Hugh, "Short Circuit : Watching Television with a Nuclear-Weapons Scientist" in *The Cyborg Handbook*, ed. Chris Gray (New York and London : Routledge, 1995).

Guyotat, Pierre, *Tombeau pour 500,000 soldats* (Paris : Gallimard, 1967).

Hilbert, David, "The new grounding of mathematics : First report" in W. B. Ewald, ed., *From Kant to Hilbert : A Source Book in the Foundations of Mathematics*, Vol 2 (Oxford : Oxford University Press, 1996), 1115~33.

Hyde, Lewis, *Trickster Makes This World* (Edinburgh : Canongate, 1998).

Iaconesi, Salvatore and Oriana Persico, "The Co-Creation of the City : Re-programming Cities using Real-Time User-Generated Content," http://www.academia.edu/3013140/The_Co-Creation_of_the_City.

Irigaray, Luce, *This Sex which is Not One*, trans. Catherine Porter (Ithaca : Cornell University Press, 1985), 115. [뤼스 이리가레, 『하나이지 않은 성』, 이은민 옮김, 동문선, 2000.]

Jameson, Fredric, *Valences of the Dialectic* (London and New York : Verso, 2010).

Kant, Immanuel, *Kritik der Urtheilskraft*, in *Kant's Werke* Bd. 5 (Berlin : Koniglich Preussischen Akademie der Wissenschaften, 1913), trans. Werner S. Pluhar as *Critique of Judgement* (Indianapolis : Hackett, 1987). [임마누엘 칸트, 『판단력비판』, 이석윤 옮김, 박영사, 2017.]

____, *On History*, trans. ed. Lewis W. Beck (Indianapolis : Bobbs-Merrill, 1963).

____, *Schriften zur Anthropologie und Geschichte 2* (Frankfurt am Main : Suhrkamp, 1988).

____, *Opus Postumum*, ed., trans Eckart Förster (Cambridge : Cambridge University Press, 1993). [임마누엘 칸트, 『유작』 I.1 · I.2 · II, 백종현 옮김, 아카넷, 2020.]

Kelly, Kevin, *Out of Control : The New Biology of Machines, Social Systems, and the Econimic World* (New York : Basic Books, 1995). [케빈 켈리, 『통제 불능 : 인간과 기계의 미래 생태계』, 이충호 · 임지원 옮김, 김영사, 2015.]

Kraus, Elizabeth M., *The Metaphysics of Experience : A Companion to Whitehead's Process and Reality*, 2nd ed. (New York : Fordham Univ. Press, 1998).

Kwinter, Sanford, *Architectures of Time : Towards a Theory of the Event in Modernist Culture* (Cambridge : MIT Press, 2002).

Kwinter, Sanford and Cynthia Davidson, eds., *Far from Equilibrium : Essays on Technology and Design Culture* (Barcelona : Actar, 2008).

Laden, Anthony S., *Reasoning: A Social Picture* (Oxford: Oxford University Press, 2012).

Land, Nick, *Fanged Noumena* (Falmouth and New York: Urbanomic/Sequence Press, 2011).

Ladyman, James, James Lambert, and Karoline Wiesner, "What is a Complex System?" *European Journal for Philisophy of Science*, vol. 3, no. 1 (2013): 33~67.

Lazarus, Sylvain, *Anthropologie du nom* (Paris: Seuil, 1996). [실뱅 라자뤼스, 『이름의 인류학』, 이종영 옮김, 새물결, 2002.]

Lazzarato, Maurizio, "From Capital-Labour to Capital-Life," trans. V. Fournier, A. Virtanen and J. Vähämäki, in *ephemera: theory & politics in organization*, vol. 4, no. 3 (2004): 187~208. [마우리찌오 랏짜라또, 「자본-노동에서 자본-삶으로」, 『비물질노동과 다중』, 서창현 외 옮김, 갈무리, 2005.]

Leach, Neil, ed., *Designing for a Digital World* (New York: Wiley, 2001).

Lévi-Strauss, Claude, *The Elementary Structures of Kinship*, trans. James H. Bell and John R. von Sturmer (Boston: Beacon Press, 1969).

Lipovetsky, Gilles, *L'ère du vide: essais sur l'individualisme contemporain* (Paris: Gallimard, 1983).

Longo, Giuseppe, "Incomputability in Physics and Biology," http://www.di.ens.fr/users/longo.

_____, "Critique of Computational Reason in the Natural Sciences," in E. Gelenbe and J.-P. Kahane, eds., *Fundamental Concepts in Computer Science* (London: Imperial College Press/World Sci., 2008).

_____, "From exact sciences to life phenomena: following Schrödinger and Turing on Programs, Life and Causality," *Information and Computation*, vol. 207, no. 5 (2009): 543~670.

Lucarelli, Stefano, "Il principio della liquidità e la sua corruzione. Un contributo alla discussione su algoritmi e capitale" (2014), in *I Quaderni di san Precario*, http://quaderni.sanprecario.info/2014/02/il-principio-della-liquidita-e-la-sua-corruzioneun-contributo-alla-discussione-su-algoritmi-e-capitale-di-stefano-lucarelli/.

Lyotard, Jean-François, *Des dispositifs pulsionnels* (Paris: UGE 10/18, 1973).

_____, *The Postmodern Condition: A Report on Knowledge*, trans. Brian Massumi and Geoff Bennington (Manchester: Manchester University Press, 1984). [장프랑수아 리오타르, 『포스트모던의 조건』, 유정완 옮김, 민음사, 2018.]

_____, *Peregrinations: Law, Form, Event* (New York: Columbia University Press, 1988).

_____, "Interview with Jean-François Lyotard," by Willem van Reijen and Dick Veerman, *Theory, Culture & Society*, vol. 5 (1988): 277~309.

_____, *Duchamp's Transformers*, trans. Ian McLeod (Venice: Lapis, 1990).

_____, *Leçons sur L'Analytique du Sublime* (Paris: Galilee, 1991).

_____, *The Postmodern Explained to Children*, trans. Julian Pefanis and Morgan Thomas (London: Turnaround, 1992).

_____, *Libidinal Economy*, trans. Iain H. Grant (London: Athlone, 1993).

_____, *Political Writings*, trans. Kevin P. Gaiman and Bill Readings (London: UCL, 1993).

MacDonald, Ian, *Necroville* (New York: Gollancz, 1994).

MacKenzie, Donald, *An Engine, Not A Camera: How Financial Models Shape Markets* (Cambridge: MIT Press, 2008).

Magnani, Lorenzo, *Abductive Cognition: The Epistemological and Eco-Cognitive Dimensions of Hypothetical Reasoning* (Berlin: Springer, 2009).

Marder, Elissa, "Blade Runner's Moving Still," *Camera Obscura*, vol. 27 (1991): 88~107.

Marazzi, Christian, "Money in the World Crisis: The New Basis of Capitalist Power," https://webspace.utexas.edu/hcleaver/www/357L/357Lmarazzi.html. [크리스띠안 마랏찌, 「제4장 세계위기에서의 화폐: 자본주의 권력의 새로운 기초」, 『신자유주의와 화폐의 정치』, 이원영 옮김, 갈무리, 1999.]

Marx, Karl, *Grundrisse*, trans. Martin Nicolaus (London : Pelican, 1973). [칼 맑스, 『정치경제학 비판 요 강 I · II · III』, 김호균 옮김, 그린비, 2007.]

\_\_\_\_, *Un chapitre inédit du Capital* (Paris : Ed. 10/18, 1971).

\_\_\_\_, *Economic and Philosophical Manuscripts : Early Writings*, trans. R. Livingstone (Harmondsworth : Penguin Books, 1975). [칼 마르크스, 『경제학-철학 수고』, 강유원 옮김, 이론과실천, 2006.]

\_\_\_\_, *Capital*, Vol. 1, trans. Ben Fowkes (New York : Penguin Classics, 1993). [카를 마르크스, 『자본론 1-상 · 하』, 김수행 옮김, 비봉출판사, 2015.]

\_\_\_\_, *Capital*, Vol. 3. trans. E. Untermann (New York : International, 1967). [카를 마르크스, 『자본론 3-상 · 하』, 김수행 옮김, 비봉출판사, 2015.]

Massumi, Brian, *A User's Guide to Capitalism & Schizophrenia : Deviations from Deleuze & Guattari* (New York : Zone, 1992). [브라이언 마수미, 『천개의 고원 사용자 가이드』, 조현일 옮김, 접힘펼침, 2005.]

Meadows, Donella H., Dennis L. Meadows, and Jørgen Randers, *The Limits to Growth* (New York : Universe Books, 1972). [도넬라 H. 메도즈 · 데니스 L. 메도즈 · 요르겐 랜더스, 『성장의 한계』, 김병순 옮김, 갈라파고스, 2012.]

Menges, Achim, ed., *Material Computation—Higher Integration in Morphogenetic Design, Architectural Design* 82:2.

Menges, Achim and Sean Ahlquist, eds., *Computational Design Thinking* (London : John Wiley and Sons, 2011).

Meredith, Michael, Tomoko Sakamoto and Albert Ferre, eds., *From Control to Design : Parametric/ Algorithmic Architecture* (Barcelona : Actar, 2008).

Mitchell, Timothy, "Fixing the Economy," *Cultural Studies*, vol. 12, no. 1 (1998) : 82~101.

Negarestani, Reza, "A View of Man from the Space of Reasons," paper presented at the Accelerationism Symposium, Berlin, December 14, 2013.

Nietzsche, Friedrich, *The Will to Power*, trans. Walter Kaufmann and R. J. Hollingdale (New York : Vantage, 1967). [프리드리히 니체, 『권력에의 의지』, 강수남 옮김, 청하, 1988.]

Noys, Benjamin, *The Persistence of the Negative* (Edinburgh : Edinburgh University Press, 2010).

\_\_\_\_, *Malign Velocities : Acceleration and Capitalism* (London : Zer0, 2014).

Oosterhuis, Kas, *Interactive Architecture #1* (Rotterdam : Episode, 2007).

Parisi, Luciana, *Contagious Architecture : Computation, Aesthetics, Space* (Cambridge : MIT Press, 2013).

Pasquinelli, Matteo, "The Power of Abstraction and its Antagonism,'" Paper presented at The Psychopathologies of Cognitive Capitalism II Conference, Berlin, March 8, 2013.

Podolski, Sophie, *Le Pays où tout est permis* (Paris : Pierre Belfond, 1973).

Portanova, Stamatia, *Moving without a Body* (Boston, MA : MIT Press, 2013).

Roio, Denis Jaromil, "Bitcoin, la fine del tabu della moneta" (2014), in *I Quaderni di San Precario*. (http://quaderni.sanprecario.info/2014/01/bitcoin-la-fine-del-tabu-della-moneta-di-denis-jaromil-roio/)

Romilly, Jacqueline de, *Histoire et raison chez Thucydide* (Paris : Les Belles Lettres, 1956).

Sartre, Jean-Paul, *Existentialism and Humanism*, trans. P. Mairet (London: Eyre Methuen, 1973). [장 폴 사르트르, 『실존주의는 휴머니즘이다』, 박정태 옮김, 이학사, 2008.]

Sayre, Kenneth M., *Cybernetics and the Philosophy of Mind* (London : Humanities Press, 1976).

Schmitt, Bernard, *Monnaie, salaires et profits* (Paris : PUF, 1966).

Seibt, Johanna, "Forms of Emergent Interaction in General Process Theory," *Synthese*, vol. 166. no. 3

(2009) : 479~512.

Shaviro, Steven, *Without Criteria : Kant, Whitehead, Deleuze and Aesthetics* (Cambridge : MIT Press, 2009). [스티븐 샤비로, 『기준 없이』, 이문교 옮김, 갈무리, 근간.]

Singleton, Benedict, *On Craft and Being Crafty : Human Behaviour as the Object of Design* (PhD thesis, Newcastle-upon-Tyne : Northumbria University).

Sombart, Werner, *Der Moderne Kapitalismus* (Leipzig, 1902).

Stiegler, Bernard, "The Most Precious Good in the Era of Social Technologies," in G. Lovink and M. Rasch (eds), *Unlike Us Reader : Social Media Monopolies and Their Alternatives* (Amsterdam : Institute of Network Culture, 2013), 16~30, http://networkcultures.org/wpmu/portal/publication/unlike-us-reader-social-mediamonopolies-and-their-alternatives/.

Tarde, Gabriel, *Psychologie Économique*, Vol. I (Paris : Alcan, 1902).

Taylor, Timothy, *The Artificial Ape* (Basingstoke : Palgrave Macmillan, 2010).

Terzidis, Kostas, *Expressive Form : A Conceptual Approach to Computational Design* (London and New York : Spon Press, 2003).

_____, *Algorithmic Architecture* (Oxford : Architectural Press, 2006).

Tronti, Mario, "La fabbrica e la societa," *Quaderni Rossi*, vol. 2 (1962).

Turing, Alan M., "On computable numbers, with an application to the Entscheidungsproblem," *Proceedings of the London Mathematical Society*, 2nd Series, Vol. 42 (1936).

Vercellone, Carlo, "From the crisis to the 'welfare of the common' as a new mode of production," in special section on Eurocrisis (ed. G. Amendola, S. Mezzadra and T. Terranova), *Theory, Culture and Society*, vol. 32, no. 7~8 (2015) : 85~99.

Vernadsky, Vladimir, *The Biosphere* (Göttingen : Copernicus Publications, 1998).

Vernant, Jean-Pierre, *Myth and Thought Among the Greeks* (New York : Zone Books, 2006). [장 피에르 베르낭, 『그리스인들의 신화와 사유』, 박희영 옮김, 아카넷, 2005.]

Villani, Arnaud, "Géographie physique de *Mille Plateaux*," *Critique*, vol. 455 (1985) : 331~47.

Whitehead, Alfred North, *The Function of Reason* (Boston : Beacon Press, 1929). [알프레드 노드 화이트헤드, 『이성의 기능』, 김용옥 옮김, 통나무, 1998.]

_____, *Process and Reality* (New York : Free Press, 1978). [알프레드 노스 화이트헤드, 『과정과 실재』, 오영환 옮김, 민음사, 2003.]

Wiener, Nobert, *Cybernetics or Control and Communication in the Animal and the Machine* (Cambridge : MIT Press, 1965). [노버트 위너, 『사이버네틱스 : 동물과 기계의 제어와 커뮤니케이션』, 김재영 옮김, 읻다, 2023.]

Wildgen, Wolfgang, *The Evolution of Human Language : Scenarios, Principles, and Cultural Dynamics* (Philadelphia : John Benjamins, 2004), 40.

Wimsatt, William C., *Re-Engineering Philosophy for Limited Beings : Piecewise Approximations to Reality* (Cambridge : Harvard University Press, 2007).

Wittgenstein, Ludwig, *Philosophical Investigations* (New York : Pearson Education, 1973)을 보라. [루트비히 비트겐슈타인, 『철학적 탐구』, 이영철 옮김, 책세상, 2019.]

Woodward, James, *Making Things Happen : A Theory of Causal Explanation* (Oxford : Oxford University Press, 2003).

Young, George M., *The Russian Cosmists : The Esoteric Futurism of Nikolai Fedorov and His Followers* (Oxford : Oxford University Press, 2012).

Zuangzi, *Cutting Open Satchels*, http://www.seeraa.com/china-literature/zhuangzi-10.html.

Zubrin, Robert, *Entering Space : Creating a Spacefaring Civilisation* (New York : Tarcher, 1999).

맑스의 「기계에 관한 단상」(Fragment on Machines)은 M. 니콜라우스가 번역한 *Grundrisse*에서 번역자의 허락을 얻어 발췌하고 편집했다. **버틀러**의 「기계의 책」(The Book of the Machines)은 *Erewhon* (1871)에서 발췌하고 편집했다. **표도로프**의 「공동과업」(The Common Task)은 *What Was Man Created For? Philosophy of the Common Task*, trans. E. Koutaissoff and M. Minto (London : Honeyglen, 1990)에서 Honeyglen 출판사의 허락을 얻어 발췌하고 편집했다. **베블런**의 「기계 과정」(The Machine Process)은 *The Theory of Business Enterprise* (New York : Mentor, 1959)에서 발췌하고 편집했다. **파이어스톤**의 「문화사의 두 가지 양식」(Two Modes of Cultural History)은 *The Dialectics of Sex*에서 발췌하고 편집했다. Copyright ⓒ 1970 by Shulamith Firestone. Farrar, Straus and Giroux, LLC의 허락을 얻어 재수록하였다. **카마트**의 「인류의 쇠퇴인가?」(Decline of Humanity?)는 *The Wandering of Humanity*, tr. F. Perlman (Detroit : Black and Red, 1975)에서 발췌하고 편집했다. **들뢰즈+과타리**의 「문명 자본주의 기계」(The Civilized Capitalist Machine)는 *Anti-Oedipus : Capitalism and Schizophrenia*, tr. R. Hurley, M. Seem, and H. R. Lane (London and New York : Continuum 2004)에서 발췌하고 편집했다. Copyright © 1972 Gilles Deleuze and Félix Guattari Bloomsbury Publishing PLC의 임프린트인 Continuum의 허락을 받았다. **리오타르**의 「팡신자 자본주의」(Energumen Capitalism)는 *Critique 306* (Nov. 1972)에 실렸던 글이며 이 책을 위해 R. Mackay가 번역했다. *Économie Libidinale* (Paris: Minuit, 1974)에 실렸던 글인 「모든 정치경제는 리비도 경제이다」(Every Political Economy is a Libidinal Economy)는 Iain Hamilton Grant가 번역한 *Libidinal Economy* (London : Athlone, 1993)에 수록되었다. Éditions Minuit의 허락을 받았다. 「욕망혁명」(Desirevolution)은 *Dérive à partir de Marx et Freud* (Paris : UGE, 1973)에 실렸던 글이며 이 책을 위해 Iain Hamilton Grant가 번역했다. **리포베츠키**의 「반복의 권력」(Power of Repetition)은 *L'Arc 64* (1976)에 실렸으며, 저자의 허락을 얻어 R. Mackay의 번역으로 이 책에 수록하였다. **밸러드**의 「모든 종류의 픽션들」(Fictions of Every Kind)은 *Books and Bookmen* (1971)에 실렸던 글이다. Copyright © 1971, J. G. Ballard. The Wylie Agency (UK) Limited의 허락을 얻어 사용하였다. **랜드**의 「회로들」(Circuitries)은 *Pli* , vol. 4, no. 1/2 (1992)에 실렸던 글로, *Fanged*

*Noumena : Collected Writings 1987–2007* (Falmouth, UK and New York : Urbanomic and Sequence Press, 2011)에 재수록되었다. 「텔레오플렉시」(Teleoplexy)는 이 책에서 최초로 출판되는 것이다. **그랜트**의 「2019년 로스앤젤레스」(LA 2019)는 이 책에서 최초로 출판되는 것이며, 1996년 브리스톨 대학에서 열린 'Justice and Post-Politics' 콘퍼런스에서의 발표문이다. **플랜트+랜드**의 「사이버포지티브」(Cyberpositive)는 M. Fuller, ed., *Unnatural : Techno-Theory for a Contaminated Culture* (London : Underground, 1994)에 수록된 것이다. CCRU의 「사이버네틱스 문화」(Cybernetic Culture)는 이 책에서 최초로 출판되는 것이다. 「군집기계들」(Swarmachines)은 *Abstract Culture Swarm*, vol. 1 (1996) 에 수록되었다. **피셔**의 「터미네이터 대 아바타」(Terminator vs Avatar)는 이 책에서 최초로 출판되는 것이며 2012년 골드스미스 대학에서 열린 'Accelerationism' 심포지엄의 발표문이다. **윌리엄스+서르닉**의 「#가속하라」(#Accelerate)는 2013년 처음 온라인에 공개되었다. **네그리**의 「성찰」(Reflections)은 2014년 M. Pasquinelli의 번역으로 Euronomade 에 의해 euronomade.info에 처음 온라인 공개되었다. **테라노바**의 「레드 스택 공격!」(Red Stack Attack!)은 2014년 Euronomade에 의해 euronomade.info에 처음 온라인 공개되었다. **파리시**의 「자동화된 건축」(Automated Architecture)은 이 책에서 최초로 출판되는 것이다. **네가레스타니**의 「비인간적인 것의 노동」(The Labor of the Inhuman)은 수정 전 판본이 E-Flux의 의해 2014년 e-flux.com에 공개되었다. **브라시에**의 「프로메테우스주의」(Prometheanism)는 2013년 뉴욕에서 열린 PSI 발표문을 발전시킨 것이다. **싱글턴**의 「최고 탈옥」(Maximum Jailbreak)은 수정 전 판본이 E-Flux에 의해 e-flux.com에 온라인 공개되었다. **리드**의 「일곱 가지 처방」(Seven Prescriptions)은 이 책에서 최초로 출판되는 것이다.

**바우어**의 도판 작업은 다음과 같이 레이어된 이미지들을 포함한다. 〈예견〉: 무선 전신에 대한 특허 도표(1915). 〈발효〉: 〈2001 : 스페이스 오디세이〉에 나오는 HAL9000의 중앙 코어(1968). 〈사이버 문화〉: 레비우스 우즈(Lebbeus Woods)의 War and Architecture (1996). 〈가속〉: 서드버리 중성미자 관측소(Sudbury Neutrino Observatory)에서 관측된 태양 중성미자 사건을 묘사하는 컴퓨터 시뮬레이션.

저작권 소유자를 찾아내어 저작물 사용에 대한 허가를 받기 위해 모든 노력을 기울였습니다. 향후 재쇄 혹은 판형에 반영해야 할 수정 사항, 오류, 혹은 누락 사항이 있을 경우 출판사[Urbanomic]에 알려주시면 감사하겠습니다.

## :: 용어 찾아보기